파워 실전 바둑

실전 바둑

7 화점과 3三 마스터

– 3三침입의 적기와 방어를 통해
귀의 전략적 활용법 배우기

삼호미디어
samho MEDIA

머리말

　　상수의 횡포와 하수의 설움이 만나는 곳, 상수의 권모술수와 하수의 속수무책이 교차하는 곳, 그곳은 과연 어디일까요? 그곳은 바로 화점에 살짝 가려 있는 3三이지요.

　3三은 단연 요충지대입니다. 실리확보의 중심일 뿐더러 전투 발생 시에는 근거상의 쟁탈점이 되기도 합니다. 화점 포석이 대유행하면서 3三의 중요성은 더욱 강조되고 있습니다. 화점의 취약점인 3三의 효과적 관리 여부가 승부의 관건이 될 때가 많기 때문이지요.

　특히 접바둑에서 3三이라는 지점은 늘 하수의 골치 덩어리입니다. 화점 언저리에 아무리 여러 수를 '찍어 발라도' 상수의 집요한 3三침입에 열 받고 골탕 먹다, 끝내는 바둑을 그르치는 경우가 얼마나 많았습니까? 하수 시절 "화점 대신 3三에 깔고 두었으면 좋겠다."고 생각해보지 않은 사람이 없을 정도입니다. 정녕 3三을 마스터하지 않고서는 맞바둑이든 접바둑이든 화점 바둑을 자신 있게 두어나가는 것은 요원한 일일 것입니다.

　이 책은 그런 취지에서 기획·집필되었습니다. 우선 염두에 둘 것은 이 책은 3三 정석책이 아니라는 겁니다. 한판의 바둑을 운영하는 데 화점이든 소목이든 3三은 전략상 결정적인 역할을 합니다. 어쩌면 판의 운명을 좌우하기도 하지요. 여러분의 바둑에서 얼마나 3三에 기대어 재미를 보았고, 또 얼마나 판을 뒤집으며 통쾌한 아이러니를 맛보셨나요? 이 책은 바로 그런 바둑의 요충지인 3三의 효과적 관리법을 집대성했습니다.

　구체적으로 이 책은 다음과 같이 구성했습니다.

　1부 '기본 이론편'에서는 초반과 중반 무렵에서 3三침입의 요령과 대응법, 3三 방어의 요령, 3三 주변의 사활 등 가능한 한 3三에 관한 모든 것을 기본 이론의 측면에서 다루고자 했습니다. 기본이 튼튼해야 실전에서 제대로 응용해 써먹을 수 있을 것입니다. 1부 말미에는 간단한 연습문제를 실어 복습을 겸해 숨 고르는 시간을 두었습니다.

2부 '활용 실전편'에서는 1부에서 배운 이론을 토대로 실전에서 어떻게 구체화시키는지에 초점을 맞췄습니다. 프로의 화점 전략이라는 타이틀로 1장에는 3三침입의 적기(타이밍)와 기법(테크닉)에 대해 침입자의 입장에서 다루었습니다. 2장의 주제는 3三침입의 대응책으로 방어하는 입장에서 다루었습니다. 3장에는 주로 중반과 종반 무렵에 나타나는 3三 주변의 사활에 대해 다루었습니다. 1부에서 배운 사활과 일맥상통하므로 연결해서 생각하면 도움이 될 것입니다. 다음으로 2부를 마감하면서 3三 처리가 미숙한 아마추어 하수자의 잘못을 주요 포인트 위주로 간략히 진단하고 처방하는 장을 마련해 가볍게 마무리할 수 있도록 배려했습니다.

그리고 마지막으로 1부 이론편과 2부 실전편을 통해 익힌 화점과 3三 주변의 행마법 노하우를 테스트하는 '종합문제'를 실어 기력 향상의 시너지 효과를 노렸습니다. 전반적으로 독자의 입장에서 흥미를 돋우면서 학습 효과를 높이기 위해 체계적이며 다채롭게 꾸미고자 노력했습니다.

모쪼록 이 책이 그동안 화점과 3三의 활용에 골머리를 썩으며 두려움을 가졌던 초·중급자 여러분에게 '삼삼한 3三 정복'을 통해 자신감을 갖는 계기가 될 수 있다면 바랄 것이 없겠습니다.

3 3三침입과 처리법(응용형)

4   **3드 방어의 요령**

5   **3드 주변의 사활**

쉬어가는 연습문제

종합문제(다음 한수 20제)

기본 이론편

1

1장

3중 침입과 처리법

(기본형)

　화점 바둑에서 3三은 가장 중요한 실리와 근거상의 요충지이기 때문에 초반부터 쟁탈의 요소가 되곤 한다. 몇 수 두어지지 않은 초반에도 3三침입이 자주 발생하는 것은 그만큼 3三이 중요하다는 반증이다.

　이 장에서는 주로 초반 포석단계에 나타나는 화점에서의 3三침입에 대한 올바른 대응법과 최선의 변화를 살펴보았다. 특히 실전에 기본형으로 많이 등장하는 3연성과 눈목자굳힘, 날일자굳힘에서의 3三침입과 그 처리 방법을 집중적으로 다루었다.

　같은 눈목자굳힘이라도 아래 1도와 2도에서처럼 주변 상황에 따라 처리법이 달라진다는 데 주안점을 두면서 익혀보기 바란다.

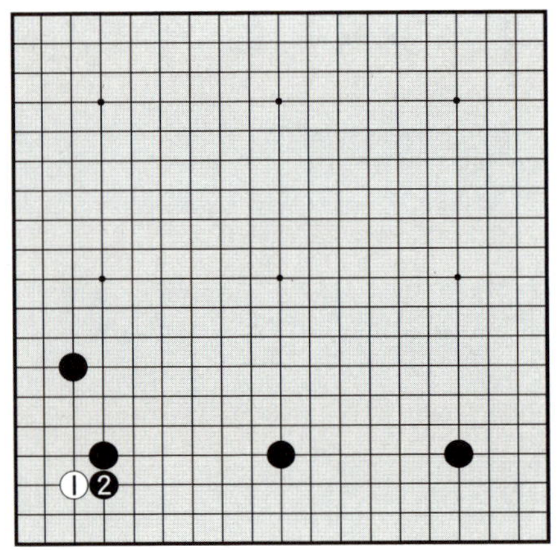

1도

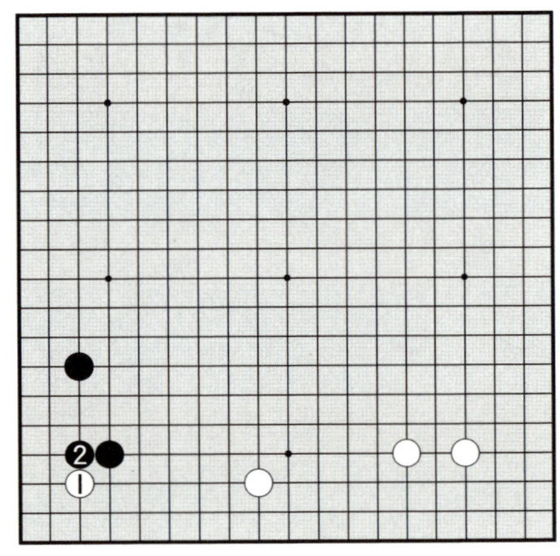

2도

중요한 쪽으로 막아라

3연성 ①

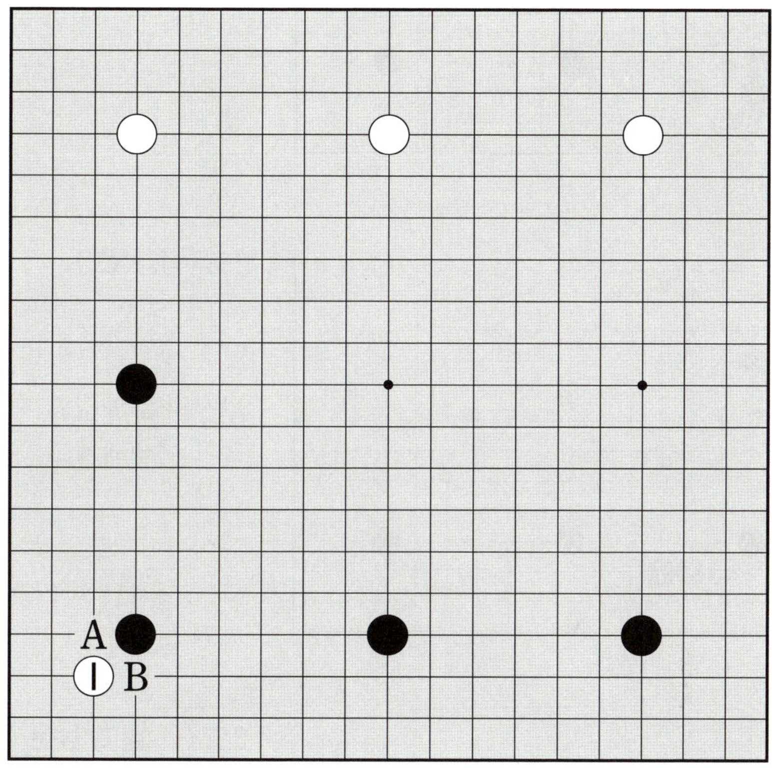

다음 그림은 3연성 포석에서 매번 등장하는 형태이자 화점/ 3三침입의 가장 기본형이라고 할 수 있다.

백1의 3三침입에 대해 흑은 A, B 중 과연 어느 쪽으로 막는 것이 좋을까?

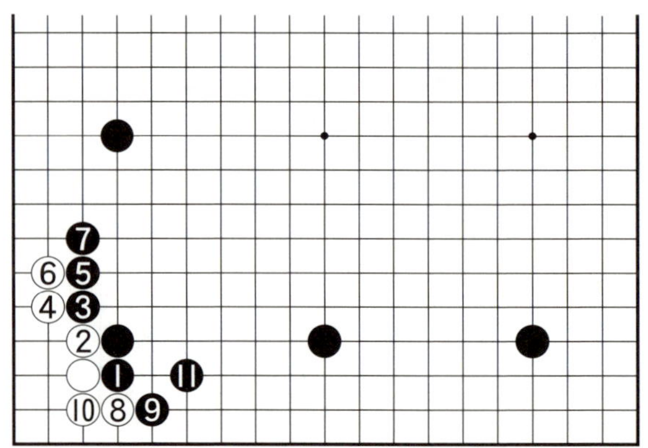

1도

1도 (☆ 하변 중시)

흑의 본진은 하변의 3연성. 그러므로 흑1쪽으로 막는 것이 당연하다.

백2에는 흑3으로 젖히고 이하 11까지가 이 모양의 1번 정석이라고 할 수 있다.

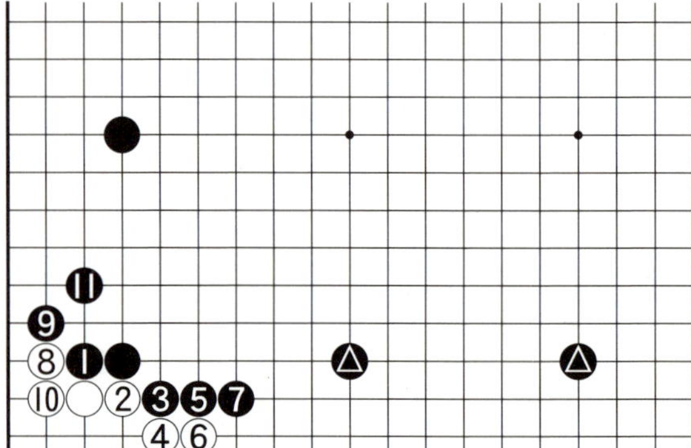

2도

2도 (방향착오)

흑1로 좌변 쪽에서 막는 것은 방향착오이다. 이하 11까지를 예상할 때 흑▲들이 어색해지고 있지 않은가.

이처럼 3三침입의 처리에 있어서는 막는 방향이 가장 중요하다.

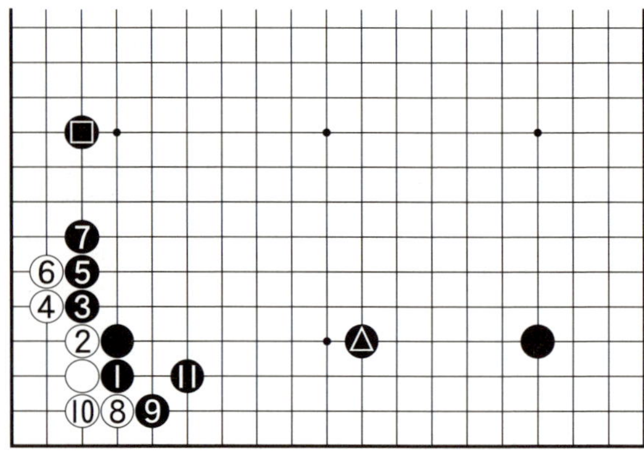

3도

3도 (☆ 넓고 높은 쪽)

흑▲의 위치가 넓어진 반면 ■가 낮다. 이때는 망설임 없이 흑1로 막는 방향감각을 체득해야 한다.

세력의 발전성을 살리기 위해서는 '넓고 높은 쪽'으로 막는 것이 좋다.

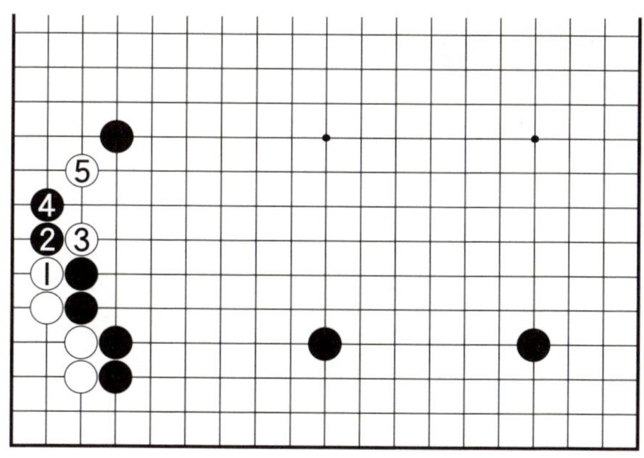

4도

4도 (흑, 무리)

1도의 정석수순에서 유의할 것이 있다. 백1에 흑2로 막아서는 안 된다는 것이다. 백3으로 끊겨 흑이 곤란하다.

흑4에는 백5가 멋진 맥으로 일찌감치 흑은 위험에 빠져들고 만다.

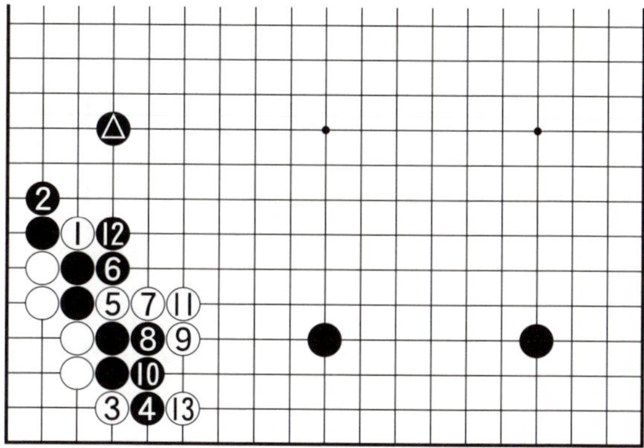

5도

5도 (역시 흑 곤란)

흑▲가 있다고 해도 곤란한 것은 마찬가지. 백은 3으로 젖히고 5로 끊는 묘기를 부릴 수도 있다. 흑이 한사코 버텨도 백13까지 흑은 파탄이다.

이처럼 상대가 패망선을 길 때 억지로 막는 것은 매우 어리석은 일이다.

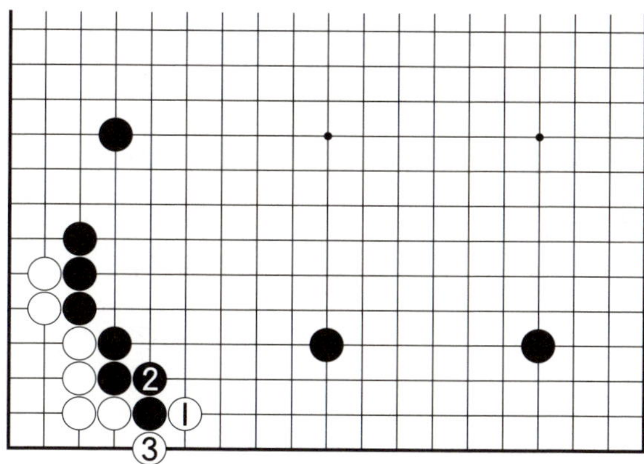

6도

6도 (뒷문이 열리다)

1도의 흑11은 실리 상으로도 크려니와 하변의 두터움 유지를 위해 매우 시급한 한 수이다.

손을 빼면 즉각 백1로 껴붙이기만 해도 하변이 초토화되기 때문이다.

선수를 구하는 이단젖힘

3연성 ②

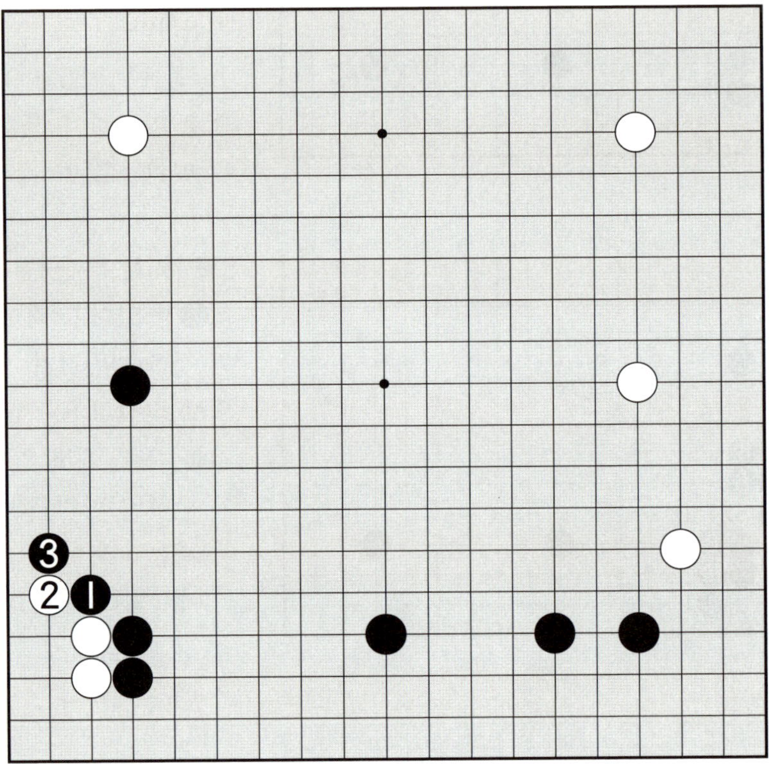

　　[1형]에서 흑의 아쉬움이라면 후수를 잡은 사실이었다. 그런 점에서 흑1, 3의 이단젖힘은 '기자쟁선(棄子爭先: 약간 손해를 보더라도 선수를 취하라)'의 의지를 담은 수법이다.

　　즉, 부분적 실리보다는 선수를 뽑아 대세점에 선착하려는 대국적 착상의 산물이다.

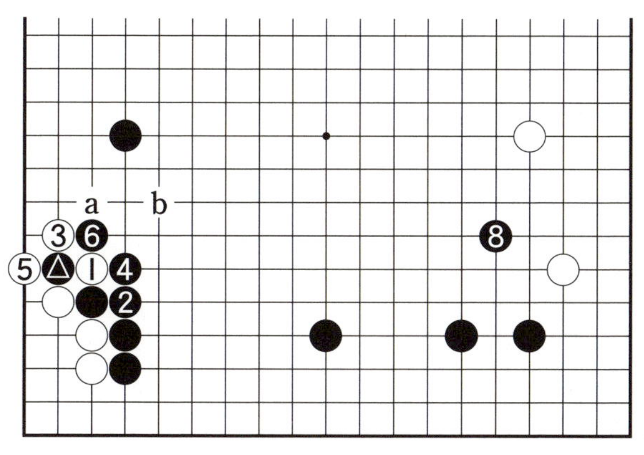

1도

1도 (☆ 선수를 뽑다)

흑4, 6이 준비된 멋진 수순이다. 대망의 선수를 뽑아 흑은 8에 선착해 의도가 관철(다음 백a에는 흑b)!

지금처럼 절호의 대세점이 있다면 선수의 가치는 더욱 빛난다.

2도 (백, 소탐대실)

그렇다고 백3으로 잇고 버티는 것은 무리이다.

흑8까지 백은 귀에서 쌈지뜨고 산 반면, 흑의 두터움은 천하를 호령하여 백이 망한 모습이다.

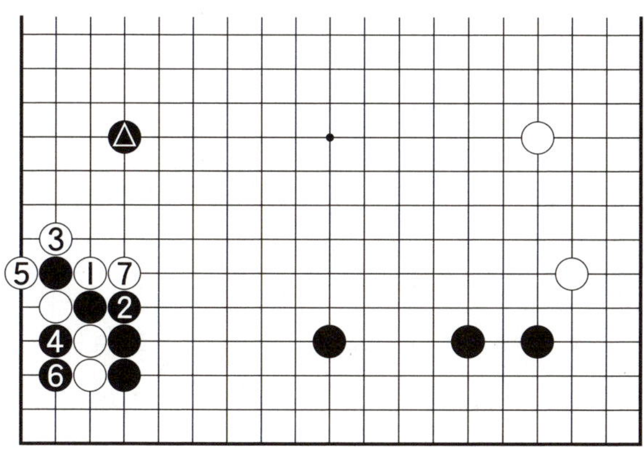

2도

3도 (흑, 소탐대실)

백3 때 흑4, 6으로 귀를 탐하는 것은 소탐대실의 전형. 대세의 급소인 백7을 허용해 형세를 그르친다. 흑▲가 미아가 되면서 당초 흑의 대세력 구도도 온데 간 데 없어지고 말았다.

3도

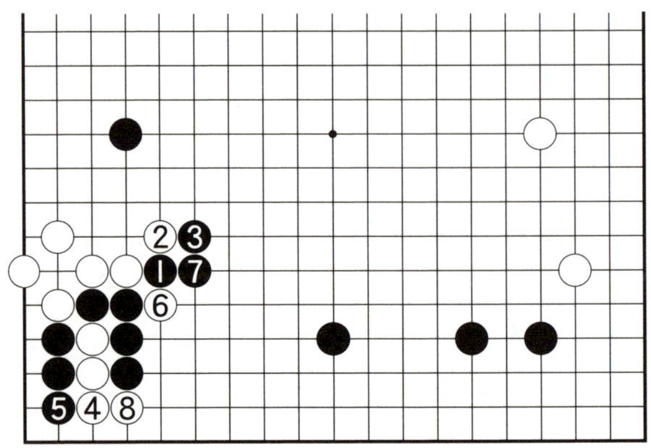

4도

4도 (흑, 파탄)

계속해서 흑1로 젖혀보아도 백2에 응수가 막힌다. 흑3으로 버티고 싶지만 백 4~8이면 흑 파탄!

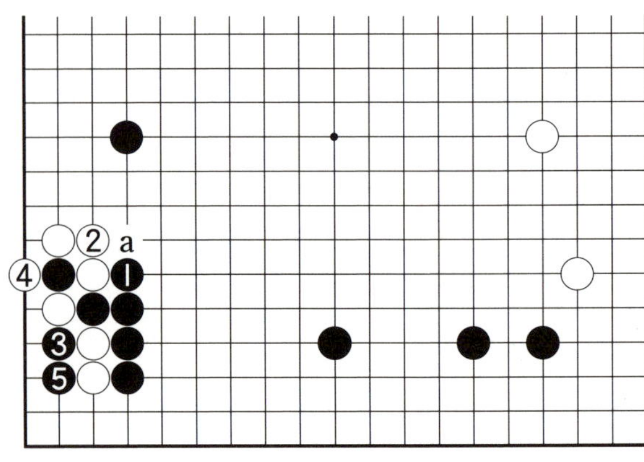

5도

5도 (백, 당함)

흑1로 몰 때 백2로 잇는 것은 무기력한 수이다. 이제 흑은 3, 5로 귀를 잡아 꿩 먹고 알 먹은 형국이 된다.

백4로 따낸 다음 흑1로 밀 때 a가 아니라 2로 물러선 꼴 아닌가.

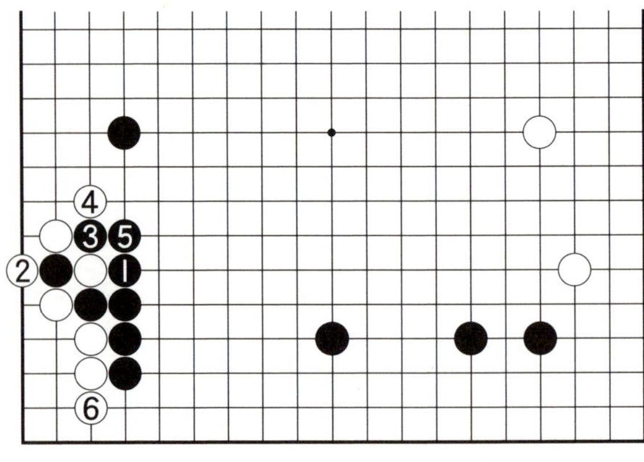

6도

6도 (백의 반발)

따라서 백2는 당연한 한 수. 백이 반발하고 싶다면 흑3 때 백4로 되모는 수가 있다.

만약 흑5로 굴복한다면 백6이 가능해 1도와는 큰 차이이다. 팻감이 있다면 유력한 수법이다.

주문을 거부하는 후방 끊음

3연성 ③

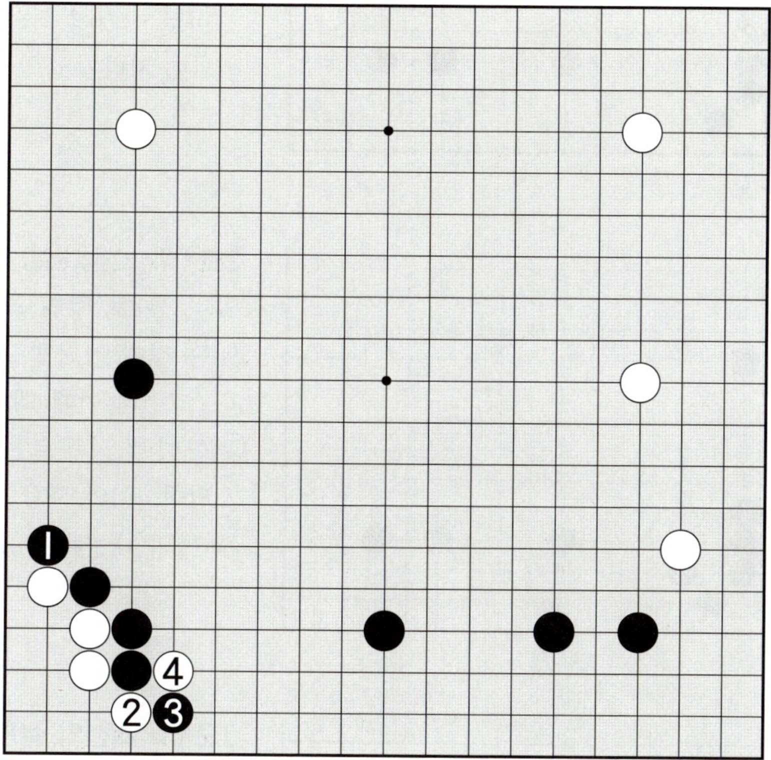

　　[2형]의 1도는 흑의 입맛에 딱 들어맞는 결과여서 아무래도 백은 내키지 않는다. 그래서 등장한 수단이 바로 백2, 4의 '후방 끊음'이다. 이로써 하변에 대세력권을 건설하려던 흑의 웅장한 포부는 수정노선을 걷게 된다.

　　사실 백2, 4에 대한 흑의 응수가 그리 쉽지만은 않아 저급자들은 여기서 바둑을 망치는 일도 많다. 자, 과연 흑은 어떻게 받아야 할까?

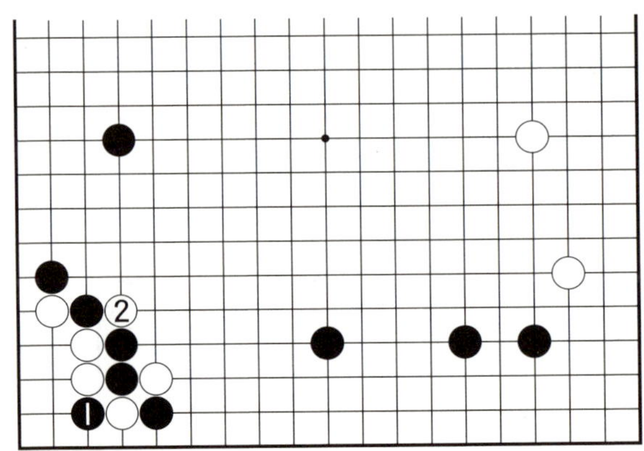

1도

1도 (흑, 경솔)

흑1로 덥석 잡는 것은 경솔함의 극치이다. 백2의 양단수를 당해 일거에 바둑이 망가지고 만다.

바로 이것이 백의 함정이기도 하다.

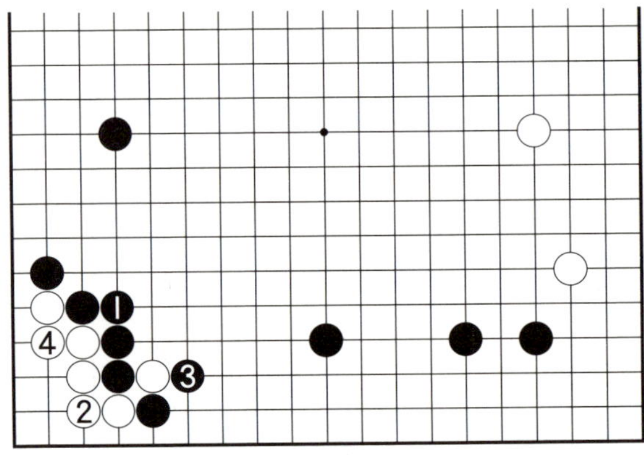

2도

2도 (백, 소탐대실)

일단 흑1로 뿌리 쪽을 꽉 잇는 것이 침착한 정수이다. 그런데 이때 백2, 4로 귀살이를 서두르는 것은 소탐대실이다. 흑3으로 잡혀 백의 대실패이다.

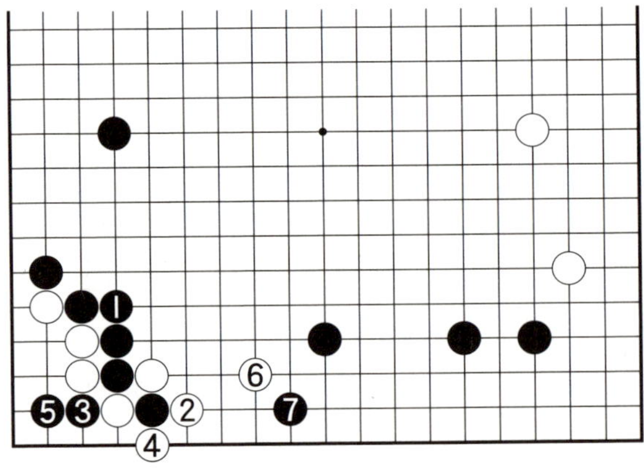

3도

3도 (☆ 최선의 절충)

흑1에는 백2로 잡는 것이 정수이다. 흑7까지 필연의 바꿔치기인데, 백은 하변 파괴의 목표를 달성한 셈이다.

그러나 흑도 좌하귀를 크게 차지하고 우하 쪽도 지켜 불만이 없다.

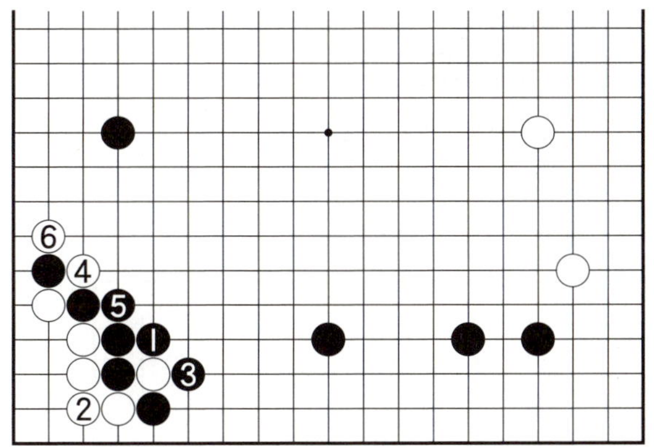

4도

4도 (흑, 큰 손해)

흑1로 모는 것은 빗나간 응수이다.

　백2에 흑3이 불가피할 때 백4, 6을 당해서는 실리의 손실이 너무 크다.

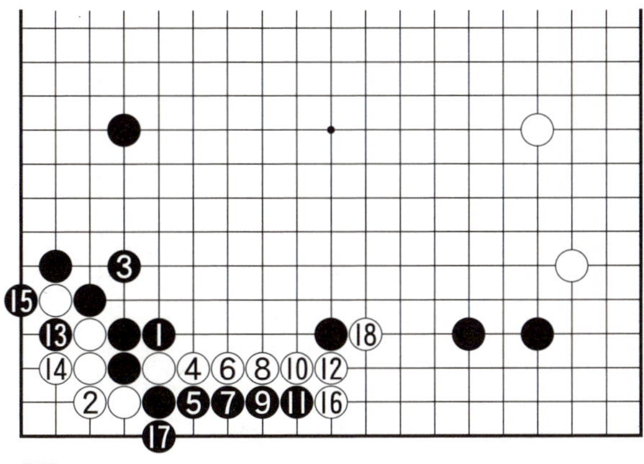

5도

5도 (흑, 망함)

그렇다고 백2 때 흑3으로 버티는 것은 백4를 당해 곤란해진다. 흑17까지 패 망선을 기며 귀를 잡았지만, 그 대가로 하변 대모양이 초토화돼서는 흑이 망한 꼴이다.

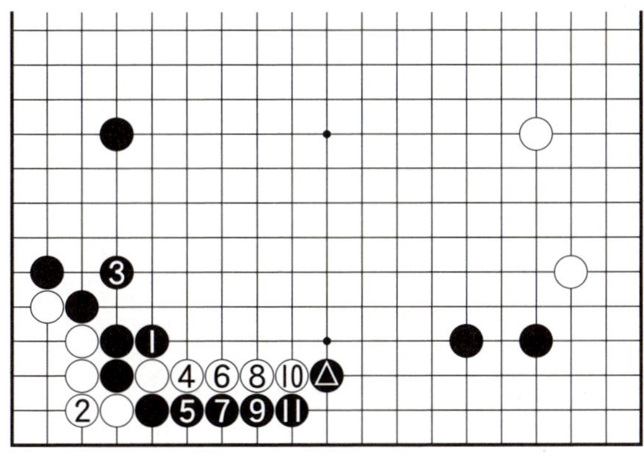

6도

6도 (상황에 따라)

지금처럼 ▲가 3선에 자리 잡고 있다면 흑1, 3의 강수가 성립한다.

　그러나 대개 3연성 포진이 펼쳐지기 때문에 이것은 특수한 가정에 불과하다고 하겠다.

양쪽을 도모하는 두점머리

3연성 ④

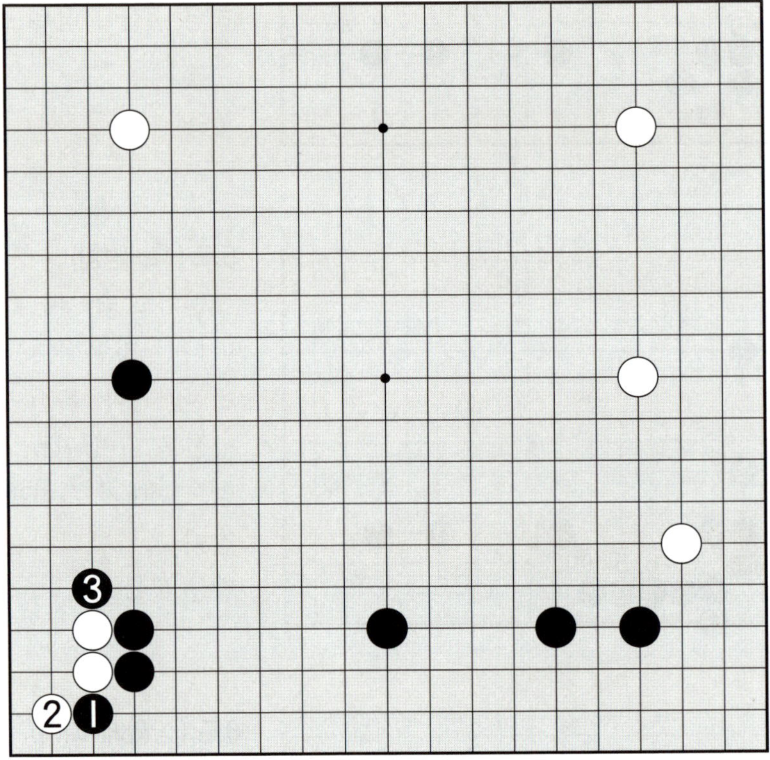

　　이번에는 좀 독특한 수법을 알아보자. 흑1로 먼저 젖힌 다음 3으로 양쪽 두점머리를 두들기는 수법은 독자 여러분께 다소 낯설 것이다.

　　프로의 실전에 종종 등장하는 신수법인데, 과연 이 수의 의도는 무엇이며, 백은 어떻게 대응해야 할까?

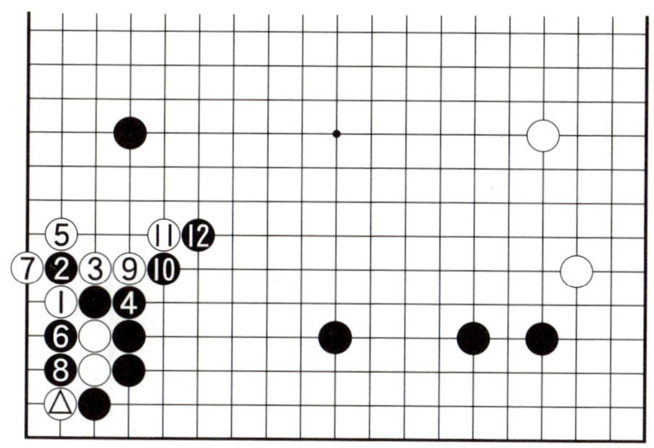

1도

1도 (흑의 의도)

백1~5로 잡는 것은 무책.
흑은 8로 때려낸 자세가
깨끗해 대만족이다(백△가
헛수로 전락).

흑12가 가능하다는 점
에서 앞서 [2형] 3, 4도와
는 큰 차이가 난다.

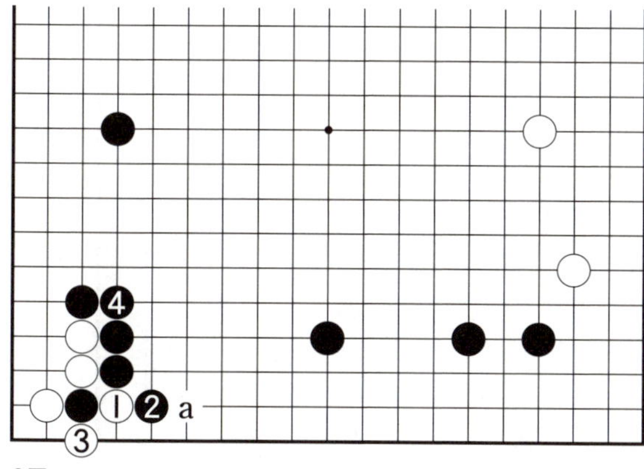

2도

2도 (흑, 두터움)

그렇다고 백1로 끊어잡는
것도 완착이다. 흑4로 중
앙이 매우 두텁게 처리돼
서는 흑이 만족스럽다.

백a의 뒷맛이 남기는 하
지만 흑의 두터움에는 미
치지 못한다.

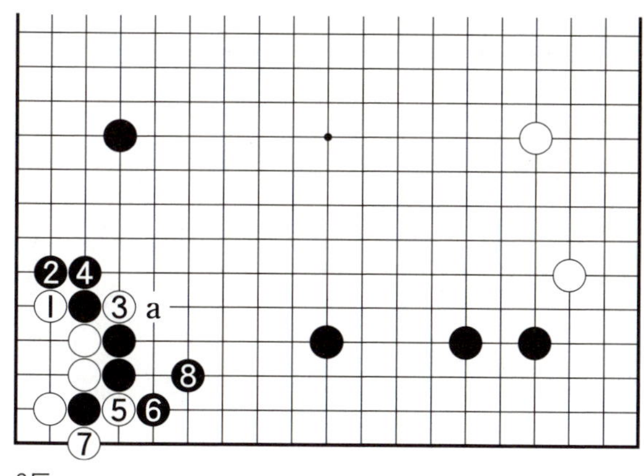

3도

3도 (☆ 쌍방 최선)

백3으로 단점을 남겨둔 다
음 5로 끊어잡는 것이 정
확한 수순이다.

흑은 양쪽을 처리했으
며, 백도 선수인 데다 a의
뒷맛이 강하게 남아 호각
의 결과로 볼 수 있다.

현대감각의 날일자 행마

3연성 ⑤

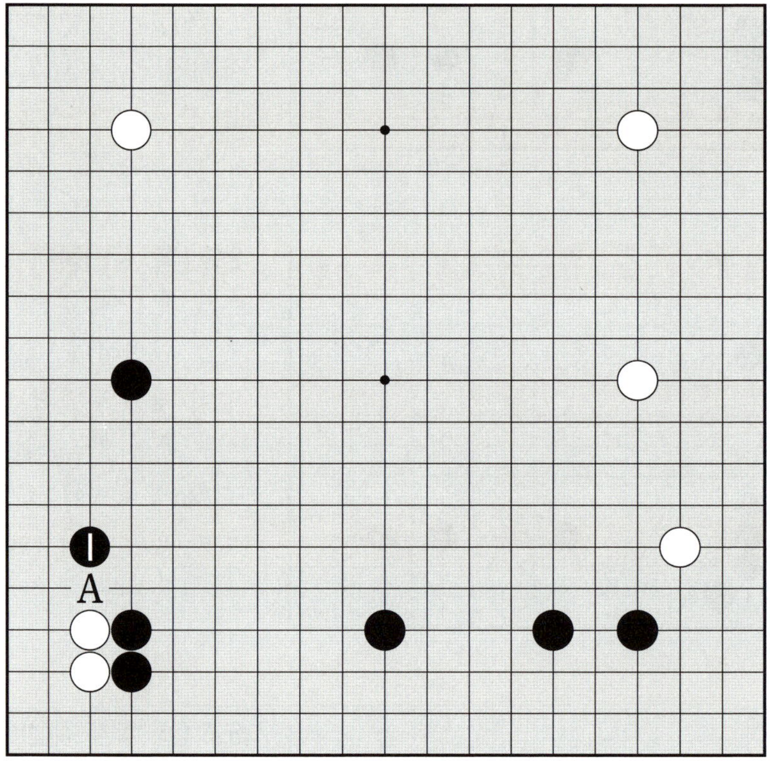

흑A의 젖힘수가 1980년대까지 불문율처럼 여겨져 오던 옛 정석의 수법인 데 비해, 흑1의 날일자 행마는 1990년대 들어 새로운 대안으로 지금까지 자리매김한 현대적인 수법이다.

과연 이 수가 옛 정석보다 나은 점은 무엇일까 분석해 보기로 한다.

1도 (간명한 응수)

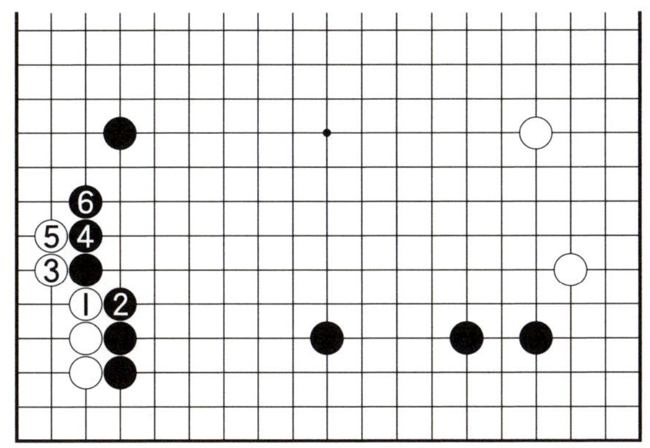

백1, 3으로 치받아 젖히는 것이 가장 간명한 응수이다. 만약 흑6까지 순순히 응해준다면, 백은 선수로 귀살이하여 불만이 없다. 그런데~

2도 (흑, 발 빠른 전환)

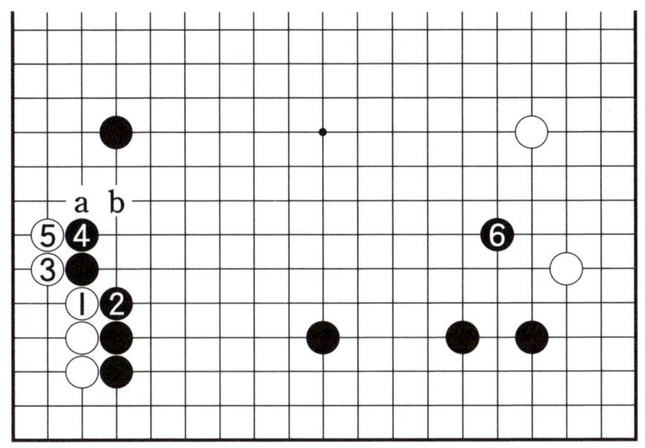

백5 때 흑은 큰 곳으로 손을 돌릴 가능성이 높다(백a에는 흑b로 봉쇄).

　만약 지금처럼 흑6의 대세점이 기다리고 있는 상황이라면 선수는 더욱 중요하다.

3도 (☆ 최신정석)

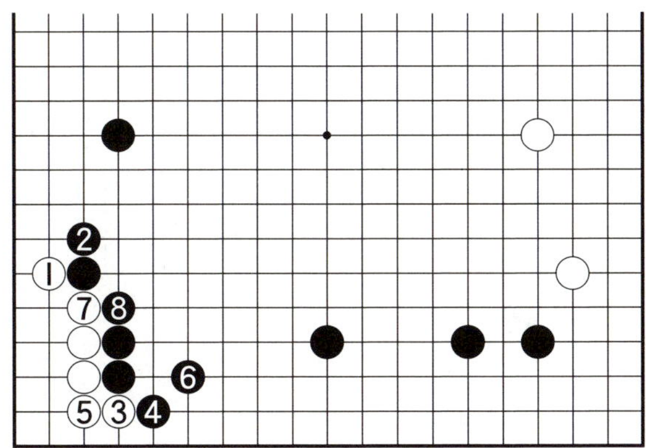

따라서 백1로 붙이는 것이 최선. 흑8까지가 근래 들어 정착된 현대정석이다.

　이 형태는 앞서 [1형]의 옛 정석(1도)과 비교해 흑이 한결 능률적이라고 할 수 있다.

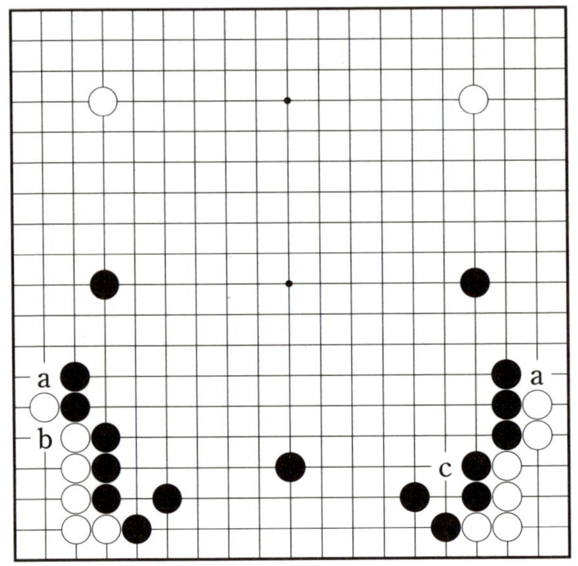

4도

4도 (신, 구 정석 비교)

[1형]의 옛 정석(오른쪽)에서는 차후 흑a로 막는 수가 별 '영양가'가 없는 반면, 신정석(왼쪽)에서는 흑a가 b의 선수끝내기를 보장하고 있어 흑은 훨씬 이득이다. 게다가 백c의 팻감 이용 여지도 신정석에서는 사라졌다.

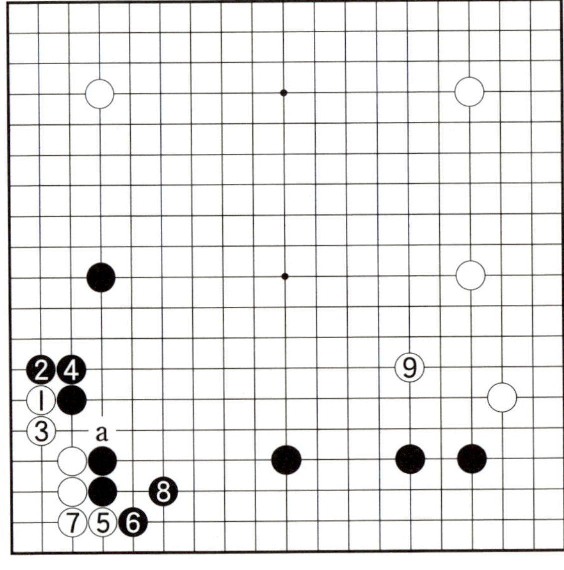

5도

5도 (흑, 무책)

백1 때 덥석 흑2로 젖히는 것은 무책이다. 백3 다음 흑4가 불가피해 후수를 잡고 만다.

결국 흑은 급하지 않은 좌변을 후수로 막다 백9의 대세점을 빼앗긴 꼴 아닌가. 게다가 백a로 젖혀 나오는 뒷맛 또한 찜찜하게 남는 것도 불만이다.

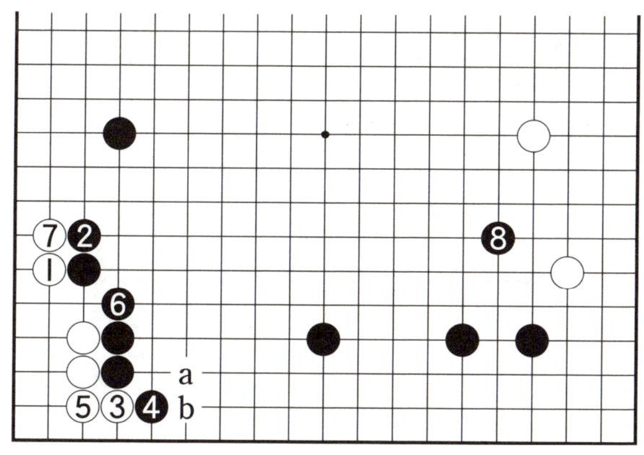

6도

6도 (선수 뽑는 임기응변)

3도가 후수라 불만이라면, 백5 때 흑은 a로 지키지 않고 6으로 늘어 선수를 뽑을 수도 있다.

다만 훗날 백b의 뒷맛이 크게 남아 하변이 불완전하다는 단점도 있다.

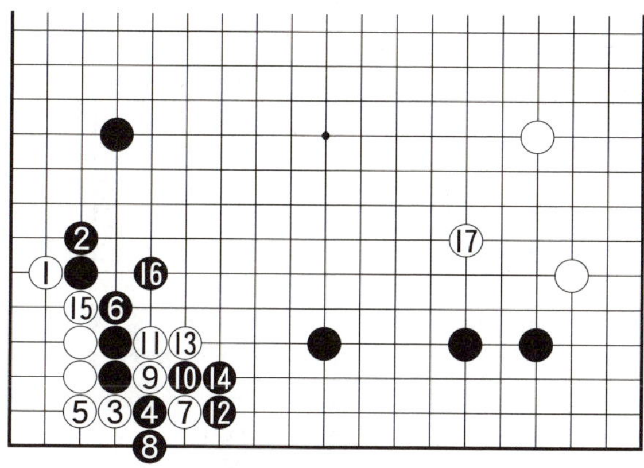

7도

7도 (백, 선수탈환)

반대로 백이 반드시 선수를 잡고 싶다면 흑6 때 백7로 껴붙이는 수가 있다.

백15까지 다소의 손해를 감수하며 미봉한 뒤 대세점에 선착할 수 있는 것이다.

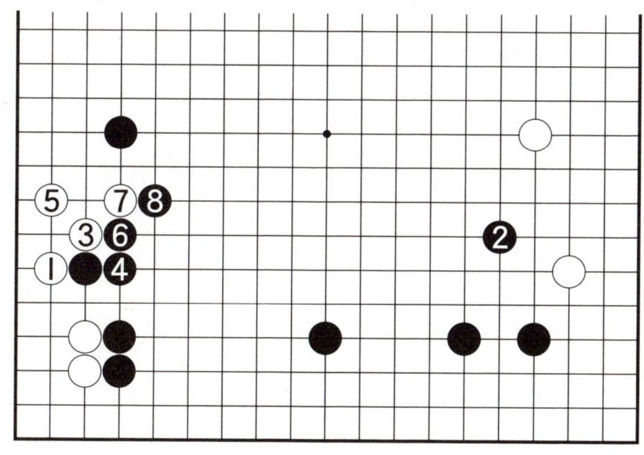

8도

8도 (다시 흑의 선수)

흑이 기필코 선수를 뽑고 싶다면 백1 때 아예 손을 빼는 수가 있다. 다음 백3에는 흑8까지 봉쇄한다.

아무튼 이 정석에서는 선수쟁탈 여부가 중요한 포인트가 되곤 한다.

기필코 선수를 뽑자!

3연성 ⑥

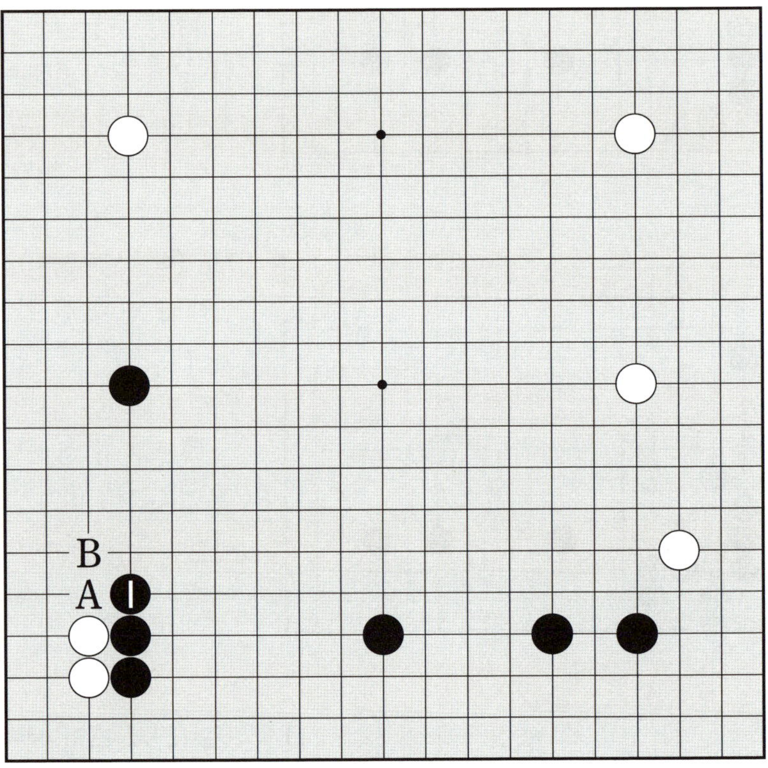

대세점을 선점하기 위한 선수쟁탈의 중요성은 앞선 형태에서도 강조한 바 있거니와, 여기서는 좀 더 노골적으로 선수를 잡는 방법을 살펴보기로 한다.

A의 젖힘이나 B의 씌움 등 묘미 있는 수법을 뒤로 한 채 묵묵히 흑1로 뻗어두는 수가 바로 꼭 선수를 뽑아야겠다는 강력한 의지표명이다.

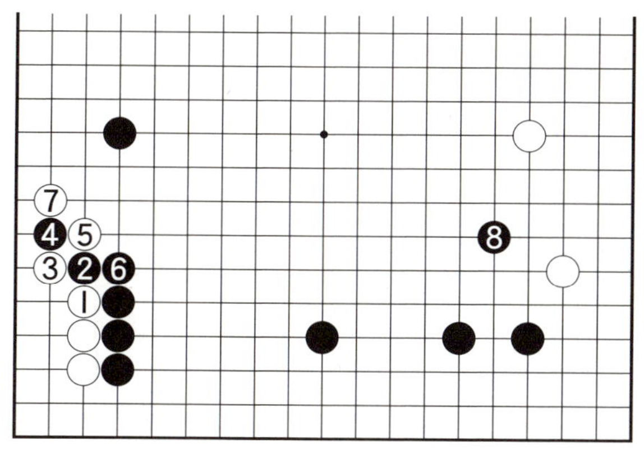

1도

1도 (실리보다 선수를)

백1은 절대의 응수. 이때 흑2~6으로 가볍게 활용한 다음 8로 손을 돌리는 것이 상용수법이다.

실리상의 손해를 감수하면서 대세를 중시한 태도이다.

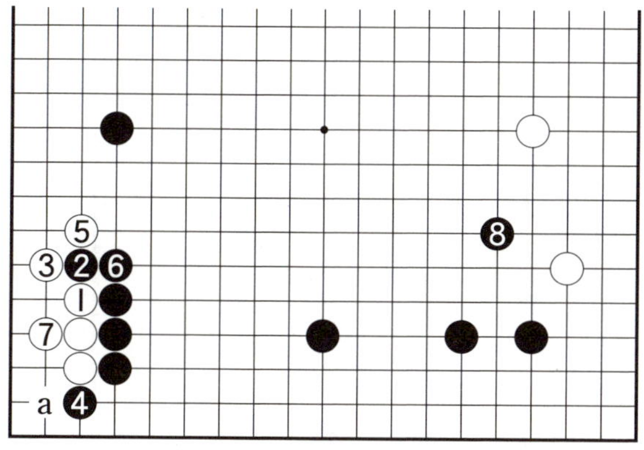

2도

2도 (실리 중시의 수법)

백3 때 흑4로 석점머리를 두들기는 것도 유력한 일책이다. 차후 흑a의 큰 수를 남기고 큰 곳으로 손을 돌린다.

1도에 비해 실리에 민감한 선택이라고 하겠다.

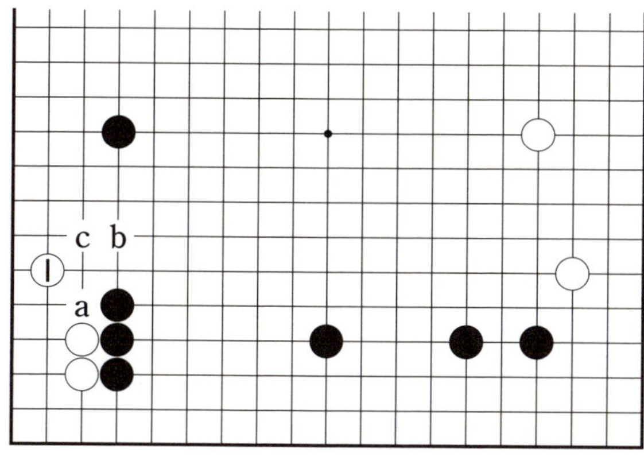

3도

3도 (☆ 함축적인 응수)

백은 a로 밀지 않고 1의 날일자로 달리는 수가 무난하다.

흑의 작전여지를 줄이면서 장차 백b나 c의 반격을 엿보는 함축적인 응수라고 하겠다.

막는 방향이 포인트

눈목자굳힘 ①

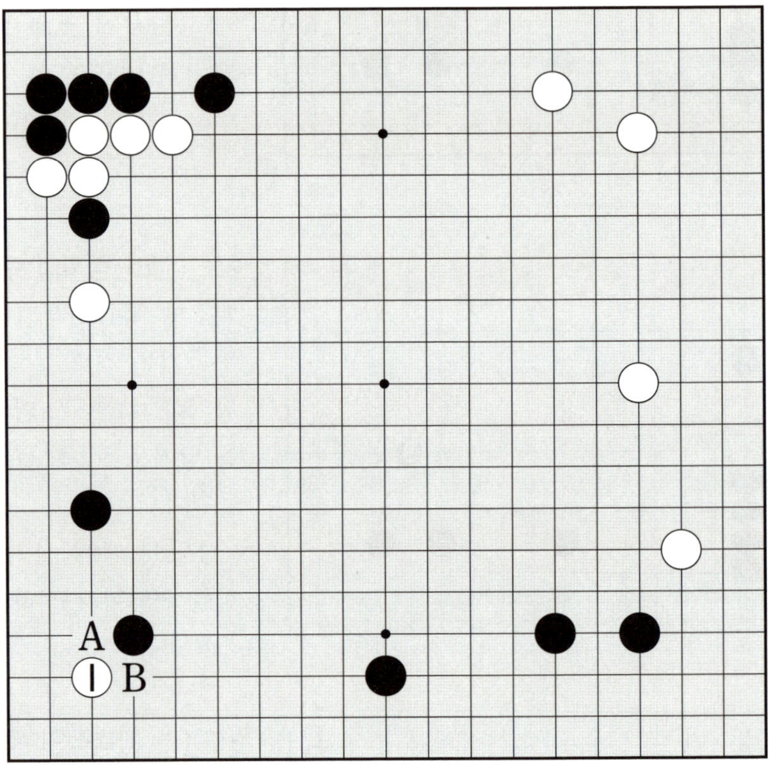

이번에는 눈목자굳힘에서의 3三침입을 집중 탐구해 보자. 눈목자굳힘은 발 빠른 대신 다소 허술하기 때문에 3三침입군을 잡기는 불가능하다. 그러므로 어떻게 살려주면서 외곽에서 대가를 구하느냐가 성패의 관건이 된다.

먼저 기본형으로 백1의 3三침입에 흑은 A, B 가운데 어디로 막아야 할지 생각해보자.

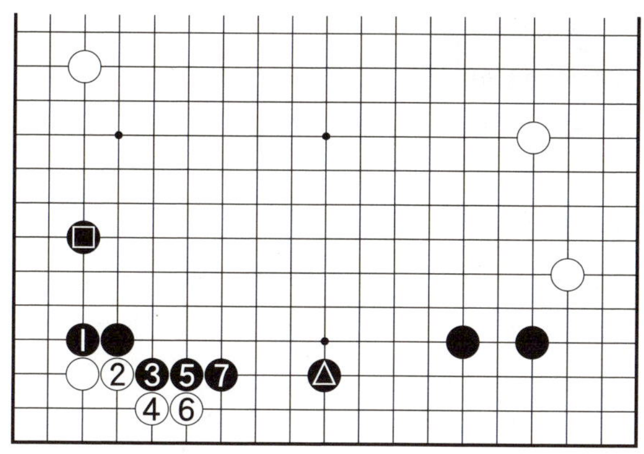

1도

1도 (방향착오)

흑1로 막는 것은 중대한 방향착오. 좌변 쪽은 흑이 세력을 쌓아보아도 ■가 심하게 중복된 데다 하변 ▲도 어색해져 돌의 능률이 크게 떨어진다.

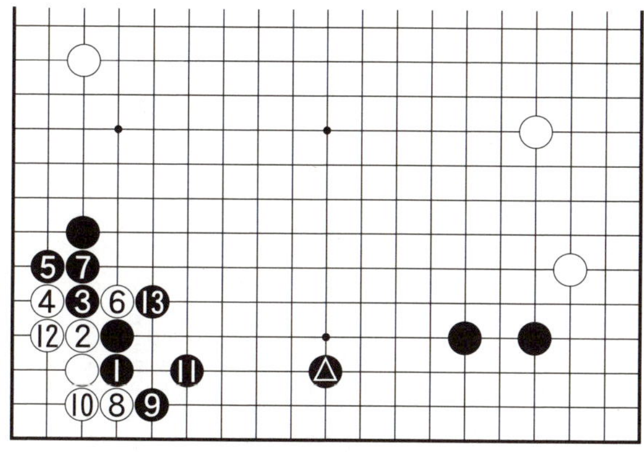

2도

2도 (☆ 넓은 쪽으로)

흑은 ▲쪽이 발전성 풍부하고 넓은 만큼 당연히 1로 막아야 한다. 이하 흑 13까지 기본정석의 일종이다.

　백은 선수로 귀살이했으며, 흑도 두텁게 외곽을 정비해 호각이다.

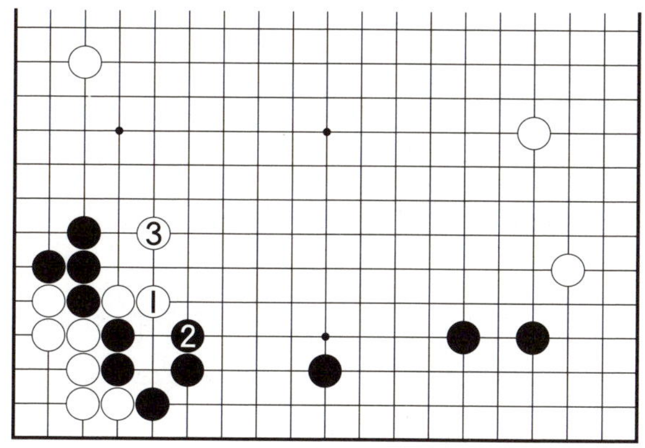

3도

3도 (흑, 곤란)

참고로 2도 흑13은 손을 빼기 어렵다.

　백1로 즉각 움직여 추궁하면 흑의 외곽이 붕괴되면서 왼쪽은 졸지에 곤마가 돼버리는 것이다(흑 2를 손 빼면 백2를 당해 형태가 무너짐).

선수를 취하려는 뻗기수법

눈목자굳힘 ②

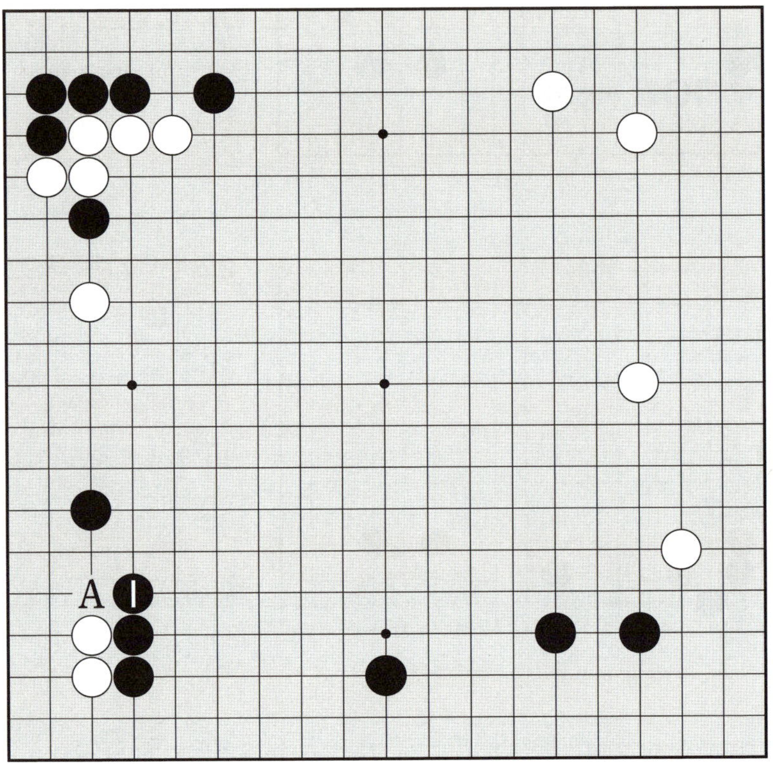

흑A의 젖힘수는 가장 상식적인 응수이지만, [7형]에서 살펴본 것처럼 너무 단순하게 처리된다는 점이 흑의 입장에서는 다소 아쉬웠다.

그래서 강구된 것이 흑1로 뻗는 수. 이 수는 [7형]에 비해 꽤 많은 변화를 내포하고 있는데, 여기서는 백의 응수를 중심으로 살펴본다.

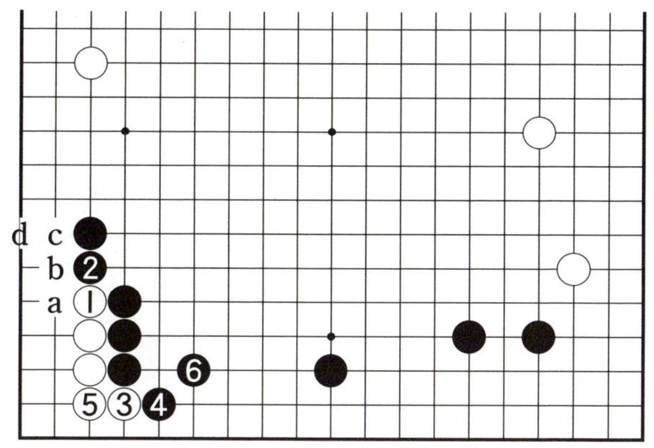

1도

1도 (☆ 간명한 처리)

백1로 미는 것이 제일감. 흑2면 백3, 5로 젖혀이어 선수로 귀살이한다.

흑은 장차 a~d 가운데 골라서 선수활용할 수 있어 좌변 쪽이 강해졌다는 이점이 있다.

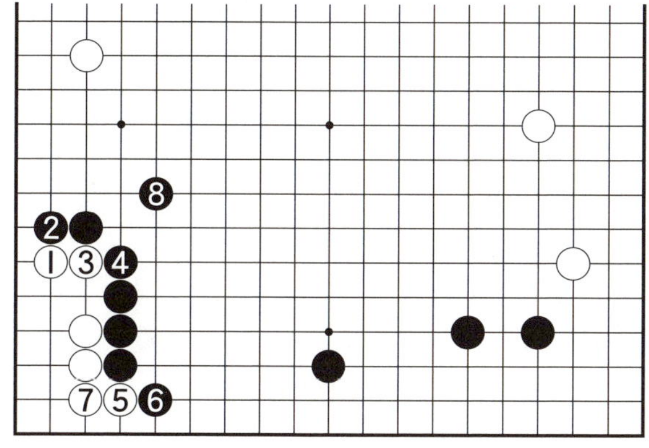

2도

2도 (백, 실리 중시)

백1로 날일자 달리는 수도 있다. 만약 이때 흑2로 막는다면 백3을 선수하고 5, 7로 크게 산다.

흑8의 후수가 불가피해서는 백이 만족스러운 결과이다. 그러므로~

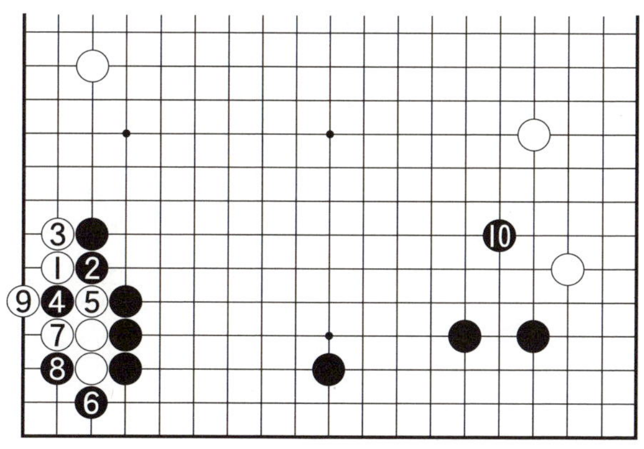

3도

3도 (☆ 흑의 최선)

좌변은 어차피 백이 강한 곳이므로 흑2로 막아 넘겨주는 것이 현명하다.

백3에는 흑4~8로 이득을 취한 다음 10의 대세점으로 손을 돌려 이 결과는 오히려 흑의 만족이다.

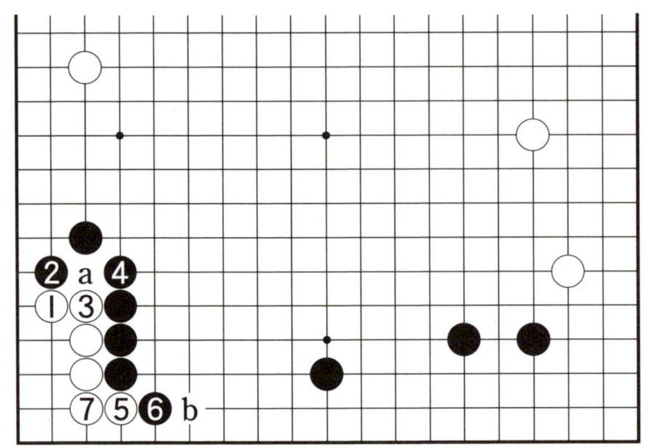

4도

4도 (☆ 책략의 마늘모)

백은 1의 마늘모가 가장 묘미 있는 수법이다. 흑2 에는 백7까지 크게 산다.

백a와 b의 후속수단이 남아 백이 만족스러운 모 습이다. 또한 백은 5, 7을 손 빼도 살아있다.

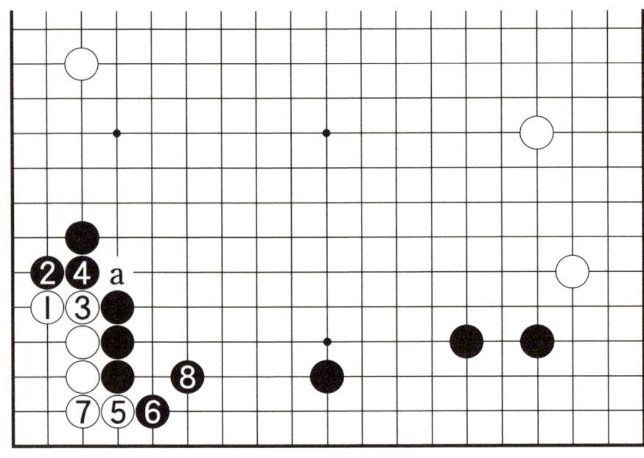

5도

5도 (백, 이득)

백3 때 흑4로 꽉 받는 것 은 좋지 않다. 백7까지 살 고 나면 a의 단점이 눈엣 가시로 남기 때문이다.

백1, 흑2의 교환자체가 1도에 비해 백으로서는 꽤 이득이다.

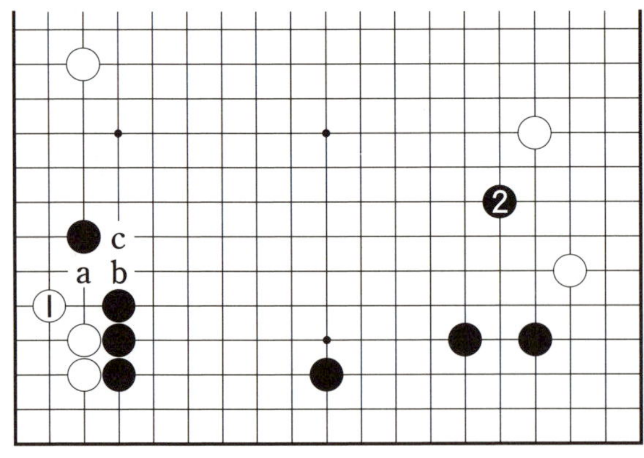

6도

6도 (흑, 대범한 작전)

흑은 백1에 일일이 응수하 지 않고 큰 곳으로 손을 돌 리는 것이 대범한 태도라 고 하겠다.

그러나 백도 장차 a, 흑 b, 백c의 노림수가 있어 큰 불만은 없다.

줄 것은 주고 반대쪽을 두껍게 하라

눈목자굳힘 ③

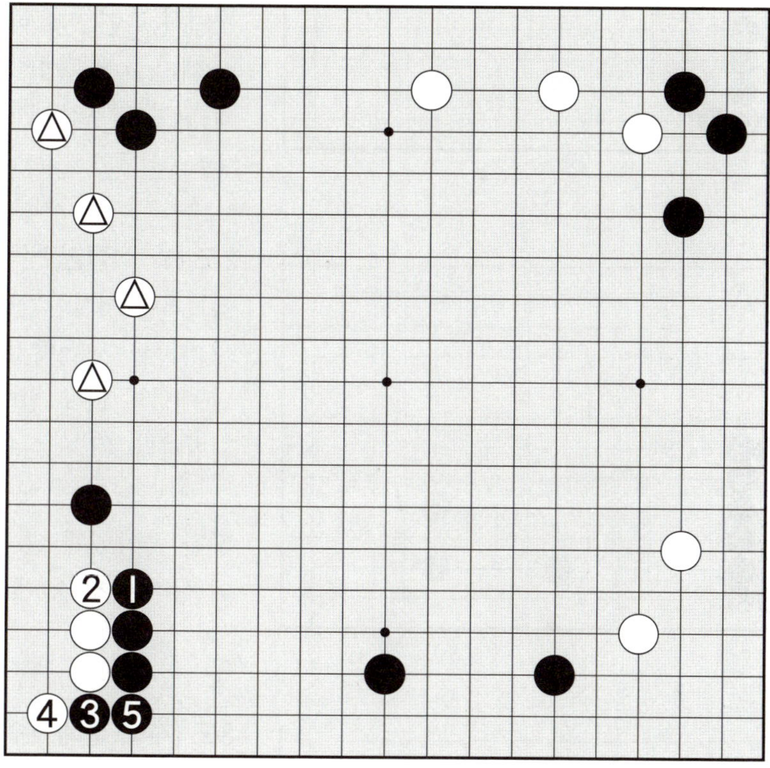

앞서 [8형]에서 소개하지 못한 수법 한 가지를 따로 떼어내 살펴본다. 흑1, 백2의 교환 뒤 흑3, 5로 젖혀잇는 수가 바로 그것이다.

좌변 백(△)이 견고한 자세를 취하고 있으므로 흑은 상대를 넘겨주는 대신 하변 쪽을 더욱 강화시키겠다는 의도이다.

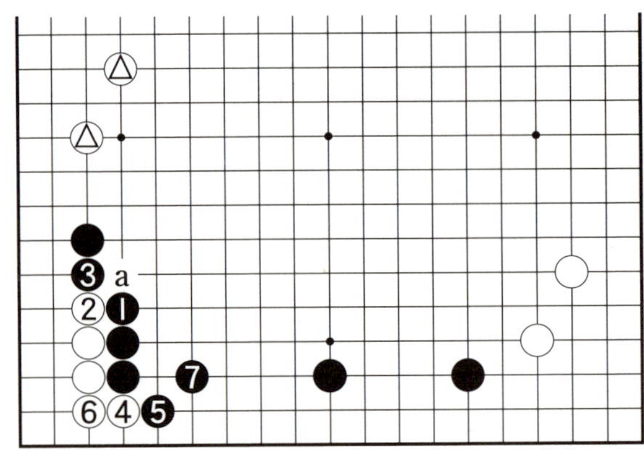

1도

1도 (고지식한 태도)

백2 때 상식적인 응수는 흑3. 그러면 흑7까지 [8형] 1도와 같은 정석이 되는데, 이 결과는 백의 선수여서 흑이 미흡하다.

　백△들이 강한 만큼 a의 단점도 부각되고 있다.

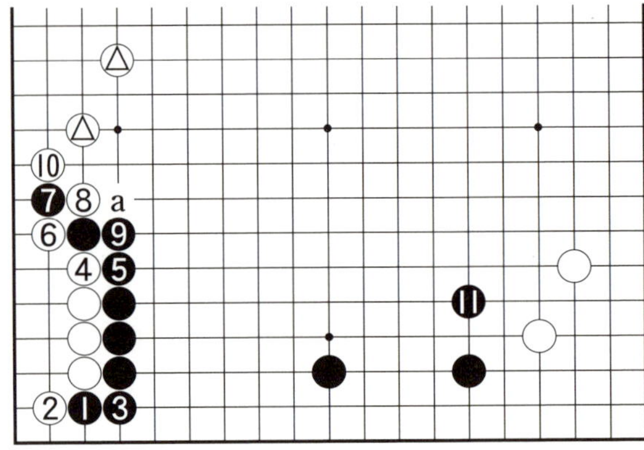

2도

2도 (☆ 적절한 선택)

흑1, 3이 적절한 임기응변이다. 선수로 벽을 쌓은 뒤 대망의 11로 향해 흑이 활발하다(흑a도 선수).

　좌변은 원래 백△들이 강한 곳이었던 만큼 편재의 성격이 짙다. 게다가~

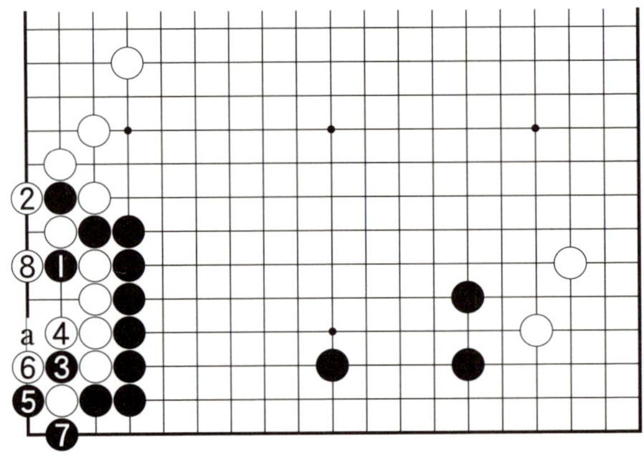

3도

3도 (후속 끝내기수단)

흑은 1~7의 끝내기 수단이 보너스로 남아있다.

　백8까지 되고 보니 실상 백집은 별 것이 없지 않은가(백6으로 7에 뻗는 것은 흑a로 꽃놀이패가 나므로 백의 무리).

상대가 강할 때의 대응방법

눈목자굳힘 ④

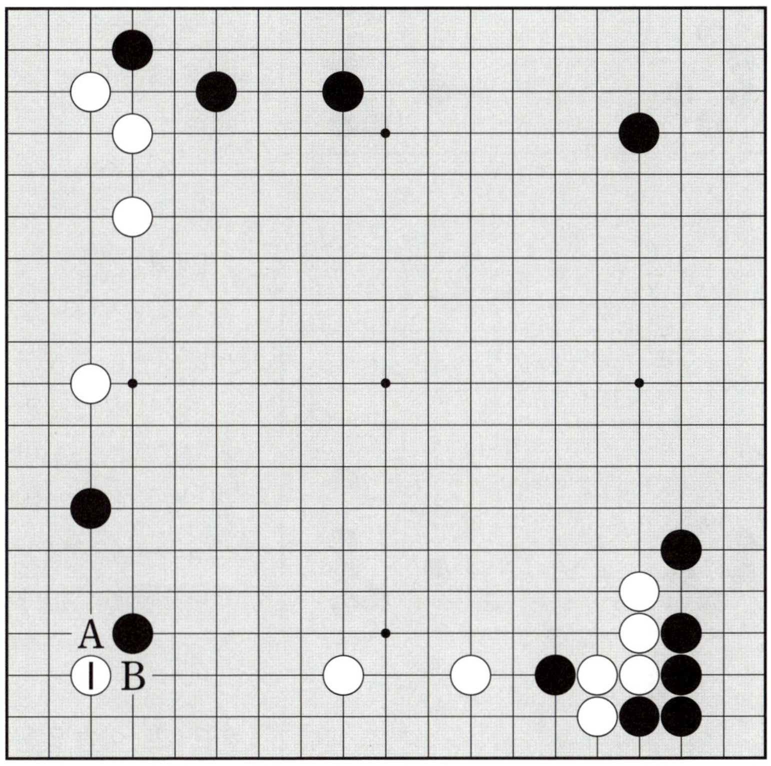

　반상의 돌은 유기체. 똑같은 형태라도 주위 배경의 변화에 따라 대응방법이 180도 달라질 수도 있다.
　이번에는 하변에 강한 백진이 형성되는 등 주변 배석이 완전히 바뀌었다는 데 주목하면서 백1의 침입에 대해 처리해보자. 흑의 다음 수는 A, B 중 어디가 정답일까?

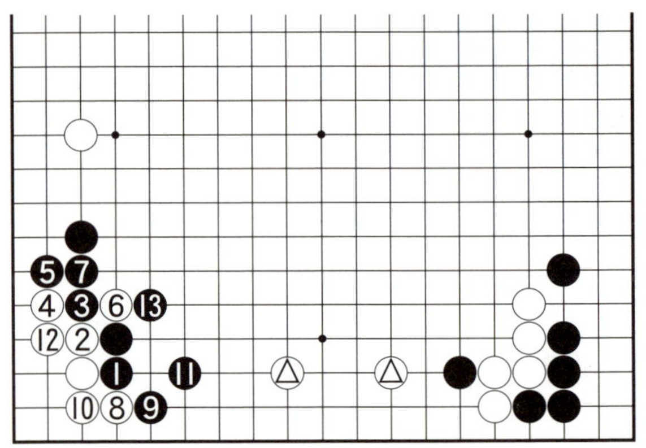

1도

1도 (방향착오)

흑1로 막는 것은 방향착오. 백12까지 안방살림을 빼앗으며 살아버리면 흑은 실속이 없다.

백△들이 견고해 흑세는 쓸모가 없지 않은가. 뿐더러~

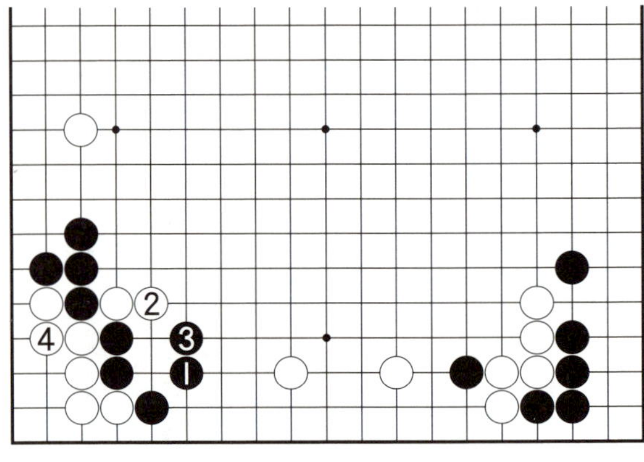

2도

2도 (흑, 곤경)

흑1 때 순순히 살지 않고 백2로 뻗는 강수도 있다.

흑3이 불가피할 때 백4로 살고나면 졸지에 양분된 흑의 대고전이다(흑3으로 4로 잡는 것은 백3으로 도리어 흑이 잡힌다).

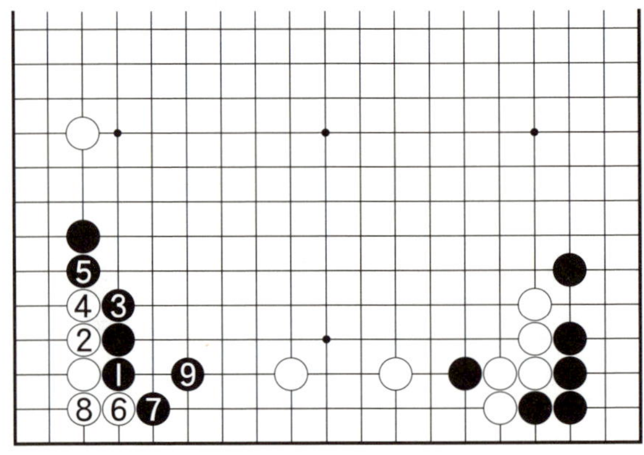

3도

3도 (흑, 실속 없음)

백2에는 흑3으로 느는 것이 정수인데, 이하 8까지 백이 선수로 귀살이하고 나면 흑은 껍데기만 남은 신세이다.

역시 흑1의 방향착오에 '원죄'가 있다.

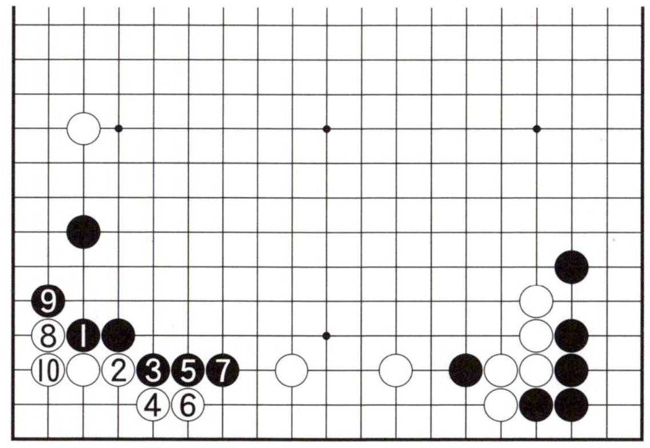

4도

4도 (흑, 불만)

그러므로 흑1로 막는 것이 올바른 방향이다. 그런데 다음 백4 때 흑5로 그냥 느는 것은 무책이다.

이하 백10까지 별 대가 없이 실속을 모조리 빼앗겨서는 흑의 불만이다.

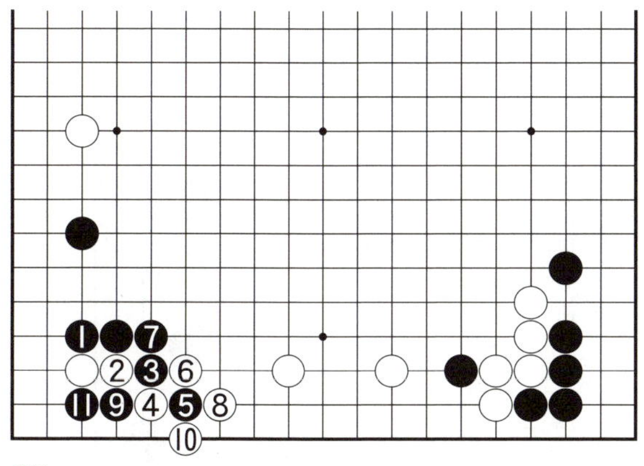

5도

5도 (☆ 안정과 실리)

흑5가 최선. 흑은 11까지 실리를 확보하며 안정한다. 하변은 원래 백이 강한 곳이었던 만큼 아까울 것이 없다. 이처럼 상대가 강한 지역에서는 안정이 최우선이다.

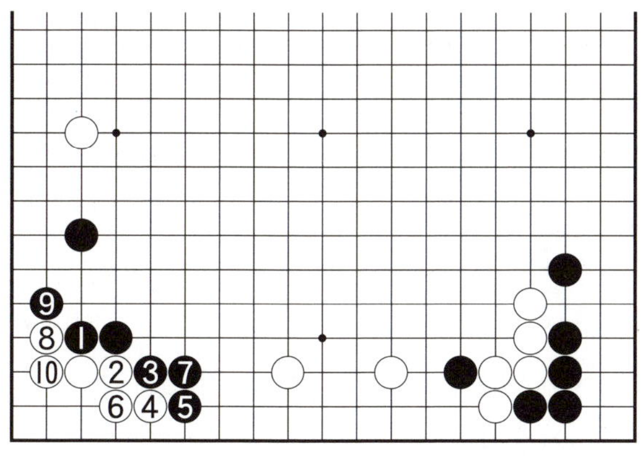

6도

6도 (흑, 두터움)

그렇다고 흑5 때 백6으로 잇고 버티는 것은 무리이다. 백10까지 후수로 귀살이하는 자세가 옹색할 뿐더러 흑의 자세도 한결 안정적이어서 4도와는 비교가 안 된다.

작게 살려준다

날일자굳힘 ①

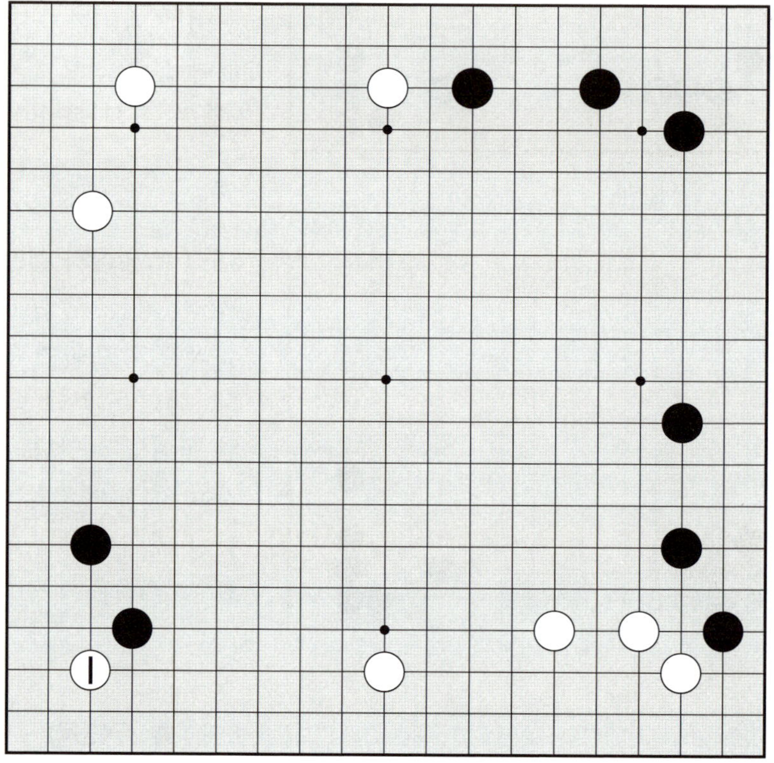

이번에는 날일자굳힘에서의 3三침입에 대해 살펴본다. 날일자굳힘은 눈목자에 비해 견실하기 때문에 3三침입으로 큰 이득을 취하는 것이 불가능할 뿐만 아니라 변화의 여지도 적은 편이다.

물론 이때도 주변 배석이 응수의 기본 방침을 결정한다. 자, 백1의 침입군을 흑은 어떻게 대하는 것이 최선일까?

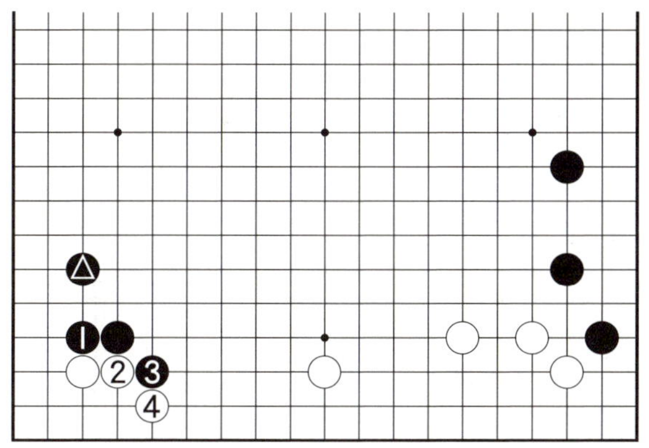

1도

1도 (방향착오)

흑1로 막는 것은 낙제점. 백2, 4로 크게 살려줄 뿐더러 ●가 심하게 중복되어 흑의 꼴이 말이 아니다.

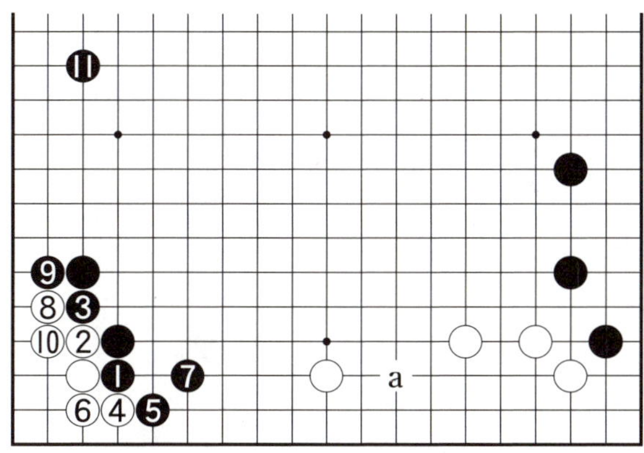

2도

2도 (☆ 대승적 처리)

흑1이 정수. 백의 삶을 기다려 흑11의 큰 곳으로 달려간다. 차후 a의 침입도 노릴 수 있지 않은가.

침입군을 작게 살려주면서 두터움과 선수를 얻는 대승적 처리법이다.

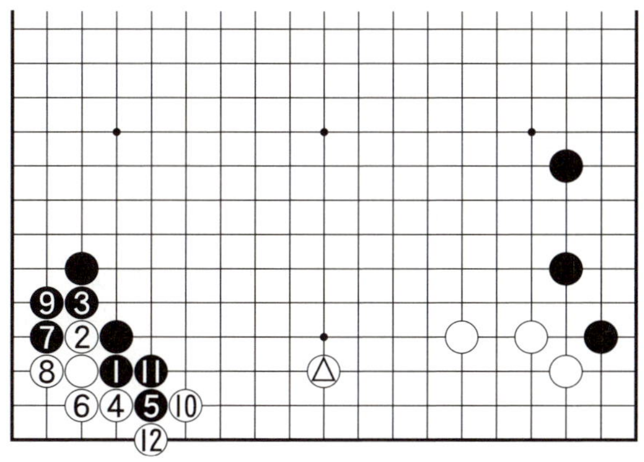

3도

3도 (잡을 수 없다)

백6 때 흑7로 잡으러 가는 것은 과욕이다. 백△의 연결고리가 있어 도저히 잡을 수 없다.

백12까지 연결되고 나면 흑은 별로 얻은 것이 없는 모습이다.

필연의 천지대패

날일자굳힘 ②

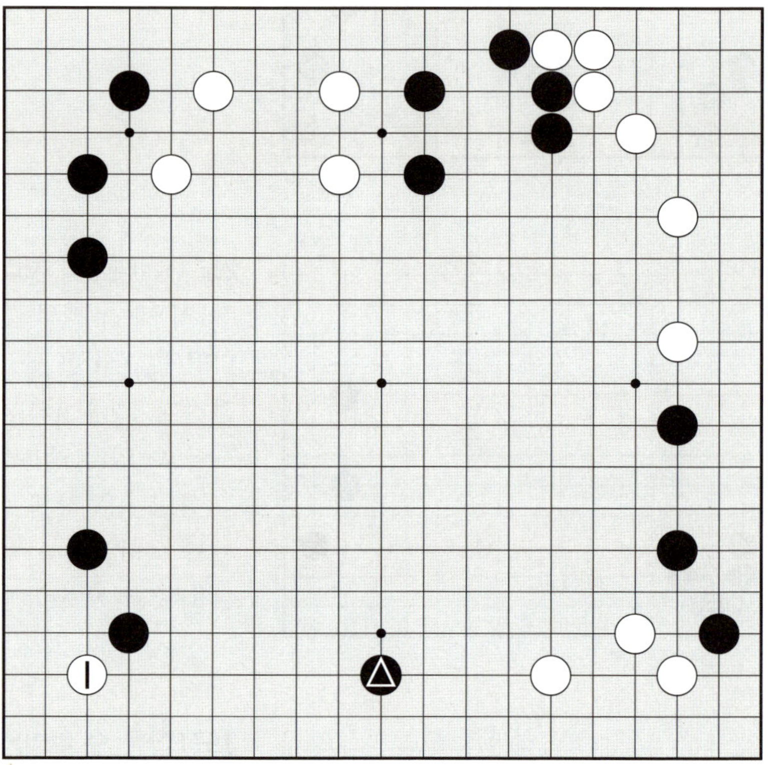

앞서 하변 쪽에 백의 원군이 있는 [11형]에서는 백의 침입군이 자력으로 완생할 수 있었다.

그렇다면 반대로 흑△가 있는 상황이라면 어떻게 변화될까? 이 점에 착안하여 백1의 침입군을 공략해 보자.

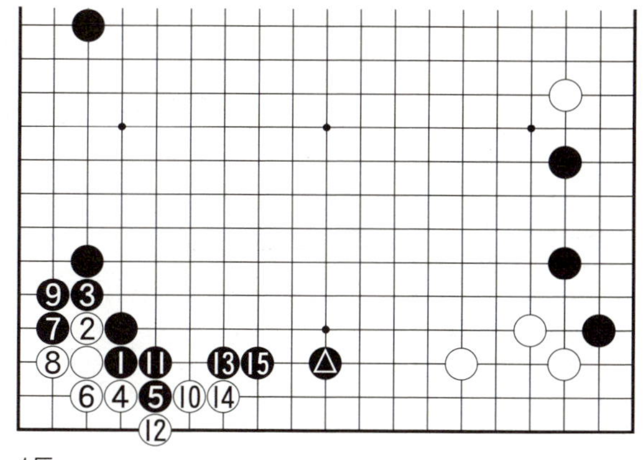

1도

1도 (백, 죽음)

흑1로 막고 9까지 백의 사활을 추궁해보자. 흑15까지 백의 자체 삶은 불가능하다. 흑▲가 결정적인 역할을 하고 있기 때문이다.

그렇다면 백은 살 수 없다는 말일까?

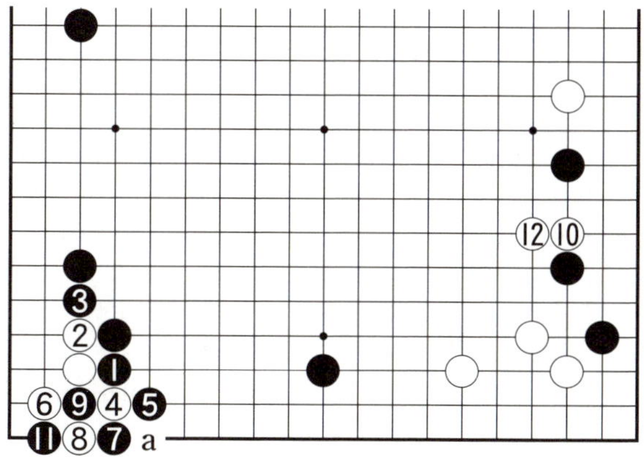

2도

2도 (☆ 천지대패 발생)

백6, 8로 버티는 것이 최강이자 최선이다. 백a로 해소하는 날이면 하변이 초토화되므로 흑의 부담도 매우 큰 패이다.

더욱 지금은 백10의 절호한 팻감이 있어 흑의 무리이다.

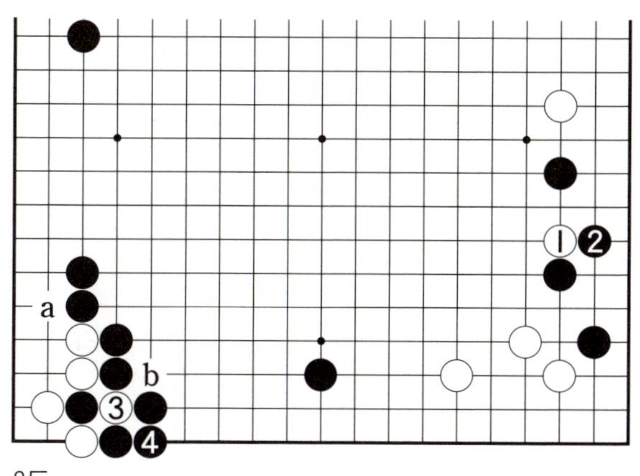

3도

3도 (흑, 부담 가중)

그렇다고 백3 때 흑4로 물러서는 것은 하책이다.

이제 백a면 살 수 있는데다 팻감만 많다면 백b로 패를 키울 수도 있어 흑은 더욱 불안해진다.

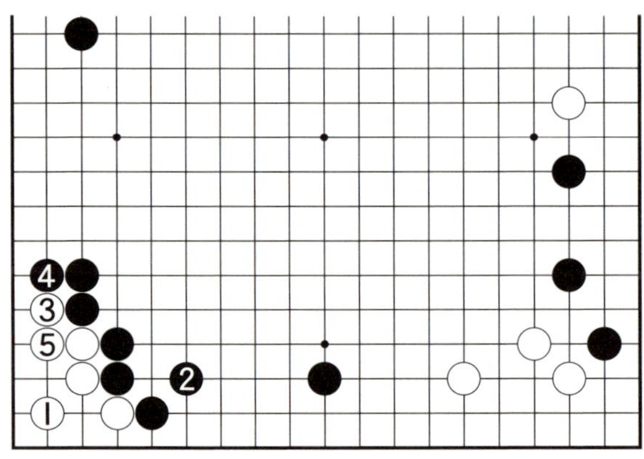

4도

4도 (☆ 흑의 현명책)

따라서 지금처럼 팻감이 불리하다면 패를 걸지 말고 그냥 흑2로 지키는 것이 현명하다.

백의 후수 삶을 기다려 큰 곳을 선점한다면 전국적으로는 밑질 것이 없는 것이다.

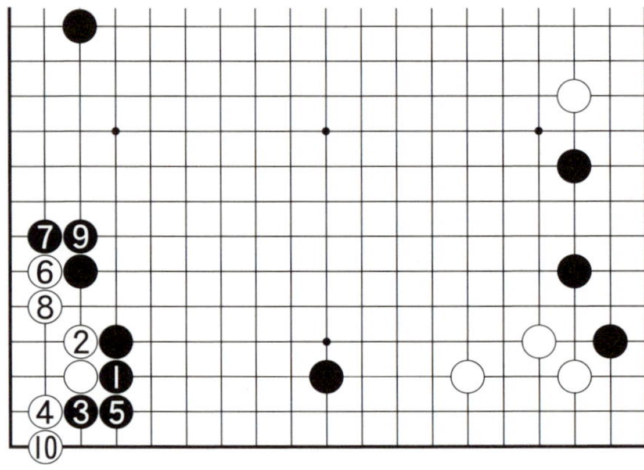

5도

5도 (☆ 흑의 별책)

또한 패모양을 만들고 싶지 않다면, 백2 때 아예 흑3, 5로 젖혀이어 실속을 취하는 수법도 유력하다.

이하 10까지, 역시 백을 조그맣게 살려주는 대신 선수를 잡는다는 발상이다.

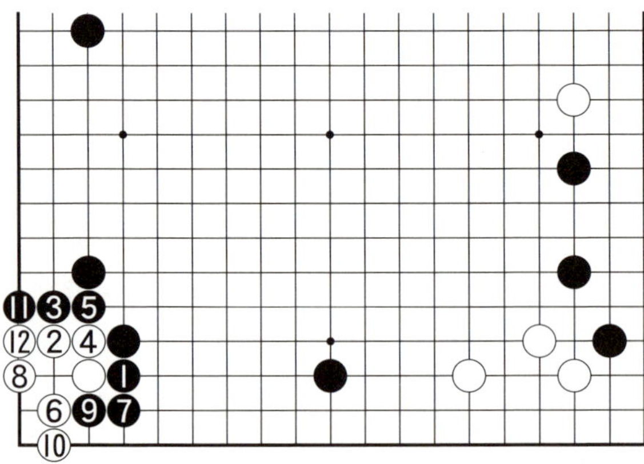

6도

6도 (백, 구차한 삶)

사실 백은 패를 내지 않고도 완생하는 수가 있기는 하다. 백2~12가 그것.

그러나 이것은 너무나 구차한 모습이어서 극한 상황이 아니라면 선택하지 않는 것이 좋겠다.

살려주는 방법이 중요하다

한칸굳힘

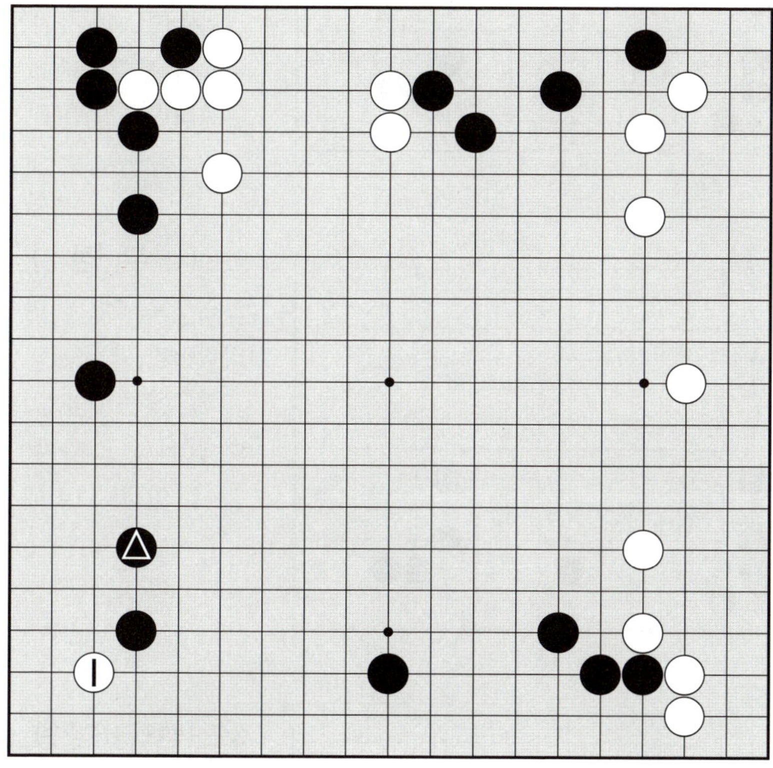

이번에는 한칸굳힘에서의 3三침입이다. 한칸굳힘은 흑
▲의 자세가 높은 만큼 침입군이 살 수 있는 여지도 풍부
해진다. 그러므로 여기서도 3三침입군을 잡으려는 태도보
다는 적당히 살려주는 대신 외곽 쪽에서의 소득을 극대화
시키는 발상을 하는 것이 현명하다.

자, 그러면 백1의 '손님'을 잘 다스려 보자.

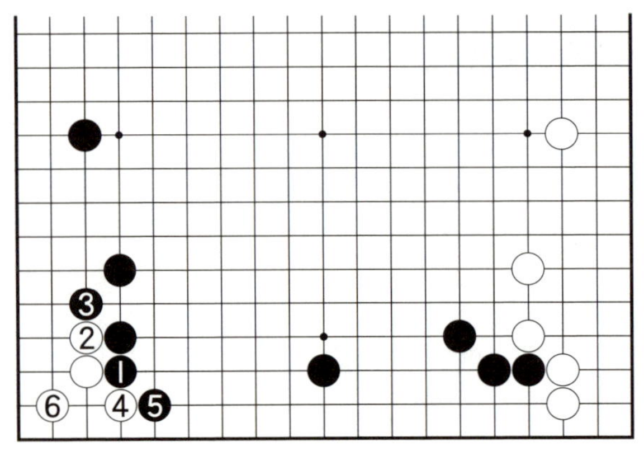

1도

1도 (백, 속수)

흑1로 막는 것은 절대수이다. 그런데 이때 백2로 치받는 것은 속수. 흑을 호구로 만들어주는 이적 행위일 뿐더러, 백 자신은 자체 완생이 불가능해져 최악의 결과이다.

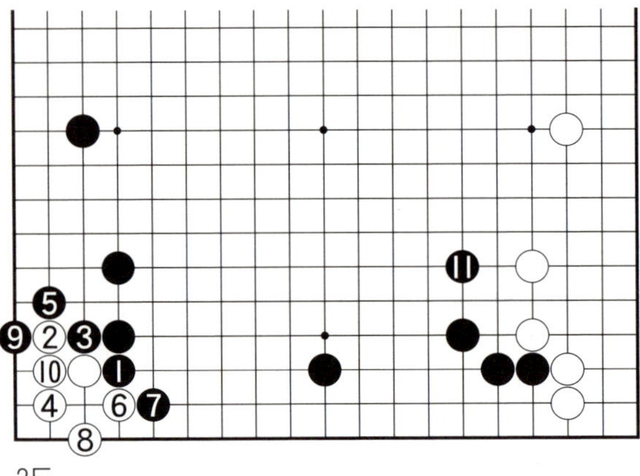

2도

2도 (☆ 무난한 완생)

그러므로 백2의 마늘모가 정착이다.

흑3에는 백4로 호구친 다음 이하 10까지 거뜬히 살 수 있다. 그런데~

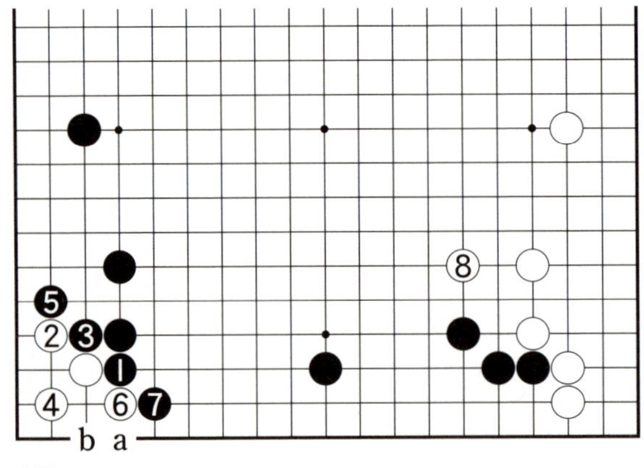

3도

3도 (백의 버팀수)

시급한 곳이 있다면 흑7까지만 교환해 삶의 여지를 확인해둔 다음 백8로 손을 돌리는 것이 순발력 넘치는 수법이다.

좌하 쪽은 흑a에 백b의 패로 버틴다는 심산이다.

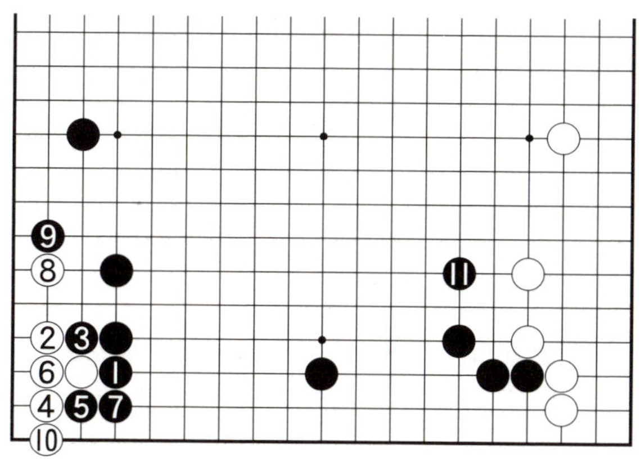

4도

4도 (흑의 별책)

흑이 3도가 싫다면 백4 때 흑5, 7로 처리하는 것이 유력하다.

백10까지 삶을 강요한 뒤 귀중한 선수를 뽑을 수 있다.

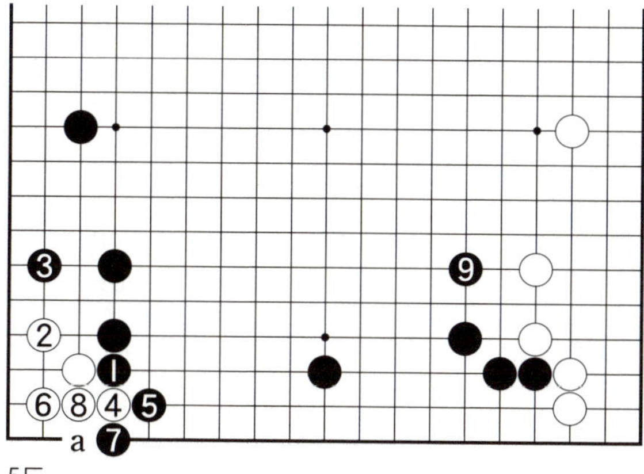

5도

5도 (☆ 흑의 변화구)

백2 때 흑3으로 받는 것도 유력한 응수방법이다. 백4, 6으로 살 때 선수를 잡아 흑9에 선착하면 성공적인 모습이다.

만약 흑7 때 백a로 버텨오는 것이 꺼려진다면 그냥 흑9로 향한다.

6도

6도 (흑, 무리)

5도 이후 흑1로 잡으러가는 것은 무리이다. 백6의 맥점이 있어 잡을 수 없다. 백10까지 '김밥 옆구리'가 터진 모습이다. 다만, 훗날 a 언저리에 흑돌이 놓이면 사활이 걸리므로 백도 조심해야 한다.

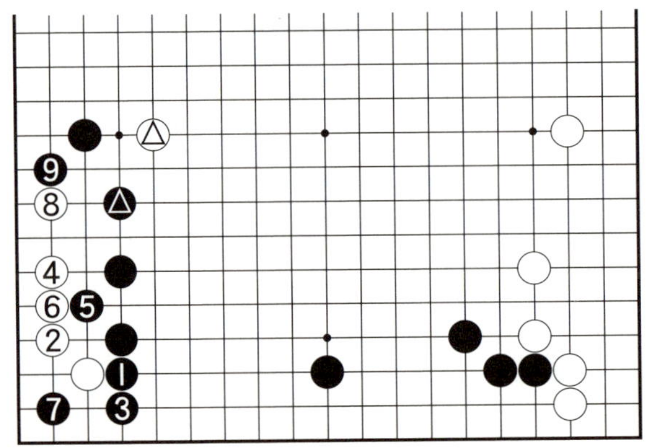

7도

7도 (흑의 초강수)

만약 지금처럼 백△, 흑● 가 교환되어 좌변 흑진이 단단해진 상황이라면 백2 때 흑3으로 잡으러가는 독 수가 있다.

백8까지 몸부림쳐도 흑 9까지 백의 궤멸이다.

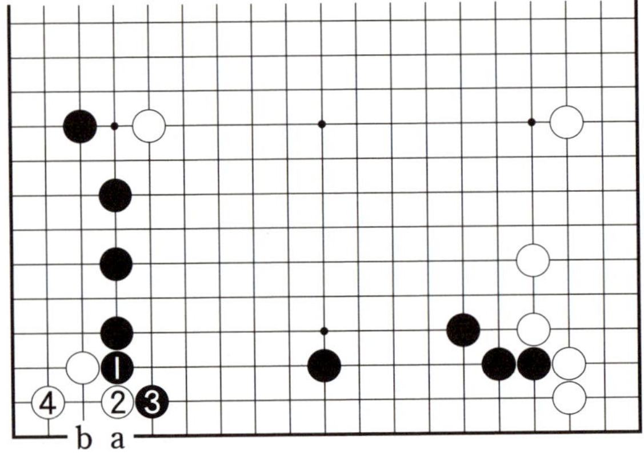

8도

8도 (☆ 백의 최선)

그러므로 지금처럼 좌변 흑진이 견고할 때는 백2, 4로 삶을 구하는 것이 최 선이다. 다음 흑a에는 백b 로 패. 물론 이 패는 흑의 부담도 커 함부로 결행하 기 힘들다.

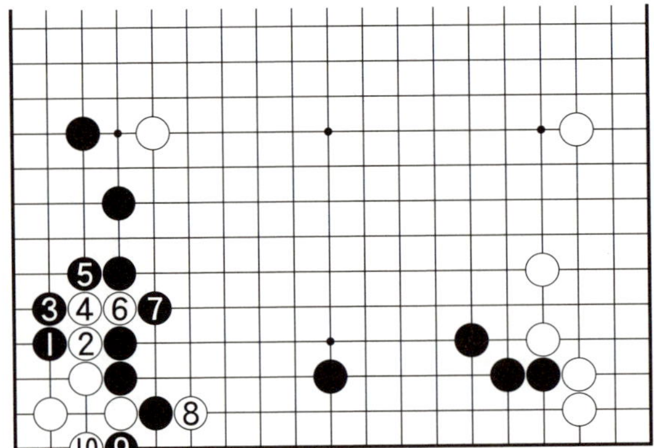

9도

9도 (흑, 무리)

8도 이후 패를 하지 않고 흑1, 3으로 '털도 안 뽑고' 잡으려는 것은 외곽이 완 전치 않은 상황에서는 무 리이다.

백10까지 도리어 흑이 곤경에 빠지는 것이다.

2장

3三침입과 처리법

(정석형)

화점 포석이 대유행함에 따라 종전까지 비교적 단순 명료하던 화점 정석도 많은 발전과 변화를 겪었다. 3三을 차지하는 쪽이 곧 귀의 주인이 되기 때문에 화점 정석에서 3三은 쟁탈의 요소가 된다.

특히 접바둑에서는 정석과정에서 1~3도와 같은 상수의 변화무쌍한 3三침입에 당황하여 안방 실리를 송두리째 내준 채 손해를 보는 경우가 많다. 결국 화점 정석에서는 적절한 3三관리가 정석의 유 불리를 판가름하는 열쇠가 된다고 해도 과언이 아닐 것이다.

이 장에서는 화점 정석 과정에서 나타나는 3三침입과 그 처리방법을 다루었다.

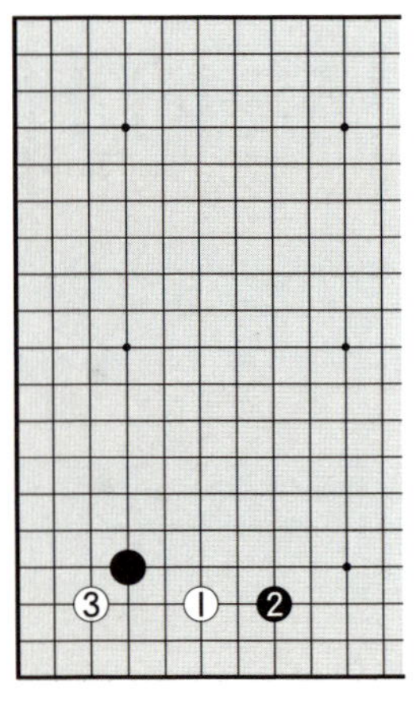

1도

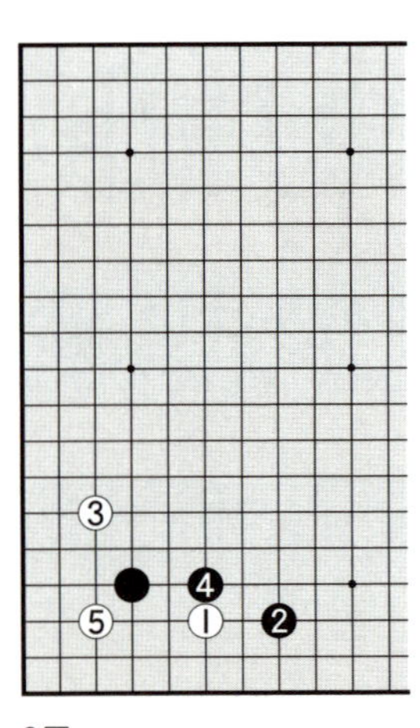

2도

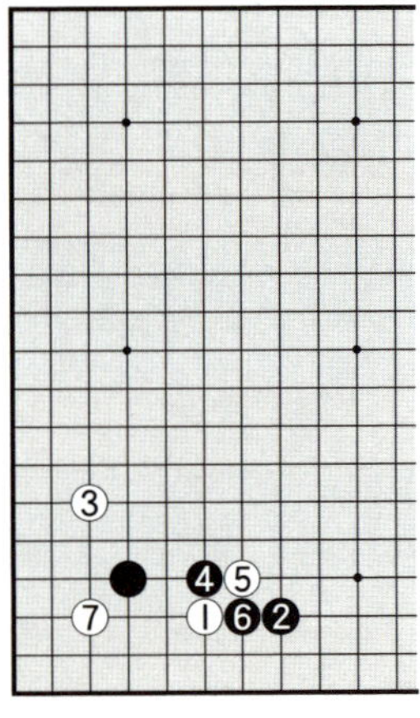

3도

날일자 받기에서

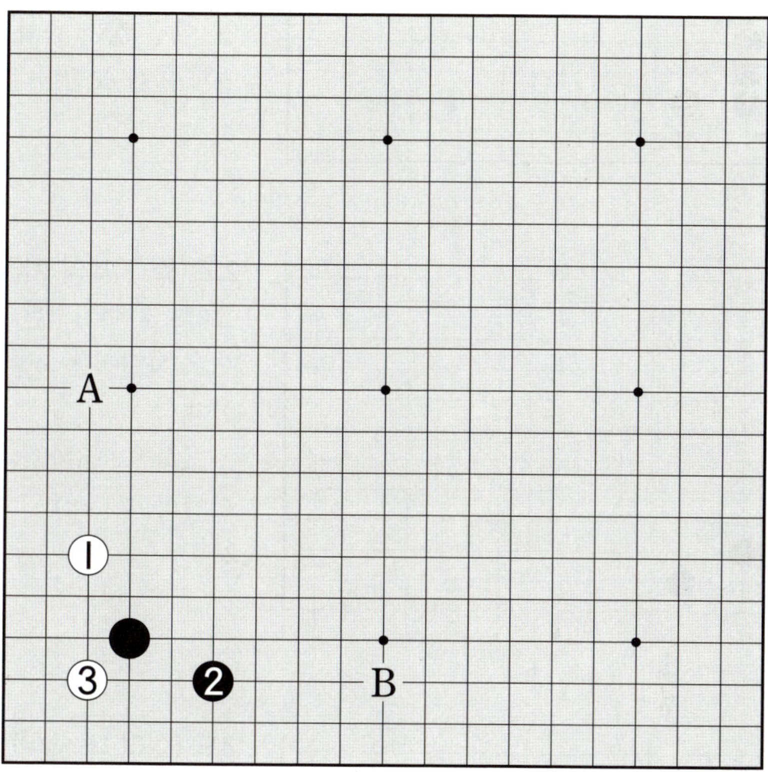

흑2의 날일자는 가장 견실하고도 무난한 응수이다. 이때 곧바로 백3으로 뛰어드는 것도 자주 등장하는 수법으로 3 三침입을 둘러싼 정석의 기본형이라고 할 수 있다.

A나 B 부근에 백돌이 있다면 흑의 근거를 빼앗는 공격적 의미도 띠고 있어 한층 강력한 맛이 있다.

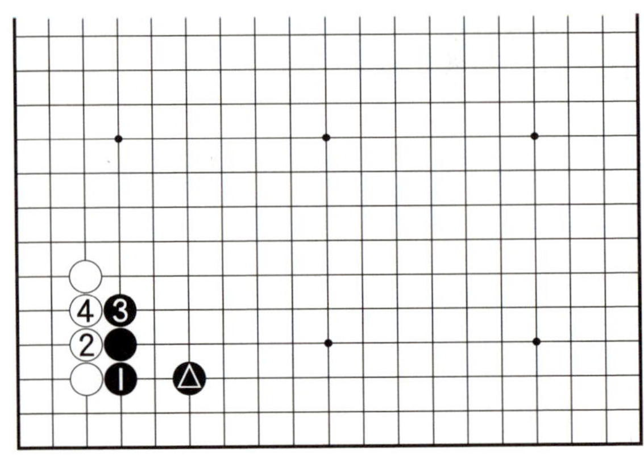

1도

1도 (흑, 무기력)

먼저 흑1로 막는 것은 무기력한 응수이다. 백2로 깨끗하게 넘어가 싱겁다.

백의 실리가 짭짤한 반면, 흑은 ▲가 중복되어서 크게 당한 모습이다.

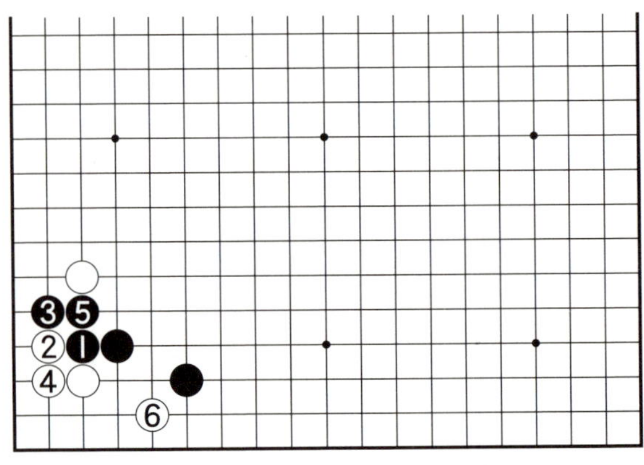

2도

2도 (☆ 기세의 차단)

그러므로 여기서는 흑1, 3으로 차단하는 것이 기세이다.

그러면 백6까지는 거의 필연의 수순이다. 계속해서~

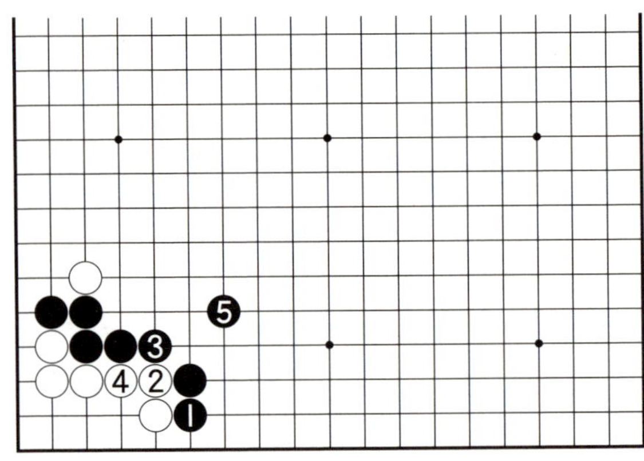

3도

3도 (실리 대 세력)

주위에 백돌이 없다면 흑1로 막는 것이 강력하다.

이하 흑5까지 백 실리와 흑 세력의 절충인데, 자체로는 흑이 다소 두터운 결말이라고 하겠다.

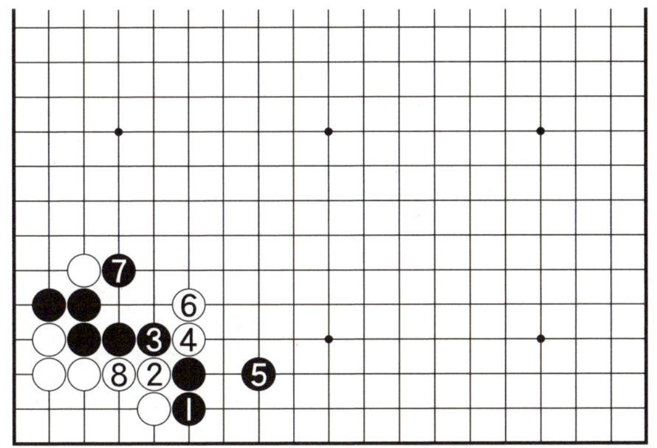

4도

4도 (백, 별무신통)

흑3 때 백4로 끊는 수도 있다. 그러나 결국 백8을 생략할 수 없기 때문에(5장 [8형] 참조), 주위에 원군이 없다면 그리 통렬한 수단은 되지 못한다.

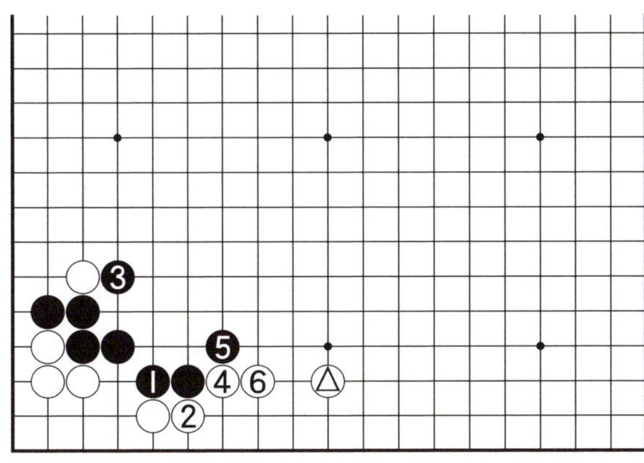

5도

5도 (배석에 따라)

만약 백△의 기착점이 있는 상황이라면 흑1, 3으로 두텁게 처리하는 것이 현명하다.

백6을 기다려 큰 곳으로 손을 돌리면 흑도 충분한 모습이다.

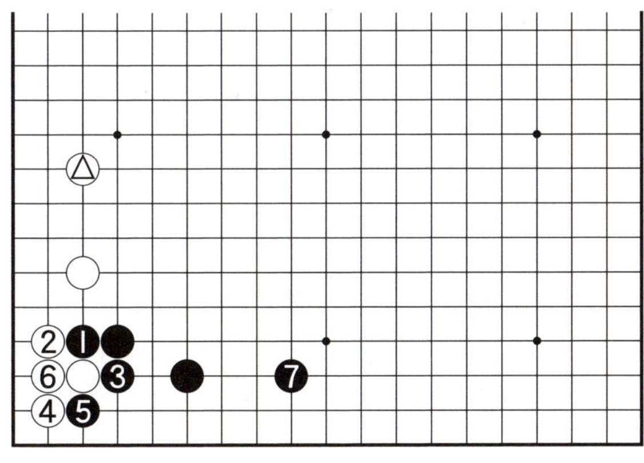

6도

6도 (☆ 현명한 절충)

또한 지금처럼 백△가 있어 좌변을 도모하기 어렵다면, 백2 때 흑3으로 막아 넘겨주는 것이 현명하다. 흑7까지 피차 무난한 절충이다.

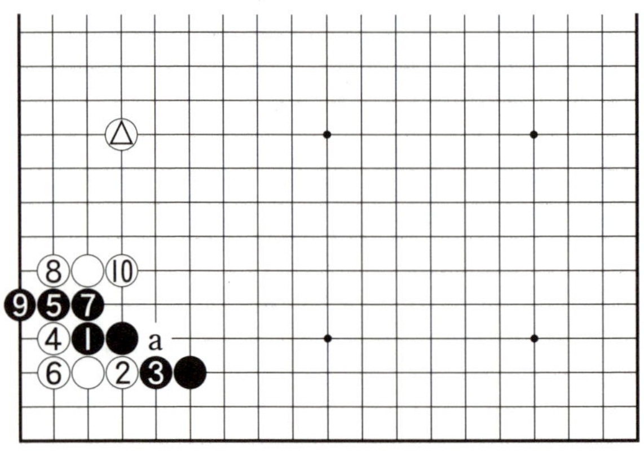

7도

7도 (백의 변화구)

백△의 원군이 있고, 우상쪽의 축머리가 유리하다면 백2로 먼저 미는 수도 유력하다.

백10까지 a의 단점을 빌미삼아 흑을 압박한다. 자, 이때 흑은 어떻게 두어야 할까?

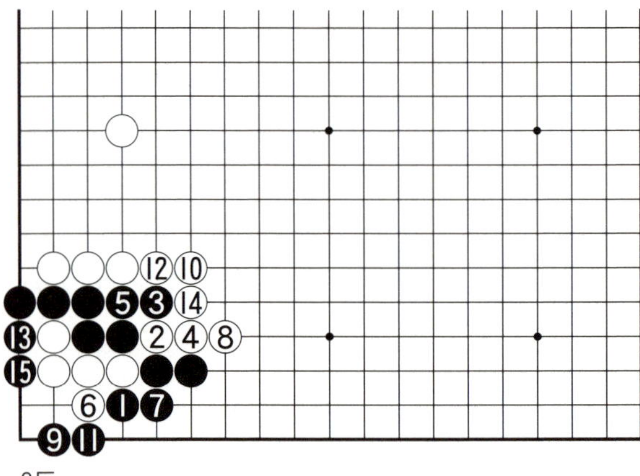

8도

8도 (흑, 소탐대실)

흑1로 젖히는 것은 백2로 끊겨 곤란해진다. 흑15까지 귀를 잡을 수는 있으나 선수로 싸발림 당하면 잡고도 망한 꼴이다.

귀의 실리는 불과 10여 집인데 백의 외세는 콘크리트 철벽!

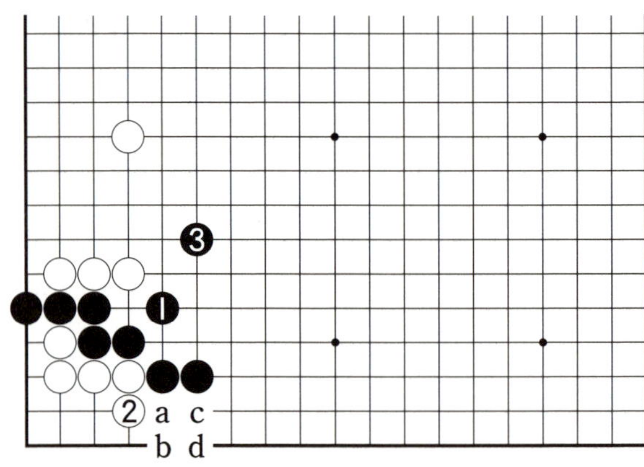

9도

9도 (☆ 침착한 지킴)

따라서 흑1로 지키는 것이 정수. 그러면 흑3까지 일단락된다.

양쪽을 처리한 백이 기분 좋은 것 같지만, 흑도 차후 a~d 중 골라서 선수할 수 있어 둘 만한 모습이다.

한칸 받기에서

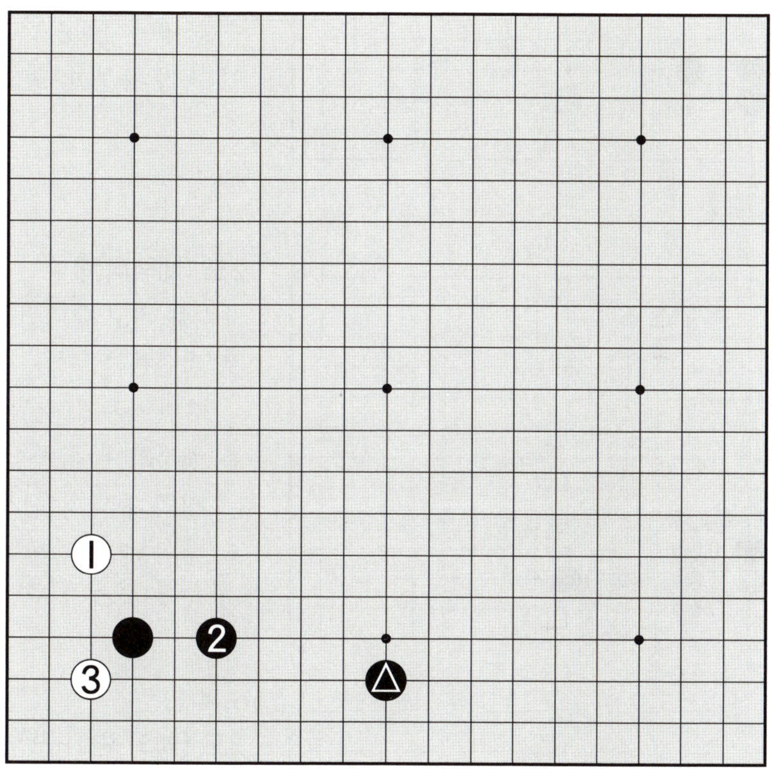

　흑2의 한칸은 흑▲의 기착점이 있을 때 적절한 응수법이다. 이때는 백3이 더욱 유력한 침입수단이 된다. 흑2의 자세가 높은 탓에 귀살이가 용이하기 때문이다.

　자, 이때 흑은 어떻게 처리하는 것이 좋을까?

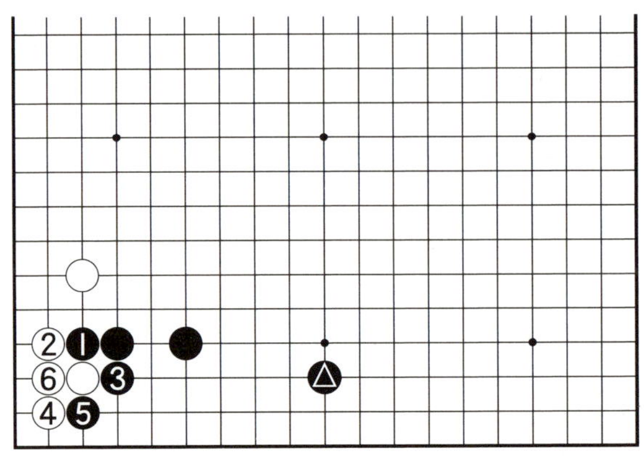

1도

1도 (☆ 간명한 처리)

이 경우에는 흑1, 3으로 처리하는 것이 무난하다.

흑▲의 가치를 살려 하변 쪽을 지역화하면서 선수를 뽑아 큰 곳으로 향하면 흑이 충분한 모습이다.

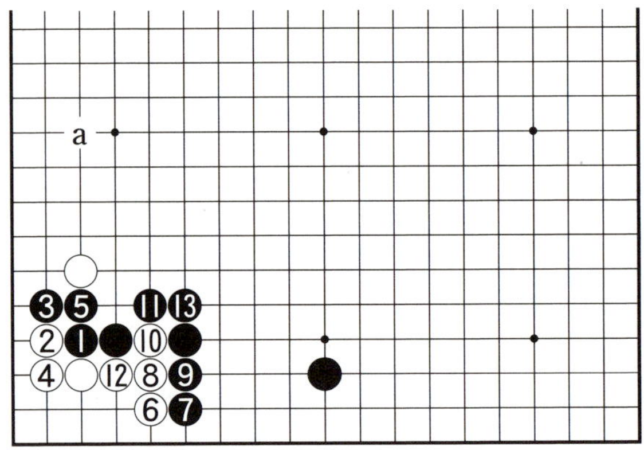

2도

2도 (세력작전)

세력을 펴고 싶다면 흑3으로 차단한다.

다만 a쪽에 백돌이 있는 경우라면 자칫 실속 없는 결과가 되기 십상이므로 주위 배석을 잘 판단해야 할 것이다.

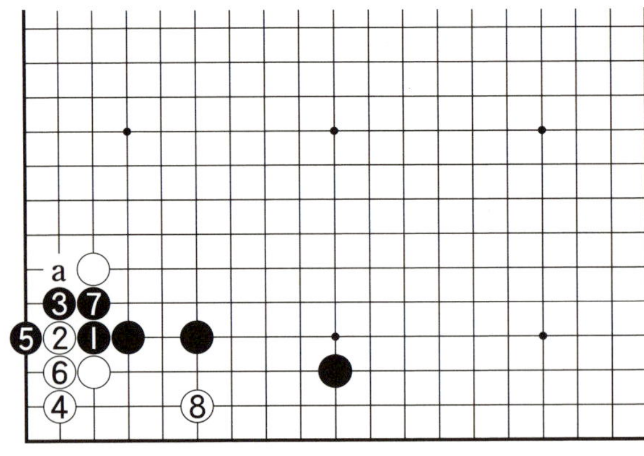

3도

3도 (백의 변화구)

백은 4로 호구친 다음 8까지 달리는 발 빠른 수법도 있다.

a의 수단이 사라진 대신 하변 흑진을 더욱 초토화시켰다는 점이 백의 자랑이다.

눈목자 받기에서

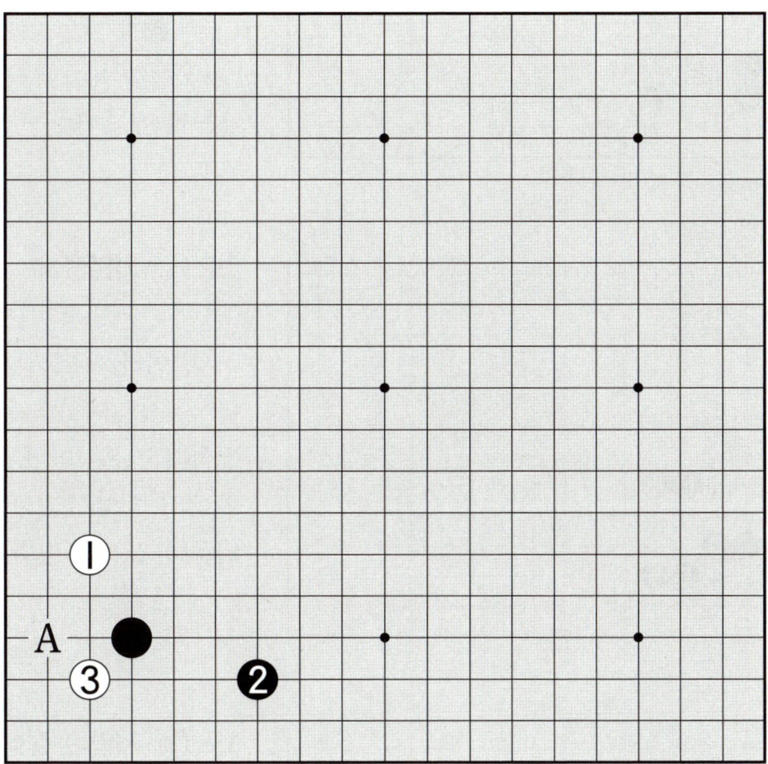

과거 애용되었던 흑2의 눈목자는 현대 들어 다시 각광받기 시작한 세력지향의 수법이다. 이 수는 백3의 3三침입을 유인하는 의미가 짙다.

백a로 달리는 것은 흑3으로 받는 자세가 날일자일 때에 비해 능률적이어서 흑의 만족이다. 그래서 눈목자에는 백3으로 뛰어드는 것이 기세이자 상식적인 것이다.

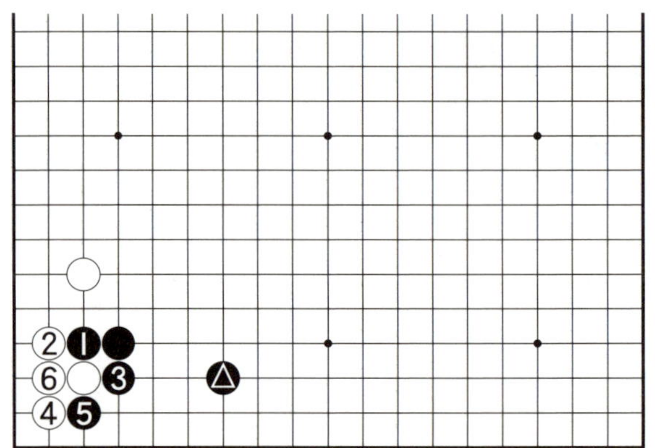

1도

1도 (간명한 처리)

여기서도 일단 흑1로 막는 것이 절대점이다. 이때 백2로 젖힌다면 흑3으로 막아 넘겨주는 것이 무난하다. 흑▲가 날일자나 한칸 보다 능률적이어서 흑도 충분한 모습이다.

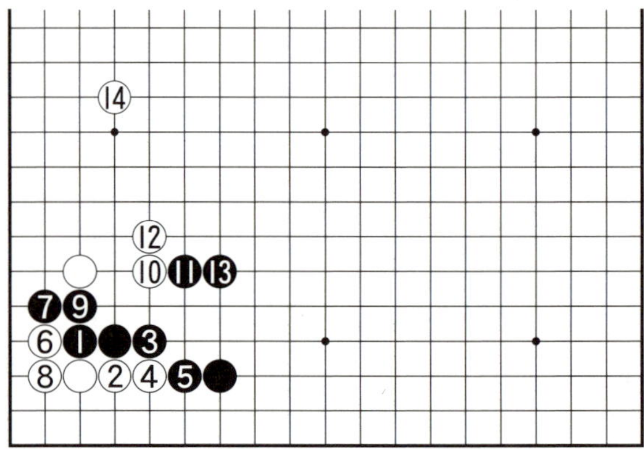

2도

2도 (☆ 기본정석)

흑1에는 백2로 미는 것이 기세. 이하 백14까지 화점 바둑에서 자주 볼 수 있는 정석의 기본형이다.

　백의 발 빠름과 흑의 두터움이 잘 어울렸다.

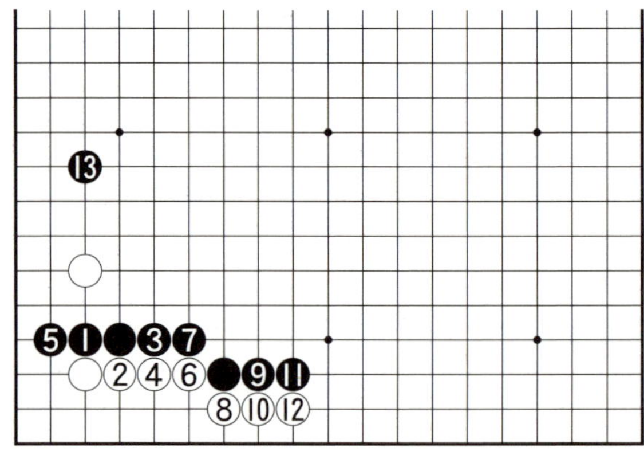

3도

3도 (☆ 개발된 정석)

백4 때 흑5로 내려서는 수도 있다. 백의 발 빠름을 견제하기 위해 개발되어 많이 두는 수법이다.

　백12까지 기게 한 다음 흑13으로 협공해 실리 손실의 대가를 구해 나간다.

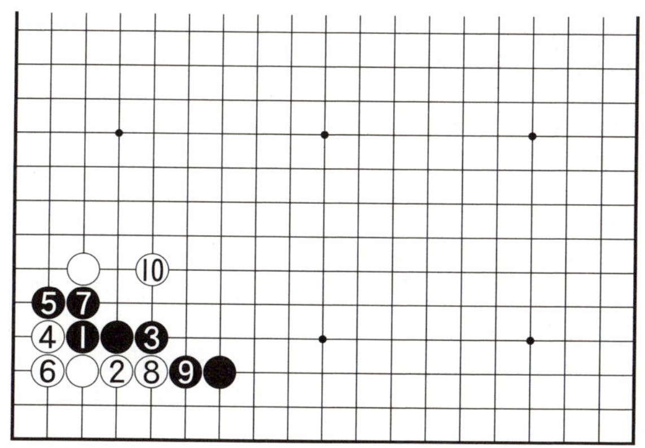

4도

4도 (정석으로 환원)

백은 3도가 싫다면 4, 6으로 먼저 젖혀이은 뒤 8로 미는 변화구가 있다.

이때 흑이 9로 받아준다면 백10으로 뛰어 2도로 환원된다.

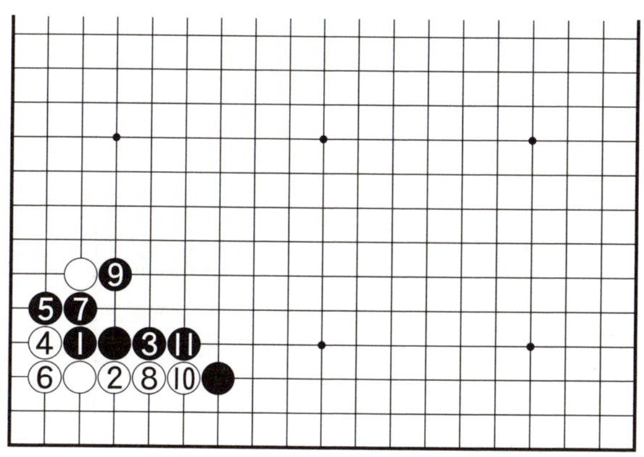

5도

5도 (☆ 흑의 반발)

또한 흑은 2, 4도가 꺼려진다면 백8 때 흑9로 제압하면 된다.

흑11까지 역시 변형정석의 한 가지이다.

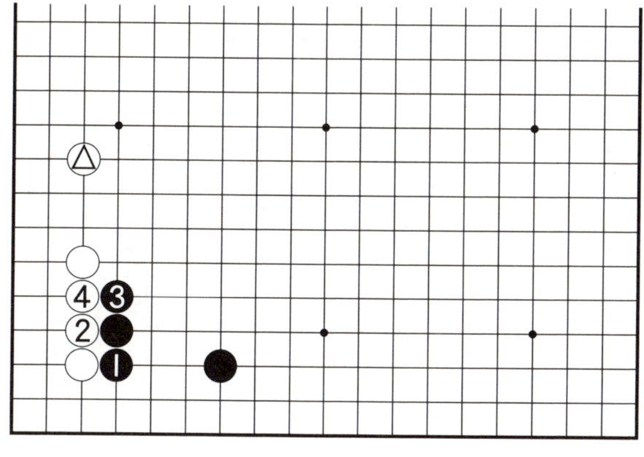

6도

6도 (상황에 따라)

지금처럼 백△의 기착점이 있어 차단해도 이득을 구하기 어렵다면 흑1로 막아 넘겨줄 수도 있다.

선수를 뽑는다는 점을 위안 삼는 수법이다.

한칸협공의 기본형

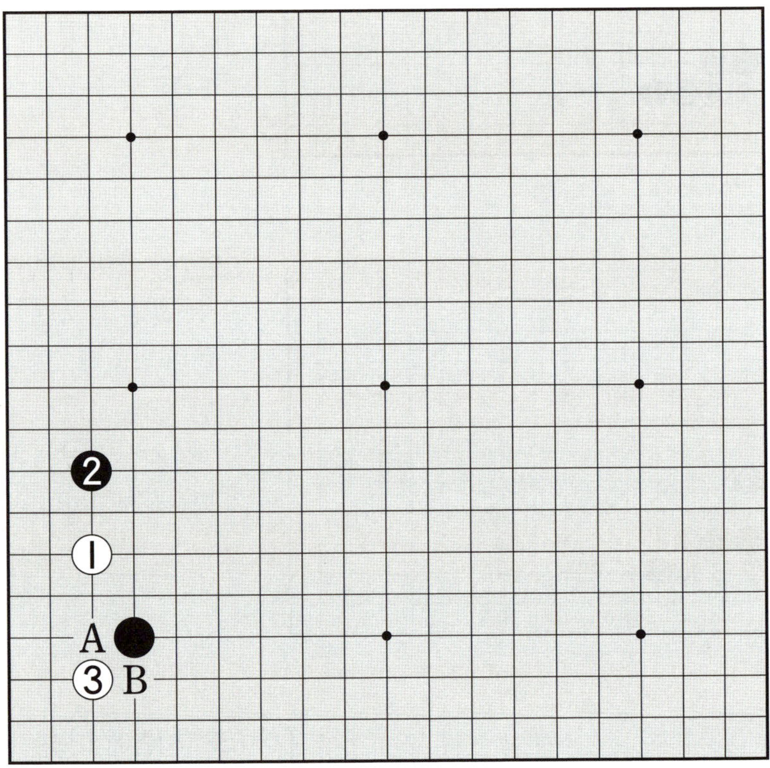

백1에 흑2로 바짝 협공하는 수는 현대 바둑에서 가장 애용되는 적극책이다. 이때 역시 백3으로 3三에 뛰어드는 수가 가장 무난하면서도 유력하다.

먼저 그 기본형을 익혀본다. 흑은 A와 B 중 어디로 막아야 할까?

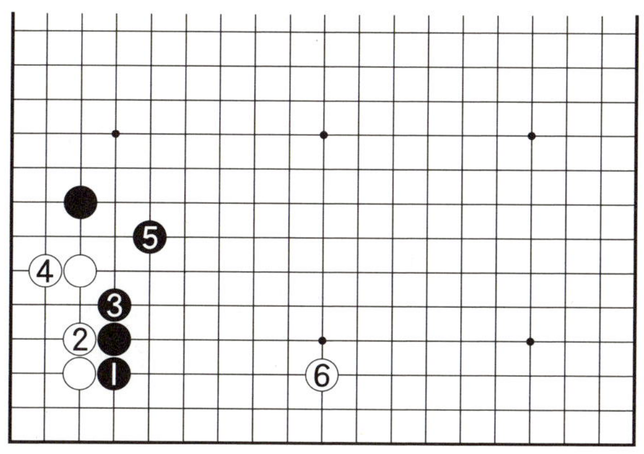

1도

1도 (방향착오)

흑1로 막는 것은 방향착오. 흑5의 후수가 불가피해 백6마저 빼앗긴다면 흑은 허장성세를 쌓은 꼴이다. 무엇보다 선수를 뽑는 발상이 중요하다.

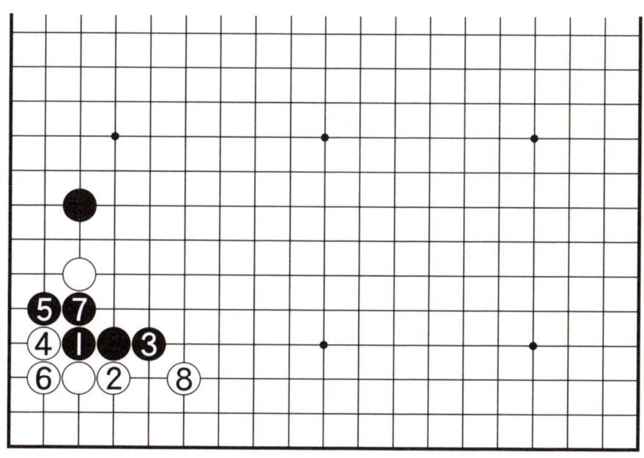

2도

2도 (☆ 세력 대 실리)

흑1로 막는 것이 올바른 방향. 그러면 백8까지, 화점 바둑에서 가장 많이 나오는 기본정석이 된다.

그런데 이 간명한 정석에서도 유의할 것이 있다.

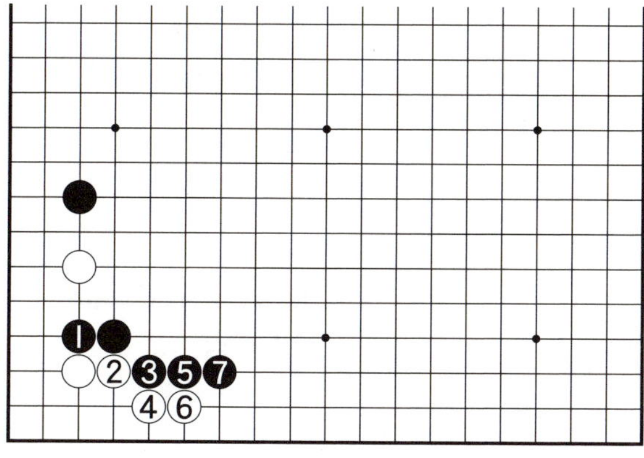

3도

3도 (백, 당함)

백2 때 흑3으로 젖히는 수가 과연 타당한가의 여부이다.

이때 백4로 받는 것은 흑5, 7로 두텁게 늘어 흑의 대만족이다. 흑의 무리수에 굴복해 백이 당한 꼴이다.

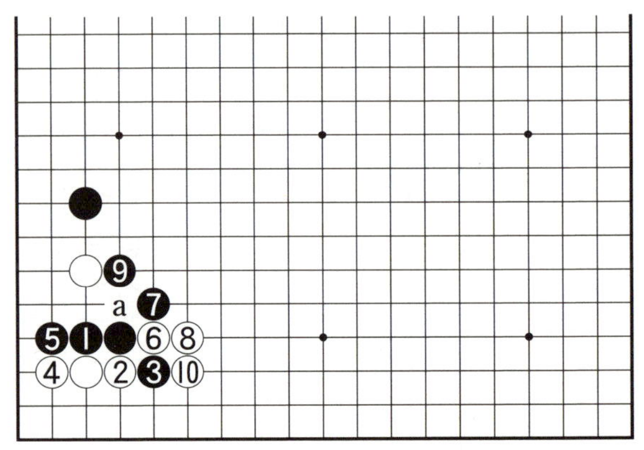

4도

4도 (백, 적절한 응징)

흑3에는 백4, 6이 좋은 대응책이다. 백10까지 흑은 큰 손실을 입고 말았다.

그렇다고 흑7로 10자리에 느는 것은 백a로 흑 석점이 잡히게 된다.

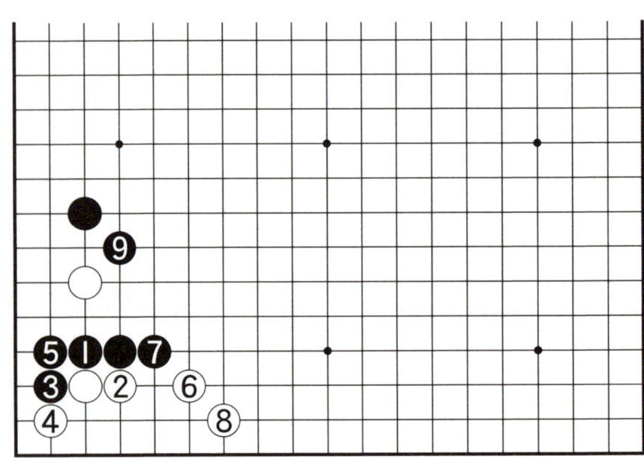

5도

5도 (흑, 후수를 잡다)

백2 때 흑3, 5로 젖히는 것은 지나친 실리집착증이다. 흑9로 후수가 불가피해 대세에 뒤진다.

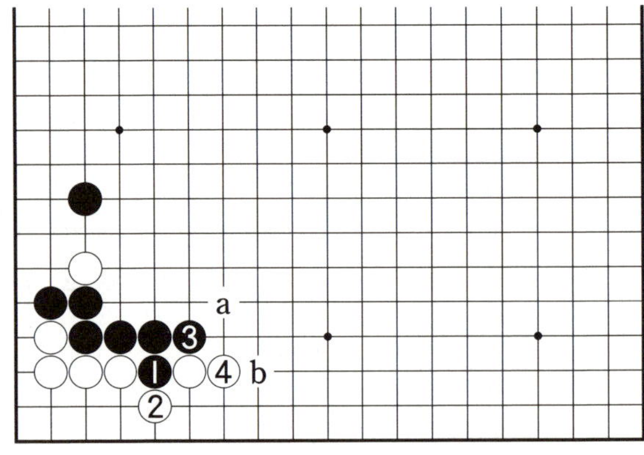

6도

6도 (이적수의 표본)

2도 이후 섣불리 흑1, 3을 해치우는 것은 백의 약점을 모조리 없애주는 이적수의 표본!

이곳을 두려면 흑a나 b가 정수이다.

3연성 + 한칸협공

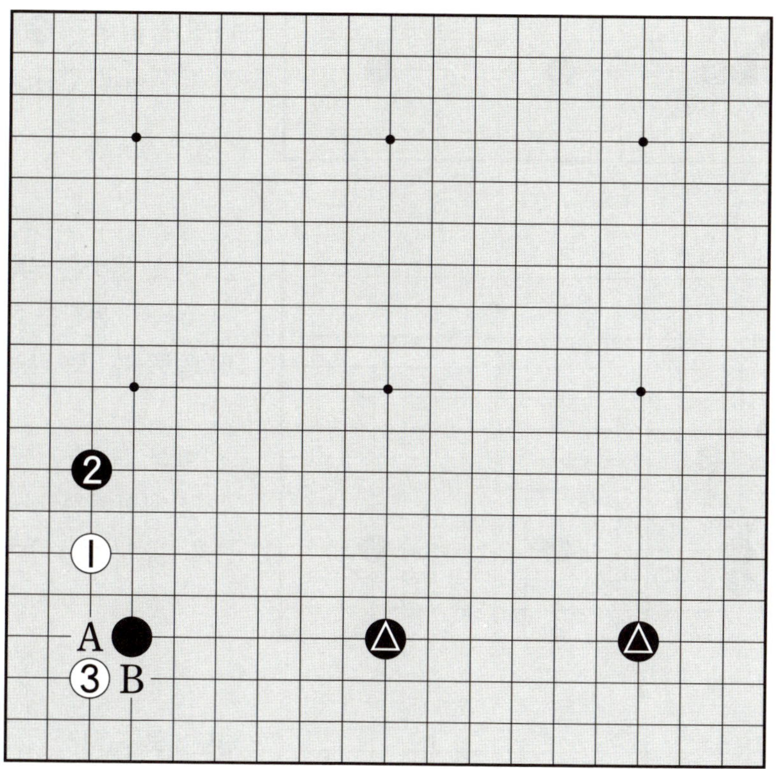

이번에는 한칸협공의 응용형. 주위 배석에 따라 응수가 얼마나 달라지는지를 극명하게 대변하는 모델형이라고 할 만하다.

부분적으로는 [4형]과 똑같은데, 흑▲들이 있다는 점이 다르다. 자, 흑은 A와 B 중 어디로 막는 것이 좋을까?

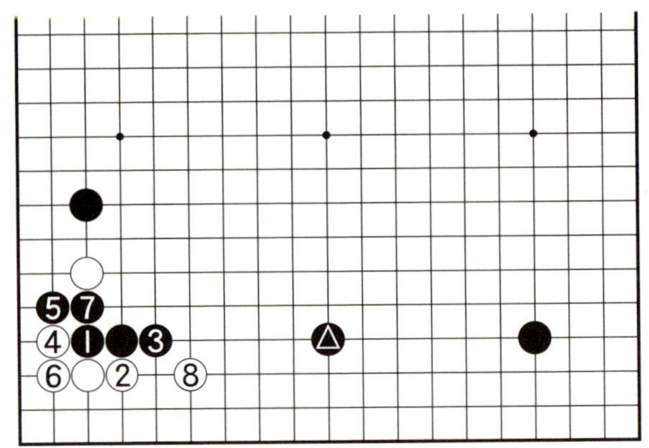

1도

1도 (방향착오)

여기서는 흑1로 막는 것이 방향착오. 이하 8까지 부분적으로는 정석이지만, 백8의 머리가 하변 쪽으로 내밀게 되면 흑△의 가치가 퇴색하고 만다.

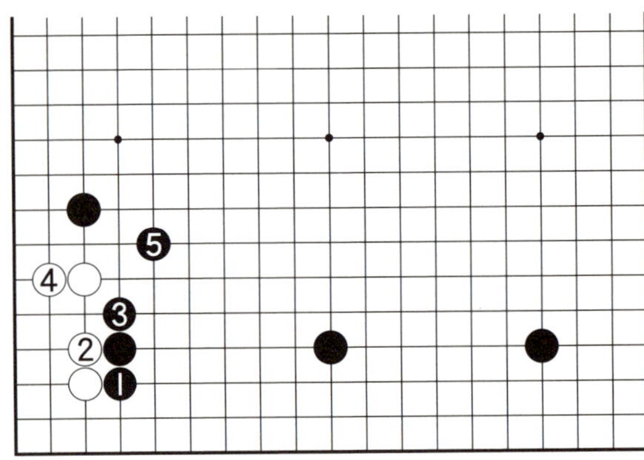

2도

2도 (☆ 올바른 방향)

지금 흑의 본진은 하변. 그러므로 흑1로 막는 것이 맞다.

이하 흑5까지 하변 쪽을 입체화하는 것이 자연스런 돌의 흐름이다.

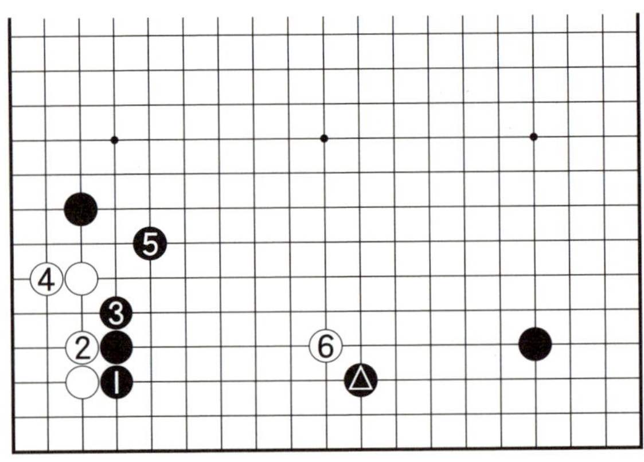

3도

3도 (흑, 불만)

흑△의 위치가 멀고 낮다면 백6의 삭감이 절호점이 되므로 흑의 불만이다.

따라서 이때는 1도처럼 선수로 처리하는 것이 적절하다.

한칸협공의 변칙형

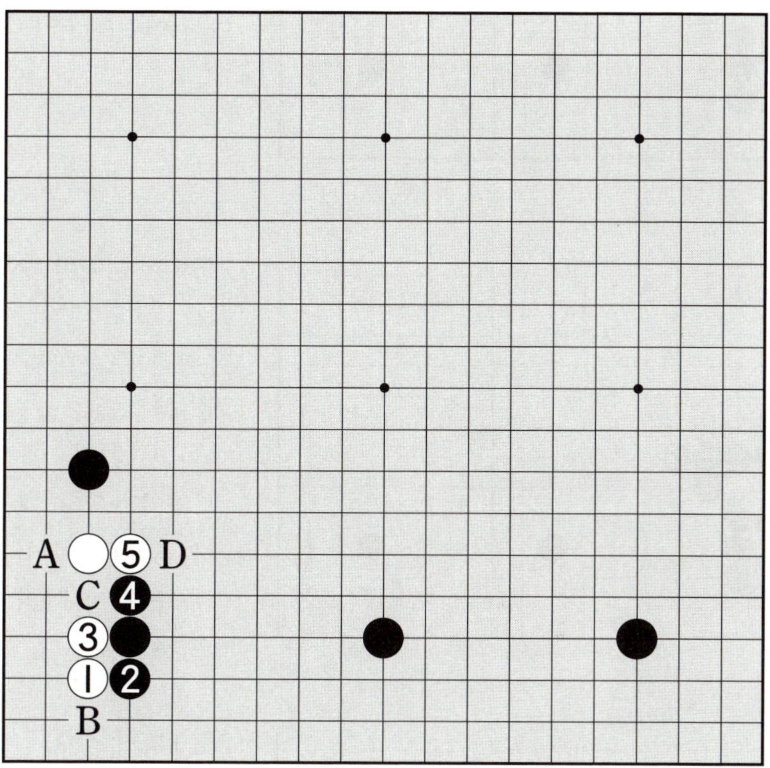

　흑4 때 백A나 B로 받지 않고 5로 밀고 올라오는 수도 있다. 일본의 고바야시와 중국의 녜웨이핑이 애용하면서 프로들 사이에서 재조명 받은 수법이다.

　손 따라 받다가는 자칫 당하기 십상이므로 흑은 수순의 묘가 매우 중요하다. 자, C와 D 중 어떻게 받는 것이 최선일까?

1도 (흑, 책략 부족)

흑1, 3으로 처리하는 것은 백2, 4를 허용해 흑의 포위망에 금이 간다.

△가 다쳐서는 흑의 불만이 역력하다.

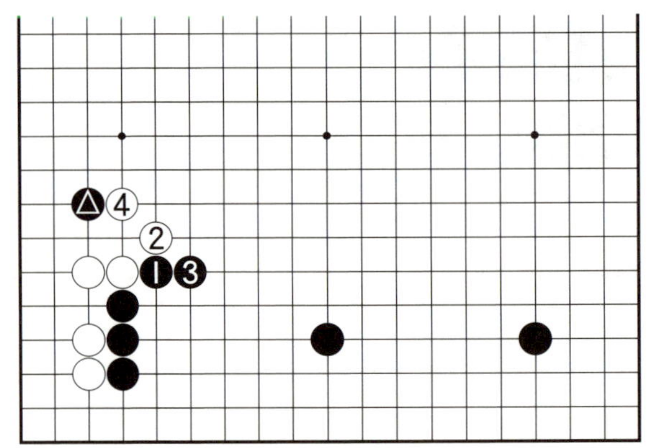

1도

2도 (☆ 정확한 수순)

흑1, 3으로 나가끊는 것이 올바른 수순이다. 백4를 기다려 흑5로 끊은 후 13까지 처리하는 것이 정확한 처리법이다. 흑15까지 정석의 한 가지이다.

수순 중 흑11의 단수는 생략하기도 한다.

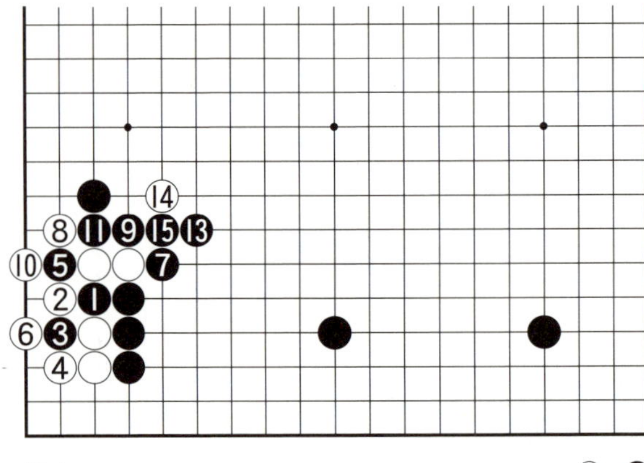

2도

⑫…❺

3도 (흑의 강수)

2도 7로는 흑1로 뻗는 강수도 있다.

그러나 백2, 4의 자세가 힘찬 데다 흑도 양쪽이 바빠져 그리 좋은 결과는 나오지 않는다. 역시 2도가 무난하다.

3도

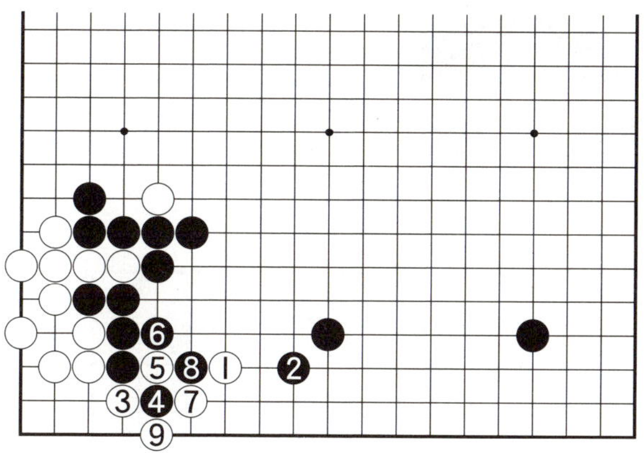

4도

4도 (침투의 뒷맛)

2도의 정석 이후 백은 훗날 1로 뛰어드는 노림수가 유력하게 남아있다. 흑2에는 백9까지 하변을 침식할 수 있다는 것이다.

흑도 항상 이러한 뒷맛에 신경을 써야 한다.

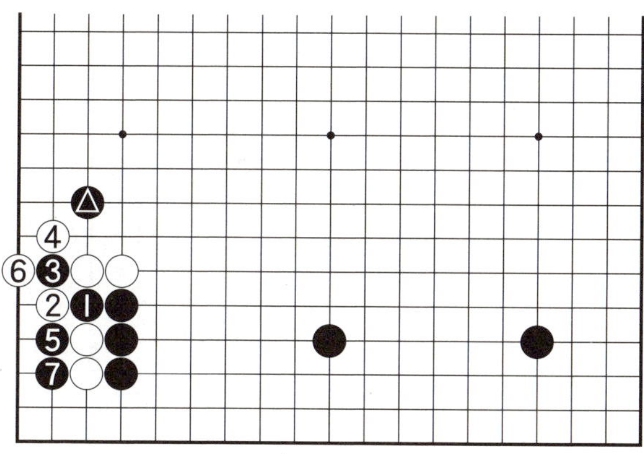

5도

5도 (흑, 소탐대실)

백2 때 흑3쪽으로 끊는 것은 방향착오이다.

흑은 7까지 귀는 잡을 수 있지만, 세력구도가 무너지면서 ▲가 폐석이 되어 대실패이다.

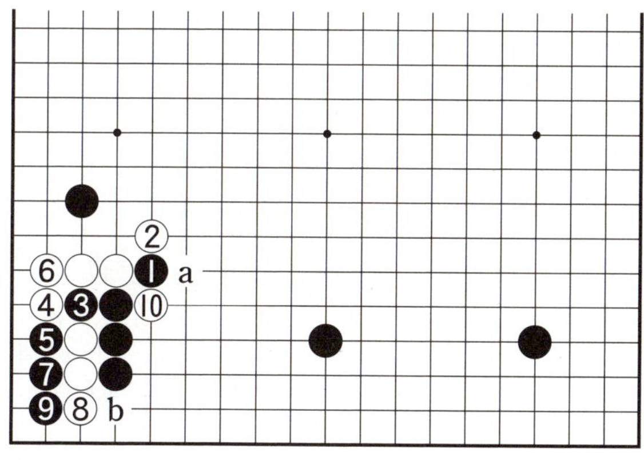

6도

6도 (흑, 수순착오)

흑1로 먼저 젖힌 다음 3, 5로 끊는 것은 수순착오이다. 이제는 백6으로 버티는 수가 성립하기 때문이다. 백10까지 a와 b가 맞보기가 되어 흑이 망한 꼴이다.

한칸협공 대 양걸침 (1)

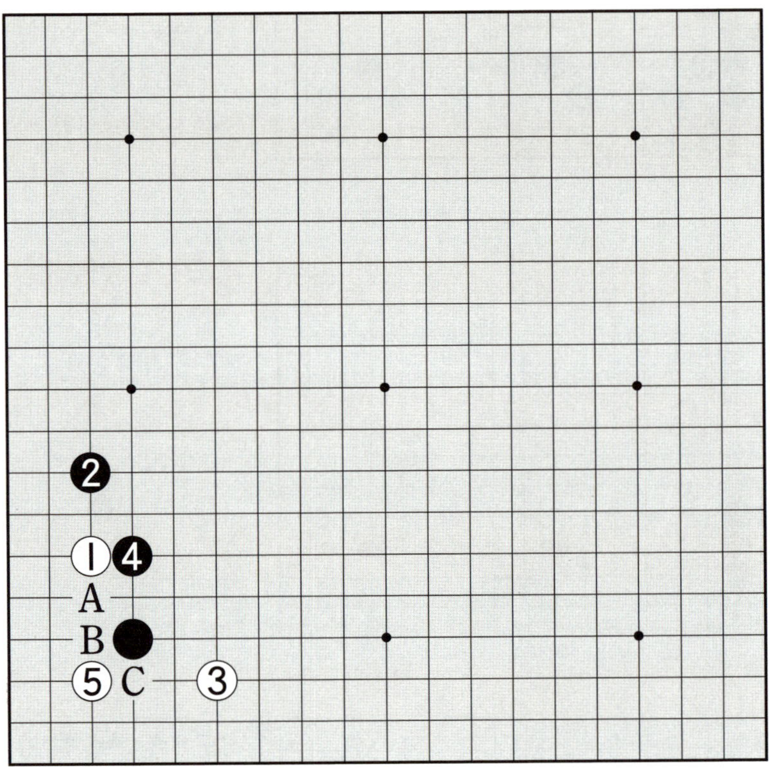

과거에는 흑2의 한칸협공에 곧바로 3三에 뛰어드는 것
이 불문율처럼 두어지던 상식이었지만, 현대에 와서 백3의
양걸침이 새로운 대안으로 각광받고 있다. 흑4로 붙일 때
백5로 뛰어드는 것이 유행수법이다.

자, 이때 흑은 A~C 중 어떻게 응수하는 것이 좋을까?

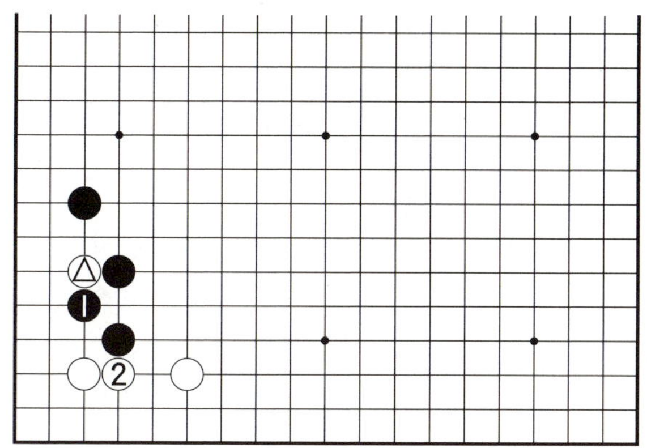

1도

1도 (최악의 응수)

먼저 흑1의 호구는 뜻밖에도 0점! 백2로 넘어간 다음 △가 준동하는 수단이 남아 흑의 불만이다.

보강하자니 발이 늦고, 손을 빼자니 불안해 진퇴양난 아닌가.

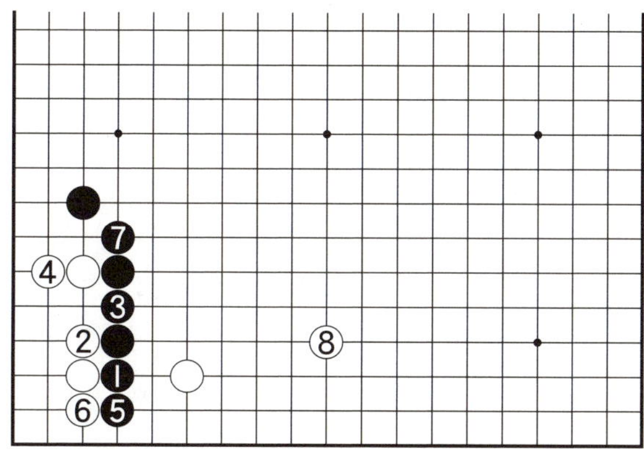

2도

2도 (☆ 세력 대 발 빠름)

흑1로 막는 것이 올바른 감각이다. 백4에는 흑5로 백6을 강요한 뒤 흑7로 보강해두는 수가 두텁고도 긴요하다.

8까지 흑의 두터움과 백의 스피드가 어울린 신형 정석이다.

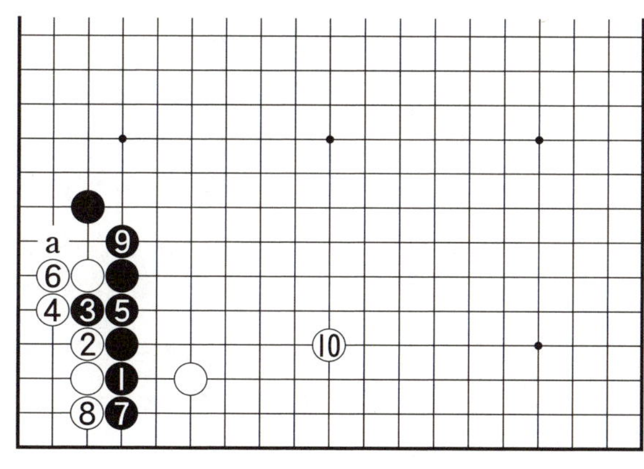

3도

3도 (자충성 속수)

흑3, 5로 끼워잇는 수는 속수. 어차피 흑9까지 될 것으로 볼 때 공연히 자충성 선수를 범한 꼴 아닌가.

훗날 흑a의 끝내기 수단도 약화되어 손해이다.

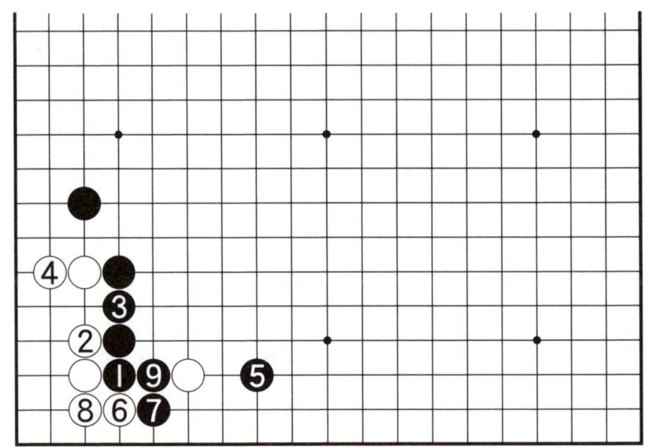

4도

4도 (흑, 불만)

따라서 흑3으로 그냥 잇는 것이 정수이다.

그런데 백4 때 흑5로 협공하는 것은 미흡하다. 백6, 8을 당하면 백의 실리에 비해 흑의 자세가 중복된 꼴이어서 불만스럽다.

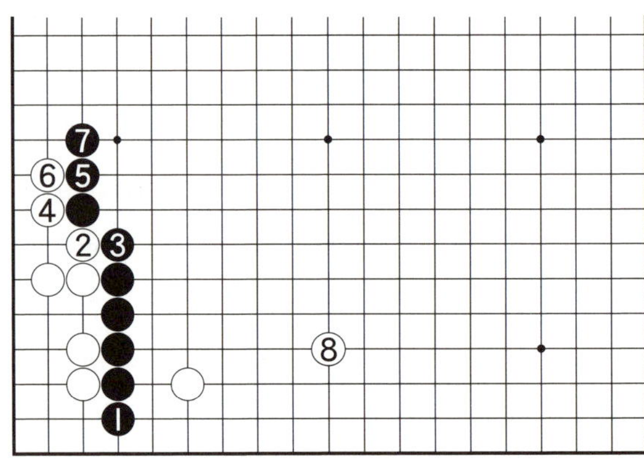

5도

5도 (백의 별책)

그러므로 흑1로 뻗는 수가 긴요하다. 이때 백은 2~6으로 임시 조치한 다음 8로 손을 돌리는 발 빠른 수법도 가능하다.

그러나 흑도 워낙 두터워서 불만이 있을 리 없다.

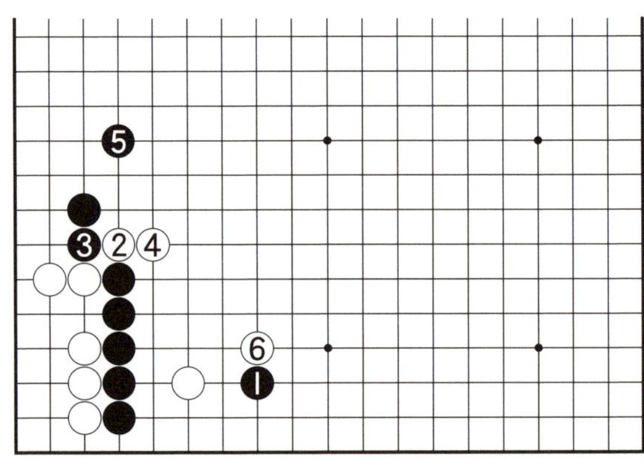

6도

6도 (어려운 접전)

2도 7로 흑1에 협공하는 수도 가능한 일책이다.

그러나 이때는 백2, 4의 반격이 제법 통렬해 흑도 일전을 각오해야 한다. 흑5에는 백6으로 쌍방 어려운 접전 양상이다.

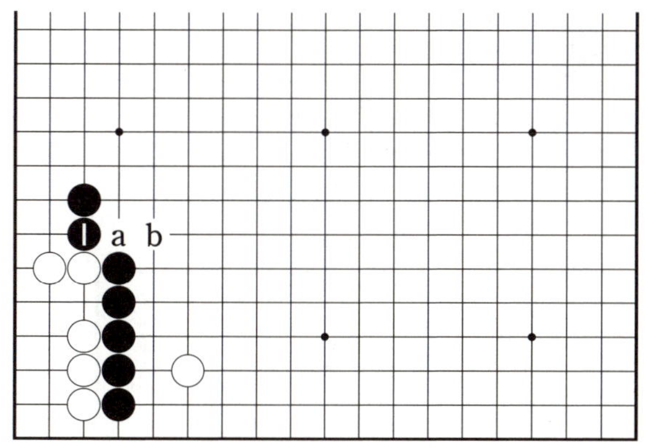

7도

7도 (흑, 불안이 남다)

그러므로 역시 왼쪽의 약점을 보강하는 것이 무난한데, 흑1로 꽉 치받는 것은 장차 a의 단점이 불안요소로 남는다. 백b로 활용하는 수도 따끔하다.

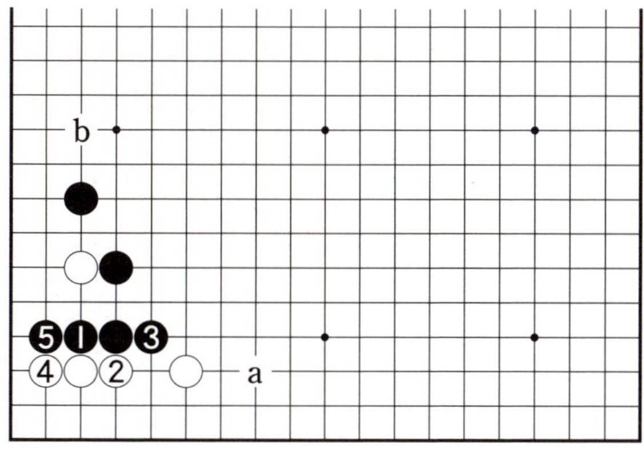

8도

8도 (☆ 한국형 정석)

흑1로 막는 수도 유력하다. 백2에는 흑5까지 일단락이다. 프로 실전에서 많이 두는 한국형 정석의 일종이다.

　장차 흑은 a의 다가섬을, 백은 b의 다가섬을 노린다.

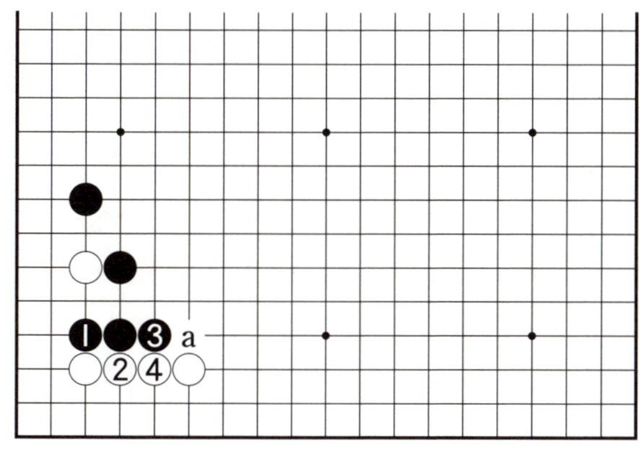

9도

9도 (☆ 백의 취향)

흑3 때 백4로 꽉 잇는 수도 일책이다.

　실리 면에서는 8도보다 못하지만, 대신 장차 백a로 꼬부리는 힘이 강력해 일장일단이 있다.

한칸협공 대 양걸침 (2)

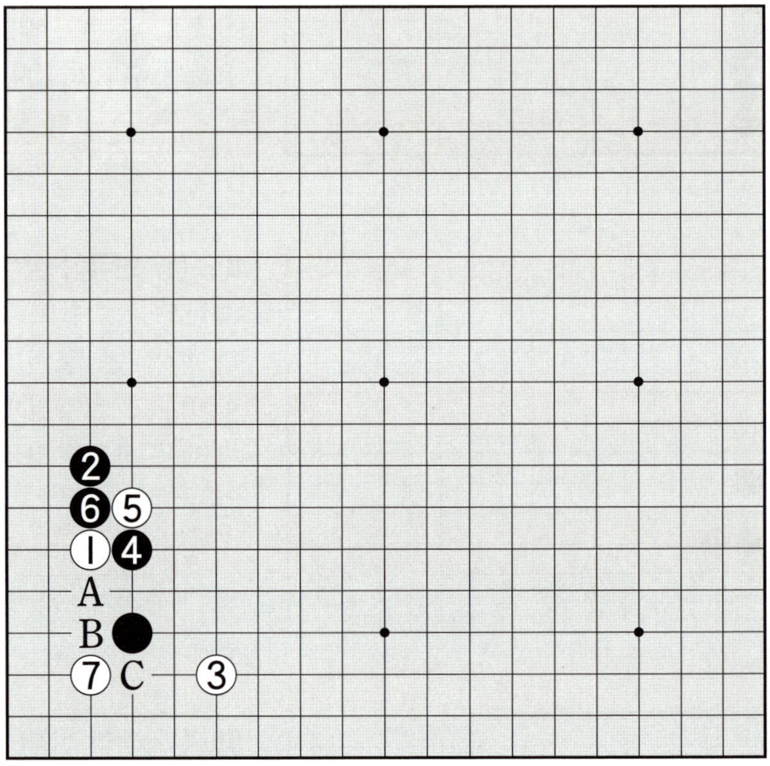

흑4 때 백5, 흑6을 교환한 뒤 비로소 백7로 뛰어드는 수도 있다. 근래에는 [7형]에 가려 잘 쓰이지 않지만, 예전에는 곧잘 애용되던 수법이었다. 백5, 흑6의 사전공작 탓에 흑의 응수방법이 완전히 달라진다는 사실이 흥미롭다.

자, 이때는 흑의 대응법으로 A~C 가운데 어디가 정수일까?

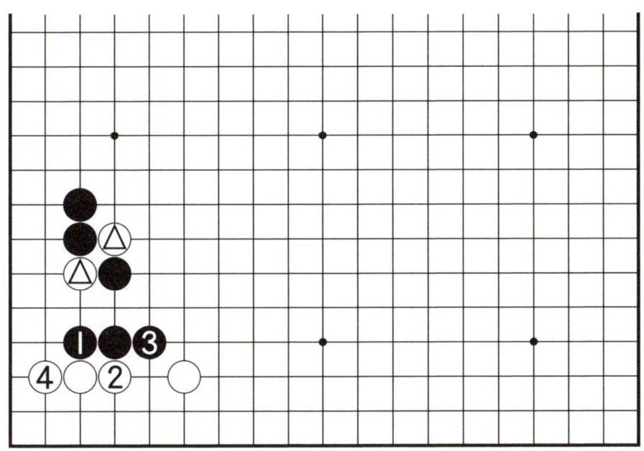

1도

1도 (방향착오)

흑1로 막는 것은 어설픈 감각. 백4까지 되고 나면 백의 실리가 쏠쏠한 데 비해 흑은 엉성한 형태여서 불만이 크다.

아직 백△들이 채 제압되지 않은 모습 아닌가.

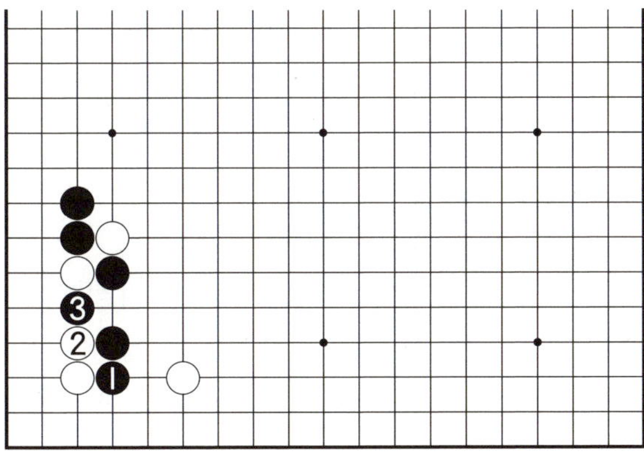

2도

2도 (백, 망함)

일단 흑1로 막고 싶다. 그런데 이때 섣불리 백2로 넘으려는 것은 중대한 미스! 흑3을 당해 큰 일이 난다.

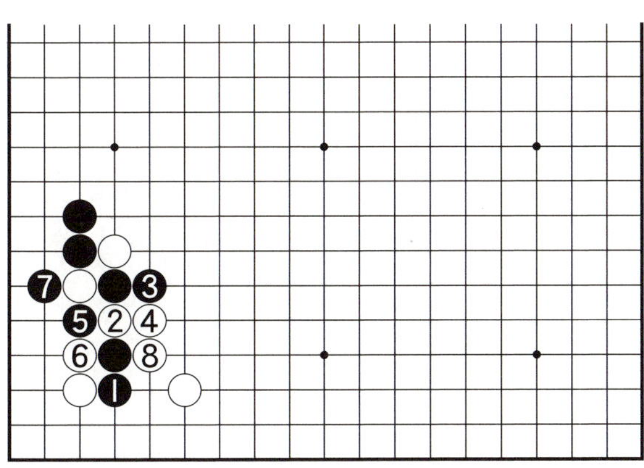

3도

3도 (옛 정석)

백2, 4로 몰고나가는 것이 최선이다. 그러면 흑5도 당연한 수이며, 이하 백8까지의 바꿔치기가 필연의 수순이다.

흑의 두터움과 백의 실리가 어울린 옛 정석의 일종이다. 그런데~

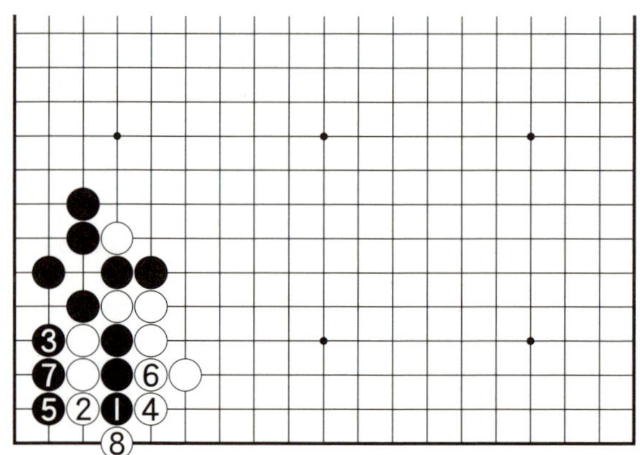

4도

4도 (흑의 보너스 1)

장차 흑은 1~7로 조여붙이는 즐거움이 남아있다.

이렇게 되고 보니 막상 백의 실리는 별 볼품이 없지 않은가.

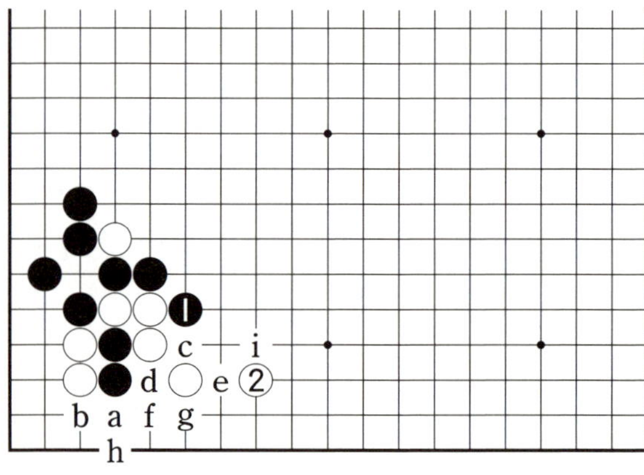

5도

5도 (흑의 보너스 2)

또한 흑1로 젖히는 것도 선수가 된다(만약 백2를 손빼면 흑a 이하 부호 순으로 크게 당한다).

이처럼 이래저래 당하는 일이 남아 이 형태는 백이 기피하는 옛 정석이 되고 말았다.

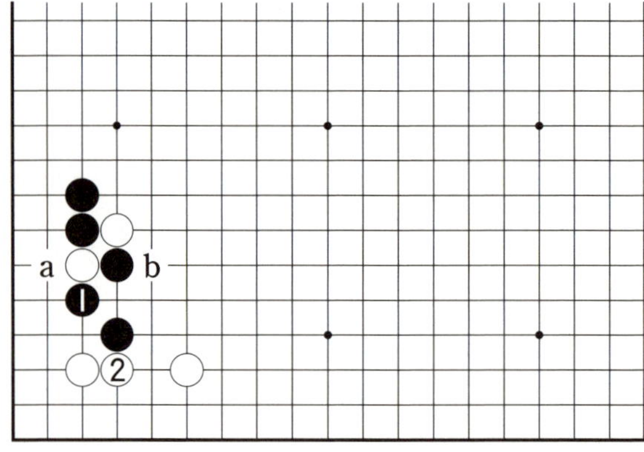

6도

6도 (간명한 정석)

흑이 간명하게 두자면 1로 한점을 잡는 수도 있다.

다만 백2 다음 a로 키운 후 b의 단수활용이 남아있는 만큼 백이 불만 없는 모습이다.

접바둑형 낮은 양걸침에서

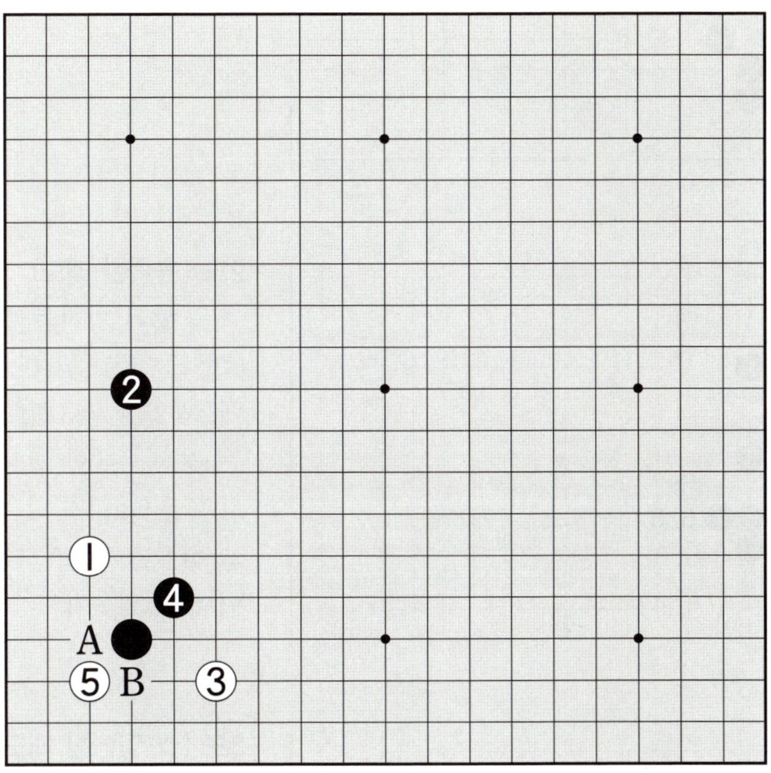

이번에는 접바둑에서 자주 나오는 3三침입 정석을 공부
해 보자. 백1, 3의 양걸침에 흑4의 마늘모는 접바둑에서
애용되는 간명한 응수이다.

이때는 좌우동형의 중앙 지점인 백5의 3三이 실리와 근
거의 급소가 된다. 자, 이때 흑은 A, B 중 어느 쪽으로 막
는 것이 정수일까?

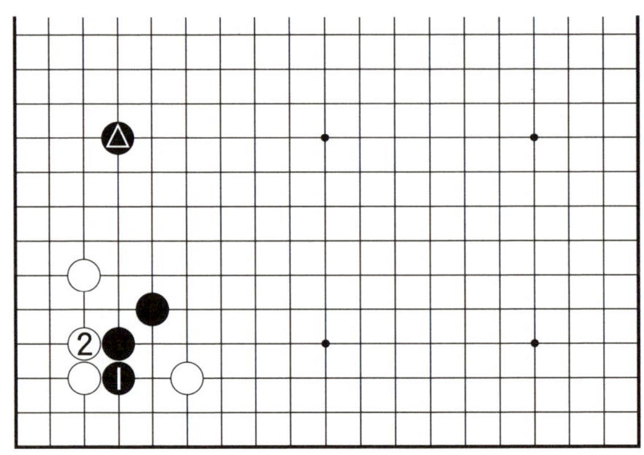

1도

1도 (방향착오)

흑1로 막는 것은 방향착오. 백2로 넘고 나면 흑△가 어색한 위치로 전락해 돌의 능률이 떨어진다.

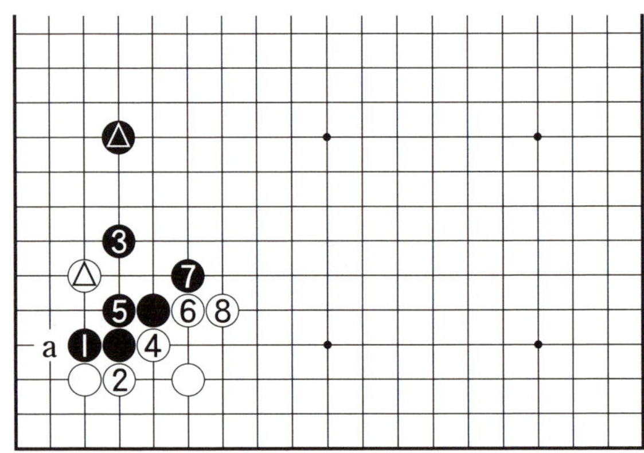

2도

2도 (옹졸한 태도)

흑은 △의 가치를 살려 1로 막는 것이 맞다. 그런데, 백2 때 흑3으로 씌우는 것은 옹졸한 발상!

훗날 백a마저 당하면 백△ 한점을 잡고도 남는 것이 없지 않은가.

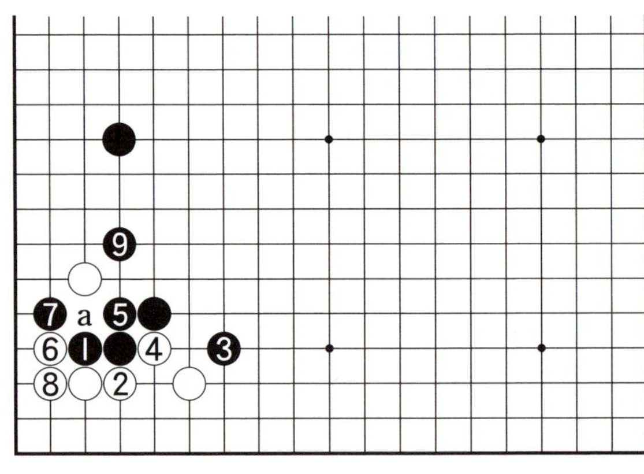

3도

3도 (☆ 당당한 태도)

그러므로 흑3으로 씌우는 것이 당당한 태도이다. 흑9까지 실리 대 세력의 정석이다.

참고로 흑9로 a에 잇는 것은 모양이 너무 나쁘다.

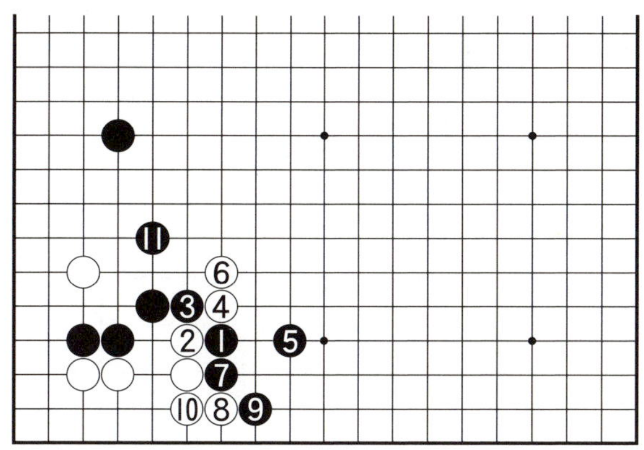

4도

4도 (흑, 유리한 전투)

흑1 때 백2, 4로 반발하는 것은 무리수이다. 흑5가 멋진 응수로 11까지 백은 양쪽이 급해져 고전이 역력하다.

이 싸움은 흑이 마다할 이유가 전혀 없다.

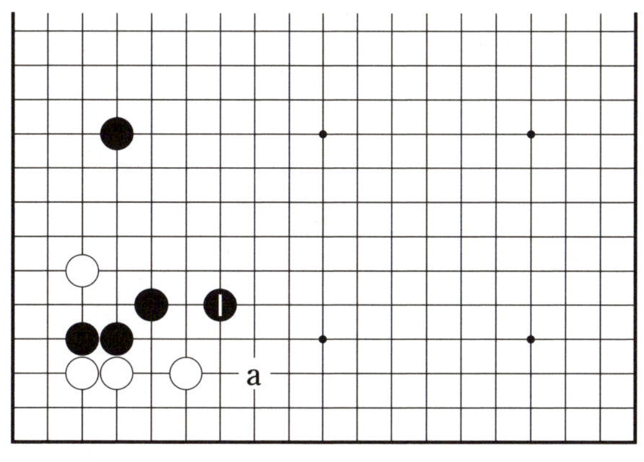

5도

5도 (흑, 두터운 봉쇄)

그렇다고 흑5 때 백6으로 잡는 것은 흑9까지 봉쇄당해 역시 백이 불리하다.

결국 흑1의 타당성이 입증되었다.

6도 (☆ 무난한 한칸뜀)

그래도 백의 도발이 겁난다면 흑1로 한칸 뛰는 것이 무난한 차선책이다.

다음 흑은 a의 봉쇄를 내다보며 좌중앙을 도모해 충분한 모습이다.

6도

접바둑형 높은 양걸침에서

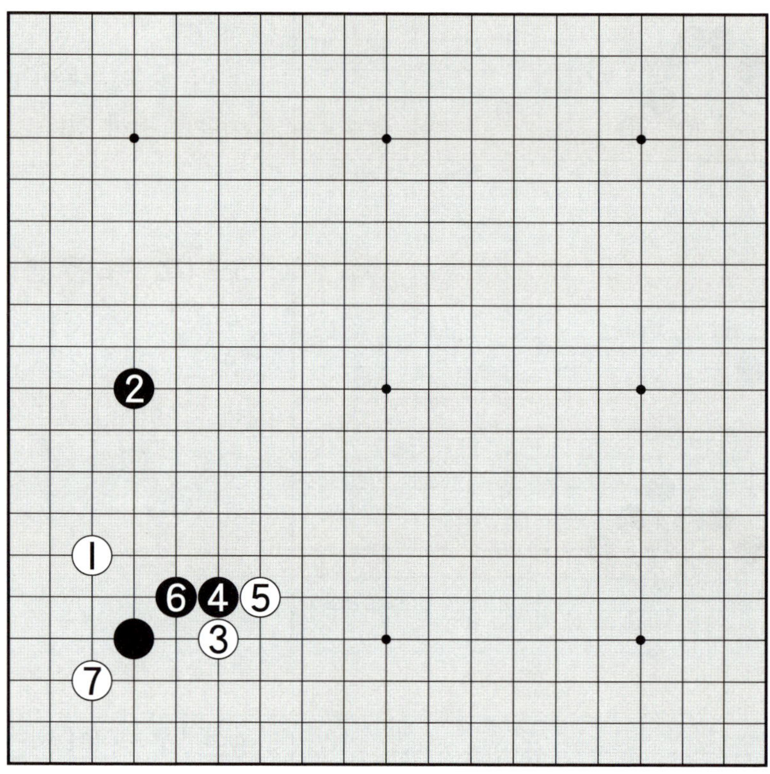

　백3으로 높게 양걸침하는 수도 접바둑에서는 자주 나온다. 그러면 흑4, 6이 상용의 응수인데, 이때 백7로 뛰어드는 수가 흑을 다소 헛갈리게 만들곤 한다.
　자, 이때 흑은 어떻게 받는 것이 좋을까?

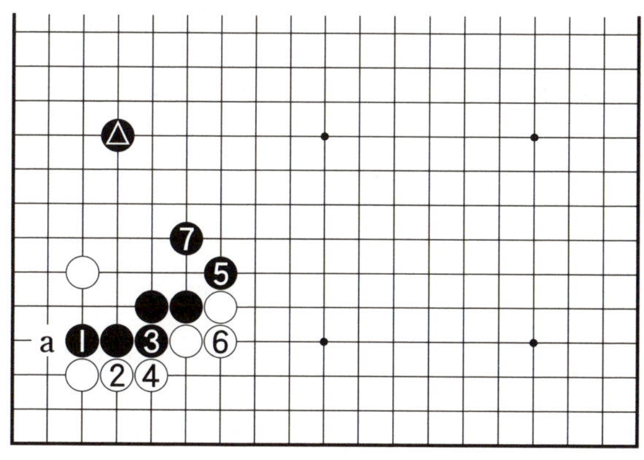

1도

1도 (☆ 접바둑용 정석)

결론부터 말해 흑은 ⬤의 가치를 살려 1로 막는 수가 가장 무난하다.

흑7까지 귀를 내주고 좌중앙을 두텁게 정비해 흑도 당당한 모습이다. 백a의 선수끝내기가 백의 자랑이다.

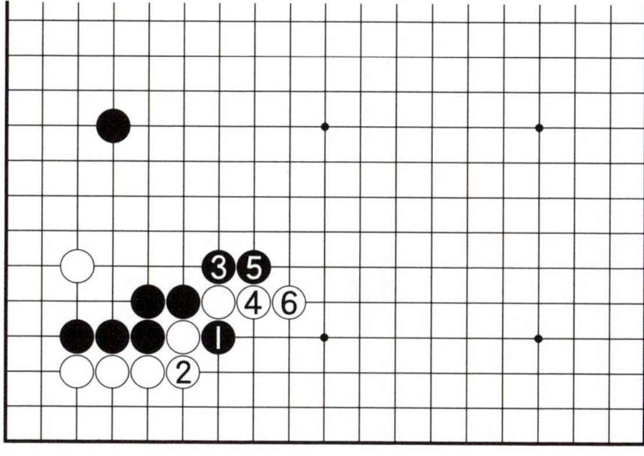

2도

2도 (흑, 속수)

1도의 흑5에 주목하자. 이 수로 흑1, 3으로 몰고 나가는 것은 투박한 속수이다. 백은 6으로 슬슬 늘어 5선의 큰 집이 생기니 대환영이다.

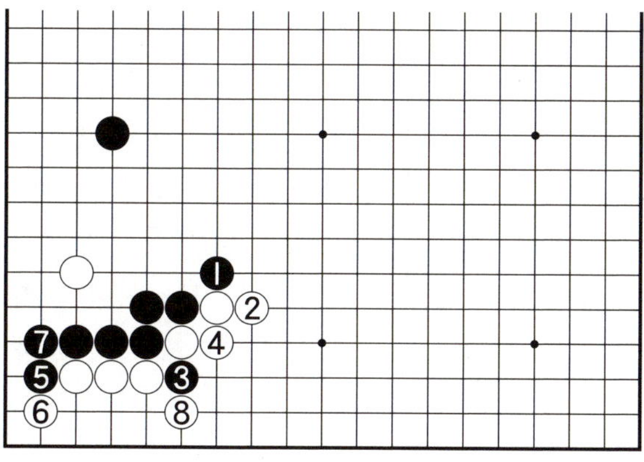

3도

3도 (백, 속수)

그러므로 흑1로 그냥 젖히는 것이 정수이다.

그런데 이때 백이 2로 느는 것은 잘못된 응수이다. 흑5, 7을 거꾸로 선수 당해 실리 상 큰 손해를 보게 된다.

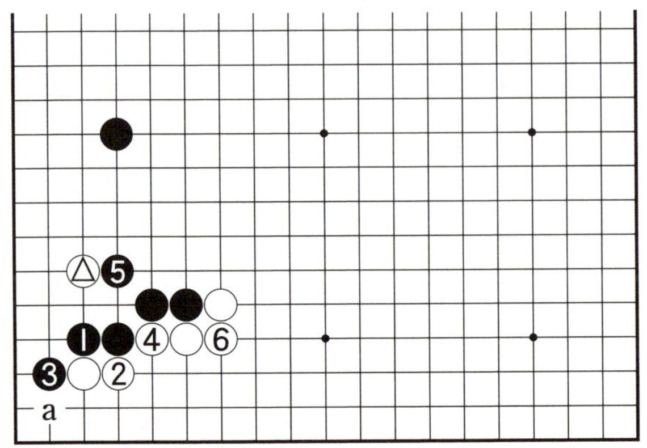

4도

4도 (☆ 정석)

흑1로 막고 백2 때 흑3으로 젖히는 수도 유력하다. 이하 백6까지 호각의 정석이다.

백△의 뒷맛이 남아있으며, a도 선수권리여서 백도 충분한 모습이다.

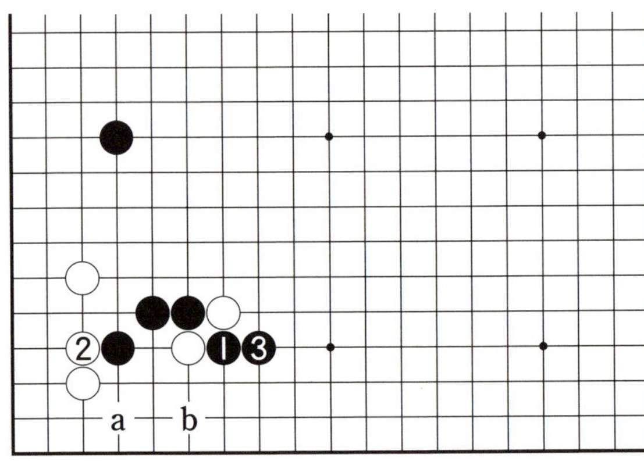

5도

5도 (또 다른 선택)

흑1로 끊는 것도 가능하다. 흑3까지 역시 정석의 일종이다.

훗날 흑a냐, 백b냐가 쟁탈의 요소로 남는다.

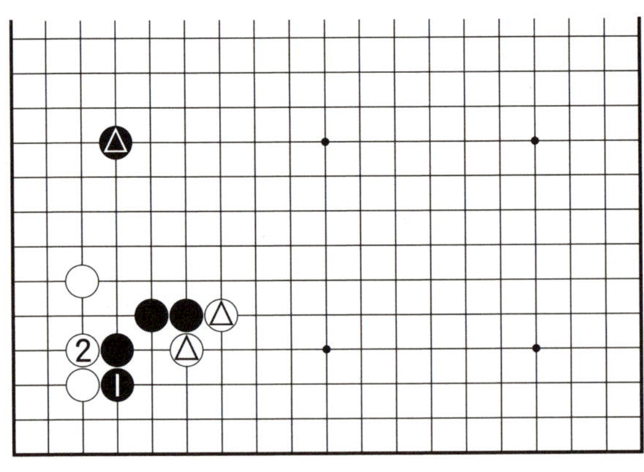

6도

6도 (흑, 무책)

흑1로 막는 것은 최악의 무책. 백2로 넘고 나면 △들이 제압되지 않은 모습이어서 흑은 무엇을 했는지 모르는 모습이다. 흑△도 어정쩡한 위치에 있다.

양걸침의 기본형

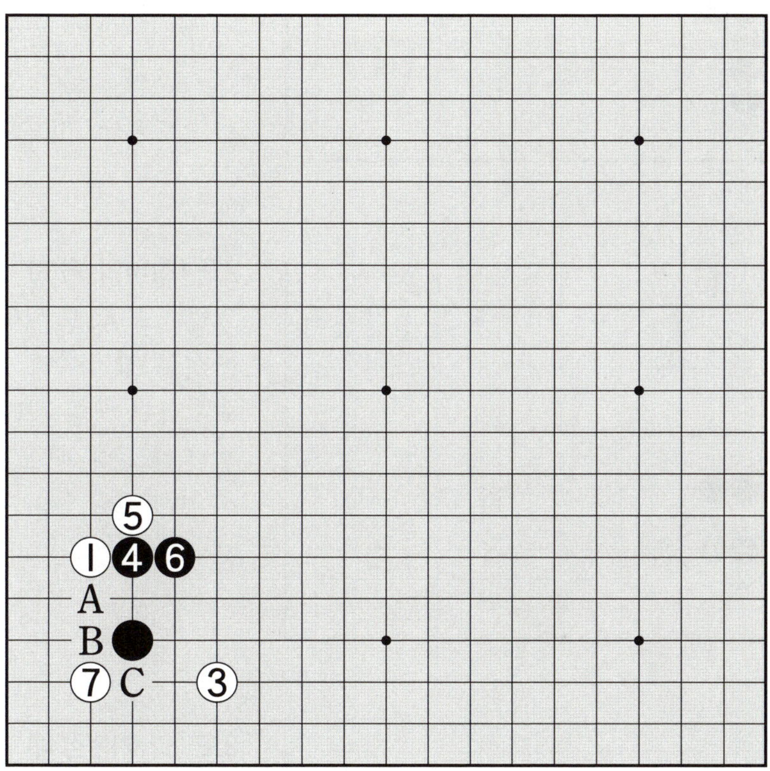

　백1, 3의 양걸침에 흑4, 6으로 붙여뻗는 것은 가장 적극적인 응수법이다. 이때 역시 백7의 3三침입은 실리와 근거의 급소가 된다.
　자, 흑은 A~C 중 어떻게 받는 것이 좋을까?

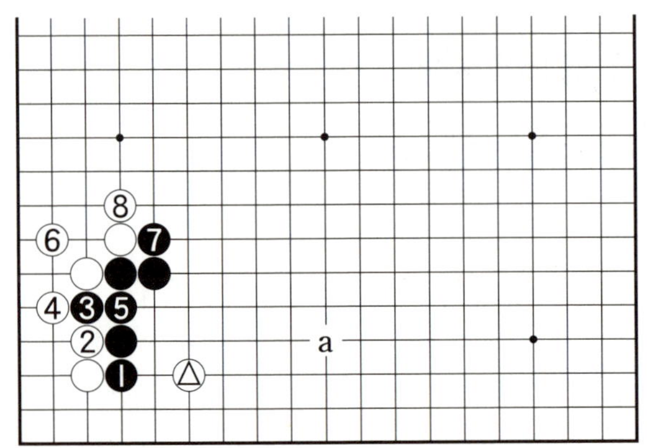

1도

1도 (방향착오)

흑1로 막는 것은 방향착오. 이하 8까지 백의 실리는 튼튼한 반면, 백△를 쉽게 제압할 수 없는 흑은 허장성세를 쌓은 꼴이다. 흑1은 a쪽에 흑돌이 있을 때나 어울리는 수법이다.

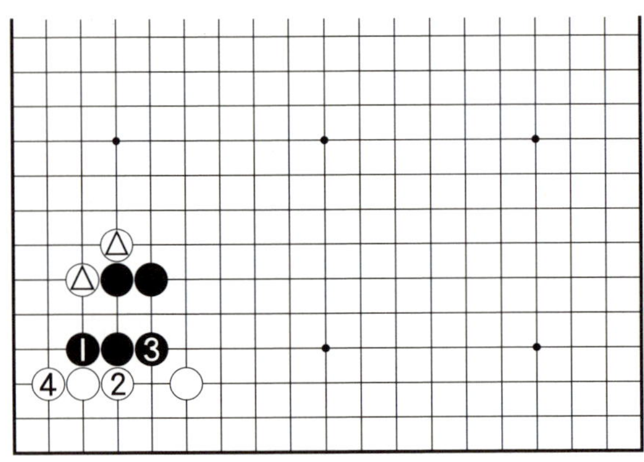

2도

2도 (최악의 속수)

그렇다고 흑1로 막는 것은 어설픈 감각이다. 4까지 되고나면 백의 실리는 확실한 데 비해 백△들의 숨이 붙어 있어 흑은 돌의 능률이 크게 떨어진다.

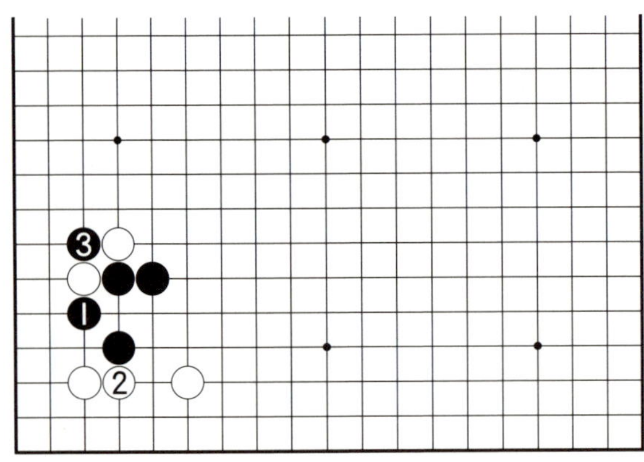

3도

3도 (☆ 기본정석)

흑1로 호구치는 것이 정수. 백2에는 흑3으로 확실히 제압할 수 있어 2도와는 큰 차이가 난다. 양걸침정석의 기본형이다.

두칸높은협공 대 양걸침 (1)

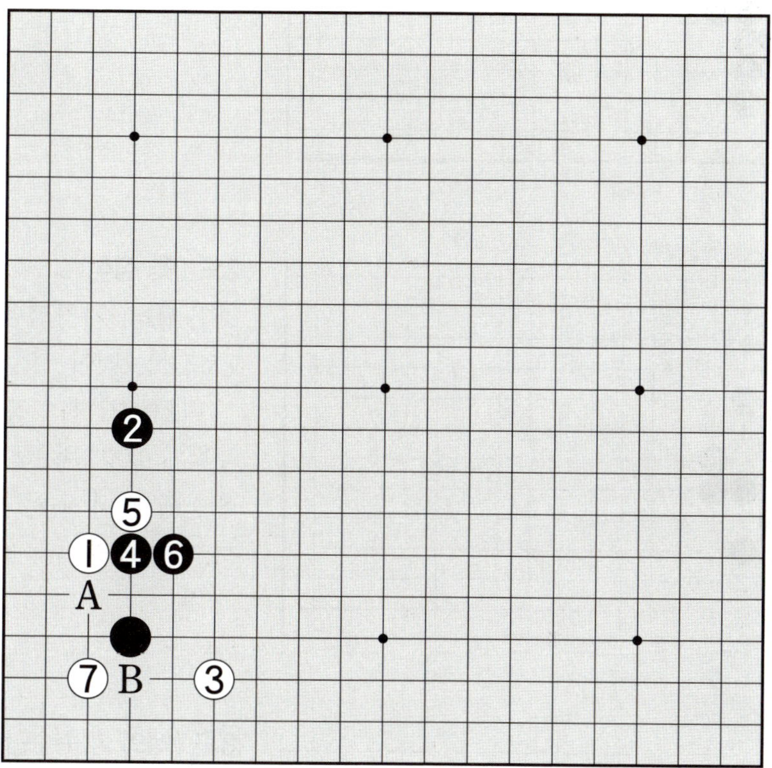

이번에는 흑2의 두칸높은협공에 대한 양걸침정석이다.
여기서도 백7의 3三침입은 가장 유력한 수단이 되는데, 이
후 흑의 응수를 둘러싸고 새로운 대안이 개발된 점이 흥미
롭다.

흑은 A, B 중 어디로 응수해야 할까?

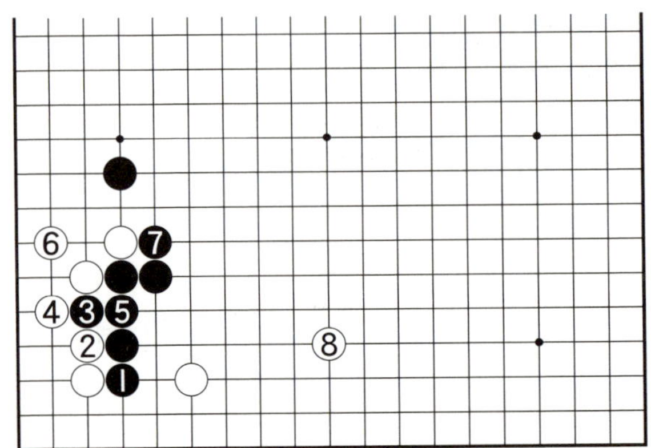

1도

1도 (방향착오)

흑1로 막는 것은 방향착오. 백은 6까지 실리를 얻고 8의 요소마저 선착해 꿩 먹고 알 먹은 격이다.

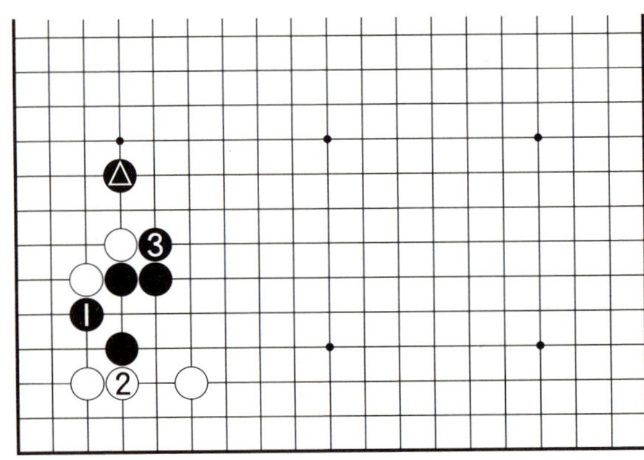

2도

2도 (옛 정석)

흑은 ▲의 기착점을 살려 1로 막는 것이 정수이다.

백2를 기다려 흑3으로 두텁게 보강하는 데까지가 예전에 많이 두던 정석이다. 그런데~

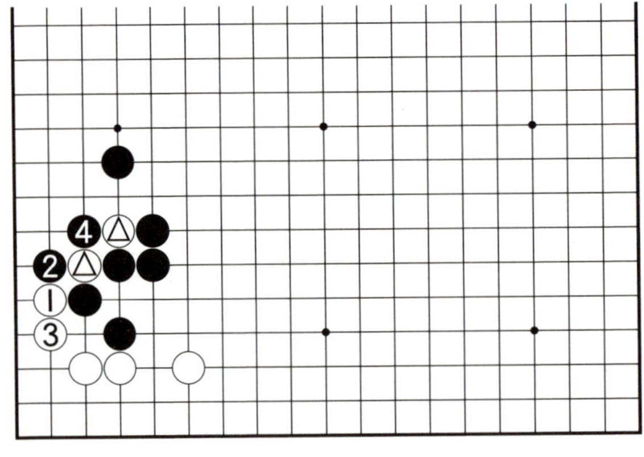

3도

3도 (백의 후속수단)

백은 장차 1, 3이라는 기분 좋은 선수 끝내기가 있다. 또한 아예 4자리에 이어 백▲들을 직접 준동하는 것도 유력한 노림수이다. 그래서 새로운 대안이 모색되었다.

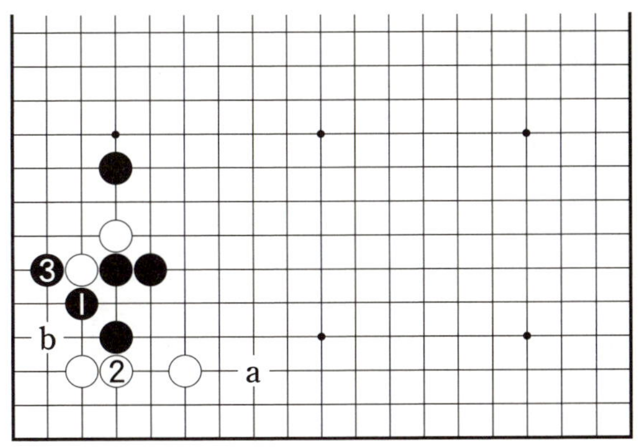

4도

4도 (☆ 정석의 버전업)

이후 백2 때 흑3으로 모느 수가 개발되어 진화된 정석으로 많이 두게 되었다.

이제는 흑a와 b가 모두 흑의 권리가 될 가능성이 높다는 점이 2도와는 큰 차이다. 그래서 최근에는 백이 이 정석을 거의 두지 않는다.

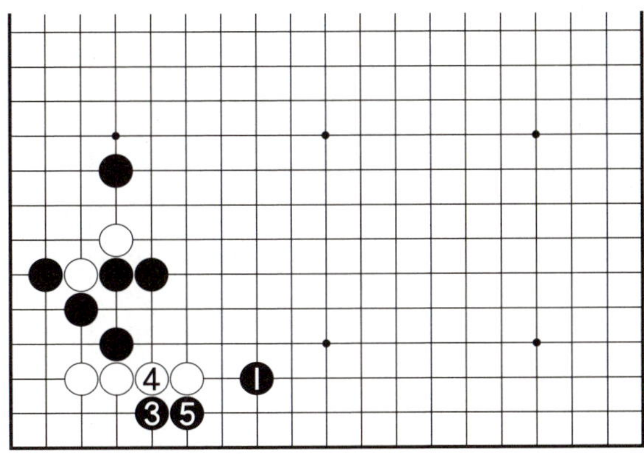

5도

5도 (흑의 후속수단)

4도 이후 흑1의 다가섬이 통렬한 후속수단으로 남는다. 백이 손을 빼면 흑3이 예리한 급소로 백이 곤란해지므로 흑1은 거의 선수인 셈이다.

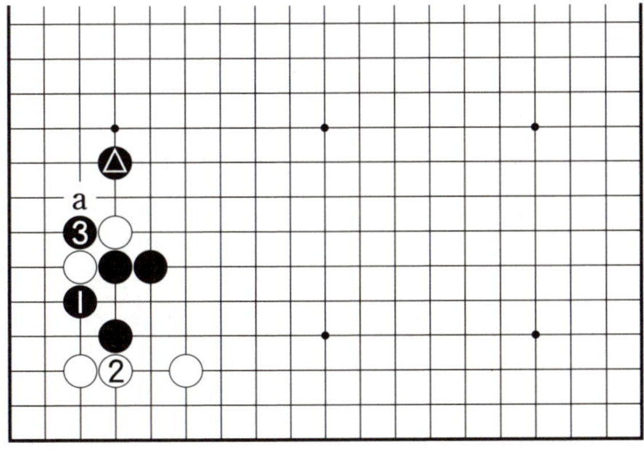

6도

6도 (흑, 최악)

[11형]에서 호착이었던 흑3이 여기서는 문제수가 된다는 점이 재미있다. 백a로 절단하는 뒷맛을 남겨 흑▲를 무색하게 만들었기 때문이다.

배석의 활용여부는 이처럼 중요하다.

두칸높은협공 대 양걸침 (2)

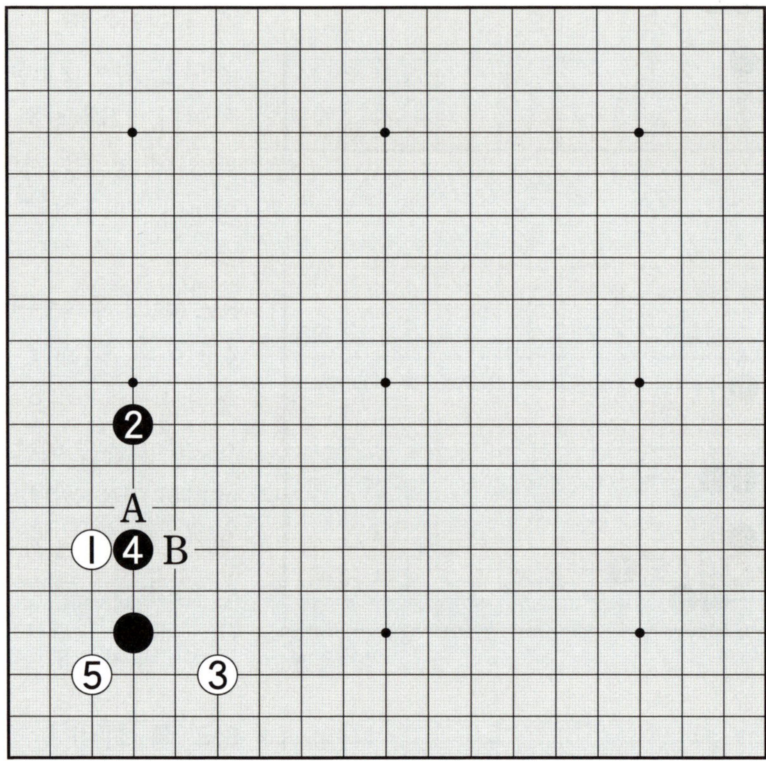

이번에는 [12형]에서 파생된 한국형 정석을 살펴보자.
백A, 흑B의 교환을 생략한 채 그냥 백5로 뛰어든 수가 의
미심장하다.

과연 수순을 생략한 비밀은 무엇일까? 또한 이때 흑은
어떻게 대응해야 할까?

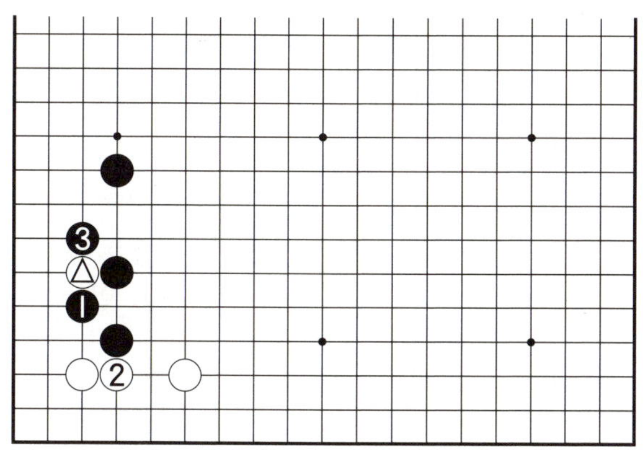

1도

1도 (흑, 중복)

[12형]에서는 정수였던 흑 1이 여기서는 부분적으로 방향착오가 된다. 백2로 넘고 나면 흑3이 불가피해 흑이 당한 모습이다.

그렇다고 흑3을 손 빼면 백3의 준동이 통렬하다. 게다가~

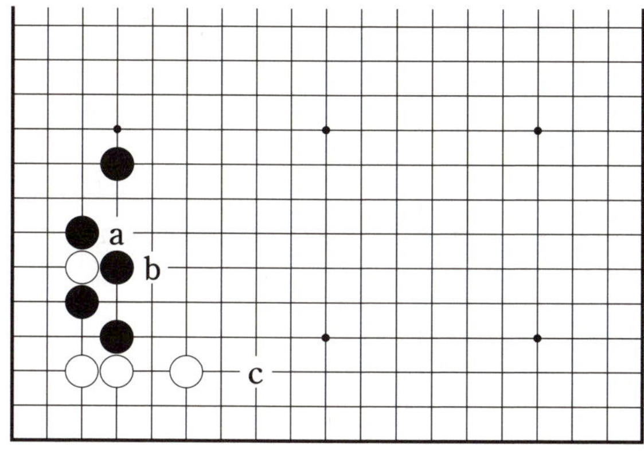

2도

2도 (백, 유리)

백a, 흑b의 교환이 없는 탓에 이제는 흑c가 별 위력이 없다는 점도 앞서 [12형]의 정석과는 큰 차이점이다.

결국 백의 변화구에 흑이 말려든 셈이다.

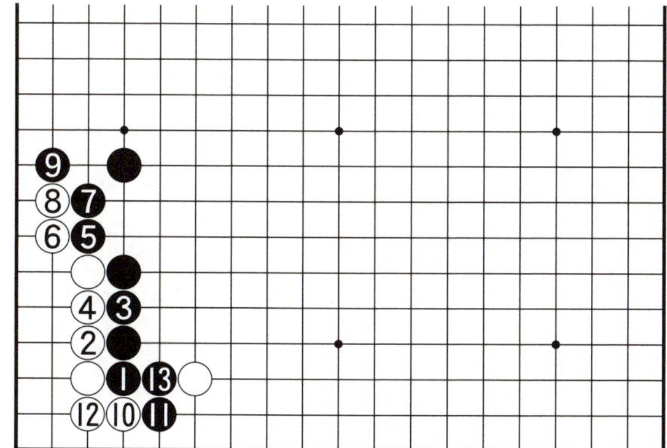

3도

3도 (☆ 대등한 정석)

그러므로 흑1로 막는 것이 부분만 보면 올바른 방향이다.

백2에는 흑3으로 잇고 이하 13까지 실리 대 세력의 대등한 정석이 된다(흑 13은 생략하고 큰 곳으로 전환하는 것도 유력).

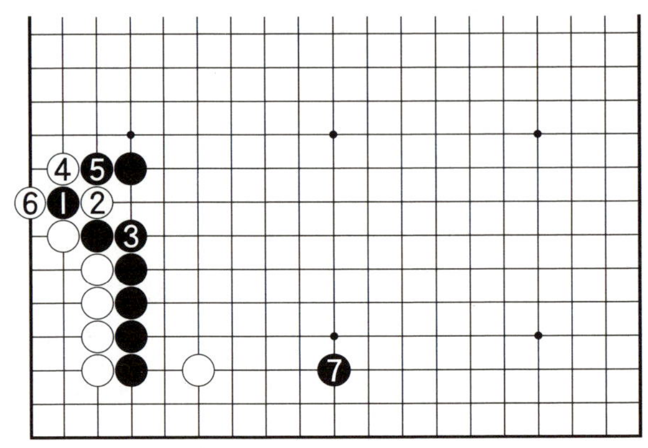

4도

4도 (흑의 별책)

흑1로 이단젖히는 수도 유력하다.

실리상의 손해를 감수하면서 대신 선수를 잡아 흑7로 협공하자는 발 빠른 수법이다.

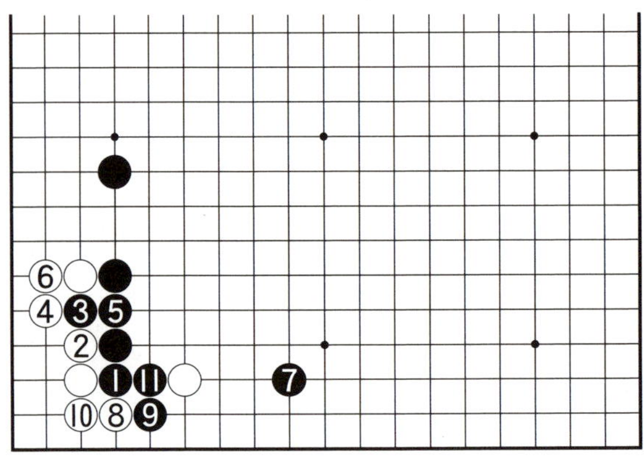

5도

5도 (☆ 변형정석)

백2 때 흑3, 5로 끼워잇는 것도 일책이다.

백6을 기다려 흑7로 협공하는 데까지 간명한 변형정석이다.

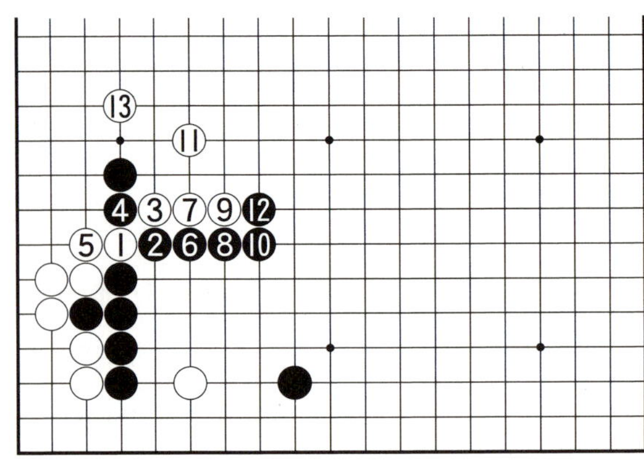

6도

6도 (전투형)

5도의 8로는 이 그림 백1, 3으로 강력하게 싸움을 걸어가는 수도 유력하다.

그러면 이하 13까지 서로 천하를 양분하는 흐름이 된다.

3장

3트 침입과 처리법

(응용형)

　포석이 끝나고 중반이 시작될 무렵이면 중요하게 떠오르는 문제가 침입과 삭감이다. 그 중에서도 화점에 대한 3三침입과 방어 여부는 가장 시급한 과제가 되기 마련이다. 몇 수 놓이지 않은 초반에는 3三처리가 미숙해도 그런 대로 넘어갈 수 있으나, 국면의 윤곽이 짜지는 중반 무렵에는 3三의 처리여부가 형세 우열을 가르는 경우가 많기 때문이다.

　3三침입의 처리에 가장 유의할 점은 주위 배경에 따라 최선의 대응책을 찾아나가는 판단력과 전국적인 균형 감각이다. 똑같은 백1의 침입에 각각 응수가 달라지는 아래 1~3도가 그 극명한 예이다. 국부적인 이해에 집착한 나머지 부분적으로 이득을 보고도 전국적으로 실패하는 경우가 있다면, 그것은 그만큼 대세관에 어둡기 때문이다. 반대로 상대의 침입군을 살려주고도 대세의 균형을 맞추면서 국면의 주도권을 잡아나갈 수 있다면 성공적인 처리라고 할 수 있겠다.

　이 장에서는 화점 바둑의 중반 무렵에 흔히 나타나는 3三침입과 그 처리법을 살펴보았다. 또한 소목에 대한 3三침입에 관해서도 간략히 다루어 보았다.

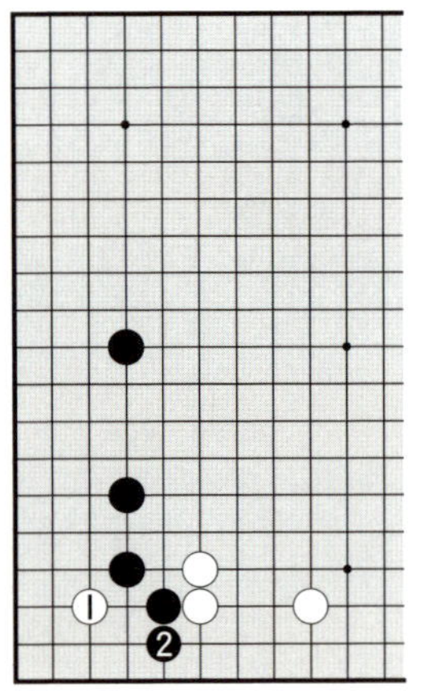

1도

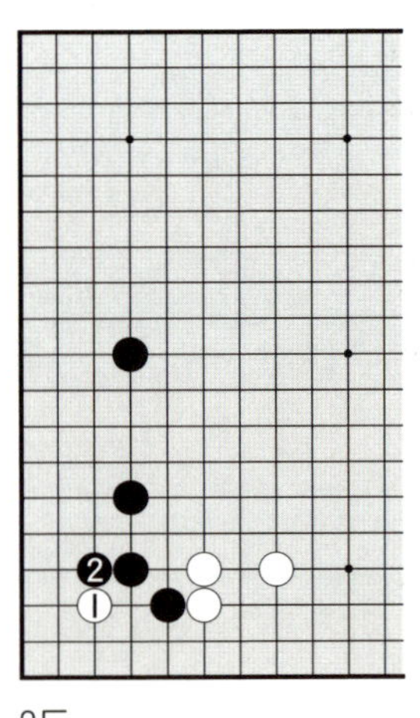

2도

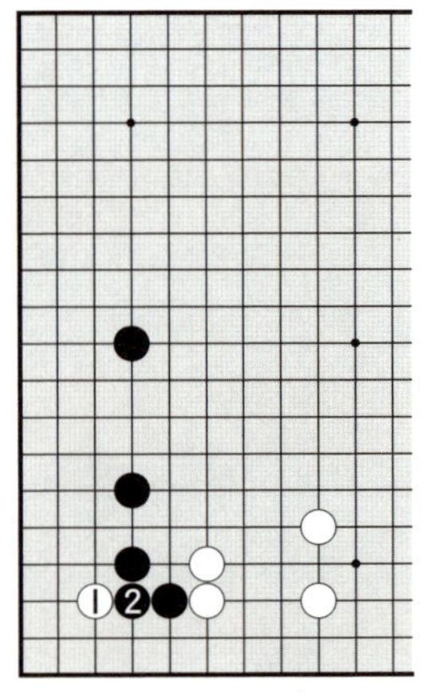

3도

차단해야 할 때

한칸 받기형 ①

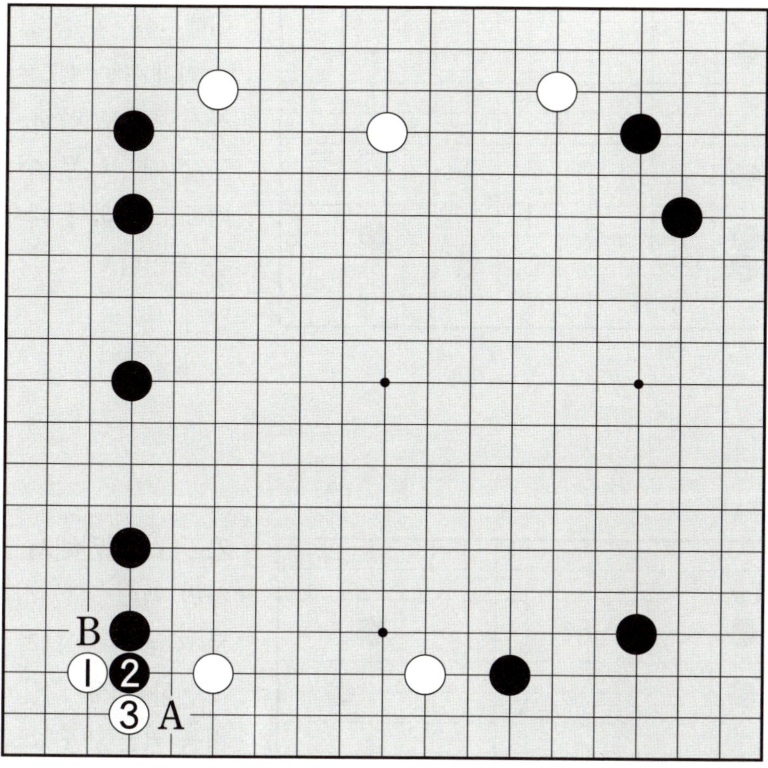

화점 날일자걸침에 한칸으로 받은 형태에서 백1의 침입은 앞서 2장에서 기본형을 다룬 바 있다. 여기서는 주위 배석에 따라 응수가 얼마나 달라지는지를 살펴본다.

4점 접바둑에서 나온 형태로 백1의 단도직입적 침입은 상수의 단골수법이기도 하다. 자, 이때 흑은 A로 차단해야 할까, B로 막아야 할까?

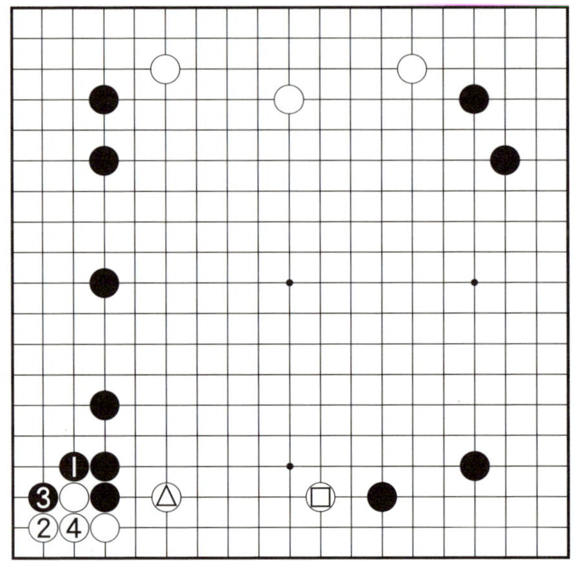

1도

1도 (백, 편해지다)

흑1로 막아 물러서는 것은 나약한 태도이다. 백2로 넘어가는 순간 △와 자동연결하며 크게 귀살이해 너무 싱겁다.

　이래서는 백□에 대한 공격여지도 약화되어 흑의 실패! 너무 수세적인 태도로 임하다 대세를 잃은 꼴이다.

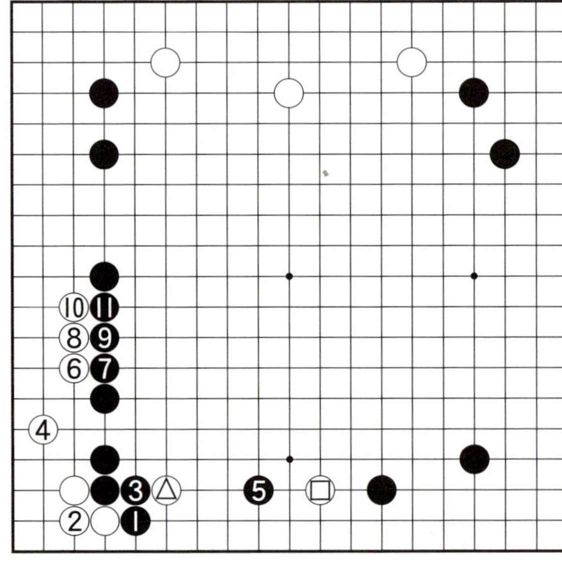

2도

2도 (☆ 차단해서 공격)

하변 백이 약한 상황이므로 지금은 당연히 흑1로 차단하는 것이 기세이다. 비록 귀는 내주었으나, 대신 백△와 □를 지리멸렬시켜 오히려 흑이 대세를 장악한 모습이다.

　이처럼 상대가 약할 때는 차단해 공격하는 것이 대범하면서도 당연한 태도이다.

넘겨주어야 할 때

한칸 받기형 ②

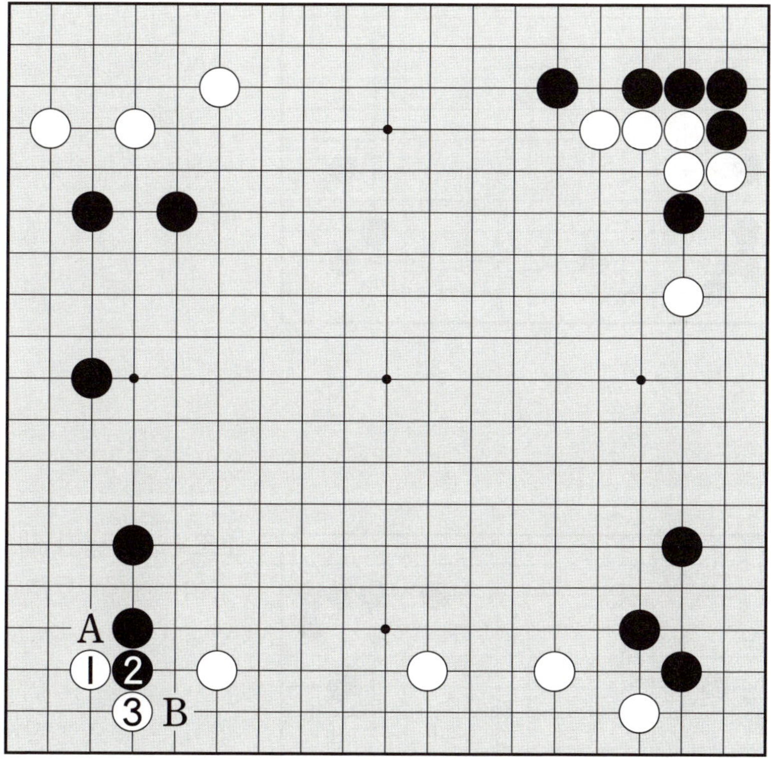

이번에는 주위배석이 사뭇 바뀌었다.

우하 쪽 백돌이 제법 단단한 자세를 취하고 있다는 데 주목하면서 흑은 A와 B 중 어떤 자세를 취하는 것이 좋을까?

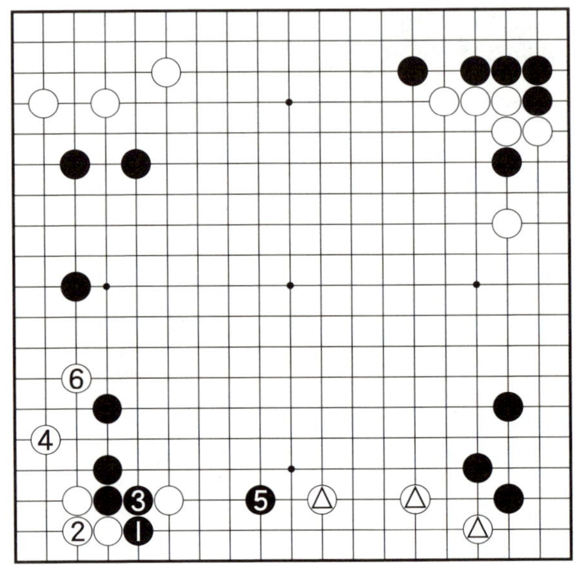

1도

1도 (무리한 차단)

흑1로 차단하는 것은 너무 과격하다. 이쪽에 세력을 쌓아보아도 백△들은 이미 견고한 자세를 갖추고 있어 공격이 먹히지 않는다.

이래서는 공연히 좌변 흑진만 초토화된 꼴이 아닌가.

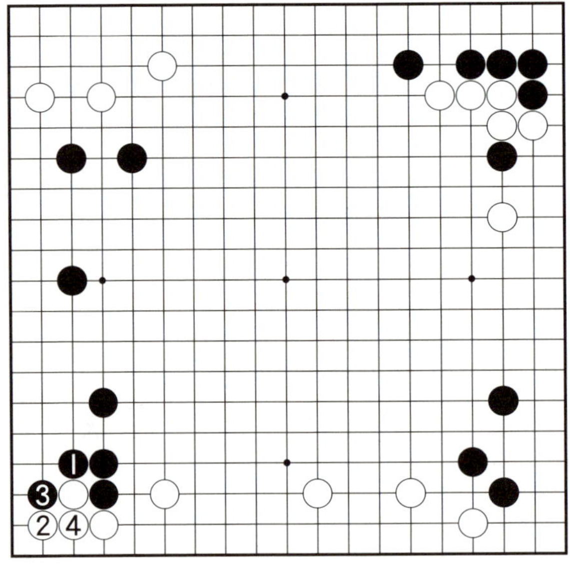

2도

2도 (☆ 현명한 태도)

그러므로 여기서는 흑1로 막아 넘겨주는 것이 순리이다. 그런 다음 선수를 잡아 큰 곳으로 향하는 것이 대승적인 태도이다.

이처럼 주위의 상대 돌이 강한 탓에 차단해도 별 대가가 나오지 않을 때는 넘겨주면서 선수를 취하는 것이 현명하다.

무리수를 응징하라

한칸＋마늘모붙임 형 ①

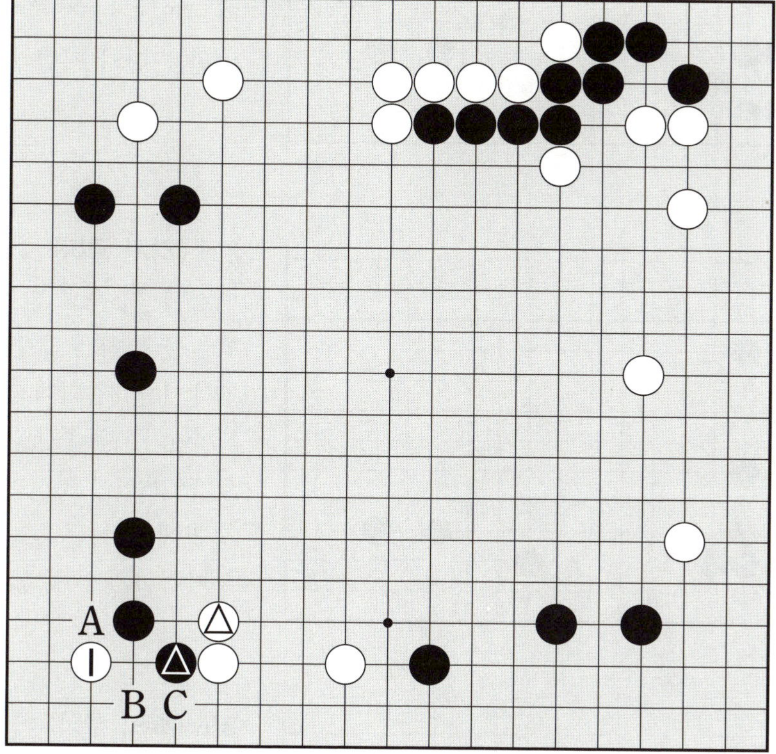

날일자 걸침수에 마늘모로 붙여(흑➋) 백△와 교환시킨 형태에서의 3三침입에 대해 집중적으로 공부해 보자. 물론 이때에도 주위 배석에 따라 응수가 달라지는데, 특히 상대 돌의 강약여부가 처리의 열쇠가 된다.

하변 백이 허약한 상태에서 백1로 뛰어든 장면. 흑은 A ～C 가운데 어디로 응수하는 것이 좋을까?

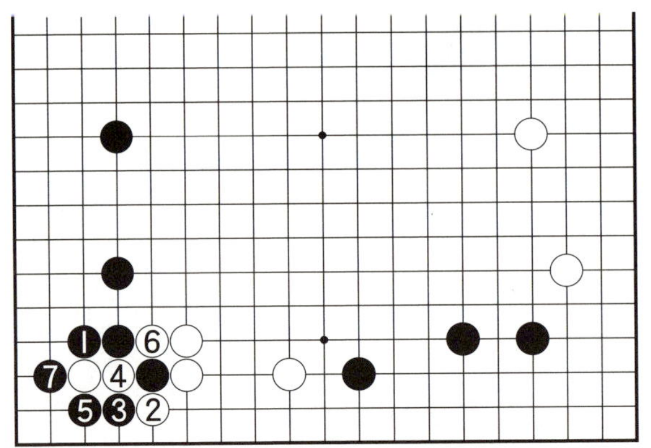

1도

1도 (나약한 태도)

흑1로 막는 것은 나약하다. 백6까지 귀를 침식당한 손해도 크거니와 특히 허약한 하변 백을 안정시켜 주었다는 점에서 호된 비판을 면키 어렵다.

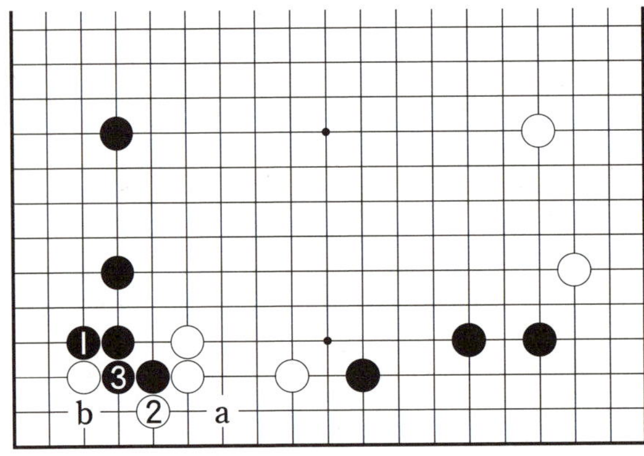

2도

2도 (역시 굴복)

백2 때 흑3으로 받는 것도 백돌을 편하게 해주었다는 점에서 역시 낙제점이다.

　백a가 b를 엿보는 선수로 듣고 있어 하변 백은 안정권에 접어든 모습이다. 무기력한 흑1이 '원죄'!

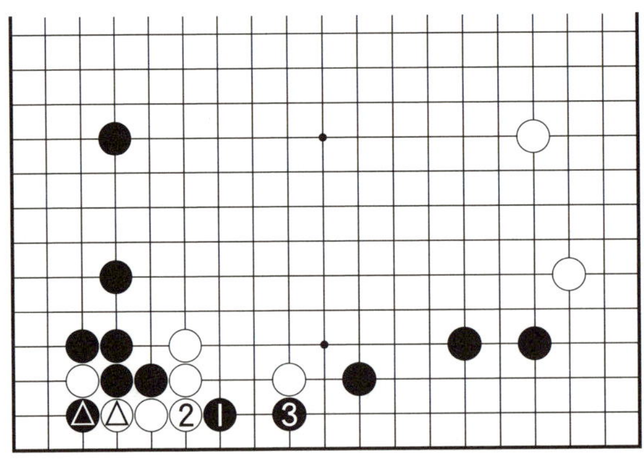

3도

3도 (흑의 추궁)

그런데 한 가지, 백도 섣불리 △, 흑▲를 교환하면 흑1, 3으로 추궁당할 여지가 있어 불안하다.

　그러므로 언제든지 백1로 안정할 여지를 남겨두는 것이 현명하다.

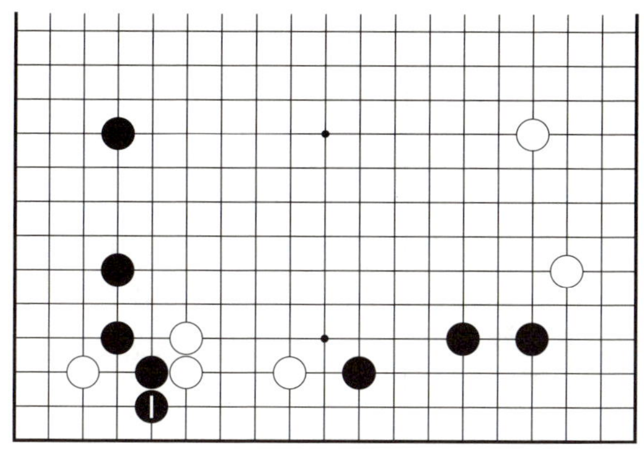

4도

4도 (☆ 강력한 태도)

지금은 하변 백이 미생마이므로 흑1로 강력히 차단하는 것이 기세이자 최선이다.

그러면 도리어 양분된 백이 고전을 면치 못하게 된다. 계속해서~

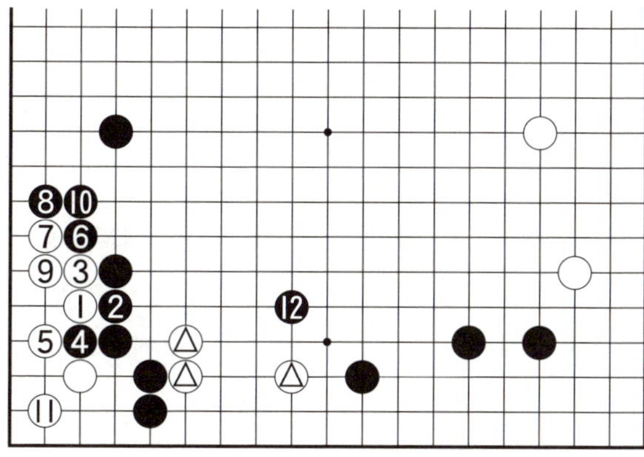

5도

5도 (흑, 대세장악)

백은 1로 움직이면 귀를 크게 깨며 살 수 있다. 그러나 그 사이에 생긴 철벽을 배경삼아 흑12로 맹공을 퍼부으면 백△들은 빈 사지경이다. 흑은 실리 손실의 대가를 뽑아내고도 남을 모습이다.

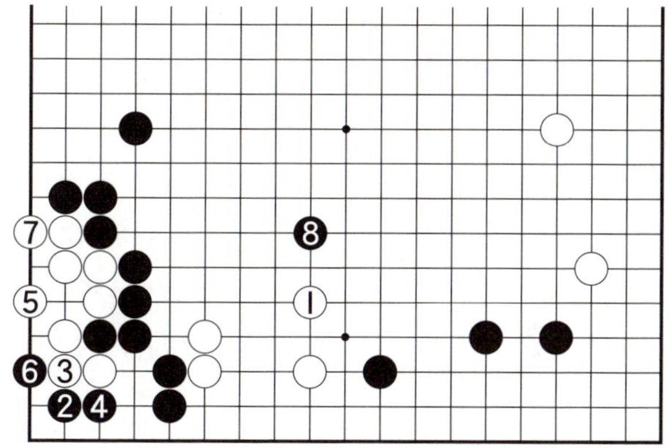

6도

6도 (역시 흑 충분)

그렇다고 5도 11 대신 백1로 하변 쪽을 보강하는 것은 흑2의 추궁이 매섭다. 이하 7까지 백을 옹색하게 만든 후 유유히 흑8로 공격을 계속해 충분한 결과이다.

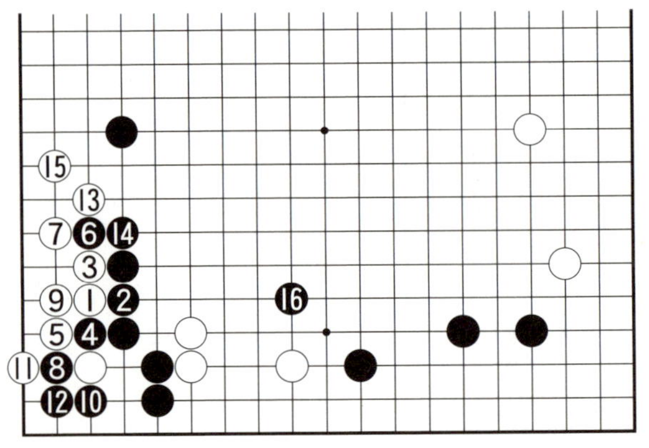

7도

7도 (흑의 별책)

백7 때 흑8로 끊어 귀를 취하는 수도 유력하다.

백15까지 좌변은 크게 다쳤으나, 막강한 두터움을 배경삼아 흑16으로 공격하면 역시 흑이 대세를 장악한 모습이다.

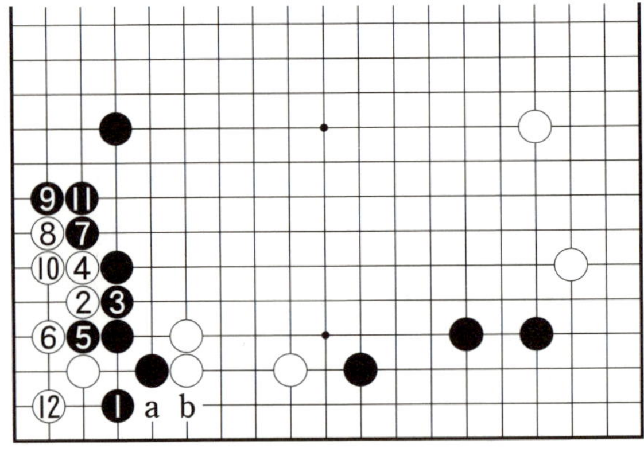

8도

8도 (백의 변화구)

흑2 때 백3으로 마늘모하는 수도 있다. 그러면 백7까지가 정형.

그러나 흑8이 통렬해 역시 흑이 대세를 장악한 모습이다. 이 모두 강력한 흑 ▲ 덕택이다.

9도 (하수의 마늘모)

저급자들이 많이 쓰는 흑1은 어정쩡한 완착이다.

이하 12까지를 상정할 때 흑a로 내려선 경우에 비해 하변 백에 대한 공격력이 크게 떨어지지 않은가(백b가 선수).

9도

참는 것이 최선이다

한칸＋마늘모붙임 형 ②

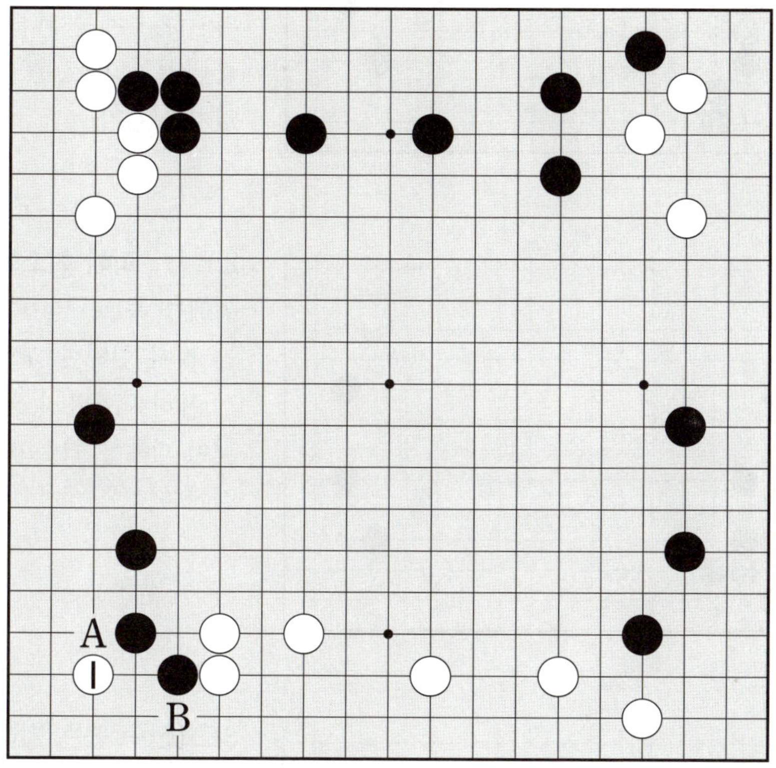

이번에는 배경화면이 싹 바뀌었다. [3형]과는 달리 하변 백은 상당히 견실한 자세를 하고 있다는 사실에 유의한다. 흑은 A와 B 가운데 어디로 응수하는 것이 좋을까?

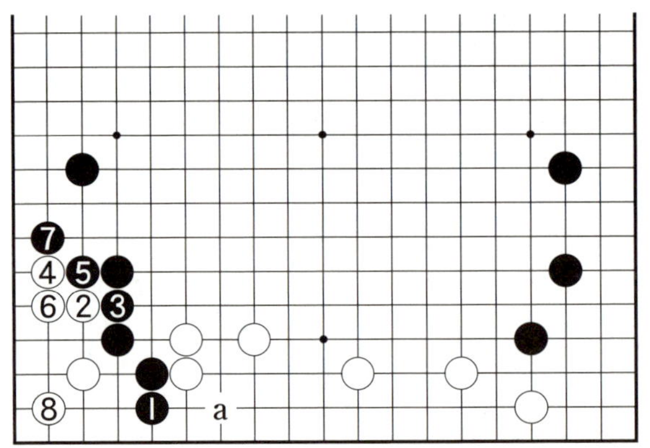

1도

1도 (큰 손해 자초)

여기서는 흑1이 방향착오! 백8까지 좌하귀만 초토화되었을 뿐, 하변 백이 견실한 탓에 대가를 찾을 길이 막연하기 때문이다. 흑a의 끝내기 정도로는 어림도 없지 않은가.

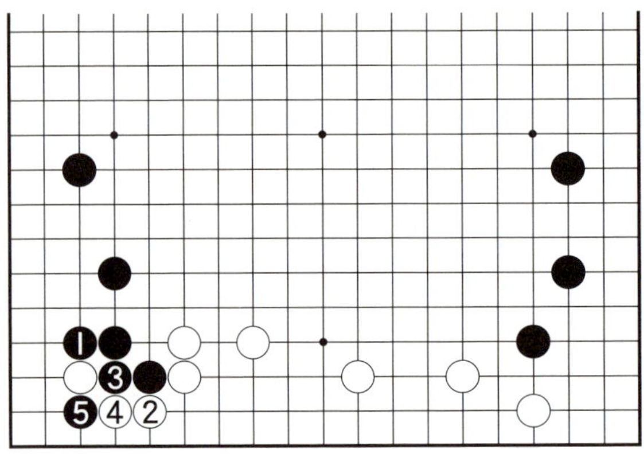

2도

2도 (☆ 피해 최소화)

이때는 흑1로 막아 넘겨주는 것이 현명한 태도이다.

이하 흑5까지 꾹 참는 것이 피해를 최소화시키는 길이다.

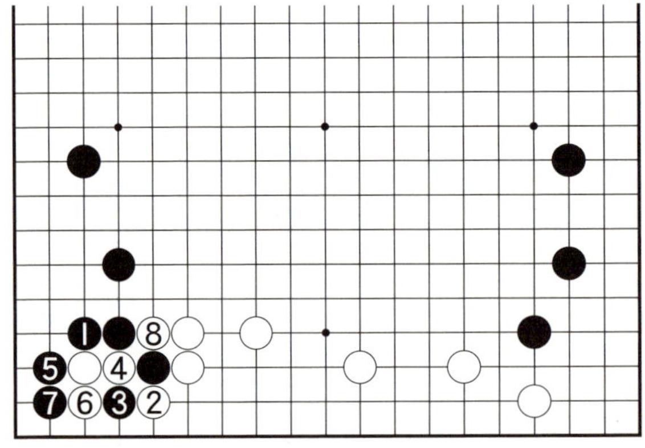

3도

3도 (선수 뽑는 방법)

2도가 후수라 싫다면 흑3~7로 처리하는 것이 유력한 임기응변이다.

비록 부분적으로는 더 큰 손해를 보았지만, 대신 귀중한 선수를 뽑아 큰 곳에 선행할 수 있다.

애매할 때

한칸＋마늘모붙임 형 ③

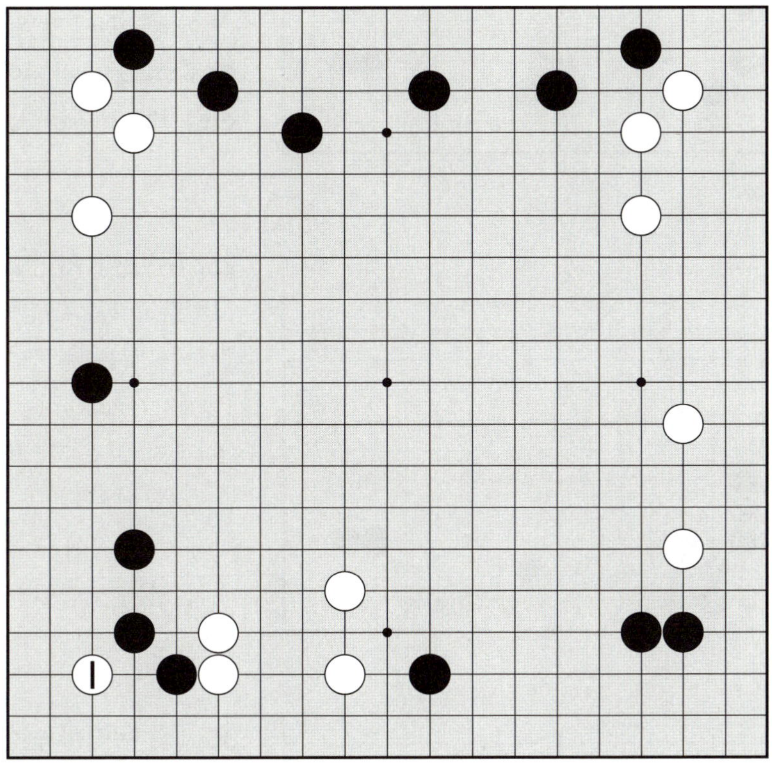

　‘차단할 것인가, 넘겨줄 것인가.’ 이런 애매모호한 상황도 있다. 바로 지금과 같은 경우이다.
　하변 백이 어느 정도 안정적 자세를 갖추고 있어 차단하자니 실리의 손실이 겁나고, 그렇다고 넘겨주자니 아까운 장면이다. 자, 흑은 무슨 좋은 수가 없을까?

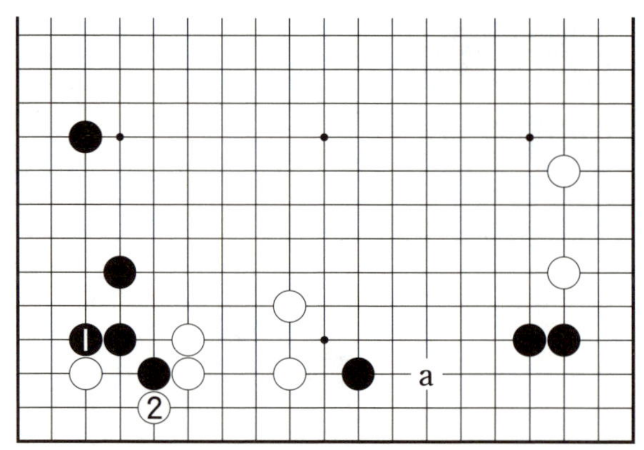

1도

1도 (흑, 싱거움)

자신이 없다고 흑1로 물러
서는 것은 무책이다. 백2
로 넘어가는 순간 하변 백
은 안정권!

　이 백이 안정되면 a쪽
의 허점이 부각되어 흑은
이래저래 불안하다.

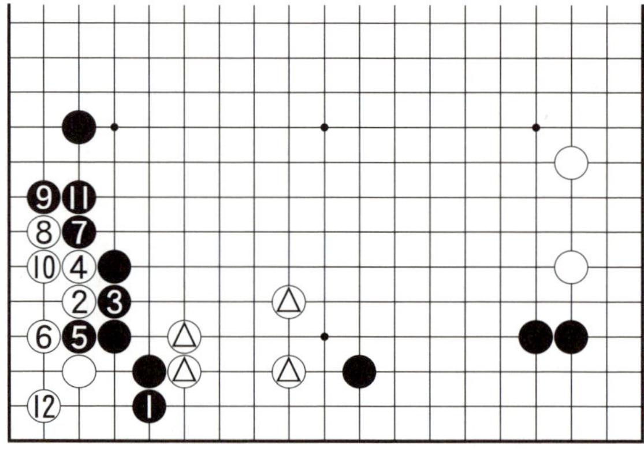

2도

2도 (무모한 차단)

그렇다고 흑1로 강력히 차
단하는 것은 무모하다. 백
12까지 실리의 손실이 너
무 크지 않은가. 반면 백
△들은 쉽사리 공격받을
자세가 아니어서 흑은 실
속이 없는 모습이다.

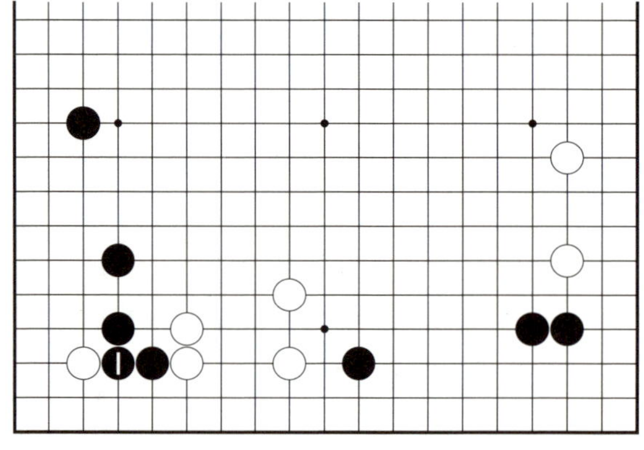

3도

3도 (☆ 유력한 빈삼각)

이때는 흑1의 빈삼각 응수
가 의외로 유력하다.

　실리상의 피해도 어느
정도 줄이면서 하변 백에
대한 공격여지도 남긴다는
중용의 태도이다. 계속해
서~

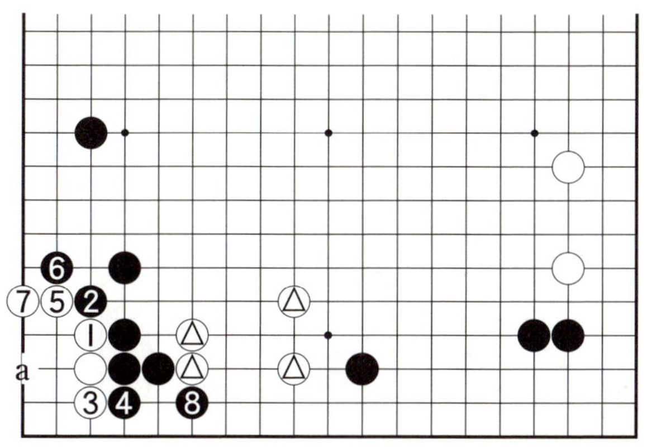

4도

4도 (백, 서투른 처리)

백1로 움직이는 것은 속수. 흑은 6까지 자세가 좋은 데다 귀의 백도 완생이 아니어서(흑a면 패) 백의 실패이다. 더구나 백△도 허약해지지 않았는가.

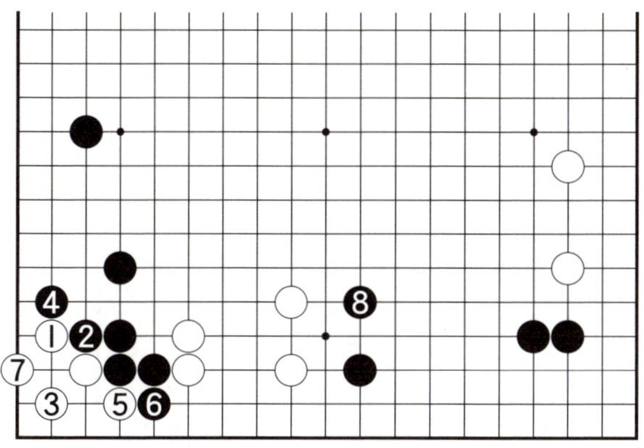

5도

5도 (☆ 백의 최선)

백1의 마늘모가 최선. 하변 쪽에 대한 악영향을 줄이며 완생해 4도와는 큰 차이가 난다.

그러나 흑도 선수를 잡아 하변 백을 공격할 수 있어 불만이 없다.

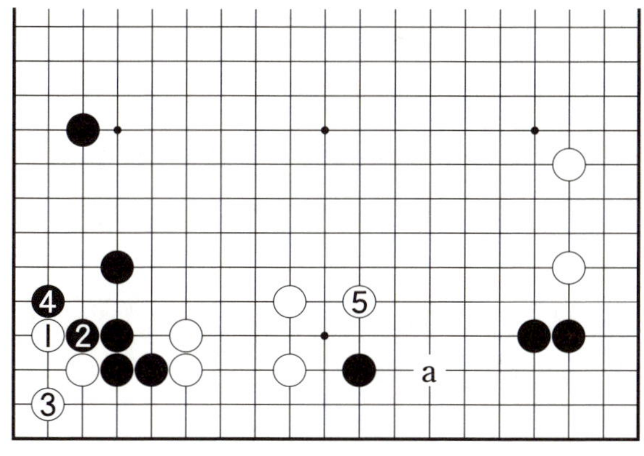

6도

6도 (백, 발 빠른 처리)

백은 흑4까지만 교환시켜 귀살이 여지를 확인해 둔 다음 손을 돌려 백5(또는 a) 등의 큰 곳으로 향하는 수법도 유력하다.

프로들이 애용하는 발 빠른 수법이다.

내가 강할 때

날일자＋마늘모붙임 형 ①

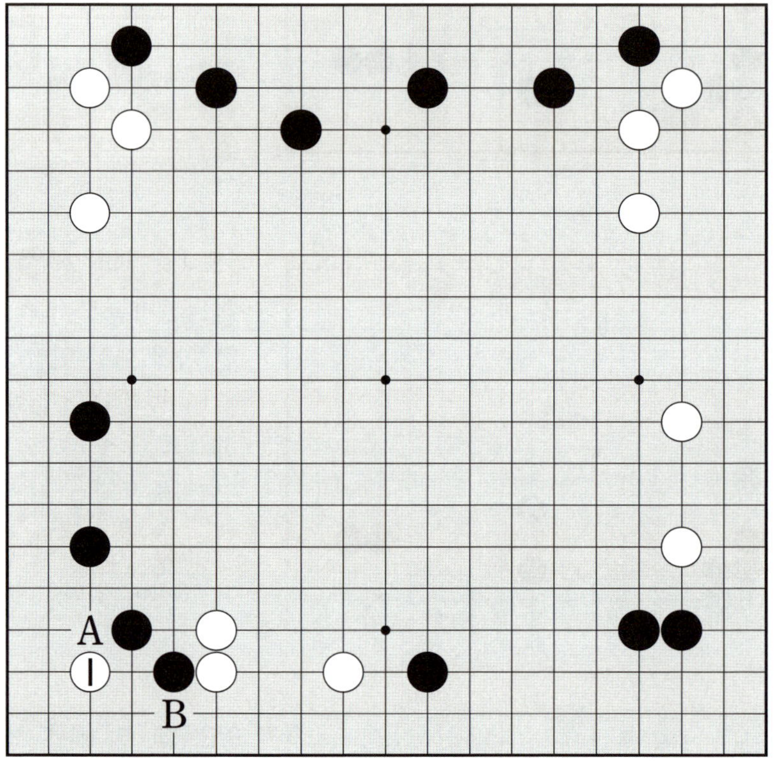

　이번에는 날일자받음에서 마늘모로 붙이는 형태를 집중 탐구해 보자. 여기서도 주위 배석의 강약여부가 응수방법을 좌우하는 것은 물론이다.

　지금은 백이 약하고 흑이 강한 상황이다. 자, 이때는 흑이 A, B 중 어디로 받는 것이 좋을까?

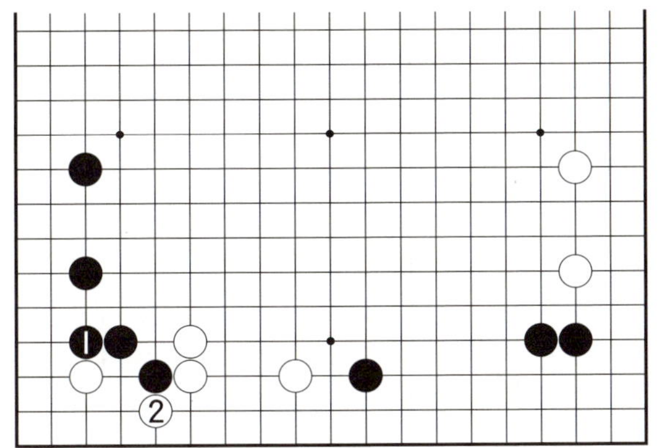

1도 (흑, 굴복)

흑1로 물러서는 것은 굴욕적 태도이다. 백2로 넘어가버리면 맥이 풀린다.

실리상의 손해도 클 뿐더러 하변 백을 안정시켜 주었다는 점에서 낙제점!

1도

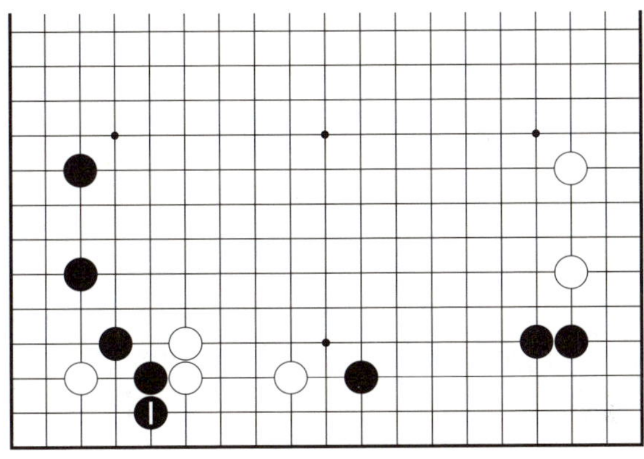

2도 (☆ 기세의 차단)

당연히 흑1로 강력히 차단해야 한다.

그러면 이제 양분된 백이 괴로운 신세가 된다. 계속해서~

2도

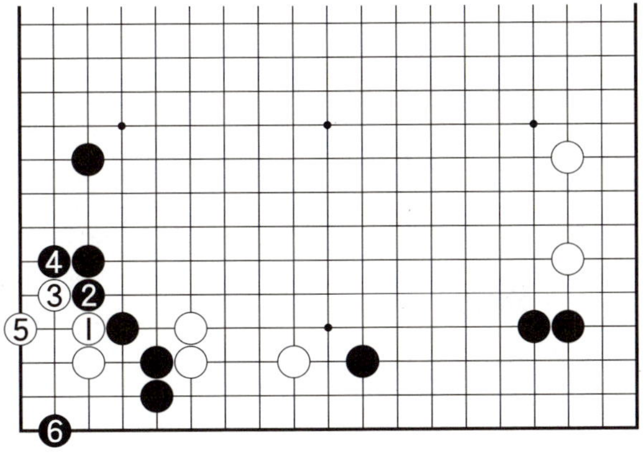

3도 (백, 속수)

이때 백1로 미는 것은 속수. 흑6까지 백은 궁도 부족으로 질식사하고 만다.

3도

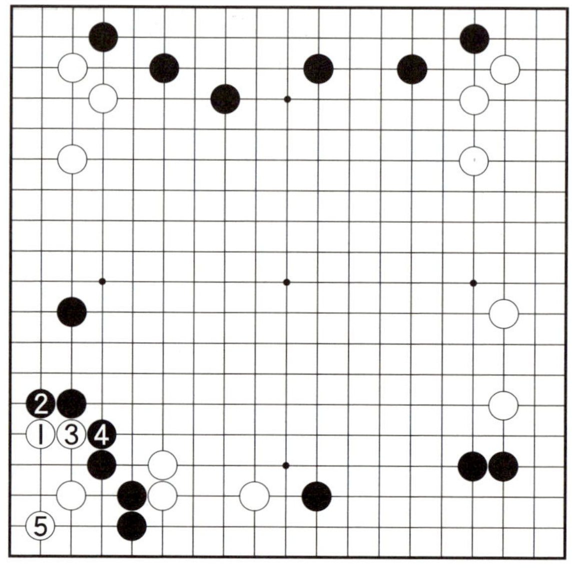

4도

4도 (백의 최선)

일단 백1로 달리는 것이 최선. 그러면 백5까지 얼추 삶의 자세를 갖출 수 있다.

자, 이때가 다시 흑의 기로인데, 과연 어떤 태도를 취해야 할까?

이럴 때는 한 템포 죽이면서 냉정을 되찾는 것이 매우 중요하다. 계속해서~

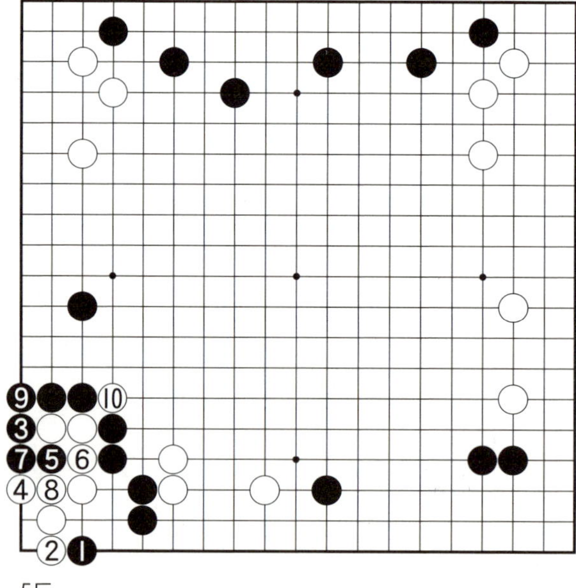

5도

5도 (흑, 무리)

흑1~9로 마구 잡으려 드는 것은 과격한 발상이다. 백10으로 끊겨 오히려 흑이 파탄지경에 빠진다.

이처럼 상대의 약점이 보인다고 단번에 끝장을 내려 서두르다가는 되레 참패하기 십상이다.

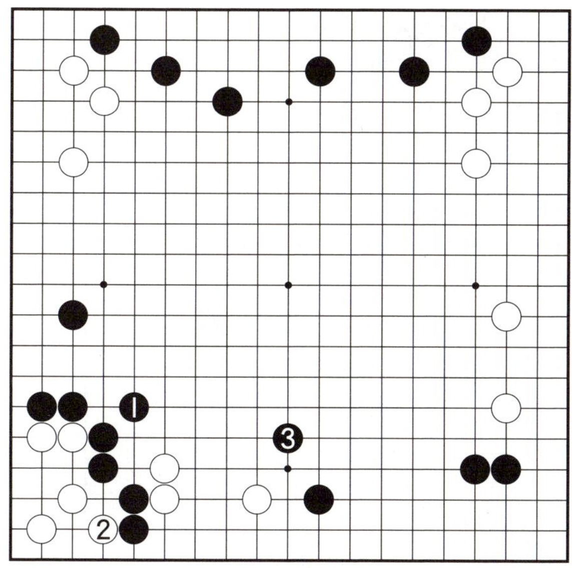

6도

6도 (☆ 대승적 태도)

일단 흑1로 후방을 지키
는 것이 침착한 태도이다.
그런 다음 백2를 기다려
흑3으로 파상공세를 펼쳐
일거에 대세장악!

　귀의 손실을 만회하고
도 남을 모습이다. 이처럼
상대를 조그맣게 살려주
는 대신 두터움과 선수를
얻어 대가를 구하는 것이
대승적 태도이다.

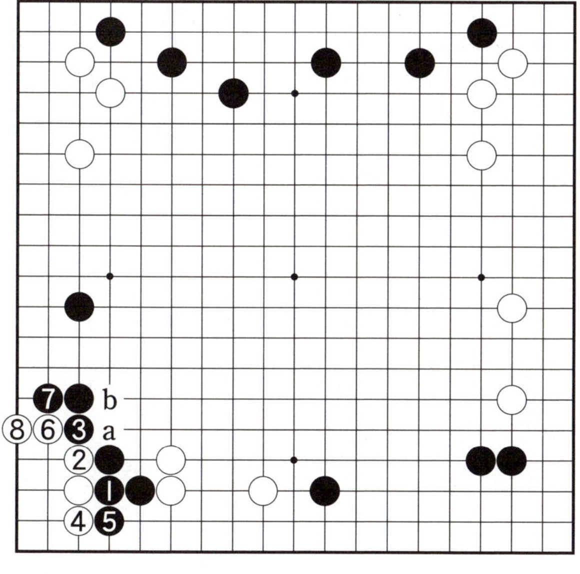

7도 (빈삼각은 완착)

흑1의 빈삼각은 이 경우
적합하지 않다. 백8까지
귀를 도려내고 살아버리
면 일단 실리의 손해가 큰
데다 a의 단점마저 남아
하변 백을 강하게 공격하
기가 어렵기 때문이다.

　흑1은 [5형]처럼 흑돌
이 b에 있을 때나 어울리
는 수법이다.

상대가 강할 때

날일자＋마늘모붙임 형 ②

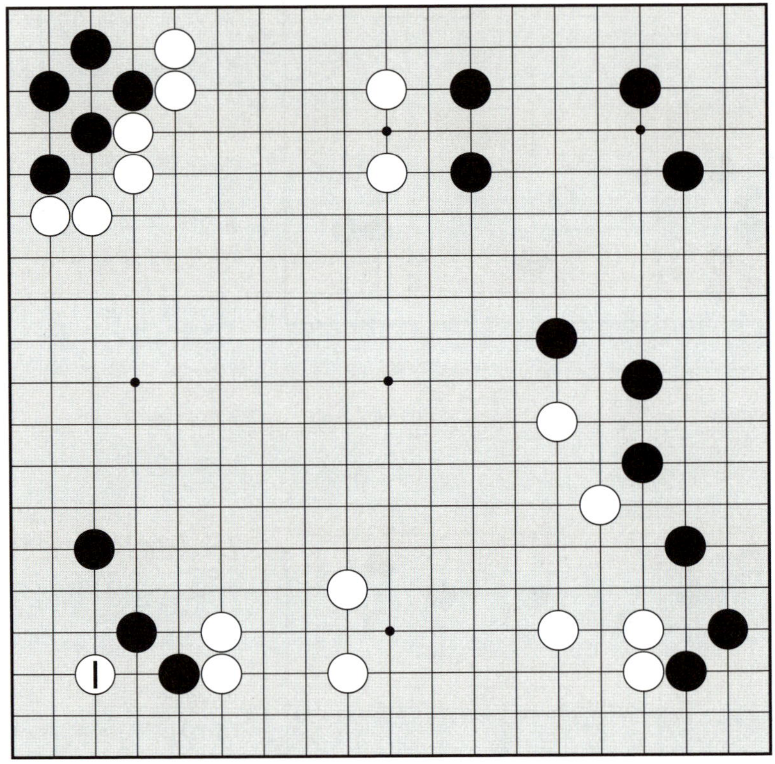

　이번에는 무대의 배경화면이 완전히 바뀌었다. [6형]과
는 반대로 하변 쪽은 백의 세력권이 됐을 뿐더러 좌변 쪽
흑의 원군 또한 없어졌다.

　흑은 절대열세의 상황이다. 자, 여기서는 흑이 어떻게
응수해야 할까?

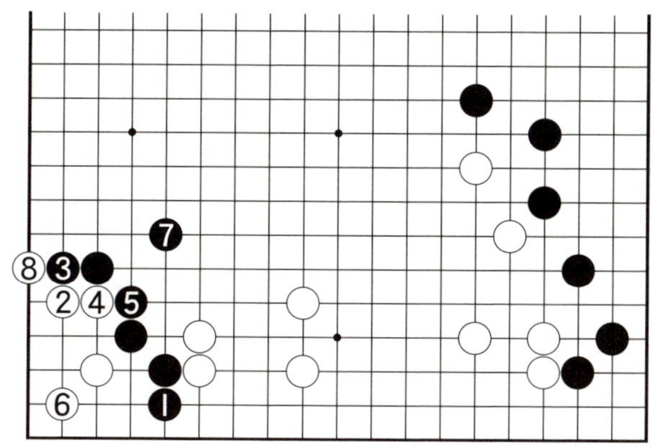

1도

1도 (무리한 차단)

흑1의 차단은 한마디로 무모한 태도이다. 백8까지 살아 버리면 흑은 실리뿐 아니라 근거 자체를 빼앗긴 꼴이어서 졸지에 부평초 신세 아닌가.

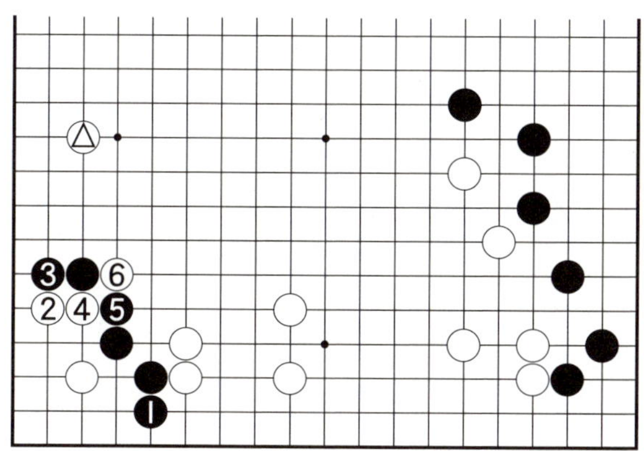

2도

2도 (흑, 더욱 곤란)

또한 지금처럼 좌변 쪽에도 백의 원군(△)이 있는 상황이라면 백은 한 술 더 떠 6으로 절단해버릴 것이다. 이래서는 흑의 지리멸렬!

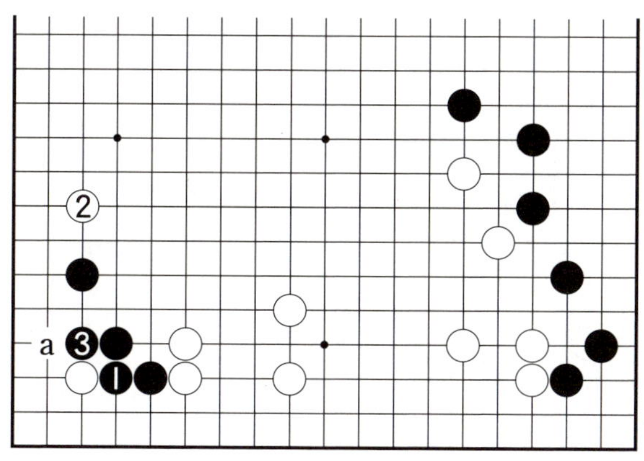

3도

3도 (역시 흑 불만)

흑1로 버티는 것도 무리. 백2를 선수로 당해 대세를 그르치게 된다.

또한 백2로 직접 a에 움직이더라도 흑은 곤혹스러울 것이다.

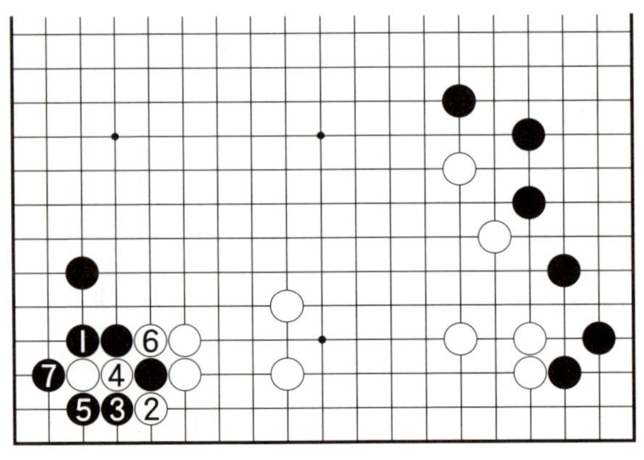

4도

4도 (☆ 안정이 최우선)

흑1로 자중하는 것이 최선. 흑7까지 손해를 감수하더라도 일단 안정을 기해야 한다.

'세고취화(勢孤取和: 약할 때는 화평을 취하라)'라는 기훈을 유념하자. 그런데~

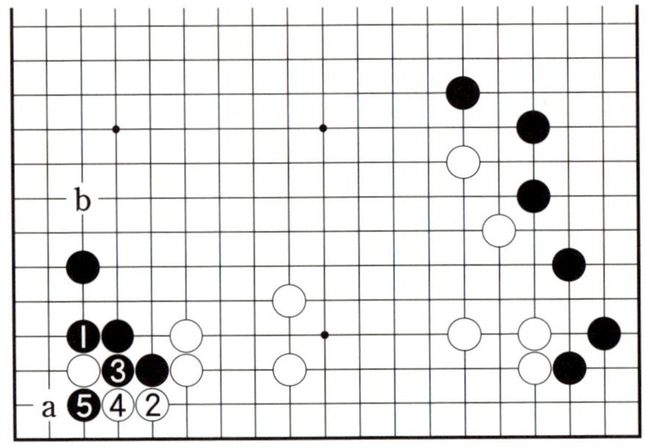

5도

5도 (불안한 처리)

흑3, 5로 처리하는 것은 이 경우 부적절하다.

차후 백a로 괴롭히는 수단이 남아 찜찜한 것이다. 적어도 백b는 선수가 될 가능성이 높다.

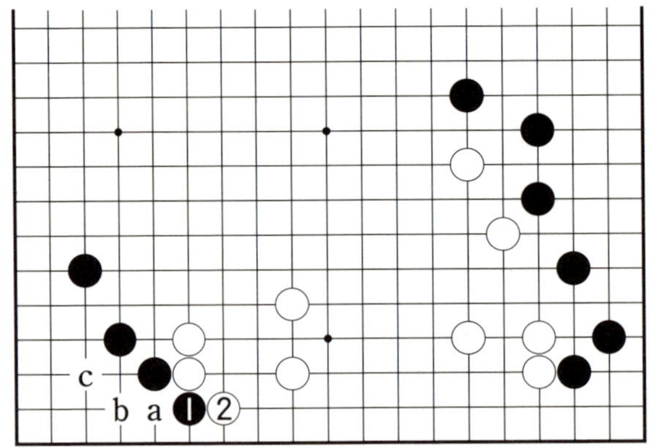

6도

6도 (기민한 선수활용)

이런 형태에서는 기회를 보아 미리 흑1, 백2를 교환해 두는 것이 3三의 약점을 완화시키는 유익한 수법이다.

그러면 차후 백a에 흑b로 몰고 c로 지킬 수 있어 한 수 차이가 난다.

서로 대등할 때

날일자＋마늘모붙임 형 ③

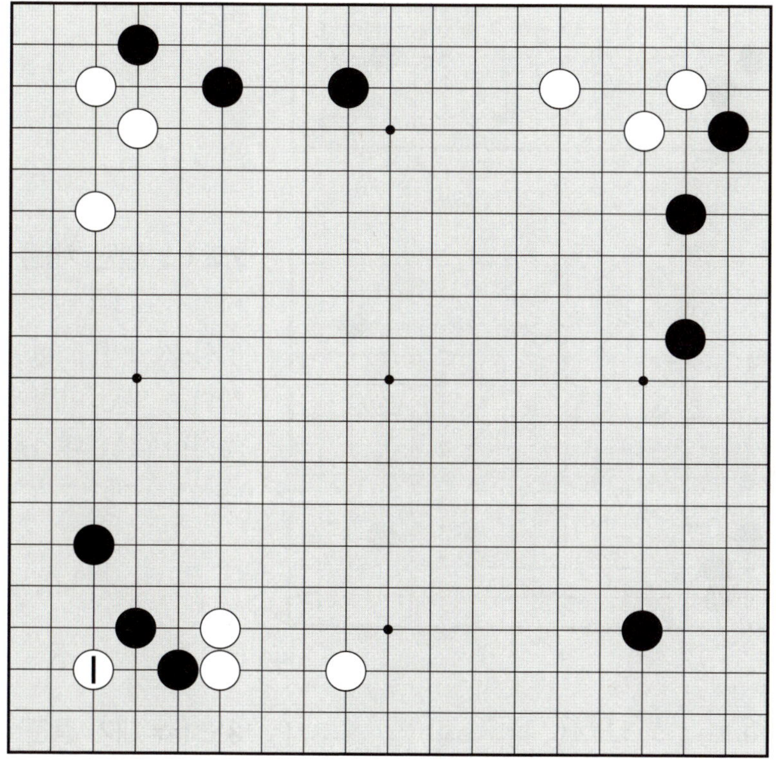

　　이번에는 또 다른 변형. 보다시피 좌변과 하변 쪽에 배석이 없어 돌의 강약이 쌍방 대등한 상황이다.

　　자, 이때는 백1의 3三침입에 흑이 어떤 태도를 취하는 것이 좋을까?

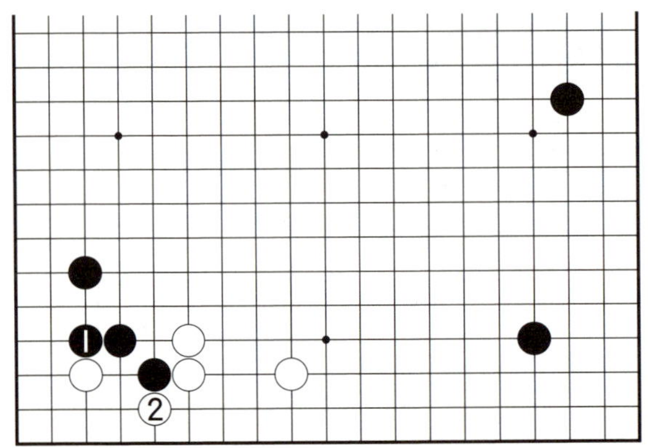

1도

1도 (패기 부족)

흑1로 막아 넘겨주는 것은 패기 부족이다.

이렇게 나약한 태도로는 바둑을 이기기 힘들 것이다.

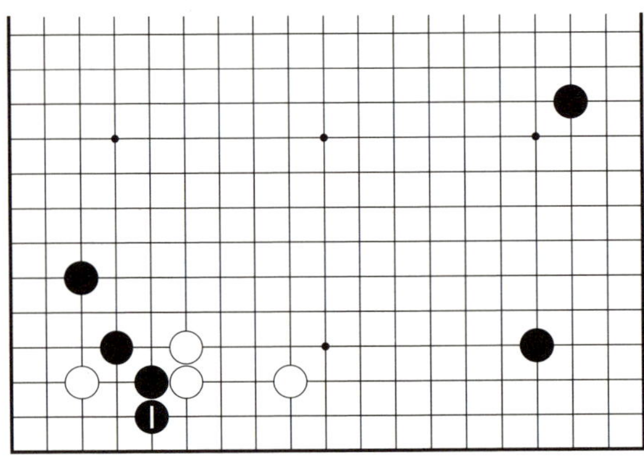

2도

2도 (☆ 일단 차단)

여기서도 흑1로 차단하는 것이 기세이다. 상대의 미생마는 일단 이렇게 갈라 놓아야 훗날 대가를 구할 수 있는 것이다.

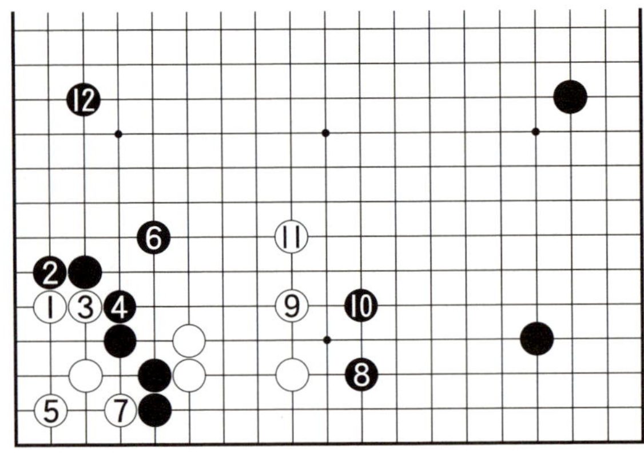

3도

3도 (☆ 대가 충분)

백1~7이면 침입군은 어렵지 않게 살 수 있다.

그러나 그 와중에 생긴 두터움과 선수를 이용해 흑8~12로 양쪽을 처리하면 흑은 대가를 충분히 얻어낸 결과이다.

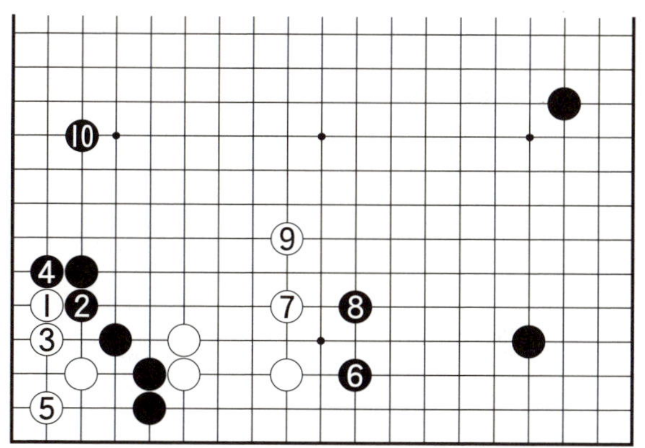

4도

4도 (☆ 대동소이)

흑2, 4로 막아 두텁게 처리하는 수도 가능하다. 이하 흑10까지 3도와 비슷한 모습이다.

아무튼 이처럼 상대를 갈라 밖에서 대가를 구하는 돌의 기세와 흐름을 기억하자.

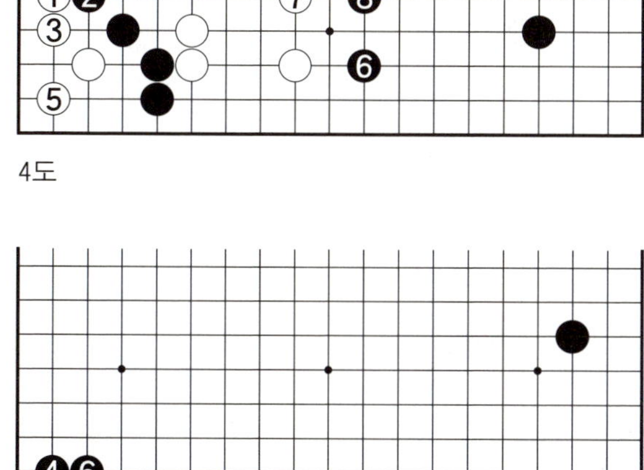

5도

5도 (백의 변화구)

흑2 때 백3으로 밀고 들어가는 강인한 수법도 있다.

이때 흑4로 물러선다면 6까지 되고 난 다음 a의 단점이 남아 흑이 약간 불만스럽다. 그러므로~

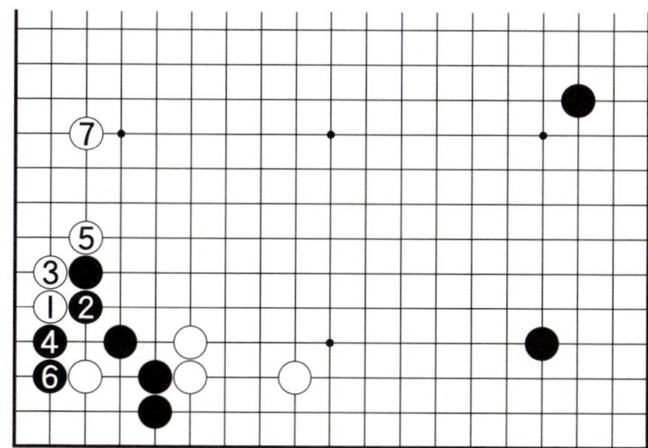

6도

6도 (적당한 타협)

백3에는 흑4가 최강수. 그러면 백7까지 귀와 변을 바꾸는 바꿔치기가 필연적이다.

흑은 귀를 차지한 다음 차후 양쪽 백의 허점을 노리는 작전을 펼 수 있다.

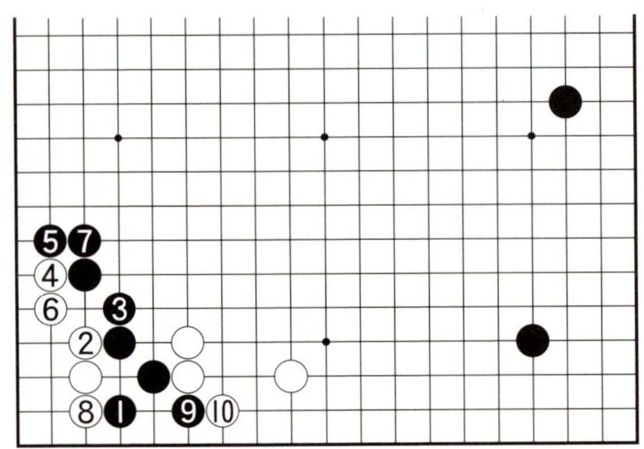

7도

7도 (하수의 마늘모)

흑1의 마늘모는 저급자들의 애용수법이나 어정쩡한 수가 될 때가 많다.

백10까지를 예상할 때, 백이 양쪽을 무난히 수습할 수 있어 흑은 얻은 것이 없지 않은가.

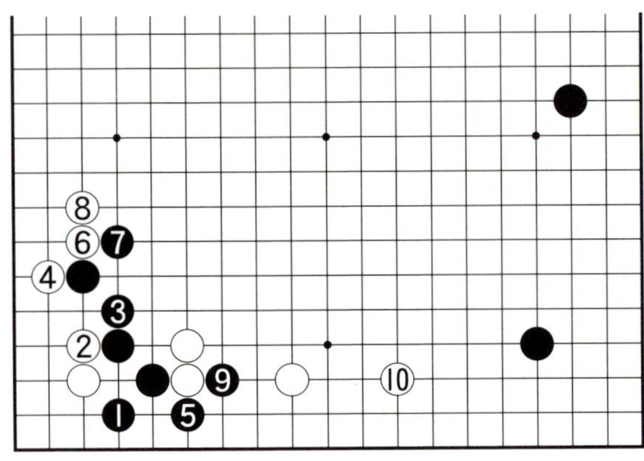

8도

8도 (백, 만족)

백4 때 흑5로 하변 쪽을 추궁하는 것도 별무신통이다. 이하 10까지 양쪽에서 실속을 차린 백이 만족스러운 모습이다.

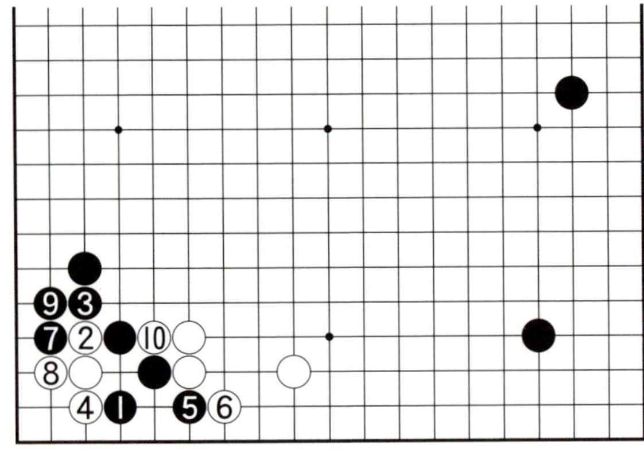

9도

9도 (흑, 무리)

그렇다고 흑3~9로 귀를 잡으려드는 것은 대무리이다. 백10까지 오히려 흑이 망하고 만다.

결국 흑1의 마늘모 응수는 좋지 않았다는 결론이다.

특수한 2단계 침투

날일자＋마늘모붙임 형 ④

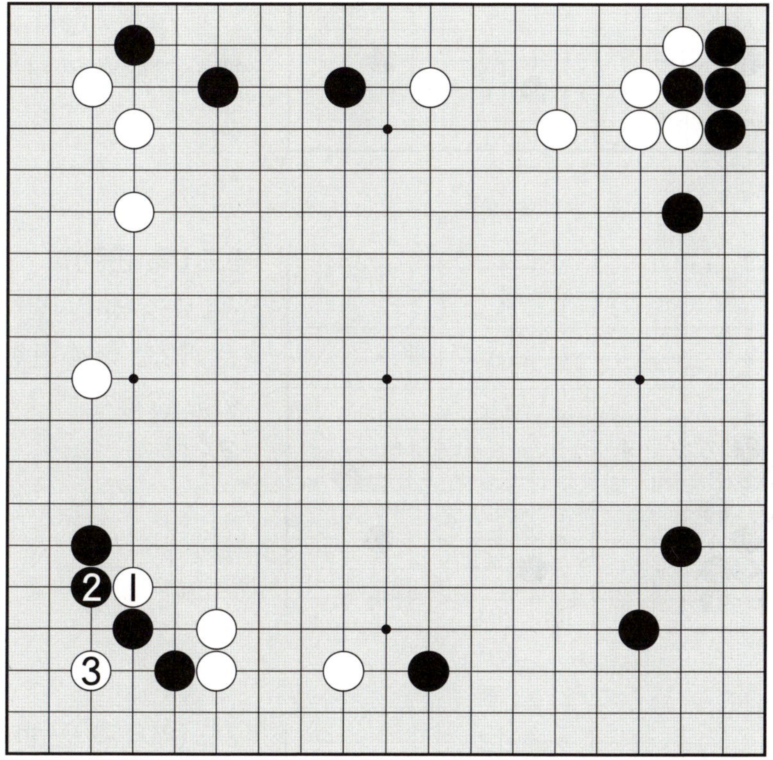

　이번에는 약간 특수한 3三침입의 예를 익혀보자. 백1로 응수를 물은 뒤 3으로 침입하는 2단계 작전이다.

　이 수법은 귀살이의 의도보다는 사석작전을 통해 외곽을 두텁게 정비하겠다는 뜻이 짙은데, 우상 방면의 축머리가 '백 유리'라는 전제조건이 있어야 한다. 자, 흑은 어떻게 대응해야 하며, 최선의 결과는 무엇일까?

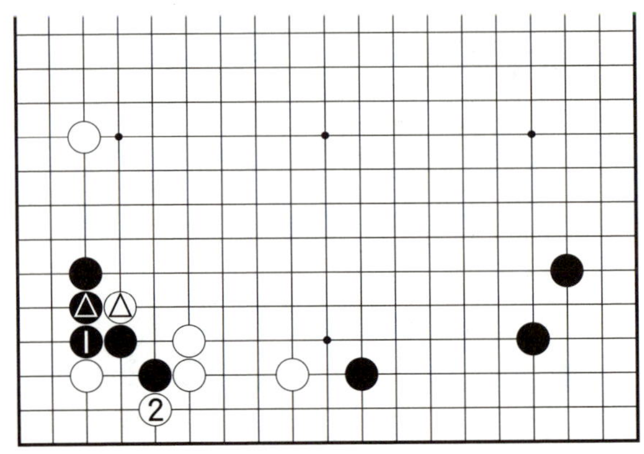

1도

1도 (흑, 무기력)

먼저 흑1로 잇는 것은 무기력한 태도이다. 백2로 넘어가면 실리와 근거를 빼앗겨 손해가 크다.

백△와 흑△의 교환도 백은 기분 좋은 활용이다.

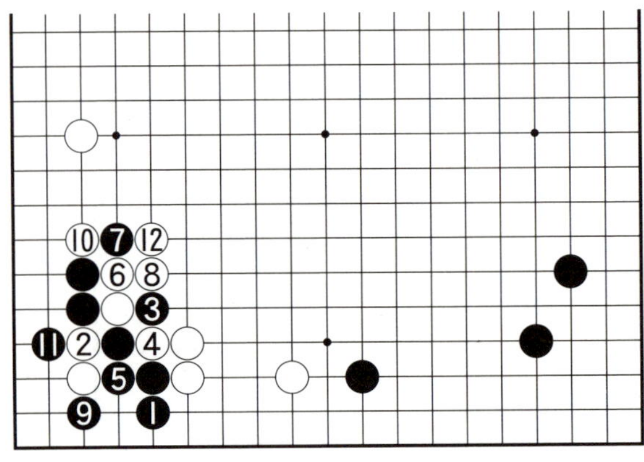

2도

2도 (흑, 곤란)

흑1로 강력히 차단하는 것은 백2로 끊겨 곤란하다. 이하 12까지 백이 두터운 모습이다.

또한 백4로는 아예 6자리에 나가 싸우는 수도 유력하다.

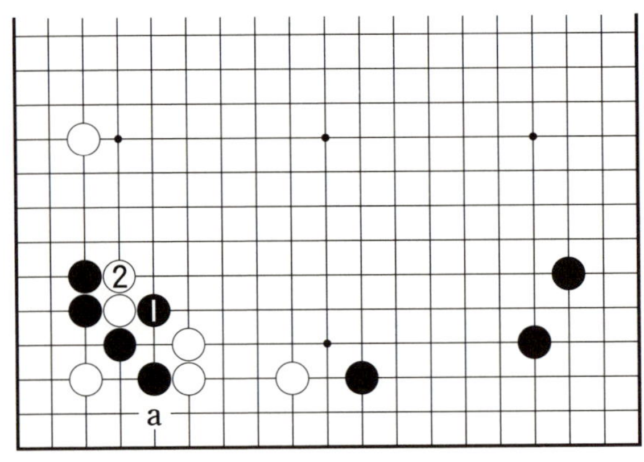

3도

3도 (역시 흑 곤란)

축이 유리하다면 흑1로 몰아 간단히 수습하겠지만 지금은 그렇지도 못하다.

백은 흑1 때 백a로 넘어가기만 해도 실리 상 큰 이득을 취한 셈이다.

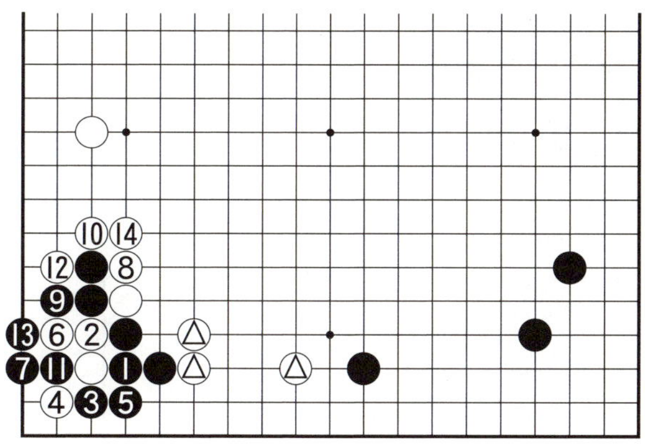

4도

4도 (백, 두텁다)

흑1로 받는 것이 상식적. 백2에는 흑3~7로 귀를 잡을 수 있다. 그러나 백14까지 사석작전을 통해 외곽을 두텁게 정비해 백이 두터운 결과이다.

이제는 백△가 미생마가 아니라 세력이 되고 있다는 데 주목하자.

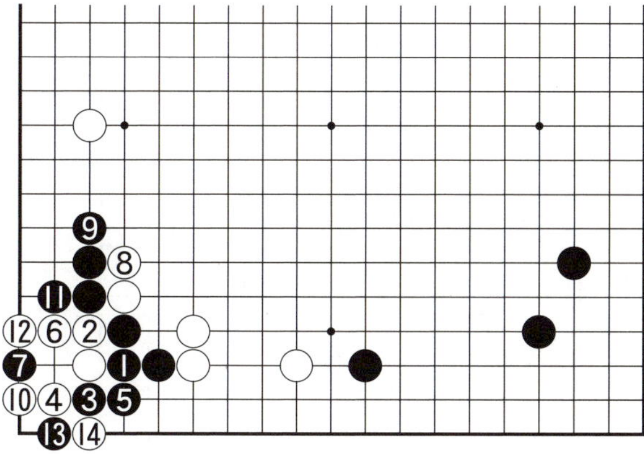

5도

5도 (흑, 망함)

그렇다고 백8 때 흑9로 강하게 버티다가는 백10을 당해 큰 일이 난다.

백14까지 귀가 빅이 돼서는 흑이 망한 꼴이나 다름없다.

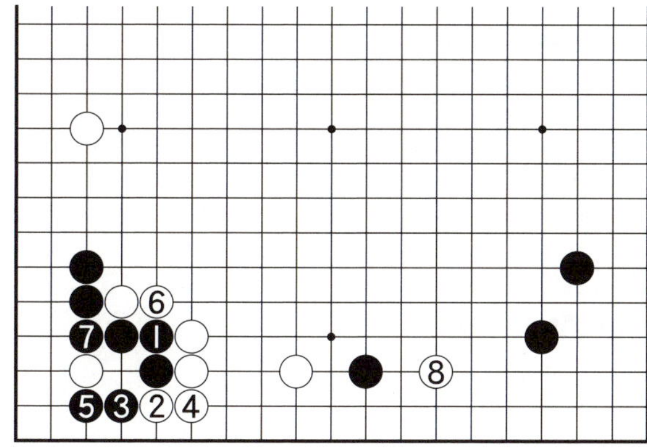

6도

6도 (☆ 쌍방 최선)

흑1이 최강의 응수. 그러면 귀를 튼실하게 지켜낼 수 있다. 그러나 백도 허약하던 하변을 선수로 정비한 뒤 8로 손을 돌릴 수 있어 의도가 관철된 셈이다. 이것이 쌍방 최선이라고 할 수 있다.

방향감각과 선수 쟁탈전

양날개형

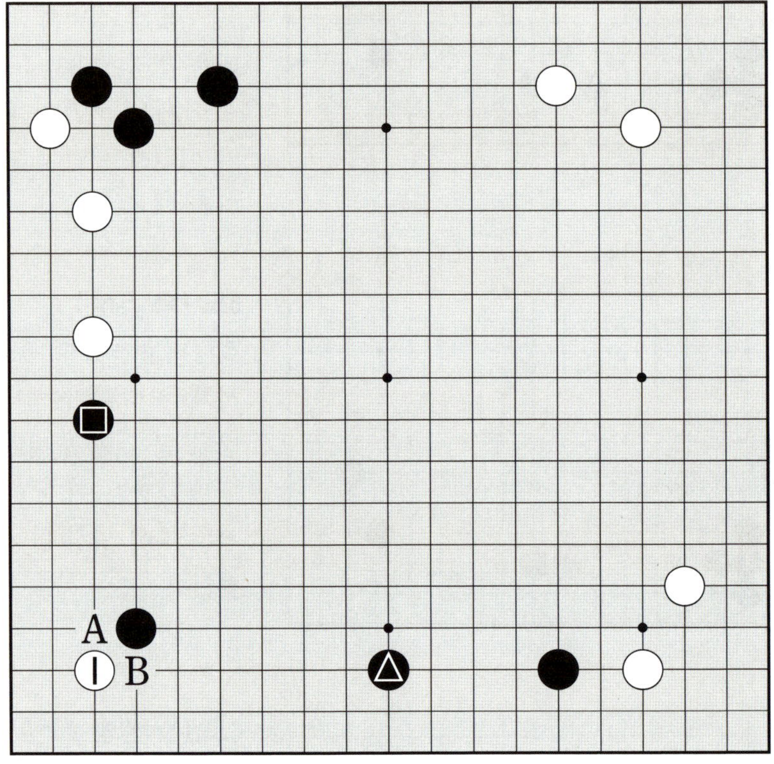

　화점에서 양쪽 변으로 벌린 형태에서는 3三침입이 실리의 급소이자 대세상의 요소가 될 때가 많다. 이 경우 첫째, 막는 방향이 성패의 관건이 된다.

　백1로 뛰어든 장면. 흑△와 ■의 위치를 고려해가면서 효과적인 처리방법을 연구해 보자. 우선 흑은 A와 B 중 어느 쪽으로 막는 것이 좋을까?

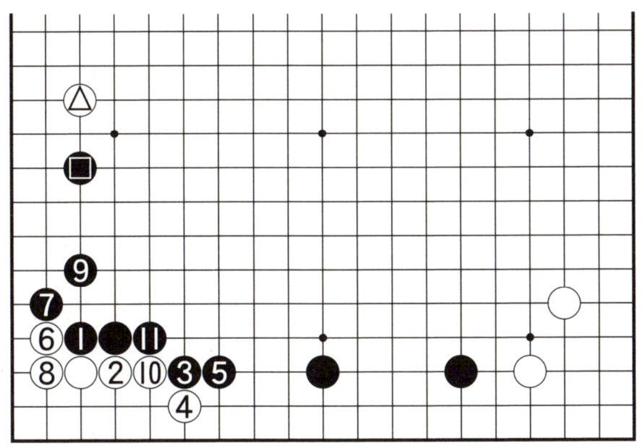

1도

1도 (방향착오)

먼저 흑1로 막는 것은 방향착오! 백10까지 귀살이 하고 나면 ■가 중복된 위치여서 흑의 불만이 역력하다.

　더구나 이쪽은 백△가 가로막고 있어 발전 가능성이 거의 없지 않은가.

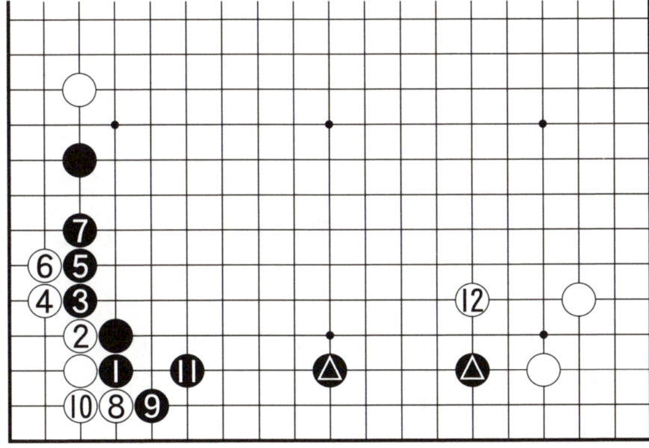

2도

2도 (흑, 책략부족)

●들이 집중 투자된 만큼 흑1로 막는 것이 올바르다. 그런데 백2 때 흑3~7로 처리하는 것은 너무 고지식하다.

　백은 선수로 귀살이한 다음 12의 대세점에 선착해 활발하다.

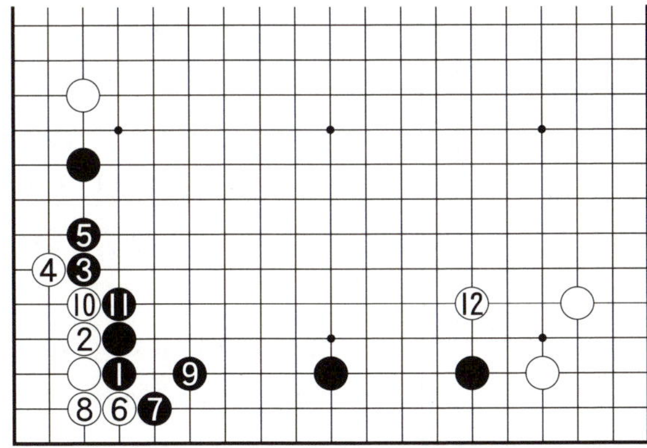

3도

3도 (역시 흑 불만)

흑3으로 씌우는 것도 여기서는 부적절하다. 역시 백이 선수를 잡아 12로 향하면 2도와 크게 다를 것이 없다.

　흑은 약간 손해를 감수하더라도 선수를 뽑을 궁리를 해야 한다.

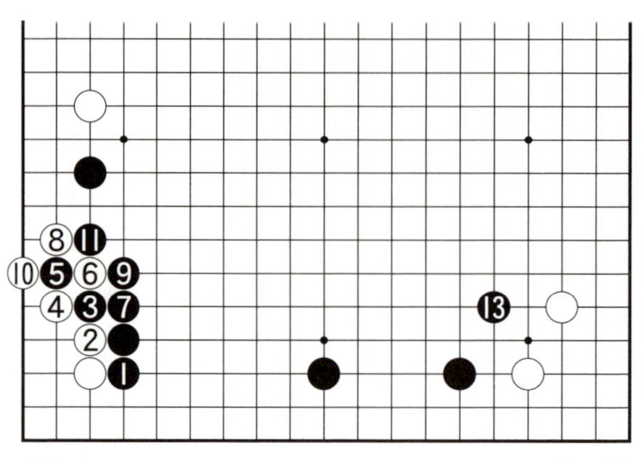

4도

⑫…❺

4도 (☆ 선수로 처리)

이때는 흑3, 5가 멋진 임기응변. 이하 12까지 좌변을 선수로 처리한 다음 대망의 요소 흑13에 선착하는 것이 최선이다.

방향감각과 선수처리가 포인트이다.

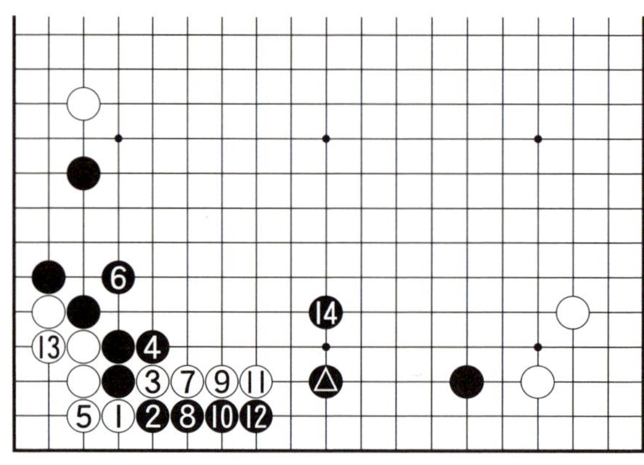

5도

5도 (백, 무리)

백이 4도가 싫다고 1, 3으로 변화해온다면 흑은 4, 6이 최강수이다. 지금은 흑△가 3선에서 기다리고 있어 백7 이하로 나가보아도 백의 무리이다.

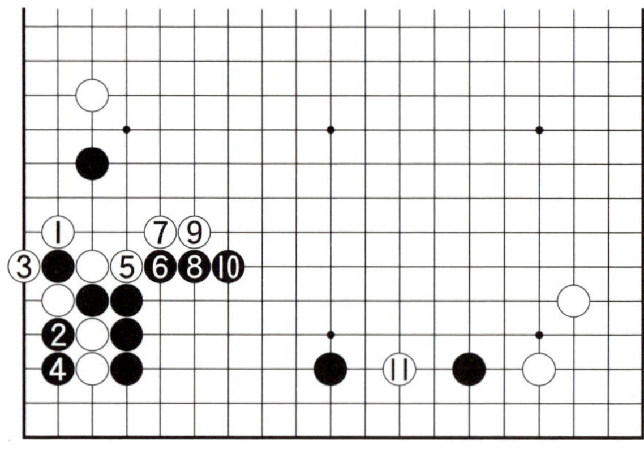

6도

6도 (흑, 소탐대실)

백1 때 흑2, 4로 귀를 잡는 것은 실리에만 급급한 대세관 결핍증이다. 백5 ~9로 밀려 대세를 그르친다.

좌변이 백 천지가 된데다 선수마저 백에게 돌아가서는 흑의 대실패!

공들인 탑을 무너뜨리려 할 때

2중 굳힘형 ①

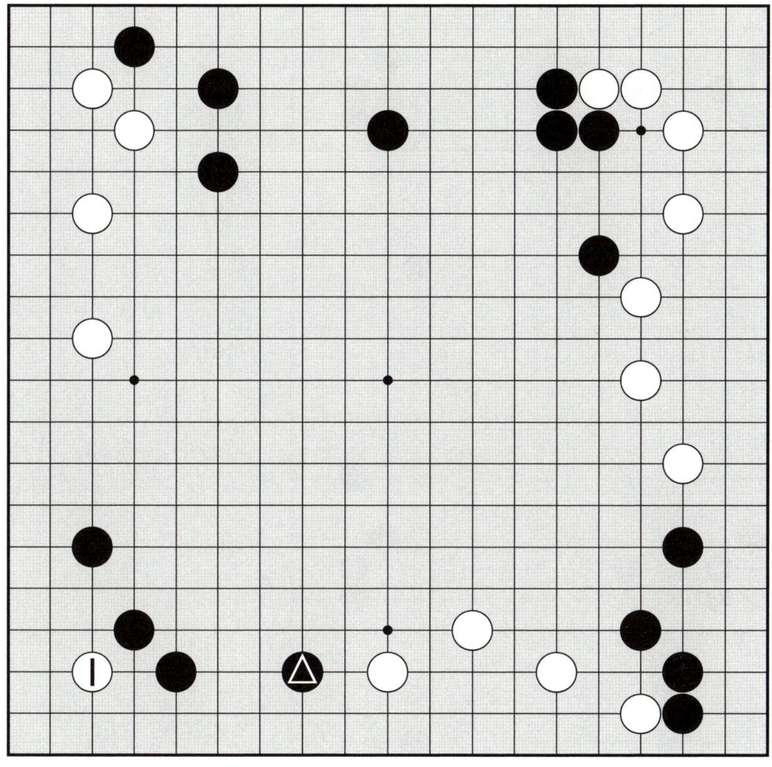

　　이번에는 화점의 2중 굳힘에서 3三침입을 살펴본다. 먼저 날일자와 마늘모로 2중 굳힘한 형태. 지금은 흑▲의 원군까지 있는 상황인데, 과연 백이 이곳에서 살 수 있을까?

　　사실 이토록 집중투자를 했음에도 집요하게 백1로 파고든다면 짜증부터 나기 십상이다. 그래서 냉정을 잃고 마구 대응하다 수를 내주는 일도 있으니 유의해야 한다.

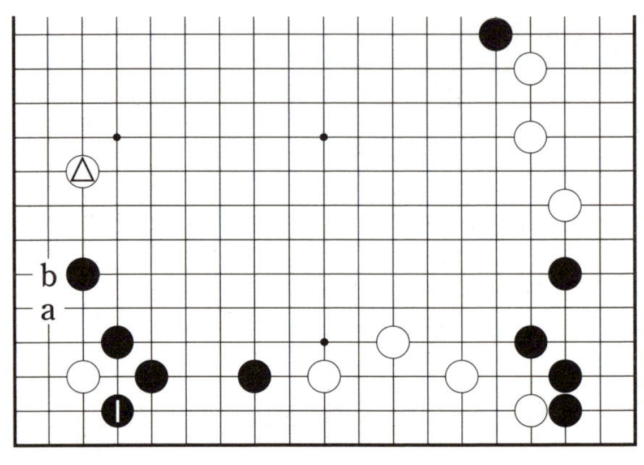

1도

1도 (첫 단추 잘못)

흑1의 마늘모로 받는 것은 뒷맛 나쁜 응수이다. 백a, b 따위의 고약한 수단 등이 살아나 자칫 수를 내주기 십상이다.

만약 지금처럼 백의 원군(△)이 가까이 있다면 더욱 불안하다.

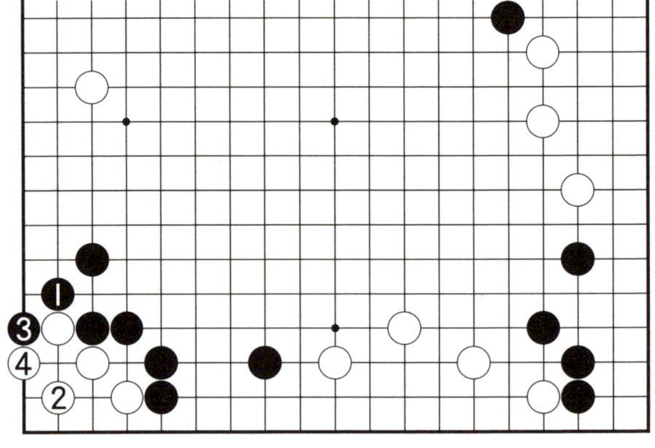

2도

2도 (흑의 기로)

일단 흑1로 막는 것이 정수이다.

그러면 백은 2, 4로 삶을 꾀할 텐데, 바로 이때가 중요한 순간이다. 계속해서~

3도

3도 (흑, 경솔)

덥석 흑1로 막는 것은 경솔하다. 백2로 호구쳐 거저 잡을 수 없는 형태가 돼버리는 것이다. 이어 흑3에는 백4로 패.

무려 4수나 들인 곳에서 이토록 쉽사리 수가 난다면 얼마나 허망한가.

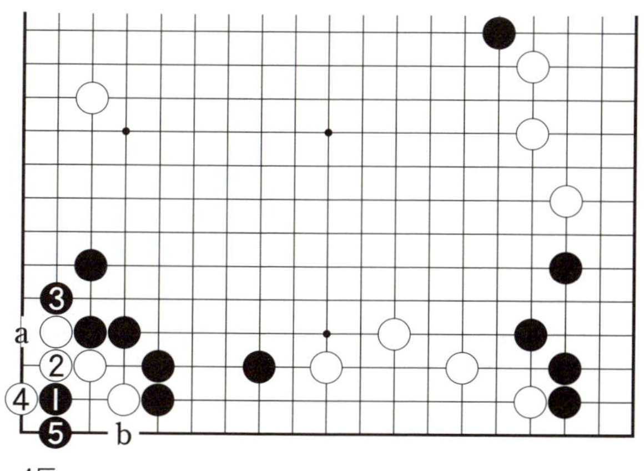

4도

4도 (☆ 정확한 응수)

이때는 흑1로 치중하는 것이 꼭 기억해야 할 맥점이다. 그러면 흑5까지 백이 살기 어려운 모양이 된다 (흑a와 b가 맞보기).

그런데 다음 흑은 또 한 번의 고비가 있다.

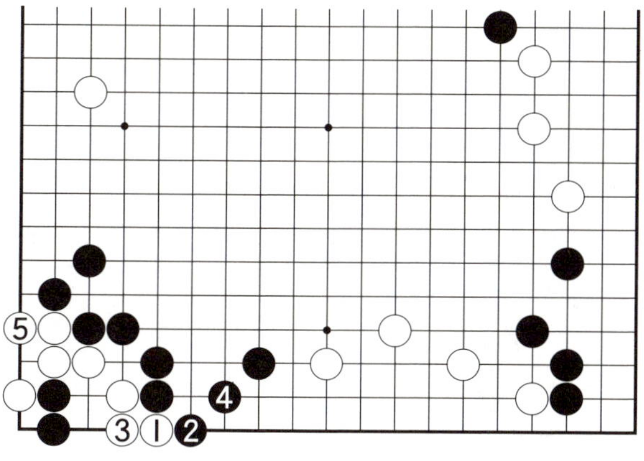

5도

5도 (흑, 다시 경솔)

백1, 3으로 젖혀이을 때가 제2의 관문이다.

만약 이때도 무심히 흑4로 받아준다면 백5로 살아 도로아미타불이 된다.

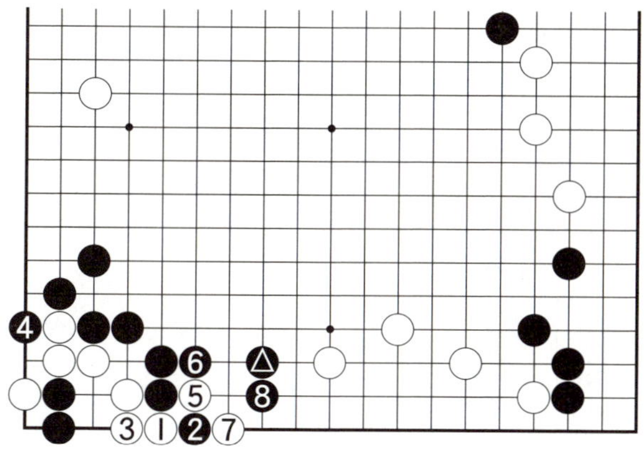

6도

6도 (☆ 필살의 마무리)

백1, 3에는 흑4로 파호하는 것이 정확한 응수이다. 다음 백5에는 흑8까지 처리해 그만이다.

바로 이것이 흑▲의 원군을 십분 살리는 필살의 마무리 펀치이다.

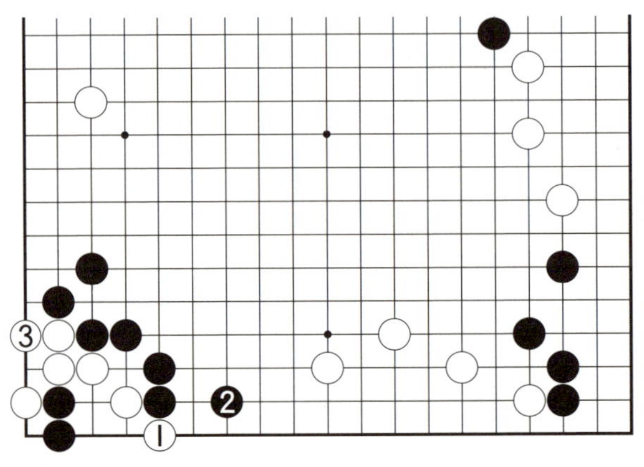

7도

7도 (☆ 상황에 따라)

만약 하변 쪽에 흑의 원군이 없다면, 백1 때 흑2로 늦추는 것이 최선!

　이것도 꼭 명심해야 한다. 이로써 좌하 백은 완생이 아니기 때문이다. 왜냐하면~

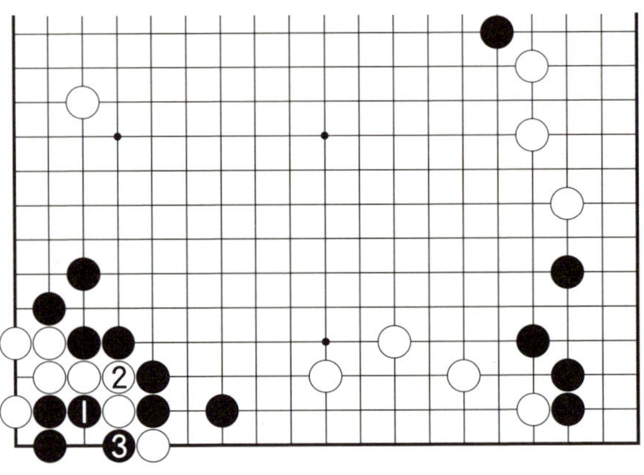

8도

8도 (흑의 노림수)

좌하귀에는 훗날 흑1, 3으로 패를 만드는 수단이 남게 되는 것이다(백2로 3자리에 잇고 버티는 것은 흑2로 끊어 양자충!).

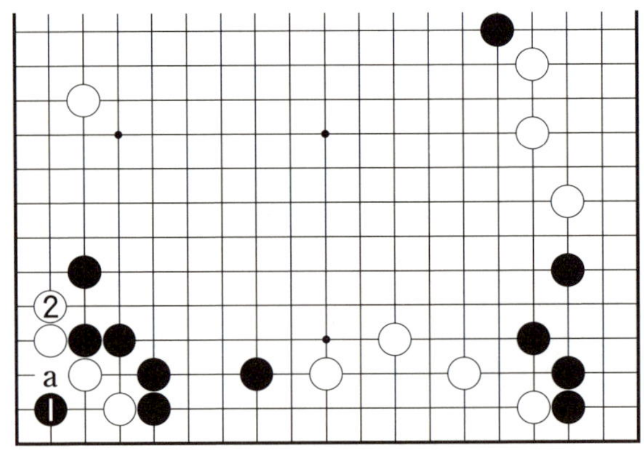

9도

9도 (백의 저항)

흑1에 백a로 잇다가는 안 되므로 2로 저항해보자. 자, 어떤 변화가 있을까?

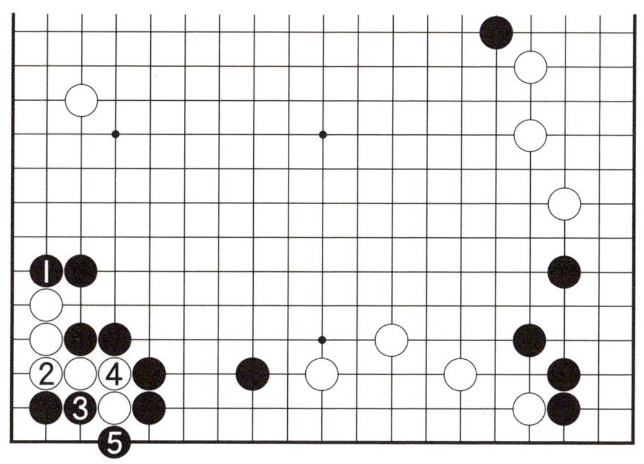

10도

10도 (백, 죽음)

일단 흑1로 막을 때 백2로 잇는다면 흑3, 5로 백의 죽음이다.

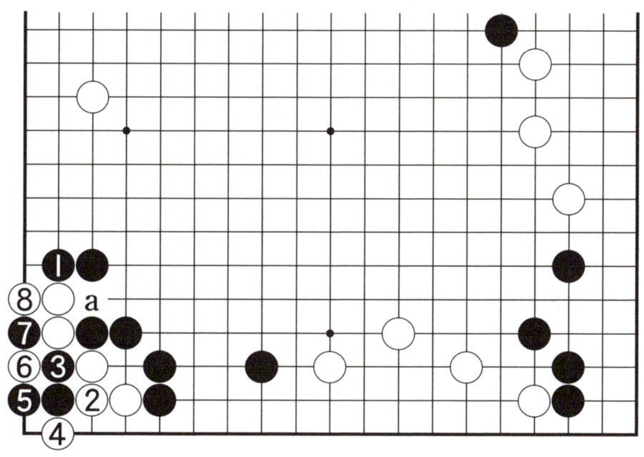

11도

11도 (흑, 대실패)

흑1에는 백2가 끈끈한 버팀수이다. 이때 흑3으로 끊는 것은 경솔. 백6, 8의 묘수로 패가 난다.

이 패를 지면 백a의 수단까지 남아, 이 그림은 흑의 대실패!

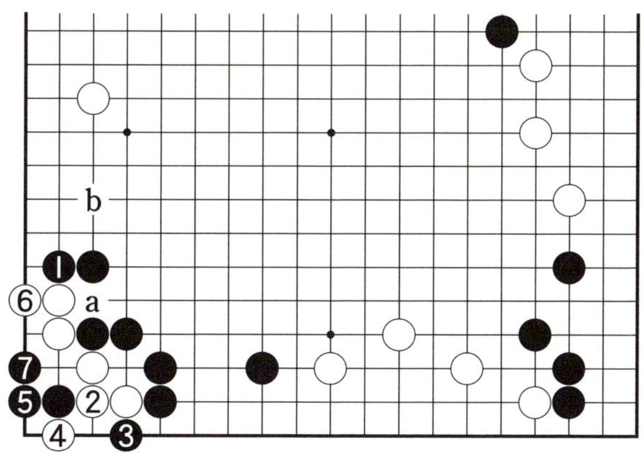

12도

12도 (☆ 백, 죽음)

그러므로 백2에는 흑3이 정확한 응수이다. 이하 흑7까지 백이 살 수 없는 궁도가 된다. 다만 이 형태는 백a의 뒷맛이 고약해 b쪽에 백돌이 있다면 흑도 부담이 된다.

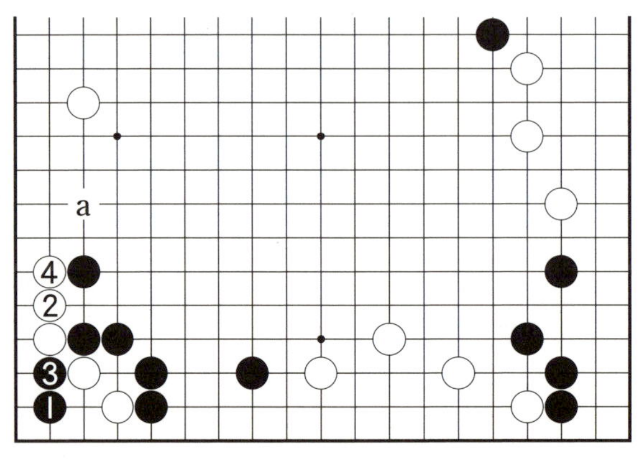

13도

13도 (간명한 처리)

앞서의 변화에 자신이 없거나 a 부근에 백이 있다면, 백2 때 흑3으로 잡는 것이 무난하다.

약간의 끝내기를 당한 셈이지만, 귀중한 선수를 잡을 수 있어 큰 손해라고 할 수는 없다.

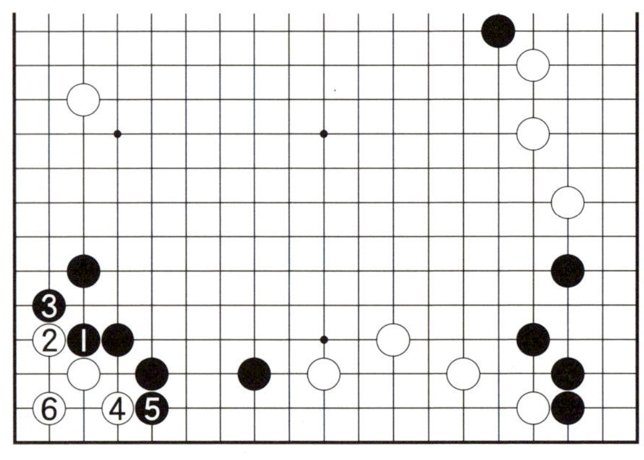

14도

14도 (백의 변화구)

흑1 때 백2, 4로 수순을 바꾸면 어떻게 될까?

고분고분 흑3, 5로 받는다면 3도로 환원! 흑이 당하고 만다.

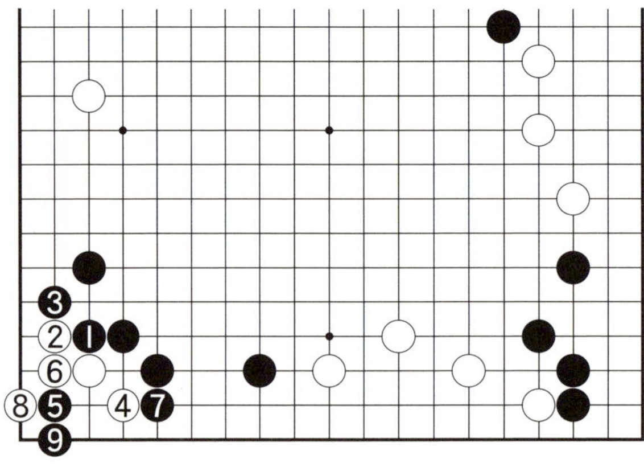

15도

15도 (백, 죽음)

백4에는 흑5가 정수. 그러면 다시 4도로 환원시킬 수 있다. 물론 백의 죽음이다.

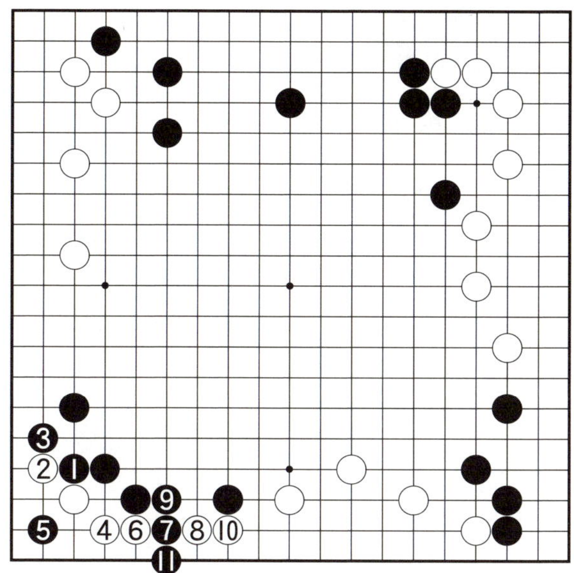

16도

16도 (백의 활용수단)

흑5에 백6으로 저항할 때가 문제인데, 흑7로 막아 역시 살지는 못한다.

그러나 백8, 10으로 선수끝내기를 당할 가능성이 높다.

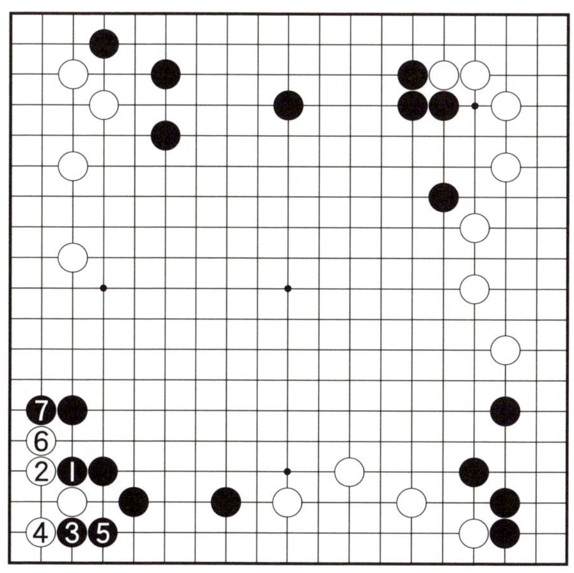

17도

17도 (☆ 개운한 붙임)

백2에는 흑3의 붙임이 최선. 흑7까지 개운하게 잡을 수 있다. 결국 이 형태에서는 백이 살 수 없다는 결론이다. 그러나 흑의 응수도 쉽지 않으니 주의해야 할 것이다.

배석을 활용한 침입

2중 굳힘형 ②

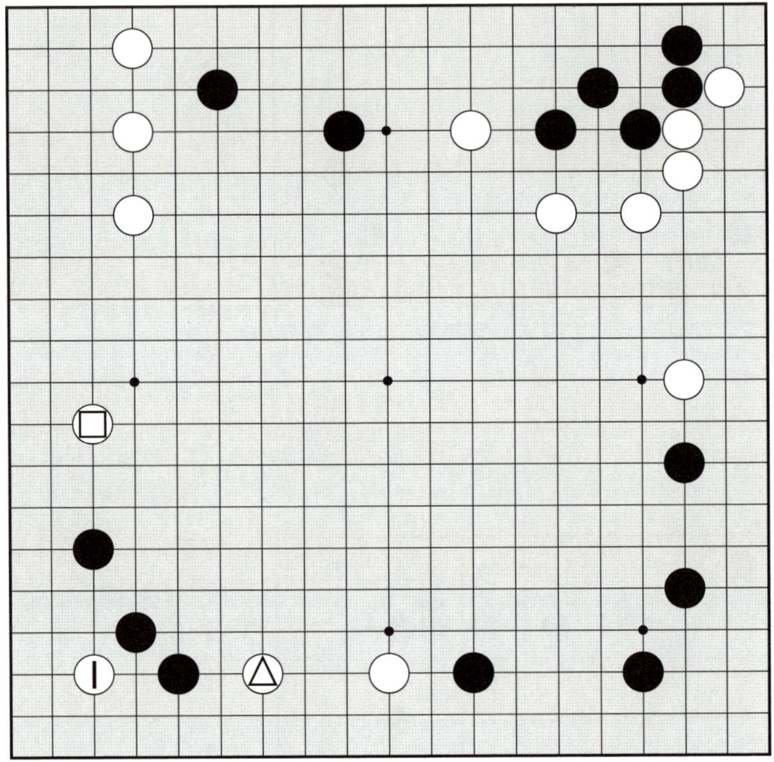

　　이번에는 주위 배석이 달라졌다. 하변과 좌변 양쪽에 백의 원군(△와 ▣)이 가까이 다가서 있는 상황이다. 따라서 [11형]과는 달리 응수 폭도 그만큼 제한받게 된다.

　　자칫 백이 안에서 쉽게 살아버리면 흑 전체가 위험해질 우려마저 있으므로 좀 더 신중한 태도가 필요한 것이다. 자, 과연 어떤 결과가 도출될 것인가?

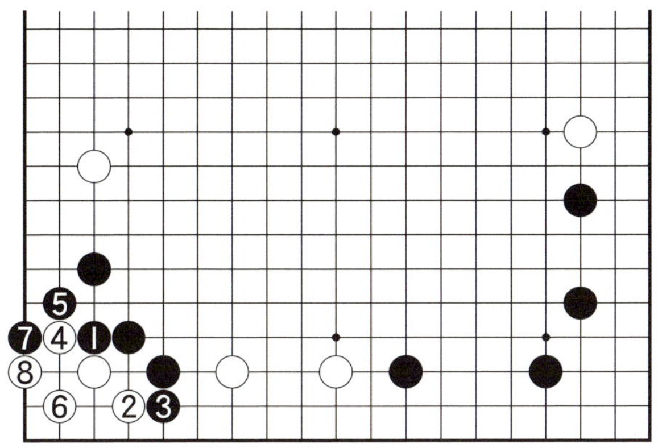

1도

1도 (흑, 곤란)

흑1, 3은 당연한데 백4 때가 문제이다. 손 따라 흑5로 받는다면 백6으로 큰일이 난다.

이 패를 지는 날이면 흑 전체가 거꾸로 위협받을 처지 아닌가.

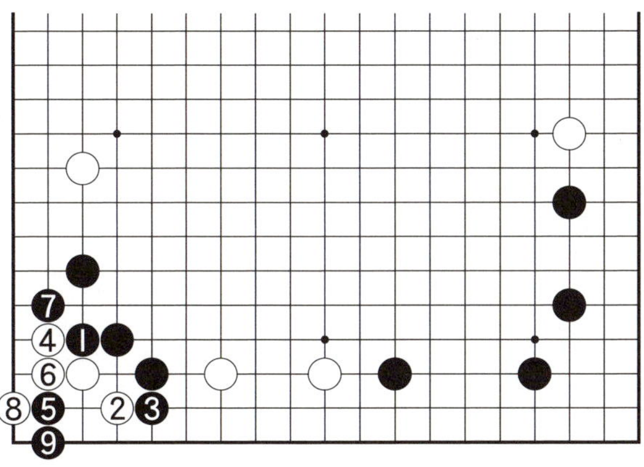

2도

2도 (☆ 선치중의 맥)

그러므로 백4에는 일단 흑5로 치중하고 보아야 한다. 이하 흑7까지는 외길 수순이다.

그런데, 이다음 결과가 [11형] 때와는 사뭇 달라진다. 계속해서~

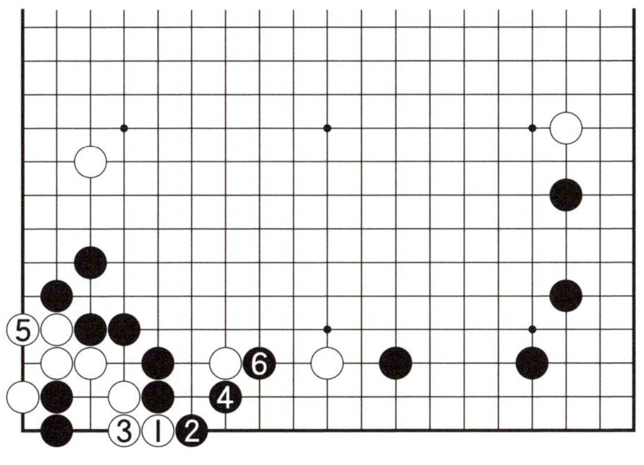

3도

3도 (흑, 만족)

백1, 3이 선수이다. 그래서 백은 완생할 수 있는 것이다. 그러나 흑4, 6으로 하변을 저절로 장악해 이 결과는 도리어 흑의 만족이다. 백이 소탐대실한 격이다.

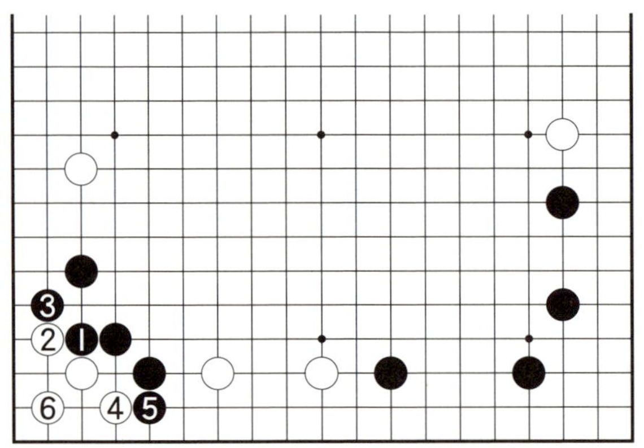

4도

4도 (흑, 걸려들다)

백2, 4로 수순을 바꾸어보자. 이때 흑3, 5로 받는 것은 백6까지, 1도로 환원된다. 백의 변화구에 흑이 말려든 꼴이 된다.

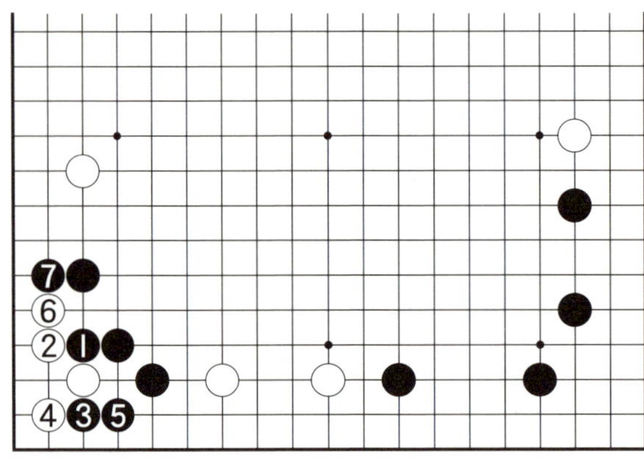

5도

5도 (흑의 최강수)

그러므로 흑은 백2 때 다른 방법을 강구해야 한다. 앞서 익힌 대로 흑3으로 잡으러 가보자.

이하 흑7까지 백이 자체로는 살 수 없는 모습이다. 그런데~

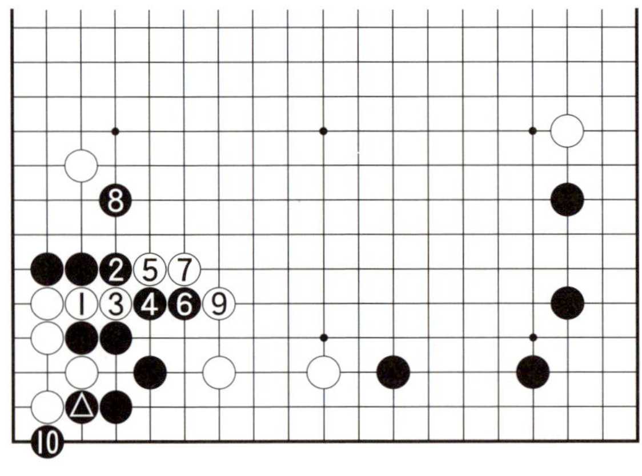

6도

6도 (위험한 수상전)

백1~5의 반격이 있다. 백을 잡을 수는 있지만, 싸발리는 것이 기분 나쁜데다 불과 1수 차이여서 한수 삐끗하는 날이면 큰 일이 난다.

그래서 흑▲는 약간 위험한 수법이라 하겠다.

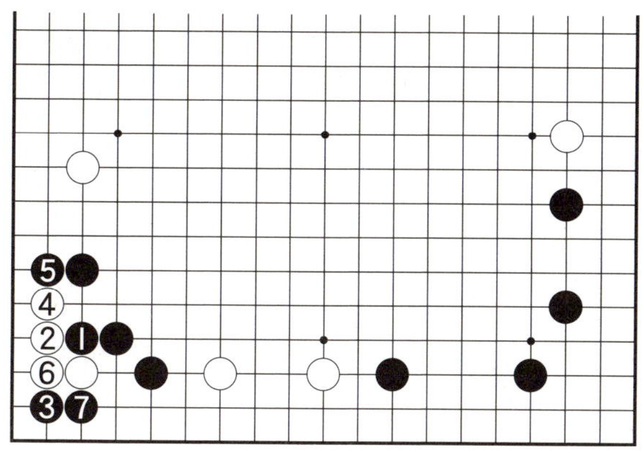

7도

7도 (백, 죽음)

따라서 백2에는 흑3이 최선이라고 할 수 있다. 만약 백4, 6으로 순순히 받아준다면 흑7까지 깨끗하게 백을 잡는다.

그러므로 백도 버팀수를 연구해야 하는데….

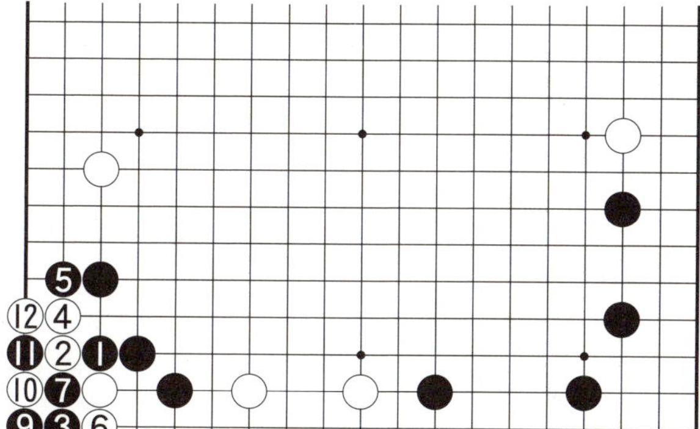

8도

8도 (흑, 위기)

흑3에는 백4, 6이 최강의 버팀. 흑7에는 백8~12가 묘 수순이다.

이렇게 패가 난다면 물론 흑의 위기!

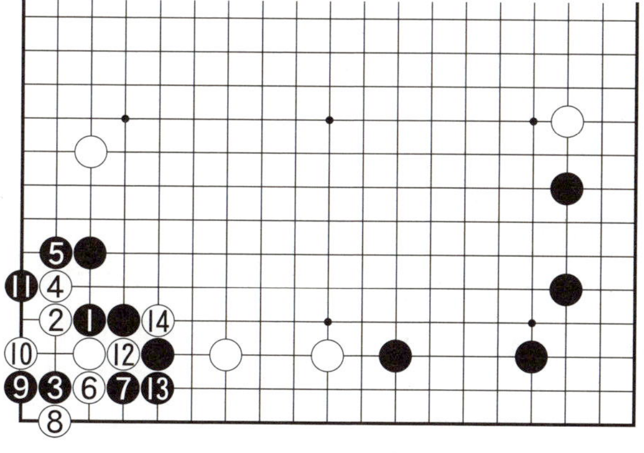

9도

9도 (오히려 흑 망함)

그렇다고 백6 때 흑7로 잡으러 가는 것은 더욱 무모하다.

백14까지 도리어 흑이 궤멸하고 마는 것이다.

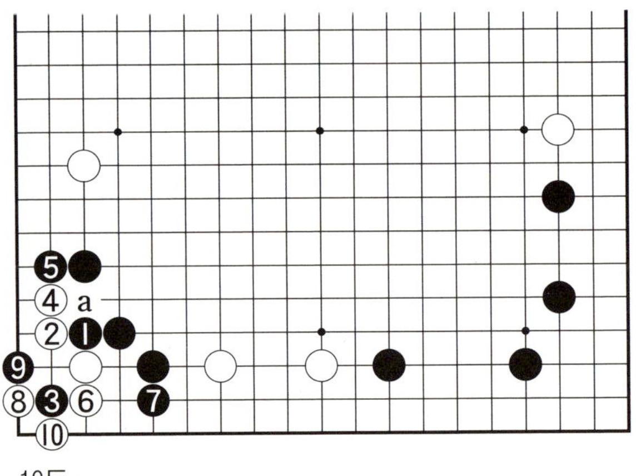

10도

10도 (역시 흑 고전)

백6에는 흑7이 최선이지만, 이때도 백8, 10이면 패를 피할 수 없다. a쪽에 단점이 있는 흑은 역시 힘겨운 모습이다.

　이도저도 안된다면 도대체 흑은 어떻게 해야 할까?

11도

11도 (☆ 차선의 최선)

지금은 아무래도 흑이 외로운 환경이다. 따라서 모조리 잡으려 들지 말고 적당히 타협하는 것이 현명하다.

　백4 때 흑5로 꼬리를 끊어잡는 것이 안전하다. 그런 다음~

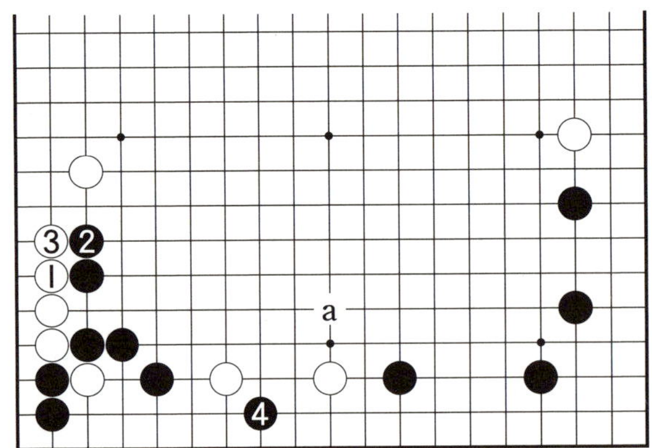

12도

12도 (타협 전략)

좌변에서는 약간 손해를 보았지만, 흑4(또는 a)로 선공하면 전체적으로 나쁘지 않다.

　이처럼 잡기 어려울 때는 적당히 타협하면서 선수를 취해 대가를 구하는 전략이 바람직하다.

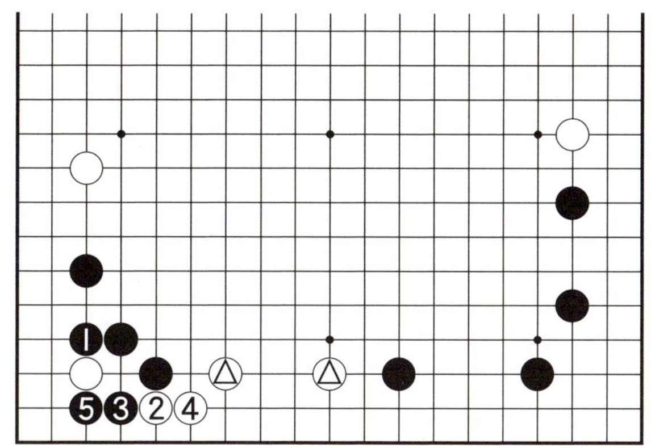

13도

13도 (☆ 백의 별책)

흑1 때 백2로 붙이는 수도 있다. 흑3으로 물러선다면 백△들을 선수로 안정시켜 백이 충분하다.

지금은 안에서 살자는 것보다 이러한 활용수법이 더 바람직하다고 하겠다.

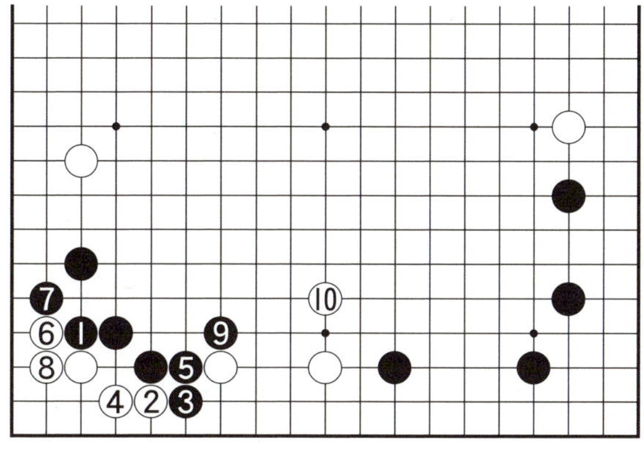

14도

14도 (흑의 반발)

흑은 13도가 싫다면 백2 때 흑3으로 반발할 수 있다. 귀를 내준 대신 흑9로 하변을 공격하면서 대가를 구하는 작전이다. 쌍방 호각이라고 하겠다.

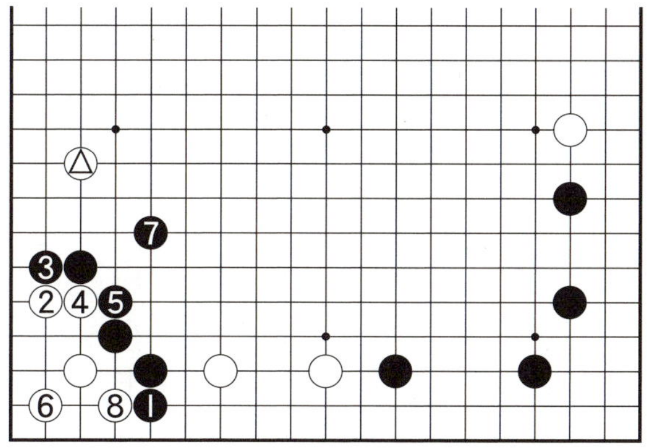

15도

15도 (흑, 과욕)

백의 3三침입에 흑1로 버티는 것은 과수이다. 백8 까지 안방을 빼앗겨 실속이 없다.

흑1은 △자리에 흑돌이 있을 때 적절한 응수이다.

한칸 + 마늘모 형

2중 굳힘형 ③

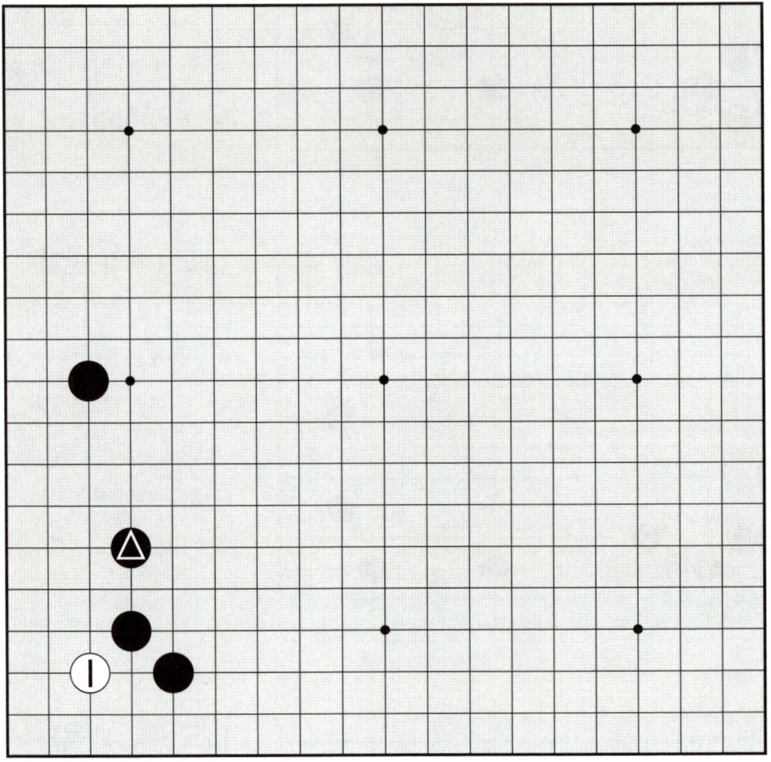

이번에는 한칸＋마늘모 굳힘의 경우를 살펴본다. 이 형태는 한칸(흑△)의 위치가 높은 탓에 백의 침입군을 추궁하기에 그만큼 어려움이 따른다. 그러므로 일망타진보다는 조그맣게 살려주면서 대가를 구한다는 자세가 바람직하다.

자, 과연 어떤 결과가 나올까? 변화를 단순 집약하기 위해 일부러 주변 배석을 모두 삭제해보았다.

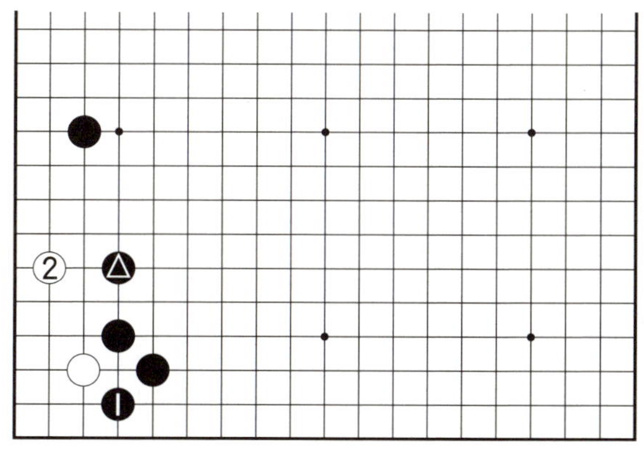

1도 (방향착오)

먼저 흑1쪽으로 받는 것은 방향착오. 백2로 달리면 이 백을 잡기는 애당초 불가능해지는 것이다.

이것이 자세가 높은 흑 ❹의 치명적 허점이기도 하다.

1도

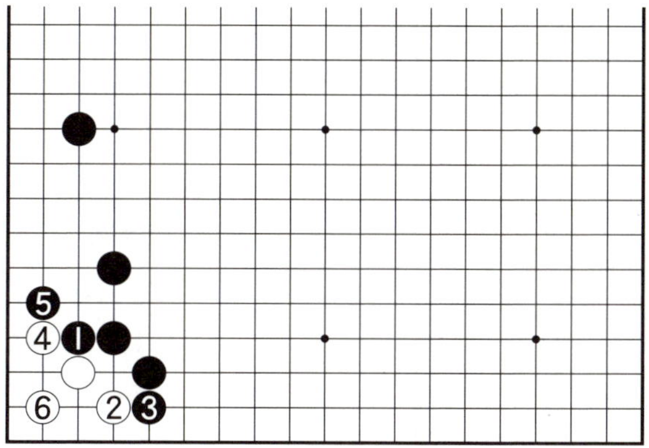

2도 (흑, 실패)

일단 흑1로 막는 것이 거의 절대이다. 그런데 이후 백2, 4에 흑3, 5로 순순히 받는 것은 백6까지 흑의 속수무책이다.

이 형태는 흑이 안 좋다고 앞서 누누이 강조했다.

2도

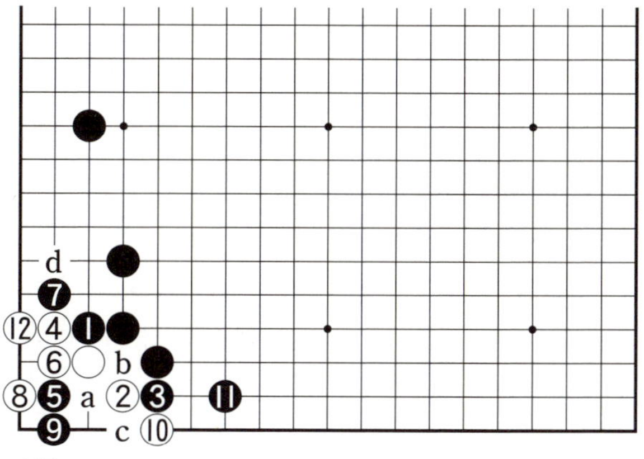

3도 (☆ 쌍방 무난)

백4에는 흑5의 치중이 긴요하다. 백6이면 12까지 외길코스. 차후 패맛(흑a, 백b, 흑c)이 있지만, 백은 d의 끝내기도 있어 불만이 없다.

그런데 백은 6도가 대기하고 있다.

3도

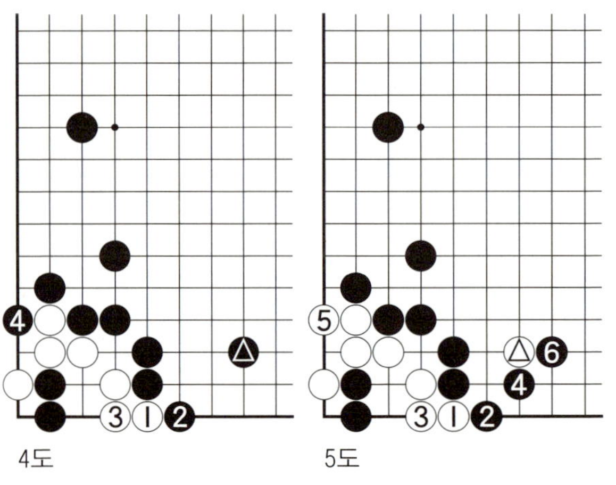

4도   5도

4도 (백, 죽는 경우)

지금처럼 흑▲가 있을 때는 백1, 3에 흑4로 잡으러 갈 수가 있다.

5도 (백, 완생의 경우)

반대로 백△가 있다면 1, 3이 확실히 선수가 되므로 완생이다. 그러나 흑도 백△를 제압해 불만이 없다.

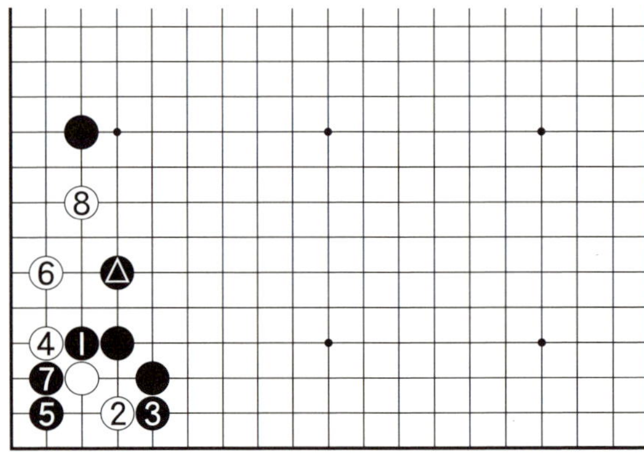

6도

6도 (백의 변신수단)

그런데 백은 흑5 때 백6이라는 멋진 대응수단이 있다. 흑7에는 백8로 변을 깨며 변신해 성공이다.

이것이 자세 높은 흑▲의 설움이기도 하다.

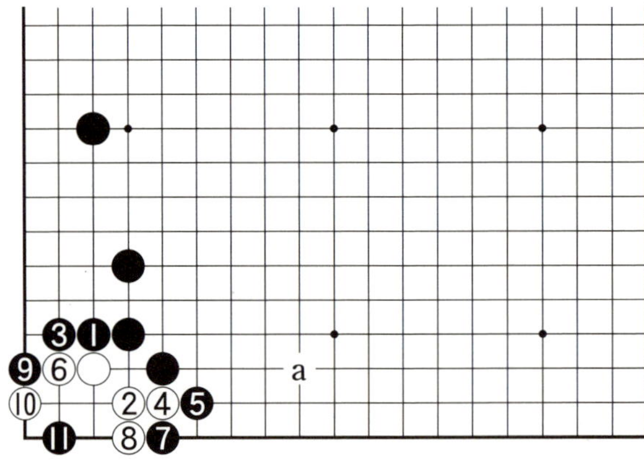

7도

7도 (흑의 초강수)

여기서 흑도 강수가 있다. 백2 때 흑3이 백의 의표를 찌르는 독수이다. 흑11까지 백의 죽음.

다만 이 수는 a 방면에 백돌이 없다는 전제가 있어야 한다.

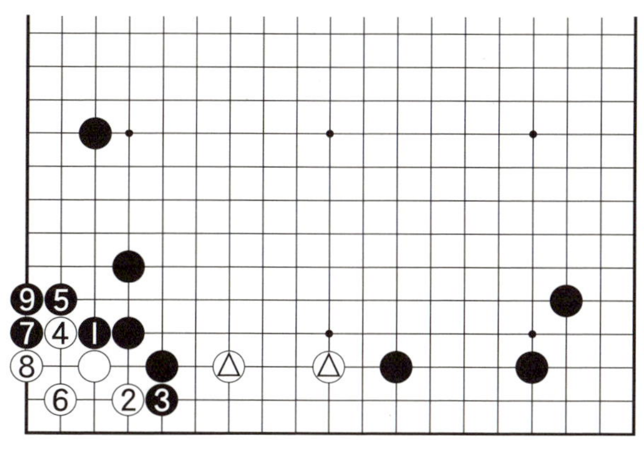

8도

8도 (☆ 흑의 차선책)

여기서 잠시 2도로 돌아가 보자. 만약 지금처럼 백△들이 기다리고 있어 7도가 불가능하다면, 흑은 그림의 수순대로 처리한 다음 백△들을 공격하는 것으로 대가를 구하는 것이 나을 수도 있다.

9도

10도

9도 (백의 대응책)

백은 7도가 겁나면 2로 먼저 젖히는 수가 유력하다. 흑3으로 받는다면 백4.

10도 (환원)

계속해서 흑1은 당연한데, 이때 백2면 3도로 환원!

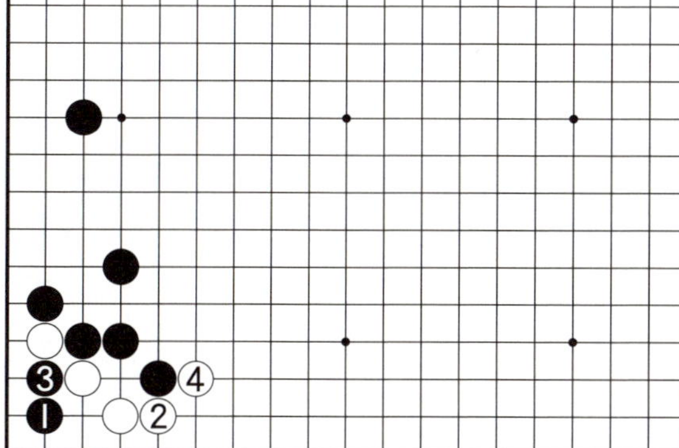

11도

11도 (도마뱀작전)

흑1 때 도마뱀처럼 꼬리를 떼어주고 백2, 4로 변신하는 수도 있다.

하변 쪽에 백돌이 있다면 특히 유익한 작전이 될 것이다.

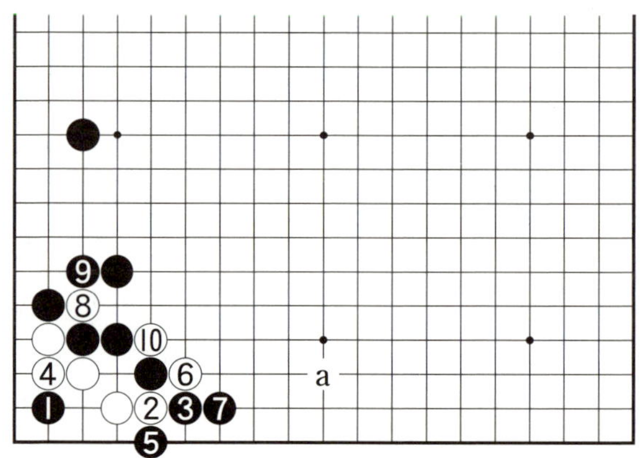

12도

12도 (흑, 무모)

백2 때 흑3, 5로 잡으러 가는 것은 뒷맛이 나빠 무리이다. 백10까지 오히려 흑이 망하고 만다.

흑3, 5는 a쪽에 흑의 원군이 있을 때만 가능하다.

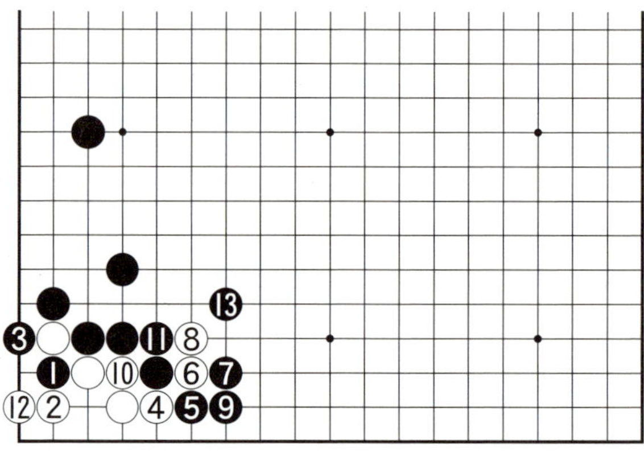

13도

13도 (☆ 간명한 처리)

앞서의 변화가 모두 골치 아프다면 그냥 흑1로 끊어 잡는 것이 간명하면서도 좋다.

이하 12까지 백을 살려 주지만, 그 사이에 외곽을 강화시켜 흑도 충분하다.

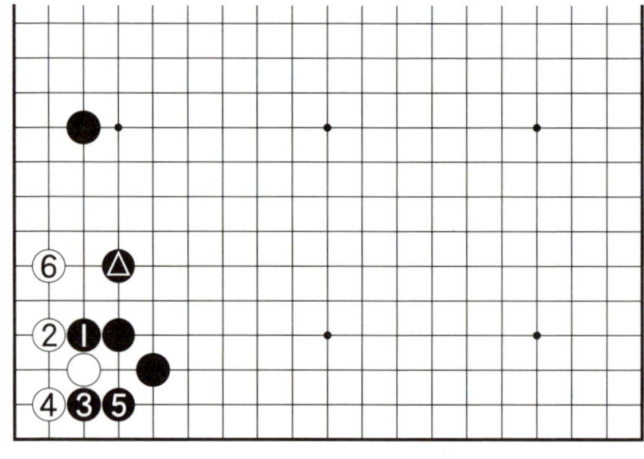

14도

14도 (흑, 무리)

백2 때 흑3으로 껴붙여 잡으려 드는 것은 이 경우 통하지 않는다. 백6까지 변이 초토화되고 만다. 흑▲의 자세가 높기 때문이다. 계속해서~

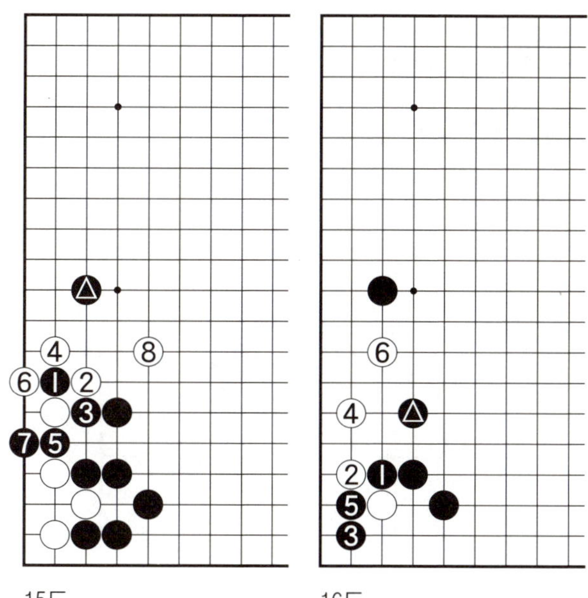

15도

16도

15도 (흑, 소탐대실)

흑1은 우격다짐. 백8까지 흑▲가 고립돼서는 귀를 잡고도 망한 꼴이다.

16도 (역시 흑 무리)

백2 때 흑3의 치중도 백4, 6이 좋아 불발!

흑▲의 자세가 높은 탓에 앞서 날일자나 눈목자 굳힘 때와 같은 강수가 잘 통하지 않는 것이다.

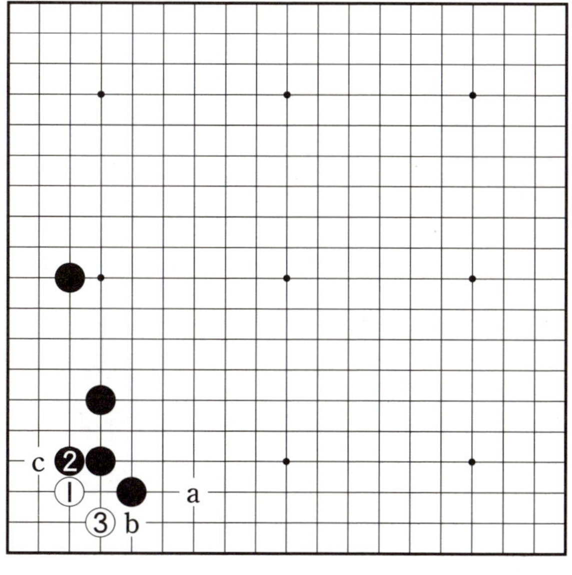

17도

17도 (☆ 결론)

여기서는 백1의 침입군을 모두 잡는 것은 좀처럼 어렵다.

일단 흑2로 막은 다음 백3 때 (a쪽에 백돌이 있다면) 흑b로 막아 3도나 8도처럼 처리하는 것이 무난하며, 만약 백a가 없다면 7도가 최강수이다. 그리고 백c에는 11도, 13도를 추천한다.

소목 날일자굳힘에서

소목에서 3三침입 ①

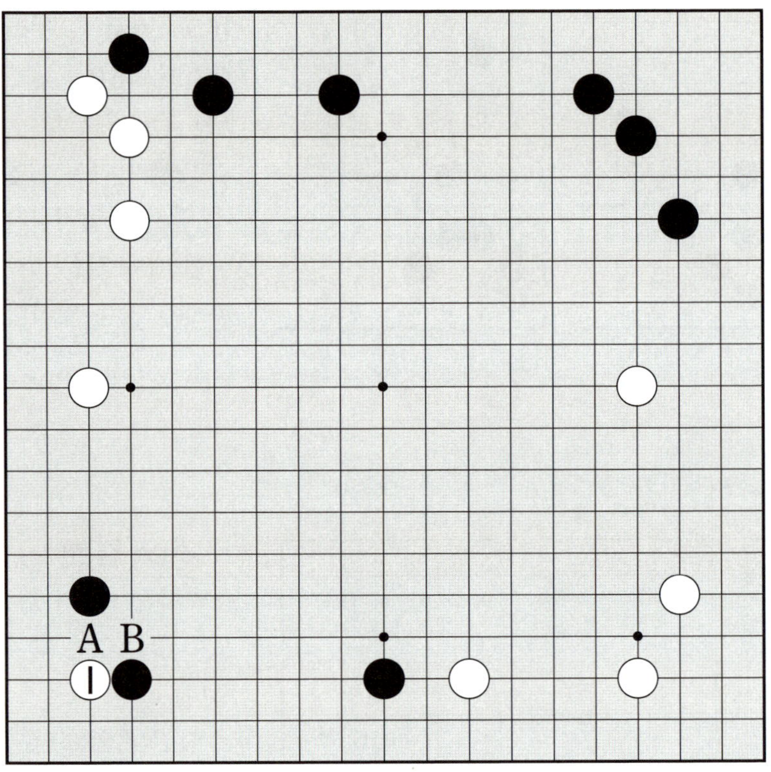

이번에는 소목 굳힘에서의 3三침입을 공부해 보자. 백1로 3三에 붙여가는 수는 중반 무렵에 흔히 쓰이는 상용의 침투수법이다. 상대의 반응에 따라 바깥쪽의 행마를 결정하자는 고도의 응수타진이기도 하다. 경우에 따라 화점에 3三침입한 것과 똑같은 형태가 도출되는 점도 흥미롭다.

이때 흑은 상황에 따라 A, B의 2가지 응수방법이 있다.

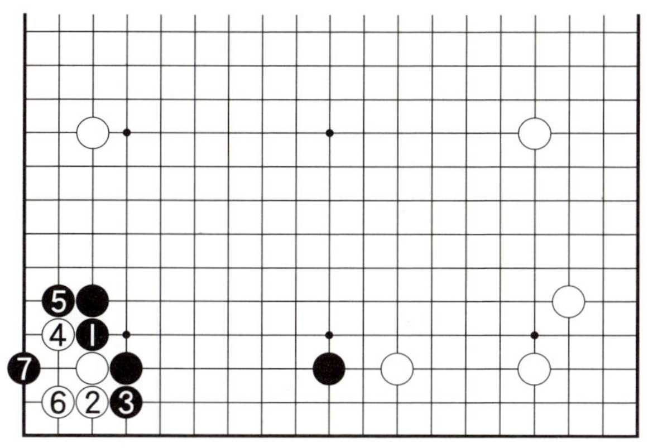

1도

1도 (백, 무책)

먼저 흑1로 막는 수에 대해 살펴본다.

　이때 곧이곧대로 백2로 느는 것은 대책 없는 수이다. 흑3으로 막아 아무것도 안 된다.

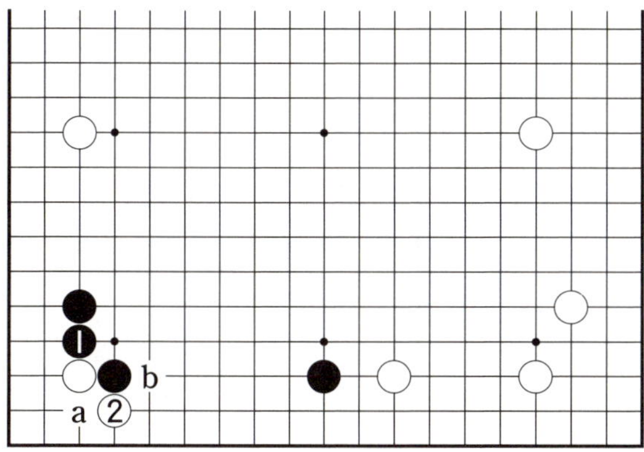

2도

2도 (백의 최선)

흑1에는 백2로 되젖히는 것이 맥점이다. 이제 흑은 이 백을 모조리 잡는 것은 불가능하다.

　a와 b 중 선택의 기로에 섰는데, 과연 어느 것이 좋을까?

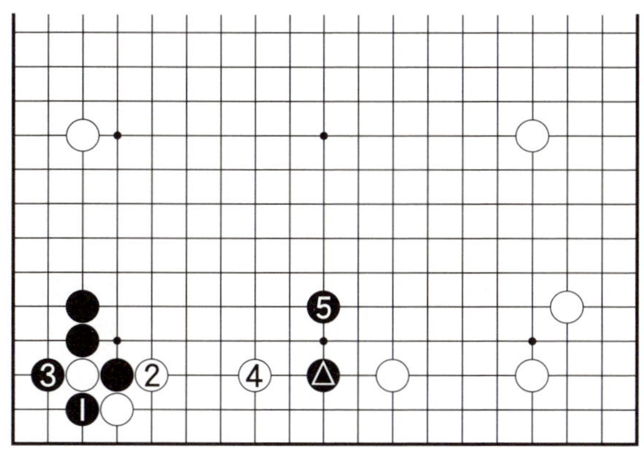

3도

3도 (☆ 실리취향)

흑1로 끊어 귀를 취하는 것은 실리취향이다.

　다만 백2, 4로 하변이 깨지면서 흑▲가 약화되는 아픔을 감수해야 한다.

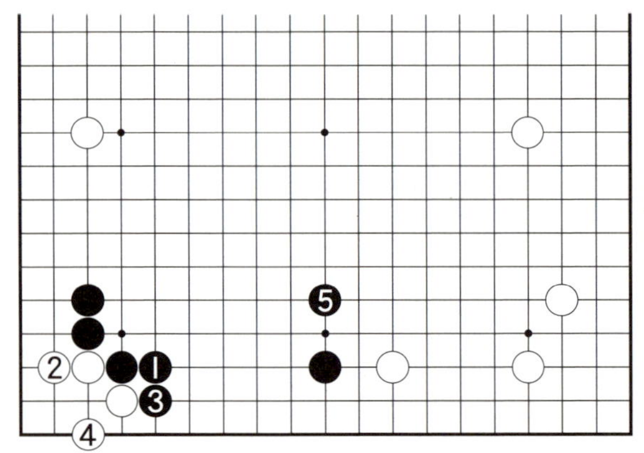

4도

4도 (☆ 세력작전)

흑1로 느는 것도 유력한 세력작전이다.

　귀는 빼앗겼으나 하변을 크게 키워 불만이 없다. 그런데~

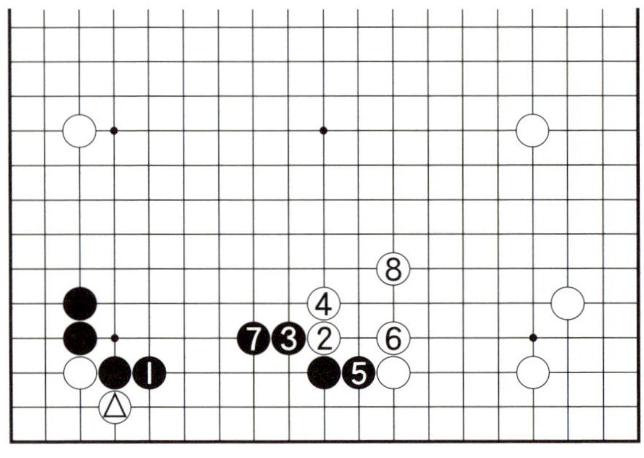

5도

5도 (☆ 백, 고등전술)

흑1 때 귀살이수단을 남긴 채 백2의 대세점으로 선회하는 것이 멋진 수법이다. 부분보다 대세를 중시하는 대승적 태도이다.

　백△와 흑1을 미리 교환해둔 데 주목하자.

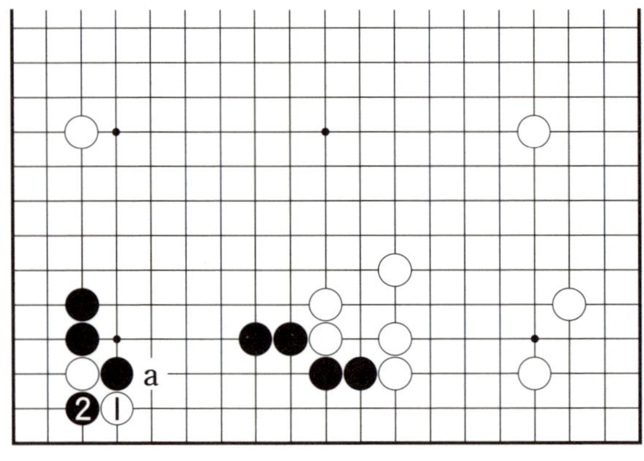

6도

6도 (백, 수순착오)

만약 5도의 수순을 먼저 결정한 다음 백1로 젖히는 것은 수순착오이다.

　이제는 흑이 a로 늘지 않고 2로 잡아버릴 것이다. 그러면 하변 쪽에서 수를 내기 힘들므로 백의 실패이다.

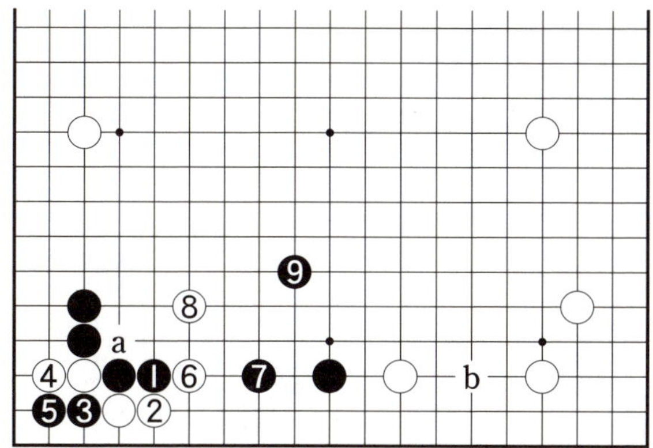

7도

7도 (백의 별책)

흑1 때 백2로 나오는 수도 있다. 그러면 흑5까지는 필연이며, 이후 백은 a쪽의 약점을 빌미 삼아 타개하고, 흑은 백을 공격하며 b의 허점을 노리는 흐름이 된다. 쌍방 호각이다.

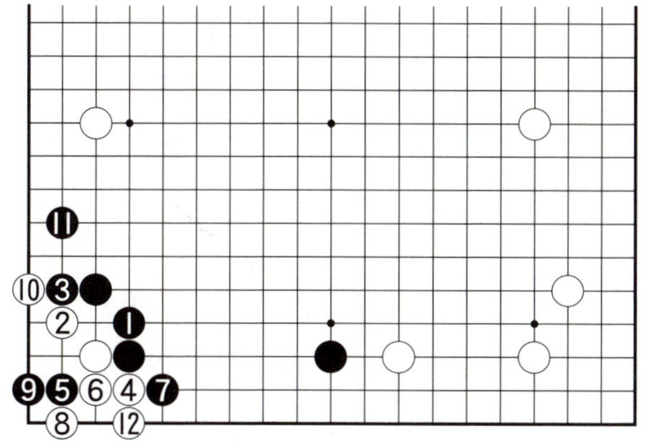

8도

8도 (백, 성공)

이번에는 흑1로 뻗는 응수. 이때는 백2, 4가 준비된 수이다. 흑5로 막으면 백6으로 성공!

앞서 [11~13형]에서 수없이 나왔던 '흑 실패'의 형태이다.

9도

9도 (흑, 불만)

백4에는 흑5가 최선이며 백12까지 화점 굳힘에서 보았던 형태가 된다.

이 결과는 흑의 외곽이 깨끗하지 못해 백이 약간 만족스러운 느낌이다. 그래서 흑1은 좀 두기 어려운 수이다.

소목 한칸굳힘에서

소목에서 3드침입 ②

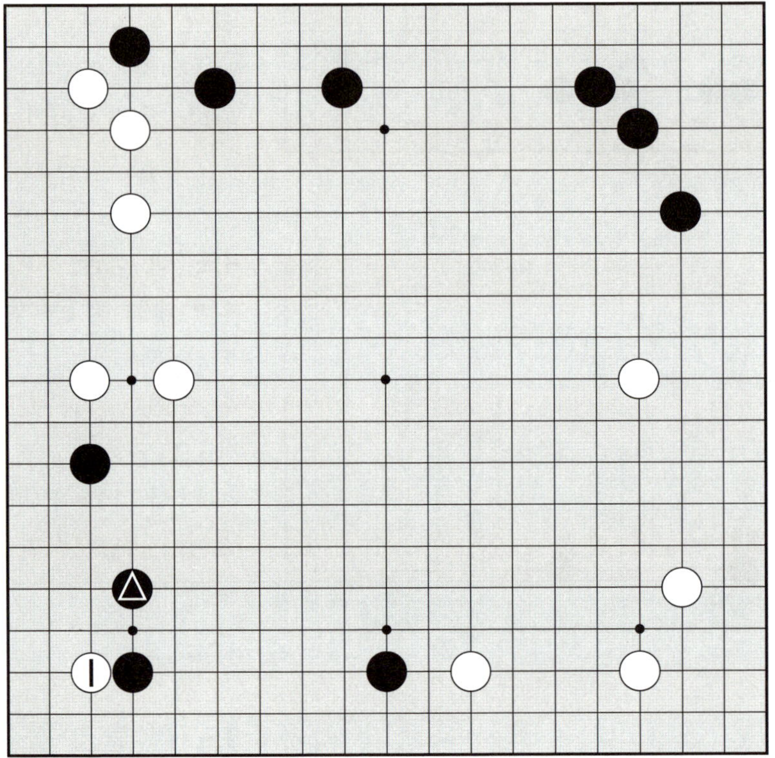

이번에는 흑▲의 한칸굳힘 형. 이 형태에서도 백1은 침투의 급소가 된다. 특히 흑▲의 자세가 높기 때문에 백은 날일자굳힘 형보다 수를 내기가 더 쉬운 편이다.

여기서도 부분적인 삶의 추구와 함께 전국을 고려하는 대세관이 중요하다. 자, 흑은 어떻게 받는 것이 좋을까?

1도 (흑, 소탐대실)

흑1이 간명한 응수이며, 백2는 준비된 맥이다.

이때 흑3으로 잡는 것은 별로 좋지 않다. 백6까지 하변이 쉽게 깨진 반면, 좌하귀는 흑의 중복형이기 때문이다.

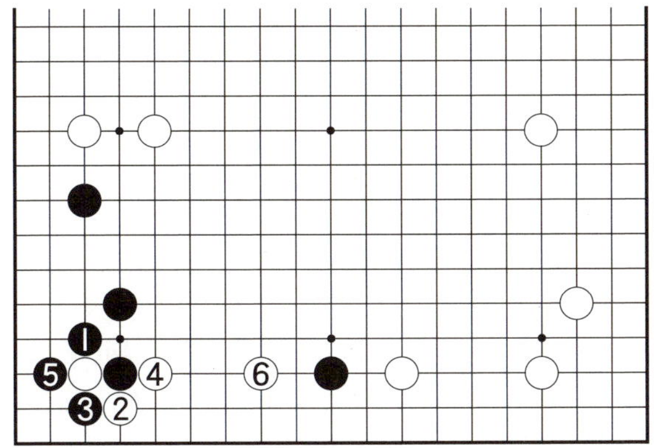

1도

2도 (☆ 대범한 태도)

따라서 지금은 백2에 흑3으로 느는 것이 적절하다.

백10까지 귀를 살려주는 대신 두터움과 선수를 얻어 흑11의 대세점에 선착하는 것이 대범한 태도이다.

2도

3도 (☆ 백의 대응책)

백은 2도가 싫다면 흑3 때 손을 빼 백4에 선착하는 것이 좋겠다.

좌하 쪽은 언제든지 백a로 사는 수단을 확인해두었다는 데 의미가 있다.

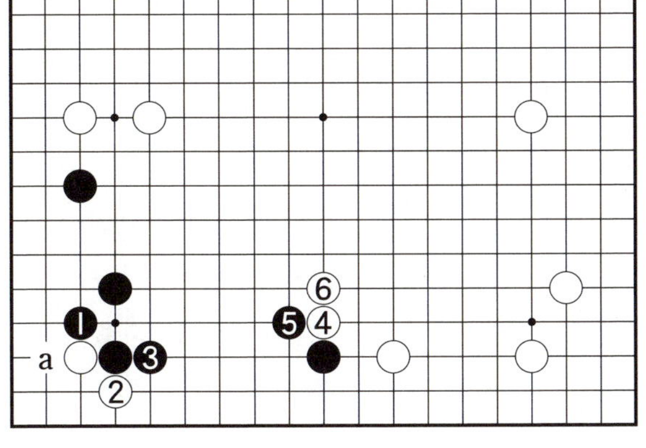

3도

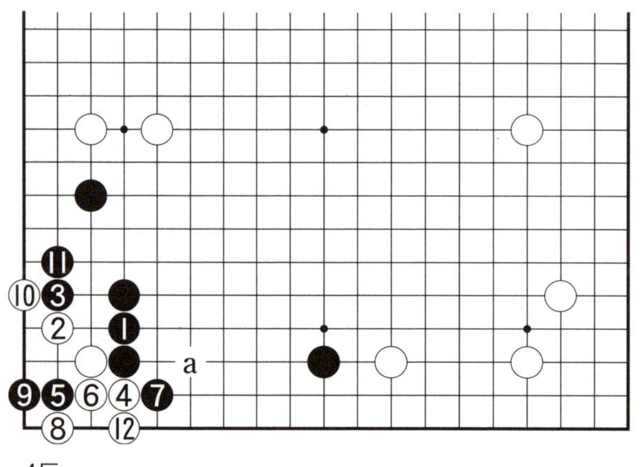

4도

4도 (흑, 불안)

흑1로 잇는 수도 경우에 따라 유력한 응수이지만, 지금은 부적절하다.

백12까지 삶의 자세를 갖추면 백a 따위의 수단이 남아 흑이 찜찜하다(흑5로 7자리에 막으면 백5로 역시 흑 실패).

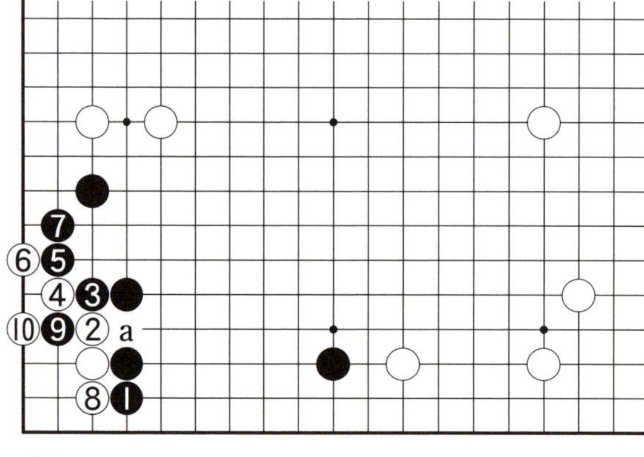

5도

5도 (흑, 무리)

흑1, 3은 최강의 응수이지만 무리수의 성격이 짙다. 백4~10이면 큰 패가 나는데, 백a가 절호의 팻감이다.

흑이 패를 지게 되면 단점 투성이가 되므로 부담이 너무 큰 것이다.

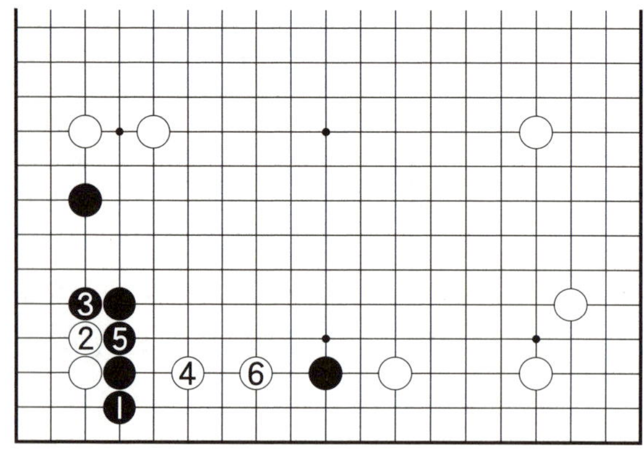

6도

6도 (백의 별책)

흑3에는 백4, 6으로 변신하는 수도 가능하다.

아무튼 흑1은 뒷맛이 나빠 잘 쓰이지 않으며, 역시 흑2의 호구젖힘이 가장 무난한 응수라고 하겠다.

150 **기본 이론편**

소목 눈목자굳힘에서

소목에서 3드침입 ③

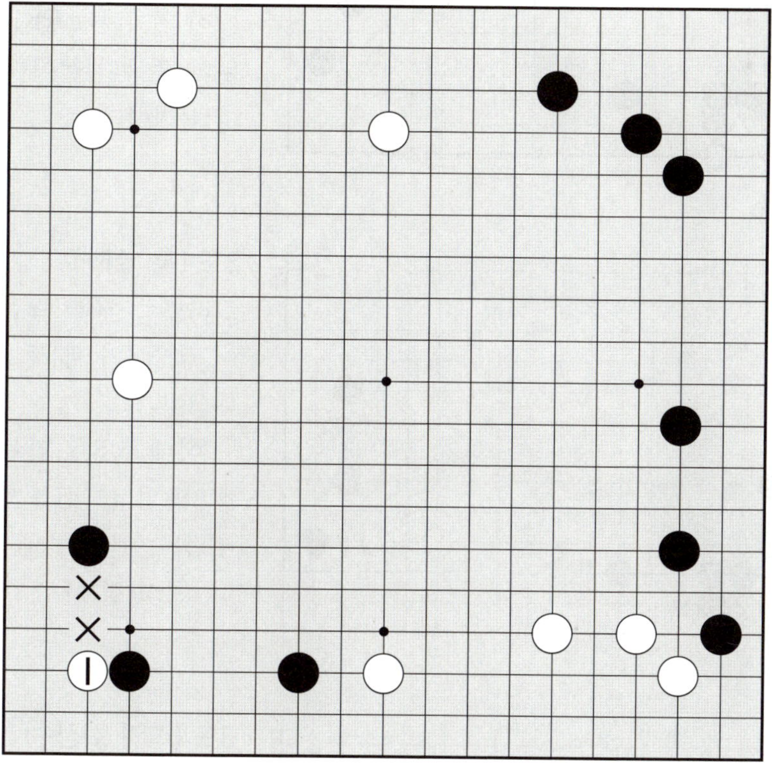

　이번에는 눈목자굳힘 형. 이 형태 역시 날일자에 비해 공간(×)이 넓은 만큼 흑이 침입군을 일망타진하기가 좀처럼 쉽지 않다. 변화의 여지 또한 많은 편이다.
　따라서 무리하게 잡으려 드는 것보다는 적당히 타협하는 것이 현명한 태도라고 하겠다.

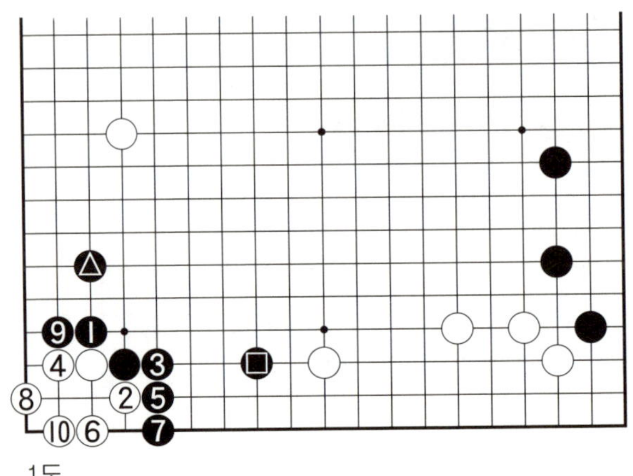

1도

1도 (백, 쉬운 삶)

먼저 흑1로 젖히는 것이 제일감. 그러면 백2가 맥이며 이하 10까지 알기 쉽게 산다.

　이 결과는 흑△와 ■ 모두가 중복된 꼴이라서 흑의 불만이다.

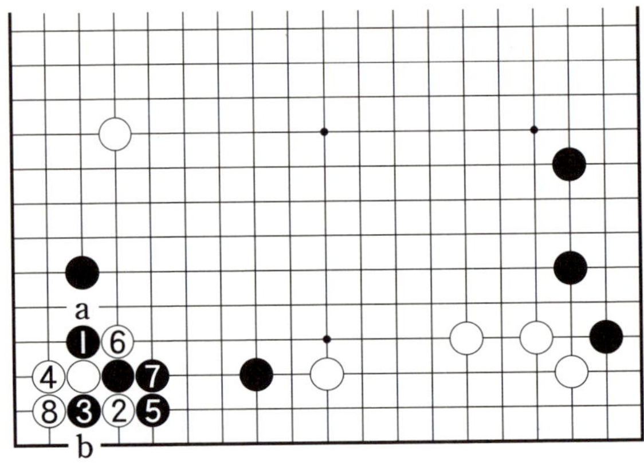

2도

2도 (흑, 실패)

그러므로 흑3으로 끊는 것이 강수이며 백4도 최강의 대응이다.

　이때 흑5로 잡는다면 백8까지 a와 b를 맞보기로 삼아 백이 쉽게 타개된다. 흑의 실패!

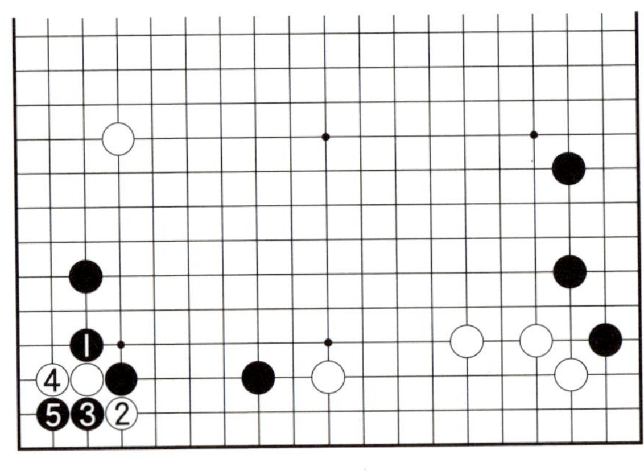

3도

3도 (흑의 최강수)

흑5로 들어갈 때의 변화가 가장 어렵다.

　백은 어떻게 수습해야 할까?

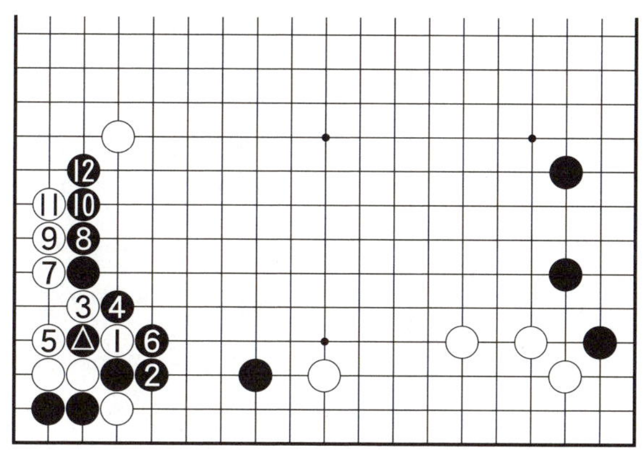

4도

4도 (백, 불리)

백1, 3에는 흑4, 6으로 되모는 수가 좋아 백의 실패이다.

흑은 굳이 ▲자리의 패를 다투지 않고 12까지 슬슬 늘기만 해도 좌변 백진이 다쳐 백이 곤혹스럽다.

5도 (백, 만족)

그러므로 백1, 3으로 몰고 나가는 것이 최선이다.

그런데 이때 흑4로 잡는 것은 성급하다. 백5, 7을 선수한 뒤 9로 제압해서는 백의 사석작전이 대성공한 모습이다.

5도

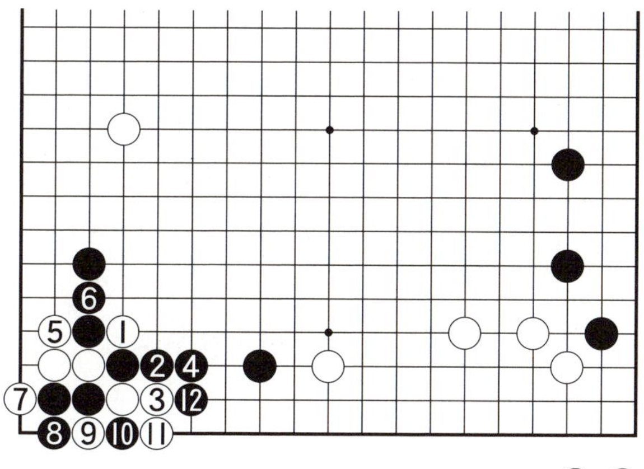

6도   ⑬···⑨

6도 (☆ 최선의 수습)

따라서 백3에는 흑4로 느는 것이 침착하다. 좌하귀는 흑8의 버팀수가 있어 패가 난다.

흑은 중앙에 이미 상당한 두터움을 얻은 상태이므로 큰 부담이 없다. 이것이 쌍방 최선이다.

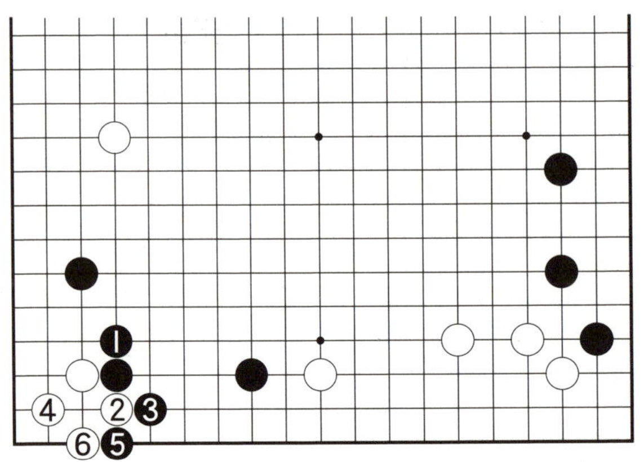

7도

7도 (흑, 불안)

이번에는 흑1로 늘어 받는 수를 살펴본다. 이때는 백2, 4로 간단히 수습된다. 흑5에는 백6으로 패.

그런데 이 패는 흑 전체의 안위가 걸려 있어 흑의 부담이 크다.

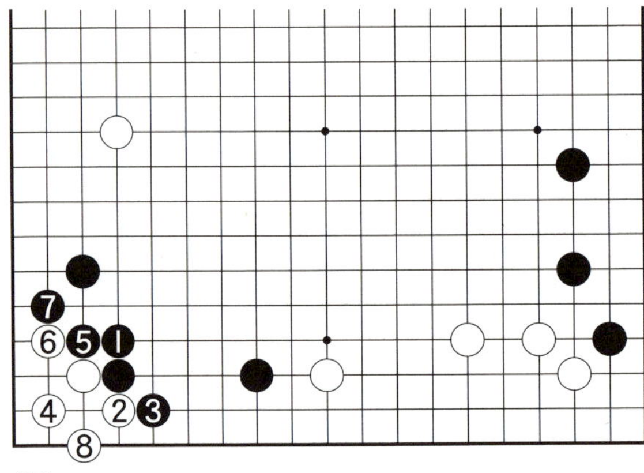

8도

8도 (☆ 간명한 처리)

그러므로 백4에는 흑5로 막는 것이 두텁고 간명하다. 그러면 백8까지 쉽게 완생한다.

백은 곧바로 살지 않고 큰 곳으로 손을 돌릴 여유도 있다.

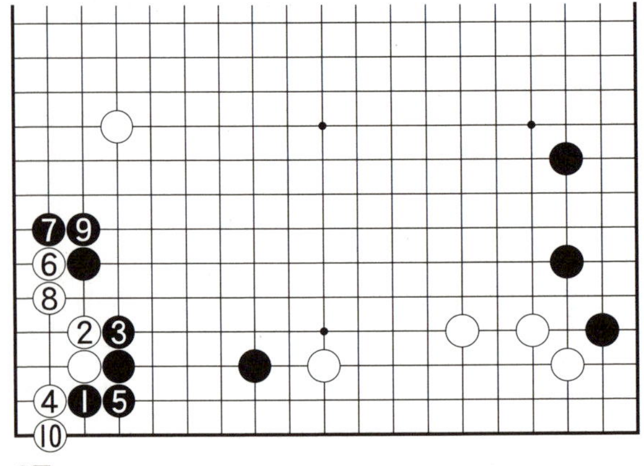

9도

9도 (상황에 따라)

경우에 따라 흑1로 젖히는 수도 유력하다.

이하 백10까지 귀살이는 시켜주는 대신 바깥을 두텁게 하며 선수를 뽑아 흑도 나쁘지 않다.

4장

3三 방어의 요령

　화점에서는 두 수 이상을 더 들여야 완전한 확정가를 만들 수 있다. 그래서 화점바둑에서는 효과적인 굳힘 여부가 중요한 포인트로 떠오르곤 한다. 무조건 한두 칸 더 나아간다고 큰 집이 되는 것은 아니다. 돌들이 적재적소에서 상대의 침입을 효과적으로 방어하며 배치되느냐의 여부가 능률적인 집짓기의 관건이 되는 것이다.

　예컨대, 1도와 2도를 비교해 보겠다. 1도는 3개의 돌이 적정하고도 견고하게 귀를 방어하고 있어 15집 이상의 확정가를 짓고 있는 모습인 데 반해, 2도는 무려 4개의 돌이 집중 투자되었음에도 여전히 3三 언저리에 치명적인 허점을 노출하고 있어 비능률적인 '무허가 주택'의 전형이 되고 있다. 만약 흑▲가 A에 놓여있다면 견고하고도 능률적인 집모양이 되었을 것이다.

　이 장에서는 화점에서의 굳힘, 벌림 이후 능률적으로 확정가를 구축하는 요령을 실패의 예를 들어가며 제시해 보았다.

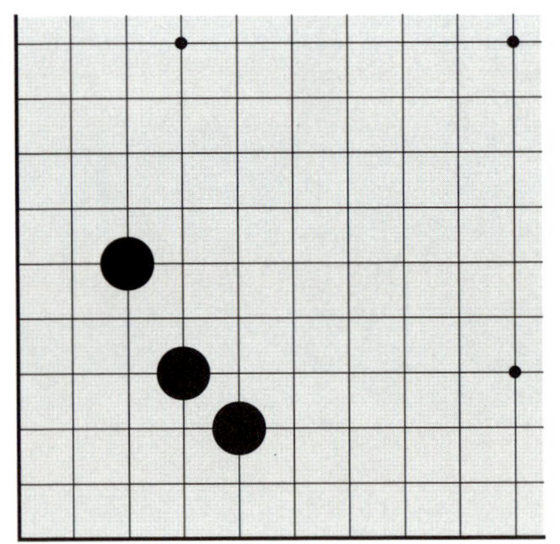

1도

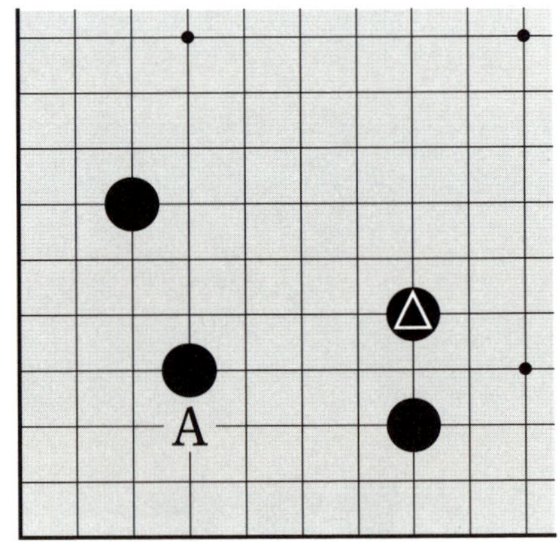

2도

날일자굳힘에서

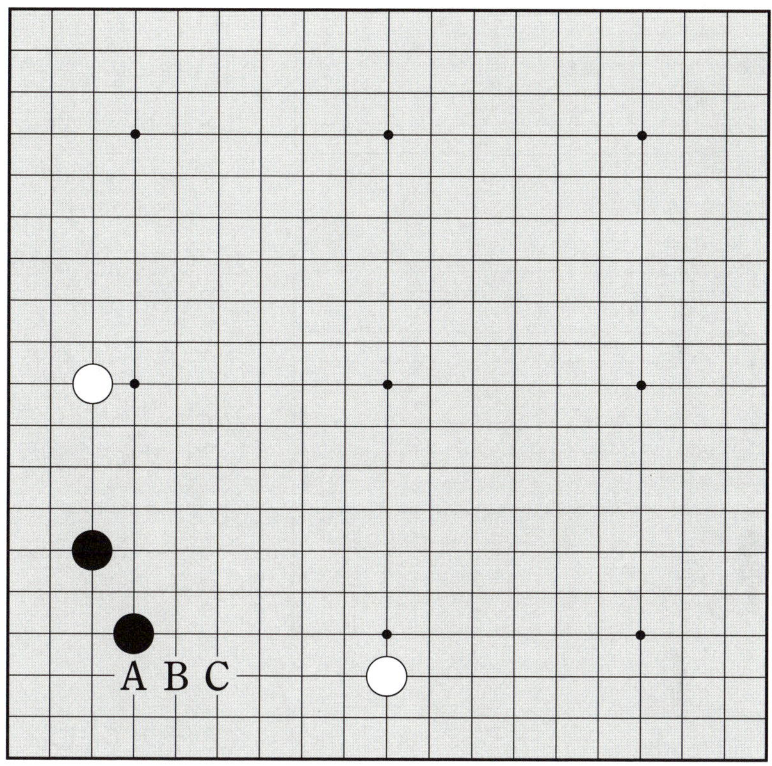

화점에서의 날일자굳힘은 가장 많이 쓰이는 수비법이다. 보폭이 좁고 자세가 낮은 만큼 견실한 것이 특징이다. 이창호, 중국의 마샤오춘 등 견실한 실리파 기사들이 애용하면서 유행의 물결을 탔다.

흑은 여기서 한 수를 더 들여 귀를 확정가로 만들고 싶은데, A~C 중 어디쯤이 좋을까?

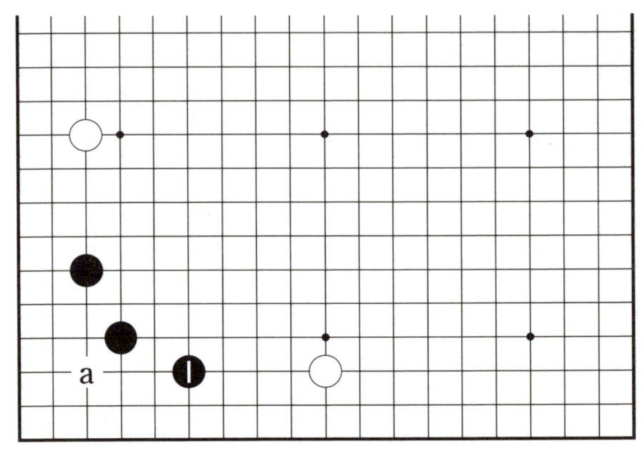

1도

1도 (바보굳힘의 표본)

흑1의 양날일자 굳힘은 과욕이다. a쪽에 치명적인 허점을 안고 있기 때문이다. 그래서 특수한 경우가 아니고는 잘 쓰이지 않는다. 이런 형태를 일명 '바보굳힘'이라고 한다.

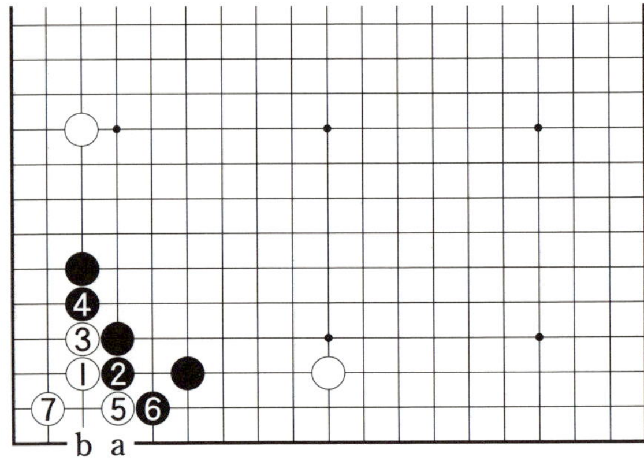

2도

2도 (치명적인 허점)

백1의 침입이면 7까지 쉽게 수가 난다. 다음 흑a면 백b로 패인데, 흑의 부담이 커 70%는 살았다고 봐야 할 것 같다.

3수나 들이고도 이 지경이라면 얼마나 비능률적인가.

3도 (잡기 어렵다)

백의 침입군을 잡으려면 흑2의 최강수를 구사해야 하는데, 백7까지 틀을 잡아 좀처럼 잡히지 않는 형태이다.

더욱이 좌우에 백의 원군이 대기하고 있지 않은가. 계속해서~

3도

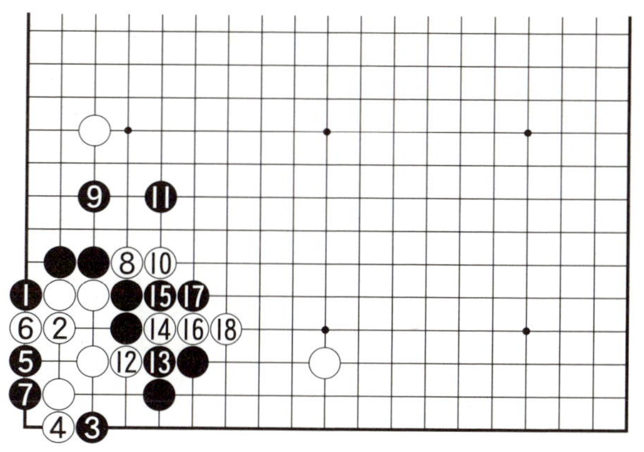

4도

4도 (흑, 파탄)

한사코 흑1~7로 잡으러 가는 것은 대무리이다. 백8로 반격당해 도리어 흑이 파탄을 맞는다.

　설령 기적적으로 백을 잡더라도 외곽에서 많은 대가를 치러 이득이 없을 것이다.

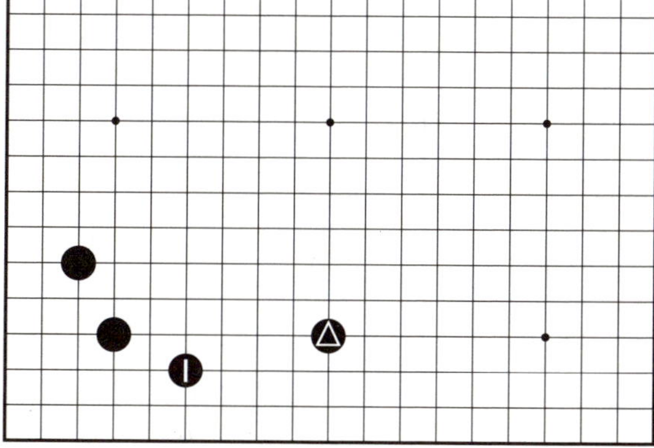

5도

5도 (배석에 따라)

주위에 흑의 원군(△)이 있다면 흑1의 양날일자는 일리 있는 수비가 될 수 있다. 그러나 여전히 뒷맛이 고약하므로 바둑을 건강하게 두고 싶다면 피하는 것이 좋겠다.

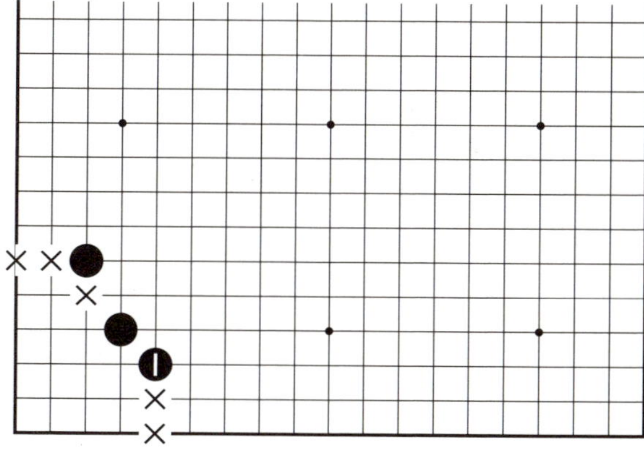

6도

6도 (☆ 견실한 마늘모)

날일자에서는 흑1의 마늘모굳힘이 가장 견실하고도 능률적인 수비이다.

　이로써 ×선을 경계로 15~18집의 실리가 확정된 셈이다.

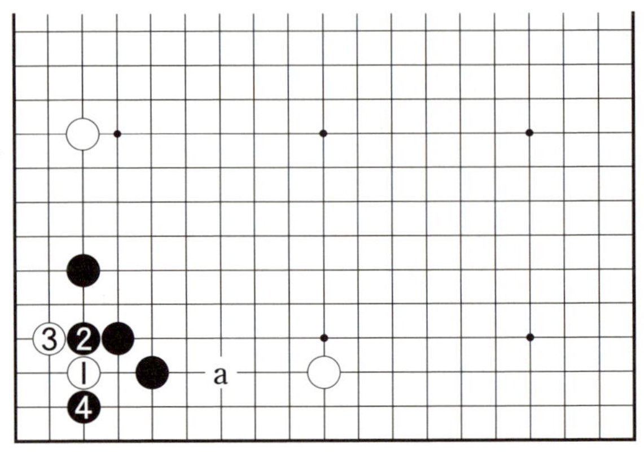

7도

7도 (삶이 어렵다)

날일자＋마늘모의 2중 굳힘에서는 3三에 침입해도 잘 살기가 어렵다(자세한 것은 3장 [11, 12형] 참조). 다만 a 언저리에 백돌이 있다면 사정이 달라진다.

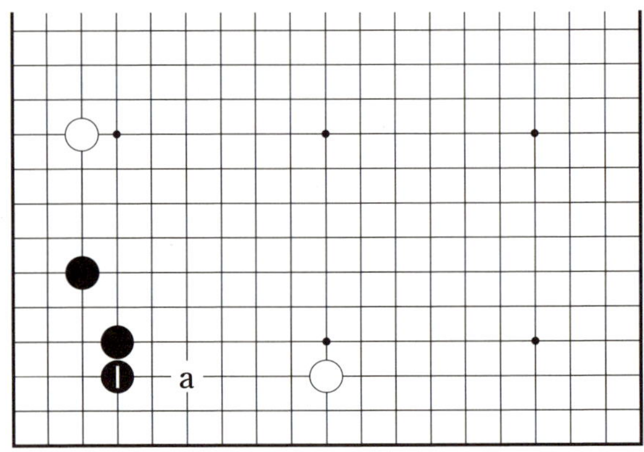

8도

8도 (철주는 소극적이다)

흑1의 철주는 소극적. 귀의 수비면에서는 물론 마늘모보다 견실하지만, 발전성면에서 약해 잘 쓰이지 않는다.

이 수는 백a가 놓여 있을 때 적절한 수비법이다.

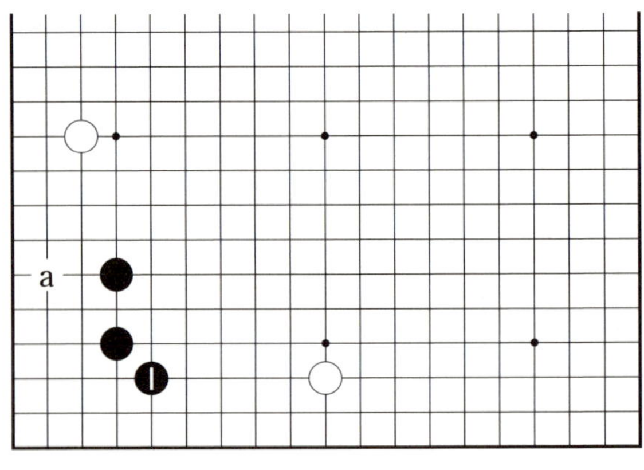

9도

9도 (☆ 한칸+마늘모)

한칸굳힘에서도 흑1의 날일자가 가장 적절한 2중 굳힘이 된다.

다만 여기서는 a쪽의 뒷문이 열려 있기 때문에 여전히 귀살이의 뒷맛이 남는다(3장 [13형] 참조).

눈목자굳힘에서

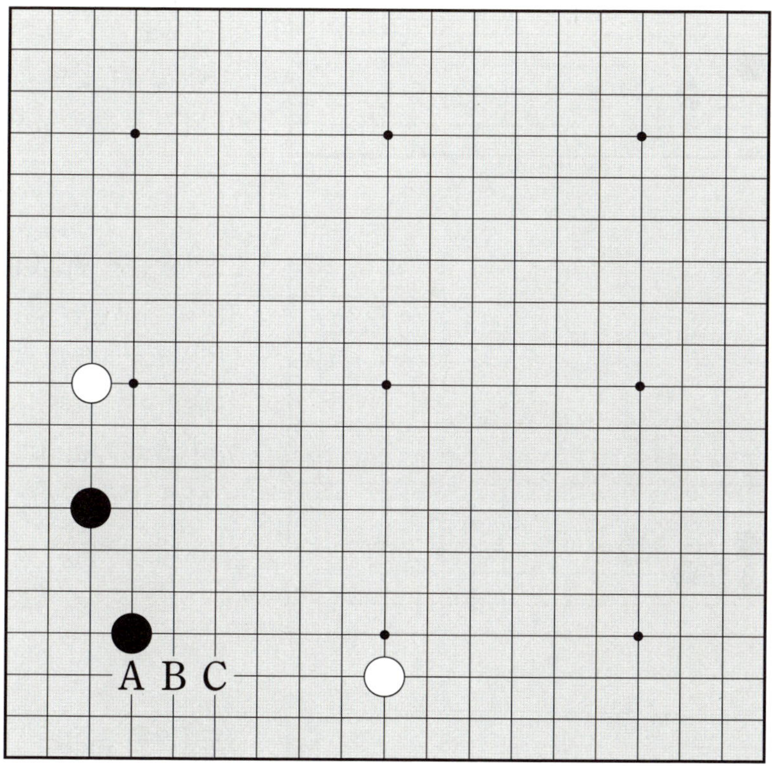

눈목자굳힘 역시 날일자와 더불어 널리 쓰이는 굳힘 수법이다. 날일자에 비해 허술한 단점이 있지만, 대신 변으로의 진출이 용이하다는 발 빠른 장점도 있다.

자, 여기서 흑이 귀를 수비하는 방법은 A∼C 중 어디가 가장 능률적일까?

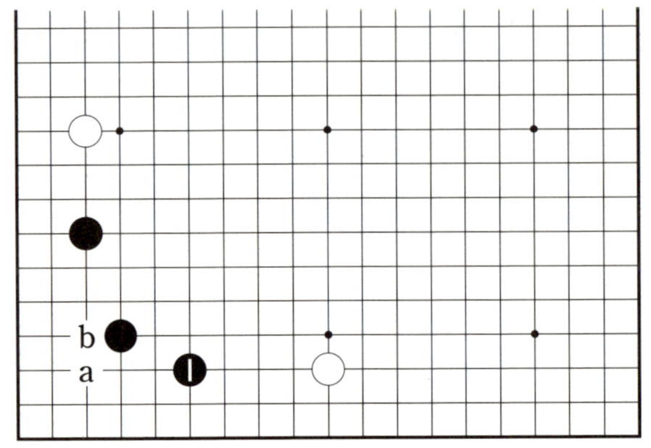

1도

1도 (바보굳힘)

흑1까지 발을 뻗는 것은 과욕이자 바보굳힘! 백a 는 물론 b의 교란수단까지 있어 결코 확정가라고 할 수가 없다.

　한 발 더 간다고 큰 집 이 되는 것은 결코 아니다.

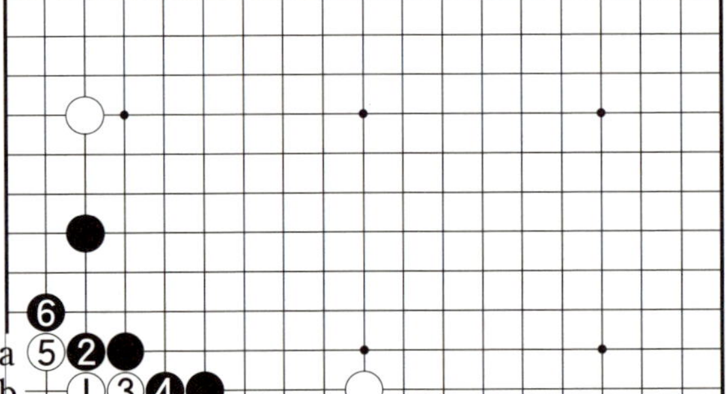

2도

2도 (손쉬운 귀살이)

백1로 파고들면 잡을 길이 없다. 흑a, 백b의 패는 흑 전체의 안위문제까지 걸려 있어 흑의 무리이다.

　따라서 백은 거의 살았 다고 봐야 한다.

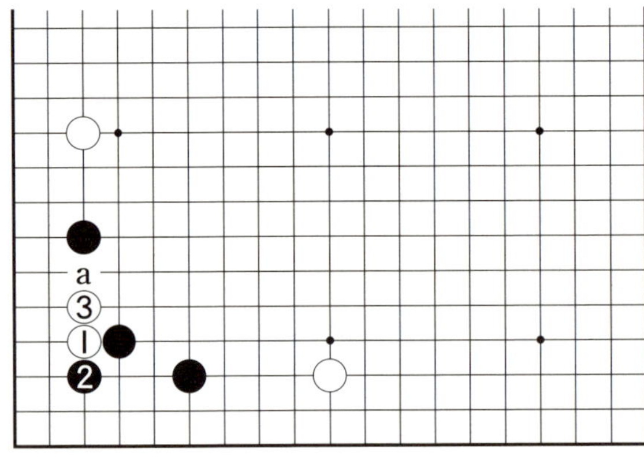

3도

3도 (많은 허점)

백1로 붙여도 어렵지 않게 수가 난다. 흑2면 백3 또 는 a로 파괴한다.

　아무튼 눈목자＋날일자 굳힘은 허점이 너무 많아 확정가라고 할 수 없다.

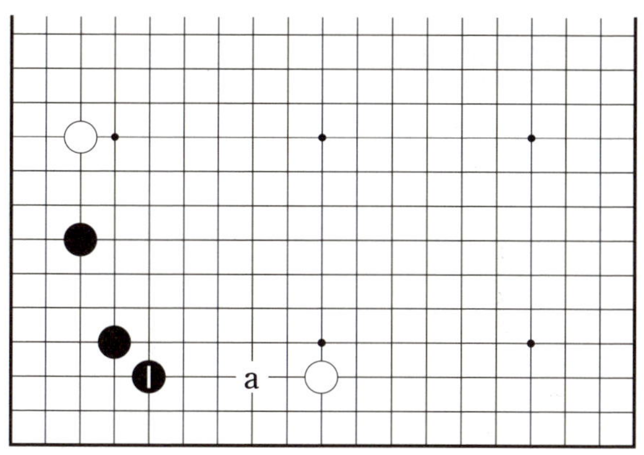

4도

4도 (☆ 마늘모가 적절)

여기서도 흑1의 마늘모가 가장 효과적인 수비방법이다. 귀를 지키는 데 급급하지 않고, 더 나아가 다음 흑a의 벌림까지 엿보는 대국적인 한 수이다.

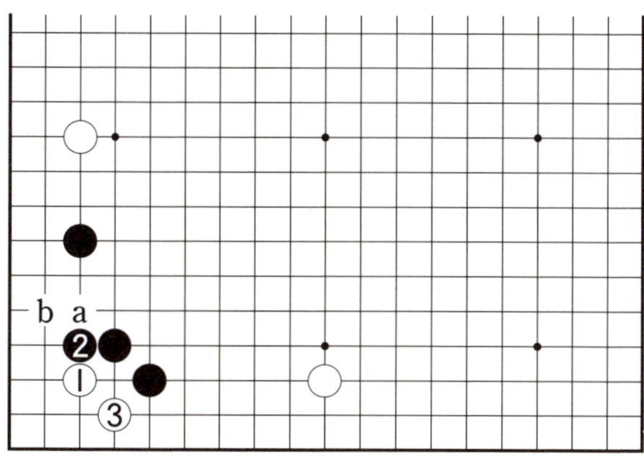

5도

5도 (날일자보다 허술)

눈목자는 날일자에 비해 당연히 허술하다.

가령 백1, 3의 침입에 100% 잡는다는 보장이 없는 것이다. 또한 백a나 b의 침입 수단도 있다.

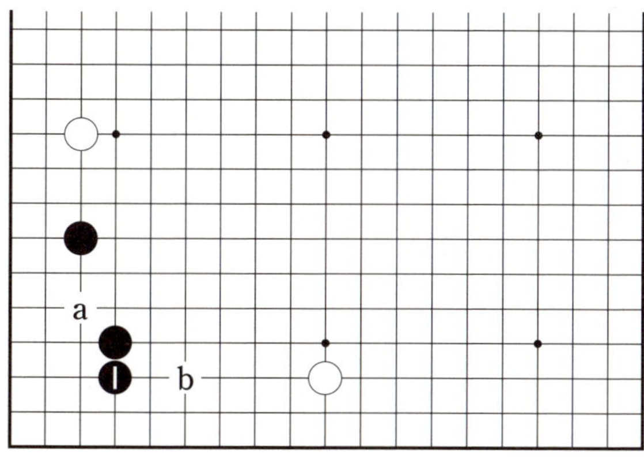

6도

6도 (☆ 견고한 철주)

눈목자의 허점을 좀 더 확실하게 보강하고 싶다면 흑1의 철주를 권한다.

3三침입을 원천봉쇄하면서 a쪽의 허점도 간접보강하고 있다. 백b의 접근에 대해서도 좋은 방어책이 된다.

세칸벌림에서

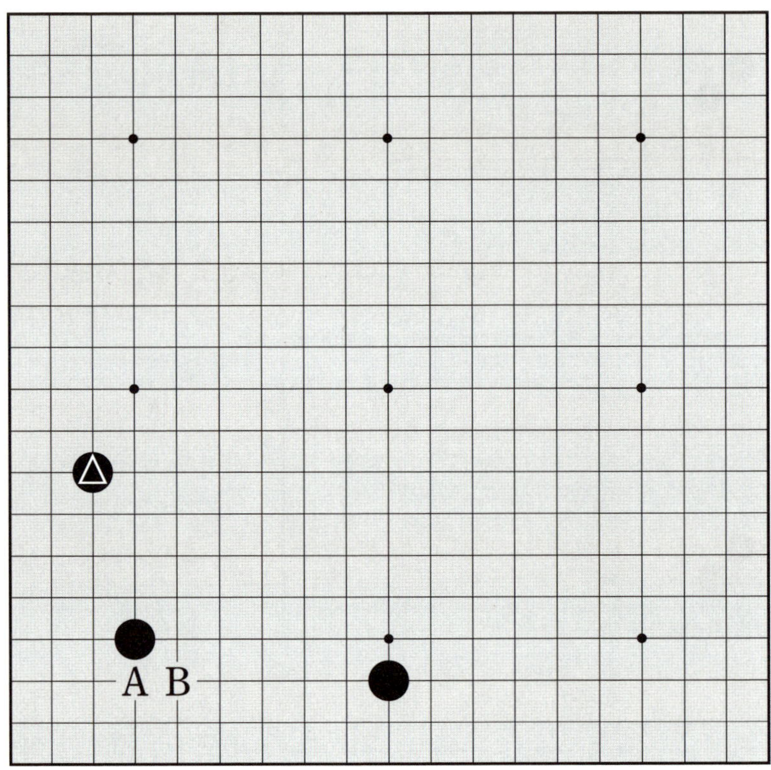

　이번에는 흑△의 세칸 형태이다. 사실 이 수는 굳힘이라 기보다는 벌림에 가까운 다소 어정쩡한 수이다. 그래서 귀를 굳히는 데도 상당한 어려움이 따른다.

　그러므로 이런 경우에는 무조건 귀만 지킨다는 생각보다는 변쪽과 연관지어 행마하는 것이 현명하다. 이제 흑은 A, B 중 어디가 좋을까?

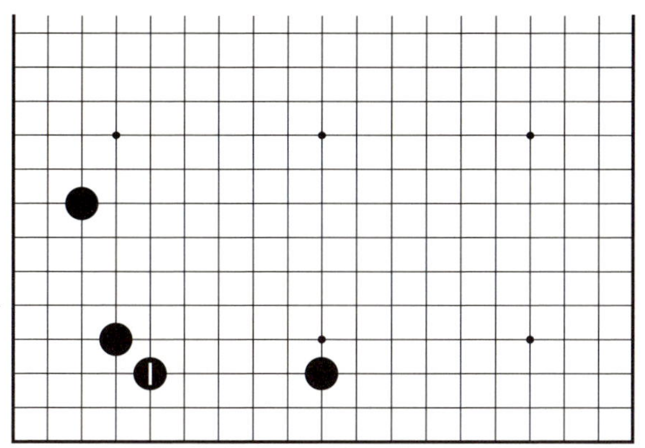

1도

1도 (어정쩡한 자세)

흑1의 마늘모가 여기서는 부적절하다.

　3三 쪽에도 아직 허점이 있는 데다 좌우 변쪽도 허술해 정말로 어정쩡한 자세가 되는 것이다.

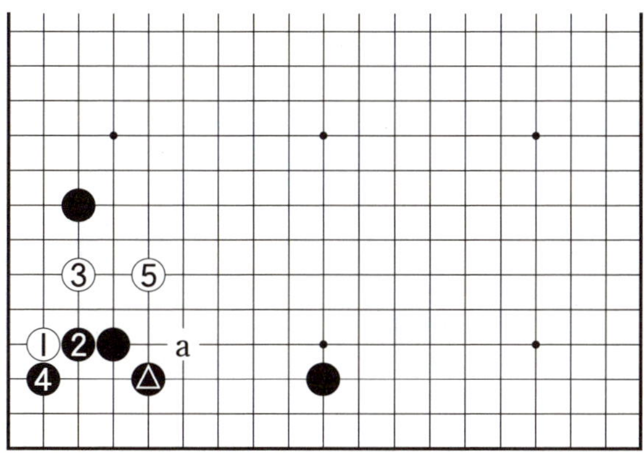

2도

2도 (허점 투성이)

가령 백1~5면 흑진이 속절없이 깨져버린다.

　이렇게 되고 보니 흑△는 a쯤에 놓여있는 게 차라리 효과적이지 않은가. 어정쩡한 태도로 양쪽 다 지키지 못한 꼴이다.

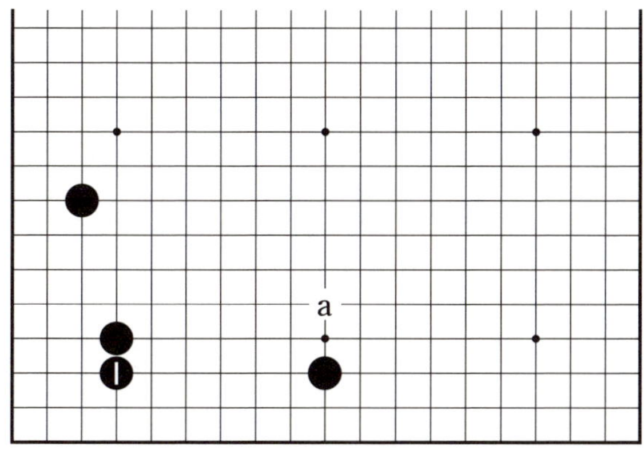

3도

3도 (☆ 철주가 최선)

흑1이 최선. 귀쪽을 지켜둔 다음 흑a를 내다보는 것이 현명하다.

　그리고 보니 [1, 2형]과 비교해 '한쪽이 넓은 만큼 반대쪽에서 보폭을 좁힌다'는 원리를 알 수 있다.

수비와 노림수의 일석이조 지킴

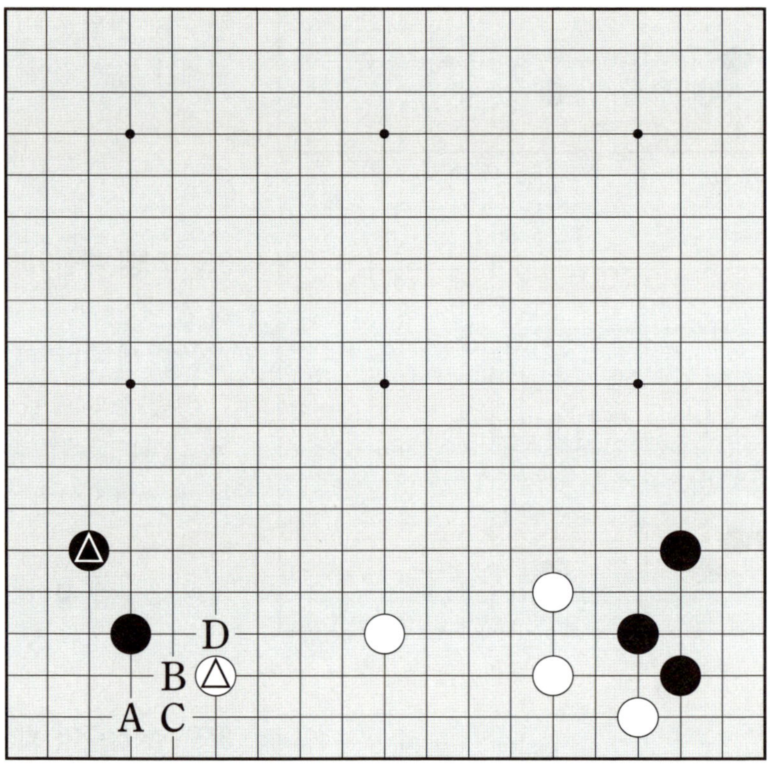

다음은 포석의 마지막 단계나 중반 무렵에 흔히 등장하
는 형태이다. 백△의 걸침에 흑△로 응수한 뒤 흑 차례가
돌아와 드디어 좌하귀를 확정가로 만들 기회이다.

A~D 가운데 과연 어떤 수가 좋을까? 지키는 데만 급
급하지 말고 하변 백진의 허실 문제도 함께 고려하면서 판
단해 보자.

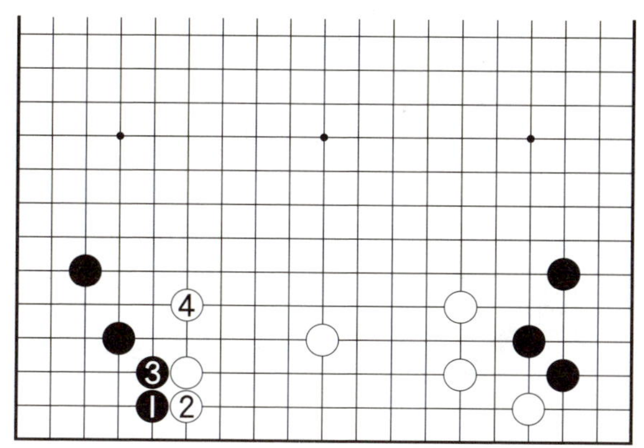

1도

1도 (이적수의 혐의)

흑1로 지키는 것은 너무 노골적이다.

　귀를 확실히 굳힐 수는 있지만 대신 하변 백진도 완전무결해져 묘미가 없고 이적수의 혐의까지 있다.

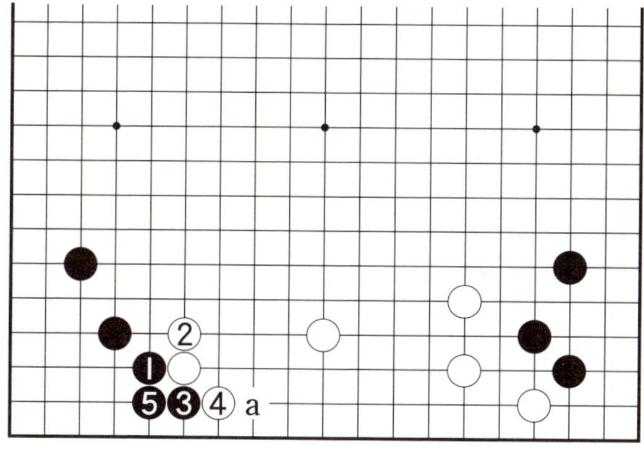

2도

2도 (후수를 잡다)

흑1로 마늘모붙인 뒤 3, 5로 젖혀잇는 수도 지금은 부적절하다. 백2로 세워준 것이 이적수인 데다 후수마저 잡았다.

　흑a의 끝내기수단이 있지만 그것은 먼 훗날의 이야기이다.

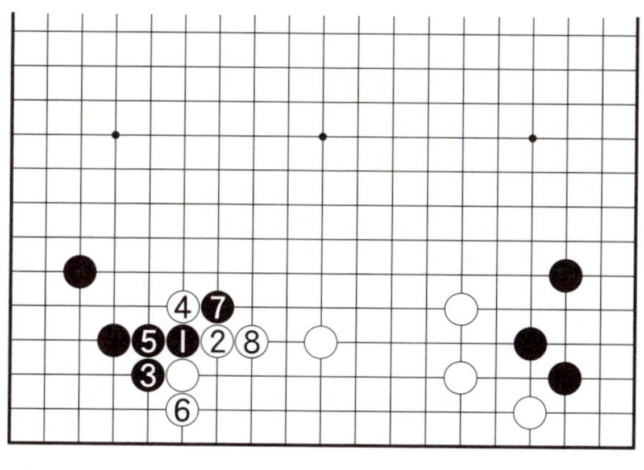

3도

3도 (역시 미흡)

흑1, 3의 붙여막기 역시 부적절하다. 백4로 머리를 얻어맞는 것이 기분 나쁘며, 백6의 응수가 좋아 하변 백진은 굳어진 반면, 흑의 좌하귀는 뒷문이 열리지 않았는가.

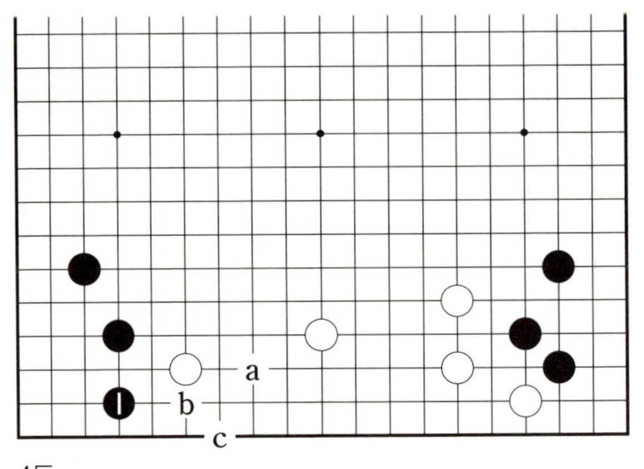

4도

4도 (☆ 약점을 노린다)

흑1의 한칸 수비가 최선이
다. 좌하귀를 공고히 하면
서 a의 약점까지 노리는
일석이조의 수이다.

　또한 여차하면 흑b나 c
의 끝내기수단도 있다.

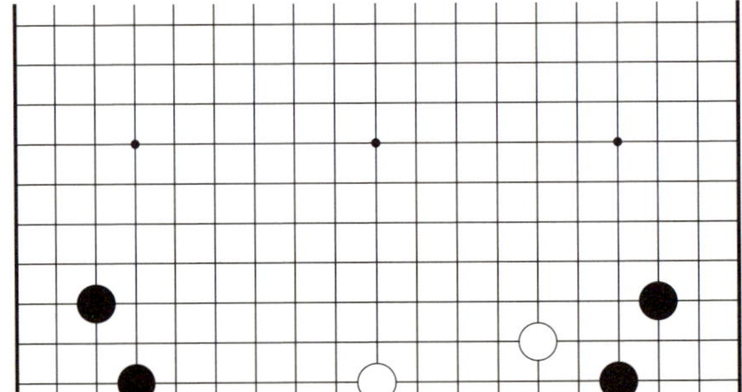

5도

5도 (차선의 철주)

흑1의 철주도 유력한 굳힘
수. 역시 귀의 수비와 a의
침입 엿보기를 겸하고 있
다. 다만 이 수는 자칫 백
b를 선수로 당할 우려가
높아 90점에 해당한다.

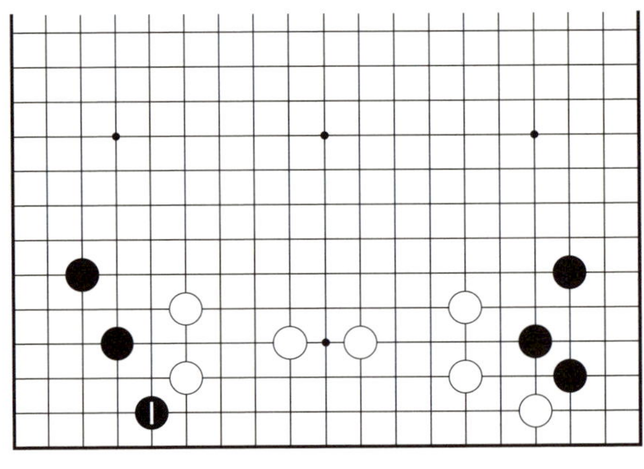

6도

6도 (상황에 따라)

지금처럼 하변 백진이 완
전무결하다면 흑1의 처진
날일자가 최선이 될 수 있
다. 어차피 침입의 여지가
없는 만큼 흑집의 평수를
조금이라도 늘리는 것이
나을 것이다.

공격과 수비의 양수겸장

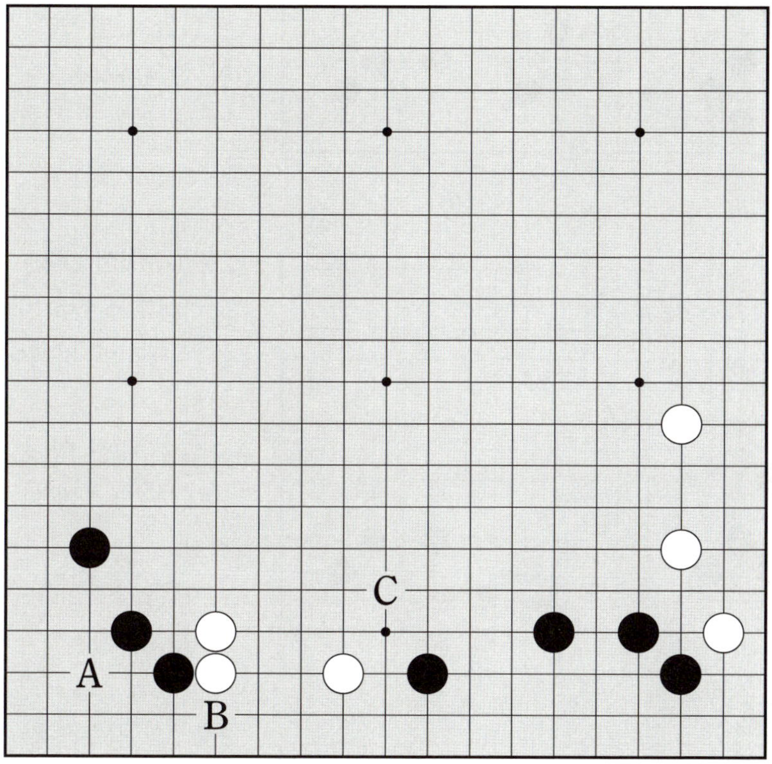

화점 바둑의 실전에 무수하게 나타나는 형태이다. 흑은 좌하귀 진영을 지켜야 하는 상황인데, A～C 가운데 어떤 수단이 가장 효과적일까?

단순한 수비보다는 좀 더 적극적인 자세가 요망되는 장면이다. 하변 백이 미생마인 데 착안해 보자.

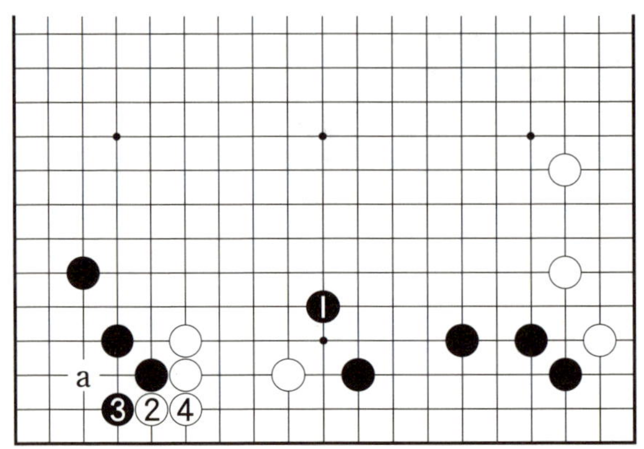

1도

1도 (공포탄 공격)

흑1로 공세를 펴는 것은 공포탄에 불과하다. 백2, 4로 실리를 장만하며 안정해버리면 장차 a 부근의 약점까지 남아 흑은 실속이 전혀 없다. 흑이 기분만 낸 꼴이라고 할까.

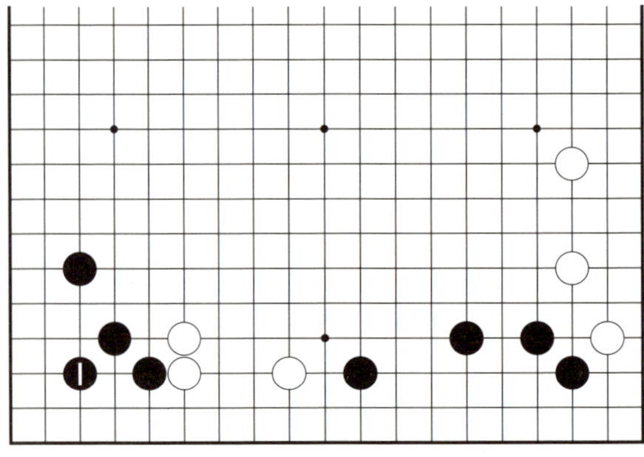

2도

2도 (수세적 태도)

그렇다고 흑1로 지키는 것은 소극적인 하책이다. 안전하기야 이를 데 없지만, 주위에 대한 영향력이 없는데다 '백스텝'의 성격이 짙다.

이런 태도로는 바둑을 이기기가 힘들다.

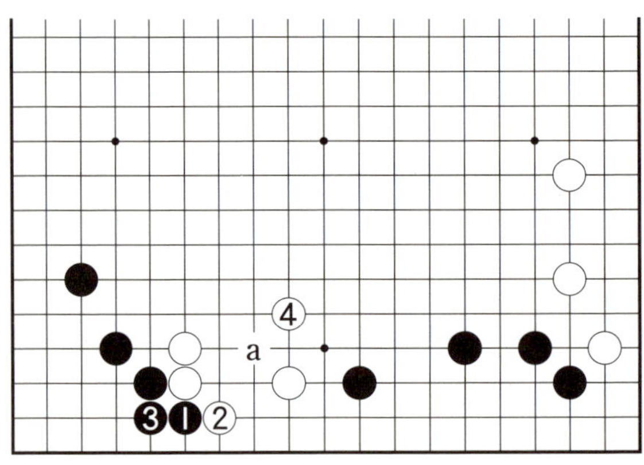

3도

3도 (☆ 공수겸용)

흑1, 3이 귀도 방어하고 백의 근거도 위협하는 공수겸용의 좋은 수법이다.

백4로 보강한다면 선수로 귀를 지킨 셈이어서 만족이고, 손을 빼면 흑a의 통렬한 공격이 보장된다.

약한 곳에서는 보폭을 좁힌다

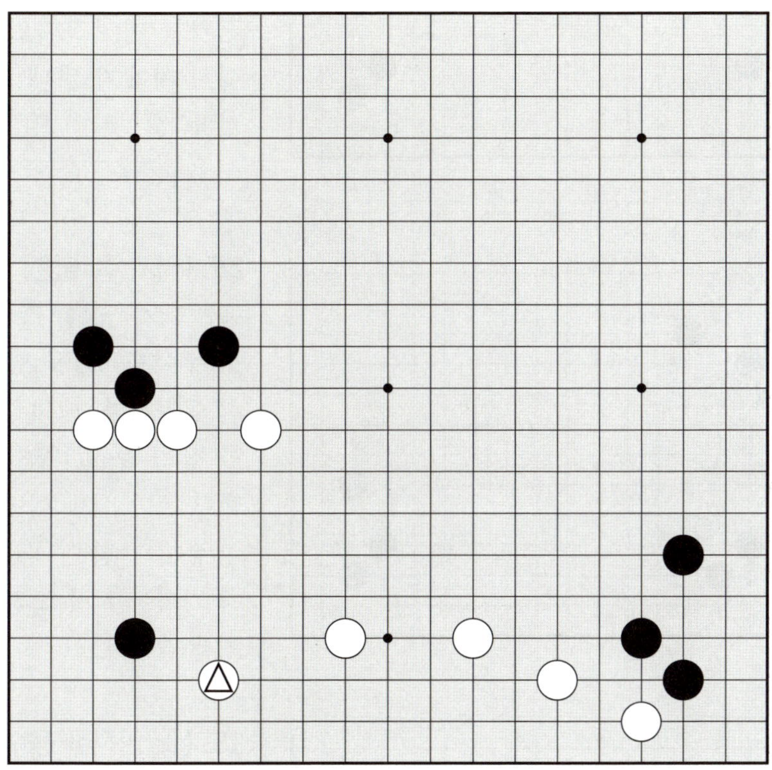

백△로 걸쳐온 장면. 그런데 여기서 주목할 것은 좌중앙 쪽에 형성된 막강한 백세이다.

이러한 주위 배경에 유의하여 흑은 좌하귀를 확실히 지키는 수를 연구해야 한다. 과연 어떤 방법이 좋을까?

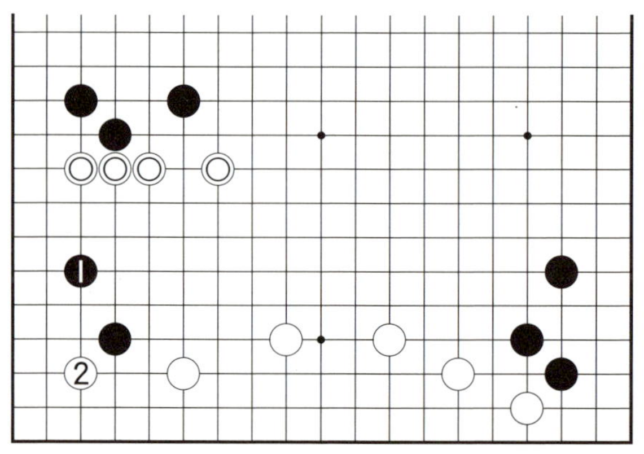

1도

1도 (흑, 위험천만)

흑1의 날일자는 부적절. 백2의 침공을 당해 곤란해진다. 위쪽에 백◎의 철벽이 기다리고 있는 마당에 근거를 빼앗긴다면 흑은 생사 자체가 위태로워질 것이다.

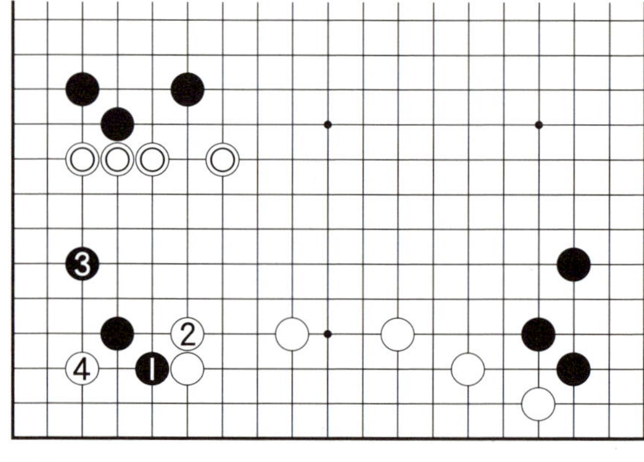

2도

2도 (역시 흑 불안)

흑1, 백2의 교환 후 흑3으로 두어도 백4를 당해 역시 곤란하다. 백의 침입군을 잡을 수 없다면 흑 전체가 곤마 신세 아닌가.

상대의 강한 곳(백◎)에 가까이 가서 고전을 자초한 격이다.

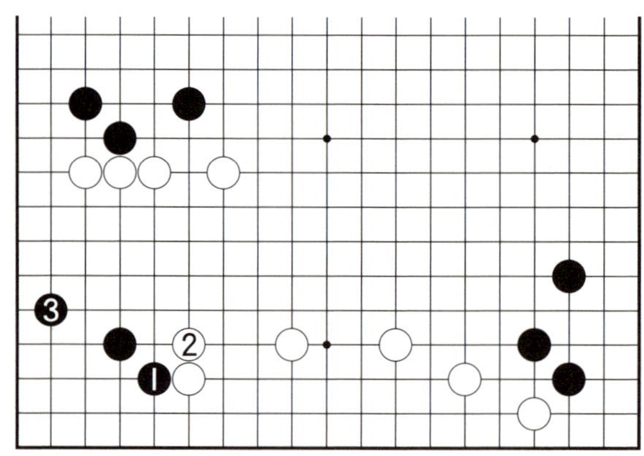

3도

3도 (☆ 안전한 응수)

이때는 흑1, 백2를 교환한 뒤 흑3으로 지키는 것이 안전한 수비방법이다.

이처럼 상대가 강할 때는 보폭을 좁히고 자세를 낮추는 것이 상책이다.

양쪽을 지키는 빗장수비

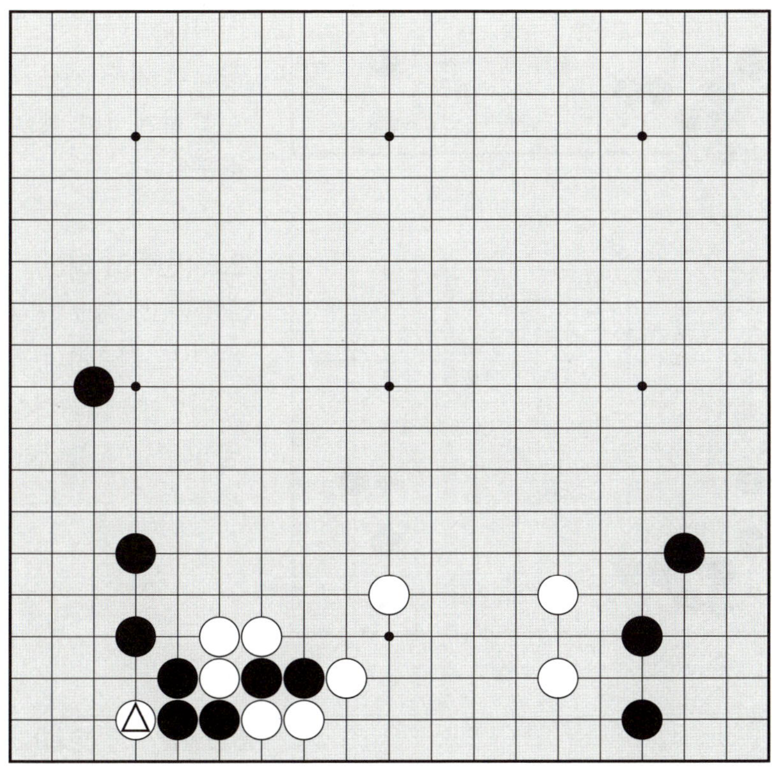

　한때 대유행하던 화점에서의 옆구리붙임 정석에서 파생
된 형태이다. 일견 포로처럼 보이는 백△의 뒷맛 때문에 좌
하 흑진이 불완전한 상태이다.

　흑은 이제 수비에 나서야 할 텐데, 다소 어정쩡한 형태
라서 어떻게 지켜야 할지 애매한 모습이다. 과연 어떤 방어
책이 있을까?

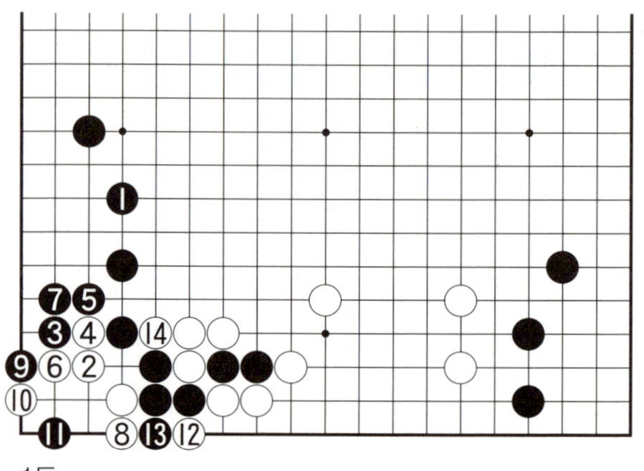

1도

1도 (흑, 욕심)

흑1로 변쪽을 크게 지키는 것은 지나친 욕심이다.

백2로 움직이는 수단이 남아 좌하귀는 아직 집이 아니다. 이후 흑은 11까지 잡으러 가도 백은 14까지 절묘하게 완생해 버리기 때문이다.

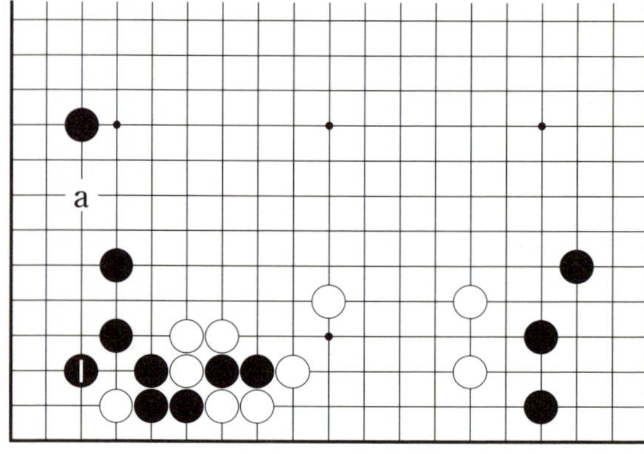

2도

2도 (변쪽이 허전)

그렇다고 흑1로 귀를 지키는 것도 미흡하다.

이번에는 a쪽의 허점이 남아 변쪽이 불안하다.

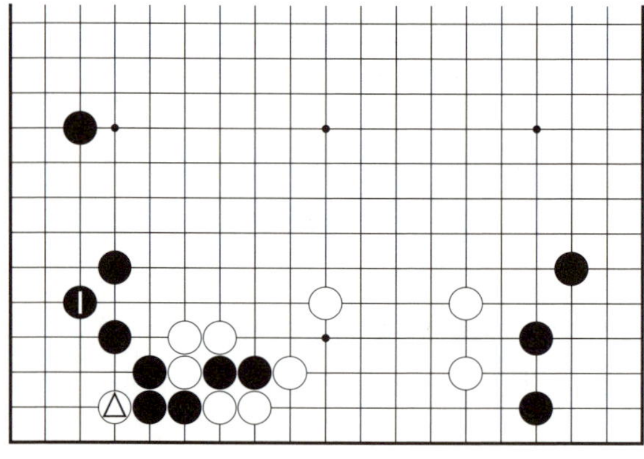

3도

3도 (☆ 2중 효과)

흑1이 능률적인 수비. 좌하귀 포로(백△)의 준동수단을 잠재우면서 아울러 좌변 쪽 수비에도 큰 도움을 주고 있다.

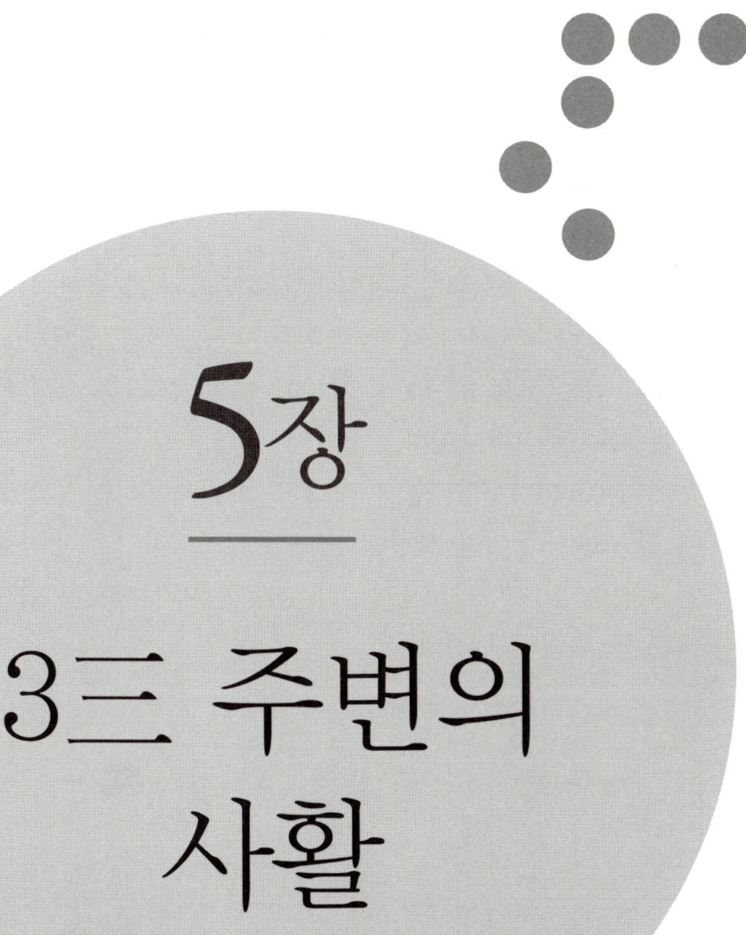

5장

3三 주변의 사활

화점과 3三을 완전히 정복하기 위해서는 3三 주변에서 일어나는 사활을 꿰뚫지 않고서는 불가능하다. 제아무리 화점 정석과 3三침입의 처리에 밝다 하더라도 3三을 둘러싼 사활을 제대로 파악하지 못하고서는 자칫 사상누각이 되기 쉽다.

이 장에서는 화점/ 3三침입에서 파생되는 귀 사활의 대표적 형태를 조명해 보았다. 이 책이 사활이 주제가 아닌 만큼 상세한 변화보다는 "3三 침입에 따른 사활에는 이런 것들이 있구나!"라고 쉽게 인식할 수 있도록 형태 위주로 살펴보았다.

여기에 나오는 형태들은 대개 화점 바둑에서는 단골로 등장하기 때문에 잘 숙지해둔다면 실전에 큰 도움이 될 것이라 확신한다. 특히 2도처럼 유사한 형태라도 뒷공배(A) 관계에 따라 사활의 결과는 크게 달라진다는 데 유의해야 한다.

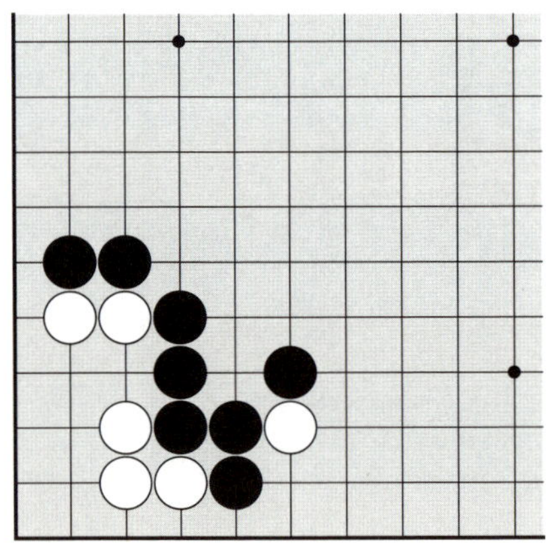

1도

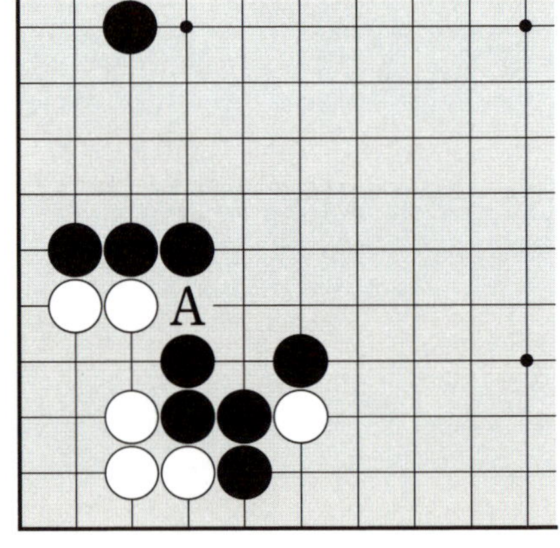

2도

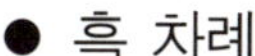

'젖힘과 치중'의 연타

● 흑 차례

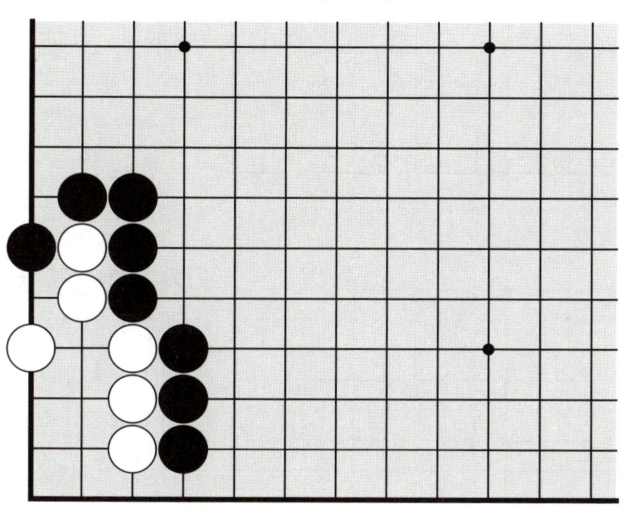

화점/ 3三침입의 기초사활 1호라고 할 만큼 익숙한 형태이다. 그럼에도 정확한 수순을 아는 사람이 의외로 많지 않다.

좌하귀 백을 잡는 필살의 수순을 구사해 보자.

경과도 (3연성에서)

백1로 3三침입해 이루어진 정석. 주로 흑△의 3연성에 자주 나오는 모양이다.

이후 백이 두 번 손을 뺀 상태에서 흑이 12, 14로 삶을 추궁하러 간 장면이다.

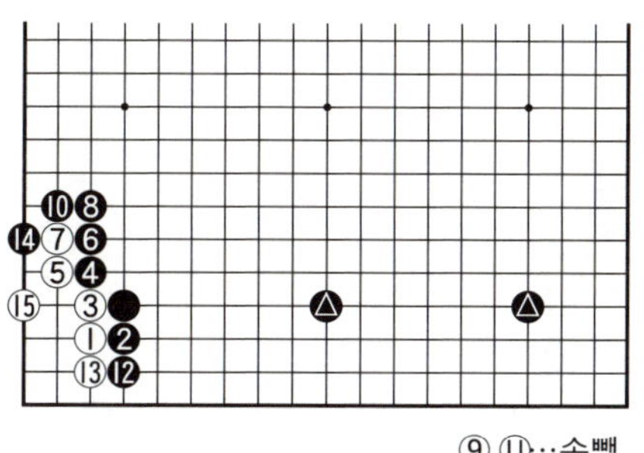

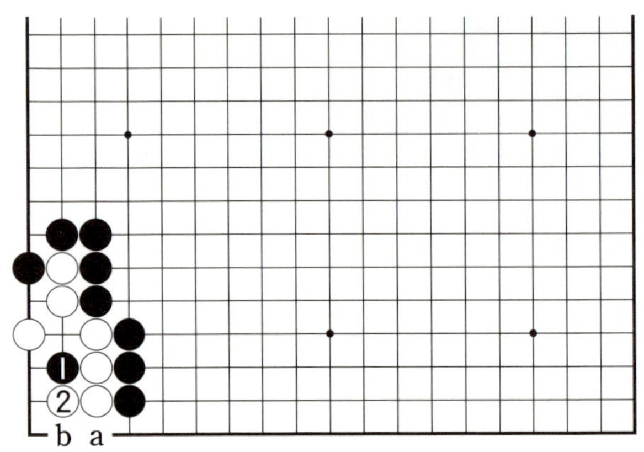

1도 (흑, 속수)

흑1로 치중하는 것은 너무 노골적인 속수!

백2로 막아 간단히 살아버린다. 다음 흑a에는 백b로 그만.

1도

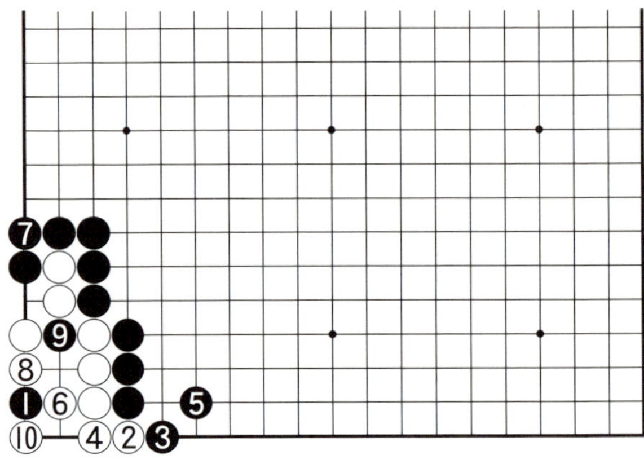

2도 (어설픈 치중)

흑1의 치중이 급소 같지만 역시 실패한다. 백2, 4가 기민한 선수이며 10까지 백의 삶이다.

백4가 선수로 든는다면 살 수 있다는 말이 된다. 그러므로~

2도

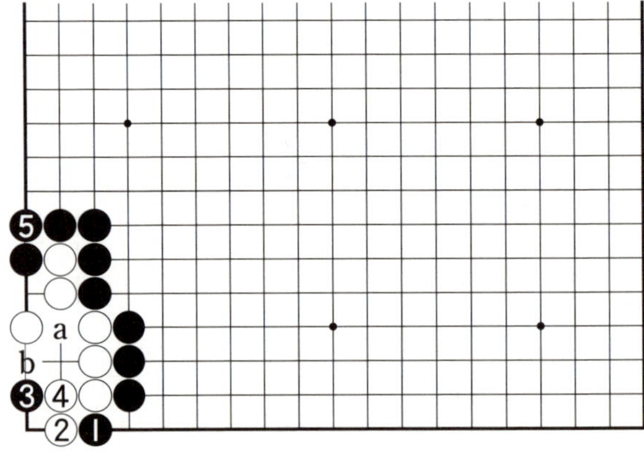

3도 (☆ 수순의 묘)

흑1로 젖혀 궁도를 좁힌 다음 3으로 치중하는 것이 멋진 수순이다.

백4에는 흑5가 침착한 수로 백은 궁도부족으로 질식사한다(a와 b가 맞보기).

3도

생사를 바꾸는 젖힘수 하나

● 흑 차례

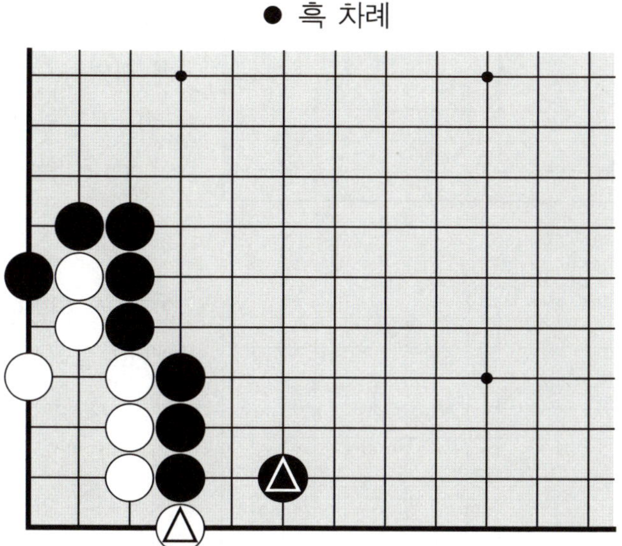

　[1형]과 거의 유사한 형태인데, 백△과 흑▲가 교환되어 있
는 점이 다르다.
　이 경우 백의 사활은 어떻게 될까? 과연 잡으러 간다면 백
은 살 수 있을까?

경과도 (기민한 선수활용)

[1형]에서 흑1로 잡으러 가자 잽싸
게 백2로 젖혀 흑3을 교환시킨 상
황이다. 백2가 백의 삶에 얼마나 도
움이 되는지가 초점이다(흑3으로 a
에 막는 것은 [1형] 2도처럼 쉽게
살 수 있다).

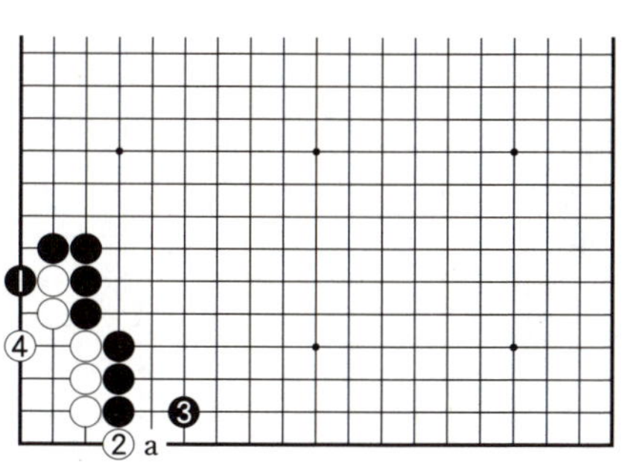

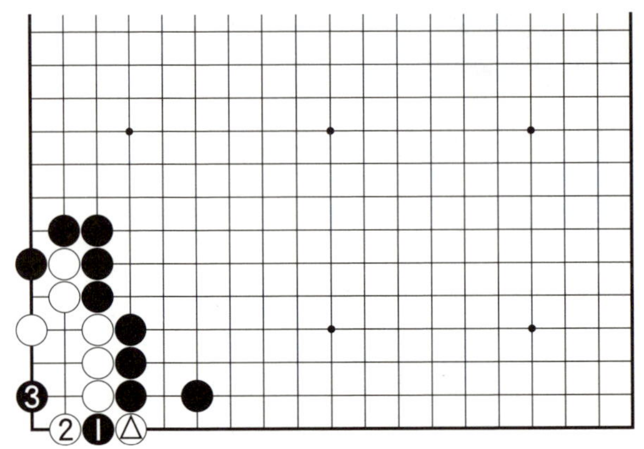

1도 (백, 큰 실수)

제일감은 흑1로 좁혀가는 것. 그런데 이때 덥석 백2로 따내는 것은 경솔한 실착이다. 흑3의 치중 한방에 절명하고 한다.

　이래서는 백△가 도움이 안 된 꼴이다.

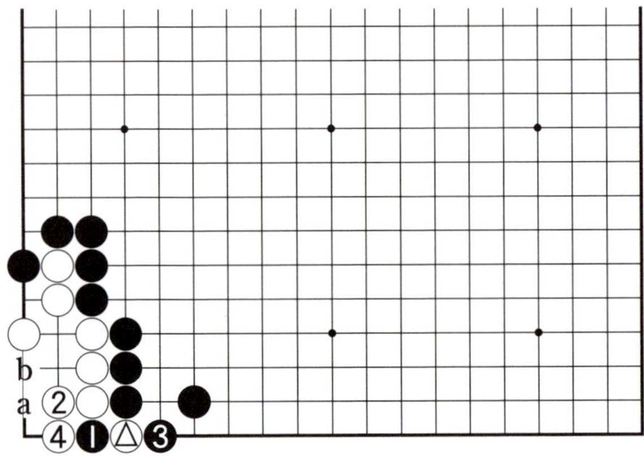

2도 (☆ 현명한 물러섬)

백2로 물러서는 것이 뜻밖에도 정수이다. 백4까지 간단히 백의 삶이다.

　흑으로 하여금 3으로 따내고 들어올 수밖에 없게 만든 것이 백△의 역할이다(흑3으로 a면 백b로 삶).

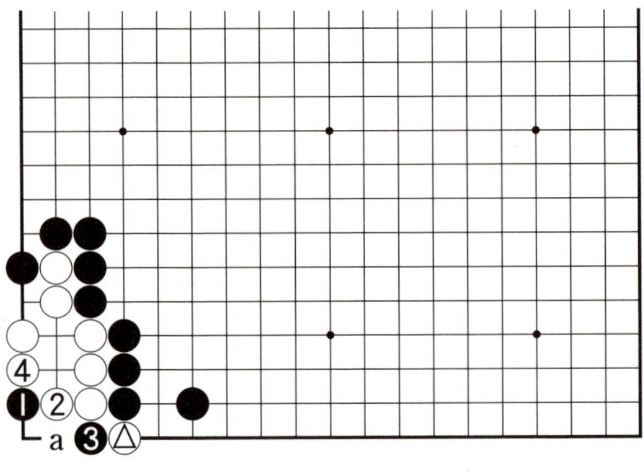

3도 (역시 백 삶)

흑1로 먼저 치중해도 백2면 역시 산다. 흑3에는 백4로 그만.

　곧바로 흑a로 들어올 수 없다는 데 주목하자. 바로 이것이 백△의 결정적 수훈이다.

2·一이라는 급소의 진수

● 흑 차례

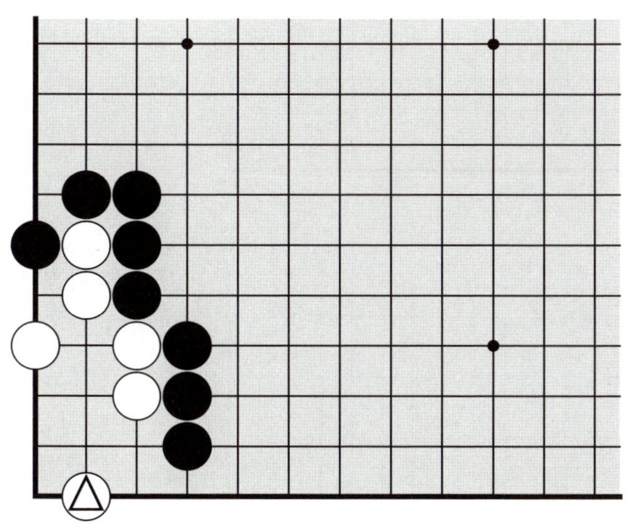

　　백△의 위치가 독특하다. 뻔한 수로는 안 되므로 나름대로 잔뜩 꾀를 부려본 변칙수이다.

　　이때 백을 어떻게 잡으러 가는 것이 최선일까?

경과도 (백의 변칙수)

역시 [1형]의 파생형. 흑1 때 백a로 그냥 막아서는 [1형] 3도처럼 잡히므로 2로 변화를 구해본 것이다. 흑도 섣불리 대하다가는 실패하기 십상이다.

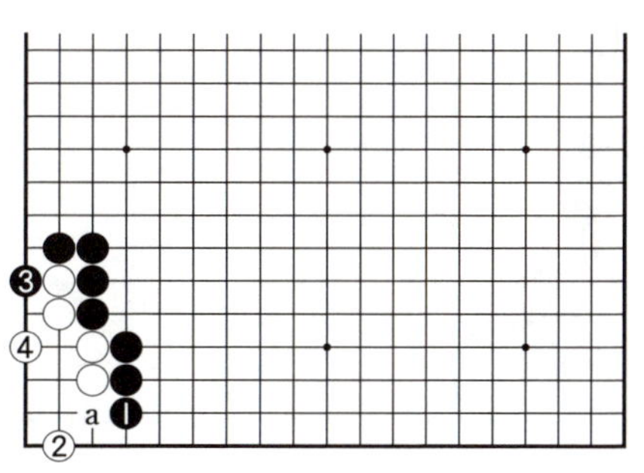

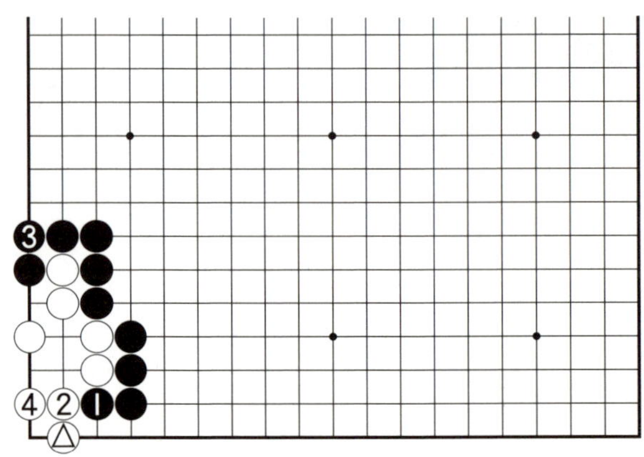

1도

1도 (흑, 속수)

대뜸 흑1로 들어가는 것은 속수의 표본! 백2, 4로 간단히 살아버린다.

　백△의 변화구에 말려 들어 헛스윙한 꼴에 다름 아니다.

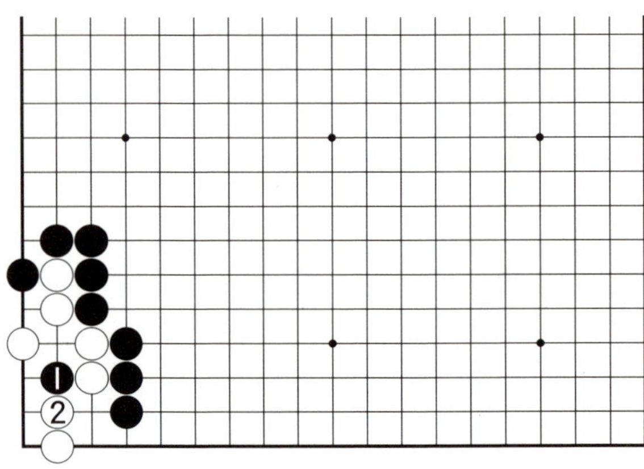

2도

2도 (역시 백 삶)

그렇다고 흑1로 치중하는 것도 백2로 받아 그만이다. 이따위 노골적인 수법으로는 백의 변화구를 극복하기 어려우리라.

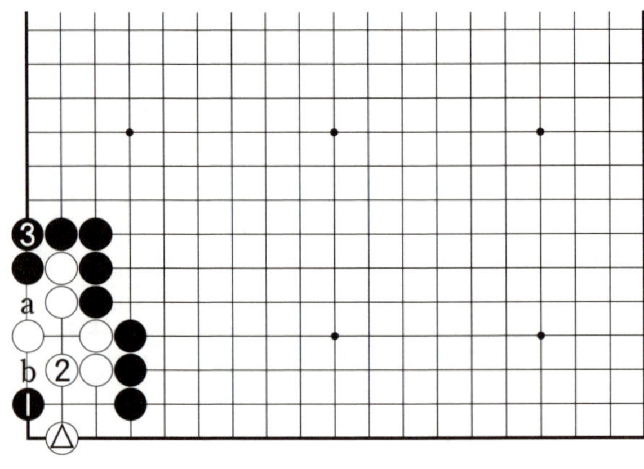

3도

3도 (☆ 2·一 급소)

흑1의 2·一 치중이 백의 꿈수(△)를 응징하는 필살의 일격이다.

　이어 백2에는 흑3이 냉정한 마무리 펀치. 다음 a와 b가 맞보기여서 백은 살 수 없다.

앉아서 죽을 수는 없다!

○ 백 차례

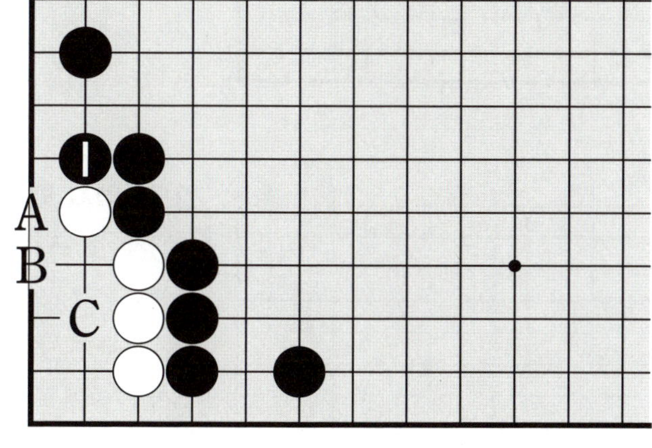

[1형]의 파생형이라고 할 만한 형태이다. 역시 실전에 단골로 등장하므로 이번 기회에 확실하게 익혀두자.

흑1로 막아 백의 삶을 물어온 장면. 자, 백은 A∼C 중 어떻게 응수하는 것이 최선일까?

경과도 (소목 날일자굳힘에서)

이 형태는 화점과 소목에서 두루 나타난다. 특히 소목 날일자굳힘에서 백1로 교란해 흑8까지 진행되는 것이 대표적 형태이다(흑▲들은 백a의 변수를 없애기 위해 편의상 배치한 돌).

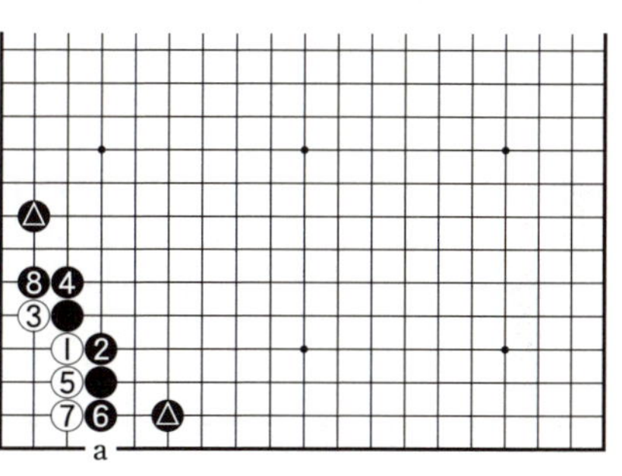

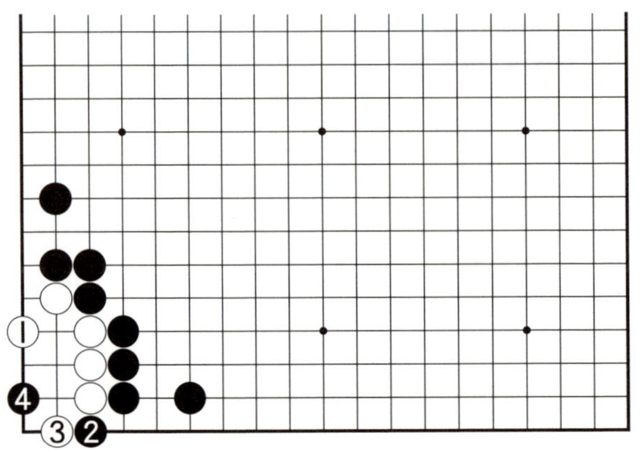

1도

1도 (백, 죽음)

백1로 호구치는 것은 흑2, 4로 간단히 죽음이다.

앞서 [1형]에서 살펴본 필살수순 그대로이다.

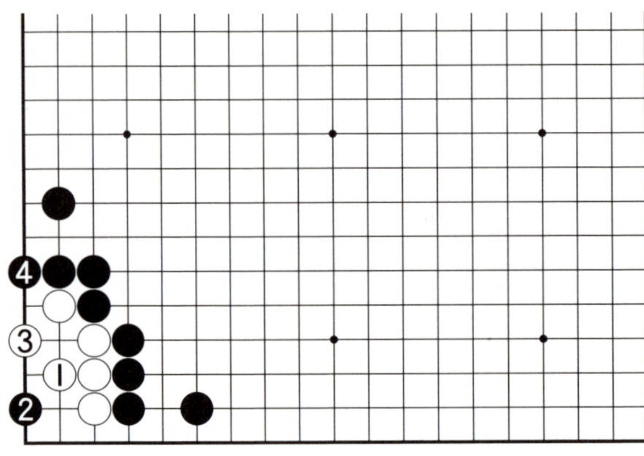

2도

2도 (역시 백 죽음)

백1로 호구치는 것이 그럴 듯하나 흑2의 치중으로 뜻을 이루지 못한다. 다음 백3에는 흑4로 그만.

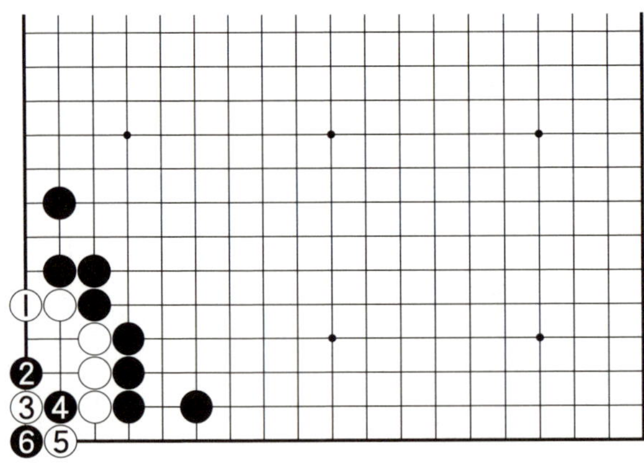

3도

3도 (☆ 패가 최선)

백1로 내려서는 것이 최강의 버팀수이다. 이제 백은 그냥 잡히지 않는다.

흑2가 최선이지만 백3이 맥점으로 흑6까지 패가 나는 것이 쌍방 최선이다.

1선 내려섬의 비밀 (1)

● 흑 차례

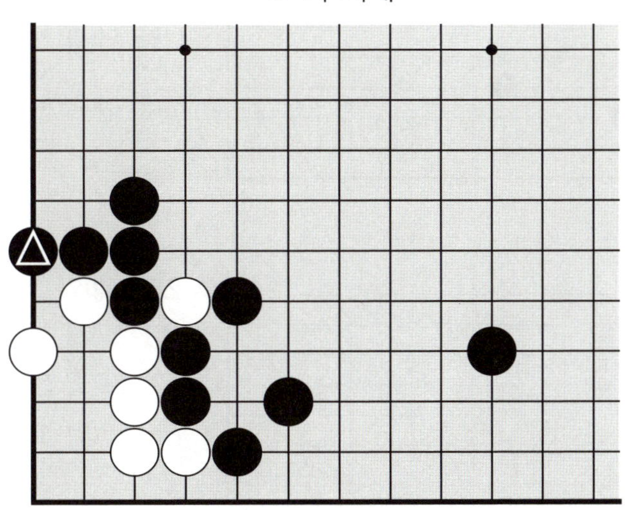

실전에서 무수히 등장하는 데도 무심코 지나치곤 하는 장면이다.

흑▲의 선수활용에도 불구하고 백이 손을 뺀 상태이다. 기착점을 십분 활용해 백을 잡아보자.

경과도 (화점 눈목자굳힘에서)

백1의 침입에 흑14까지는 실전에서 빈번하게 등장하는 기초정석의 하나이다.

이후 좌변 전투과정에서 흑▲가 놓였음에도 다급한 백이 귀에서 손을 빼는 일이 자주 발생한다.

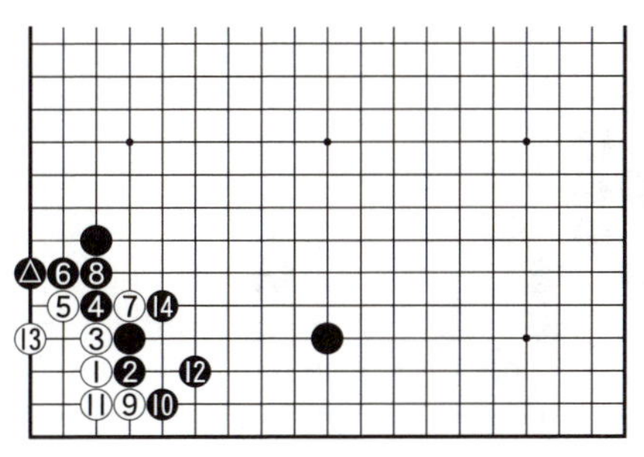

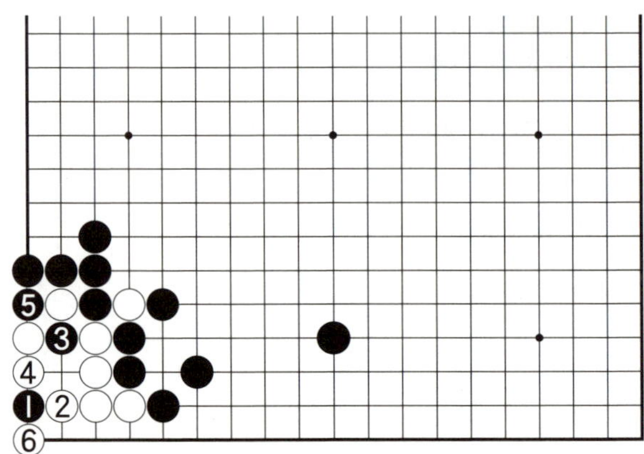

1도

1도 (무늬만 급소)

일견 흑1로 치중하는 것이 그럴듯해 보이지만, 여기 서는 의외로 '무늬만 급소' 가 된다.

　백6까지 쉽게 살아서는 흑의 대실패이다.

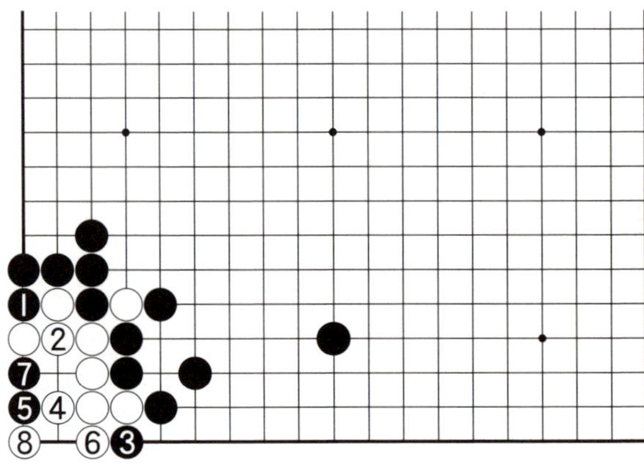

2도

2도 (패)

흑1로 모는 것도 실패. 백 은 4로 끈끈하게 버티는 수가 있어 쉽사리 죽지 않 는다.

　백8까지 패가 나는 것 이 고작이다.

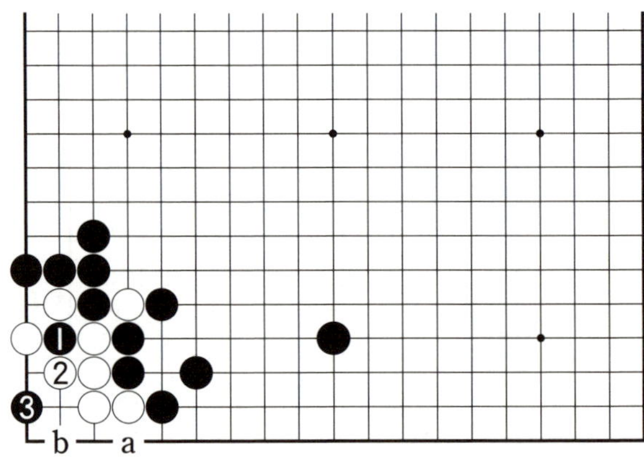

3도

3도 (☆ 콤비)

흑1로 먹여친 다음 3으로 치중하는 것이 필살의 콤 비이다. 다음 백a에는 흑b 로 귀곡사.

　아무리 발버둥 쳐도 백 은 이제 자력으로는 살 수 없다.

1선 내려섬의 비밀 (2)

● 흑 차례

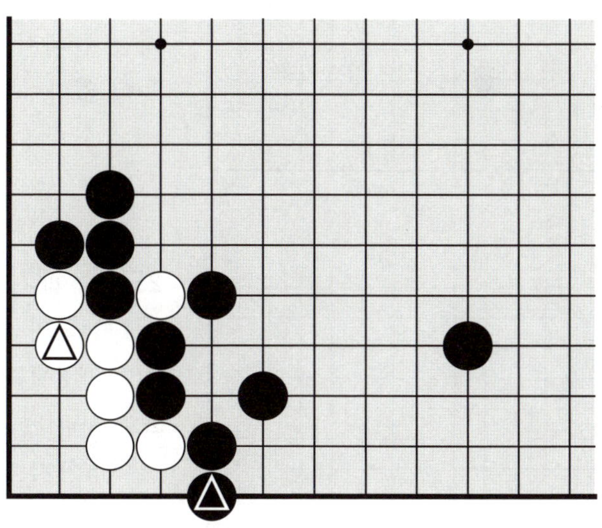

[5형]과 유사한데, 백△와 흑▲의 위치가 달라졌다.
자, 이번에는 흑이 어떻게 잡으러 가는 것이 최선일까?

경과도 (배석의 차이)

백1∼흑12는 [5형]과 똑같은 수순.
이때 백이 a가 아니라 13으로 꽉
이어 살아둔 형태이다. 여기서는 흑
b 대신 ▲가 선수가 된다는 사실을
이번 기회에 기억하자.

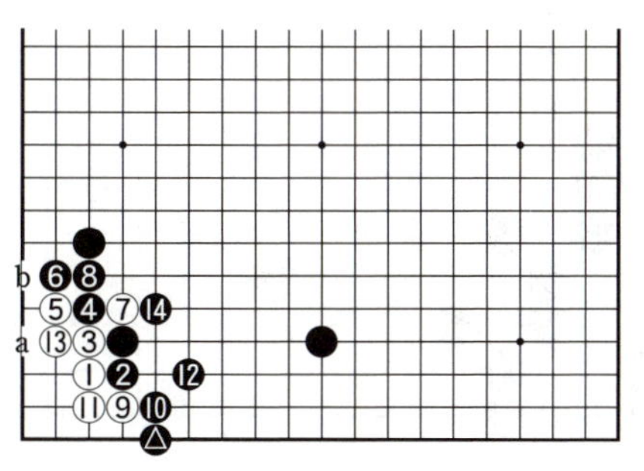

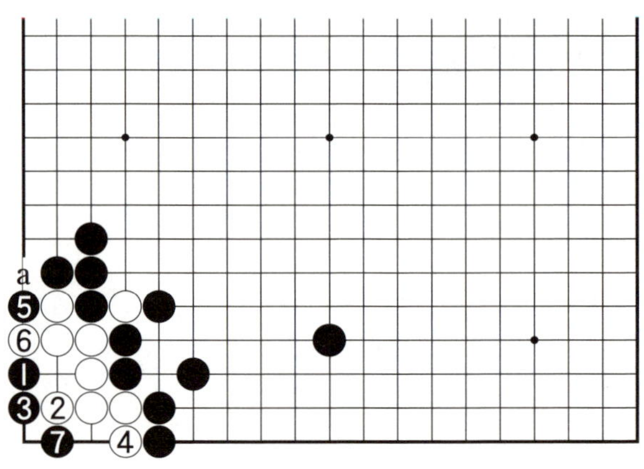

1도

1도 (무늬만 급소)

흑1은 '무늬만 급소'. 백2로 받아 백은 무사하다. 이하 흑7까지 후수 빅이 고작이다. 백a가 남아있어 흑은 끝내기 상으로도 소득이 없다.

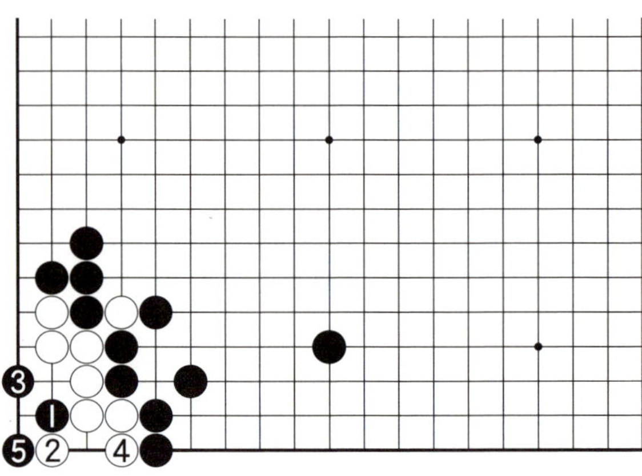

2도

2도 (☆ 패가 최선)

흑1로 붙이는 것이 맥점. 이어 백2에는 흑3의 마늘모가 준비된 묘수이다.

흑5까지 패가 되는 것이 쌍방 최선이다.

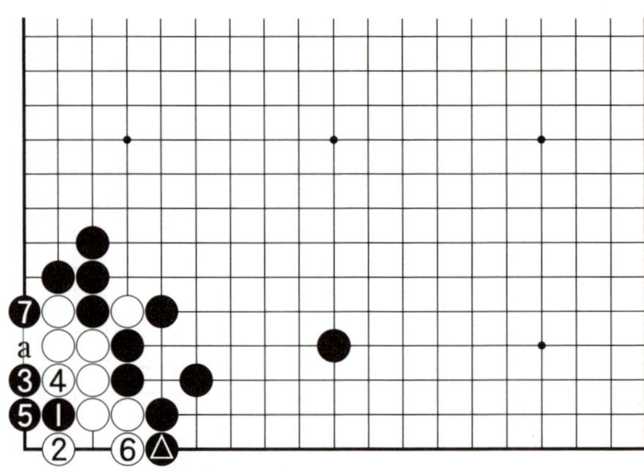

3도

3도 (백, 그냥 죽음)

흑3 때 패를 피하고자 백4, 6으로 저항하는 것은 무리이다.

흑7 다음 백a로 차단할 수 없어 그냥 잡혀버린다. 이것이 흑△의 위력이다.

1선 내려섬의 비밀 (3)

● 흑 차례

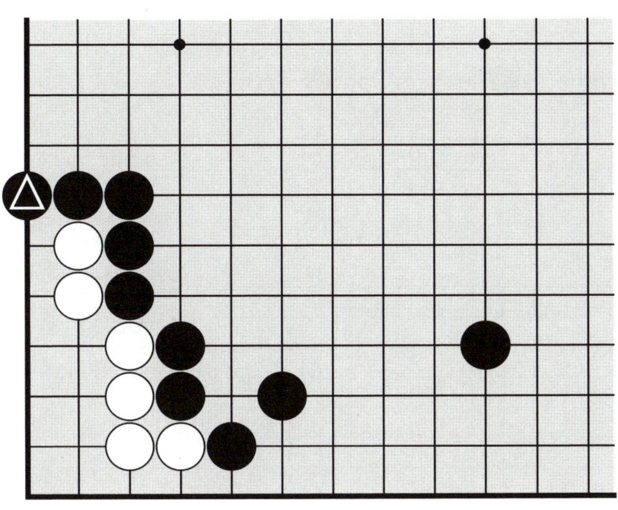

1선의 내려섬이 사활의 열쇠가 되는 경우는 의외로 많다. 역시 화점 바둑에서 약방의 감초처럼 나타나는 형태를 소개한다. 흑▲를 십분 이용한 필살의 수순은 무엇인가?

경과도 (3연성에서)

3연성에 백1로 뛰어들어 흑12까지 진행되는 수순은 화점 바둑에서 가장 많이 나타나는 기초정석이다.

여기서 흑14로 막은 데 이어 ▲로 내려선 장면이다. 손을 뺀 백을 응징해보자.

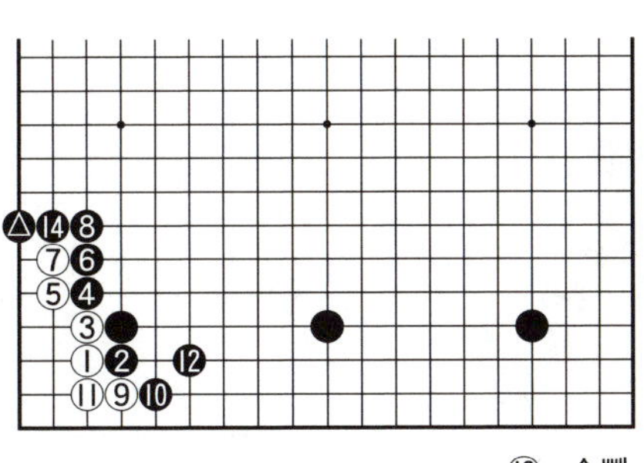

⑬…손뺌

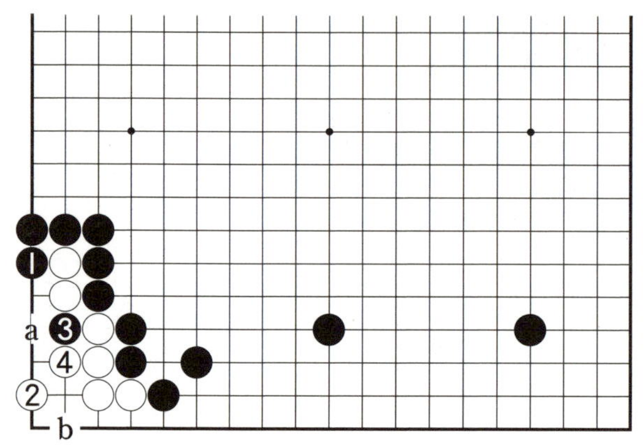

1도

1도 (책략 부족)

흑1로 들어가는 것은 책략 부족이다. 백2로 거뜬히 살아버린다.

계속해서 흑3에는 백4로 완생이다(a와 b가 맞보기).

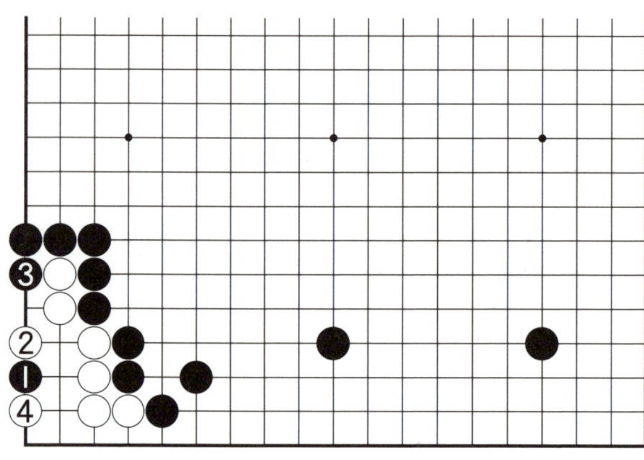

2도

2도 (어설픈 치중)

그렇다고 흑1로 치중하는 것은 어설픈 헛손질이다.

백2로 받아 아무 것도 안 된다. 흑은 최악의 그림이다.

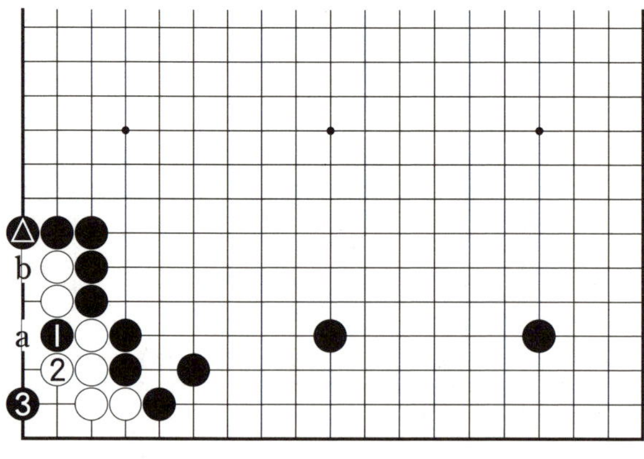

3도

3도 (☆ 필살의 연타)

흑1, 3이 ▲의 가치를 제대로 활용하는 필살의 연타이다. 다음 백a에는 흑b로 백을 일망타진한다.

[5형]의 3도와 비슷한 수법이다.

상수의 횡포를 응징하라

● 흑 차례

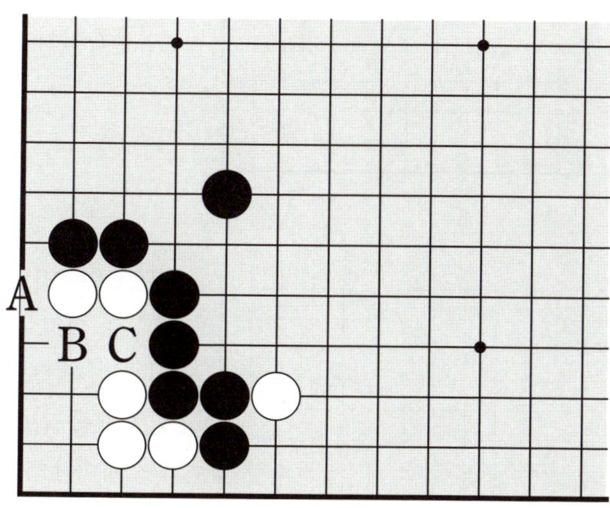

접바둑 실전에서는 매번 등장하는 형태로서 특히 사활을 정확히 모르는 '하수님'들이 골탕 먹는 문제이기도 하다.

일견 좌하 백이 무사해 보이지만, 실은 그렇지 못하다. 정답은 의외로 간단하지만, 백의 저항도 만만치는 않다. 흑의 첫 수는 A~C 중 어디여야 할까?

경과도 (걸침 후 침입에서)

백1, 흑2의 교환 후 곧장 백3으로 뛰어드는 수법은 대표적인 접바둑 정석이다. 흑12 다음 백은 a로 가일수하는 것이 정수인데, 하수를 얕보고 손을 빼고 두는 경우가 많다(흑 ❷는 편의상 배치한 돌).

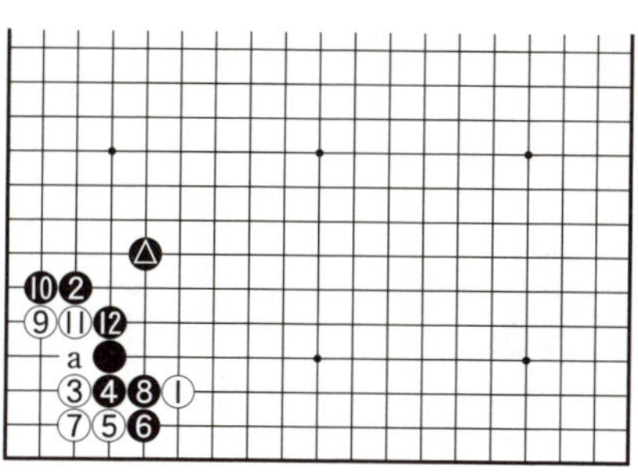

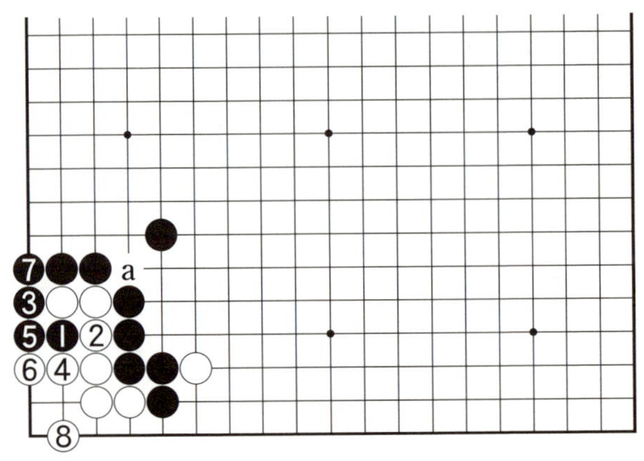

1도 (하수의 껴붙임)

흑1로 껴붙이는 것은 속수
의 표본. 백8까지 깨끗하
게 살려줄 뿐더러 바깥이
자충 모양으로 a쪽의 약점
도 부각시켜 최악의 결과!

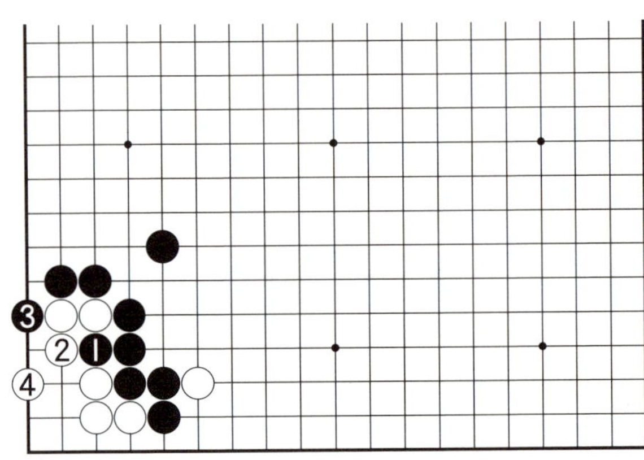

2도 (속수의 찌르기)

흑1로 찌르는 것도 속수.
이제는 흑3으로 젖혀도 백
4면 백을 잡을 수 없게 된
다. 계속해서~

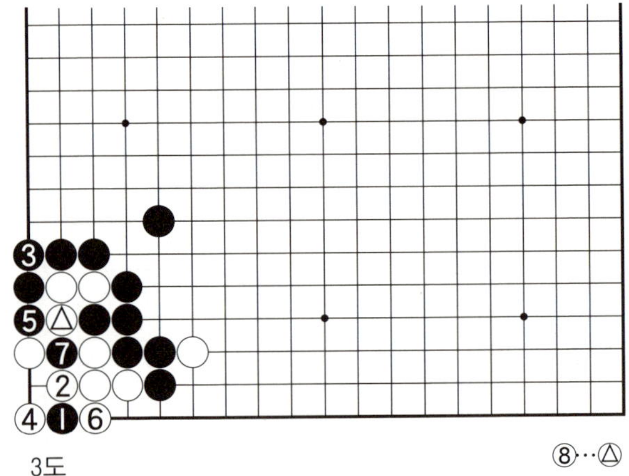

3도 (몸체는 완생)

흑1로 치중하는 것이 급
소. 그러면 이하 흑7까지
백 석점을 잡을 수는 있다.
　그러나 백8로 되따내면
백의 몸체는 알뜰하게 완
생하지 않는가. 이래서는
흑의 실패!

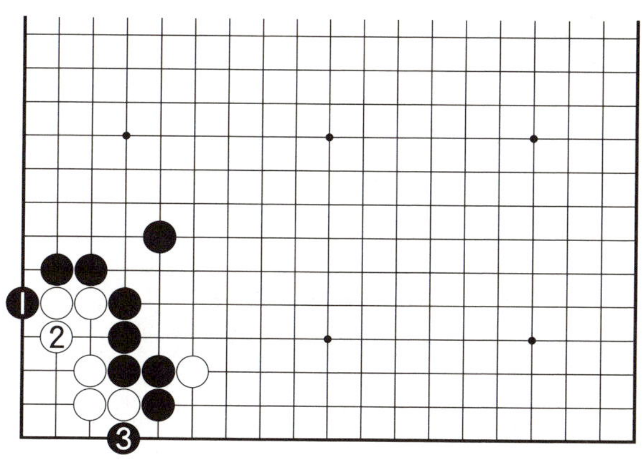

4도

4도 (☆ 젖힘 연타)

'죽음은 젖힘(궁도 좁힘)에 있다'는 격언을 상기하면서 흑1로 젖히는 것이 정답이다.

　백2에는 다시 흑3의 젖힘. 백은 궁도부족으로 질식사한다.

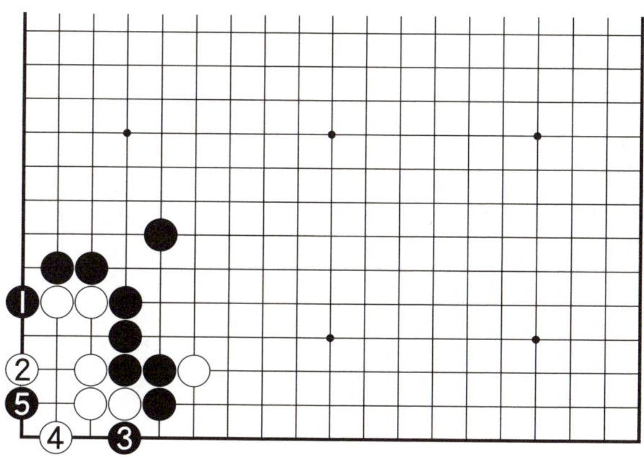

5도

5도 (백의 저항)

흑1, 3에 백2, 4가 최강의 저항이지만 이때는 흑5가 기억해두어야 할 급소 붙임이다. 이제 백이 살 길은 없다.

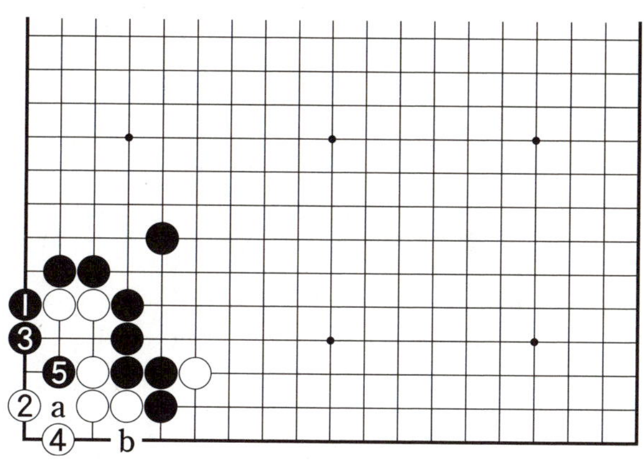

6도

6도 (역시 백 죽음)

백2, 4도 끈끈한 버팀수이나 흑3, 5로 침착하게 대응해 역시 살 수 없다. a와 b가 맞보기.

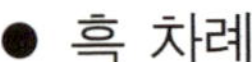

뒷공배 하나에 달린 목숨

● 흑 차례

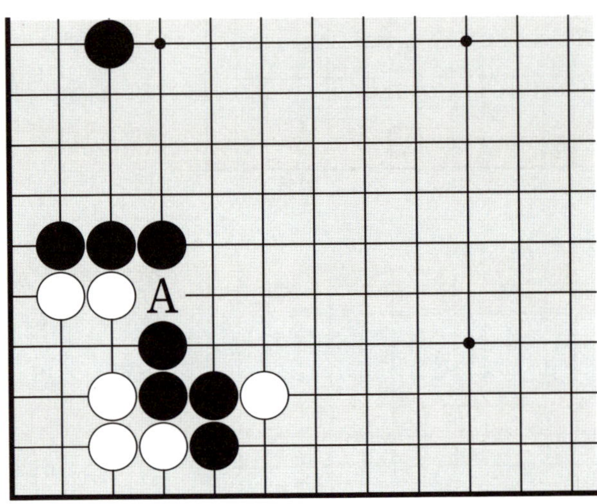

[8형]과 유사한 형태인데, A의 뒷공배가 하나 비어있는 점이 다르다.

'사활은 공배 하나 차이'라는 속담처럼 이 뒷수 하나 때문에 이 형태의 결과는 [8형]과는 사뭇 달라진다. 자, 어떻게 얼마나 달라질까?

경과도 (한칸 받기에서)

백1에 흑2의 한칸으로 받은 뒤 나타나는 형태이다.

여기서도 백은 a에 가일수해 살아두는 것이 정수인데, 역시 손을 빼고 두는 것이 상수의 권도이기도 하다.

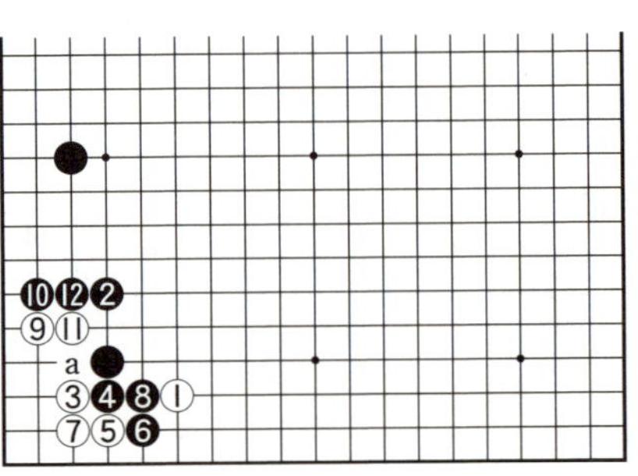

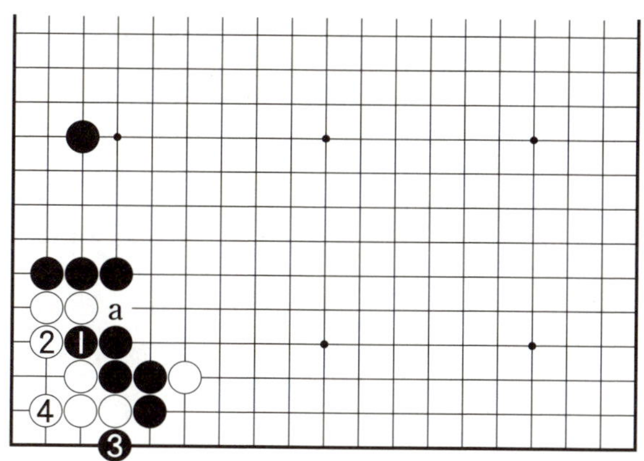

1도

1도 (최악의 속수)

여기서도 무심히 흑1로 찌르는 것은 악수의 표본이다. 백4로 깨끗하게 살고 나면 이제 흑에게 남은 것은 a의 약점뿐!

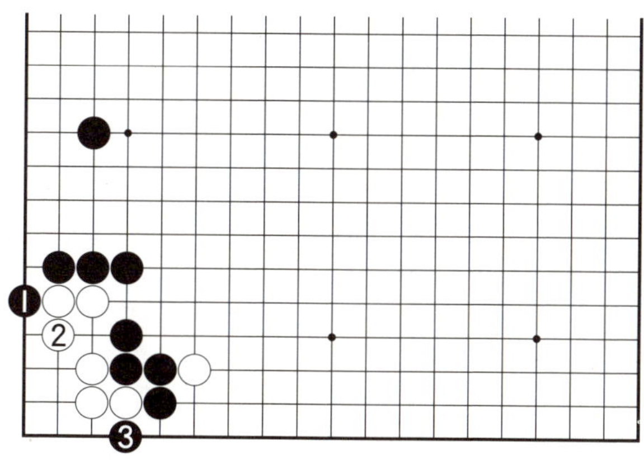

2도

2도 (백, 대실수)

흑1로 가만히 젖히는 것이 일단 정수이다. 이때 백2로 받는 것은 흑3으로 젖혀 살길이 없다.

그러나 이것은 흑 혼자만의 생각일 뿐이다.

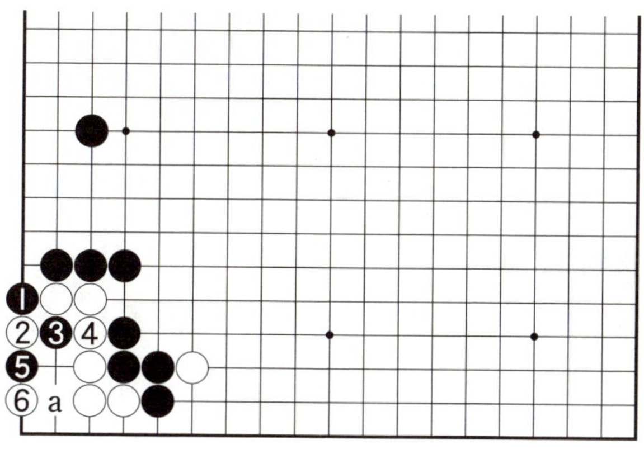

3도

3도 (흑, 성급)

흑1에는 백2로 젖혀 받는 것이 최선이다. 그런데 이때 흑3으로 끊는 것은 경솔하다. 백4, 6으로 그냥 잡을 수 없다.

이후 흑a로 버티면 패가 나지만 흑이 질 경우 손해가 크다.

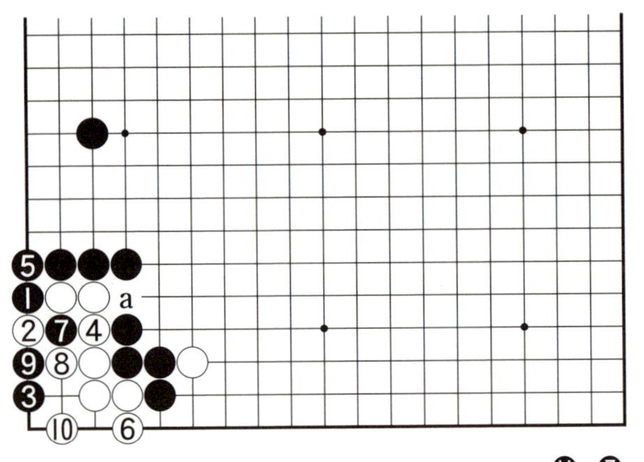

4도

4도 (☆ 패가 정답)

흑3으로 치중하는 것이 최선. 이하 흑11까지 패가 나는 것이 이 형태의 정답이다. a의 뒷공배 덕분에 백은 [8형]처럼 그냥 잡히지는 않는다. 그런데~

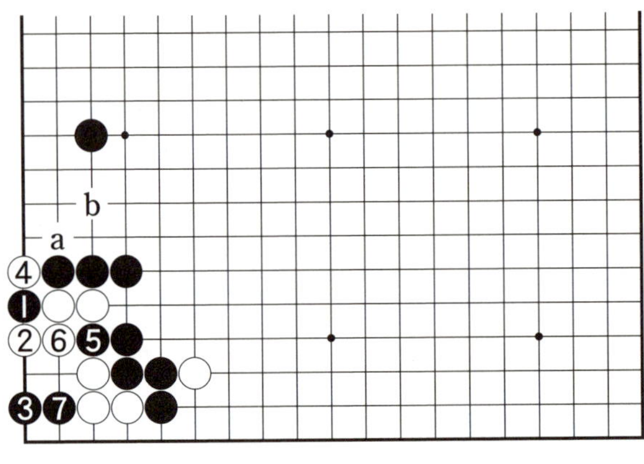

5도

5도 (백, 죽음)

흑3 때 백4로 덥석 따내는 것은 흑5, 7로 잡히니 주의해야 한다. 백a에는 흑b로 그만.

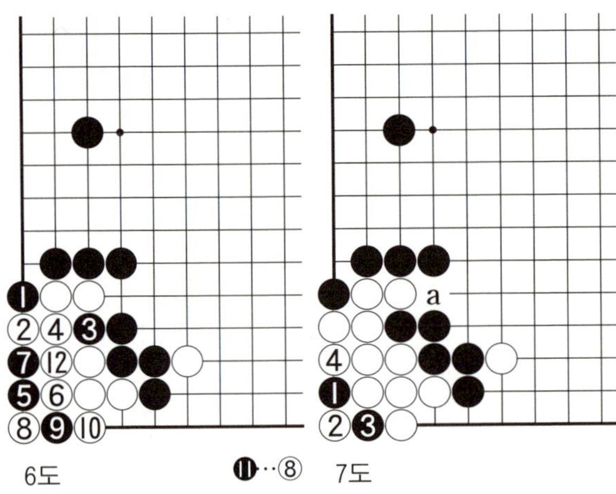

6도   ⓫‥⑧   7도

6도 (흑의 착각)

백2 때 흑3, 5면 백을 잡을 수 있을 것처럼 보이지만 착각이다. 백12로 따낸 다음~

7도 (백, 완생)

흑1로 치중해도 백4면 몰아떨구기. a의 뒷공배가 비어 있는 덕택이다.

만년패의 모델형

● 흑 차례

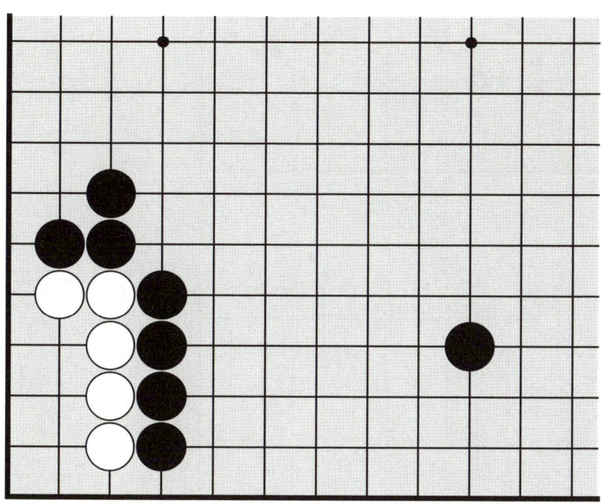

　'만년패'란 3수 이상 늘어져 거의 이기기 힘든 패를 말한다. 이 형태가 바로 그런 대표적 예. 그런데 수순 중 한 수 삐끗해 여러 수 늘어진 패를 불리한 패로 만드는 일도 많다.

　과연 흑의 첫 수는 어디에 두어야 하고, 최선의 결과는 무엇일까?

경과도 (눈목자굳힘에서)

눈목자굳힘에 백1로 뛰어들어 이루어진 형태이다. 흑8 때 백이 9, 흑10으로 임시조치한 뒤 손을 뺀 장면이다. 백a로 젖혀이어 선수로 완생하기 전에 흑이 백의 삶을 추궁할 기회이다.

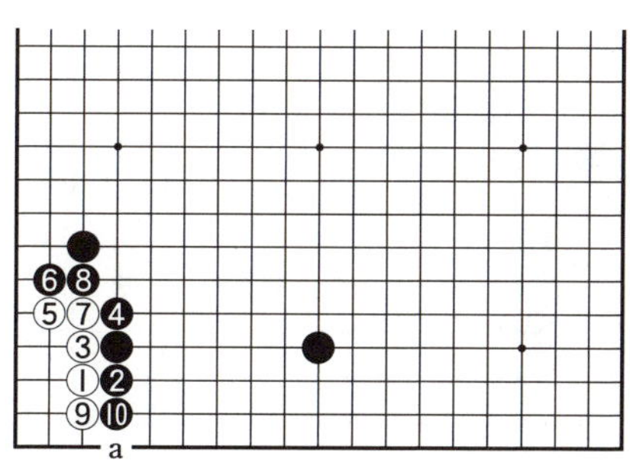

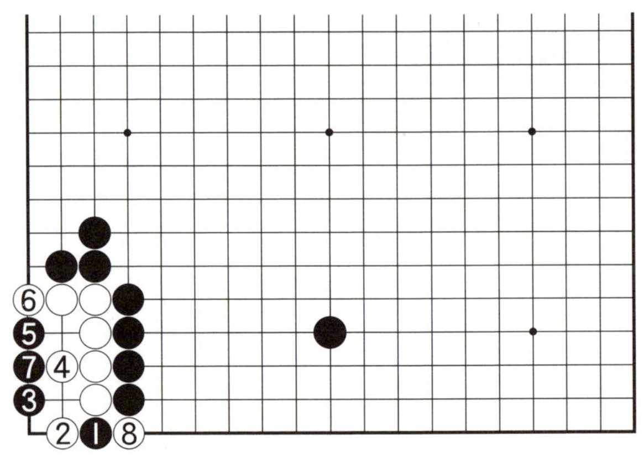

1도

1도 (흑, 대실패)

흑1, 3은 사이비 급소. 백
4로 받아 살고 만다. 흑5
로 치중해도 백8까지 완생
이다.

하변의 손실이 커 흑이
망한 꼴이다.

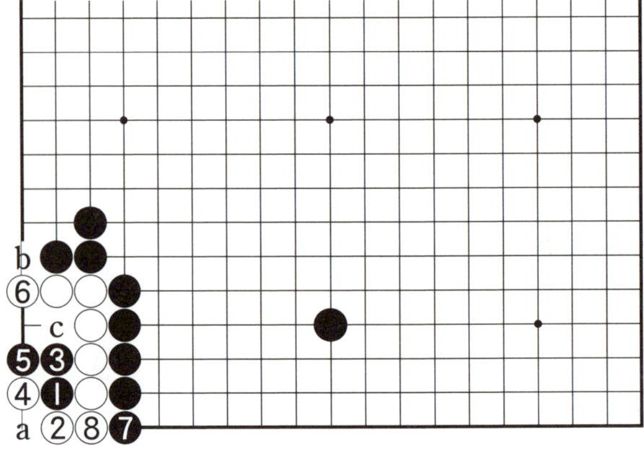

2도

2도 (☆ 만년패가 최선)

흑1로 붙이는 것이 급소.
백2 이하 8까지 만년패가
최선이다.

이후 흑은 a의 패를 계
속하면서 b, c를 메우고
들어와야 하므로 백을 잡
는 것은 요원한 일이다. 그
런데~

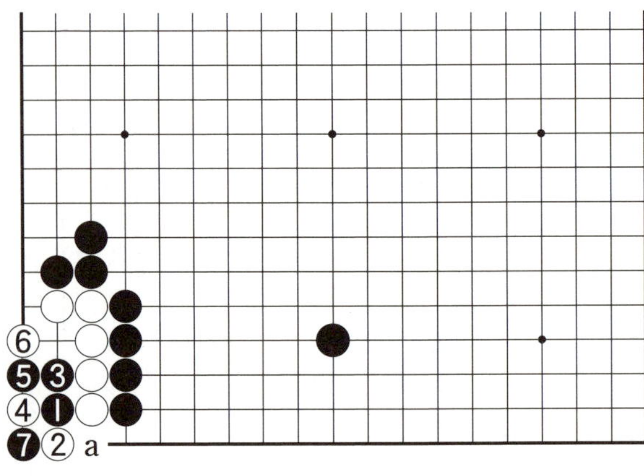

3도

3도 (백의 실수)

흑5 때 백6으로 좁히는 것
은 대실수이다. 흑7로 따
내면 단패 모양이다. 만일
백a로 이으면 흑4로 오궁
도화 아닌가.

백이 자신의 궁도를 좁
히다 명줄을 스스로 재촉
한 격이다.

반생(半生)과 완생의 차이

● 흑 차례

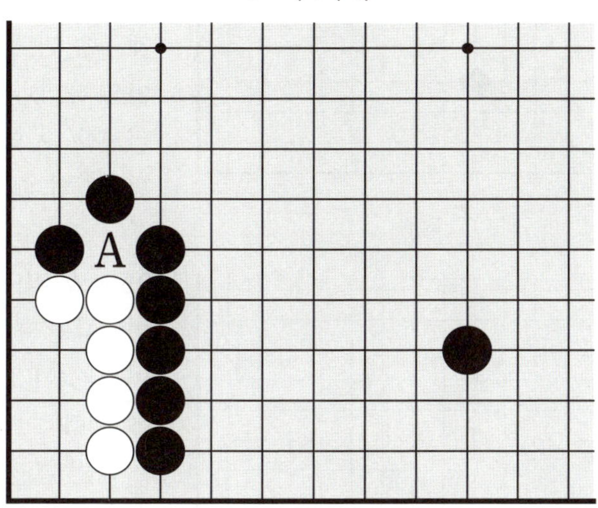

이번에는 A의 뒷공배가 비어 있는 형태. 이 공배 하나 때문에 이 형태도 사활에 큰 변화를 가져온다.

과연 이 백은 살았을까 죽었을까, 아니면 [10형]처럼 패가 날까?

경과도 (뒷공배의 차이)

[10형]과 마찬가지로 눈목자굳힘에 3三침입해 나온 형태이다.

백7 때 a가 아니라 흑8로 늦추어 받은 점이 다르다.

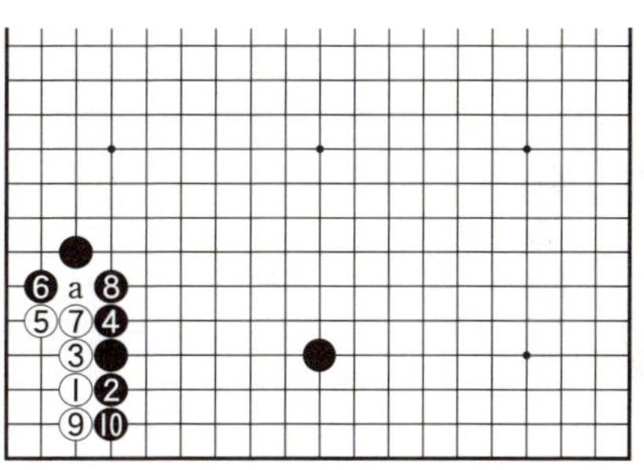

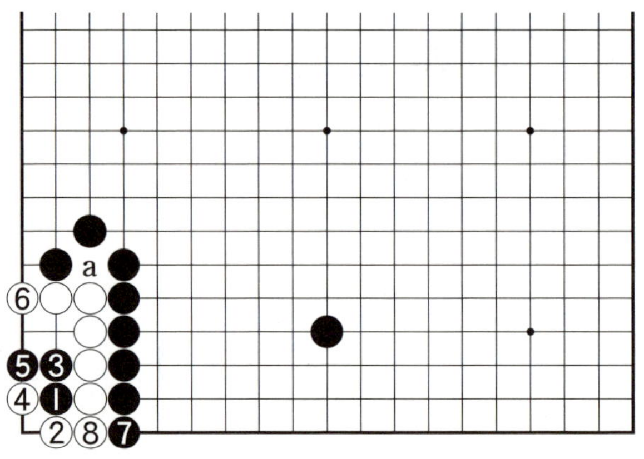

1도

1도 (만년패)

일단 흑1이 급소. 이때 백2, 4로 받는다면 8까지 만년패이다(a의 1수가 더 늘어졌다). [10형] 2도에 비해 1수 더 늘어져 거의 살아 있다. 하지만 준정답! 완생할 수 있는 것을 패로 만들었기 때문이다.

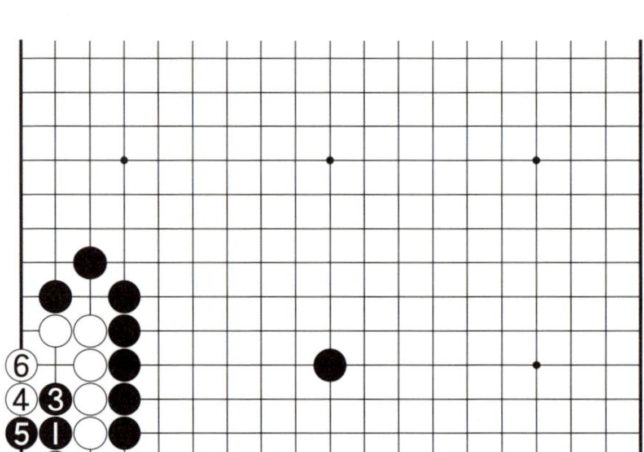

2도

2도 (☆ 빅으로 완생)

여기서는 흑3 때 백4로 붙이는 것이 묘수이다. 흑5에는 백6으로 늘어 빅.

  패의 부담 없이 살았으므로 이것을 정답으로 해야 할 것이다.

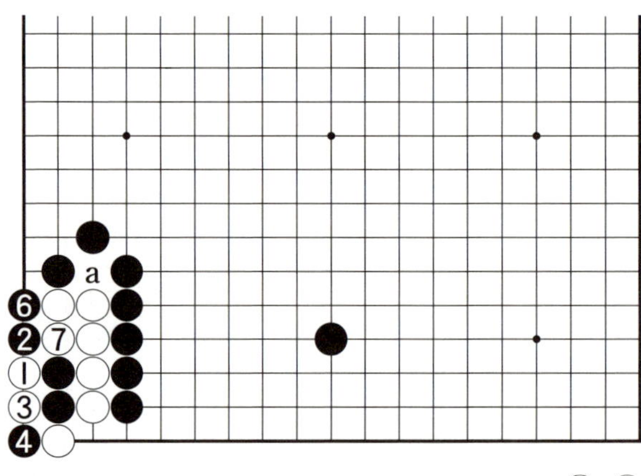

3도　　　　　　　　　　⑤‥③

3도 (백, 완생)

백1 때 흑2로 반발하는 수가 어려운데, 이때는 백3이 기막힌 자살의 묘수!

  흑4 때 백5, 7로 뒤에서 몰아 촉촉수로 유도하는 수법을 기억하자.

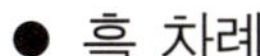

단골 무리수를 응징하는 비결

● 흑 차례

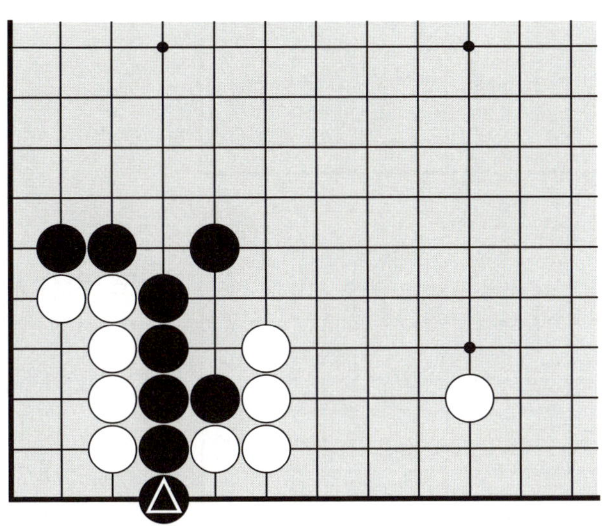

이번에도 [10형]의 응용형. 흑△로 1선에 내려서 있는 점이 다르다.

이 수의 위력을 십분 살려 백을 잡는 수순을 강구해 보자. 과연 어떤 수단이 있을까?

경과도 (상수의 단골꼼수)

날일자＋마늘모붙임 형태에서 백1, 3으로 젖혀잇자 흑4로 보강한 모습이다. 흑의 가일수에도 불구하고 백 5, 7로 집요하게 파고들어 수를 내려는 과정은 특히 접바둑 실전에서 무수하게 등장하는 장면이다.

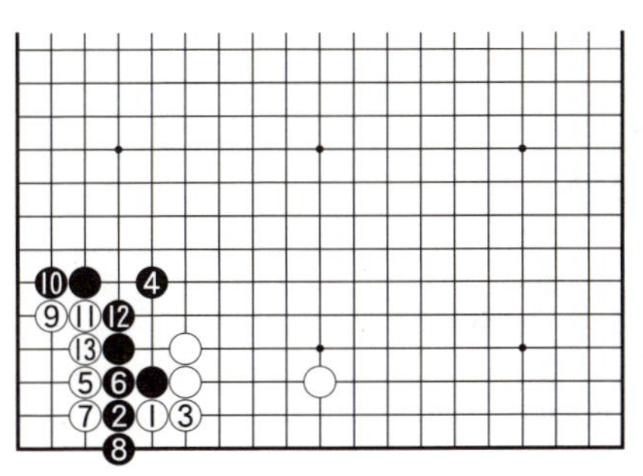

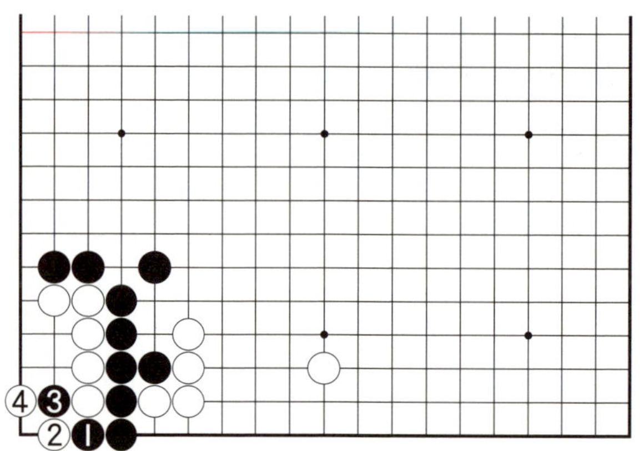

1도

1도 (패는 실패)

흑1, 3으로 들어가 끊는 것은 너무 단순한 발상이다. 백3으로 패가 돼서는 흑의 실패!

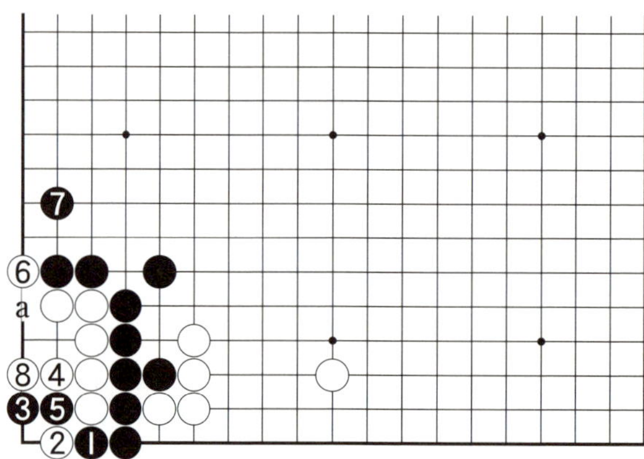

2도

2도 (역시 흑 실패)

그렇다고 흑3으로 치중하는 것은 더욱 안 좋다.

　백6이 기민한 선수활용이 되어 8까지 백의 완생이다(백6을 생략하면 흑a로 백이 잡히므로 요주의!).

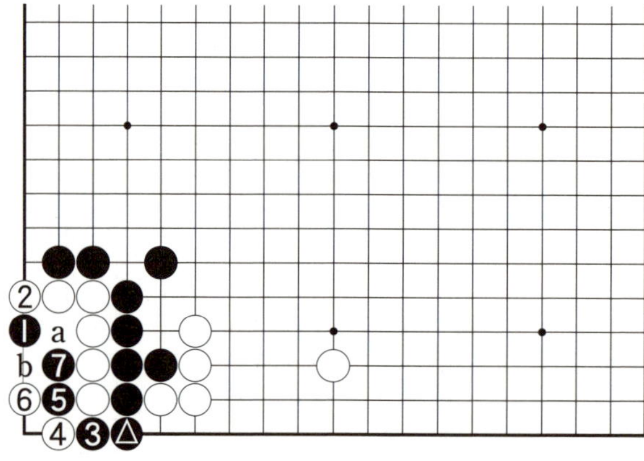

3도

3도 (☆ 양자충으로 유도)

흑1이 필살의 급소. 그런 다음 흑3, 5로 끊는 것이 정확한 수순이다.

　백6에는 흑7로 나가 양자충으로 유도한다. 백은 a와 b, 어디에도 들어갈 수 없어 잡히고 만다.

형태의 급소를 찾는 눈

● 흑 차례

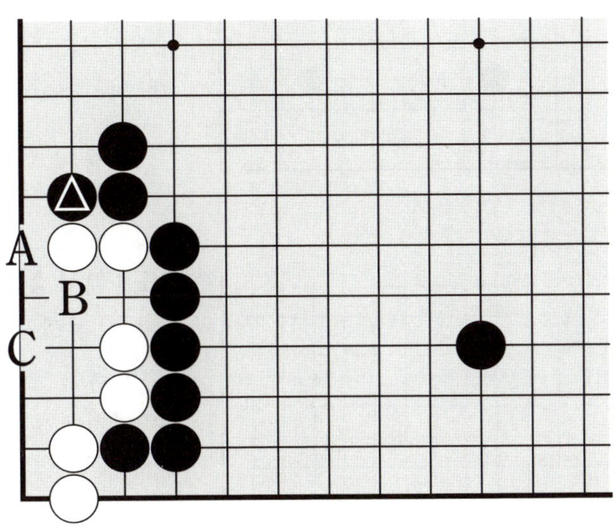

역시 화점 바둑에서 자주 등장하는 실전적 형태이다. 흑▲로 막는 수는 절대선수임에도 백이 손을 빼버린 장면이다.

자, 한눈에 들어오는 필살의 급소가 있다. A~C 중 과연 어디일까?

경과도 (한칸협공에서)

흑2의 한칸협공에 백3으로 뛰어들어 파생된 형태이다.

흑10 때 백이 손을 빼자 흑12, 14로 젖혀잇고 16으로 막아 이루어진 모양이다.

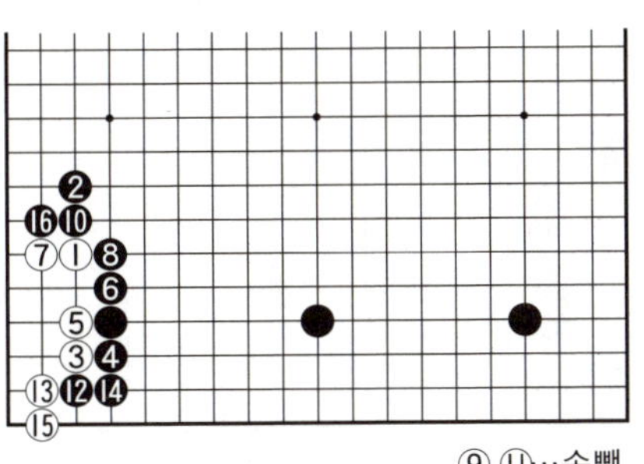

⑨ ⑪…손뺌

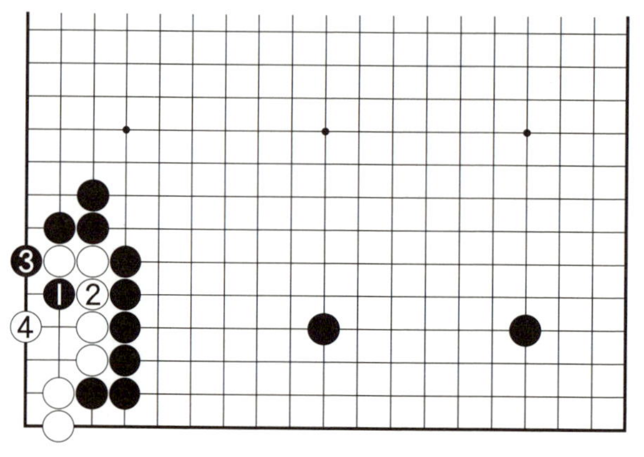

1도

1도 (하수의 꺼붙임)

흑1로 꺼붙이는 것은 속수의 표본이다. 백4로 거뜬히 살아버린다.

앞서도 보았듯 이런 꺼붙임 수는 사활에 있어 대개 최하책이 된다.

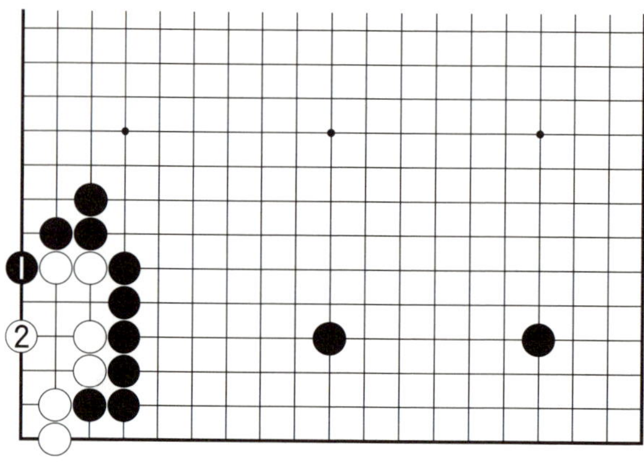

2도

2도 (역시 삶)

흑1로 젖히는 것도 백2로 받아 역시 백의 삶이다. 바로 여기에 힌트가 있다.

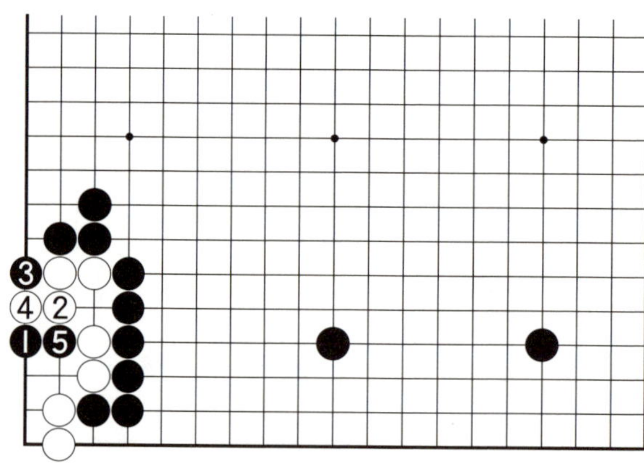

3도

3도 (☆ 급소 일격)

흑1이 필살의 급소. 이 한 수로 백은 살 길이 없다. 백2로 버텨보아도 흑3, 5로 촉촉수.

또한 백2로 5자리에 받는 것은 흑3으로 넘어 역시 잡힌다.

뒷공배 하나 차이의 사활

● 흑 차례

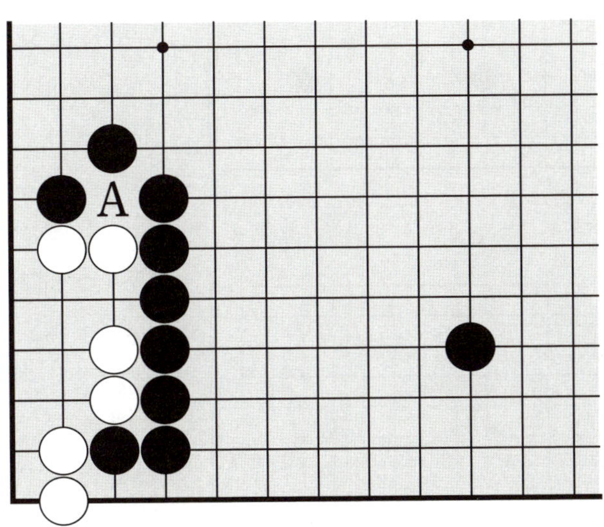

　　이번에는 A의 뒷공배가 비어있는 모습이다. 여기서도 이 뒷
공배 하나 차이가 사활의 결과를 판이하게 만든다.
　　과연 어디가 급소이며, 또한 어떤 결과가 이루어질까?

경과도 (뒷공배의 차이)

[13형]의 응용형이라고 할 수 있다.
흑▲로 늘어서 있는 데서 1로 마늘
모붙여 선수활용하려 하자 백이 손
을 뺀 장면이다.

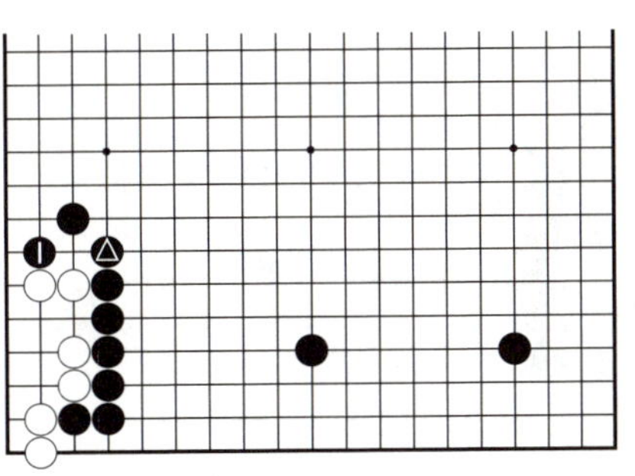

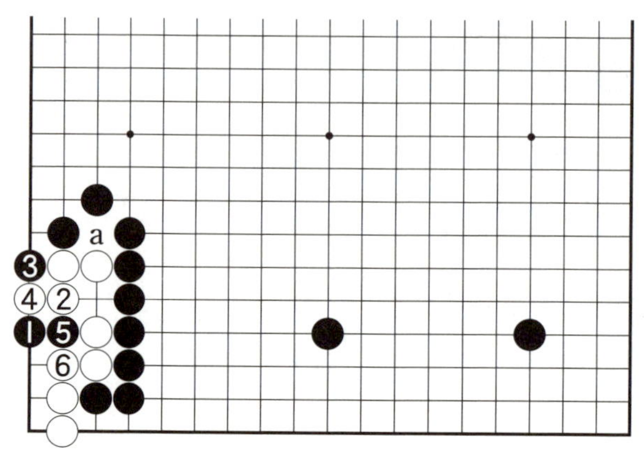

1도 (흑, 실패)

일단 흑1이 형태의 급소. 그런데 바로 그 다음이 문제이다.

백2 때 흑3, 5의 맥이 여기서는 통하지 않는 것이다. a의 뒷수가 비어있지 않은가.

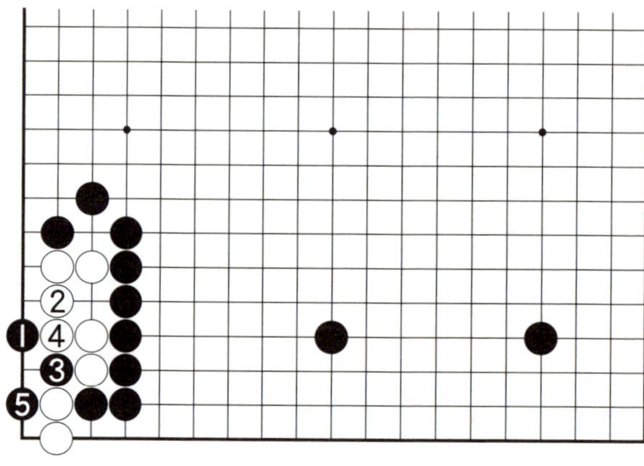

2도 (☆ 패가 최선)

따라서 백2에는 흑3으로 끊는 것이 최선이다.

백4에는 흑5로 젖혀 패를 만든다. 이것이 쌍방 최선의 결과이다.

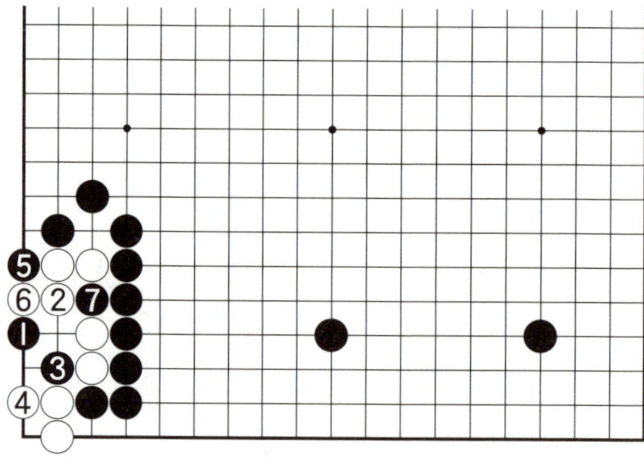

3도 (백, 무리한 버팀)

흑3 때 백4로 버티는 것은 무리. 흑5, 7로 몰아 촉촉수가 돼버린다.

1선 내려섬의 비밀 (4)

● 흑 차례

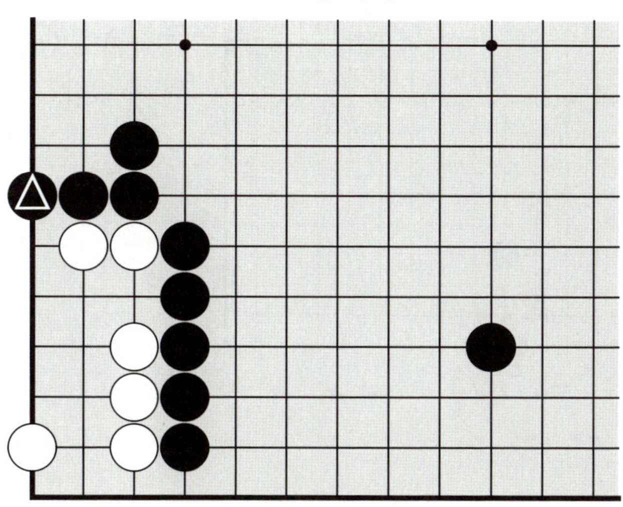

　　이번에는 1선 내려섬 중에서도 좀 색다른 형태이다. 이 문제 역시 실전응용도가 높은 형태이다.

　　백이 궁도도 제법 넓고 탄력도 있어 보이지만, 실상은 흑▲ 때문에 살기 어려운 모습이다. 자, 백을 꼼짝 못하게 만드는 필살수순을 찾아보자.

경과도 (한칸협공에서의 변형)

흑2의 한칸협공에 백3으로 뛰어들어 나타난 형태이다.

　　흑14 때 백15는 차후 흑a를 선수로 당하지 않으려는 능률적 응수이지만, 대신 흑▲가 놓였을 때 삶에 문제가 생긴다.

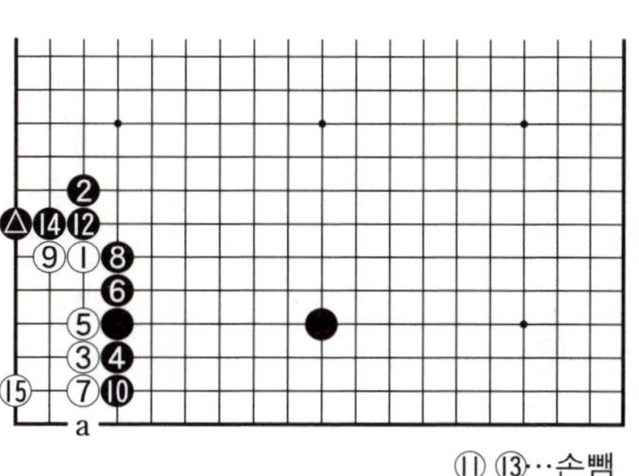

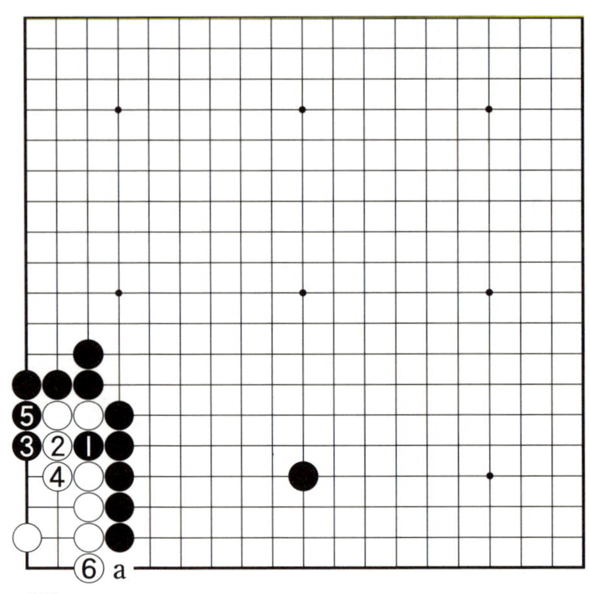

1도

1도 (무책의 속수)

흑1, 3은 단순한 끝내기에 지나지 않는다. 백6까지 완생.

이래서는 장차 백a의 끝내기도 남아 흑은 얻은 것이 없다.

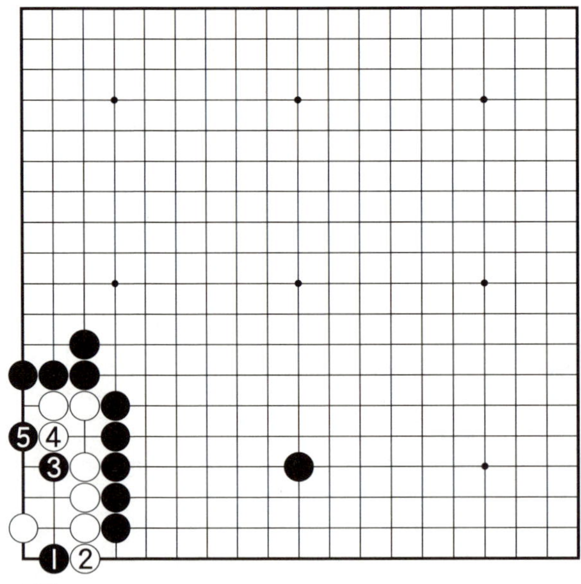

2도

2도 (☆ 필살의 연타)

먼저 흑1로 치중한 뒤 3으로 붙이는 것이 기막힌 급소이다.

이 수로 백은 죽음을 면할 수 없다. 그런데 사실 이 수순에는 유의할 것이 두 가지 있다.

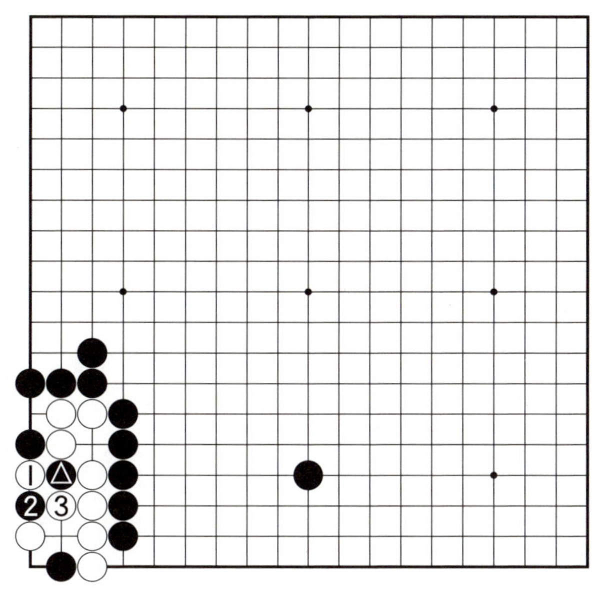

3도

3도 (흑, 경솔)

먼저 백1로 먹여칠 때 조심해야 한다. 덥석 흑2로 따냈다가는 백3으로 몰아 떨구기가 된다.

이래서는 맥점(흑▲)에도 불구하고 도로아미타불이다.

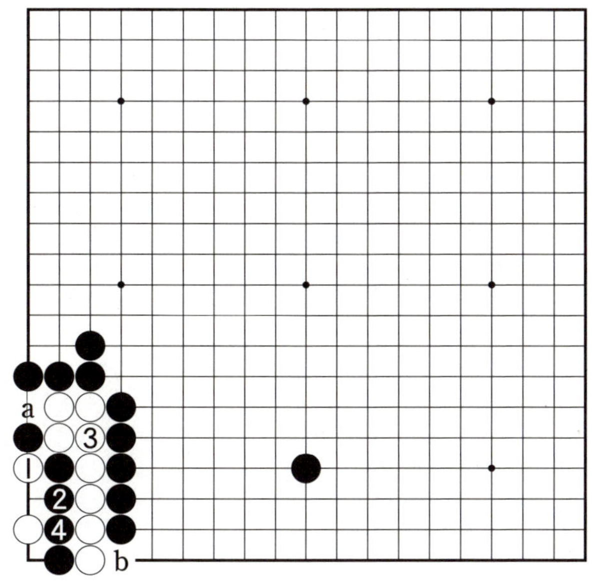

4도

4도 (☆ 정확한 후속타)

백1에는 흑2로 나가는 것이 정확한 후속수순이다. 백3에는 흑4가 결정타(다음 백a에는 흑b).

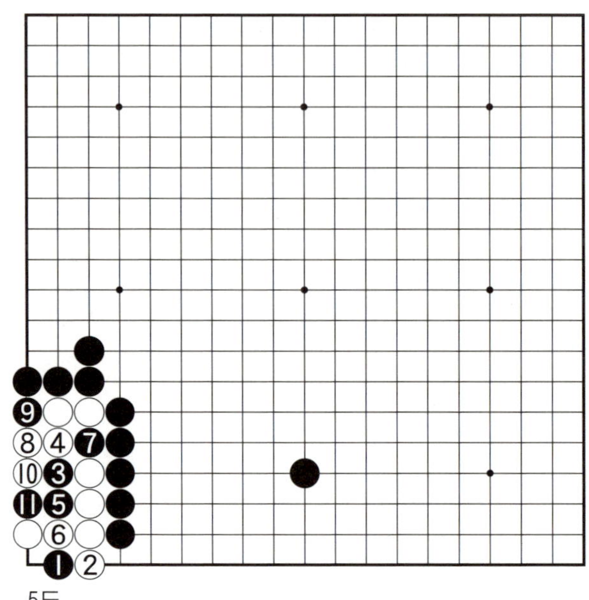

5도

5도 (흑, 실패)

그런데 백4 때 흑5로 먼저 나가는 것은 수순착오이다. 이제는 백6, 8의 버팀수가 성립해 백 전체를 잡을 수 없게 된다.

흑9에는 백10으로 키워죽이는 것이 기막힌 묘수이다. 계속해서~

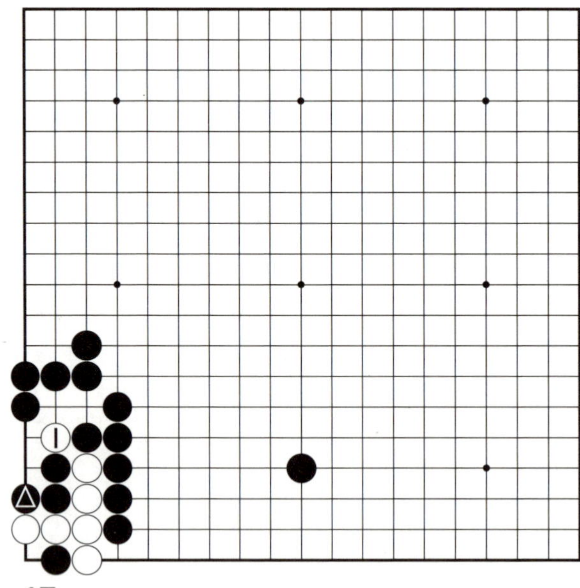

6도 (후절수 등장)

흑▲로 백 다섯점을 따낸 뒤 비로소 흑은 비명을 지르게 된다.

백1로 되끊는 수가 성립하는 것. 기기묘묘한 후절수가 등장하는 재미있는 문제이다.

좌우동형의 급소를 찾아라

● 흑 차례

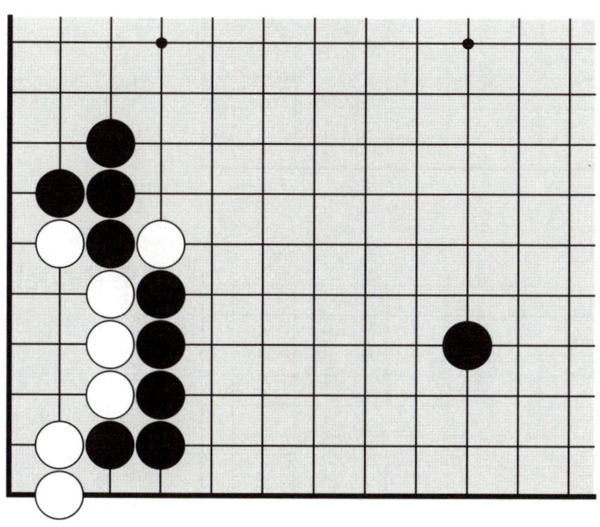

　　사활 수읽기에서 형태의 급소를 찾는 것은 '첫 단추'를 꿰는 일이다.

　　'선치중 후행마'의 모델이 될 만한 형태를 하나 소개한다. 백을 잡는 급소는 어디일까?

경과도 (날일자굳힘에서)

흑의 날일자굳힘에 백1로 뛰어들어 이루어진 형태이다. 흑10 때 a에 두지 않은 백13이 과수이다.

　　자, 이제 급소 하나로 백의 실착을 응징할 수 있다.

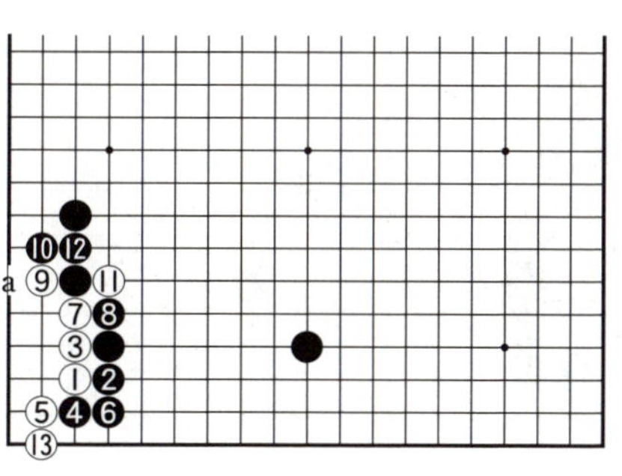

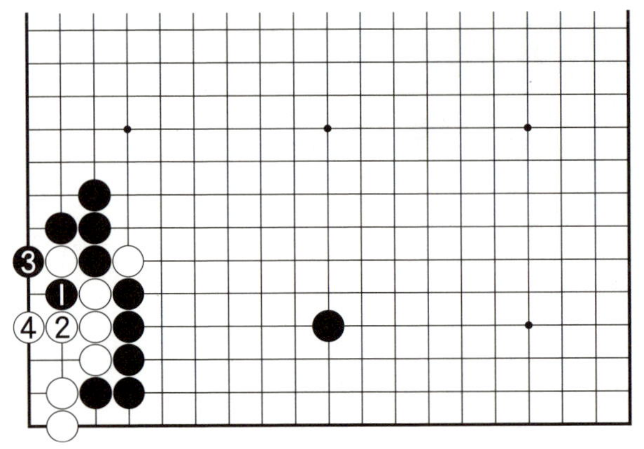

1도

1도 (끝내기에 불과)

흑1로 끊는 것은 무감각의 극치이다. 백4로 살아버리면 흑은 몇 집 끝내기를 한 것에 불과하다.

노적가리에 불 지르고 이삭 줍는 격이라고 할까.

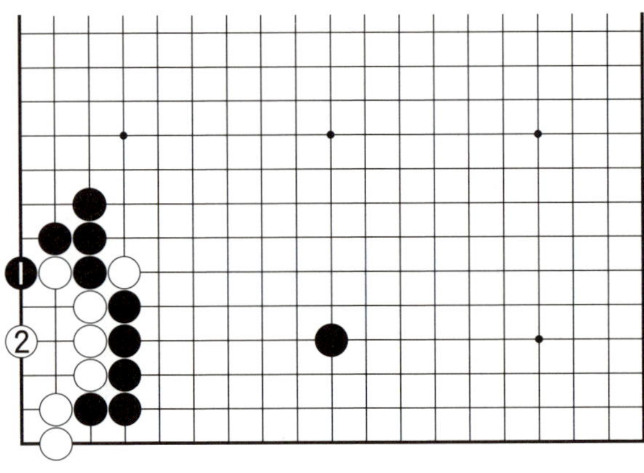

2도

2도 (빗나간 수읽기)

흑1로 1선에서 모는 것이 그럴 듯하지만 백2로 지켜 역시 흑의 실패이다. 백2의 곳이 계속 급소가 되고 있음을 알 수 있다.

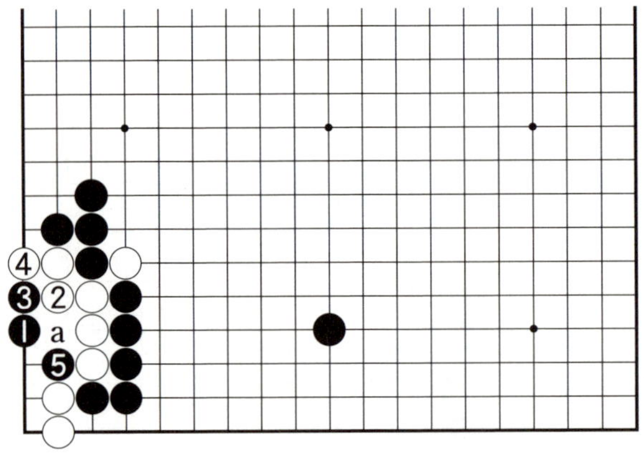

3도

3도 (☆ 형태의 급소)

'좌우동형의 중앙', 바로 흑1이 필살의 급소이다. 백2에는 흑3, 5가 정확한 추궁이다.

백a로 들어갈 수 없어 꼼짝없이 잡히고 만다.

1선의 뜀뛰기 묘수 (1)

● 흑 차례

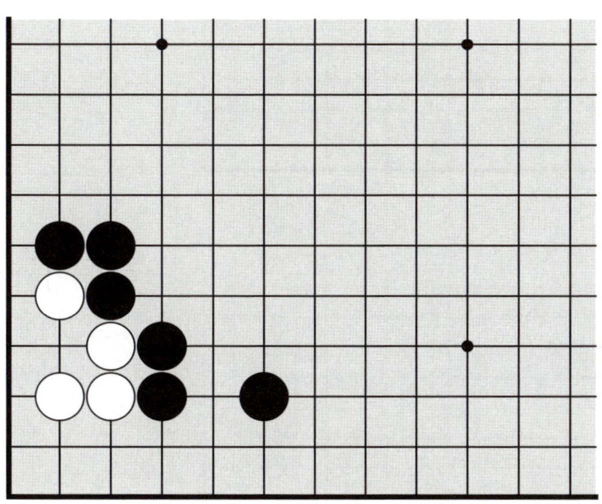

　　어디선가 많이 본 듯한 모양이다. 백이 흑의 귀에 들어와 살자며 생떼를 쓰고 있는 장면이다.

　　백의 꼼수를 잠재우는 필살의 일격을 찾아보자.

경과도 (백의 꼼수)

흑의 양날일자 굳힘에 백1로 뛰어들어 살자고 하는 장면이다. 백5, 7은 상수들이 흔히 쓰는 비틀기 전법이다.

　　흑이 섣불리 대하다가는 당하기 십상이니 주의해야 한다.

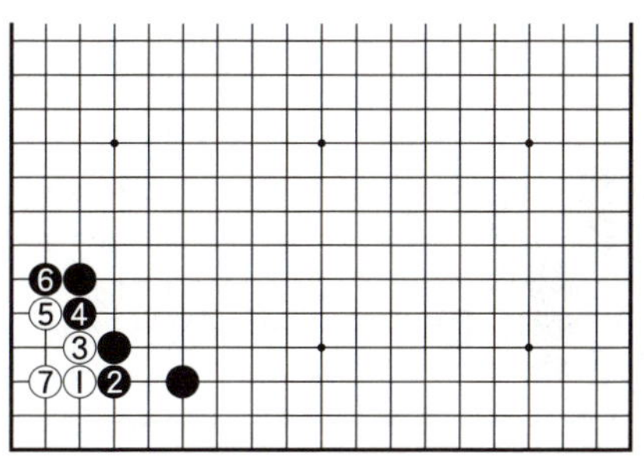

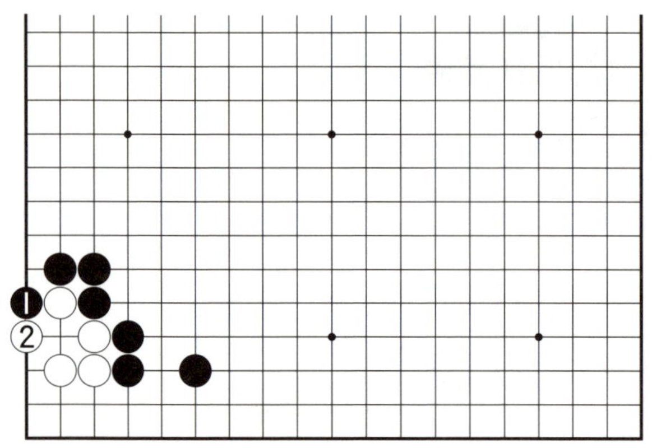

1도

1도 (백의 주문)

흑1로 모는 것은 너무 순진하다. 백2로 버텨 패.

이것이 바로 백의 주문이다.

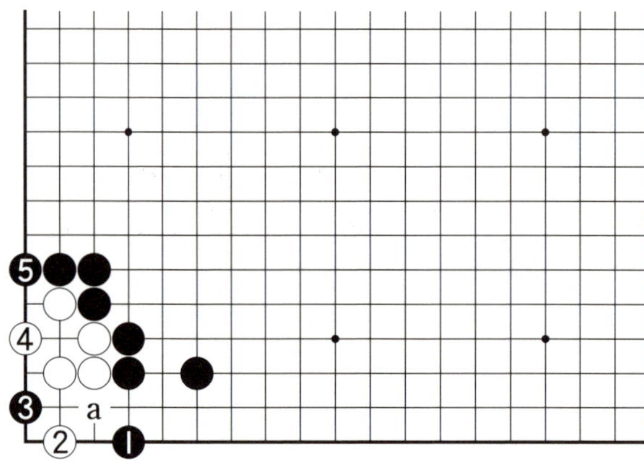

2도

2도 (☆ 1선의 묘수)

흑1로 1선에 한칸 뛰는 것이 필살의 맥점이다. 백2, 4에는 흑3, 5로 백의 죽음이다.

백2로 a에 버텨보아도 역시 흑3이면 살 수 없다.

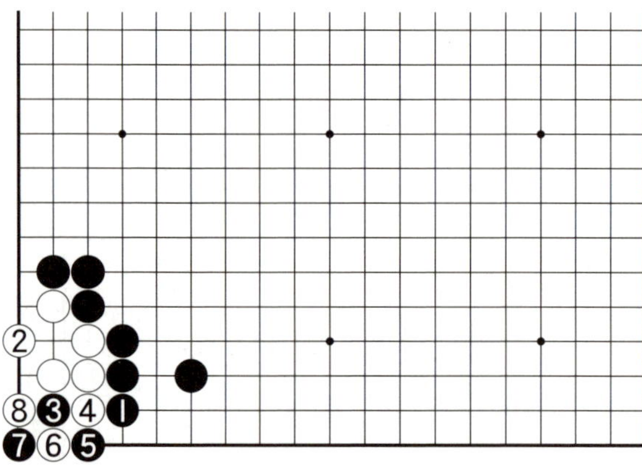

3도

3도 (평범한 발상)

흑1로 뻗는 것은 평범한 발상으로 실패이다.

백8까지 패가 되어 50점에 불과하다.

1선의 뜀뛰기 묘수 (2)

● 흑 차례

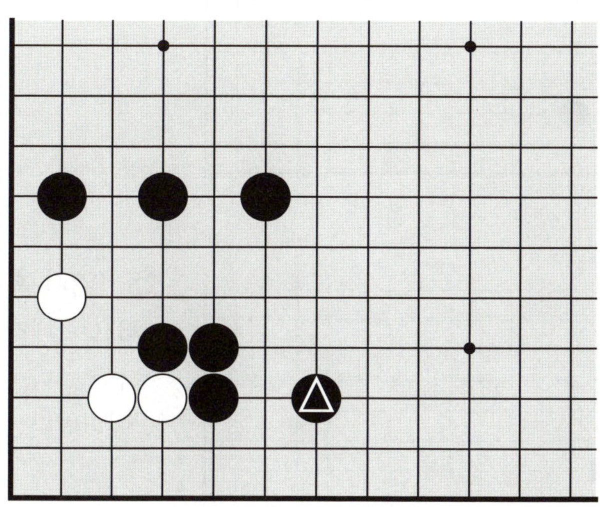

　　1선의 묘수는 실전응용도가 매우 높으므로 한 가지 더 살펴본다. 귀의 백이 일견 무사해 보이지만, 실은 그렇지 못하다. 백을 잡는 수순은 무엇일까? 흑▲가 복선.

경과도 (3三 정석에서)

백1의 3三에 흑2로 어깨짚는 수는 상용의 삭감수법이며, 흑6까지는 3三의 기본정석이다.

　흑8, 10에 백이 연거푸 손을 뺀 장면이다. 여기에 흑▲들이 더해져 이루어진 형태이다.

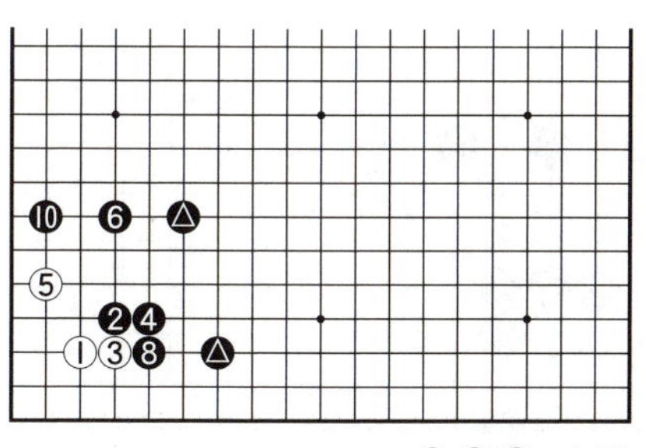

⑦⑨⑪…손뺌

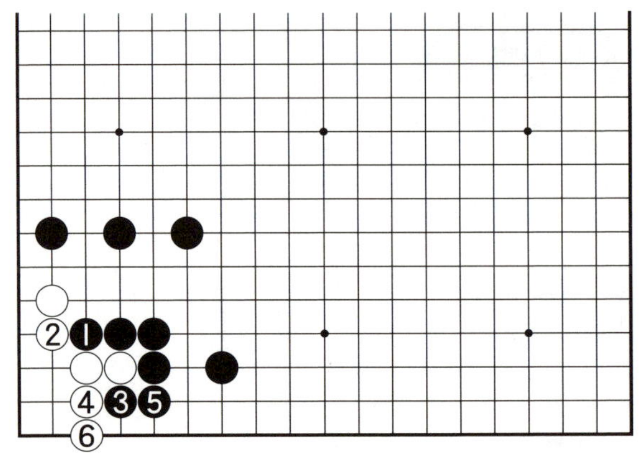

1도 (넉넉한 삶)

흑3, 5는 최하책. 백6으로 크게 살아버린다.

흑은 몇 집 끝내기를 한 데 불과하다.

1도

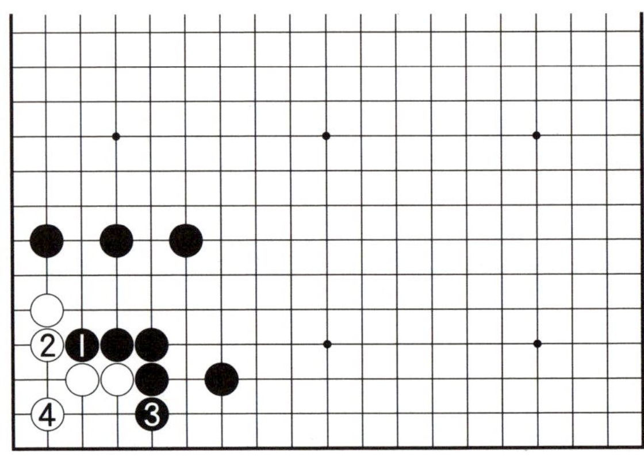

2도 (역시 흑 실패)

흑3으로 내려서는 것도 별 무신통이다. 백4로 간단히 살아버린다.

2도

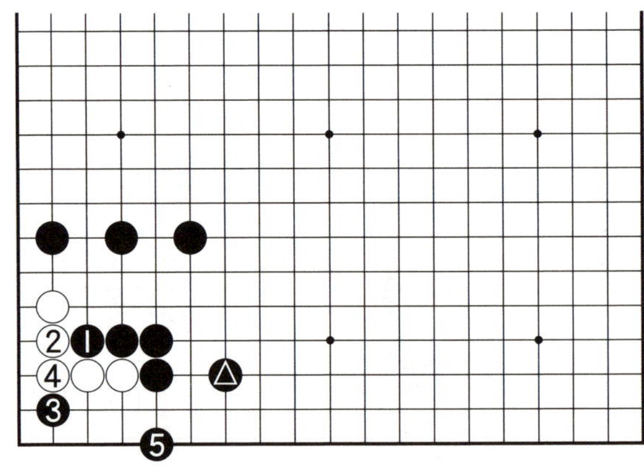

3도 (☆ 콤비)

흑3으로 치중한 뒤 5로 1 선에 뛰는 수가 필살의 콤비이다.

이로써 백은 아무리 몸 부림쳐도 살 길이 없다. 흑 ▲가 배후역할을 하고 있 는 데 주목하자.

3도

맞보기의 원리

● 흑 차례

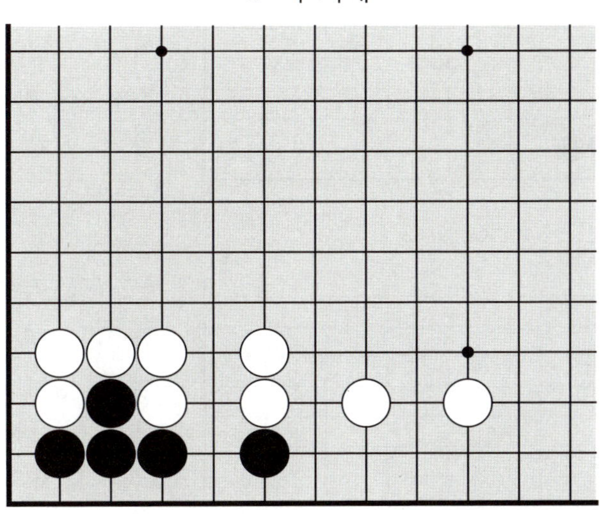

이번에는 사는 문제 한 가지를 풀어보자.

귀의 흑이 일견 빈약해 보이지만 급소만 제대로 찾으면 너끈히 살 수 있다. 자, 그곳은 어디일까?

경과도 (한칸굳힘에 3드침입)

화점 한칸굳힘에 흑1로 뛰어들어 이루어진 형태이다.

백6, 8에 흑9는 당연한 응수인데 백10으로 삶을 물어왔다. 백△의 원군이 있다는 데 유의한다.

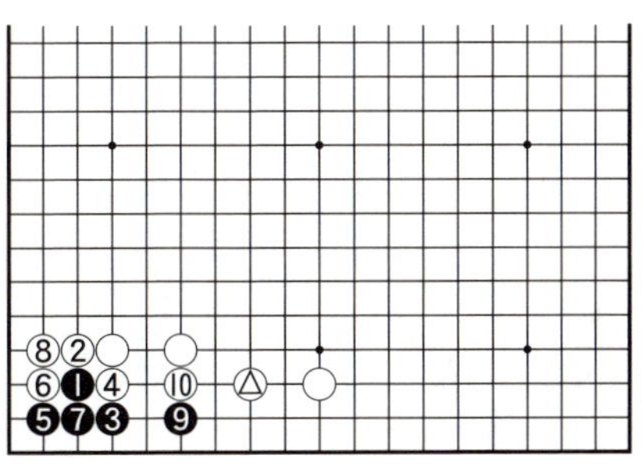

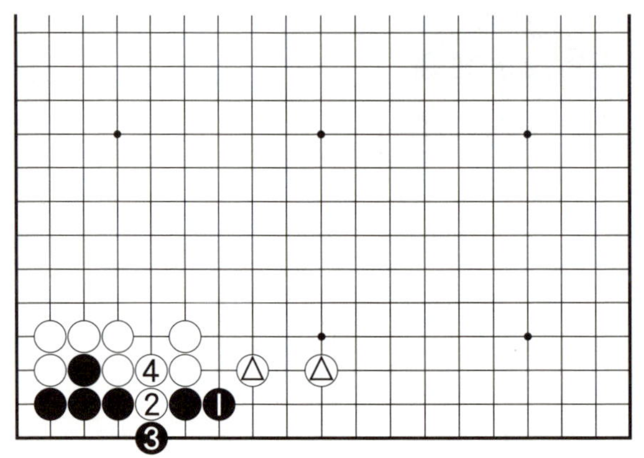

1도

1도 (옥집 형태)

흑1로 나가는 것은 맹목적인 하책이다.

　백2, 4로 끼워잇고 나면 흑은 졸지에 매듭이 생겨 옥집 형태이다. 백△의 수비수에 막혀 더 이상 나갈 수 없지 않은가.

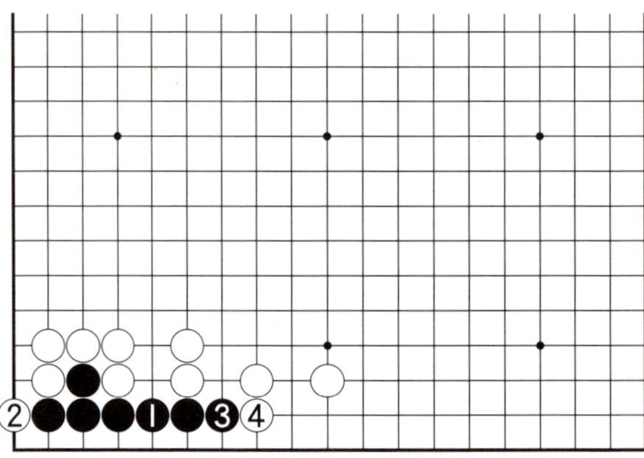

2도

2도 (궁도부족)

그렇다고 흑1로 잇는 것은 백2를 당해 죽음이다. 흑3으로 나가려 해도 백4면 흑은 도저히 살 수 있는 궁도가 나오지 않는다.

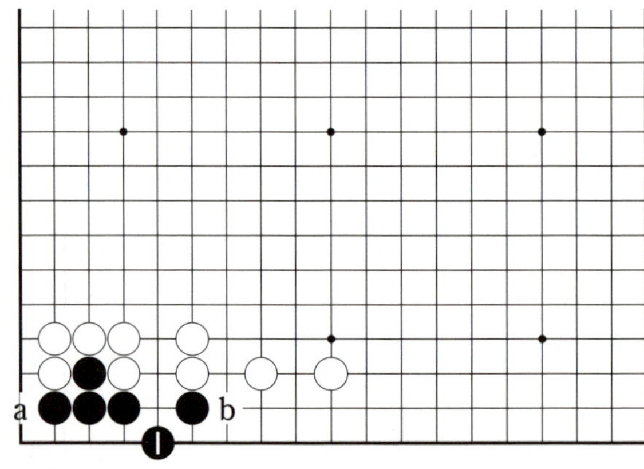

3도

3도 (☆ 눈모양의 급소)

흑1이 기억해두어야 할 눈모양의 1선 급소이다. 다음 흑a와 b를 맞보기로 삼아 알뜰하게 살 수 있다.

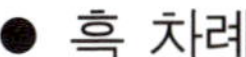

단수를 아껴라

● 흑 차례

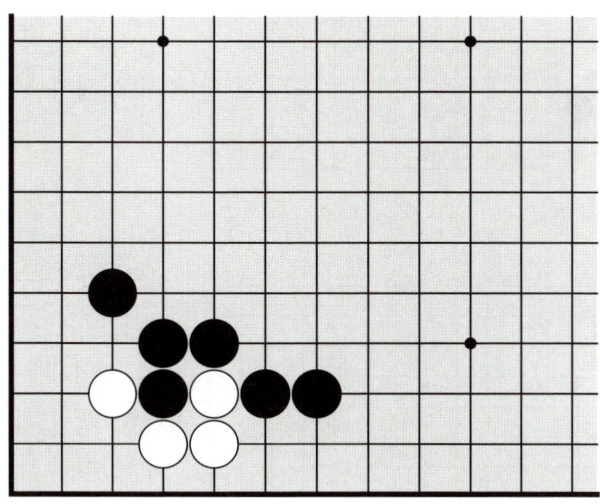

어디선가 많이 본 모양. 접바둑에서 종종 등장하는 변칙수의 형태이다.

귀에서 안방 살이 하려는 백을 잡는 필살의 수순을 연구해 보자.

경과도 (접바둑용 꼼수)

눈목자-마늘모굳힘에 백1로 저공비행한 뒤 5로 3三에 뛰어들어 삶을 꾀하는 수법은 상수들의 단골 꼼수의 하나이다. 이때 잘못 응수하여 백을 고스란히 살려주는 '하수님'들이 의외로 많다.

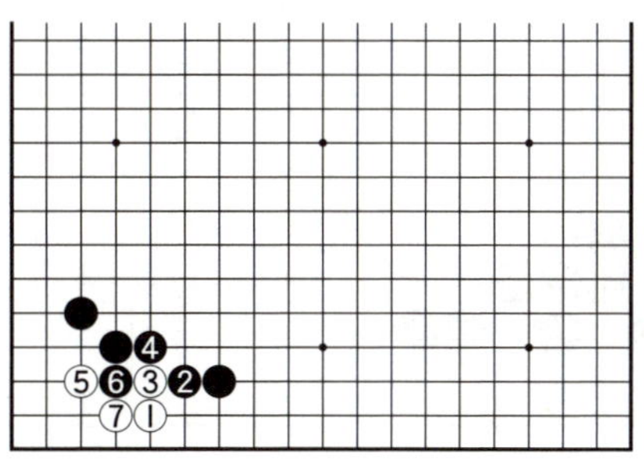

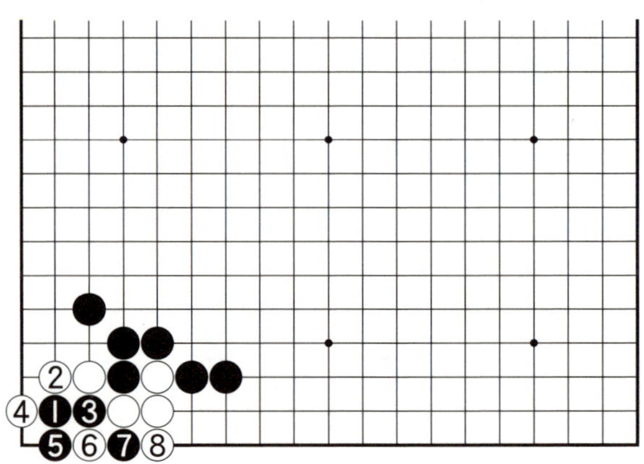

1도

1도 (흑, 실패)

흑1의 치중은 사이비 급소. 백2로 반발하는 수가 성립해 8까지 패가 되고 만다.

흑의 부담이 큰 데다 백의 선패가 되어서 흑의 대실패!

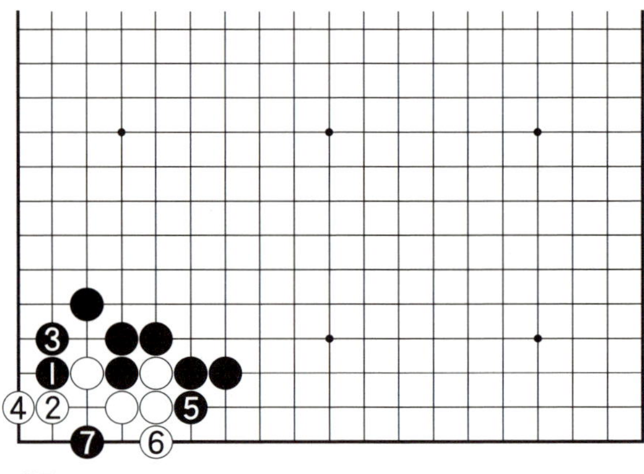

2도

2도 (☆ 단수를 아낀다)

흑1, 3이 필살의 맥점이다. 백4에는 흑5, 7로 차분히 백의 목을 조여 잡을 수 있다.

따라서 이 형태의 결론은 백의 죽음! 그런데~

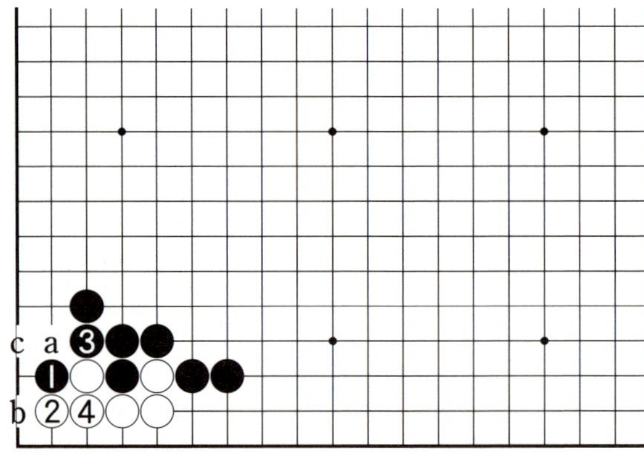

3도

3도 (보리선수의 표본)

백2 때 흑3으로 모는 것은 대악수이다. 백4 다음 a의 약점이 생겨 흑은 실패하고 만다.

그렇다고 흑b, 백a, 흑c의 패는 무리 아닌가. 참고로 이런 잘못된 선수는 '보리선수'라 한다.

상수의 생떼를 응징하라

● 흑 차례

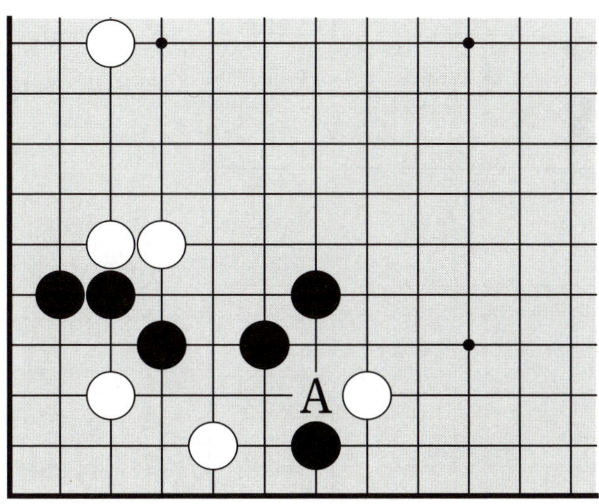

　　백이 흑의 심장부에 파고들어 생떼를 쓰고 있는 장면이다.
만약 이 백을 무사히 살려준다면 흑 전체가 거꾸로 몰릴 우려
가 있다. 막상 A의 약점이 있어 응수가 쉽지 않은데….
　　자, 상수의 교란술을 어떻게 응징해야 할까?

경과도 (접바둑 변칙수)

백1, 3의 양걸침에 이어 7까지는
접바둑에서 흔히 볼 수 있는 수순이
다. 그런데 흑8로 지켰음에도 불구
하고 백9로 뛰어드는 것이 집요한
상수의 책동이다.

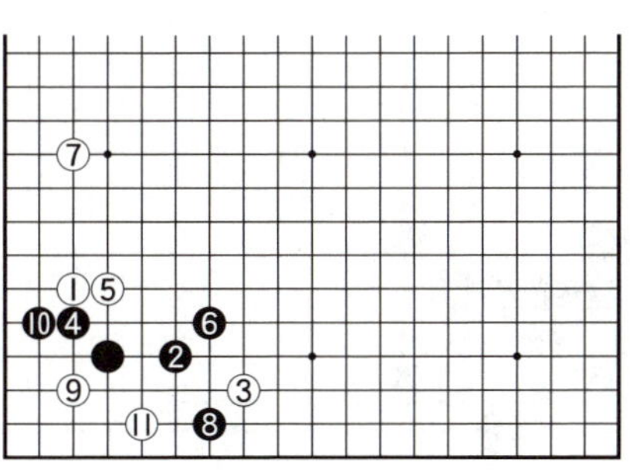

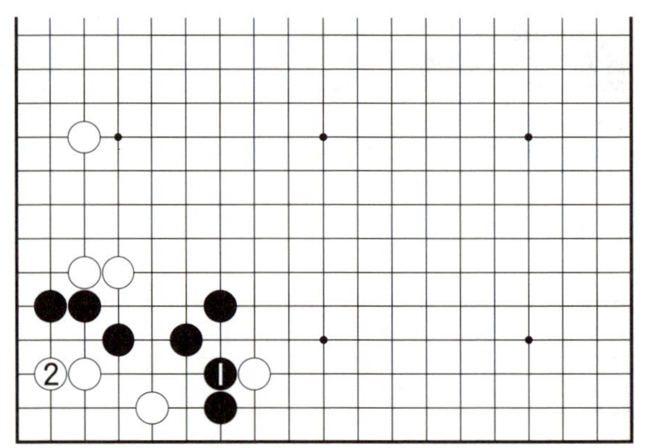

1도

1도 (나약한 태도)

흑1로 약점 보강에 급급하는 것은 나약한 태도이다. 백2로 쉽게 살아버린다.

이래서는 실리의 손실도 클 뿐더러 흑 전체의 안위조차 염려된다.

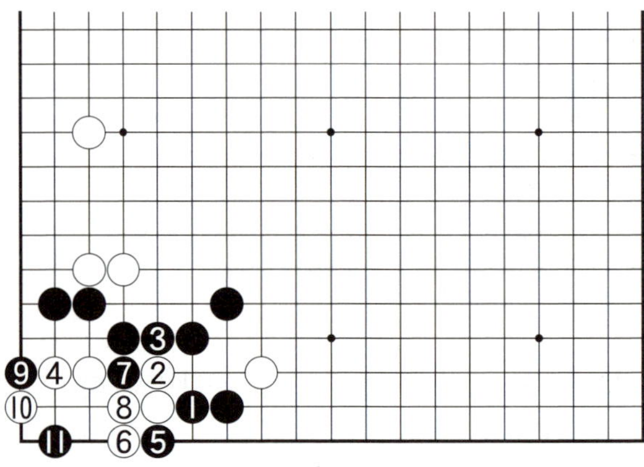

2도

2도 (☆ 정확한 응징)

흑1, 3이 정확한 응수. 약점을 보강하면서 흑5의 후속수를 준비하고 있다.

흑11까지 빈틈없는 수순으로 숨통을 조여 백의 죽음이다.

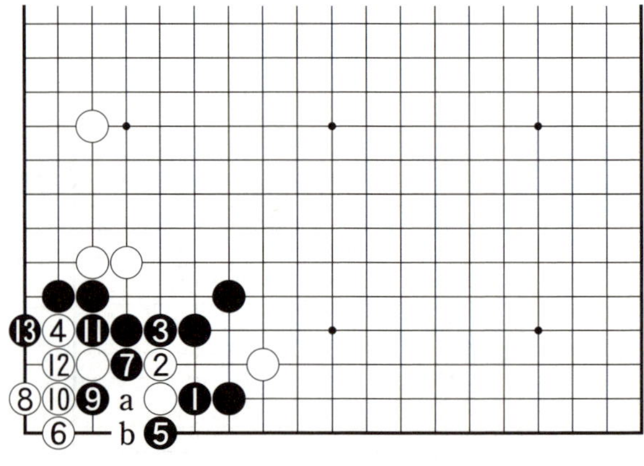

3도

3도 (역시 백 죽음)

흑3 때 백4가 끈끈한 버팀수이지만 흑5~13으로 좁혀 백은 살 수 없다. 다음 백a에는 흑b로 파호.

결국 백의 무리수는 대실패로 돌아간다.

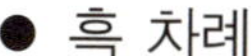

상수의 손뺌을 추궁하라

● 흑 차례

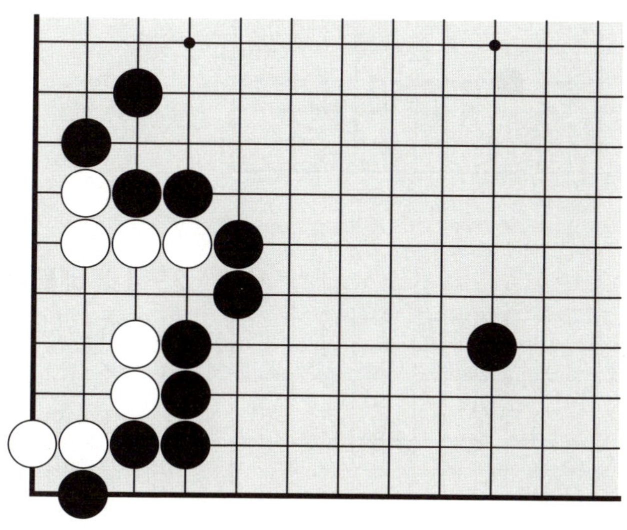

실전에 흔히 나타나는 장면인데, 경솔하게 대응하다 '월척'을 신기루처럼 날려 보내곤 하는 형태이다.

과연, 좌하귀 백의 삶은 온전한 것일까? 온전하지 않다면 정확한 필살의 수단은 무엇일까?

경과도 (마늘모 후 3드침입에서)

백1의 걸침에 흑2의 마늘모는 간명한 세력지향의 응수이다.

이때 백3으로 뛰어든 것은 당연하며, 이후 백이 세 번 손을 빼 이루어진 형태이다.

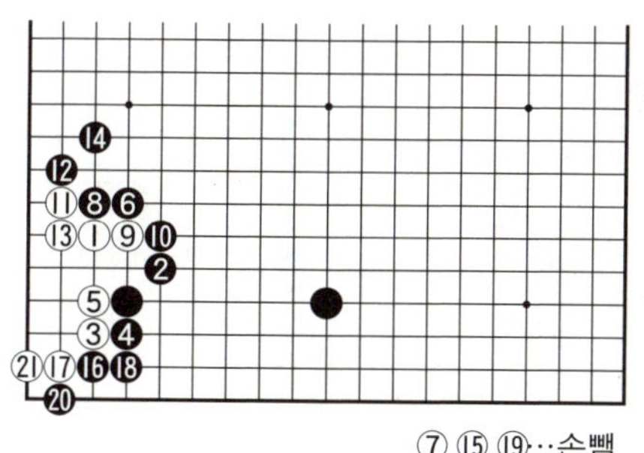

⑦ ⑮ ⑲…손뺌

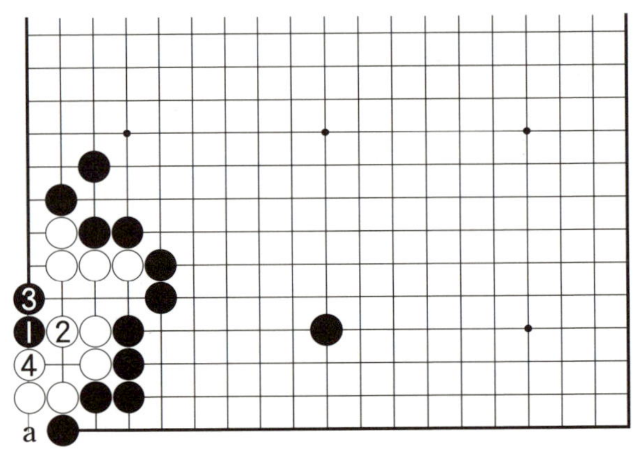

1도

1도 (사이비 급소)

흑1은 사이비 급소. 백2로 받아 백의 삶이다.

흑a로 곧장 들어올 수 없기 때문에 아무것도 안 된다.

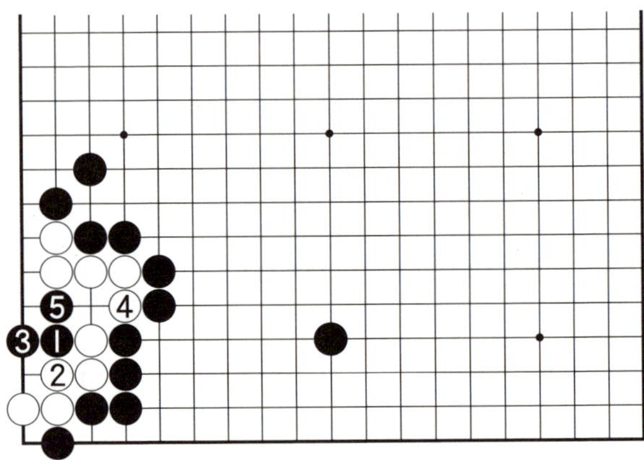

2도

2도 (☆ 배붙임 급소)

일단 흑1의 배붙임이 정확한 급소이다.

이어 백2에는 흑3이 준비된 묘수이며 5까지 백은 죽음을 면할 길이 없다.

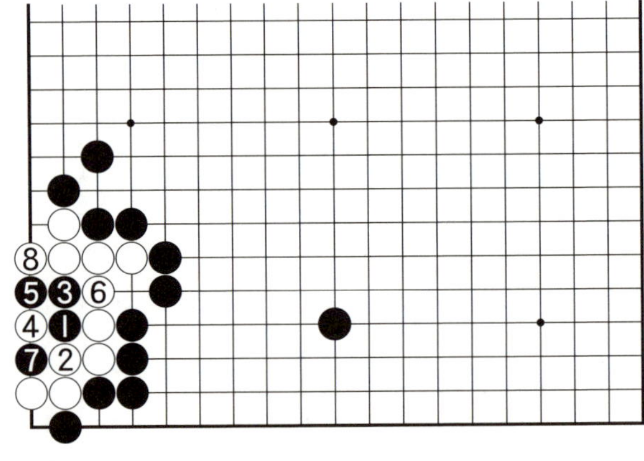

3도

3도 (후속타 불발)

백2 때 무심코 흑3으로 나가는 것은 대실수이다.

백4~8의 묘 수순으로 촉촉수에 걸려버린다. 흑3이 자충수가 된 것이다.

눈의 급소와 사전공작

● 흑 차례

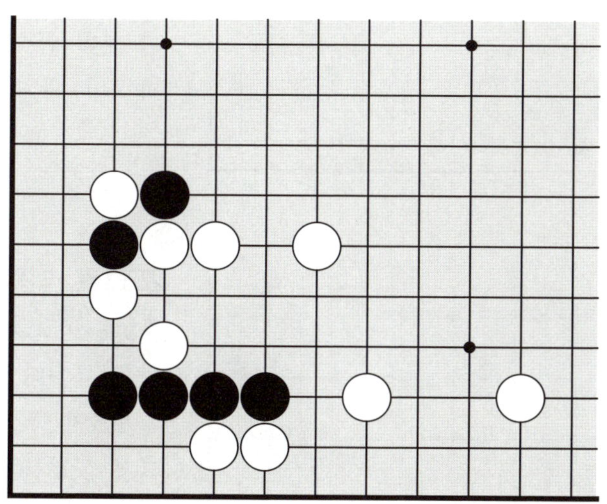

화점의 양걸침에서 흔히 나오는 장면이다. 여기서는 사활의
급소를 찾는 눈과 면밀한 사전공작이 필요하다.
안에 갇힌 흑이 완생할 수 있는 비결은 무엇인가?

경과도 (양걸침 정석에서)

흑1, 3 이하 백10까지는 대표적인
양걸침 정석의 일종이다.

이후 백12, 14로 흑의 삶을 추궁
하러 온 장면이다(백△는 포위망
형성을 위해 배치한 돌).

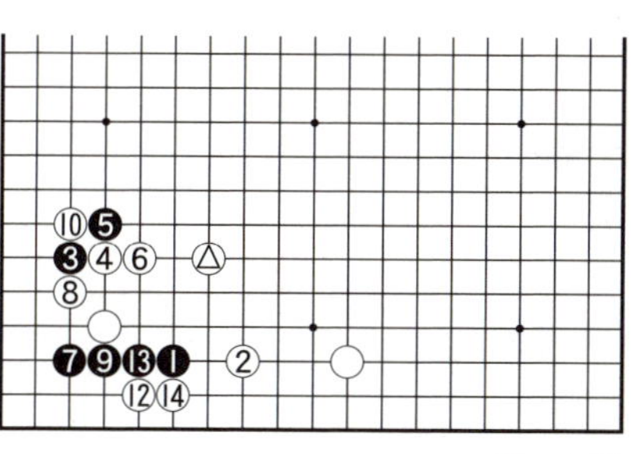

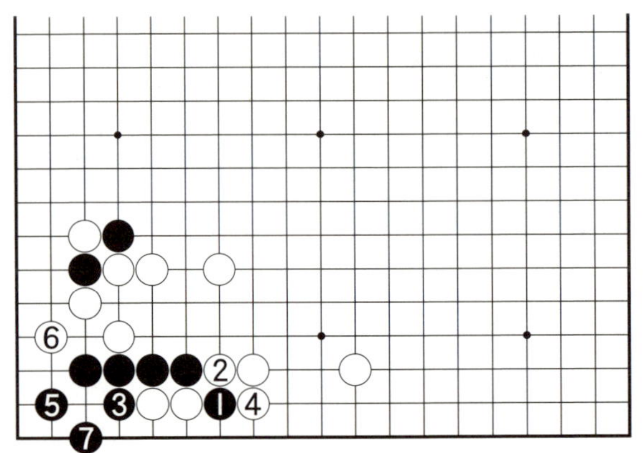

1도

1도 (☆ 정확한 수순)

정답부터 말해 흑1~7이 빈틈없는 회생코스이다.

흑1의 희생타가 긴요한 사전공작이며, 흑5가 정확한 삶의 급소이다. 다음 6과 7의 곳을 맞보고 있다.

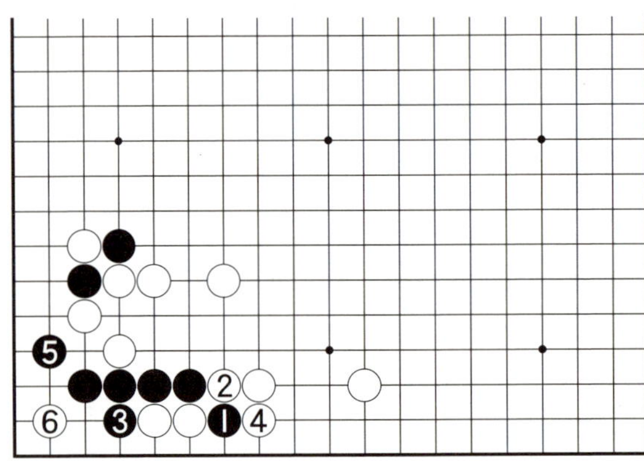

2도

2도 (흑, 과욕)

흑5로 궁도를 넓히려는 것은 과욕이다.

백6의 급소일격을 당해 흑은 살지 못한다.

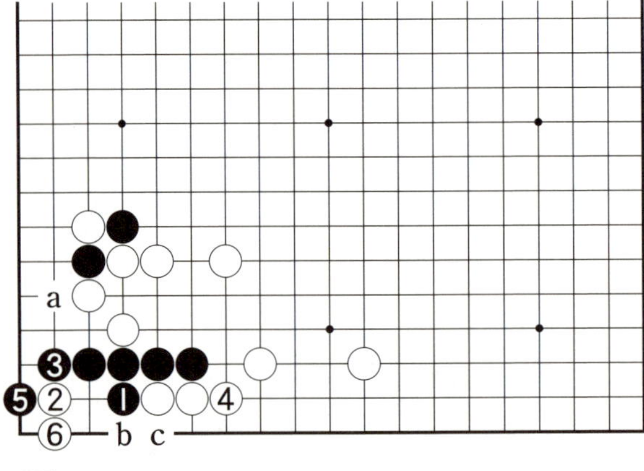

3도

3도 (준비 부족)

그냥 흑1로 막는 것은 준비 부족이다. 백2의 치중이 기민해 흑은 사경에 처한다(a와 b가 맞보기).

흑c가 선수로 듣지 않는다는 점이 1도와 결정적 차이이다.

바보굳힘을 우롱하다

● 흑 차례

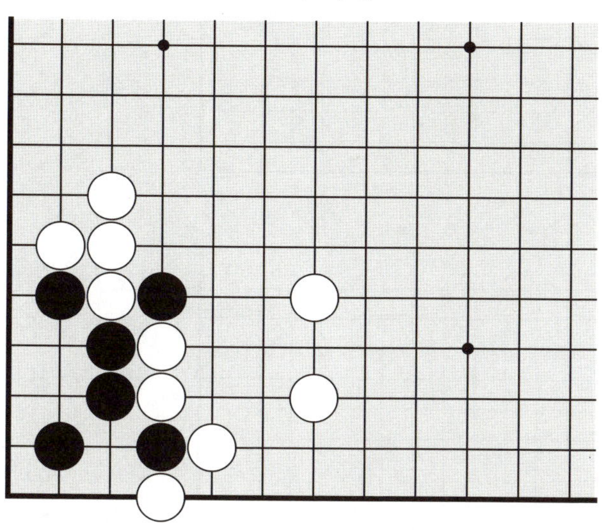

　이번에는 최선의 수단을 찾는 문제라기보다는 숨겨진 비수를 찾아내는 일종의 '숨은 그림 찾기' 문제이다.

　귀에 갇힌 흑을 자력으로 완생시키는 수는 무엇일까?

경과도 (양눈목자 바보굳힘)

백의 양눈목자(△)는 바보굳힘의 전형. 여기에 백□로 한 수 더 보탰음에도 흑1로 뛰어든 형태이다.

　이처럼 네 수를 들인 곳에서 흑이 쉽게 산다면 백의 비능률성이 극명하게 입증될 것이다.

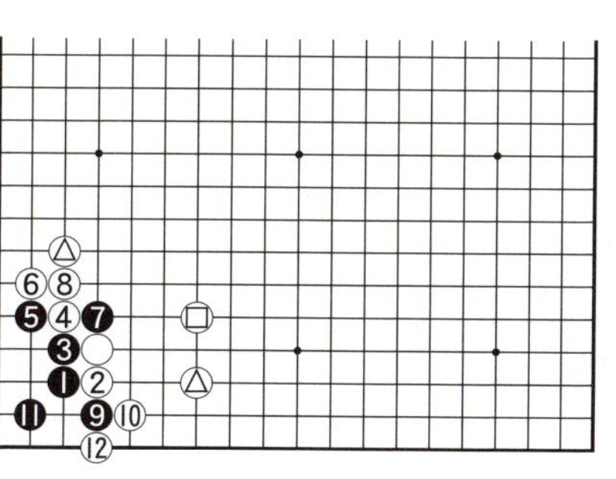

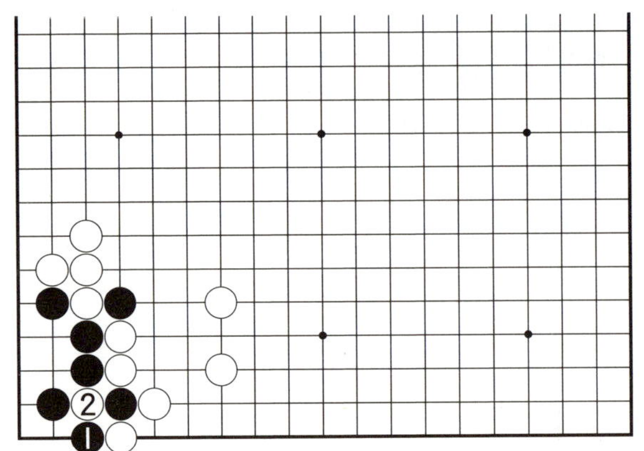

1도

1도 (패)

사실 흑1로 패를 내는 것만으로도 흑은 대성공일 것이다. 그러나 여기서는 패가 아니라 그냥 사는 수를 원했으므로 정답에서 제외한다.

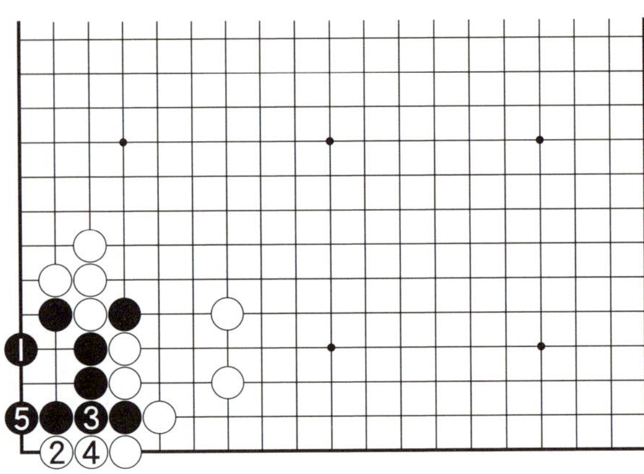

2도

2도 (☆ 완생의 묘수)

흑1로 호구치는 것이 뜻밖의 묘수이다. 이 수로 흑은 자체로 완생할 수 있다. 백2에는 흑3으로 잇고 백4에는 일단 흑5로 궁도를 넓힌다. 계속해서~

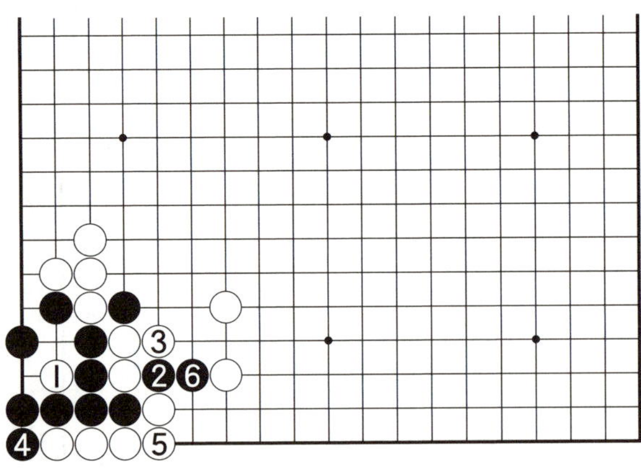

3도

3도 (약점 추궁)

백1로 한사코 잡으러 온다면 흑2, 4로 백의 약점을 추궁해간다.

흑6까지 도리어 백이 걸려든 모습이다.

25형

지충수의 비극

● 흑 차례

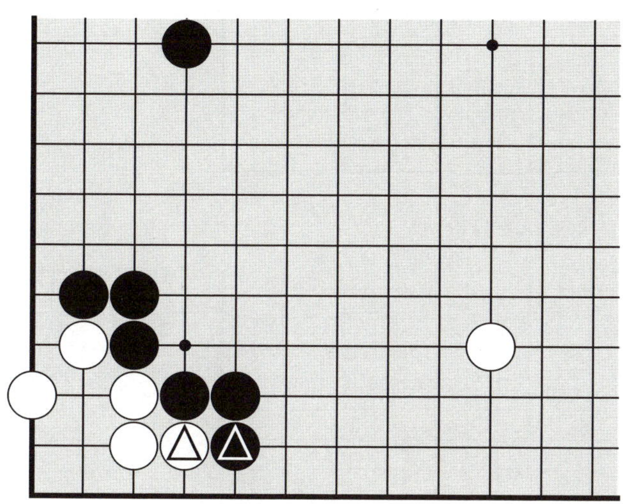

백이 일견 살아있는 형태로 보이지만, 가만히 들여다보면 치명적인 결함을 안고 있다. 선수 행사라고 해둔 백△, 흑▲의 교환 탓이다.

흑이 이런 자충수를 응징해 백을 궁지에 몰아넣는 방법은 무엇인가?

경과도 (소목 날일자굳힘에서)

소목 날일자굳힘에 백1로 붙여 이루어진 형태이다.

여기서 무심코 백△, 흑▲를 교환해 두는 경우가 많은데, 이는 명줄을 스스로 위태롭게 하는 자충의 보리선수이다.

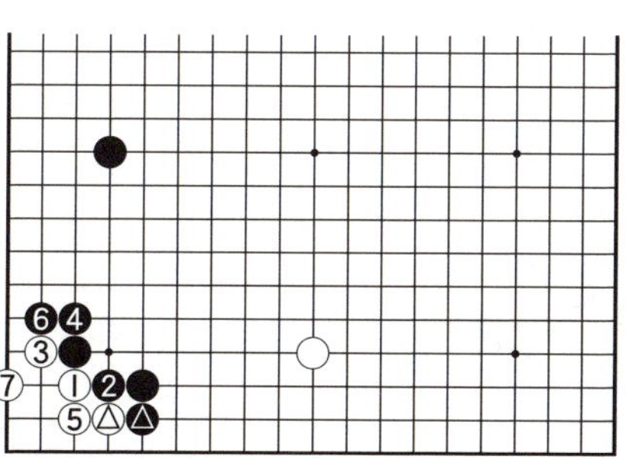

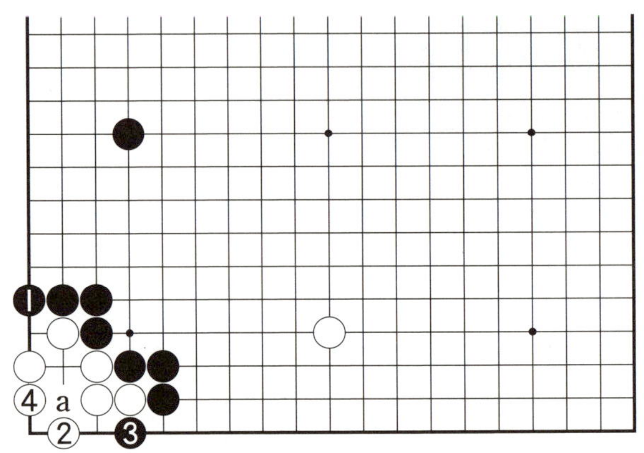

1도

1도 (흑, 실패)

흑1로 내려서는 것은 무책. 백2로 간단히 살아버린다. 또한 흑1로 3에 젖히는 것도 백a로 역시 완생이다.

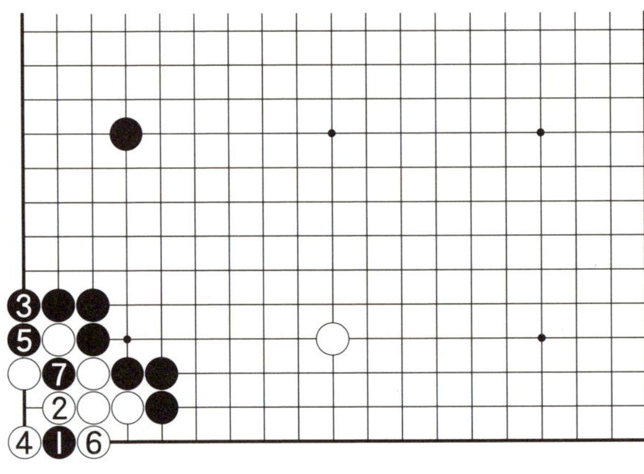

2도

2도 (☆ 패가 최선)

흑1로 치중한 뒤 3으로 내려서는 것이 정확한 응징이다.

이하 흑7까지 패가 난다. 그런데~

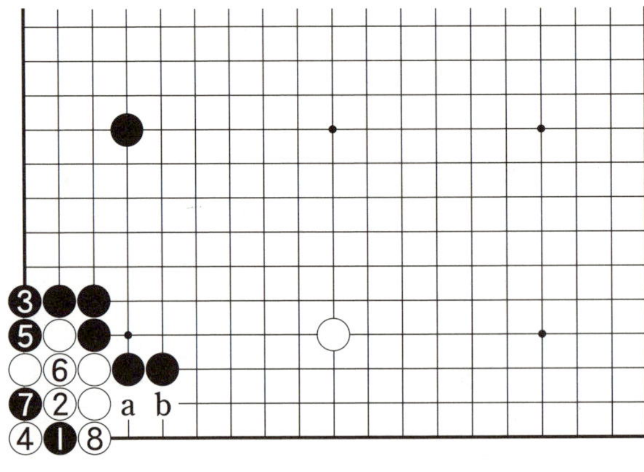

3도

3도 (원래는 완생)

당초 백a, 흑b가 교환되지 않았다면 흑5에 백6으로 이어 완생이다(흑7에는 백8로 촉촉수).

그러나 2도에서는 자충 탓에 백6으로 잇지 못하게 된 것이다.

▦ 문제 01

● 흑 차례

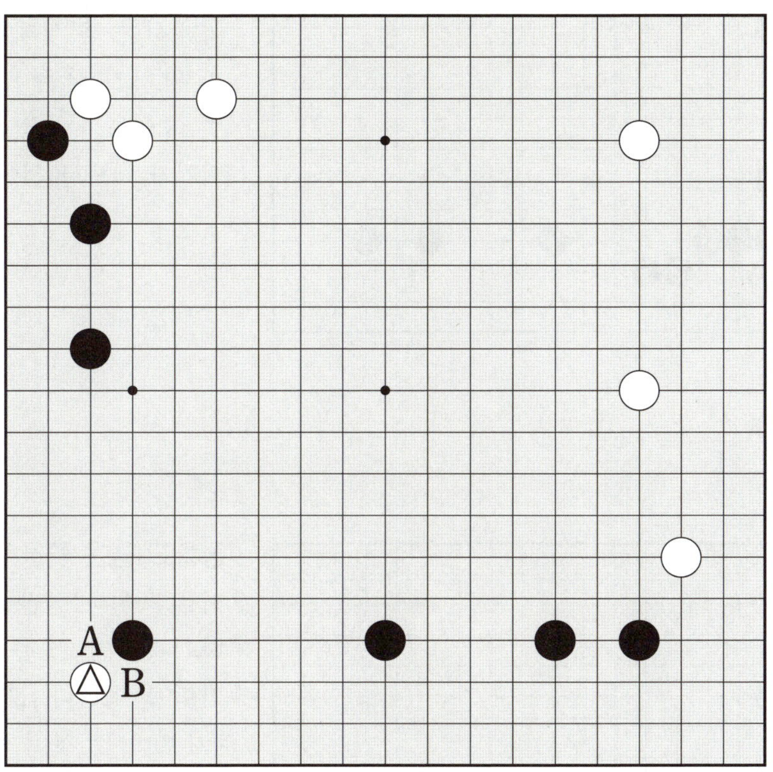

▨ 방향감각 테스트

이 포진은 화점 포석에서는 자주 등장하는 모습이다. 백 △로 뛰어든 장면이다.

흑은 A, B 중 과연 어느 쪽으로 막는 것이 좋을까?

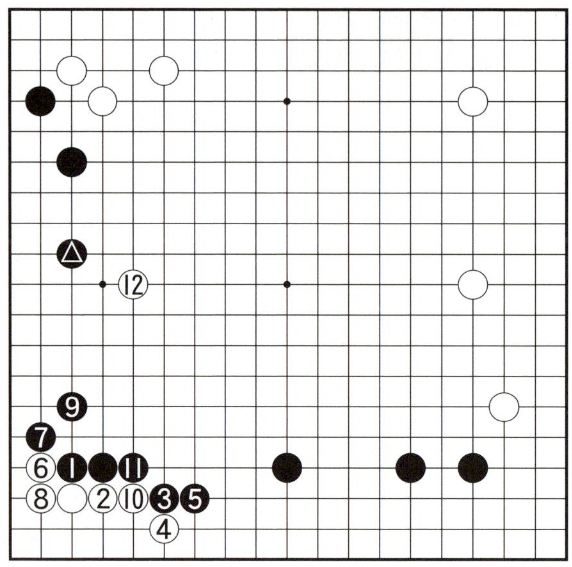

실패도

실패도 (방향착오)

흑1로 막는 것은 이상감각. 백은 잽싸게 11까지 선수로 귀살이한 다음 12의 삭감에 선착할 것이다. 이래서는 흑 실패! 흑△의 위치가 낮은 탓에 좌변 쪽으로는 세력작전을 펴기가 어색한 것이다.

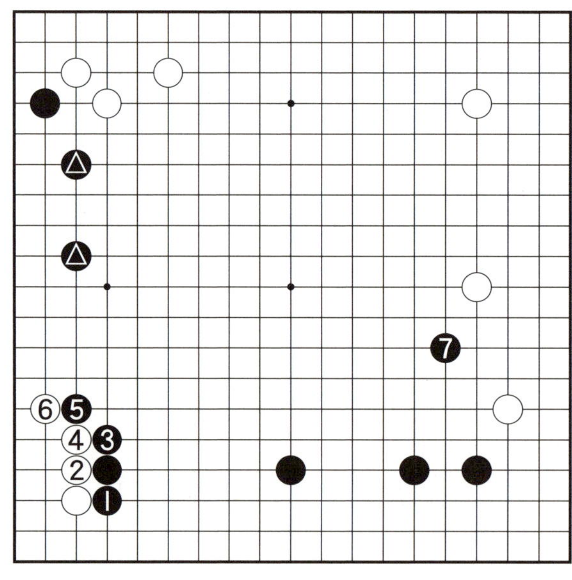

정해도

정해도 (높은 쪽을 막아라)

지금 흑이 세력권을 형성하기 편리한 곳은 3연성의 하변 쪽이다. 그러므로 흑1로 막는 것이 올바른 방향감각이다. 이하 6까지 선수처리한 다음 흑7의 대세점에 선착해 흑 활발!

　좌변 쪽은 흑△들이 낮고 견실한 자세를 취하고 있어 별 발전성이 없다.

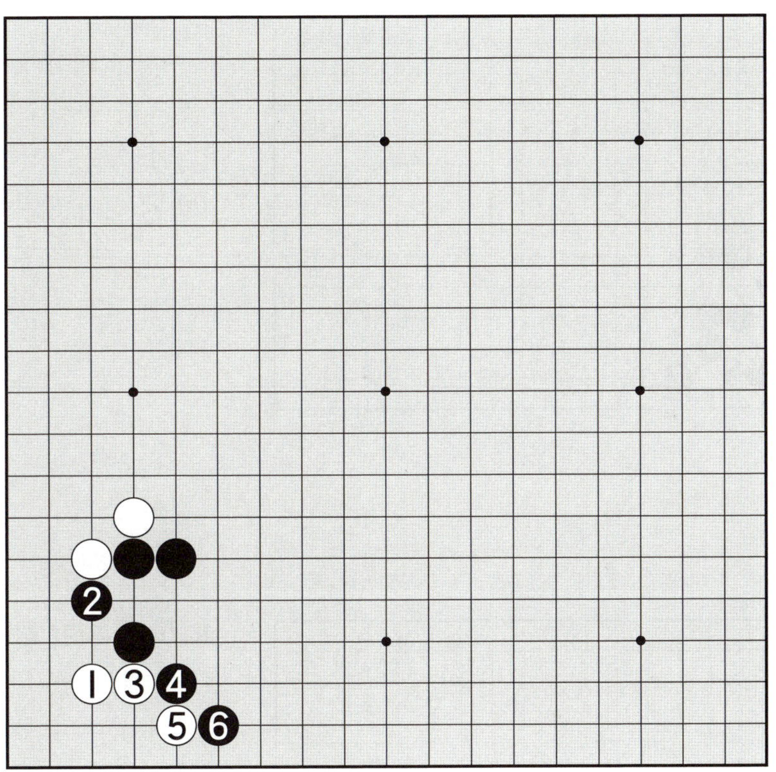

꼼수 퇴치법

화점의 속임수정석에서 나오는 형태이다. 백1, 3에 흑4, 6으로 거칠게 나온 장면. 무리수라는 느낌은 분명한데, 막상 응징하기가 쉽지 않았다.

이번 기회에 정확한 응징법을 익혀보자. 자, 백은 어떤 수단이 있을까?

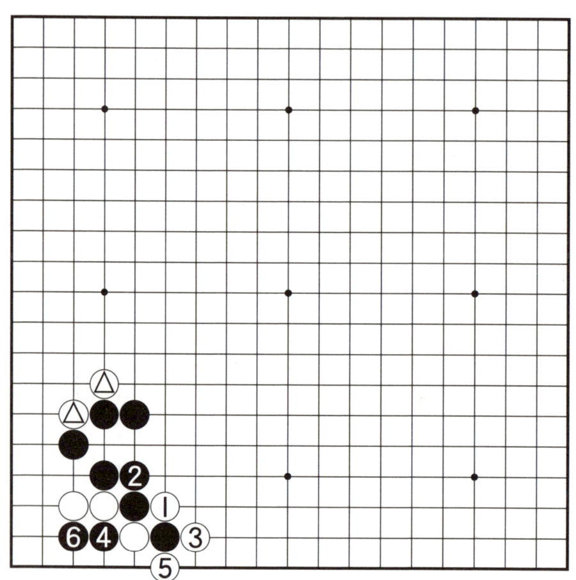

실패도

실패도 (백, 걸려들다)

백1, 3으로 잡는 것은 흑의 함정에 걸려드는 꼴이다. 흑4, 6으로 귀가 떨어져 백의 실패이다.

실리의 손실도 막심하거니와 △들도 저절로 폐석이 돼 백이 불리해진다.

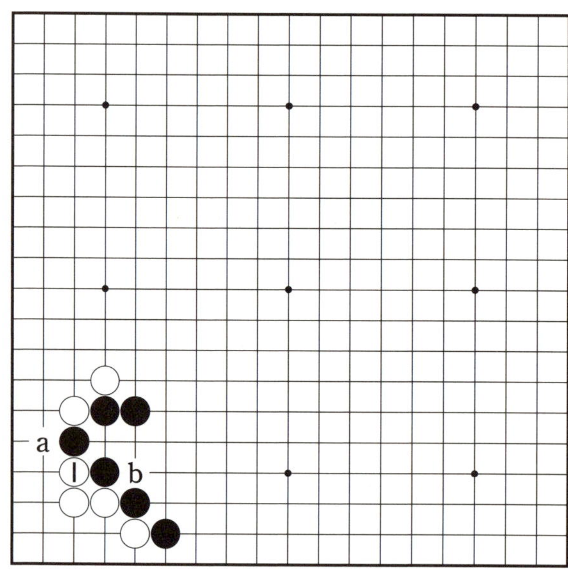

정해도

정해도 (정확한 응징)

백1로 찝는 수가 절묘한 맥점이자 백의 무리수를 정확하게 응징하는 카운터펀치이다.

이제 백a와 b가 맞보기여서 오히려 흑이 망했다.

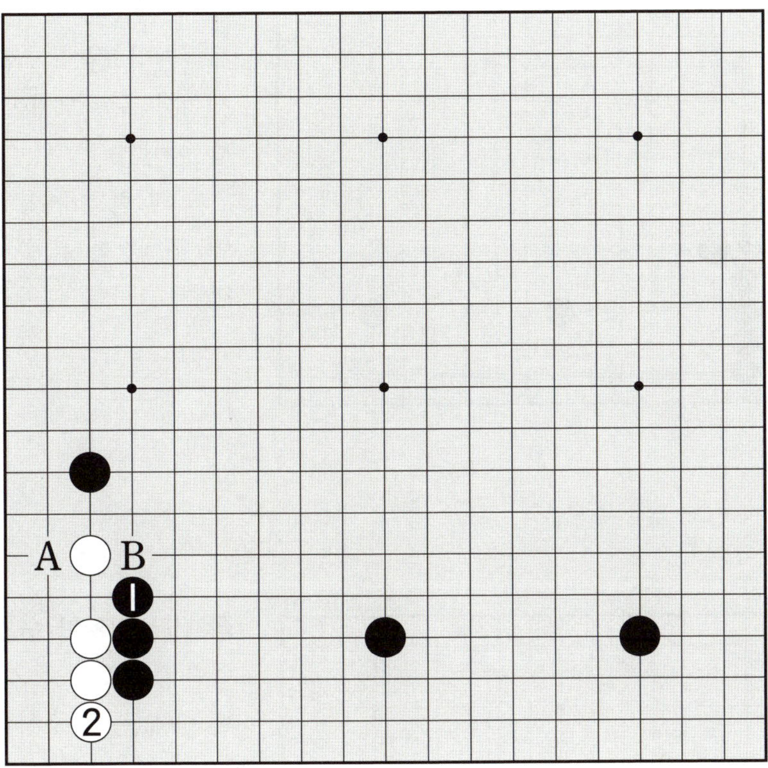

정확한 정석수순

　2장 [5형]에서 나오는 화점 정석의 변칙형이다.

　흑1은 절대의 급소인데, 이때 백이 평범하게 A나 B로 받지 않고 2로 내려섰다. 자, 여기서 흑은 어떻게 두어야 할까?

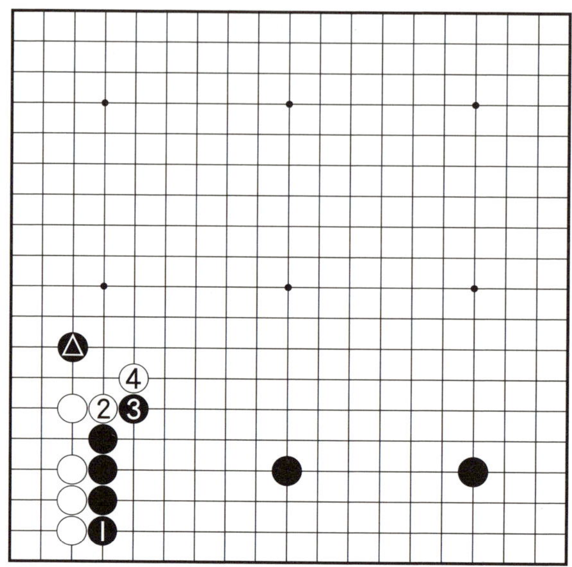

실패도

실패도 (변화구에 말려들다)

반사적으로 흑1로 막는 것은 무책. 백2를 허용해 졸지에 흑의 세력구도가 무너진다. ▲도 고립된 신세여서 흑이 크게 당한 모습 아닌가.

백의 변화구에 말려들어 헛스윙한 격이라고 할까?

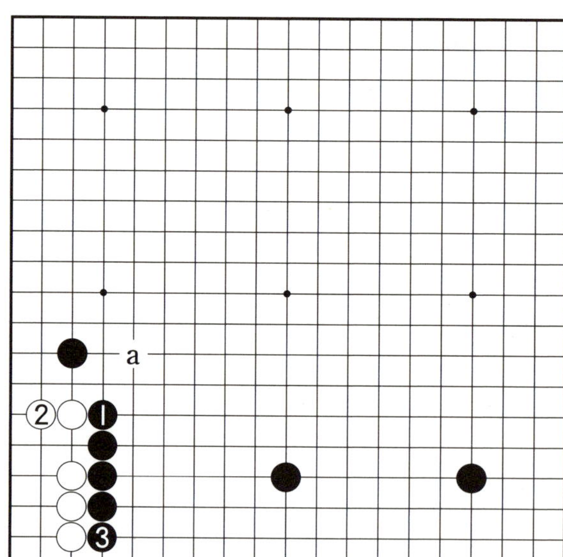

정해도

정해도 (정확한 수순)

일단 흑1로 막는 것이 놓칠 수 없는 급소이다.

백2를 기다려 그때 흑3(또는 a)으로 두어도 늦지 않다.

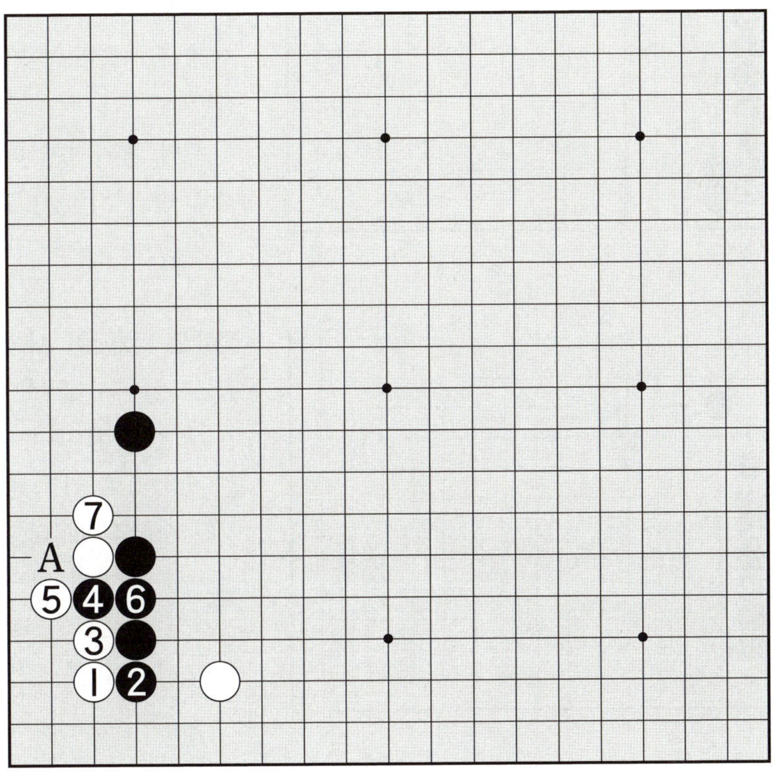

▨ 실수를 추궁하라

2장 [13형]의 정석에서 파생되는 변화이다. 흑4, 6으로 끼워잇자 백7로 뻗은 장면이다.

그러나 이 수는 큰 실수! A에 잇는 것이 정수이다. 백의 실착을 추궁하는 수단은 무엇일까?

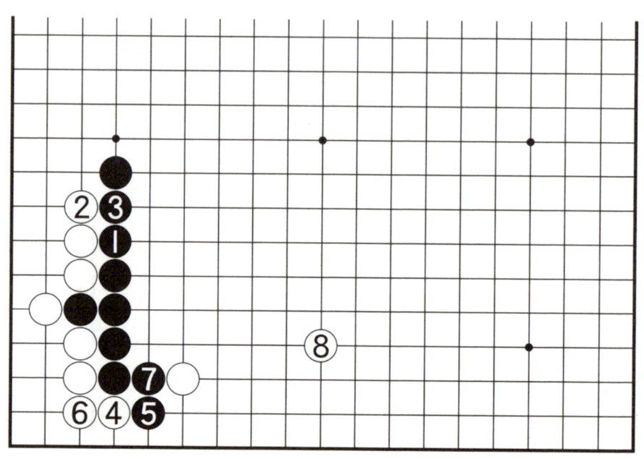

실패도

실패도 (덩달아 완착)

그냥 흑1로 막는 것은 무책이다. 백은 잽싸게 2～6을 해치운 다음 8마저 차지해 꿩 먹고 알 먹은 모습이다.

흑의 대완착이 백의 실착에 면죄부를 준 격이다.

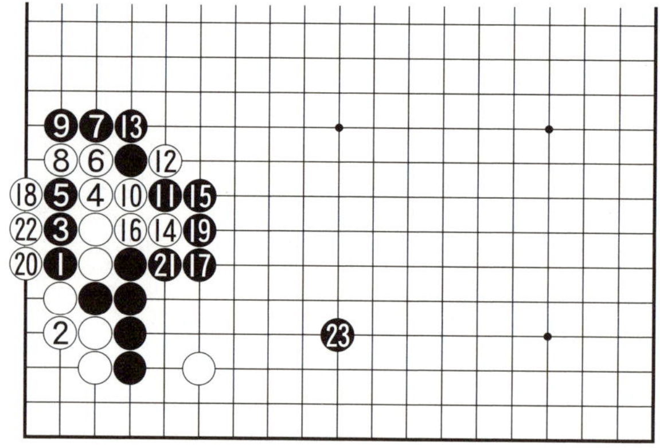

정해도

정해도 (절묘한 사석작전)

흑1로 살며시 끊어보는 것이 좋은 맥점이다. 백2에는 흑3, 5로 키우는 것이 멋진 사석작전이다.

이하 15까지 외곽을 콘크리트 벽으로 도배해 흑의 대성공이다.

참고도 (백, 더욱 망하다)

참고로 흑9 때 백10, 12로 마구 나오는 것은 속수의 몸부림에 불과하다.

상황을 더욱 악화시킬 뿐이다. 이하 21까지 흑의 철벽은 가히 전국을 호령할 만큼 위력적이어서 바둑이 끝나 버린다.

참고도

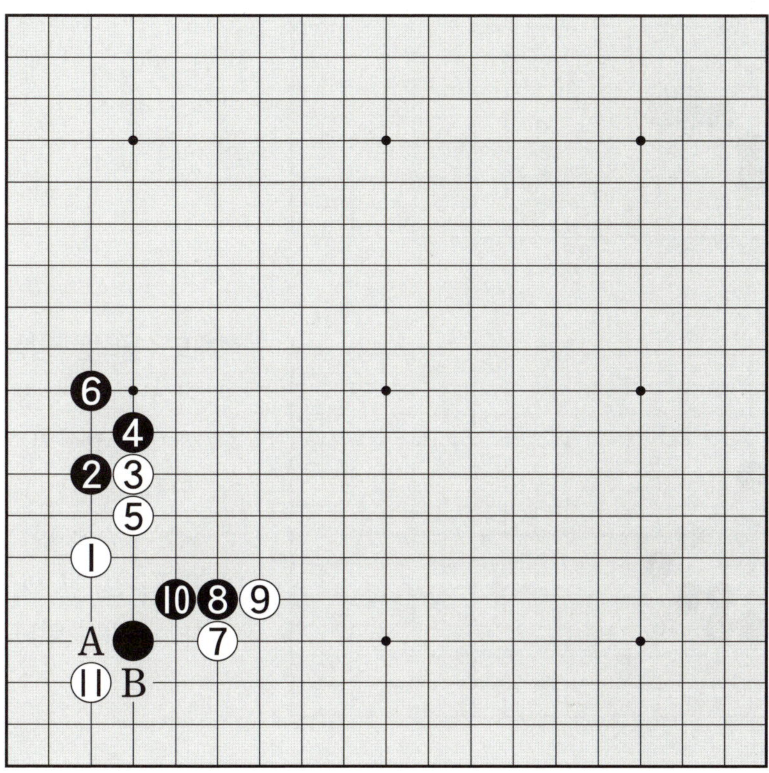

방향감각

2장 [4형]에서 파생된 변형 정석의 일종이다.

백11의 침입에 흑은 A, B 중 어디로 막아야 할까?

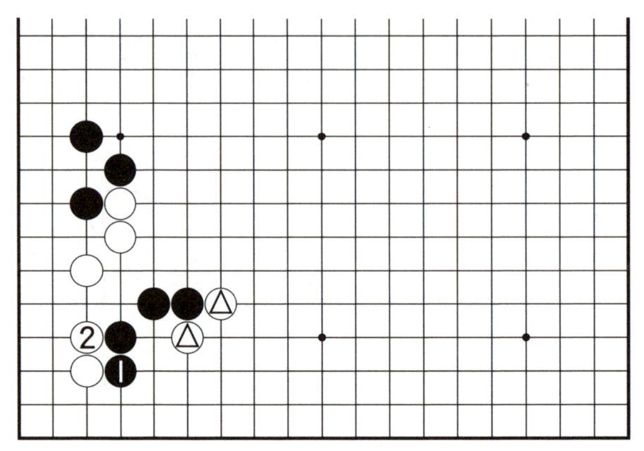

실패도

실패도 (어설픈 처리)

흑1쪽으로 막는 것은 중대한 방향착오! 백2로 넘어 백은 크게 한 숨을 쉬는 반면, 백△들이 제압되지 않은 모습이어서 흑은 얻은 것이 없다.

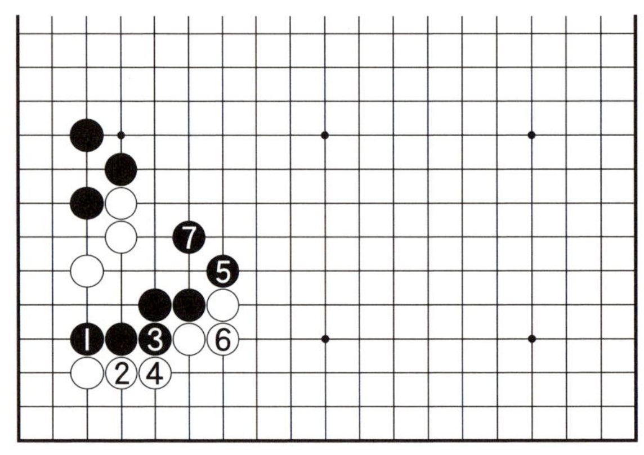

정해도

정해도 (올바른 방향)

흑1이 올바른 방향. 이하 흑7까지가 정석의 완결이다. 귀를 내주는 대신 백 석점을 수중에 넣으며 좌변 쪽에 거대한 세력권을 형성해 불만이 없다.

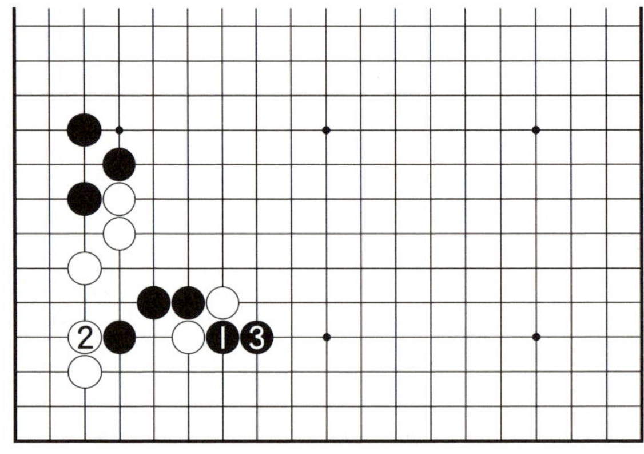

참고도

참고도 (또 다른 선택)

하변 쪽을 도모하고 싶다면 흑1로 끊는 것이 정수이다.

　백2에는 흑3으로 백 두점을 완전히 제압할 수 있어 실패도와는 비교가 안 되는 모습이다.

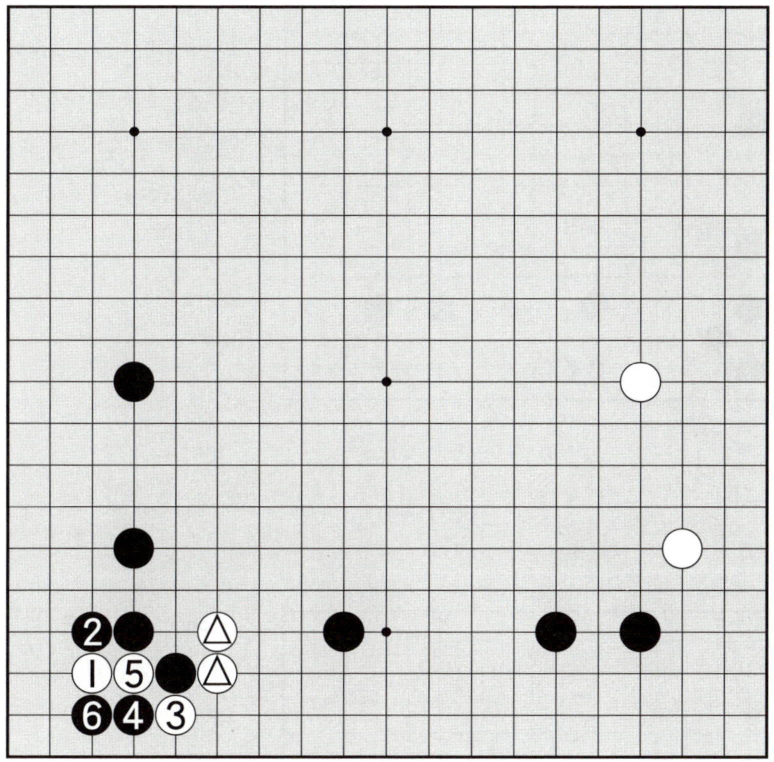

▨ 맞보기의 맥점

　3장 [3형]의 응용문제. 백△들이 허약한 가운데 1로 뛰어들자 흑2로 막아 6까지 진행된 장면이다.

　그러나 흑은 큰 실수를 저지르고 있다. 흑의 실착을 꾸짖으며 하변 백을 안정시키는 멋진 수습책을 찾아보자.

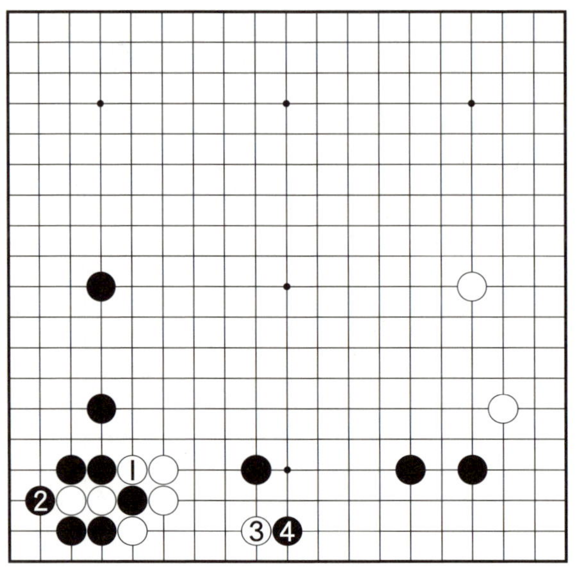

실패도

실패도 (책략 부족)

그냥 백1로 따내고 마는 것은 책략 부족이다.

흑2로 막고 나면 백 전체가 여전히 허약한 미생마 신세 아닌가? 백3에는 흑4로 강력히 막아 백이 답답한 모습이다.

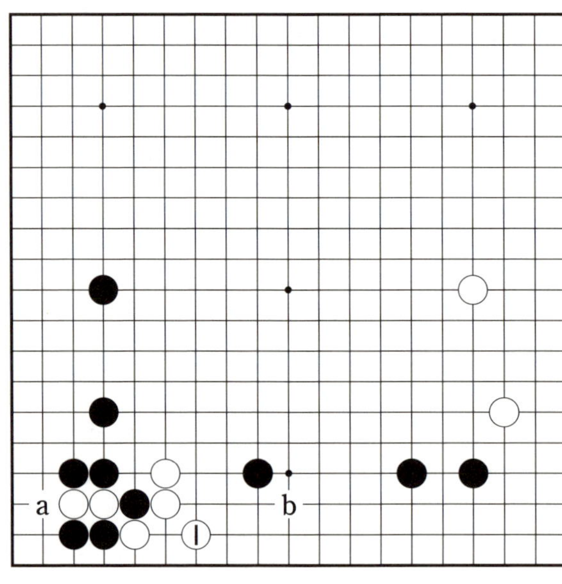

정해도

정해도 (맞보는 맥점)

백1로 호구치는 것이 흑의 의표를 찌른 멋진 맥점 일발이다.

이제 백a와 b를 맞보아 하변 백은 훌륭하게 타개되었다.

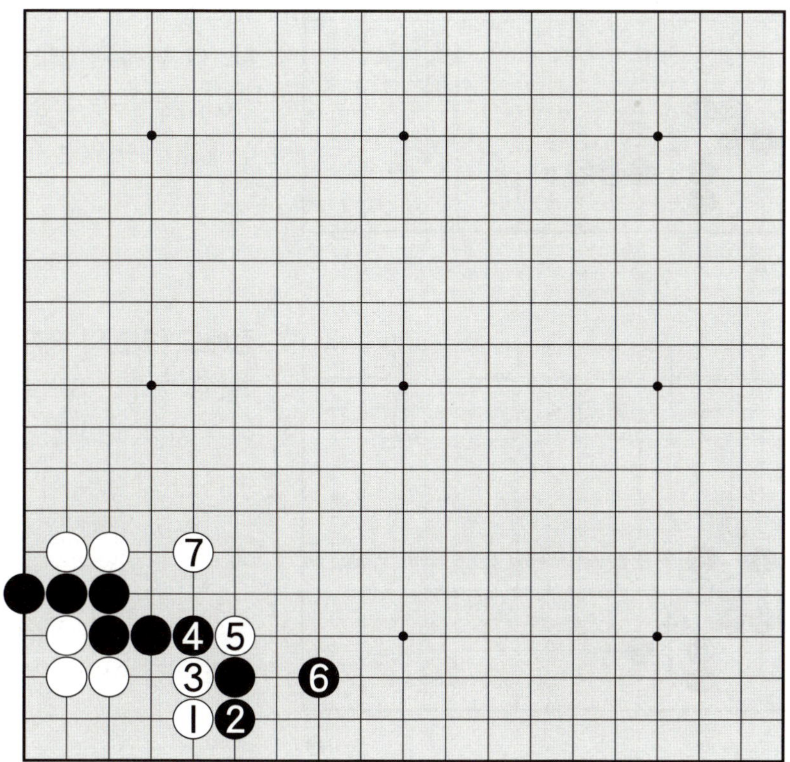

▨ 함정수 벗어나기

2장 [1형]의 화점 정석에서 파생된 유명한 함정수 한 가지를 소개한다.

백3, 5의 절단은 상수들의 단골 교란작전. 흑6에 백7로 한칸 뛴 수가 흑을 헷갈리게 만든다.

흑이 위기에서 벗어나려면 어떻게 해야 할까?

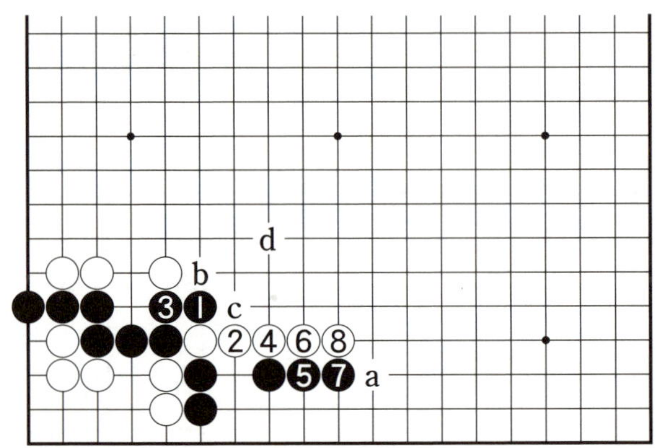

실패도

실패도 (흑, 걸려들다)

당황한 나머지 흑1로 모는 것은 속수. 이하 백8까지 졸지에 흑은 궁지에 몰린다. 다음 흑a면 백b, 흑c, 백d로 중앙 쪽이 풍전등화 신세가 되지 않는가?

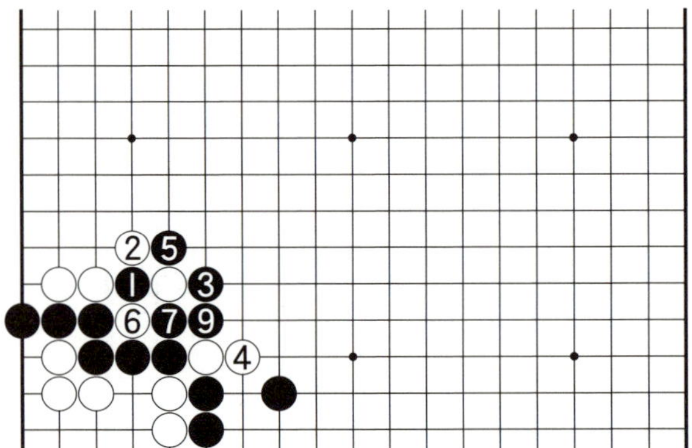

정해도

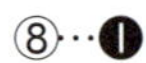

⑧…❶

정해도 (회심의 타개수단)

흑1로 끼우고 3으로 껴붙이는 것이 백의 함정을 벗어나는 회심의 타개책이다. 흑9까지 백을 양분시켜 놓으면 도리어 백이 매우 곤란해진다. 아직 좌하귀도 미생 아닌가?

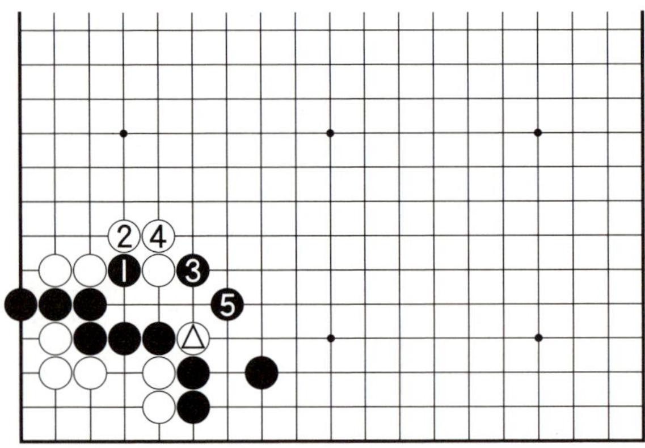

참고도

참고도 (요석을 잡다)

그렇다고 백4로 버티는 것도 안 된다.

흑5로 요석(백△)을 잡아 흑은 걱정이 없다.

⊞ 문제 08

● 흑 차례

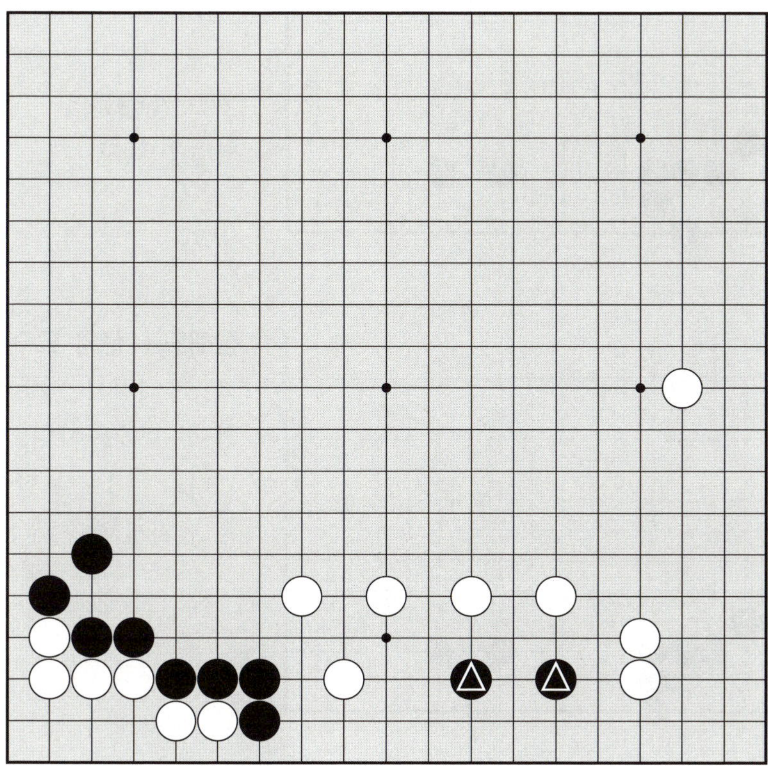

▨ 탈출 작전

이번에는 적절한 선수활용의 문제이다.

좌하귀 백의 약점을 이용해 흑△들을 구출해내는 지상명령이 떨어졌다. 자, 어떤 수단이 있을까?

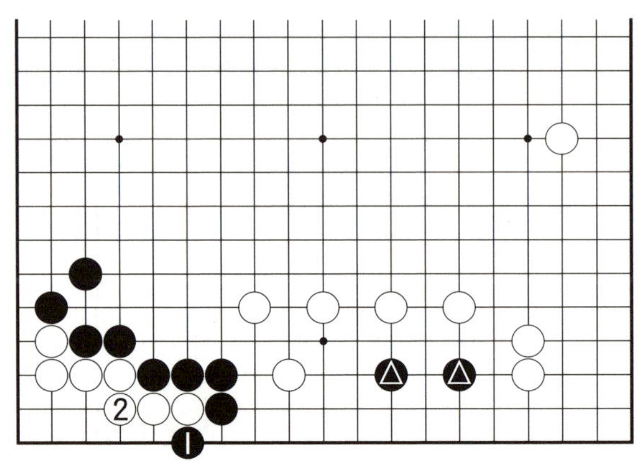

실패도

실패도 (무책)

덥석 흑1로 젖히는 것은 정말로 대책 없는 수이다. 백2로 꽉 이어 아무 일도 안 일어난다. 이제 세상없어도 흑▲들을 구출시킬 방법은 없다.

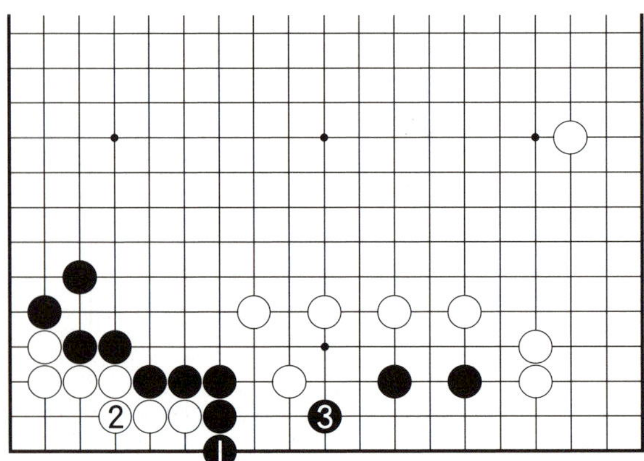

정해도

정해도 (1선의 묘수)

흑1로 내려서는 것이 적절한 선수활용이다. 백2를 기다려 흑3으로 탈출작전은 멋지게 성공했다.

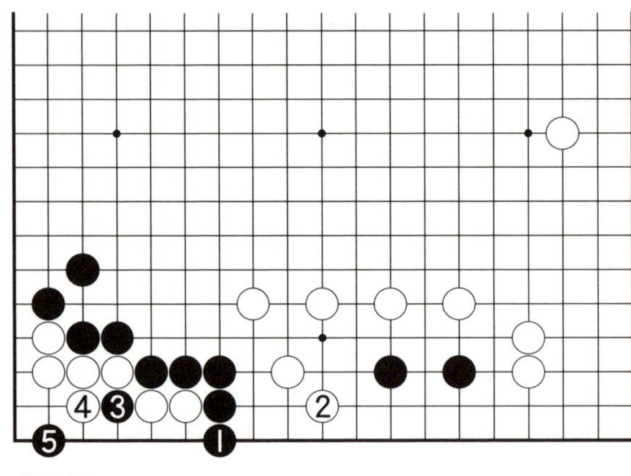

참고도

참고도 (귀의 사망)

흑1에 백2로 버틴다면 앞서 배운 흑3, 5의 연타로 가볍게 잡을 수 있다.

활용 실전편

1장

프로의 화점전략
1탄
(3三침입의 적기와 기법)

　화점 바둑에서 3三은 단연 대세의 요소이다. 실리상의 요충은 물론이거니와 돌을 안정시켜 전투의 유리한 고지를 확보할 수 있는 전략의 교두보이기도 하기 때문이다.

　따라서 고수의 바둑에서는 초반부터 3三의 수비와 침입을 둘러싼 암중모색이 이루어지는데, 테크닉 못지않게 그 타이밍이 매우 중요하다. 지나치게 3三침입을 서두르다가는 자칫 국부적 이득을 취하고도 대세를 잃는 소탐대실의 우를 범할 수도 있다. 그렇다고 마냥 방치하다 상대가 말뚝을 치는 날에는 현저한 집부족으로 인해 힘 한번 써보지도 못한 채 앉아서 지는 비극을 초래할 수도 있다.

　이 장에서는 프로의 실전 예를 통해 3三침입의 적기(타이밍)와 기법(테크닉)에 대해 '침입자의 편'에서 살펴보았다.

초반 쟁탈의 요소

● 흑 차례

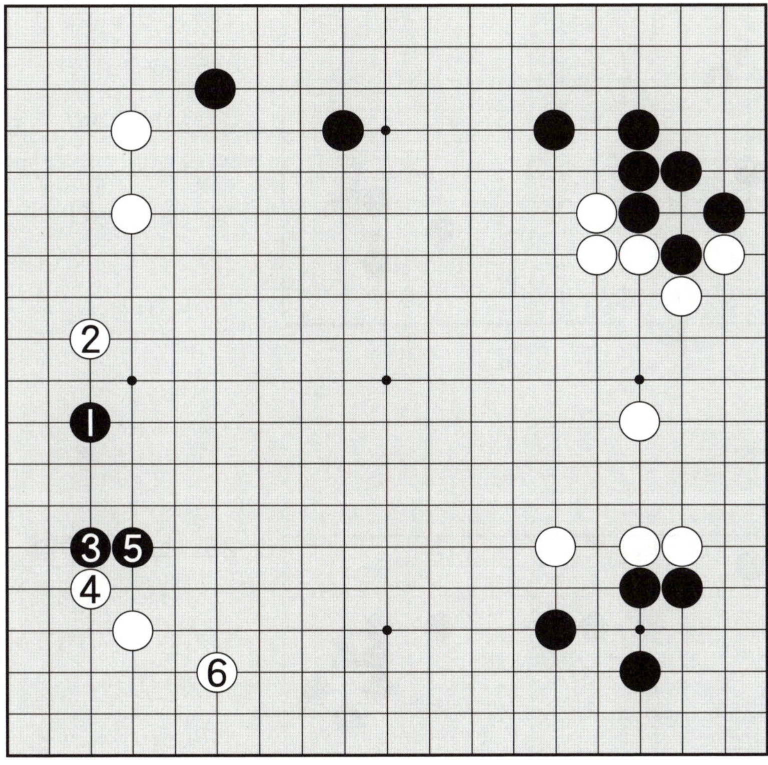

몇 수 놓이지 않은 초반. 흑1로 갈라쳐 백6까지는 흔히 나타나는 유연한 포석의 한 장면이다.

자, 이때 흑은 놓칠 수 없는 요소가 있다. 과연 그곳은 어디일까?

30기 최고위전 도전1국에서 조훈현(흑)과 이창호가 벌인 실전 장면이다.

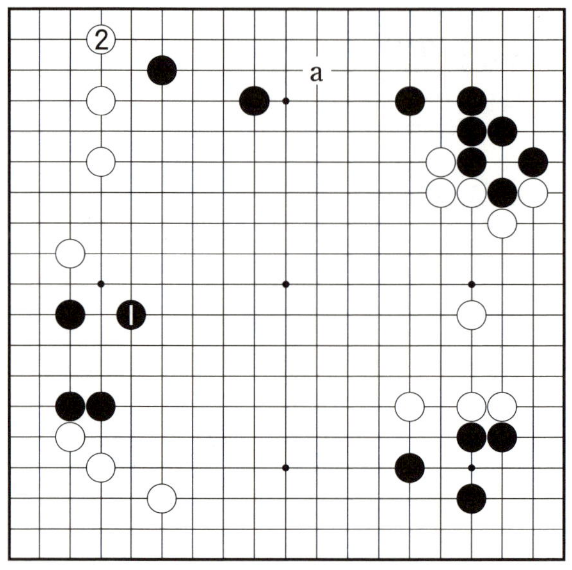

1도

1도 (백, 이상형)

좌변만을 놓고 볼 때는 흑 1이 두터운 한 수이다. 그러나 여기서는 다소 완착의 혐의를 벗기 어렵다. 백2로 지키는 것이 워낙 크기 때문이다.

좌상 일대의 백진이 이상형으로 굳어지면서 상변 쪽에는 a의 허점이 크게 노출되고 있어 흑의 불만이 크다.

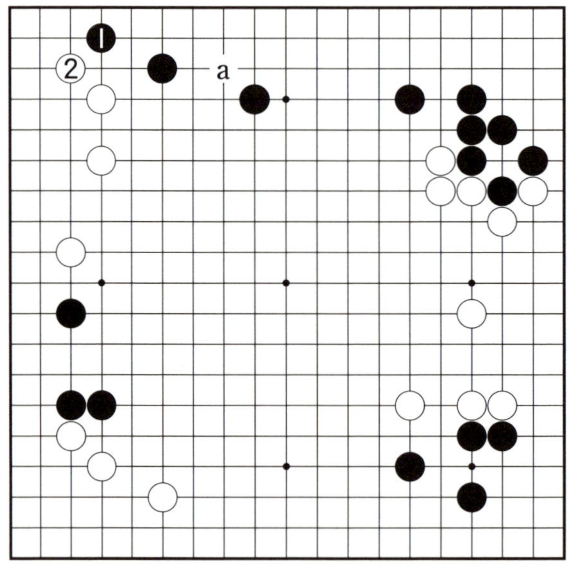

2도

2도 (느슨한 수법)

그렇다고 흑1의 날일자로 달리는 것도 미흡하다.

백2로 받아 역시 좌상 백의 실리가 크며, 장차 a 쪽의 허점이 노출되기 때문이다.

3도 (☆ 적시의 침입)

흑1의 3三침입이 놓칠 수 없는 요소!

이 한수로 흑은 실리 면에서 앞서고. 아울러 상변 쪽의 허점을 간접 보강하는 2중의 효과를 기하면서 포석을 리드해 갈 수 있다.

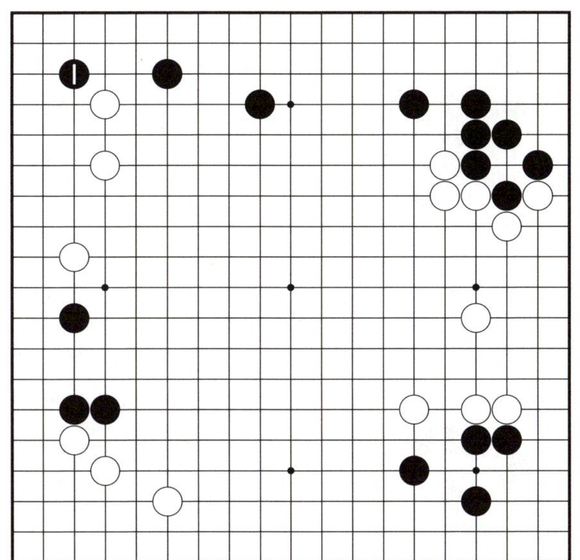

3도

4도 (무리한 차단)

계속해서 백1은 당연한데, 흑2로 젖힐 때 백은 잘 생각해야 한다. 백3으로 차단하는 것은 과격한 반응이다. 이하 흑6까지 좌변 백진이 초토화되면서 △의 위치가 어색해져 백의 실패이다.

상변 쪽에는 흑돌들이 기다리고 있어 백세를 쌓아보아도 별 위력이 없지 않은가.

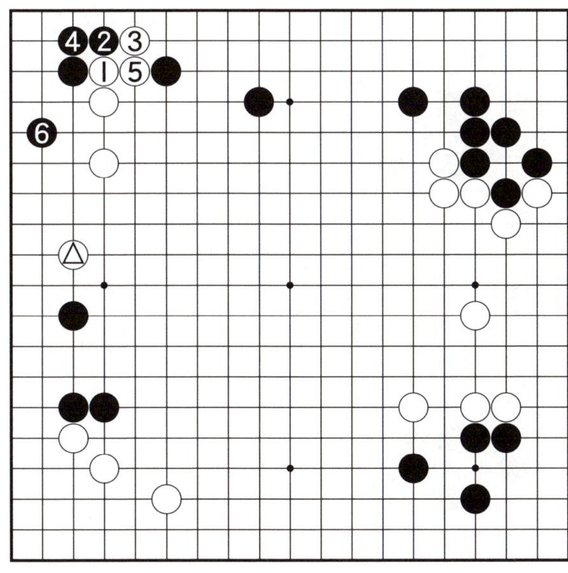

4도

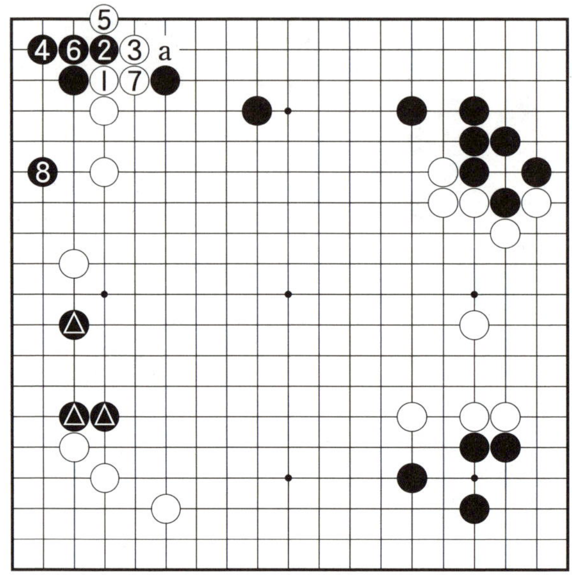

5도

5도 (역시 백 불만)

백3 때 흑4로 호구치는 것도 유력하다. 흑a의 수단이 사라진 대신 8까지 달릴 수 있어 좌변 백진을 더 깰 수 있는 장점이 있다.

　어쨌든 이 그림 역시 백의 실패이다. 좌변이 약해진 만큼 흑△들에 대한 공격력도 약화되었다는 사실에 주목하자.

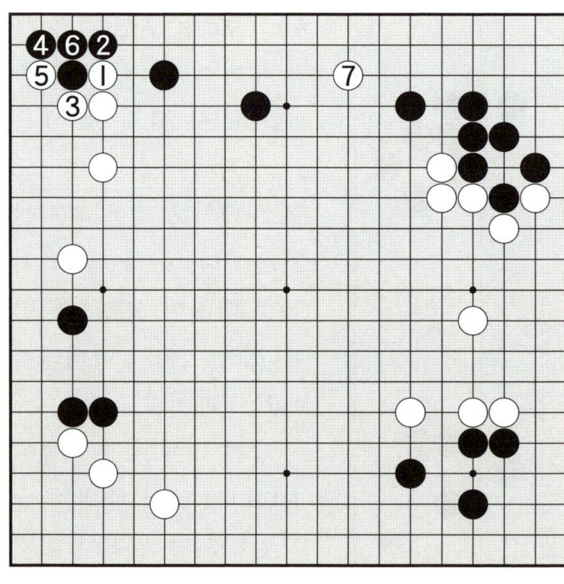

실전진행

실전진행 (유연한 처리)

백3으로 막아 넘겨주면서 선수를 잡는 것이 유연하고도 대국적인 태도이다. 아무튼 흑은 좌상귀 안방을 도려낸 실리도 크거니와 흑진의 허를 간접 보강한 1석2조의 효과를 얻어냈다.

　이처럼 적절한 타이밍의 3三침입은 '실리＋안정'의 2중 효과를 얻어낼 수 있다.

한 수로 통집 되는 곳은 서둘러라

○ 백 차례

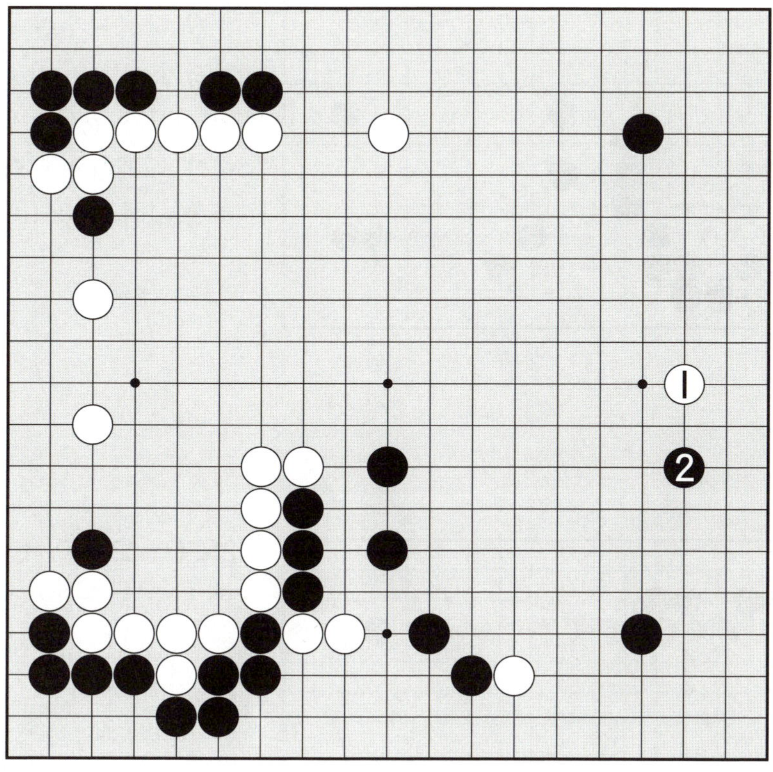

백1로 갈라치자 흑2로 다가선 장면이다.

백은 놓칠 수 없는 시급한 요소가 있다. 자, 그곳은 어디일까?

4기 기성전 도전2국에서 이창호(흑)와 조훈현이 벌인 실전 장면.

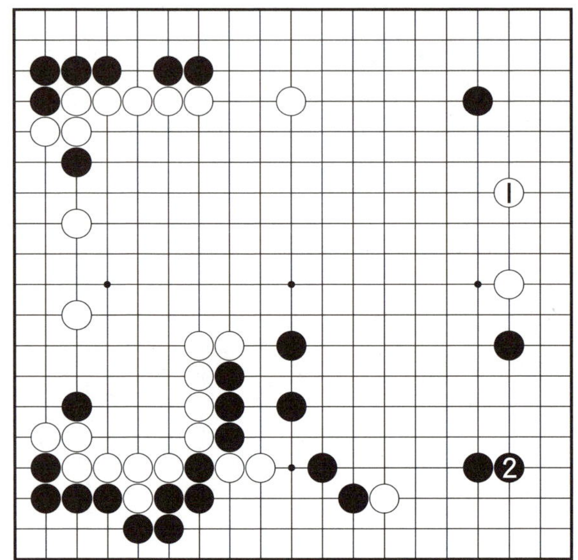

1도

1도 (일당백 통집)

백1로 벌리는 것은 당연한 것 같으면서도 안일한 태도이다.

흑2로 철주를 내리는 순간 하변~우변 일대에 감당키 어려운 일당백 흑의 대가가 완성되기 때문이다. 이래서는 백의 집부족 양상이 뚜렷하다.

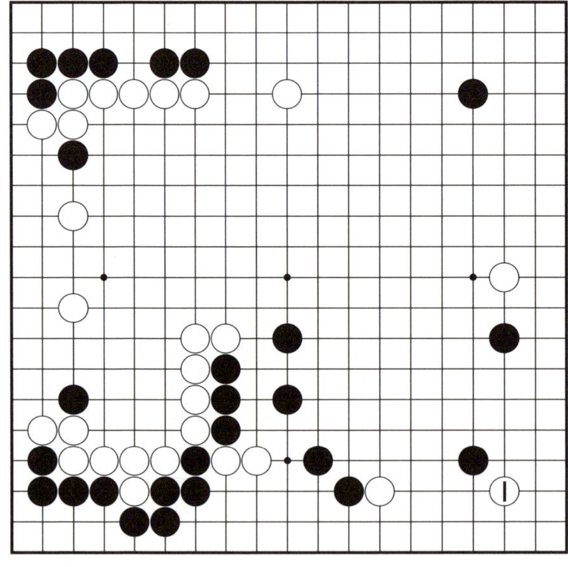

2도

2도 (☆ 오직 이 한수)

단 한수로 통집이 완성되는 곳은 만사를 제치고 서둘러야 한다.

따라서 백1의 3三침입이 '오직 이 한수'라고 할 수 있다.

자, 이때 흑은 어떻게 응수하는 것이 좋을까?

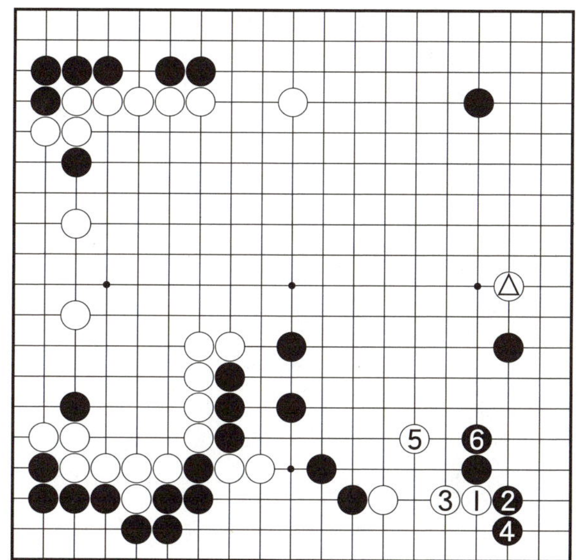

3도

3도 (잘못된 침입)

같은 침입이라도 백1 등으로 직접 준동하는 것은 바람직하지 않다. 이하 6까지 백은 안형을 갖추지 못한 채 크게 시달릴 모습이다.

설령 하변 백이 살아가더라도 그 대가로 △가 크게 다칠 것이 분명하다.

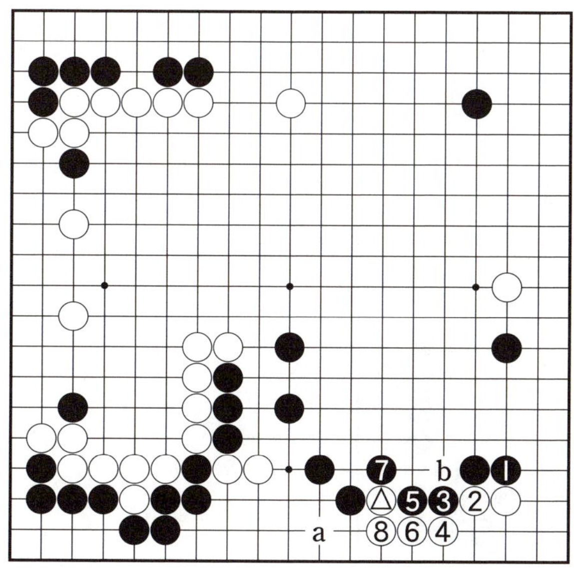

4도

4도 (흑, 방향착오)

흑1로 막는 것은 방향착오이다. 이하 8까지 △도 살려내며 백이 크게 살아서는 현실적인 흑의 손해가 크다.

게다가 a의 뒷문도 열리고 b쪽의 단점까지 남아 흑은 이래저래 어수선한 모습이다.

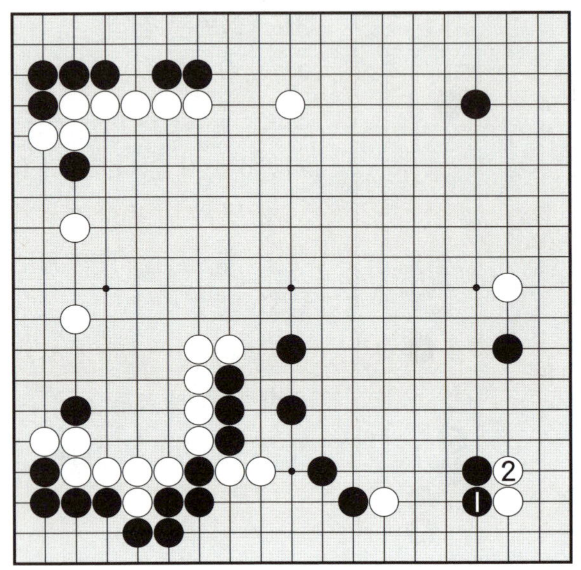

실전진행1

실전진행1 (올바른 방향)

하변 쪽이 주무대인 만큼 흑1로 막는 것이 순리이다. 그런데 흑은 이후 처리도 중요하다.

백2 때 흑은 어떻게 응수해야 할까?

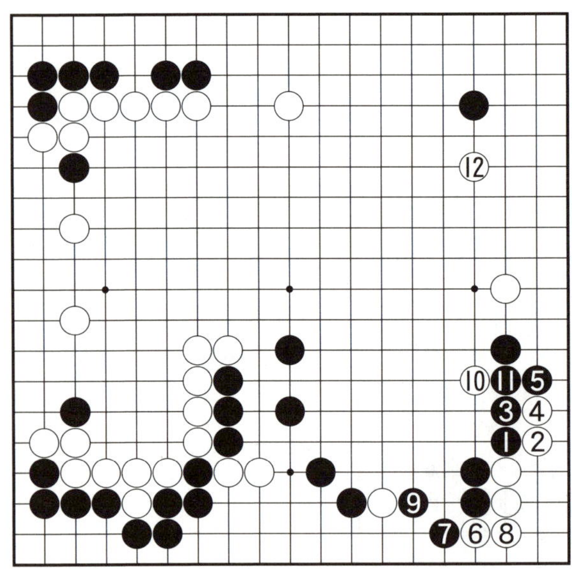

5도

5도 (흑, 무책)

흑1, 3으로 젖혀 느는 것은 책략 부족이다.

백은 8까지 선수로 귀 살이한 뒤 12에 선착해 꿩 먹고 알 먹은 모습이다.

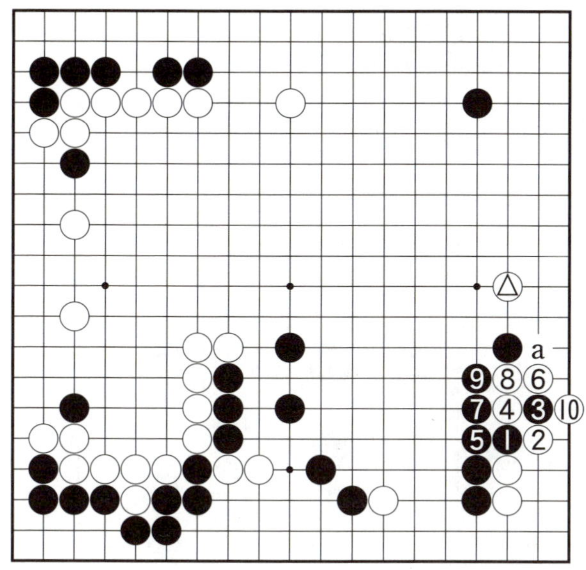

6도

6도 (흑, 이적행위)

그렇다고 흑3으로 이단젖히는 것은 이 경우 더욱 좋지 않다. 백10까지 크게 살 뿐더러 a의 도강수단까지 남아 허약하던 백 △가 저절로 안정된 모습 아닌가.

　공격대상을 안정시켜 주었으니 이적행위나 다름없다.

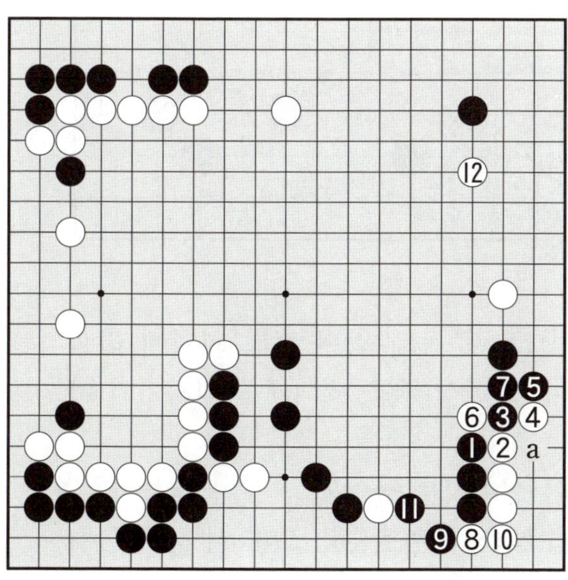

실전진행2

실전진행2 (최선의 절충)

흑1로 뻗는 것이 최선. 그러면 백도 2 이하 10까지 선수로 살고 12로 우변도 돌보아 발 빠른 모습이다.

　다만 흑도 a도 끊어잡는 것이 절대선수가 되니 이건 위안거리이다. 이런 점이 앞서 5도와는 큰 차이다.

놓칠 수 없는 침입의 타이밍

● 흑 차례

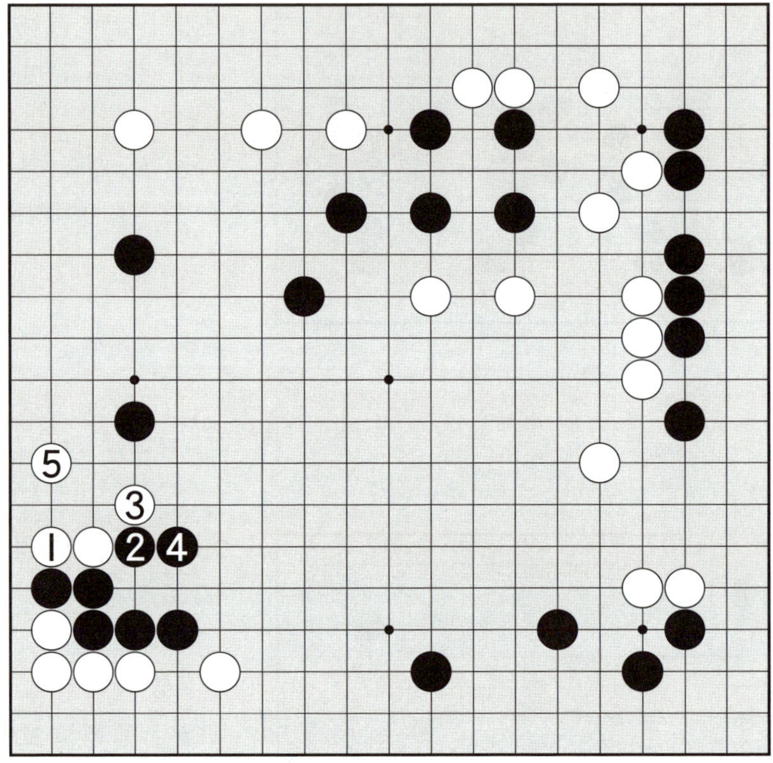

중반에 접어들자 백1로 준동해 좌변 흑진 파괴에 나섰다. 백5까지 되고 보니 더 이상 백을 호되게 공격하기가 마땅치 않다.

흑은 어떻게 국면의 실마리를 풀어가는 것이 좋을까?

12회 후지쯔배 세계선수권에서 조훈현(흑)과 고바야시 사토루(小林覺)가 벌인 8강전이다.

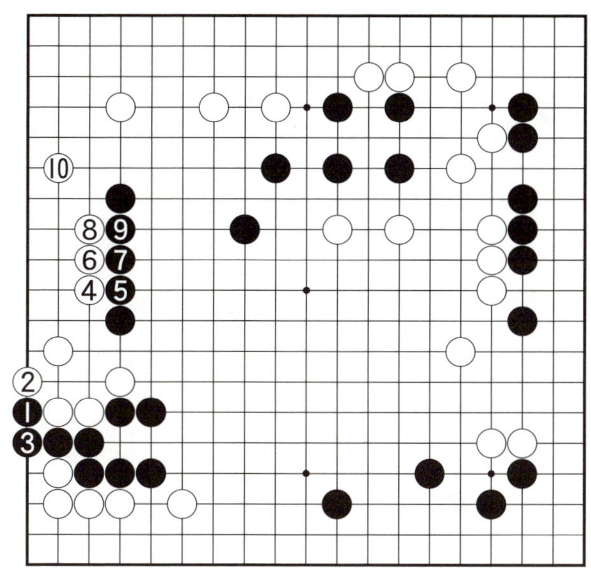

1도

1도 (실속 없는 공포탄)

흑1로 차단해 공격을 계속하는 것은 성급하다. 백4를 허용해 도리어 손해를 입을 우려가 있다.

백10까지 좌변을 차지하며 넘어가면 좌상귀 백진도 저절로 굳어져 흑의 대실패!

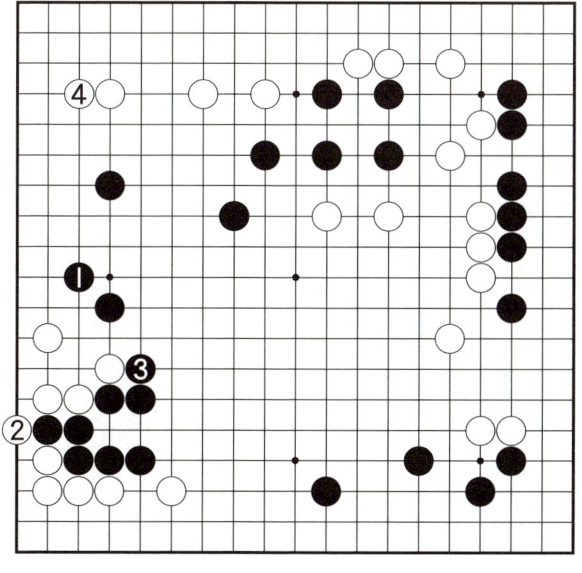

2도

2도 (후수를 잡다)

그렇다고 흑1로 변을 지키는 것은 백2로 넘겨주어 너무 싱겁다. 이제는 흑3을 생략할 수 없어 후수 아닌가.

반상 최대의 요소인 백4를 허용해서는 흑의 비세가 역력하다.

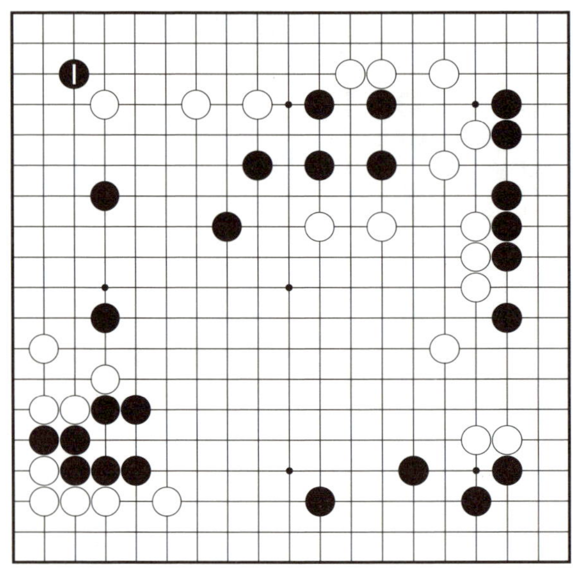

3도

3도 (☆ 천금의 요소)

이처럼 애매한 상황에서는 일단 시급한 요소부터 차지해 놓고 보는 것이 상책이다. 흑1이 반상 최대의 요소. 실리의 균형을 맞추며 좌변 전투에도 대비하는 뜻을 담고 있는 적시타이다.

자, 백은 어떻게 응수하는 것이 좋을까?

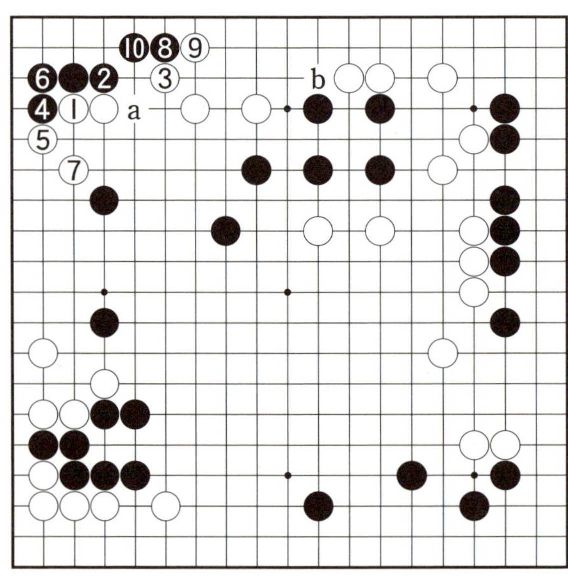

4도

4도 (백, 큰 손실)

백1로 막는 것은 과수. 흑10까지 크게 살아버리면, 백은 상변 쪽의 보가가 깨지면서 a의 약점까지 남아 현실적인 피해가 크다. 게다가 이제는 흑b도 위력적이지 않은가.

확실한 대가도 없이 이렇게 안방을 크게 내주는 일은 무모하리라.

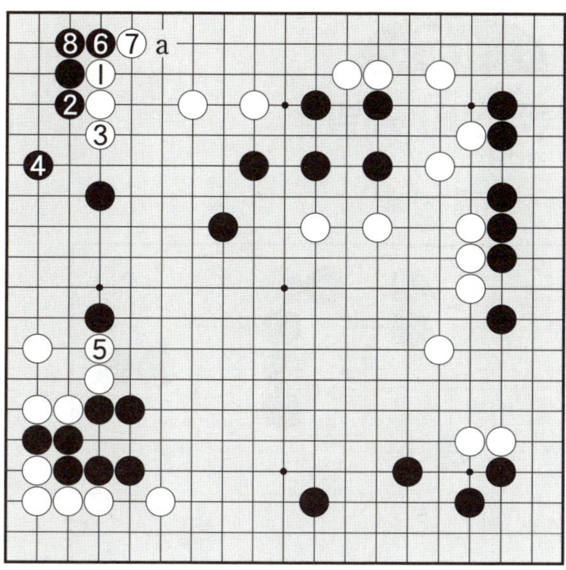

실전진행

실전진행 (선수로 귀살이)

따라서 지금은 백1로 막을 수밖에 없는데, 흑은 4까지 크게 귀살이해 성공! 이 귀살이는 단순한 실리 확보 차원을 넘어 후방을 강화함으로써 좌변 백을 은연중에 노리는 간접공격의 의미도 담고 있다. 그래서 백5는 불가피한 가일수. 결국 흑8까지 큰 이득을 취했다(흑a도 남음).

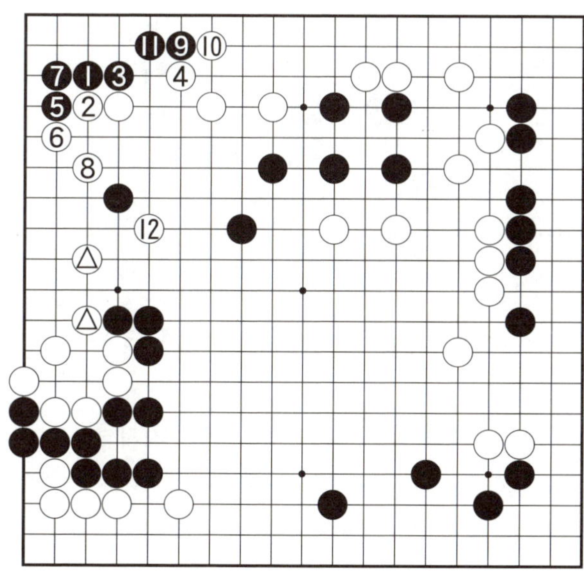

5도

5도 (상황이 변하다)

그런데, 만약 좌변 공격을 서두르다 백△들을 놓이게 한다면 상황은 크게 달라진다. 이제는 백2로 차단해올 가능성이 높은 것.

이래서는 12까지 백이 공세를 펼치며 중앙 흑 전체가 엷어지므로 흑도 함부로 3三에 침입하기가 어려울 것이다.

주변 상황이 결정되기 전에 미리 응수를 묻는 타이밍이 중요하다.

사석작전의 시발점

● 흑 차례

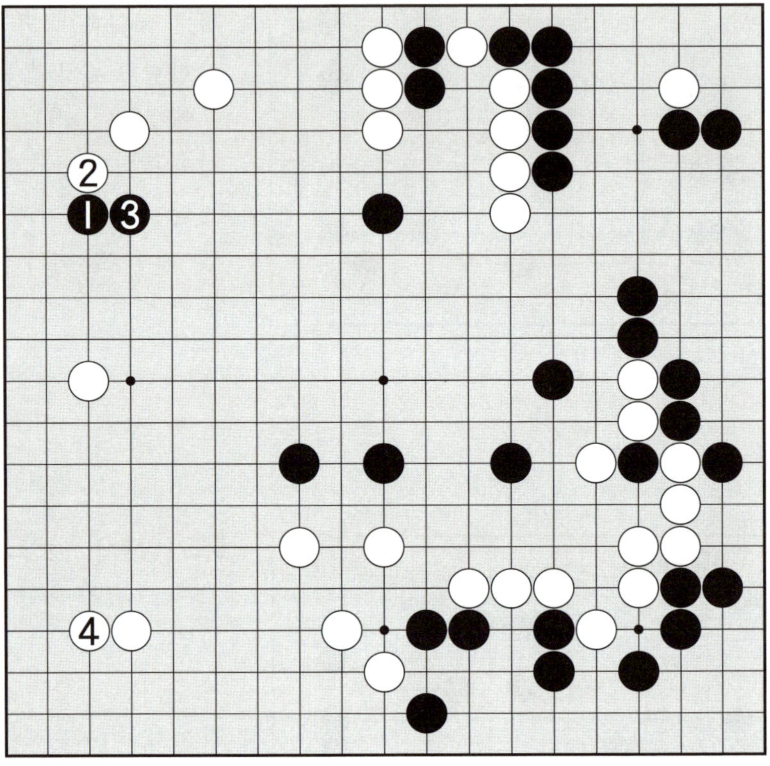

　흑1로 뛰어들자 백2, 흑3으로 임시조치한 뒤 백4로 말뚝을 친 장면이다.

　흑은 좌변 두점의 수습과 중앙 도모라는 두 가지 명제를 해결해야 하는 상황이다. 과연 어떤 수법이 좋을까?

　18기 기왕전 본선에서 서능욱(흑)과 윤성현이 벌인 실전 장면이다.

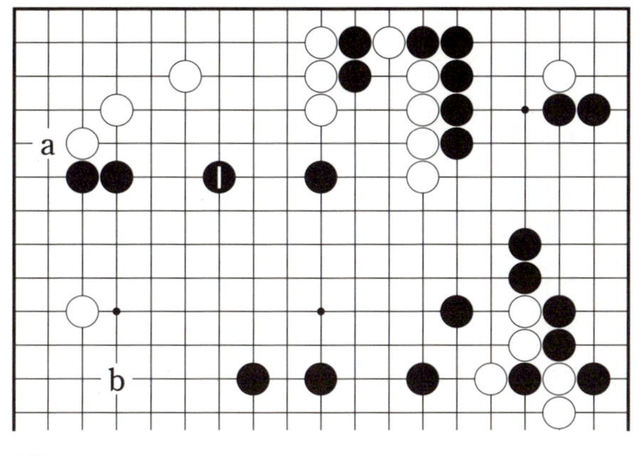

1도

1도 (흑, 늘어진 완착)

그냥 흑1로 두칸 뛰는 것은 늘어진 수이다. 백에게 아무런 압박감이 없지 않은가.

이제 백a나 b로 지키면 백집이 커 흑은 덤이 부담스러운 계가바둑이 될 것이다.

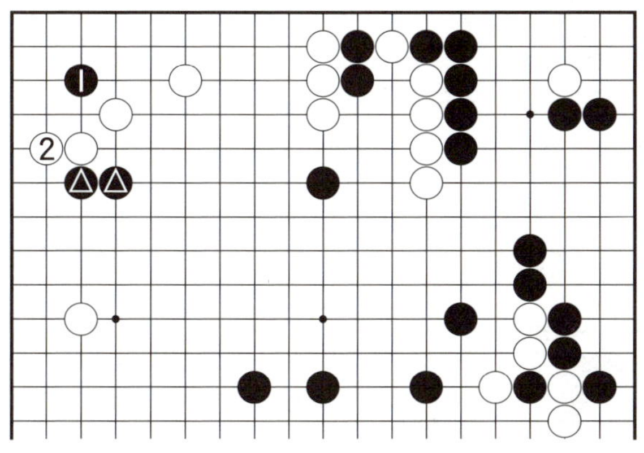

2도

2도 (부적절한 침입)

그렇다고 흑1로 뛰어드는 것은 백2를 당해 흑의 무리이다.

귀살이에 급급하는 사이에 ▲들이 박약해져 흑의 소탐대실이 될 우려가 높다.

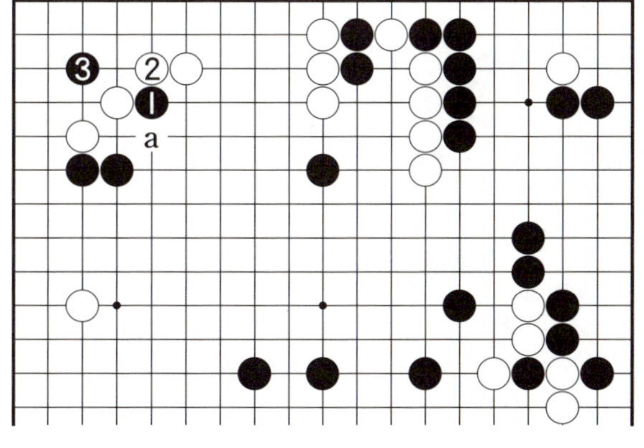

3도

3도 (☆ 2단계 침투)

흑1, 3의 2단계 침투가 이 경우 어울리는 수법이다.

이 수법은 귀살이보다는 사석작전을 통한 외곽정비에 중점을 둔 것으로 a의 축머리가 유리할 때 유력한데 바로 지금이 그런 상황이다.

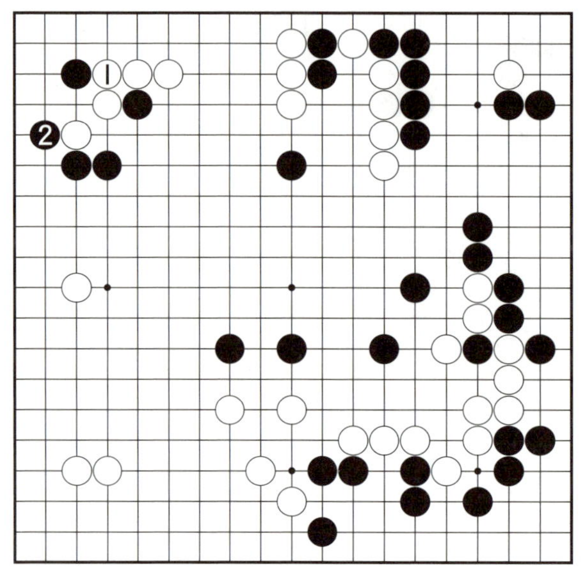

4도

4도 (백, 무기력)

백1로 잇는 것은 무난하기는 하지만 무기력한 느낌이 든다.

흑2로 적잖은 이득을 취하며 좌변을 안정시켜 흑의 만족이다.

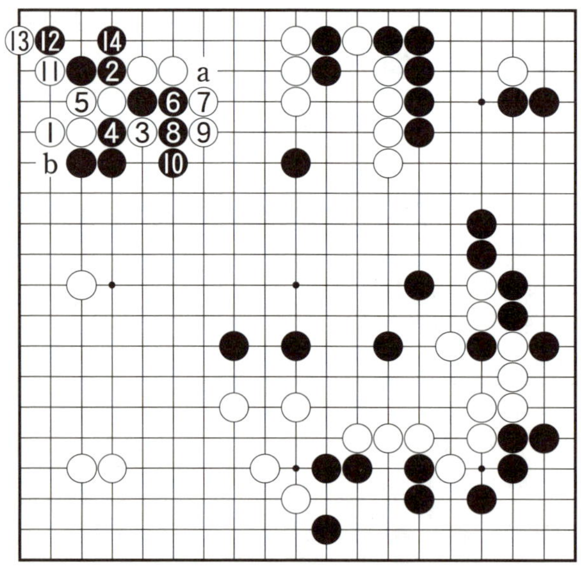

5도

5도 (백, 무리)

그렇다고 백1로 강력히 차단하는 것은 흑2로 끊겨 무리이다.

백3에는 흑4가 맥점이며, 이하 흑14까지 백이 괴로운 모습이다.

다음 흑a로 끊어 조이는 수가 있어 흑을 쉽게 잡기도 어렵거니와, 잡더라도 흑b를 선수로 당하며 외곽을 싸 발려 백이 당하게 된다.

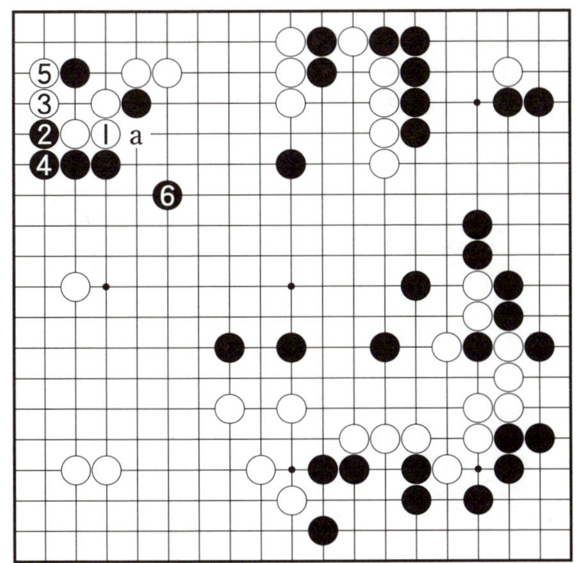

6도

6도 (백의 최강수)

백1로 치받는 것이 부분적으로는 최강의 응수이다. 그러면 귀의 실리는 크게 지켜낼 수 있다.

그러나 흑6으로 모양 좋게 정비해서는 역시 흑이 만족스러운 모습이다.

흑a가 절대선수여서 흑의 외곽선은 막강하며, 중앙 부근에 상당한 흑집이 생길 것 같다.

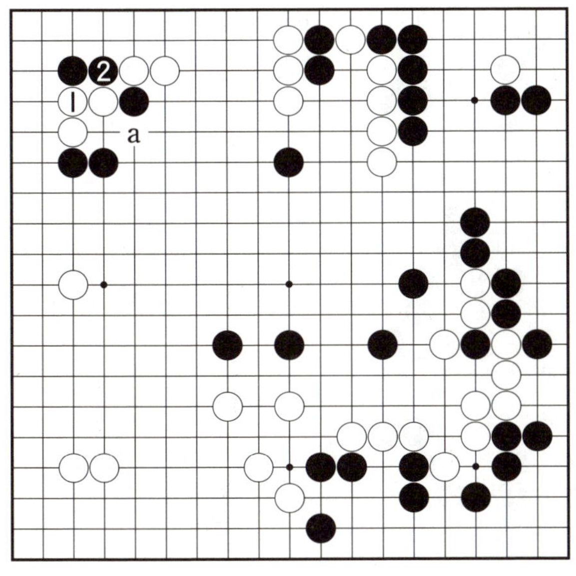

7도

7도 (백의 정수)

따라서 일단 백1로 받는 것이 정수라고 해야겠다.

그러면 흑2로 끊어 수상전의 양상이 되는데, 이후 백의 정확한 처리가 쉽지 않다. a의 축이 성립하지 않기 때문이다. 계속해서~

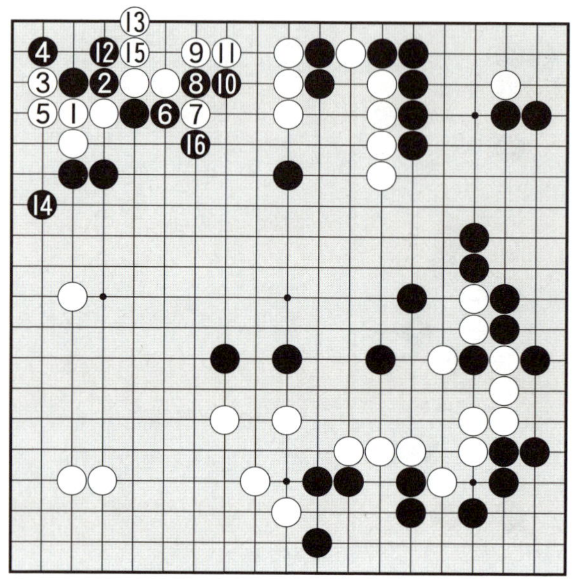

실전진행

실전진행 (흑, 대성공)

백3, 5는 당연. 흑6이 강수인데, 이때 백7이 기분에 치우친 과수였다. 흑8이 통렬한 응징이며, 이하 흑16까지 사석작전을 통해 외곽을 완벽하게 정비해서는 흑이 승세를 확립했다.

흑14가 선수로 듣는 바람에 좌변 백진이 더욱 약해졌다는 데도 주목하자.

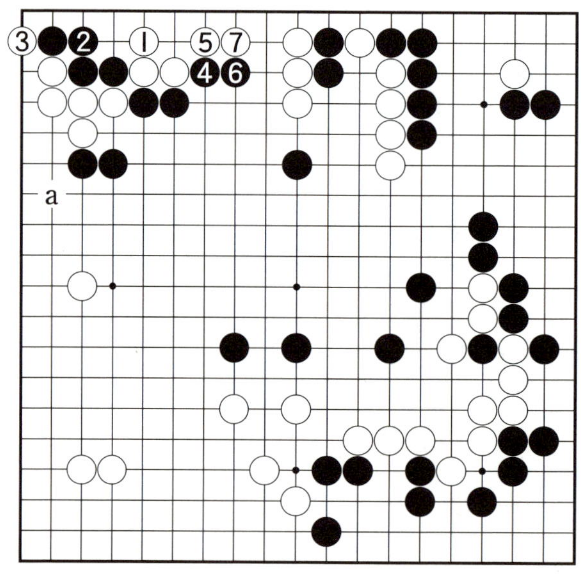

8도

8도 (백의 최선)

실전진행의 7로는 그냥 백1로 꼬부려 잡는 것이 최선이다.

그러면 흑4, 6을 선수로 당하는 것이 아프지만, 흑의 외곽에 흠집이 남아 실전보다는 훨씬 낫다(이제는 흑a도 선수가 아니다).

과수를 응징한 순발력

● 흑 차례

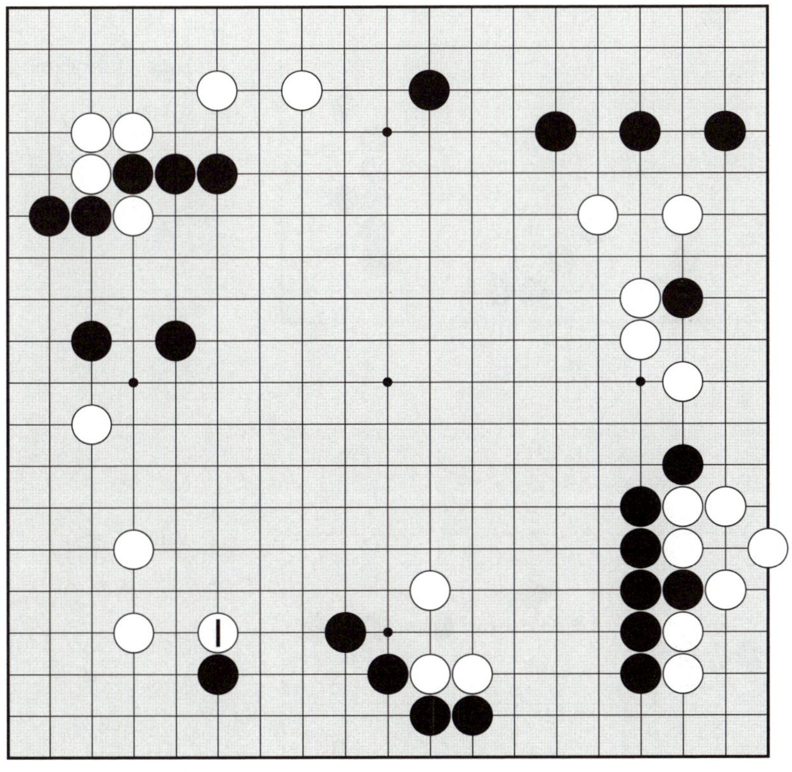

백이 좌하귀를 지킬 장면에서 1로 붙이는 적극책을 구사
해왔다. 그러나 이 수는 욕심 사나운 과수이다.

백의 의도를 분쇄, 응징하며 우위에 올라설 수 있는 흑
의 응수를 찾아보자.

국가대항전으로 열린 1회 SBS배 세계바둑 최강전 개막전에서 당시
한·일의 유망 신예 유창혁(흑)과 고마츠(小松英樹)가 벌인 실전 장면.

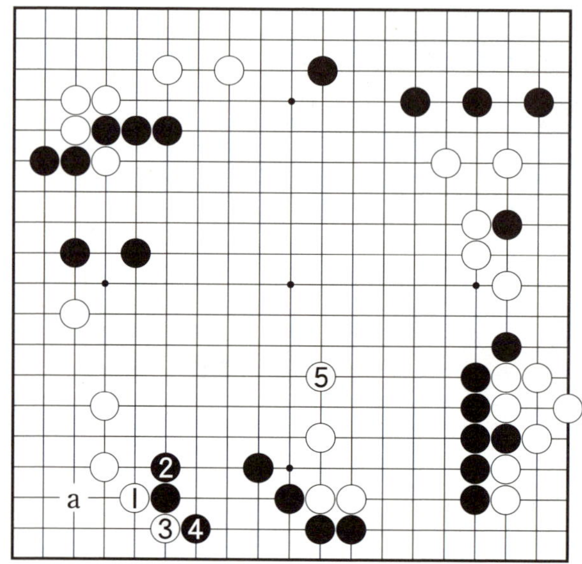

1도

1도 (백의 정수)

당초 백은 1～5로 처리 하는 것이 무난한 정수였 다. 그랬으면 흑이 다소 유리하나마 장기전의 계 가 바둑이다.

수순 가운데 백3은 흑a 의 침입여지를 완화시키 는 긴요한 선수활용이다.

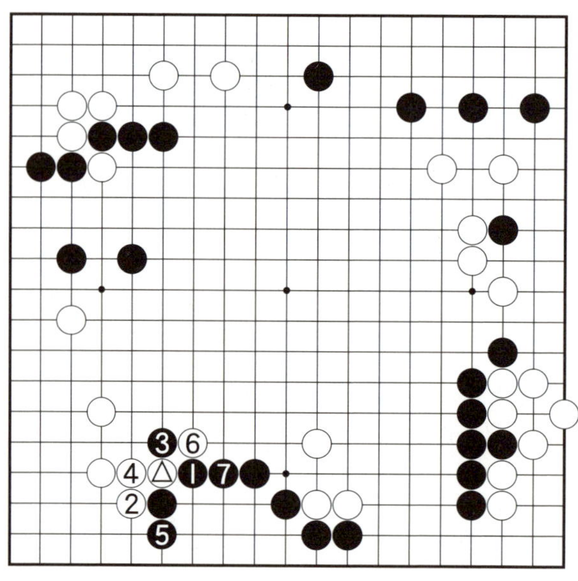

2도

2도 (백의 주문)

백△의 주문은 흑1로 젖 혀 달라는 뜻. 그러면 7까 지 좌하귀를 정비하겠다 는 의도이다.

이것은 하변 흑이 중복 된 데다 백의 선수여서 물 론 흑의 불만이다.

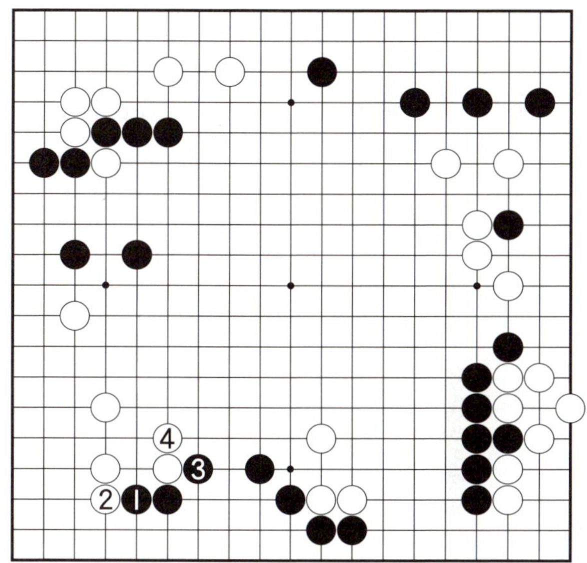

3도

3도 (역시 백 만족)

그렇다고 흑1로 먼저 들어가는 것은 속수이다.

　4까지 되고 나면 좌하귀 백진이 완전무결하게 굳어져 백의 대만족이다.

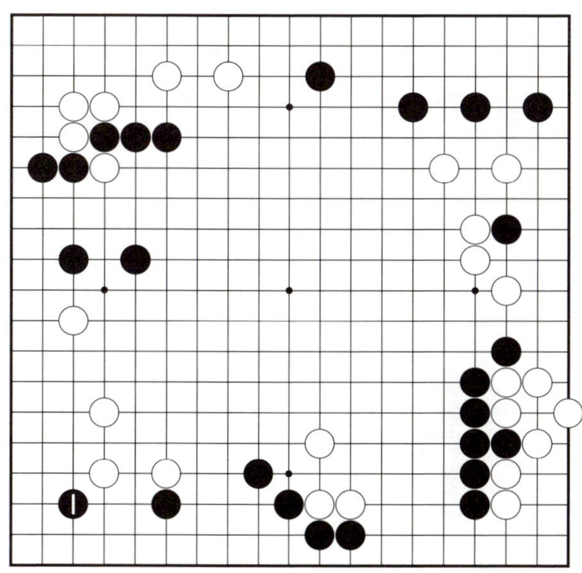

4도

4도 (☆ 의표를 찌르다)

흑1로 3三에 뛰어드는 것이 백의 의도를 분쇄하는 호착이다.

　하변 흑은 이미 단단한 자세를 하고 있는 만큼 약간 다쳐도 별 피해가 없다는 판단에 따른 임기응변이다. 계속해서～

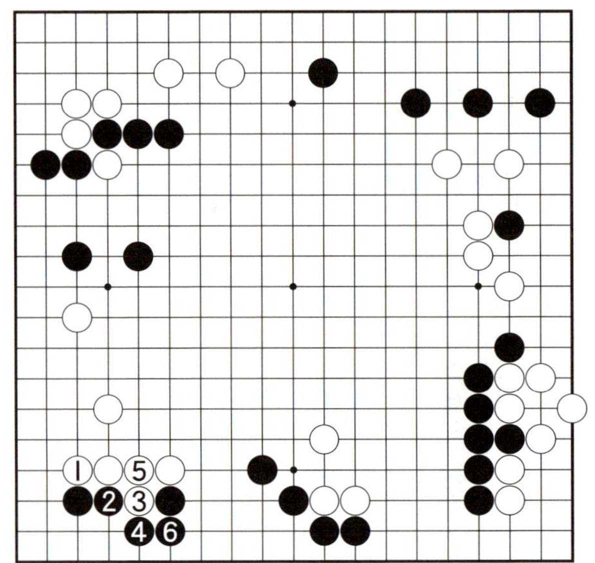

5도

5도 (흑, 대만족)

백1로 막는다면 흑은 2로 넘어 대만족이다.

　이하 6까지 좌하귀 실리를 빼앗으며 하변과 연결해 흑은 더 이상 좋을 수 없는 결과이다.

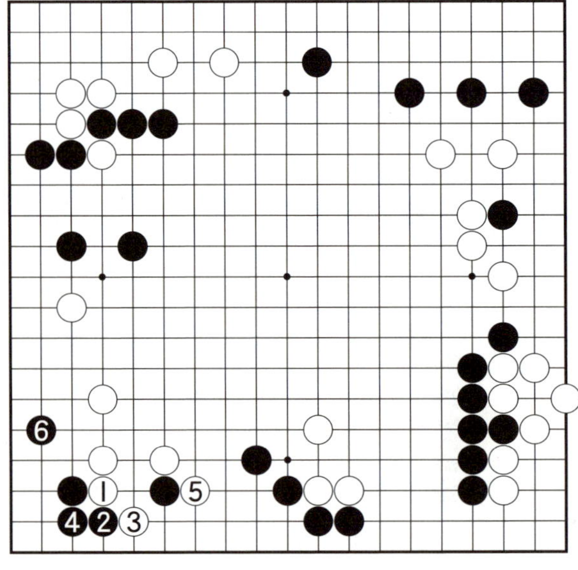

6도

6도 (좌변 초토화)

그렇다고 백1로 차단하는 것은 무리. 흑2, 4를 선수한 뒤 6으로 달려 좌변이 초토화되고 만다.

　백은 그 대가로 하변 쪽에 두터움을 얻었지만, 하변 흑이 견실한 탓에 쓸모가 없지 않은가.

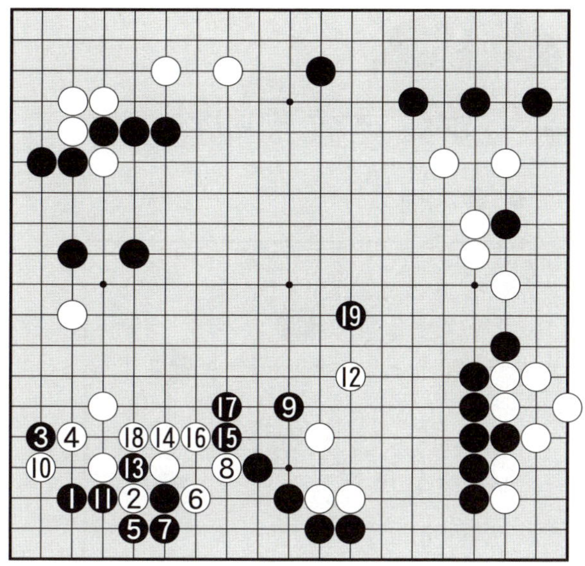

실전진행

실전진행 (흑, 우세확립)

따라서 백2로 호구치는 것이 그나마 최선의 응수이다. 그러나 흑3, 5로 좌하귀를 헤집어서는 흑의 성공이 역력하다. 백8~18이 고육지책의 수습책이지만, 흑은 좌하귀를 선수로 마무리 지은 뒤 19로 선공해서 가히 흑의 독무대라 할 수 있다. 이로써 확고부동한 흑의 승세가 확립되었다.

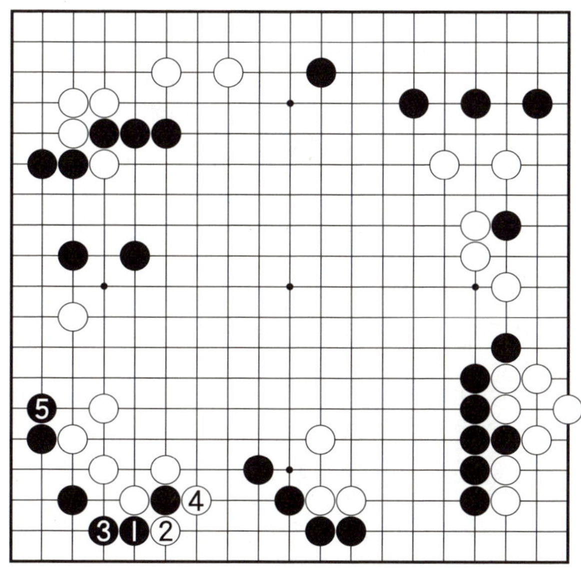

7도

7도 (백, 망함)

흑1의 젖힘에 덥석 백2로 끊는 것은 걸려드는 수이다. 흑3이 선수로 듣게 되면 5로 나가는 수가 성립하는 것이다.

이래서는 백이 껍데기만 남아 망한 꼴이나 다름없다.

배석과 축을 이용한 능률 극대화

● 흑 차례

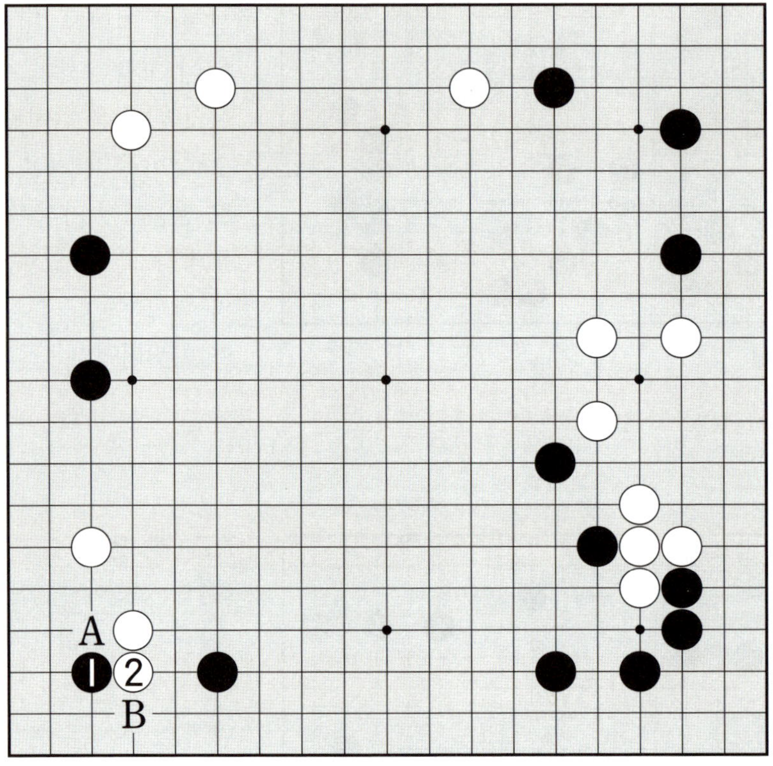

　　흑1로 뛰어들자 일단 백2로 차단의 자세를 취한 것은 당연한 응수이다. 자, 여기서 흑의 다음 수가 문제이다.

　　주변 배석과 축 관계를 고려해 돌의 능률을 극대화시킬 수 있는 방법은 없을까? A, B 가운데 선택해 보자.

　　38기 국수전 도전5국에서 조훈현(흑)과 이창호가 벌인 실전 장면.

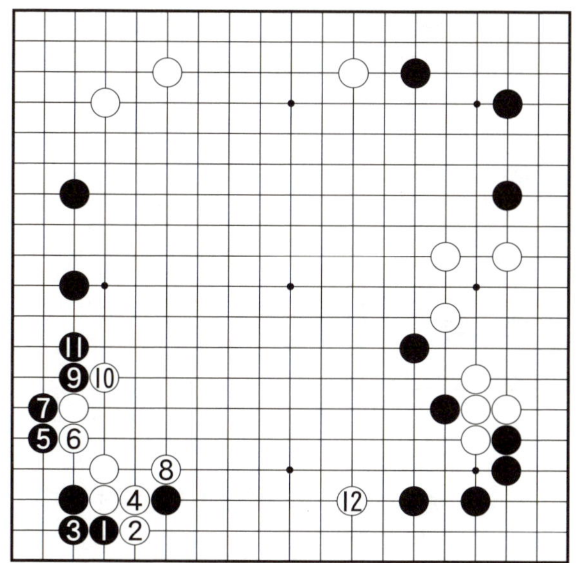

1도

1도 (평범한 발상)

흑1로 젖히는 것은 평범한 응수. 그러면 백도 2, 4로 차단한 뒤 10까지 선수로 처리하고 12의 요소를 차지해 피차 불만 없는 진행이 될 것이다.

이렇게 두어도 흑이 나쁜 것은 아니지만, 좀 더 배경을 살리는 임기응변이 아쉬운 장면이다.

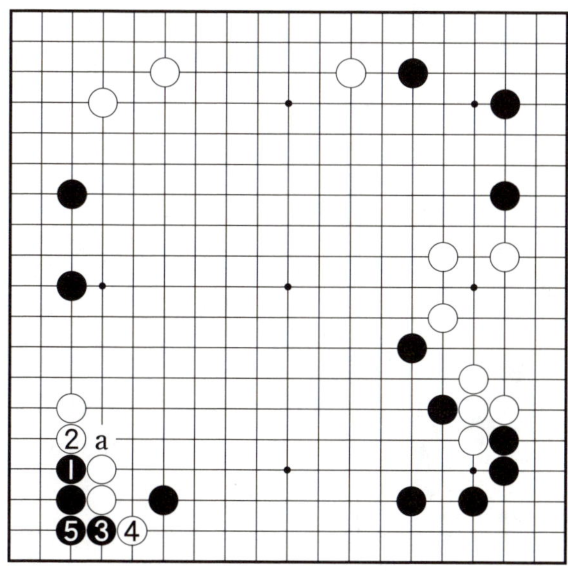

2도

2도 (☆ 적극적 수법)

흑1로 먼저 밀어가는 것이 이 경우 재미있는 수법이다. 백2에는 흑3, 5로 젖혀잇고 a의 단점을 노린다.

우상귀 쪽의 축머리가 유리하다는 판단에 따른 임기응변이다.

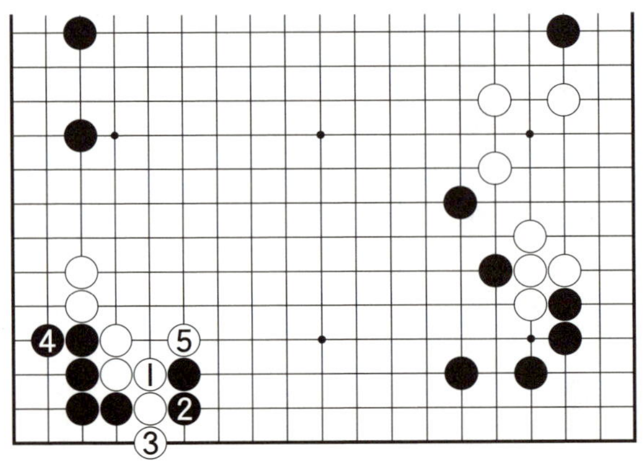

3도

3도 (흑, 소탐대실)

보통 때라면 백3 때 흑4로 귀를 돌볼 수밖에 없어 흑이 좋지 않다. 백5로 호구 친 자세가 워낙 좋아 귀를 도려낸 것이 도리어 소탐대실의 느낌이 들지 않는가. 그런데~

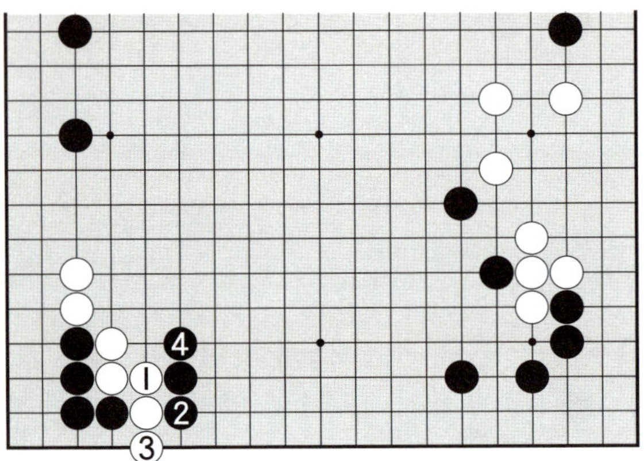

실전진행1

실전진행1 (준비된 강수)

여기서는 백3 때 흑4로 올라서는 강수가 성립한다. 우상 쪽의 축머리가 유리한 배경을 십분 살리는 임기응변의 호착이다.

자, 이때 백은 어떻게 응수해야 할까?

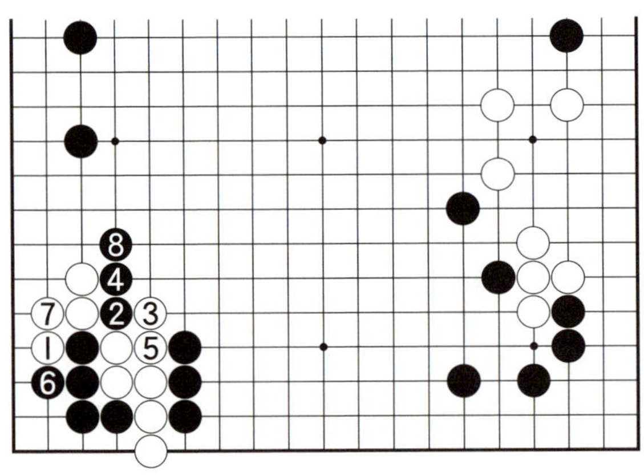

4도

4도 (백, 과욕)

백1로 젖히는 것은 한 마디로 과욕이다. 물론 귀는 잡을 수 있지만, 흑2로 끊겨 곤욕을 치르게 된다.

축이 성립하지 않으므로 백3, 5로 처리할 수밖에 없는데, 흑8에 이르러 백은 진퇴양난에 빠지는 것이다. 계속해서~

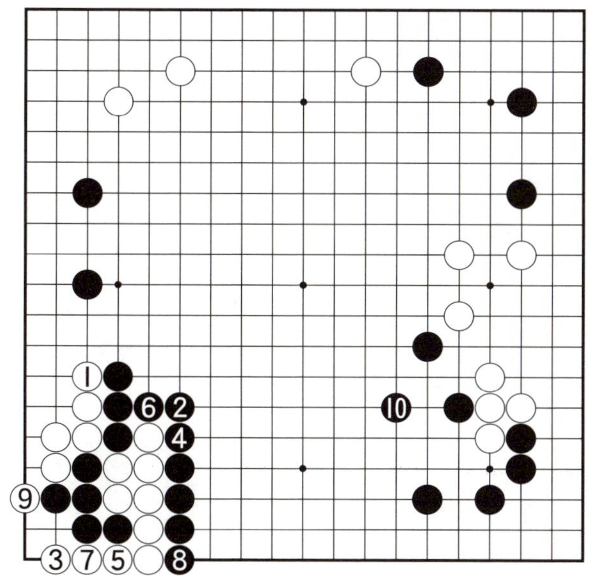

5도

5도 (잡고도 망하다)

백1이 불가피할 때 흑2의 장문이 성립하는 것이다. 이하 흑8까지 꿍꿍 싸 발려서는 백은 귀를 잡고도 망한 꼴이다.

귀의 백 실리는 불과 20집도 안되는 데 비해 흑의 철벽은 전국을 호령할 지경이다. 이래서는 사실상 바둑이 끝났다고 해도 과언이 아니다.

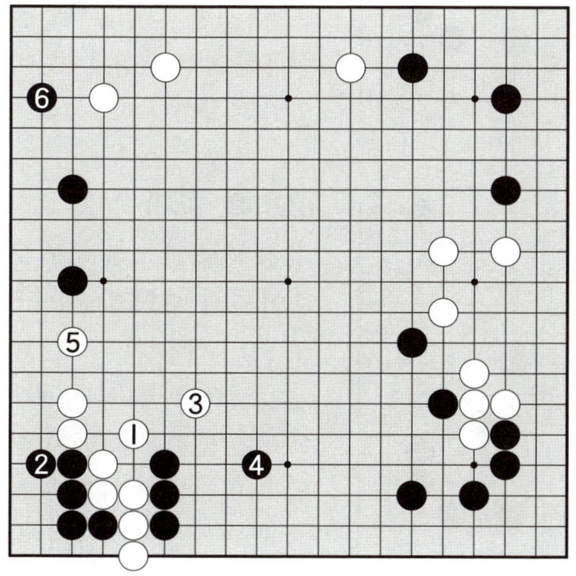

실전진행2

실전진행2 (능률적 처리)

따라서 백1로 지키는 것이 정수이다. 그러면 흑도 2로 귀살이한다. 이어 백3, 5에는 흑4, 6으로 양쪽을 처리해 흑이 한결 능률적이다.

부분적으로 백이 상당히 당한 모습이지만, 주변 배석이 불리한 이상 이 정도로 참고 후일을 기약하는 도리밖에 없다.

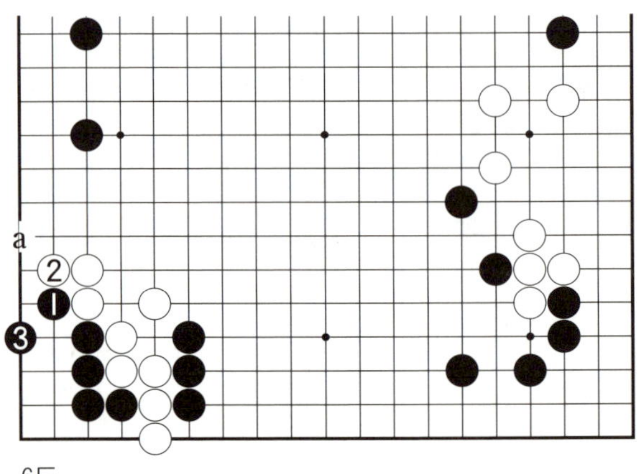

6도

6도 (그릇된 삶)

그런데 흑은 좌하귀 삶에 있어 유의할 것이 몇 가지 있다.

먼저 흑1, 3으로 사는 것은 좋지 않다. 장차 백a 가 선수로 듣는 탓에 좌변 흑에 그만큼 악영향을 끼치기 때문이다.

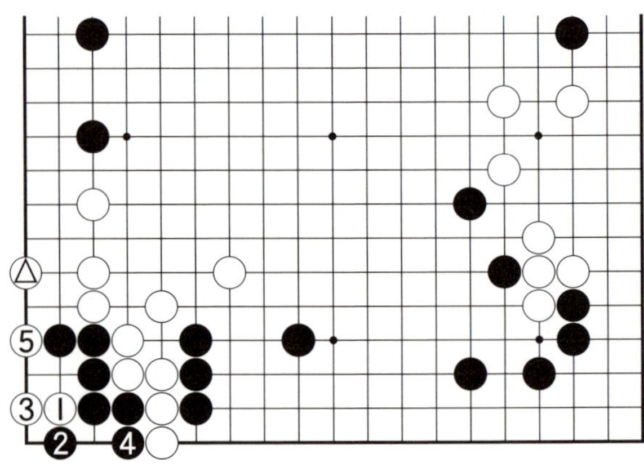

7도

7도 (백의 권리)

실전진행2의 결과가 반드시 백에게 불리한 것만은 아니다. 차후 좌하 흑에 a ~d 가운데 골라서 선수 활용할 수 있는 권리가 있으며, 하변 쪽에도 백△를 이용한 e 등의 침투수단이 있기 때문이다.

8도

8도 (흑, 횡사)

가령 백△가 놓였음에도 흑이 손을 뺀다면 백1~5 로 흑의 사망!

그러므로 흑도 이 형태에서는 주위에 백돌이 놓일 때마다 좌하귀 사활문제에 촉각을 곤두세워야 한다.

묘미 있는 마늘모 웅크림

○ 백 차례

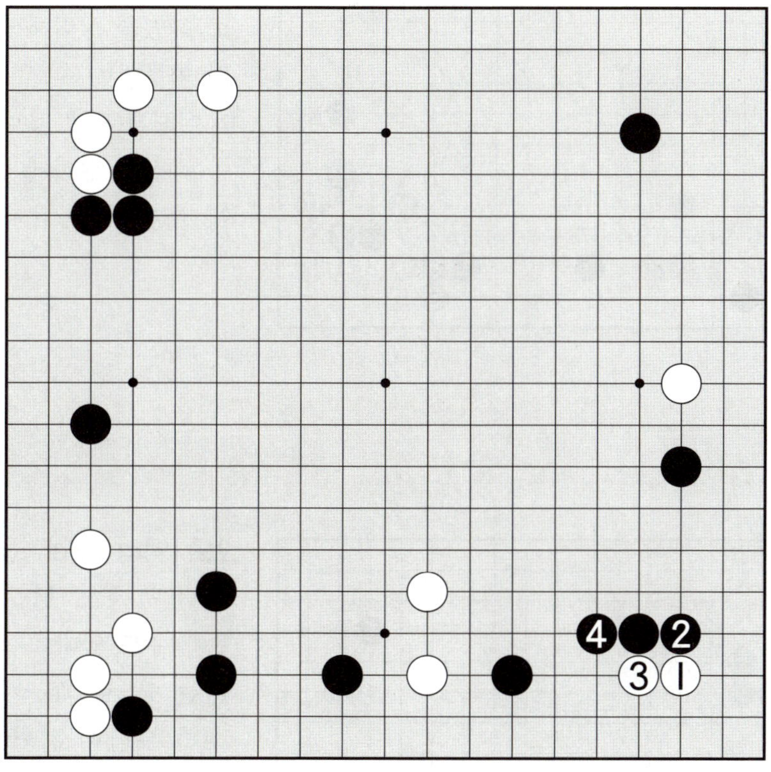

　　흑의 눈목자굳힘에서 세칸 벌린 양날개 포진의 허를 찔러 백1로 침입한 장면. 백3 때 흑4가 책략 넘치는 응수. 선수를 뽑거나 외곽을 두텁게 한 뒤 하변과 우변의 백말을 선공하겠다는 의도이다. 따라서 백은 선수를 뽑는 것이 지상과제가 되었다. 자, 선수를 뽑는 임기응변은 무엇일까?

26기 왕위전 도전6국에서 유창혁(흑)과 이창호가 벌인 실전 장면.

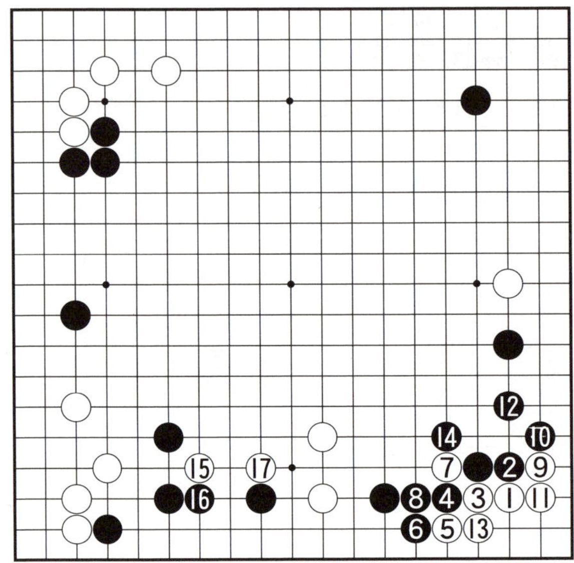

1도

1도 (백의 독무대)

당초 백3 때 평범하게 흑 4로 젖히는 것은 좋지 않다. 백13까지 귀살이한 뒤 선수까지 잡아 15, 17 로 하변을 정리해서는 백의 독무대!

이렇게 되고 보니 우하쪽 흑진이 심하게 중복되어 비능률의 극치 아닌가.

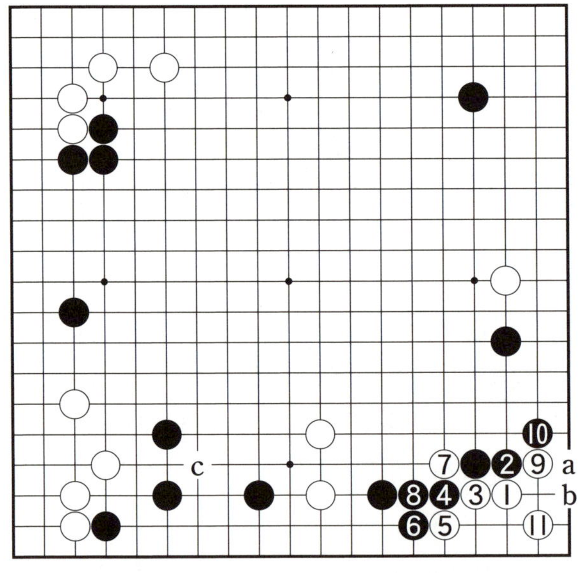

2도

2도 (백의 강수)

또한 백은 9, 11로 버티는 강수도 있다. 다음 흑a 에는 백b로 패. 이 패는 흑의 부담이 워낙 큰 데 다 c쪽에 백의 팻감이 있어 흑의 무리가 자명하다.

따라서 장면도 흑4는 정수라는 결론이다.

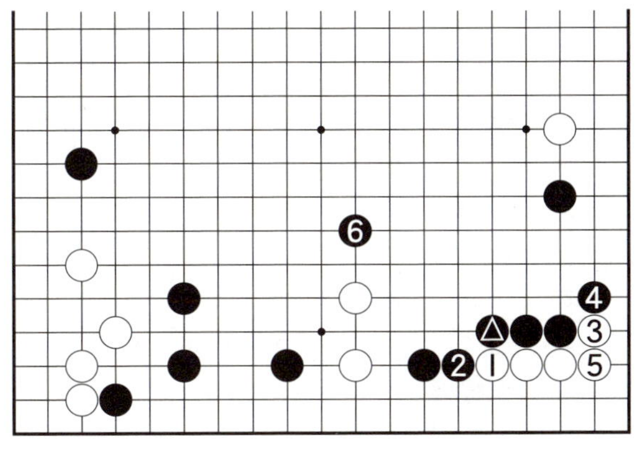

3도

3도 (흑의 주문)

본론에 들어가서, 백1로 미는 것은 무책이다. 백5의 후수 귀살이가 불가피할 때 흑6으로 선공해 흑이 대세를 제압한 모습이다. 이렇게 선수를 뽑자는 것이 흑▲의 주문이다. 게다가~

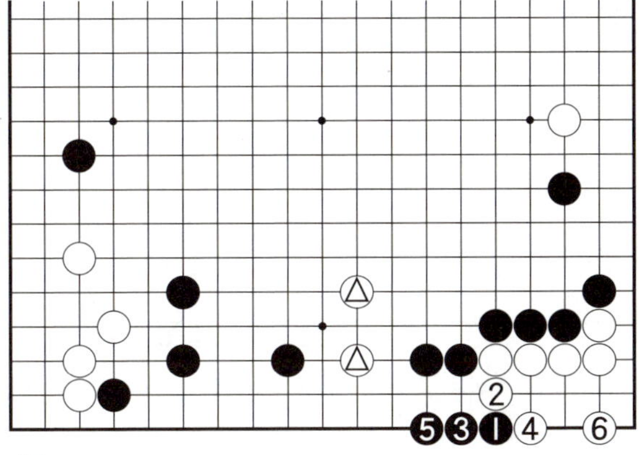

4도

4도(흑의 후속수단)

훗날 우하귀에는 유력한 후속수단도 남아있다.

흑1~5가 절대선수로 작용해 백△들이 그만큼 허약해지는 것이다. 그러므로 3도 백1은 불가!

5도 (☆ 임기응변)

백1의 마늘모가 이 경우 효과적인 응수가 된다. 백a의 도강을 엿보아 하변을 응원하면서 여차하면 선수로 귀를 처리하겠다는 뜻을 담고 있다. 계속해서~

5도

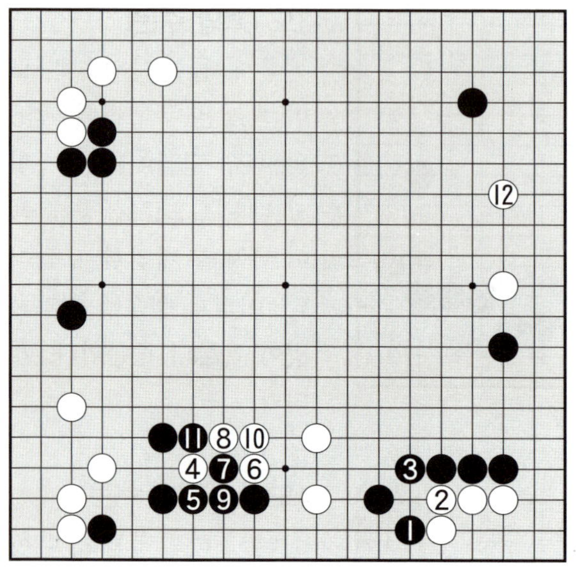

실전진행

흑1의 차단은 당연한데, 백2를 선수한 뒤 손을 뺄 수 있다는 점이 백의 자랑이다. 백4~10으로 하변을 보강한 뒤 대망의 12에 선착해 백이 발 빠른 모습이다.

당초 품었던 '귀살이＋선수'라는 백의 목표가 관철된 결과라고 하겠다.

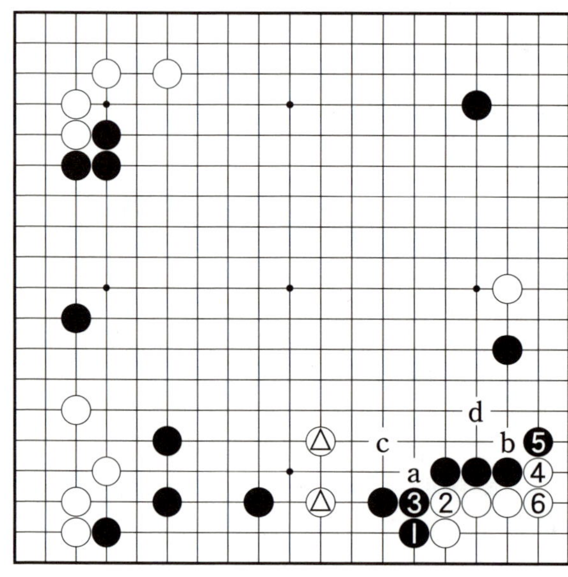

6도

6도 (백, 만족)

백2 때 흑3으로 꼭 받으면 백은 4, 6이 불가피하므로 선수를 잡을 수는 없다. 그러나 흑은 a, b의 약점이 목의 가시처럼 크게 부각되어 백△들을 공격하는 데 큰 제약이 따른다. 가령 백c나 d의 선수 활용이면 도리어 흑의 형태가 무너질 처지 아닌가.

주문을 거역하는 반격의 절단

○ 백 차례

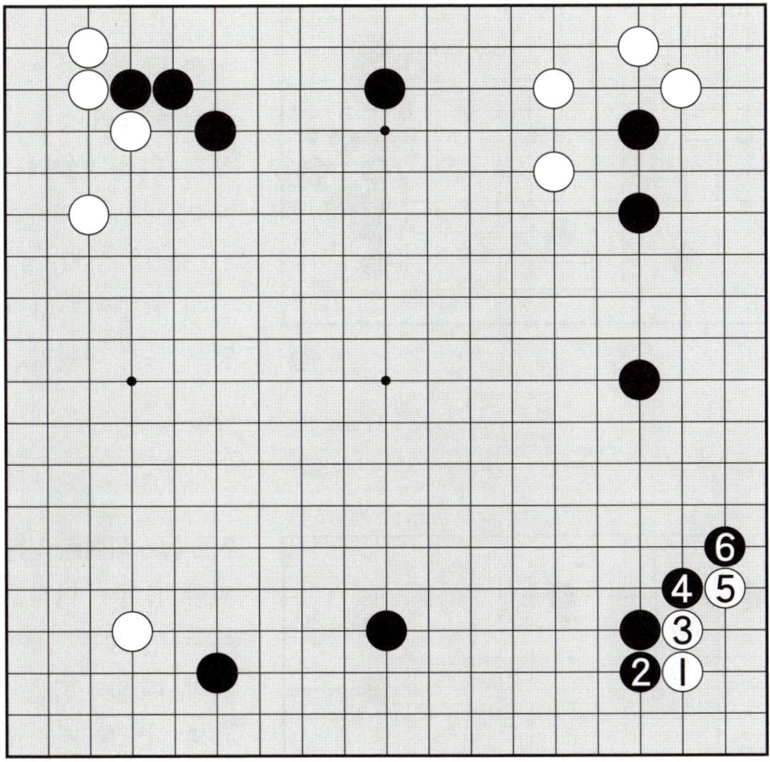

화점 양날개 포진에서 백1의 3三침입은 가장 무난하면서도 유력한 침입수단이다. 그런데 이때 흑은 4, 6으로 강력하게 이단 젖혀왔다.

자, 이 수의 의도는 무엇이며, 흑의 주문을 거부하는 응수는 무엇인가?

29기 최고위전 도전3국에서 이창호(흑)와 조훈현이 벌인 실전 장면.

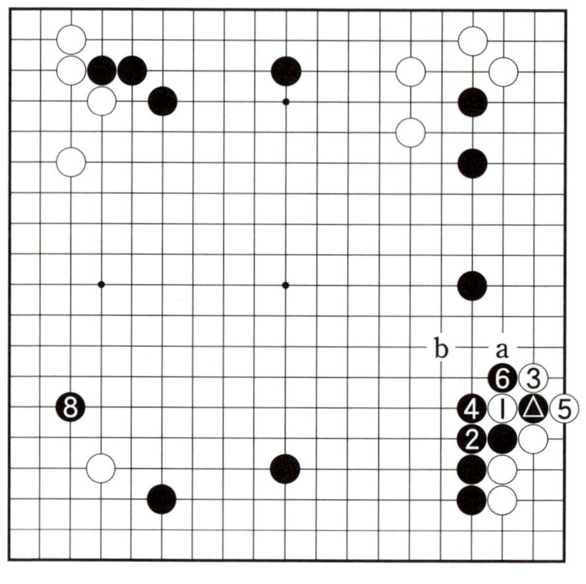

1도

1도 (흑의 주문)

보통은 백1, 3으로 끊어 잡는 것이 상식이지만, 여기서는 바로 그것이 흑의 주문이다. 이하 7까지 흑이 선수로 우하 쪽을 처리한 뒤 8의 요소에 선착해서는 흑의 호조가 확연하다(다음 백a에는 흑b가 제격).

그렇다고 흑6 때 백a로 몰아 반발하자니 팻감이 없어 무리 아닌가.

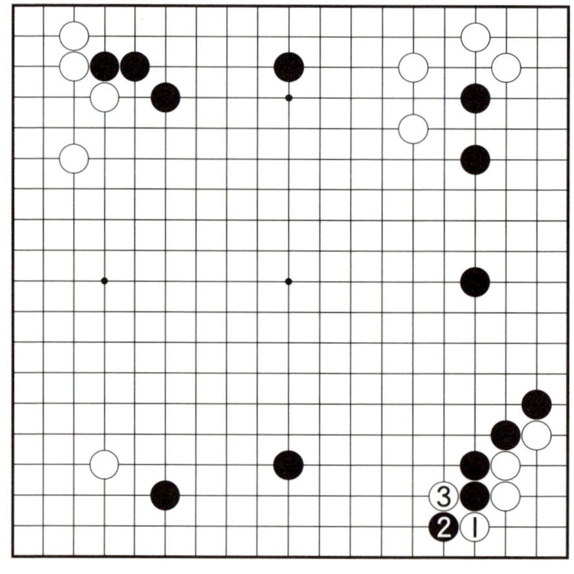

2도

2도 (☆ 적절한 반발)

지금 흑이 주력하고자 하는 주 무대는 단연 하변이다. 따라서 백은 그러한 흑의 의도를 거스르는 궁리를 하는 것이 바람직하다. 따라서 백1, 3의 반대쪽 절단이 적절한 변화구!

자, 이때 흑은 어떻게 응수해야 할까?

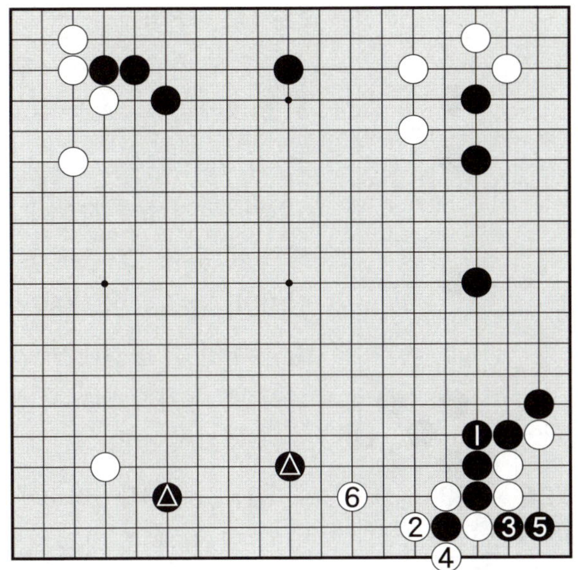

실전진행

실전진행 (백, 목표달성)

흑1로 잇는 것이 정수. 그러면 백2~6은 필연의 정석 수순이다. 이 결과는 당초 주력하던 하변 흑 모양이 무너지면서 ▲들이 도리어 허약한 자세가 되어 백의 성공이 역력하다.

상대의 주문을 거부하는 적절한 변칙수로 포석의 우위를 확보한 셈이다.

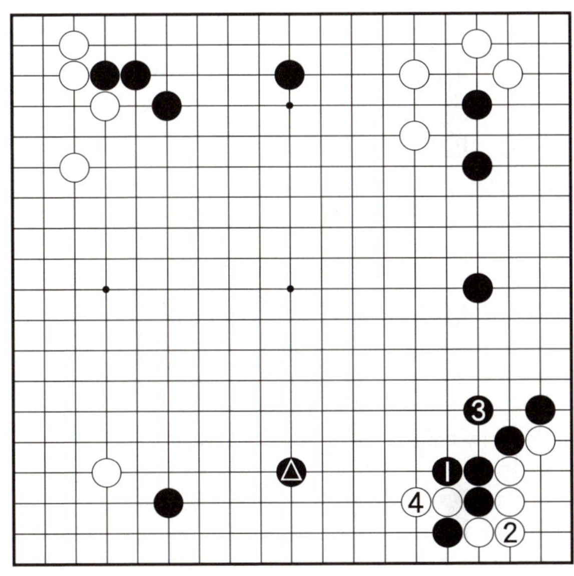

3도

3도 (흑, 무리)

사실 흑1, 3이라는 최강의 버팀 수단이 있지만, 불행히도 여기서는 ▲의 자세가 높은 탓에 무리이다.

백4로 쑤욱 나가는 순간 흑의 하변이 파괴되기 때문이다. 계속해서~

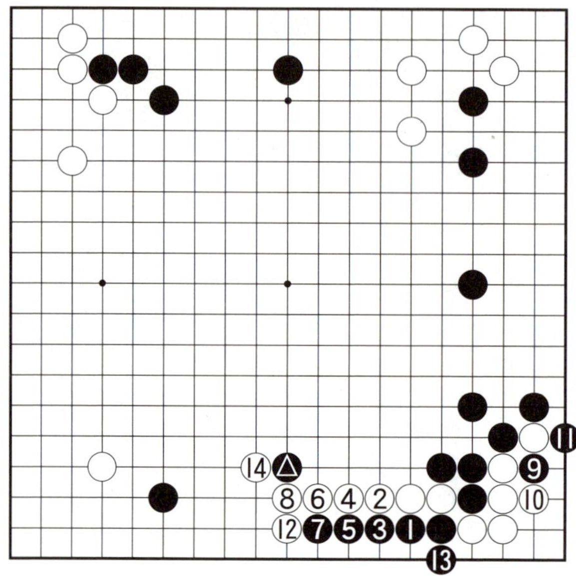

4도

4도 (흑, 망함)

흑1~7로 2선 포복을 해야 한다면 좋은 결과가 나올 리 만무하다.

흑13까지 눈물겨운 노력 끝에 우하귀를 손에 넣었지만, 당초 흑이 대모양을 꿈꾸던 하변 일대가 오히려 백 천지가 되어서는 흑이 망한 꼴이다.

흑1, 3은 ❷가 8자리에 낮게 있을 때 유력한 강수이다.

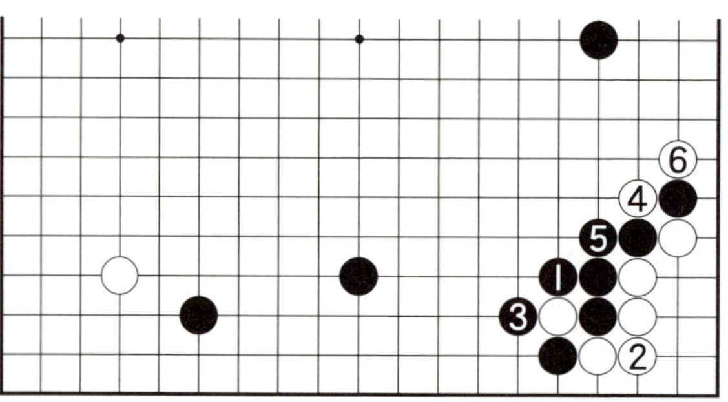

5도

5도 (흑, 큰 손실)

그렇다고 백2 때 흑3으로 물러서는 것은 백4, 6을 당해 실리의 손실이 너무 크다. 역시 흑1이 원죄!

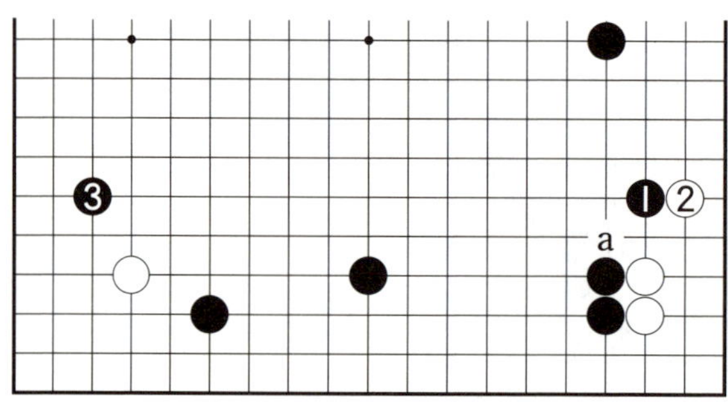

6도

6도 (흑의 정착)

애당초 흑이 이단젖힘한 수로는 1(또는 a)로 두는 것이 좋았다.

다음 백2에는 손을 빼고 흑3으로 향할 수 있어 별 문제가 없다.

대세의 균형을 위한 미끼 투하

● 흑 차례

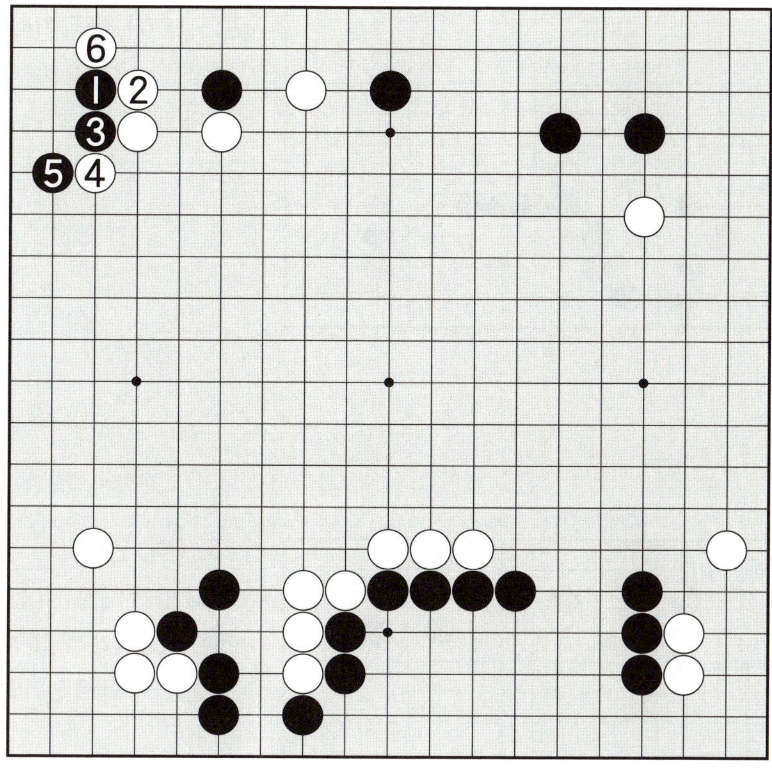

　　흑1로 뛰어들자 백2～6으로 양 두점머리를 두들긴 장면이다. 백의 이런 수법에는 상당한 책략이 깃들어있다.

　　백의 주문은 무엇이며, 그것을 타파하려면 어떻게 대응해야 할까?

　　40기 국수전 도전5국에서 이창호(흑)와 조훈현이 벌인 실전 장면.

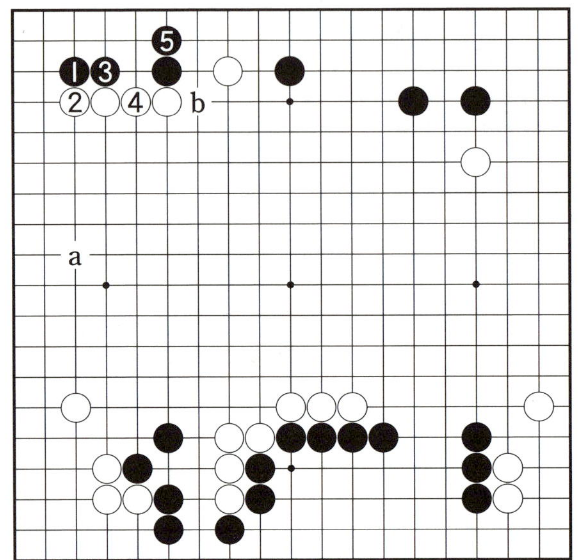

1도

1도 (백, 방향착오)

흑1의 3三침입에 백2로 막는 것은 방향착오이다. 흑5까지 되고 난 다음 흑a 와 b가 맞보기가 되어 백이 곤란한 모습이다.

백2는 좌변 화점 언저리에 백돌이 있을 때 어울리는 응수이다.

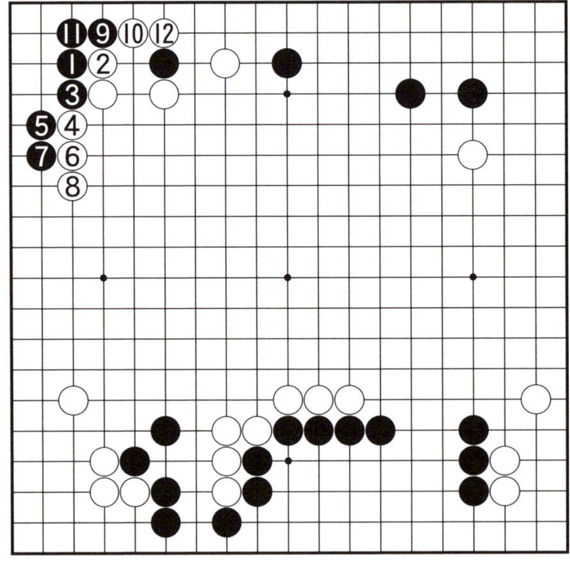

2도

2도 (백, 안일)

따라서 백2로 막는 것이 정수. 그런데 흑3 때 백4 ~8로 처리하는 것은 안일하다.

흑11까지 해치운 뒤 큰 곳으로 손을 돌리면 흑이 발 빠른 모습이다. 흑은 선수로 귀를 도려낸 반면, 백은 중복된 모습이어서 불만이 역력하다.

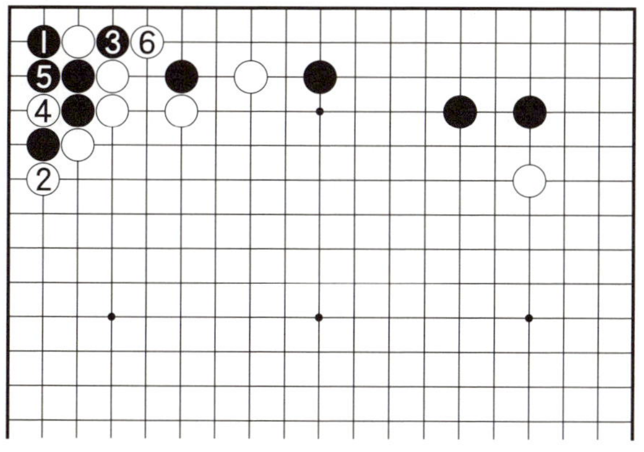

3도

3도 (백의 주문)

본론에 들어가서, 백의 두 점머리 젖힘에 제꺽 흑1로 받는 것은 무책임하다. 백 2를 얻어맞아 쌈지를 뜨고 만다. 흑3으로 끊어도 백 4, 6이면 완전봉쇄!

이래서는 백이 두터운 모습이다.

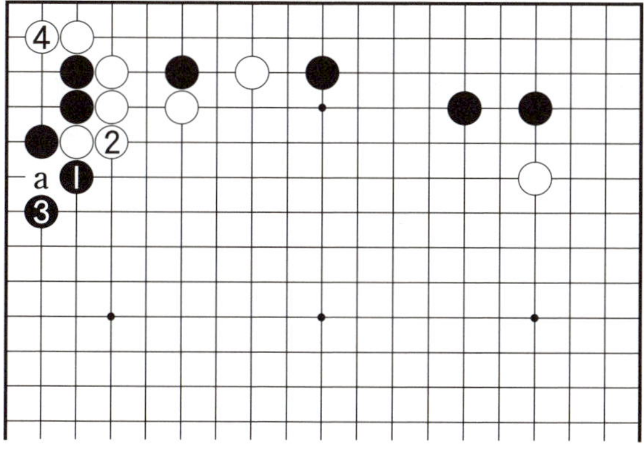

4도

4도 (흑, 큰 손해)

그렇다고 흑1, 3으로 반발 하는 것은 백4를 선수로 당해 실리 상 손해가 크다 (흑3으로 4자리에 막는 것 은 백a를 당해 3도와 대동 소이).

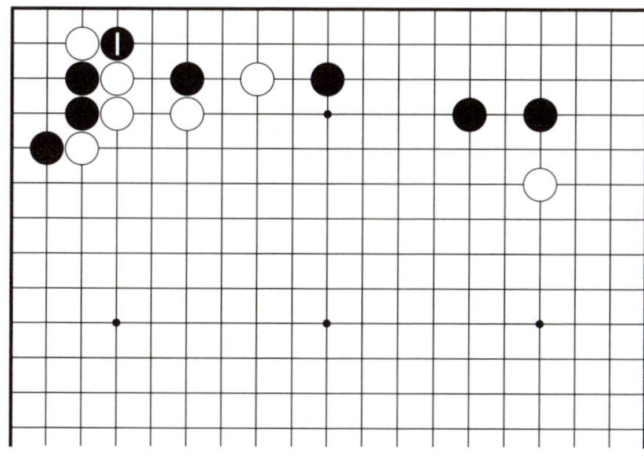

5도

5도 (☆ 맥점 일발)

흑1로 끊는 것이 긴요한 맥점. 일견 엉뚱한 손해수 처럼 보이지만, 백의 주문 을 거역하면서 대세의 균 형을 맞추기 위한 수순의 묘이다.

과연 무슨 깊은 뜻이 있 을까?

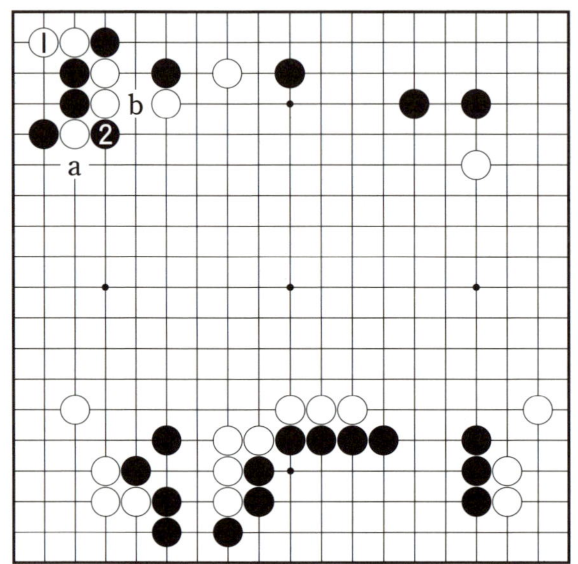

6도

6도 (백, 무리)

기분 같아서는 백1로 들어가고 싶지만 흑2로 끊겨 안 된다.

흑a와 b가 맞보기여서 백은 파탄을 면치 못한다.

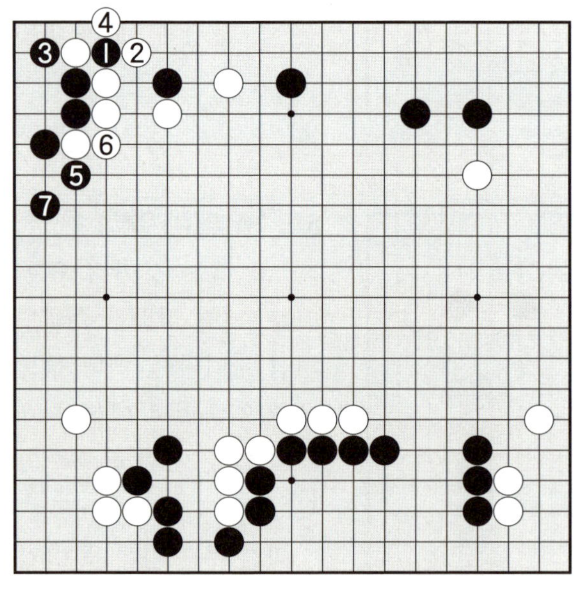

실전진행

실전진행 (진출 성공)

결국 백2로 잡을 수밖에 없는데, 흑3을 선수한 뒤 5, 7로 정비해 흑의 수습 성공이다.

상변 백진은 이미 중복된 형태이므로 4의 빵때림을 허용해도 별로 아까울 것이 없다.

결국 흑1의 한점은 봉쇄를 피하기 위한 고육의 희생타가 된 셈이다.

선수처리를 위한 응수타진의 묘

● 흑 차례

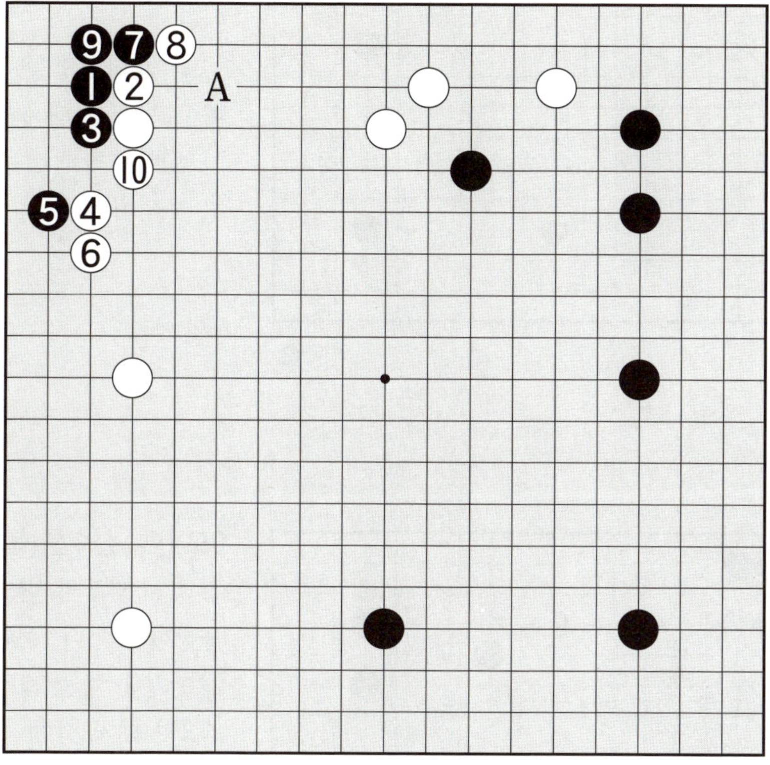

백의 양날개 포진에 흑1로 귀살이를 시도한 장면이다. 이하 흑9까지는 필연의 수순인데, 이때 백이 평범하게 A로 호구치지 않고 10으로 늘었다. 이 수의 의도는 무엇이며, 흑은 어떻게 대응하는 것이 좋을까? 전국을 보는 대세관과 선수쟁탈 여부가 중요한 테마이다.

1회 응씨배에서 후지사와 슈코(흑)와 녜웨이핑이 벌인 준결승 1국.

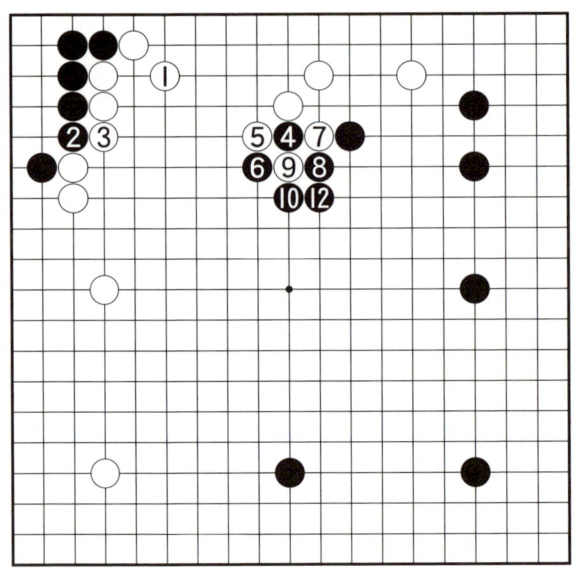

1도

1도 (백, 후수를 잡다)

당초 장면도의 10으로는 백1로 호구치는 것이 부분적인 정수이다. 그러나 후수라는 점이 백의 불만이다.

흑이 좌상귀를 선수로 마무리 짓고 대세의 급소인 4에 선착해서는 활발한 포석이다.

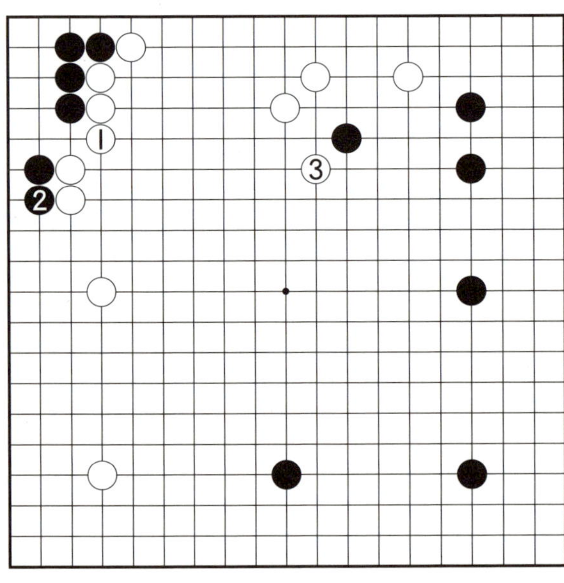

2도

2도 (백, 선수를 뽑다)

그래서 백1의 변화구가 등장한 것이다. 이때 흑이 2로 순순히 응해준다면 백3의 대세점에 선착할 수 있다. 바로 이것이 백의 주문!

따라서 흑2는 부분적으로는 정수이되, 전국적 견지에서는 완착의 혐의를 벗을 수 없다. 자, 그렇다면 흑이 선수를 뽑을 방법은 없을까?

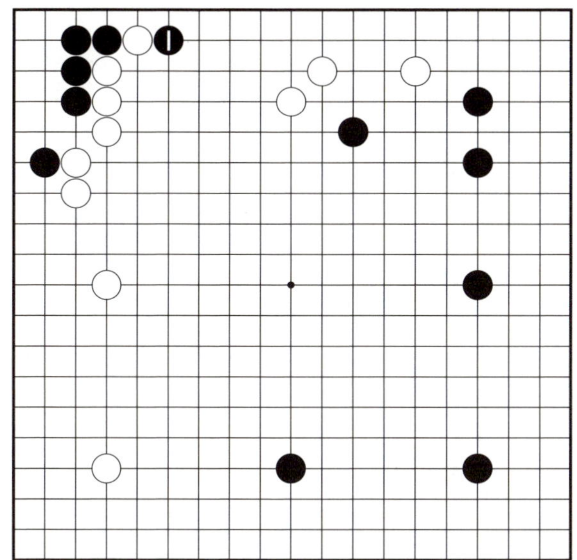

3도

3도 (☆ 교묘한 맥점)

흑1의 껴붙임이 교묘한 응수타진. 백의 응수여하에 따라 선수를 뽑거나 끝내기 상 큰 이득을 취할 수 있다.

　요즘이라면 쉽게 이 수를 구사하지만, 당시만 해도 후지사와 9단의 탁월한 감각이 낳은 호착으로 찬사를 받았던 선구적 수법이다.

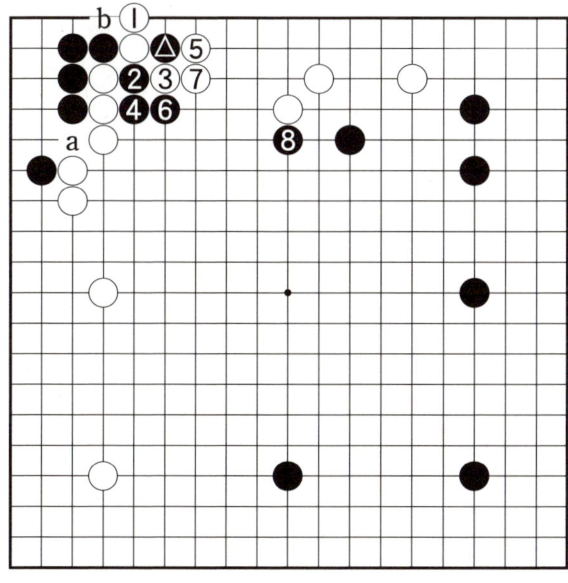

4도

4도 (흑, 대망의 선수)

손해 보지 않으려면 백1로 내려서야 하는데, 흑2~6으로 '보험'을 들어둔 다음 대망의 8에 선착할 수 있는 것이다.

　좌상귀는 흑a와 b가 선수로 듣고 있어 거뜬히 살아있는 모습이다.

　결국 흑△는 선수를 뽑기 위한 희생 번트가 된 셈이다.

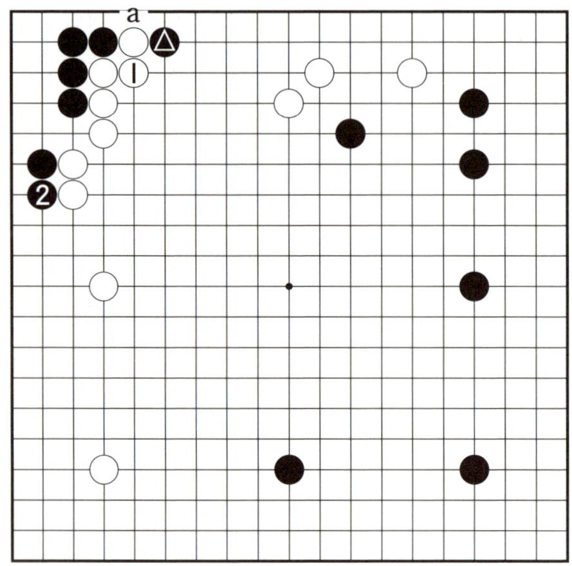

5도

5도 (백, 큰 손해)

그렇다고 백1로 잇는 것은 물론 흑a의 큰 끝내기가 남아 백의 손해가 크다. 그런데, 좌상귀 흑이 완생한 후 뒤늦게 △를 둔다면 그때 백1로 받아준다는 보장이 없으므로 바로 지금이 타이밍이다.

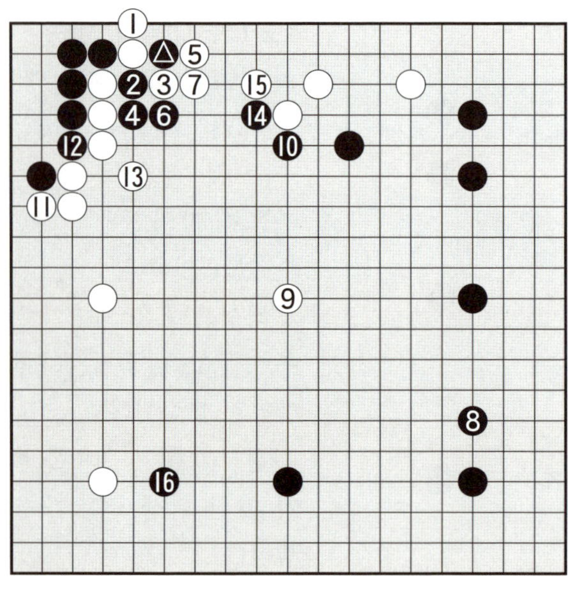

실전진행

실전진행 (흑, 성공)

흑△의 희생타작전에 힘입어 귀중한 선수를 잡은 흑은 8, 10, 16 등 대세점을 잇달아 선점해 포석을 우세하게 이끄는 데 성공했다.

'기자쟁선(棄子爭先: 부분적 손해를 감수하더라도 선수를 뽑아라)'의 기훈을 실천한 명장면이었다.

공격의 실마리를 푸는 응수타진

● 흑 차례

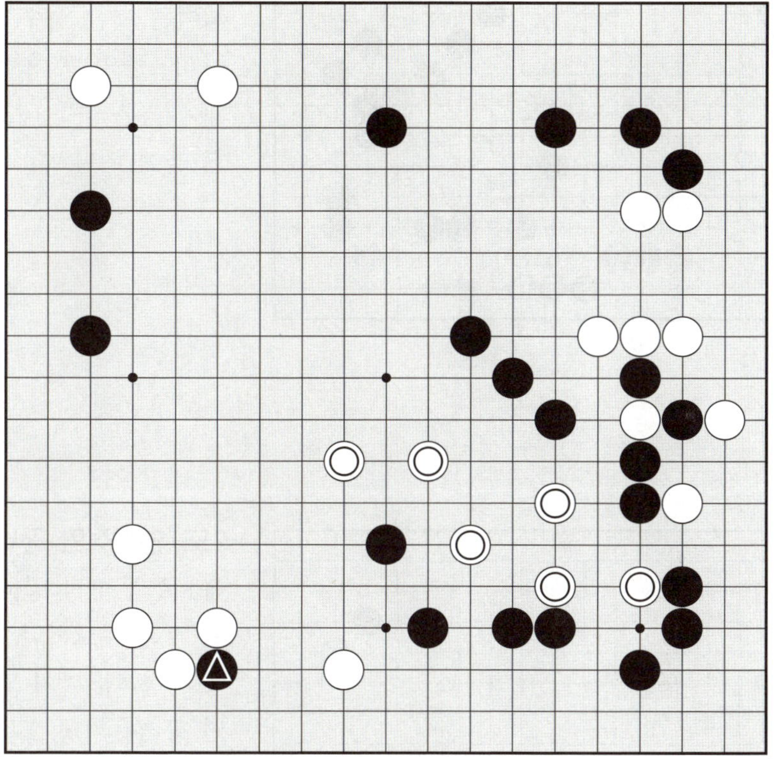

　　우변〜중앙에서 치열한 공중전이 벌어지고 있는 상황이다. 특히 흑은 백◎들에 대한 공격을 어떻게 펼치느냐가 당면과제이다.

　　좌하 쪽 포로(흑▲)의 뒷맛과 연관 지어 효과적인 공격수단을 찾고 싶다.

　　44기 국수전 예선결승에서 김수장(흑)과 허장회가 벌인 실전 장면.

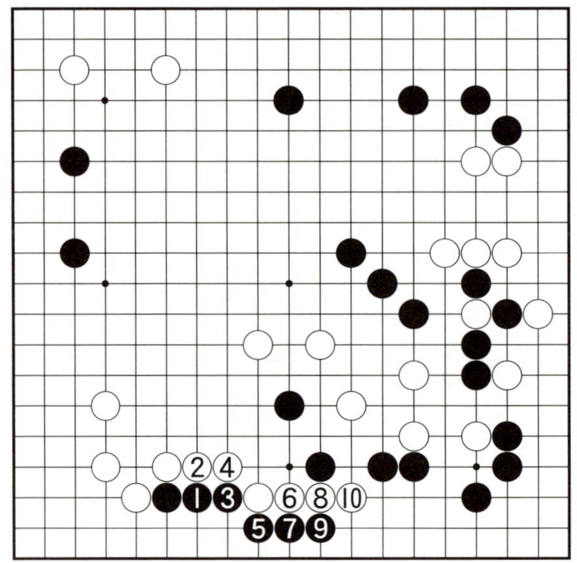

1도

1도 (흑, 소탐대실)

먼저 하변 쪽의 뒷맛을 살펴보자. 이곳은 흑1의 준동수단이 있다.

　그러나 당장 흑1로 움직이는 것은 하수적 발상이다. 중앙 쪽이 엉망이 되어 흑은 수를 내고도 망한 꼴이 된다.

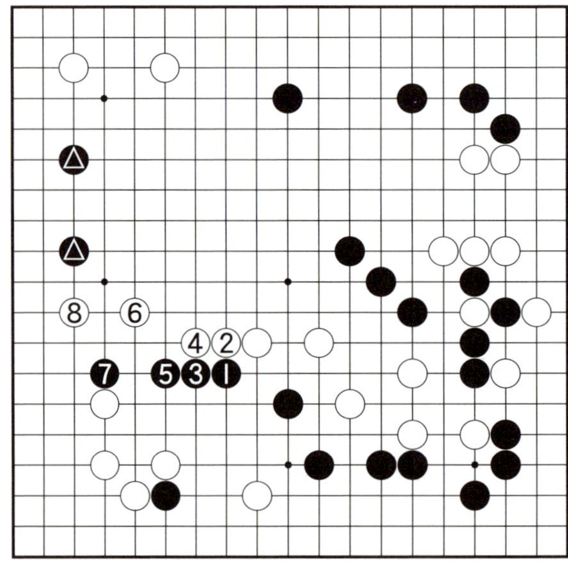

2도

2도 (맹목적인 공세)

흑1로 무작정 공세를 펴는 것은 무모하다.

　가령 백8까지 되고 나면 공격은커녕 도리어 흑△들이 수세에 몰리는 형국 아닌가.

　대개 이 같은 노골적인 공격으로는 성과를 얻어내기 힘들다.

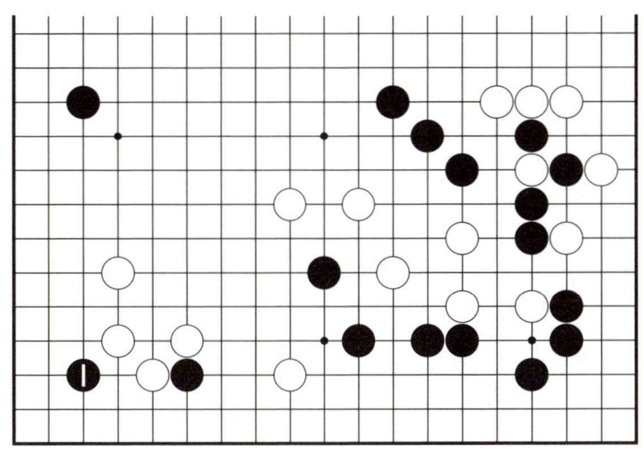

3도

3도 (☆ 적시의 응수타진)

흑1로 3三에 뛰어드는 것이 묘미 넘치는 적시타이다. 귀에서 살자는 뜻보다는 백의 응수에 따라 중앙 공격의 방향을 정하자는 응수타진인 것이다. 자, 백의 응수가 궁금하다.

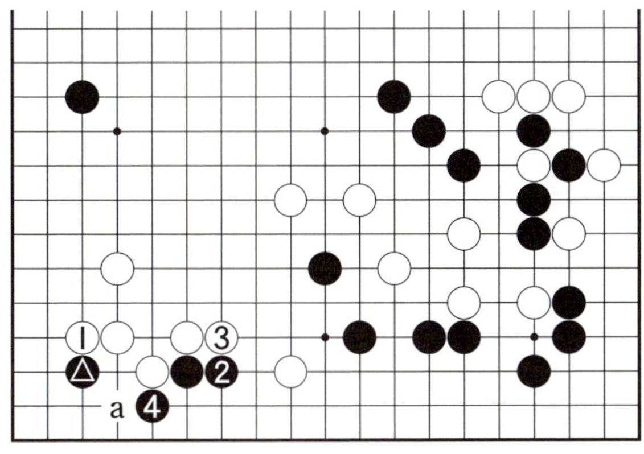

4도

4도 (손쉬운 타개)

백1로 막는다면 흑2로 늘어 재차 응수를 묻는 것이 준비된 카드! 계속해서 백3이면 흑4로 젖혀 쉽게 수가 난다.

백a로 젖혀 받지 못하게 만든 것이 바로 흑▲의 역할이다.

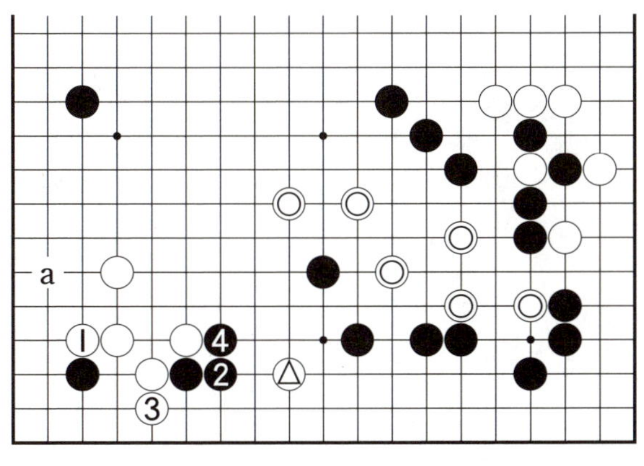

5도

5도 (하변 파괴)

그렇다고 백3으로 차단하는 것은 흑4에 의해 백△가 고립되고 만다.

이제 백 대마(◎)도 위협받게 되었다는 데 주목하라. 그리고 좌변 쪽에도 아직 흑a의 이용수단이 남아있다.

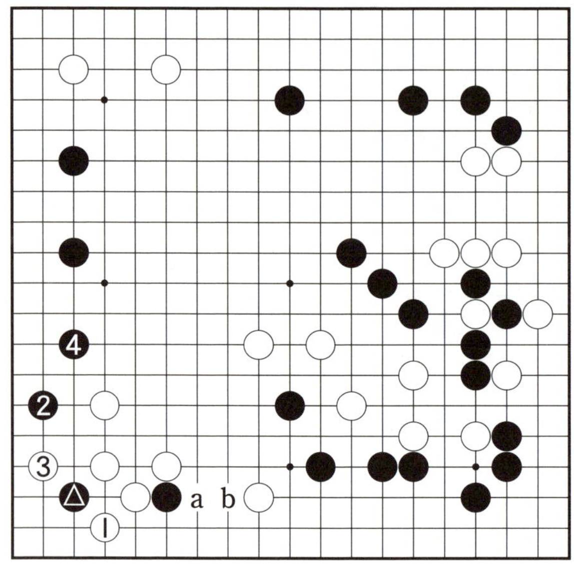

6도

6도 (좌변에서 이득)

아예 백1로 차단하는 것
은 어떨까?

이때는 흑이 2, 4로 활
용하며 좌변에서 큰 이득
을 취해 역시 만족이다.

그러고도 하변 쪽에는
아직 a나 b의 수단이 남
아있으니, 이 정도면 흑△
의 '고기값'을 120% 받아
냈다고 하겠다.

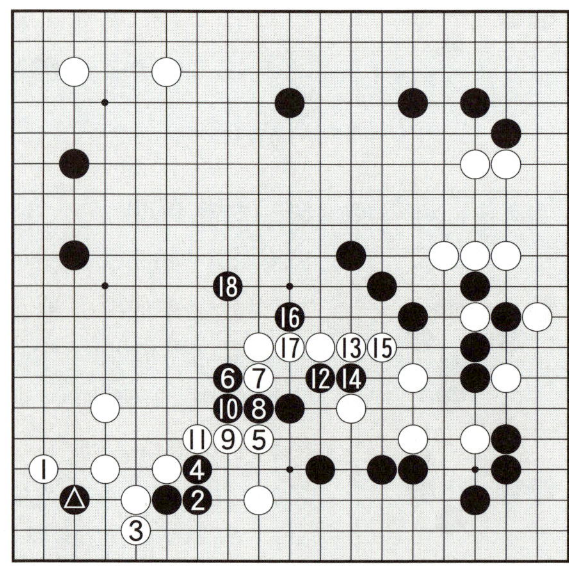

실전진행

실전진행 (사석작전 성공)

백은 고심 끝에 1, 3으로
한껏 버텼으나 막상 흑2,
4로 움직여 나오자 어수
선한 모습이다. 백11까지
최강수로 버텨 하변은 잡
았으나, 흑은 18까지 파
상공세를 퍼부어 일거에
대세를 장악한 모습이다.

결국 흑은 △의 미끼 작
전으로 중앙공격의 실마
리를 효과적으로 풀어낸
셈이다.

2장

프로의 화점전략 2탄

(3三침입의 대응책)

상대의 3三침입에 제대로 대응하는 것은 결코 쉽지 않다. 부분의 변화뿐 아니라 주위 배석을 고려한 전국적인 이해득실까지도 함께 고려해야 하기 때문이다.

특히 기력 차이가 나는 접바둑에서는 이 3三침입을 둘러싼 처리와 대응이 초중반의 우열을 가르는 경우가 비일비재하다. 그래서 3三은 늘 하수의 '설움지대'이자 '눈물고개' 아닌가?

이 장에서는 3三침입을 맞이하는 편에서 최선의 처리방법을 프로의 실전 예를 통해 살펴보았다.

간명하고도 대승적인 3三처리

● 흑 차례

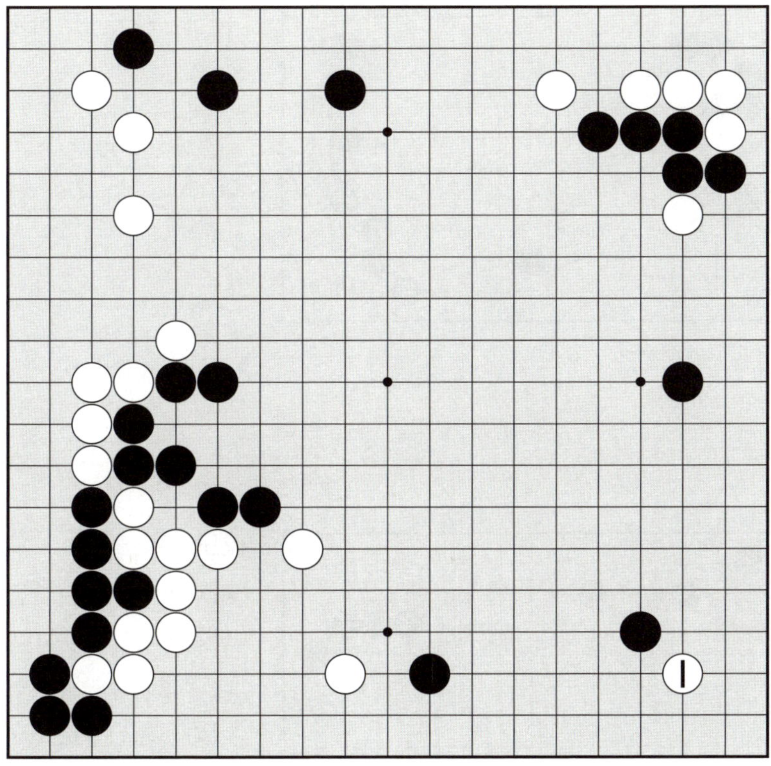

흑의 양날개 포진에 백1로 3三에 뛰어든 장면이다. 자, 이때 과연 어떻게 응수하는 것이 돌의 능률을 극대화시키는 길일까?

막는 방향은 물론 이후 대응방법도 많은 생각을 요하므로 그리 쉽지 않은 장면이다.

34기 국수전 도전1국에서 조훈현(흑)과 이창호가 벌인 실전 장면.

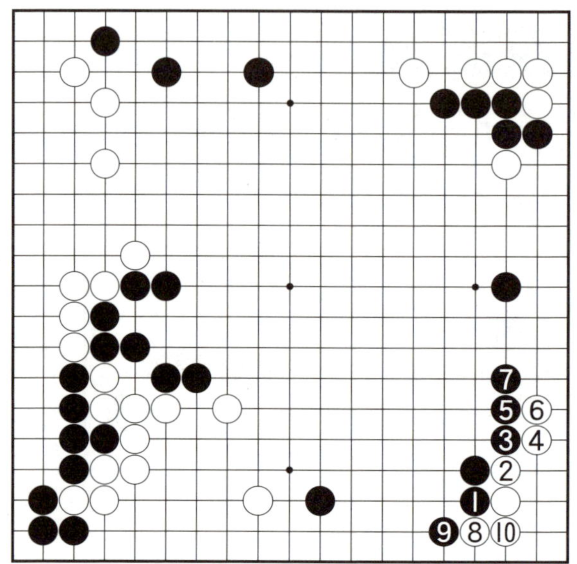

1도

1도 (흑, 방향착오)

흑1로 막는 것은 방향착오이다.

백돌이 흑의 본진인 우변 쪽으로 나가게 되어 흑의 실패가 자명하다.

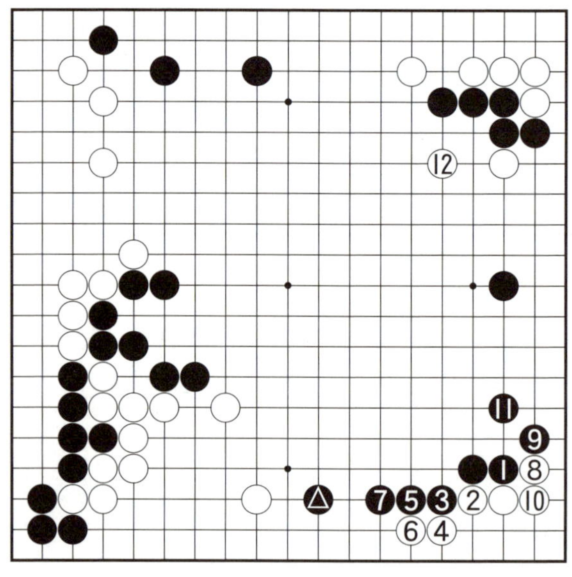

2도

2도 (흑, 불만)

따라서 흑1로 막는 것은 당연한 첫 단추이다. 그런데 백2 때가 중요한 기로이다. 흑3, 5로 안이하게 응수하다가는 백에게 선수와 실리를 모조리 빼앗겨 실패하고 마는 것이다.

이렇게 되니 흑△가 비능률적인 모습이 되고 말았다.

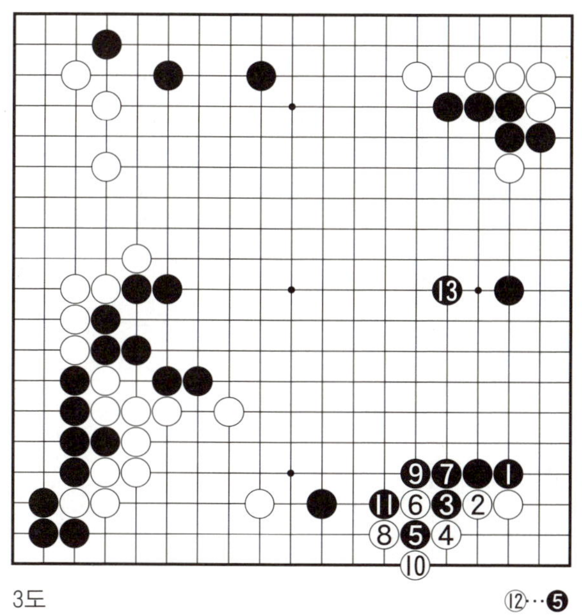

3도

3도 (흑, 활발)

흑3, 5로 이단젖히는 것이 일견 유력해 보인다.

이때 백6, 8로 순순히 응해준다면 흑은 11까지 선수로 마무리 짓고 13의 대세점으로 향해 단연 활발하다.

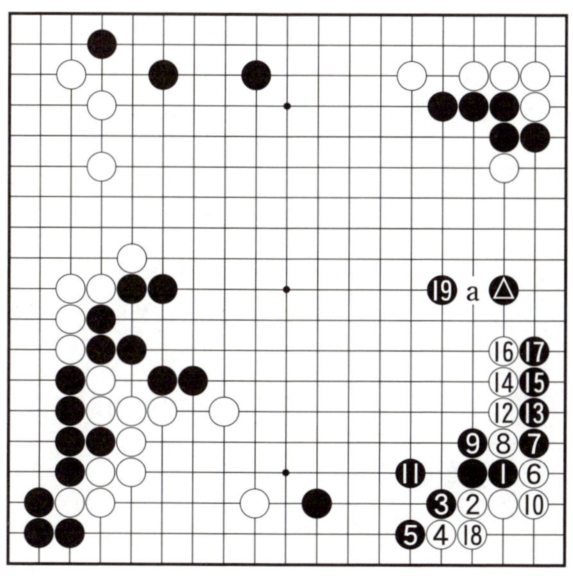

4도

4도 (백, 무리)

흑5 때 백6, 8로 반발하는 수가 있지만 지금은 여의치 않다. 흑▲가 낮은 곳에서 기다리고 있어 9, 11의 강수가 가능하기 때문이다.

백6, 8은 흑▲가 a에 높게 있을 때 가능한 변화구이다.

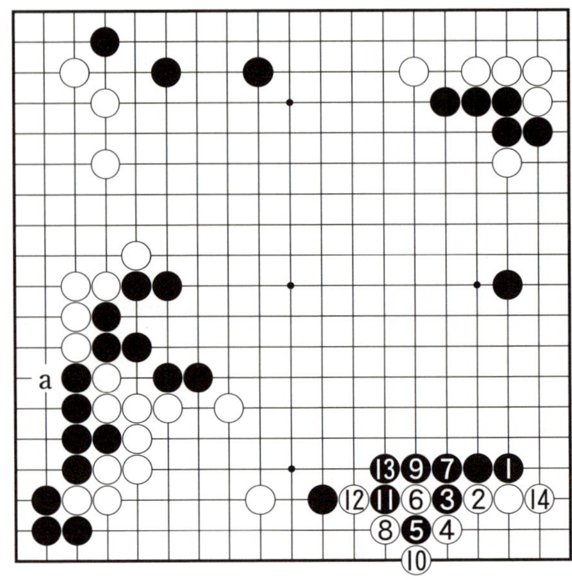

5도

5도 (유력한 반발)

그런데 흑11에는 백12의 반발이 유력하다.

a쪽의 팻감 때문에 흑은 13으로 굴복할 수밖에 없어 뜻하지 않게 이곳에서 후수를 잡을 가능성이 있는 것이다. 그래서~

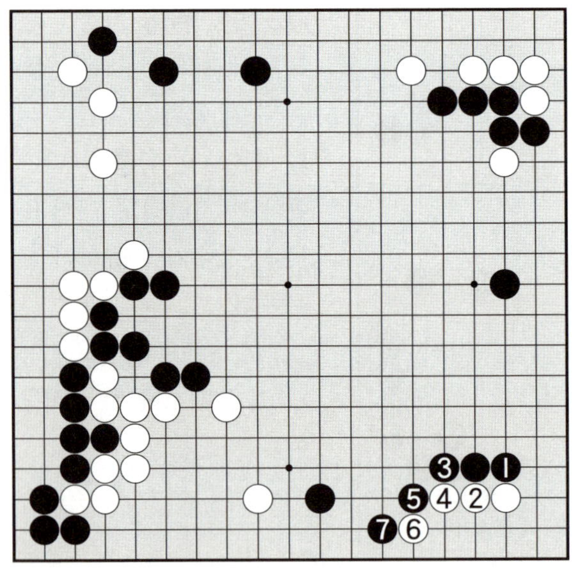

실전진행1

실전진행1 (흑의 최선)

흑3으로 한번 늦춘 다음 백4 때 비로소 흑5, 7로 이단젖히는 것이 간명하고도 두터운 수법이다.

백에게 5도와 같은 변화의 여지를 제공하지 않는다는 의미에서 이것이 최선의 선택이라고 판단했다. 계속해서~

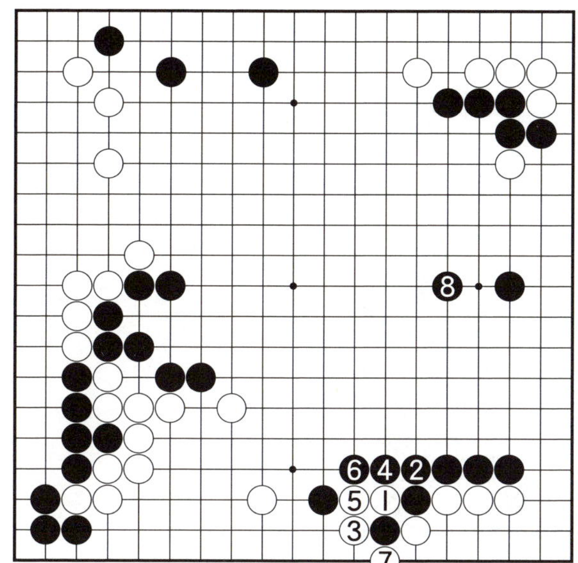

6도

6도 (흑, 만족)

백1, 3으로 그냥 잡는 것
은 무책임하다. 흑은 4, 6
으로 틀어막은 뒤 8에 선
착해 대만족이다.

　이 그림은 흑이 너무 이
상적이다.

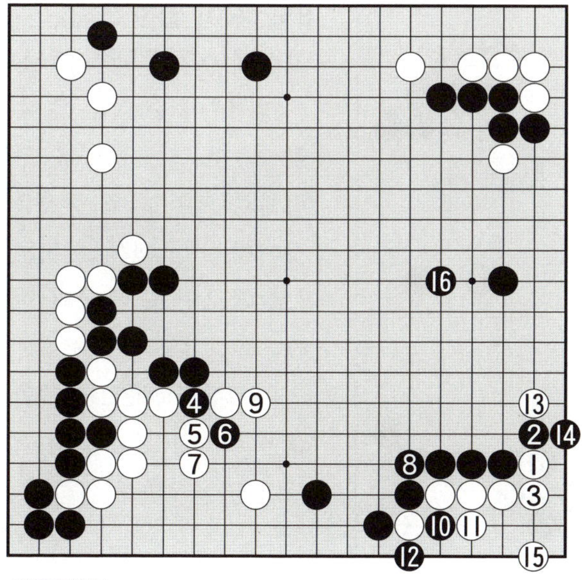

실전진행2

실전진행2 (흑, 성공)

그래서 백은 1, 3으로 변
화를 꾀했으나 흑8로 꽉
잇고 나니 별무신통이다.

　백9가 어쩔 수 없을 때
흑10으로 맛있게 끊어잡
고 16에 선착해 흑의 우
세가 확립되었다.

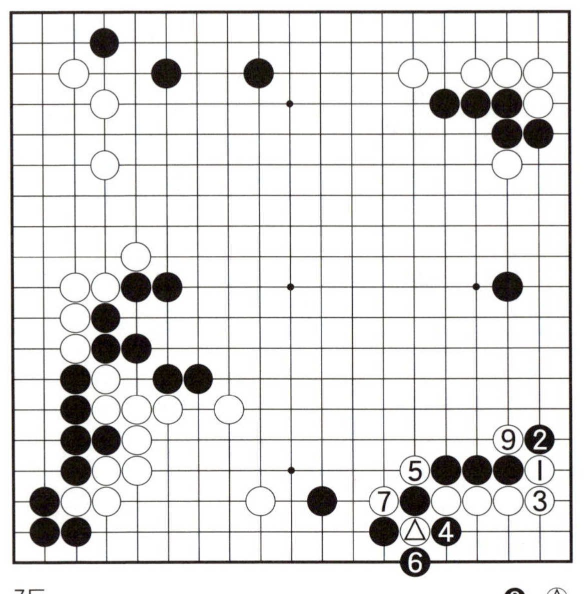

7도

7도 (흑, 과욕)

백1, 3 때 흑4로 귀를 잡으려드는 것은 과욕이다.

백5와 9로 양쪽을 끊겨 도리어 흑이 망하고 있다.

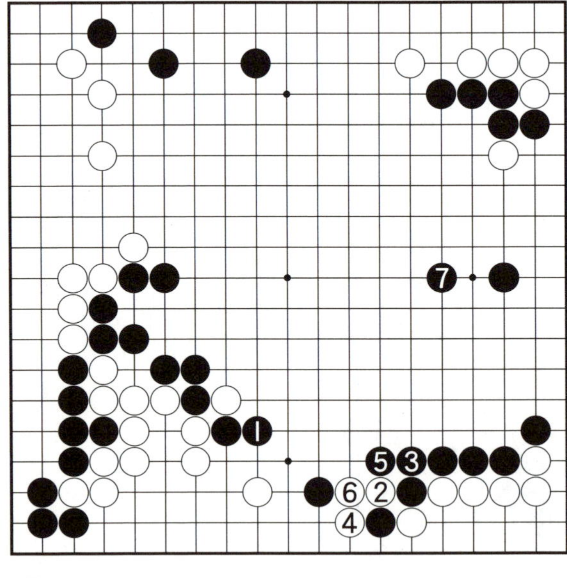

8도

8도 (흑이 놓친 그림)

그런데 실전진행2의 흑8은 다소 미흡했다. 이 수로 흑1로 뻗어 중앙을 두텁게 했으면 더욱 좋았을 것이다. 백2, 4에는 흑5, 7로 대모양을 형성해 단연 흑이 압도적이다.

여기서도 백2로 3쪽을 끊어 버티면 흑이 좌하 백 대마를 공격해 위험하다.

반대쪽을 개척하는 능률적 응수

● 흑 차례

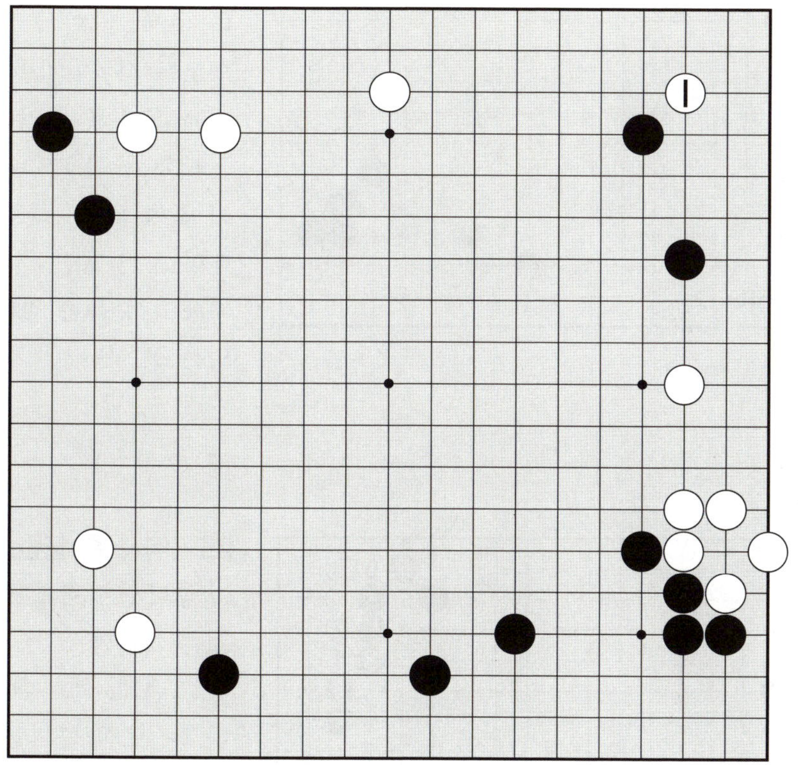

　　최근 많이 두는 미니중국식 포진에서 나올 수 있는 형태
를 소개한다. 흑의 눈목자굳힘에 백1로 뛰어든 수가 바로
그것.

　　자, 이때 흑은 어떻게 응수하는 것이 좋을까? 막는 방향
보다는 이후의 임기응변이 더 중요하다.

　　32기 왕위전 도전1국에서 조훈현(흑)과 이창호가 벌인 실전 장면.

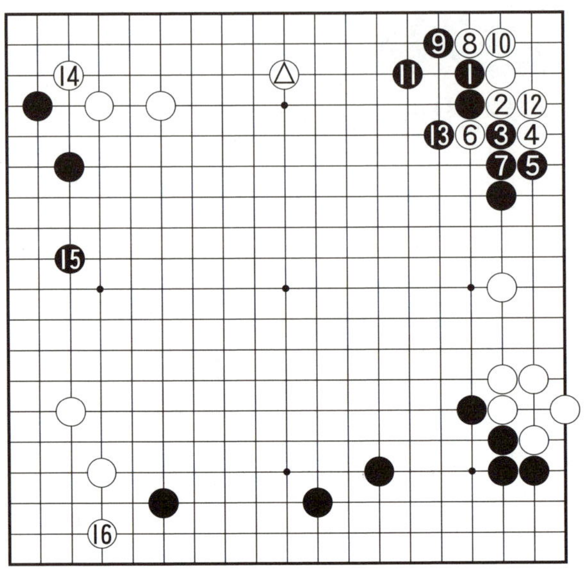

1도

1도 (흑, 껍데기만 남다)

먼저 흑1쪽으로 막는 것부터 살펴보자. 백2는 당연한 응수인데, 이때 흑3으로 젖히는 것은 무책이다. 이하 13까지 부분적으로는 정석이지만, 여기서는 흑이 좋지 않다.

백△가 절호의 자리에서 흑세를 견제하고 있는데다 우변 백진도 견고한 자세여서 흑은 껍데기만 남은 꼴 아닌가.

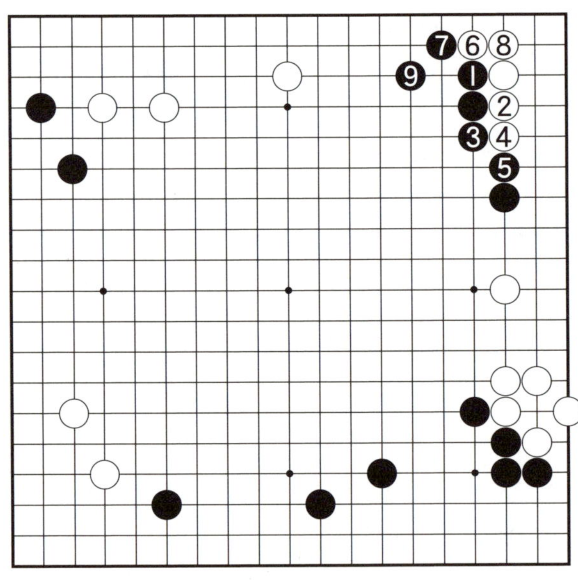

2도

2도 (역시 흑 불만)

그렇다면 흑3으로 뻗는 것은 어떨까?

그런데, 백4 때 손 따라 흑5로 막는다면 도로 아미타불! 백8까지 선수로 귀살이해 1도와 비슷해진다.

지금 흑은 애써 외곽을 틀어막을 이유가 없는 것이다.

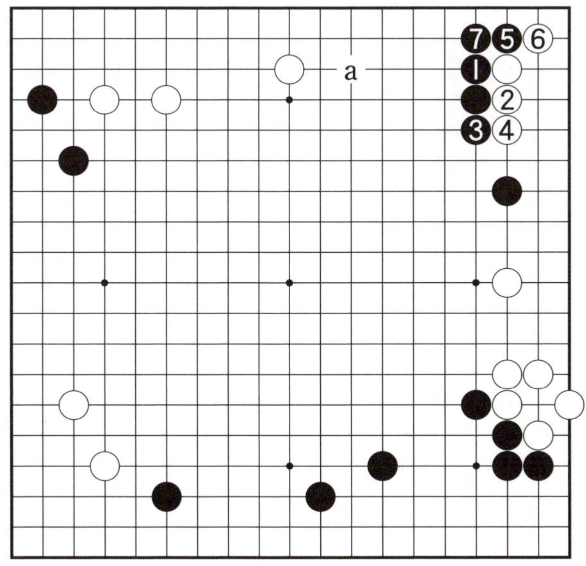

3도

3도 (☆ 최선의 임기응변)

흑3으로 늘어 받은 뒤 백 4에는 흑5, 7로 젖혀잇는 것이 시기적절한 임기응 변이다.

우하 쪽의 백이 견실하 므로 흑은 우변 쪽에서는 다소 손해를 감수하는 대 신 귀의 실리를 최대한 늘 리며 상변의 절호점(a)을 차지하겠다는 뜻이다. 계 속해서~

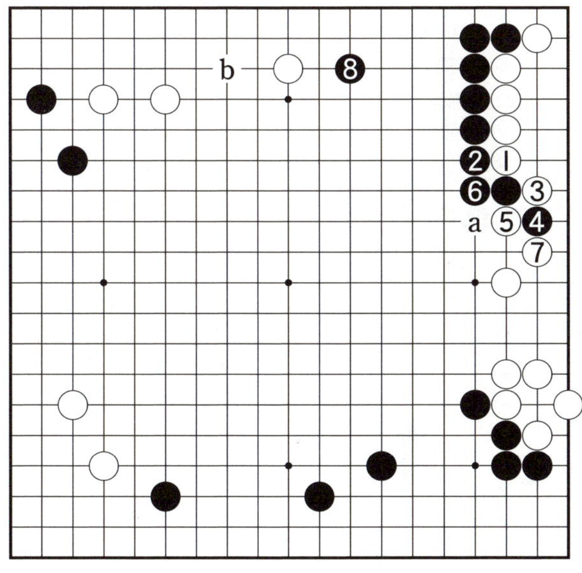

4도

4도 (능률적인 처리)

백1, 3에는 흑2~6이 멋 진 처리법이다. 백7을 기 다려 대망의 흑8에 선착 해 흑의 의도가 관철된 모 습이다.

우변 백집은 3선 이하 의 낮은 자세여서 그리 크 지 않으며, 흑a가 선수여 서 흑세는 생각보다 막강 하다. 더구나 b의 침입을 엿보고 있지 않은가. 뿐만 아니라~

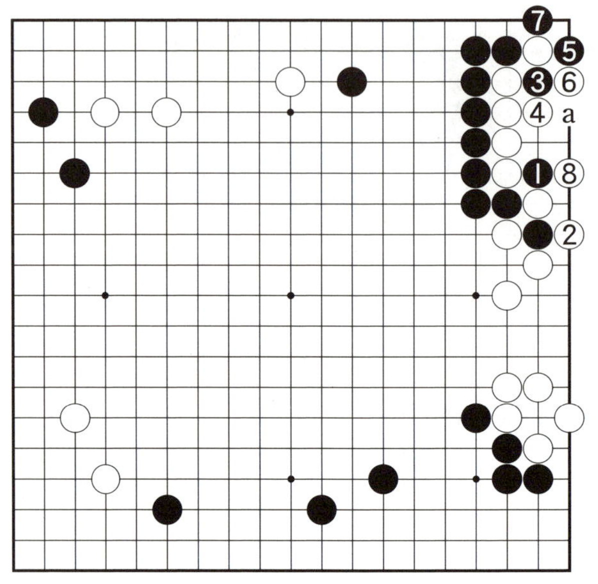

5도

5도 (흑의 보너스)

우상귀에는 흑1~9라는 강력한 후속 끝내기 수단이 흑의 즐거움으로 남아 있다.

막상 이렇게 되고 보면 우변 백집은 바짝 말라 몇 집 되지 않는 모습이다(수순 중 백6으로 7자리에 내려서 버티는 것은 흑a로 꽃놀이패가 나므로 백이 안 된다).

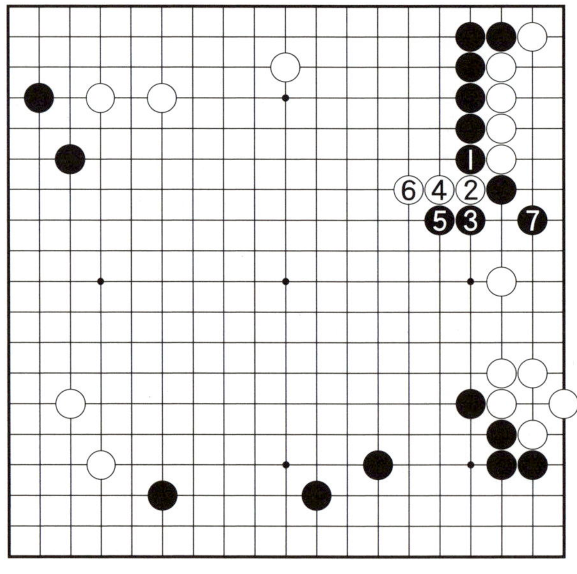

6도

6도 (흑, 유리한 전투)

백은 4도의 결과가 싫다면 흑1 때 백2로 끊어 싸울 수도 있다.

그러나 흑7이 좋은 응수여서 백이 다소 힘겨운 느낌이다. 실제로 이 형태도 프로의 실전에서 간혹 등장했으나 백의 별무신통이었다.

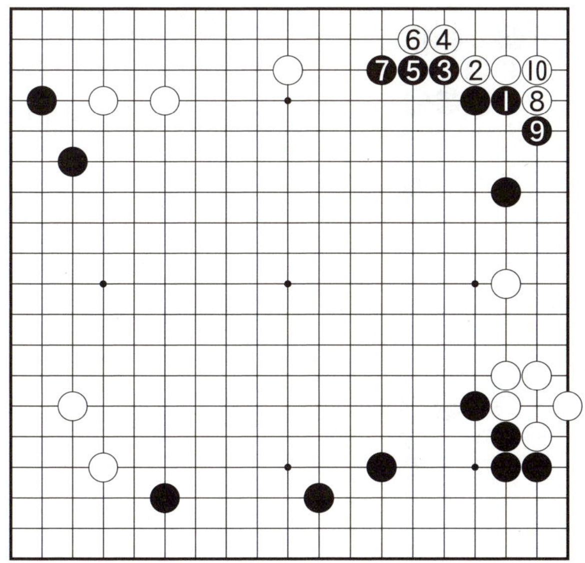

7도

7도 (흑, 최악의 선택)

이번에는 흑1로 막는 변화를 살펴본다. 백2 때 흑3, 5로 처리하는 것은 무책. 이하 백10까지 크게 귀살이하고 나면 안방 실리를 모조리 내준 꼴 아닌가.

세력을 쌓았다고는 하지만, 단점 투성이인 데다 별로 써먹을 데도 없어 최악의 결과라고 하겠다.

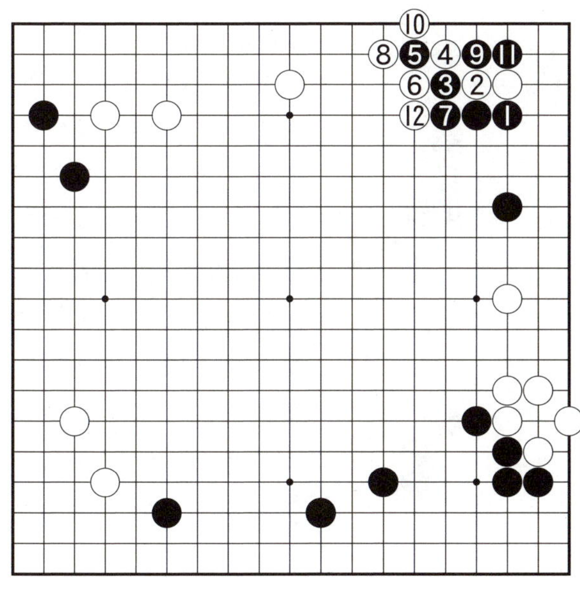

8도

8도 (흑의 차선책)

흑3, 5의 이단젖힘은 일리가 있다. 흑11까지 귀의 실리를 확보하면서 안정을 기해 둘만한 모습이다. 그러나 상변 백진을 두텁게 만들어준 손실도 크다.

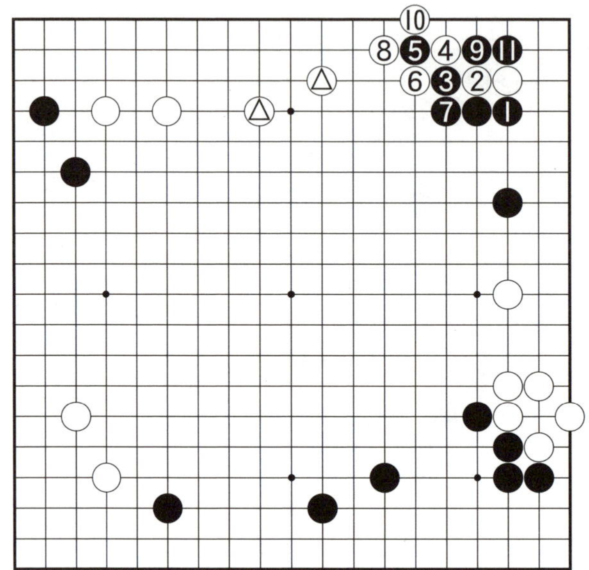

9도

9도 (상황에 따라)

만약 지금처럼 상변 백진이 △들로 인해 견실무비한 상황이라면, 흑3~11은 적절한 선택이 된다. 이제는 오히려 상변이 중복된 모습 아닌가.

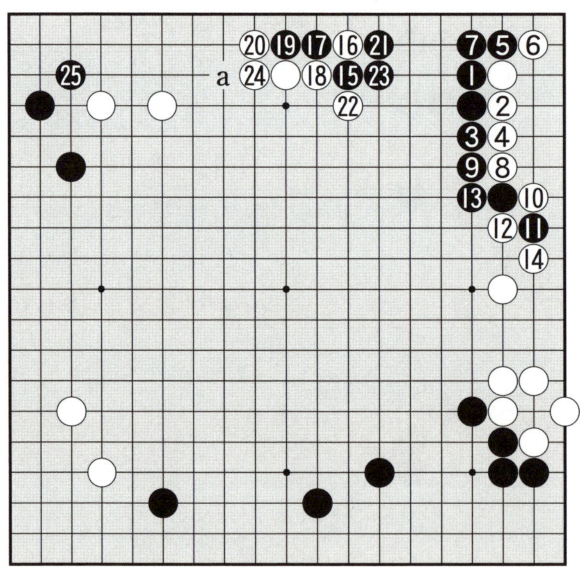

실전진행

실전진행 (흑, 호조)

실전에서도 흑1~7의 방법을 선택했으며, 15의 요소에 선착해 소기의 목적을 달성했다. 백16~24는 a의 허점을 커버하기 위한 고육지책이지만, 흑19가 강수여서 실리 상 백의 손해이다.

재차 선수를 뽑아 흑25를 차지해 흑이 한발 앞선 포석이 되었다.

대세점 선행을 위한 임시방편

● 흑 차례

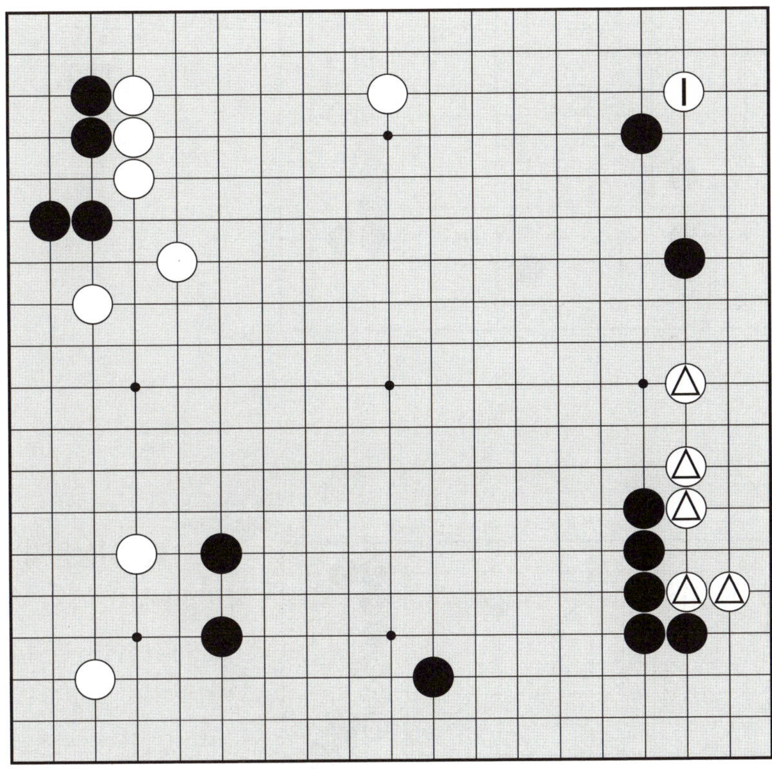

　흑의 눈목자굳힘에 백1로 뛰어든 것은 [2형]과 유사하지만, 사방의 배석관계가 크게 다르다.

　흑이 우상귀를 안전하게 처리하면서 선수를 취할 수 있는 응수방법을 강구해보자. 우변 백(△)이 불안정한 점이 [2형]과는 사뭇 다르다는 데도 유의한다.

8기 동양증권배에서 가다오카(片岡聰)와 양재호(백)가 벌인 실전.

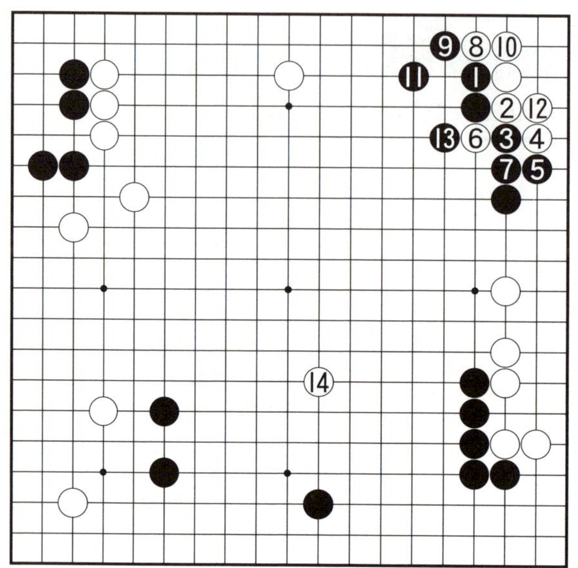

1도

1도 (백, 활발)

여기서도 흑1~3으로 처리하는 것은 좋지 않다.

백12까지 맞좋게 귀살이한 뒤 14에 선착해, 백이 하고 싶은 것을 모두 이뤄낸 결과이다.

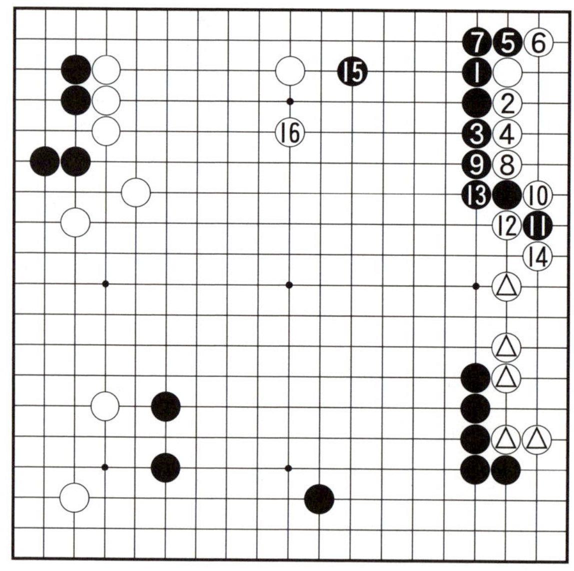

2도

2도 (흑, 이상감각)

[2형]에서 익힌 흑3~7도 여기서는 부적절하다. 백14까지 되고 나면 허약하던 △들이 저절로 안정해 흑의 불만이다.

이래서는 전반적으로 백의 실리가 돋보이는 유연한 국면이 되는 것이다.

결국 흑1쪽으로 막는 것은 방향착오라는 결론!

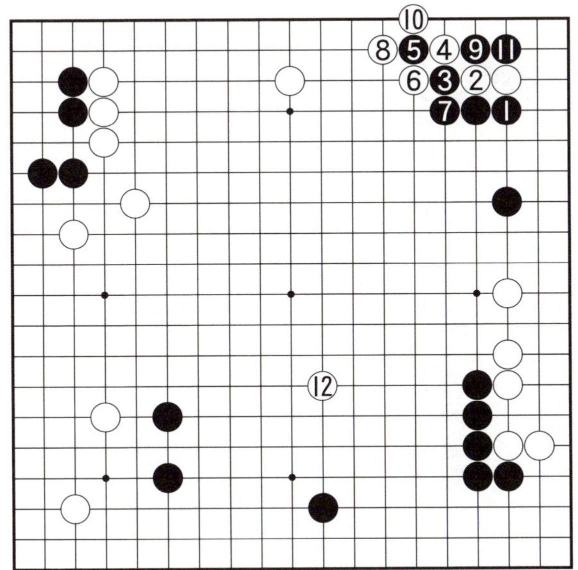

3도

3도 (후수를 잡다)

그러므로 일단 흑1로 막는 것이 올바른 방향이다.

그런데 흑3, 5로 이단 젖히는 것은 바람직하지 않다. 흑11까지 귀는 차지하지만, 백10으로 빵때림한 자세가 상변 백진과 호응하는 데다 무엇보다 귀중한 선수가 백에게 돌아가기 때문이다. 백12에 선착해서는 역시 백 활발!

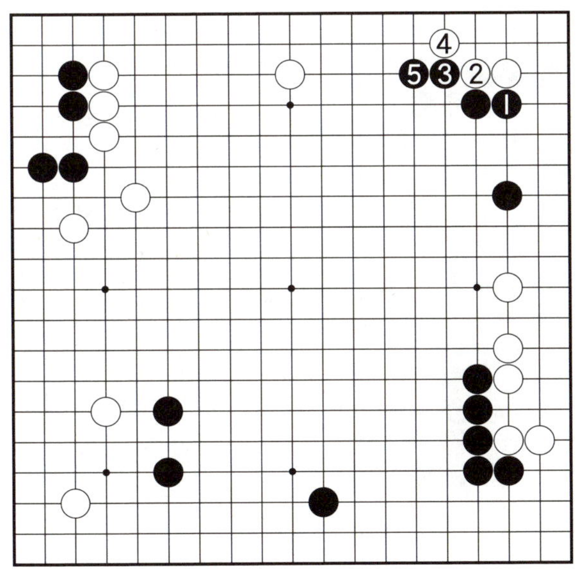

4도

4도 (☆ 우직한 수법)

여기서는 흑3, 5로 젖혀 느는 것이 두터운 정수가 된다.

보통 이 수법은 발이 느리고 책략이 없어 프로들이 선호하지 않는데, 여기서는 의외로 유력한 수법이라고 할 수 있다.

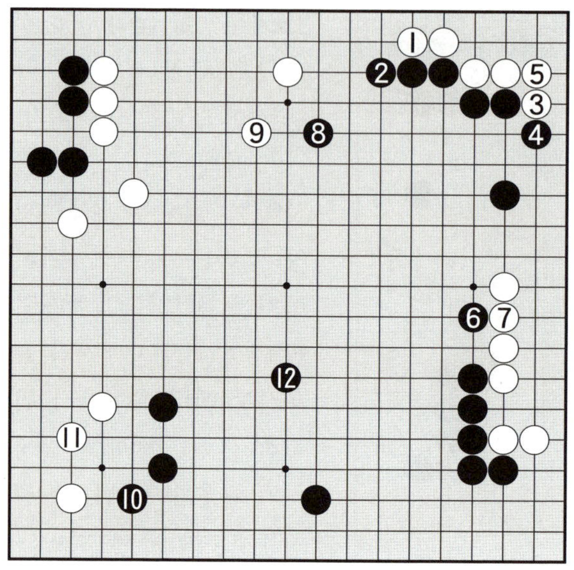

실전진행

실전진행 (대망의 선수)

이어서, 백1~5로 귀살이를 강요한 뒤 흑8로 씌운 수가 좋은 감각이다. 그런 다음 흑10, 12로 대망의 요소에 선착해 소기의 목적을 달성했다.

우상귀에서 부분적으로 손해를 보았으나, 선수를 잡고 대세점에 선착해 전국적으로는 활발한 포석이 된 것이다.

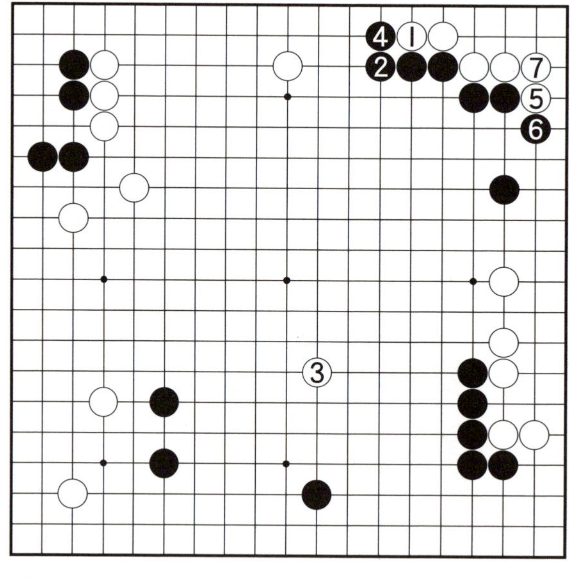

5도

5도 (백, 엷다)

백이 기필코 선수를 잡으려면 흑2 때 손을 뺄 수는 있다.

그러나 흑4를 선수로 당하는 것이 너무 아프다. 이래서는 상변 백진에도 허점이 남는 등 전반적으로 엷은 바둑이 되어 애써 선수를 잡은 효과가 없다고 하겠다.

후속수단까지 고려한 응수

● 흑 차례

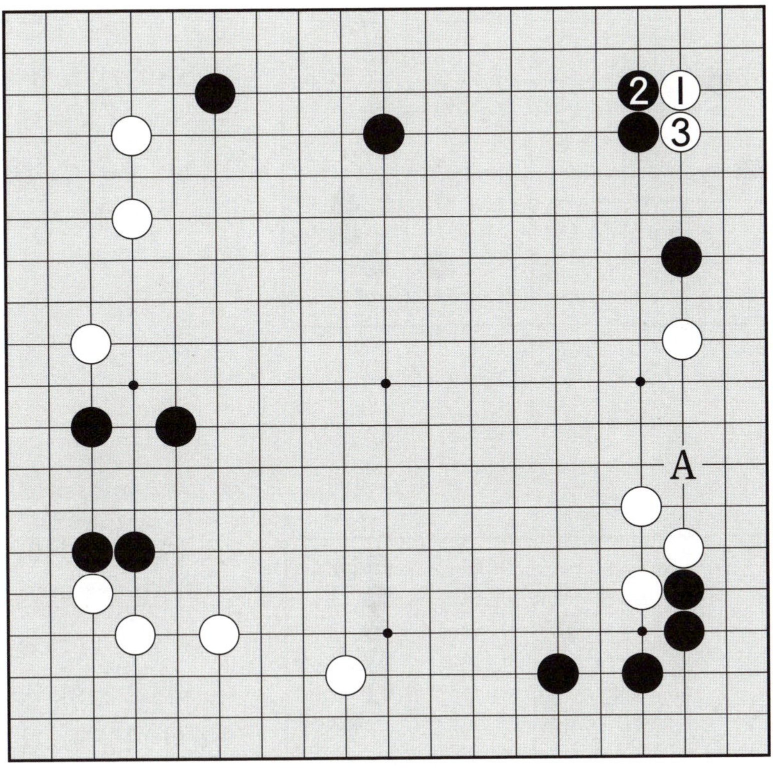

눈목자굳힘에 3三침입의 예를 하나 더 살펴본다. 백1의 침입에 흑2로 막은 것은 일단 올바른 방향이다.

문제는 백3 때인데, 여기서 흑은 어떻게 처리하는 것이 최선일까? 힌트는 우변 백진의 허점(A). 후속수단까지 내다보는 심모원려의 책략이 필요한 장면이다.

아마추어 5단 간의 실전 장면이다.

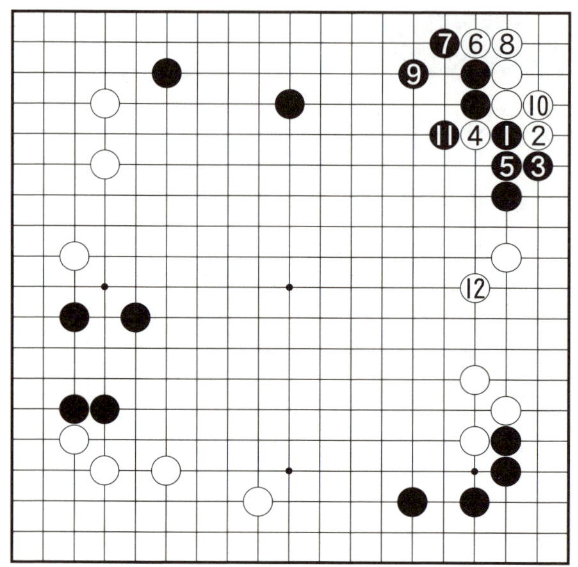

1도 (흑, 책략 부족)

흑1로 젖히는 것은 안이한 태도이다.

이하 흑11까지 두텁게 정비한 자세가 상변 흑 모양과 호응해 부분적으로는 훌륭하지만, 백에게 12로 지킬 여유를 제공한다는 점에서 흑이 미흡한 결과라 하겠다.

1도

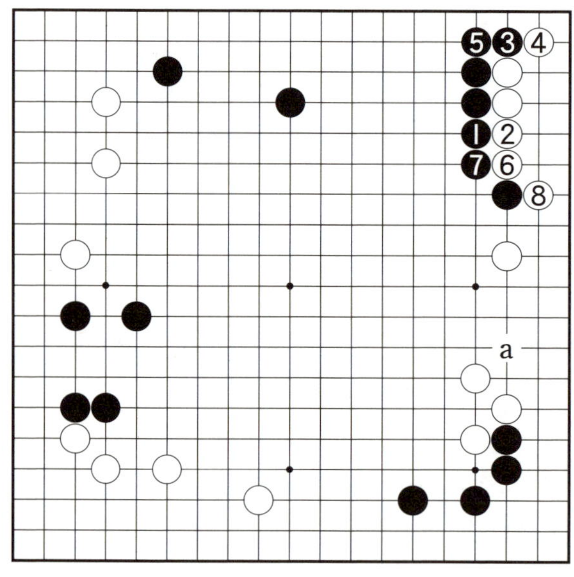

2도 (최악의 선택)

그렇다고 흑1~5로 처리하는 것은 더욱 좋지 않다. 백8로 넘어가면 우변 백진의 아킬레스건인 a의 허점이 저절로 커버되지 않는가.

상대의 약점을 없애주는 수, 그런 수가 바로 악수이다.

2도

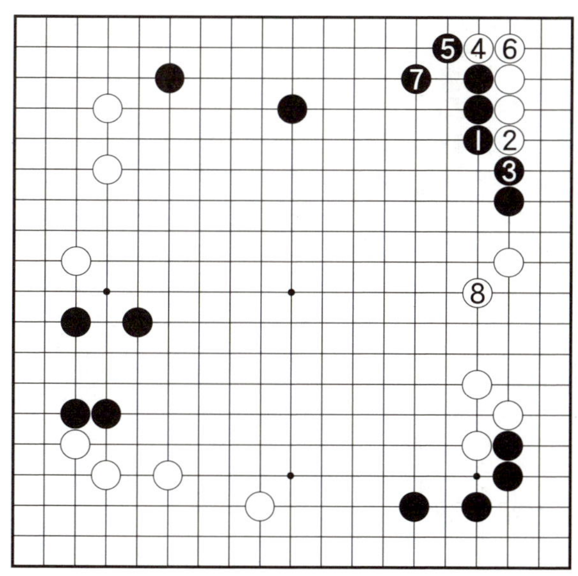

3도

3도 (☆ 적절한 선택)

흑1로 한번 늦춘 다음 3
으로 막는 것이 최선이다.
흑7까지 일견 1도와 별반
차이가 없어 보이지만, 실
은 그렇지 않다.

　이후 4도, 5도의 유력
한 후속수단이 기다리고
있기 때문이다.

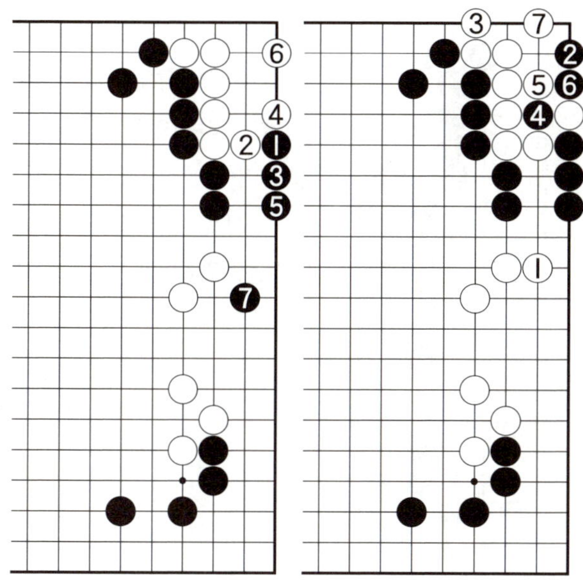

4도　　　　　5도

4도 (강력한 후속수단)

흑1이 준비된 후속수단.
흑3의 선수를 발판삼아 7
까지 뛰어들어 백을 괴롭
히는 수가 있는 것이다.

5도 (꽃놀이패 발생)

그렇다고 4도의 백6으로
우변을 지킨다면 흑2의
치중으로 우상귀에 꽃놀
이패가 난다.

　그야말로 백은 진퇴양
난에 빠진 격이다.

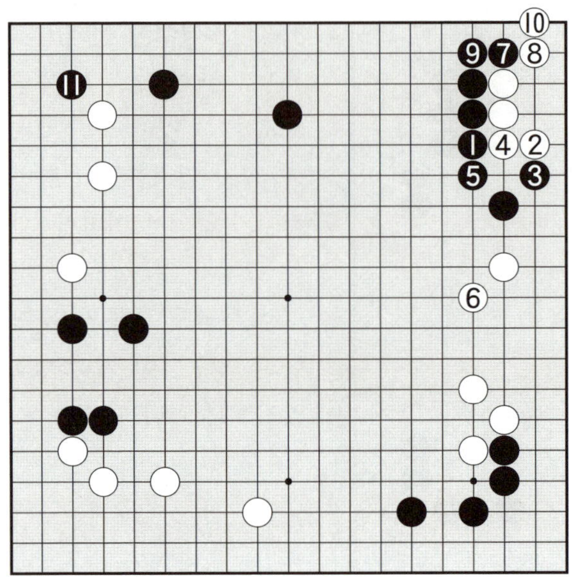

실전진행

실전진행 (역시 흑 성공)

4도, 5도를 우려한 백은 고심 끝에 2, 6으로 양쪽을 커버하는 데 주력했는데, 그나마 이것이 최선의 수습책이다.

그러나 흑7, 9를 기분 좋게 선수한 뒤 11에 선착해서는 흑이 우위를 확립한 모습이다.

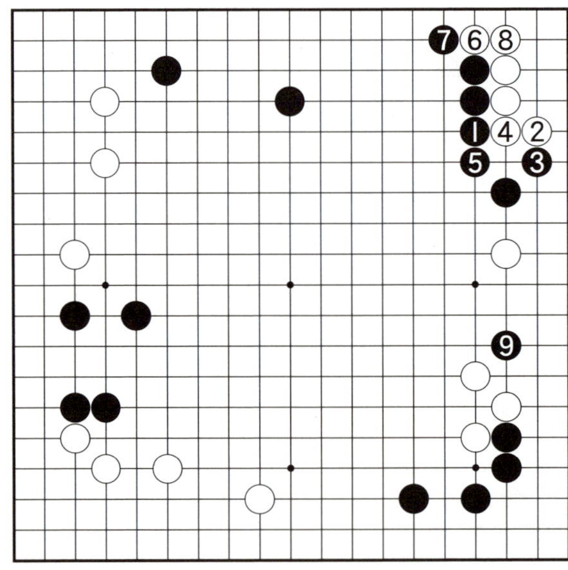

6도

6도 (백, 곤경)

흑3 때 부분적으로는 백 6, 8로 젖혀잇는 것이 최선이다.

그러나 흑9의 침공이 너무 통렬해 백은 견디기 힘든 지경이 된다.

'실리+안정'을 확보하라

○ 백 차례

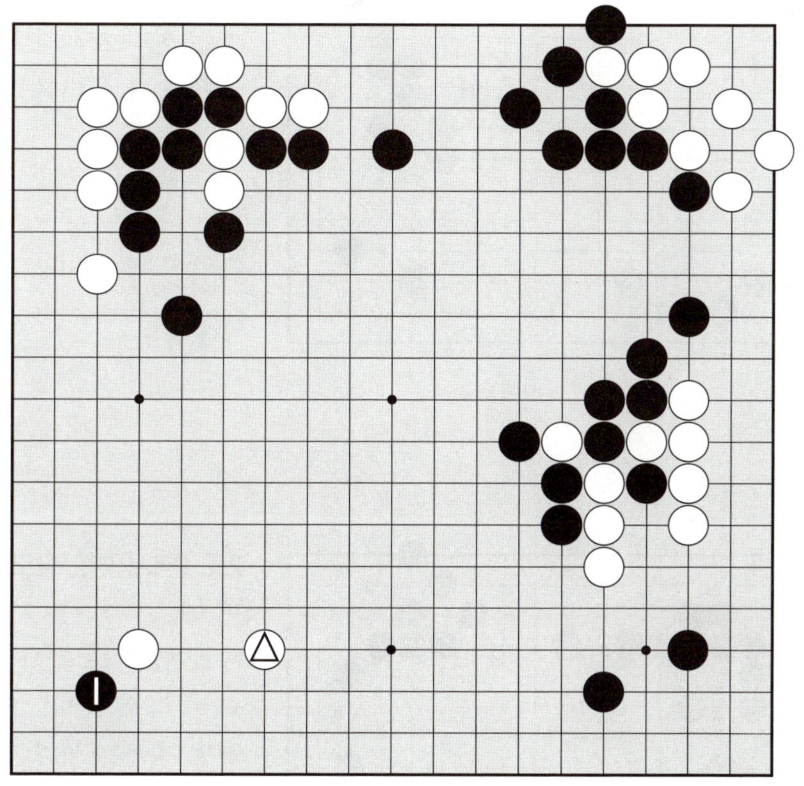

　　화점에서 두칸벌림(백△)은 세력작전이나 세력을 견제할 때 유용한 수법이다. 그런데 귀가 허술해 3三침입해 올 때 그 처리가 쉽지 않다.

　　자, 흑1의 '손님'을 어떻게 응접하는 것이 최선일까?

　　4기 LG정유배 결승4국에서 서봉수(흑)와 유창혁이 벌인 실전 장면.

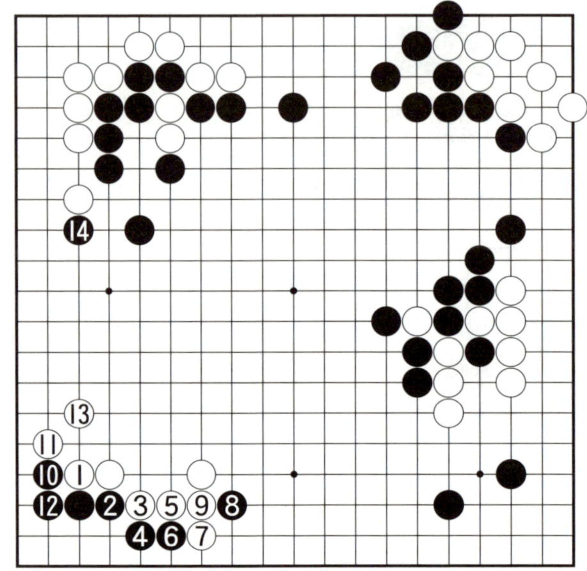

1도

1도 (백, 최악의 결과)

우선 백1, 3으로 처리하는 것은 낙제점이다.

흑12까지 선수로 귀살이한 뒤 14에 선착하면, 백은 실리도 세력도 모두 잃은 모습 아닌가.

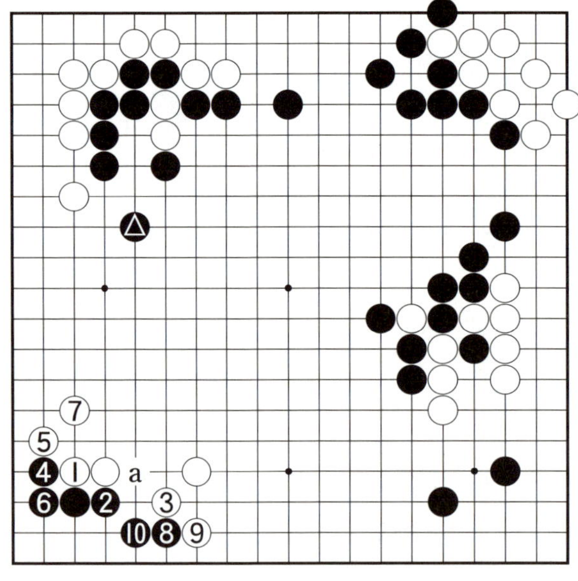

2도

2도 (역시 방향착오)

백3으로 늦추는 것이 선수를 뽑을 수 있어 1도보다는 다소 낫다. 그러나 좌변 쪽에는 이미 흑▲가 기다리고 있는 탓에 별 발전성이 없지 않은가. 게다가 흑a의 뒷맛도 꺼림칙하다.

결국 백1로 막는 것은 방향착오라는 결론이다.

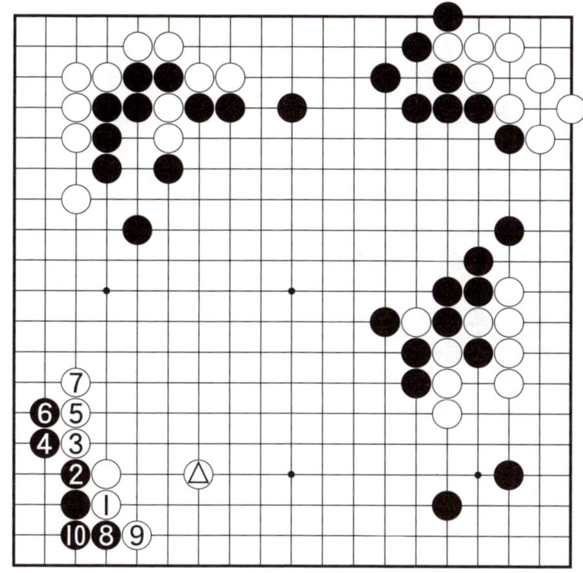

3도

3도 (백, 실속 없음)

일단 백1로 막는 것이 올바른 방향감각이다.

그런데 백3, 5로 처리한다면 역시 낙제점을 면치 못한다. 흑은 10까지 맞좋게 귀살이해서 만족이다. 백△가 어정쩡한 위치여서 백의 불만이 역력하다.

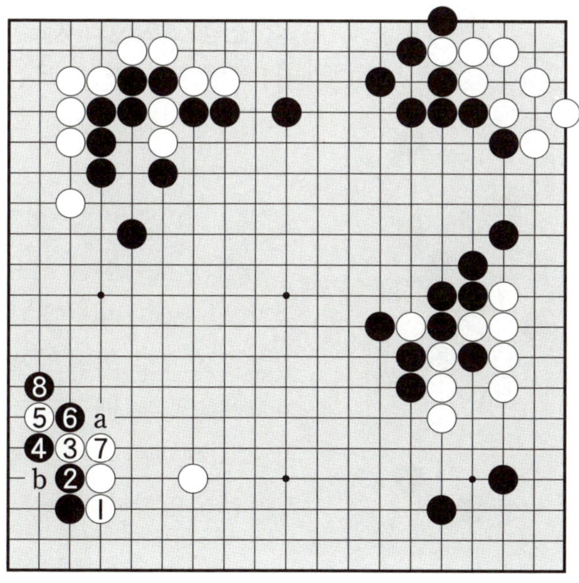

실전진행1

실전진행1 (두 번째 기로)

백3, 5의 이단젖힘이 이 경우 적절하다. 문제는 흑8로 잡았을 경우이다.

자, 이때 백의 최선은 a, b 가운데 어디일까?

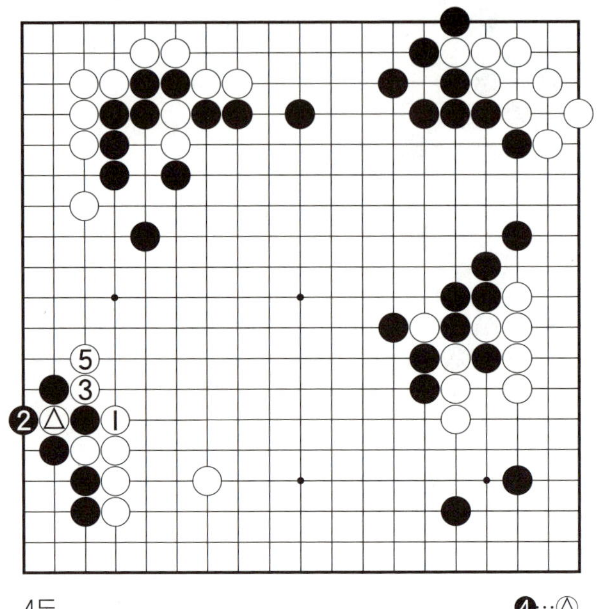

4도

4도 (백, 이상감각)

백1로 모는 것은 이상감
각. 흑을 크게 살려주어
실리의 손실이 크다.

　백5까지 세력을 쌓아
보아도 도무지 써먹을 데
가 없지 않은가.

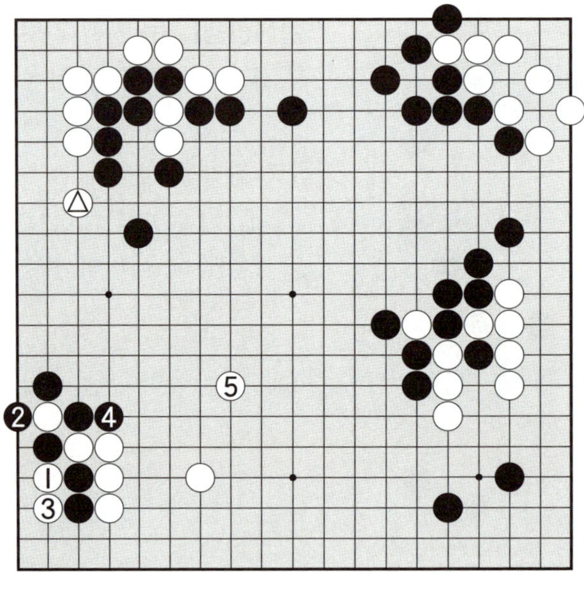

실전진행2

실전진행2 (최선의 처리)

백1, 3으로 귀를 취하는
것이 최선이다. 실리는 물
론 백 자신의 안정을 기
한다는 의미도 크다.

　흑에게 빵때림을 허용
했지만, 백△가 머리를 내
밀고 있으므로 좌변은 별
가치가 없다는 데 주목하
자. 흑4에 백5로 삭감해
장기전의 양상이다.

세력을 견제하는 두터운 처리

○ 백 차례

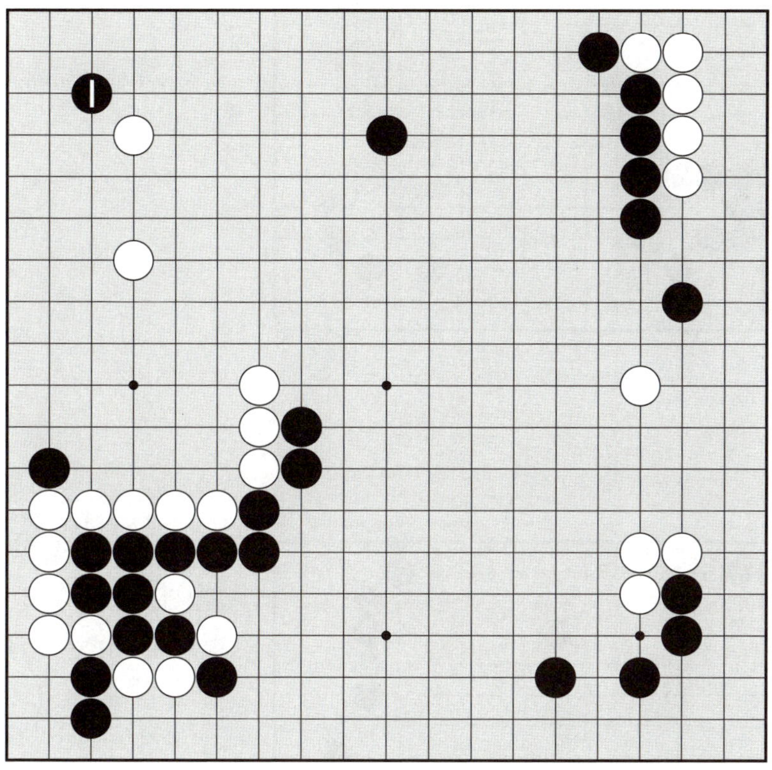

이번에도 두칸벌림의 경우인데, 주위 배석이 크게 다르다. 따라서 백의 응수방법도 사뭇 달라진다는 사실이 재미있다.

자, 여기서는 어떻게 처리하는 것이 최선일까?

14기 국기전 도전5국에서 서봉수(흑)와 조훈현이 벌인 실전 장면.

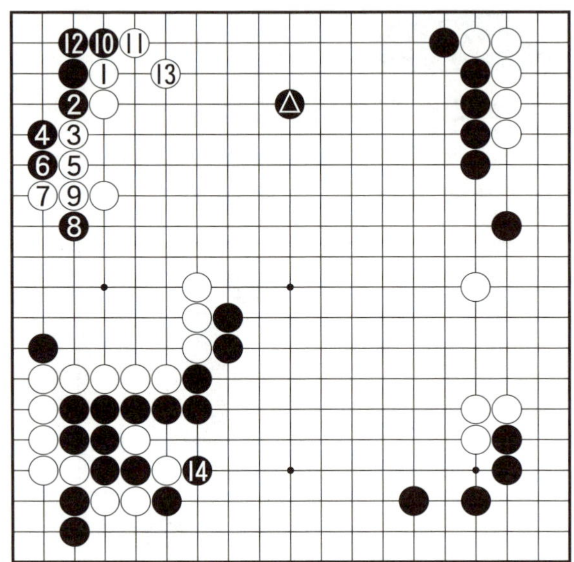

1도

1도 (백, 방향착오)

우선 백1, 3으로 받는 것은 최악의 선택이다. 이하 12까지 흑은 선수로 귀살이해 대만족이다.

반면, 백세는 흑▲에 막혀 허장성세에 불과하지 않은가.

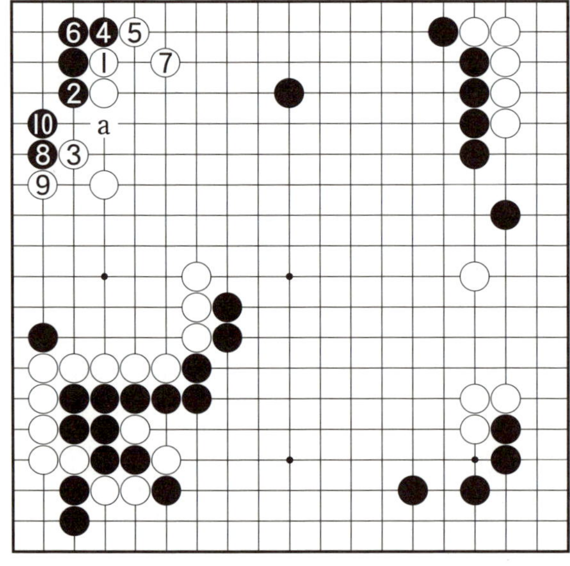

2도

2도 (역시 백 불만)

흑2에는 백3이 행마의 요령이다. 귀중한 선수를 백이 잡을 수 있어 1도보다는 한결 낫다.

그러나 흑a의 반격수단이 찜찜하게 남은 데다 애써 쌓은 세력이 상변 흑세에 가려 빛을 잃고 있다.

그렇다면 역시 백은 방향착오(백1)를 범했다는 결론에 다다른다.

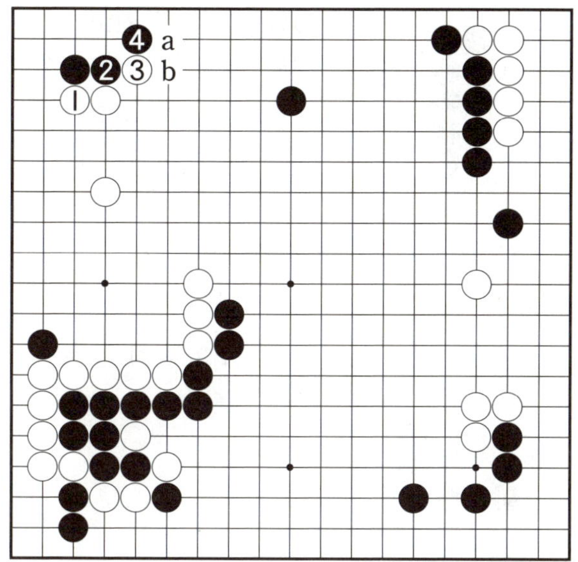

3도

3도 (올바른 방향)

일단 백1로 막는 것이 좌변 모양을 살리는 길이다. 문제는 흑4 다음이다.

자, 여기서 백은 a로 이단 젖혀야 할까, 아니면 b로 느는 것이 좋을까?

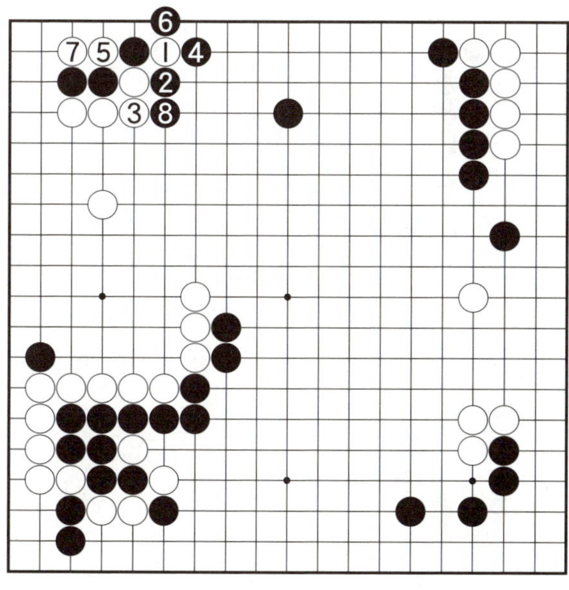

4도

4도 (백, 소탐대실)

먼저 백1~7로 귀를 취하는 것은 이상감각이다.

실리를 취한 이득보다 상변 흑진을 이상형으로 만들어 준 손실이 많아 되로 받고 말로 준 격이다.

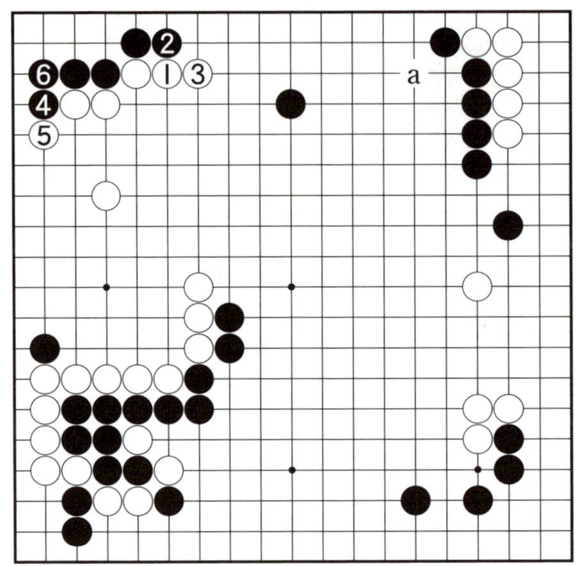

5도

5도 (☆ 백의 최선)

따라서 백1, 3으로 점잖
게 느는 것이 최선이다.

이렇게 머리를 내밀면
상변 흑세를 자연스럽게
삭감하는 자세여서 불만
이 없다.

장차 a 등의 노림수가
백의 즐거움으로 남는다.

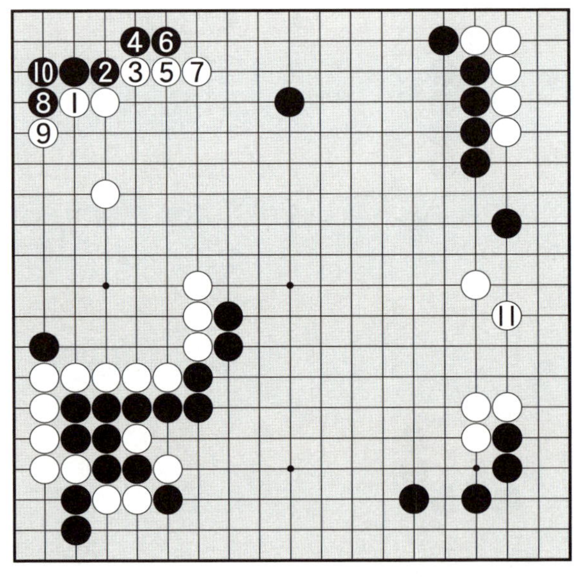

실전진행

실전진행 (흑세 견제)

실전에서도 백5, 7로 상
변 흑 모양을 견제하는 데
주력했다.

좌상귀를 크게 내주었
지만, 상변 흑진을 무력화
시켜 전국적으로는 손해
가 없다는 판단에 따른 것
이다.

선수를 잡아 백11로 약
점을 보강해서는 장기전
의 양상이다.

실리보다는 공격을 노린다

○ 백 차례

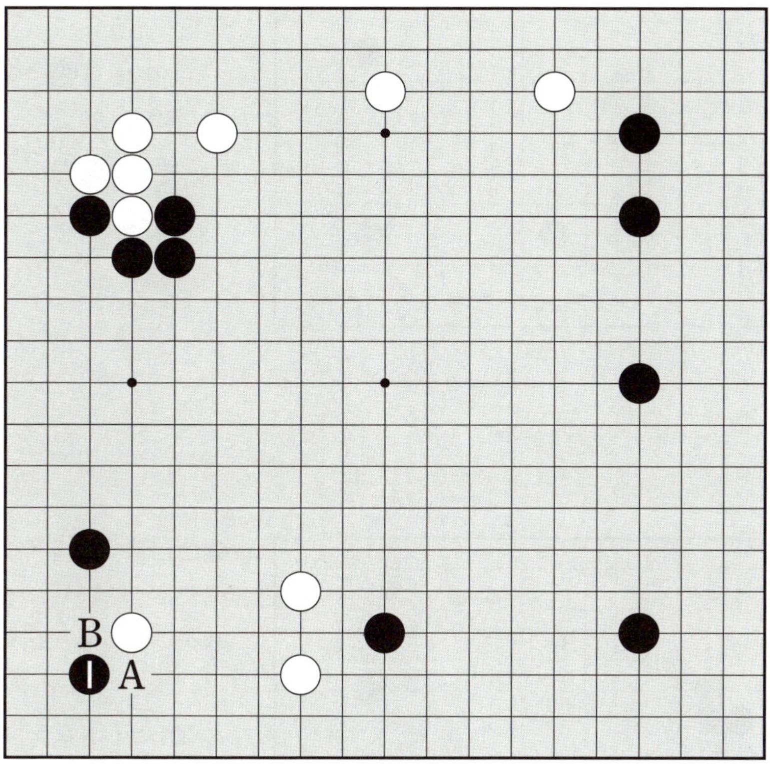

　흑1로 뛰어들자 백은 A로 막아야 할지, B로 차단해야 할지 무척 헷갈리는 장면이다.

　다만 좌하귀 부분만을 보지 말고 좌변까지 함께 고려한 대세적인 판단 하에 다음 수를 선택하고 싶다.

　9기 신인왕전 본선에서 김만수(흑)와 안달훈이 벌인 실전 장면. 김만수는 이 대회 우승자이기도 하다.

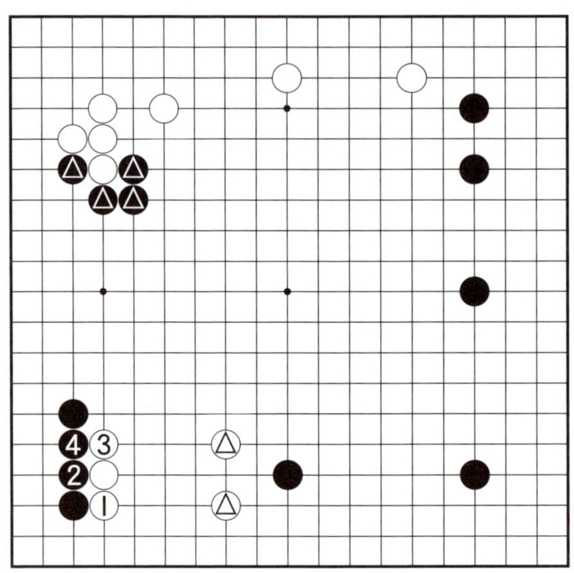

1도

1도 (백, 불만)

일견 백1로 응수하기 십상이다. 그러나 흑2로 깨끗하게 넘어가면 △들이 중복된 모습이어서 백이 불만스럽다.

나아가 흑△들에 대한 공격력도 약화된다는 것도 백의 불만사항이다.

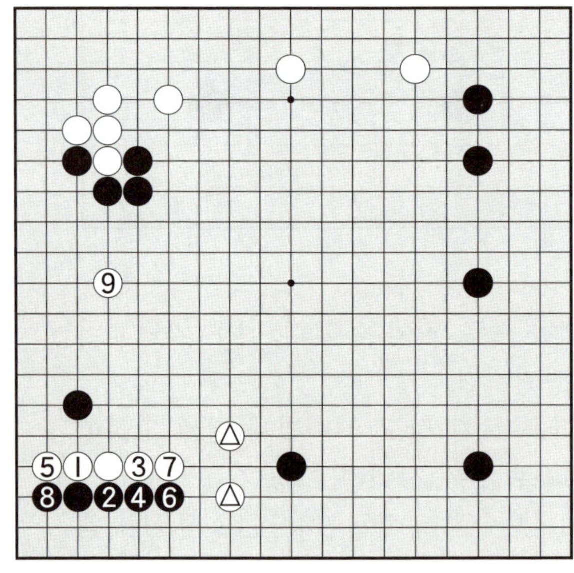

실전진행

실전진행 (능률적 처리)

백1로 차단하는 것이 기세이다. 이어 백5로 내려선 것이 선수를 뽑는 좋은 수이며, 9로 협공해 백이 주도권을 잡은 모습이다. 백△도 안성맞춤의 자세를 하고 있어 이 정도면 돌의 능률을 한껏 살렸다고 할 수 있겠다.

이 수순의 필연성을 추적해 보자.

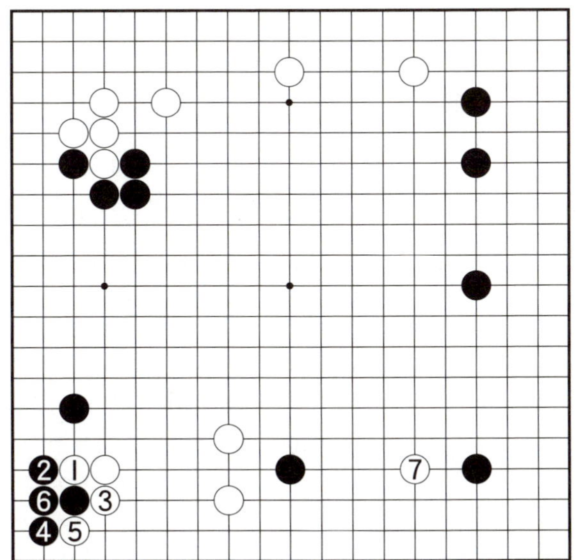

2도

2도 (백, 충분)

백1 때 흑2로 젖힌다면 이제는 백3으로 막아 넘겨주어도 된다.

이 자체로 1도보다는 훨씬 이득이다. 백7로 뛰어들어 백도 당당한 모습이다.

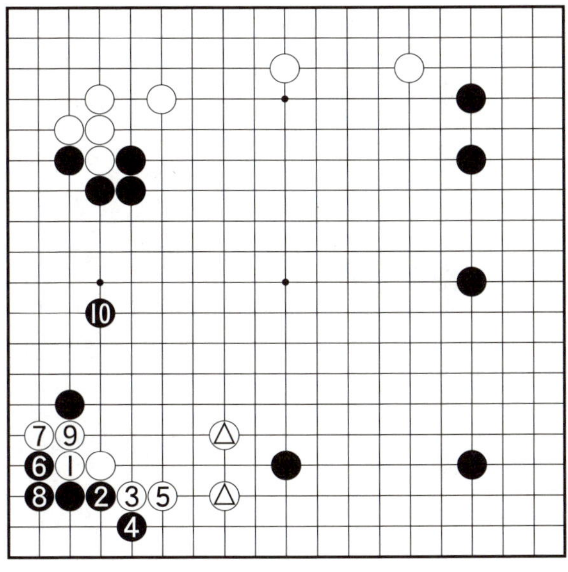

3도

3도 (백, 비능률적)

따라서 백1에는 흑2가 기세. 그런데 이때 백3으로 젖히는 수는 좋지 않다. 흑8까지 잽싸게 삶을 마무리 지은 뒤 10까지 차지해 흑이 발 빠른 모습이다. 반면 백은 △들이 쓸데없이 몰려있어 비능률의 극치!

따라서 실전진행의 백3은 정수라는 결론이다.

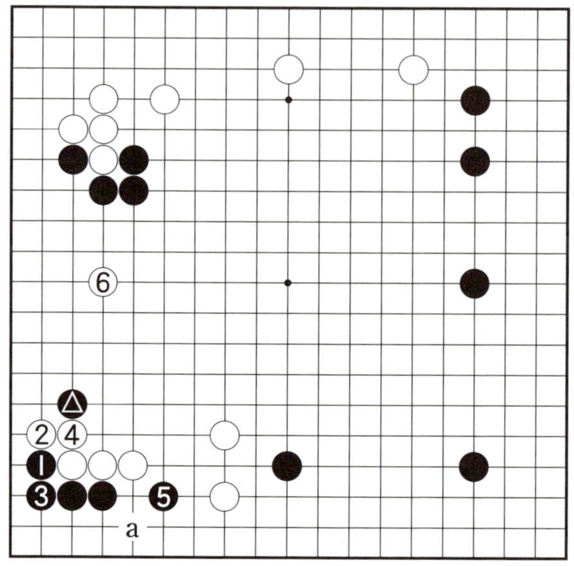

4도

4도 (실전과 비슷)

실전진행의 4로는 먼저 흑1, 3으로 젖혀이을 수도 있다. 그러나 어차피 흑5을 생략할 수 없어 백6을 허용한다면 실전보다 나을 것이 없다.

실리는 좀 벌었지만 대신 흑●가 폐석이 되어 일장일단이 있다(흑5를 손빼면 백a로 흑 죽음).

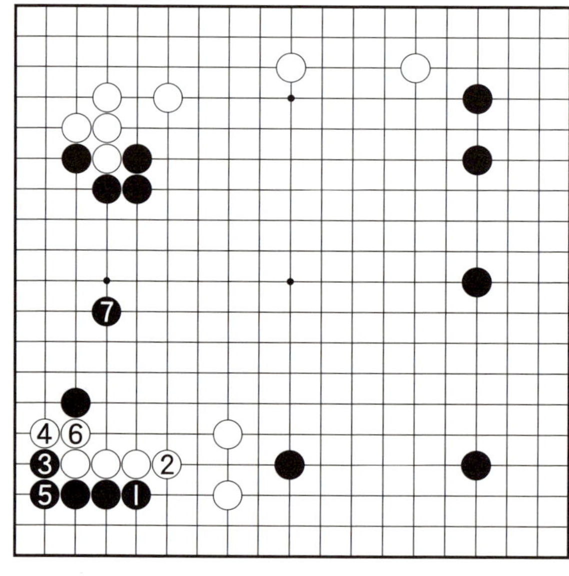

5도

5도 (백, 무책)

그러므로 흑1로 한번 더 미는 것도 필연이라고 할 수 있다. 그런데 이때 손따라 백2로 느는 것은 무책이다. 잽싸게 흑은 3, 5를 선수한 뒤 7까지 차지해 꿩 먹고 알 먹은 모습이다.

그래서 **실전진행**의 백5가 좋은 수인 것이다.

넘겨줄 때와 차단할 때 (1)

● 흑 차례

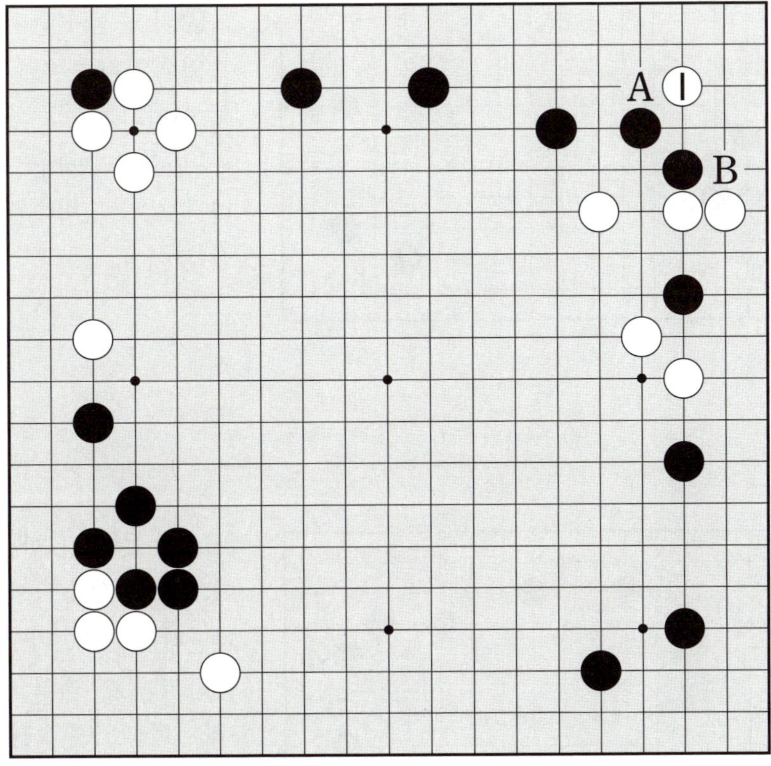

포석이 끝나고 중반에 접어들고 있는 국면이다. 선수를 잡은 백이 1로 뛰어 들어왔다.

흑은 과연 A로 막아 넘겨주어야 할까, 아니면 B로 차단하는 것이 좋을까? 부분적인 이해득실보다는 전국을 굽어 보는 안목이 필요한 장면이다.

9기 기성전 도전4국에서 조훈현(흑)과 이창호가 벌인 실전 장면.

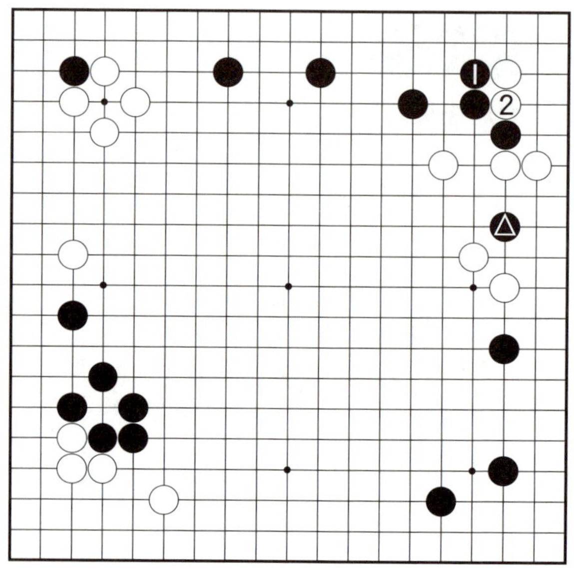

1도

1도 (나약한 태도)

흑1로 막는 것은 무난한 응수이지만 여기서는 나약한 느낌이다. 백2로 우변 백진이 강화됨에 따라 흑△의 준동수단이 거의 소멸되었다는 사실이 무척 아깝다.

'현찰'의 손해를 우려하다 중요한 노림수를 상실한 것이다.

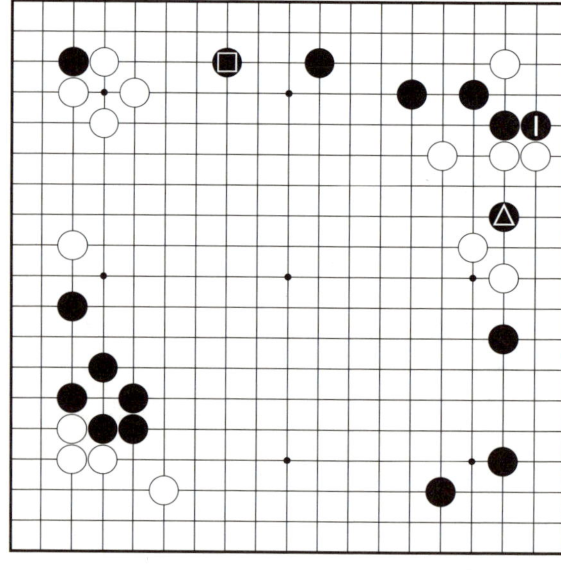

2도

2도 (☆ 강력한 차단)

여기서는 흑1로 강력히 차단하고 싶다. 이렇게 가르면서 우변 백의 뒷수를 꽉 메워놓으면 흑△의 움직임이 그만큼 강렬하게 부각되지 않는가.

상변 쪽은 흑■의 벌림수까지 있어 생사까지 위협받는 일은 없으리라는 확신도 바탕이 되고 있다.

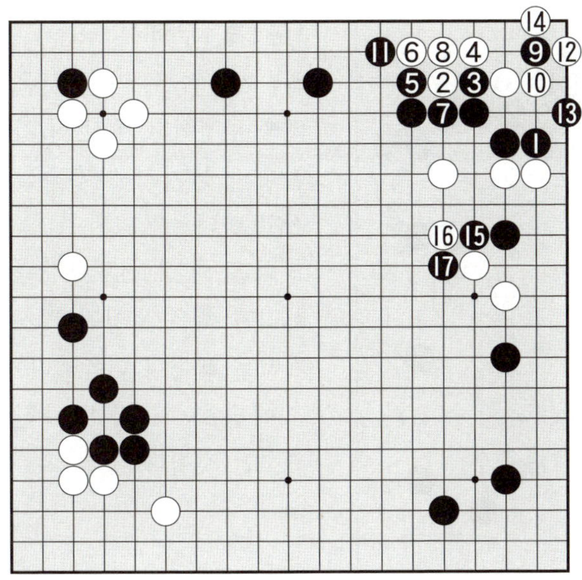

실전진행1

실전진행1 (노림수 폭발)

백14까지 크게 살아 부분적으로는 백의 대성공이다. 그러나 그 사이 우변 백진이 박약해졌다는 사실에 주목하자.

다음 흑15, 17이 '현찰'의 손실을 감수하며 품어 온 강타이다. 수순에서 흑3~백14의 처리법도 중요하다.

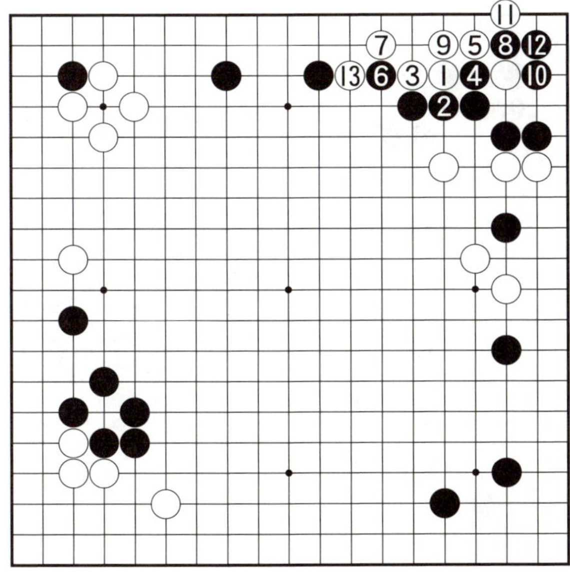

3도

3도 (흑, 치명적 피해)

백1 때 흑2로 잇는 것은 이 경우 적절치 않다. 백13까지 상변 흑진이 초토화되지 않는가.

우변 백에 치명상을 입힌다는 보장이 없다면 균형이 무너지기 십상이다.

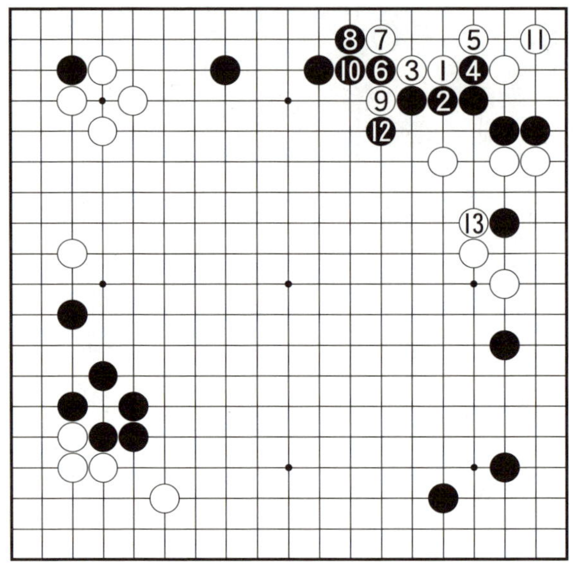

4도

4도 (흑, 무책)

백7 때 흑8로 막는 것은 더욱 무책이다. 흑12의 가일수가 불가피해 후수를 잡고 만다.

다음 백13으로 보강해 버리면 백은 우상귀를 거저먹은 셈이나 다름없다.

애당초 흑2가 빗나간 응수인 것이다.

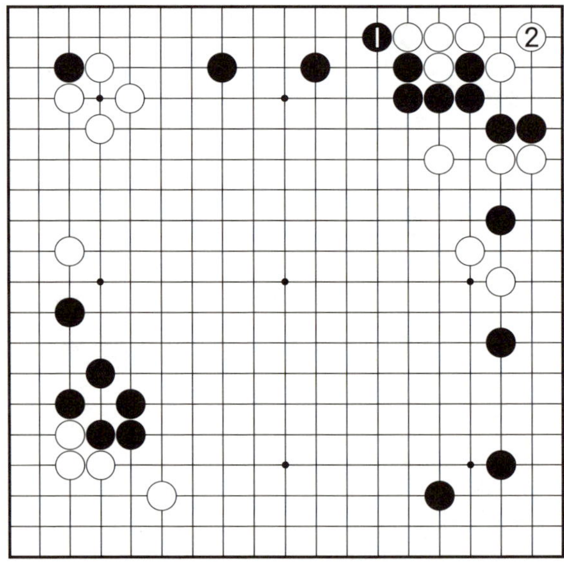

5도

5도 (흑, 손해)

실전진행1의 흑9~13도 긴요한 수순이다. 그냥 흑1로 막는 것은 백2로 지켜 깨끗이 완생이다.

이제는 우상귀 쪽에 별다른 활용수단이 없는 만큼 흑의 손해가 분명하다.

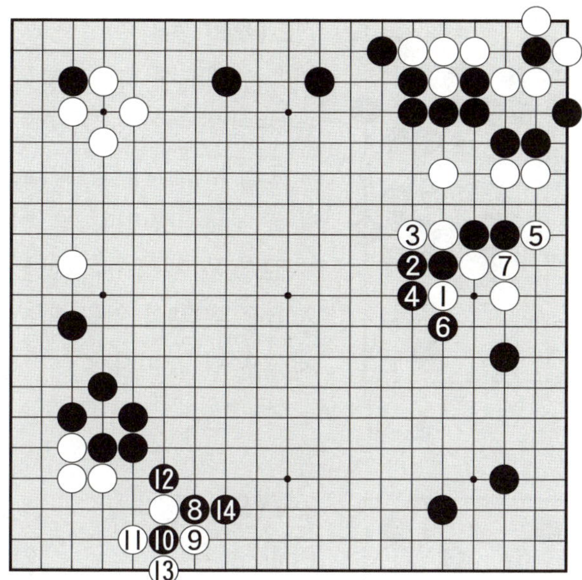

실전진행2

실전진행2 (흑, 대세장악)

백1~5는 최선의 수습책. 그러나 흑6을 선수로 두드리는 기분이 짜릿하며 14까지 하변 쪽마저 봉쇄해서는 하중앙이 입체화되면서 일거에 흑이 대세를 장악한 모습이다.

부분적 손해를 감수하며 노림수를 중시한 대세관의 결실이라고 하겠다.

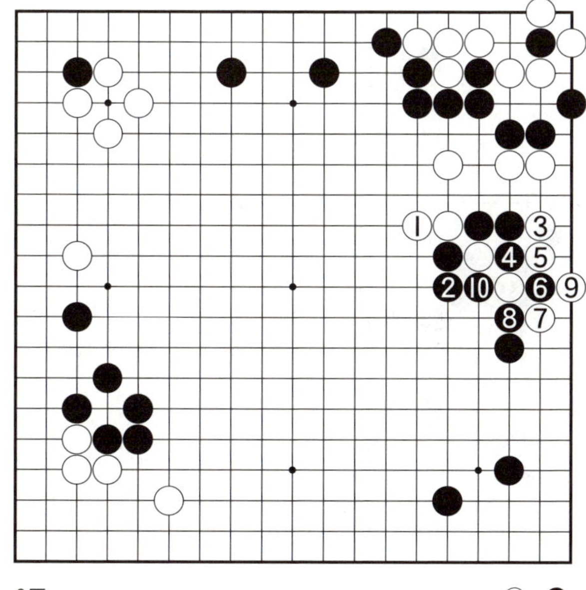

6도

6도 (상식적인 수법)

실전진행2의 1로는 이 그림 백1로 서는 것이 상식적인 수법이다. 흑2에는 백3이 맥점이며, 이하 11까지 처리하는 것이 상용의 수습책이다. 물론 이렇게만 되어도 흑은 나쁘지 않다. 그런데~

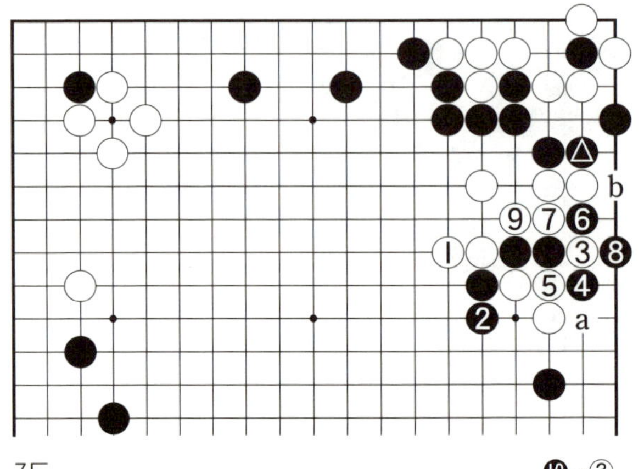

7도

7도 (흑의 초강수)

지금은 백3 때 흑4로 젖히는 초강수가 있다. 흑10에 이르러 a와 b가 맞보기로 백은 파탄지경이다.

보통은 무리수이지만, 지금은 흑▲의 원군 덕분에 가능한 것이다.

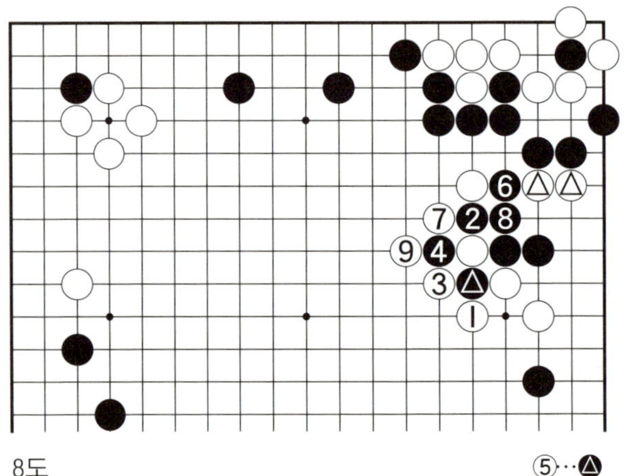

8도

8도 (흑, 소탐대실)

따라서 백1로 모는 것이 유일한 수습책이다.

그런데 이때 흑2로 되모는 것은 좋지 않다. 흑8까지 백△들은 잡을 수 있지만, 백9의 빵때림을 허용해서는 되로 받고 말로 준 격이다.

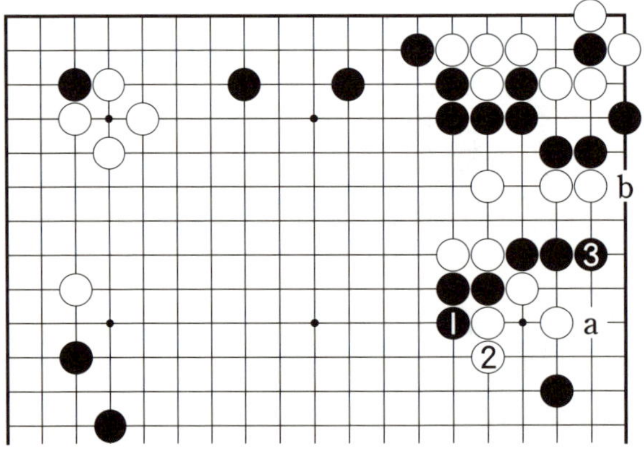

9도

9도 (백, 무모한 버팀)

흑1로 꼬부릴 때 백2로 버티는 것은 대무리이다.

흑3의 맥점(a와 b가 맞보기)에 의해 백은 회복불능의 늪에 빠지고 만다.

어느 쪽으로 끊을까?

○ 백 차례

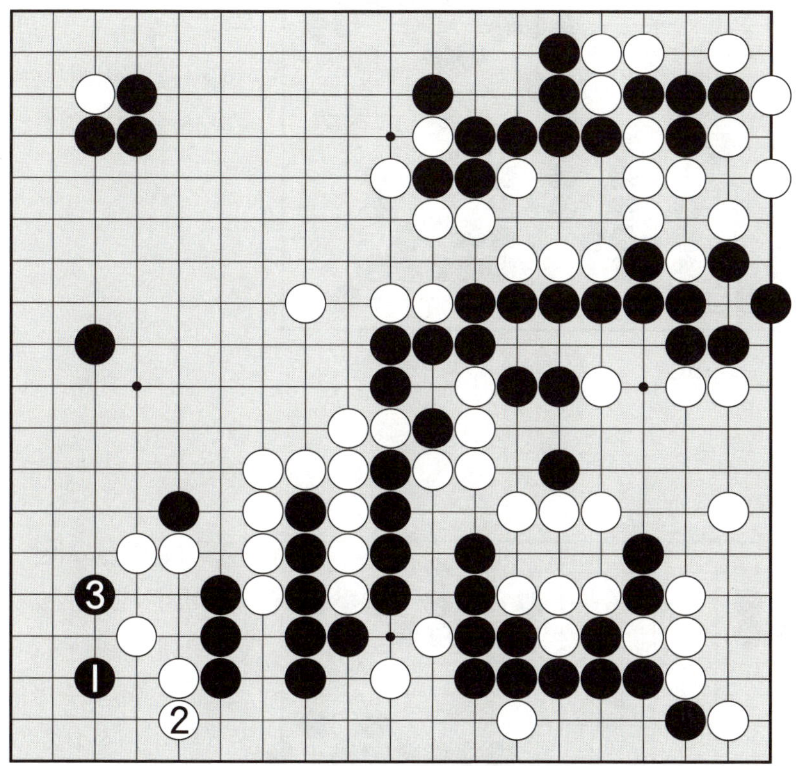

흑1로 침입하자 백2로 차단한 것은 당연한 기세이다.

그런데 이때 흑3으로 들여다보자 백은 고민스러워졌다. 과연 어떻게 응수해야 할까?

연승전 방식으로 최강의 9단을 가리는 특별기전인 1기 맥심배 입신 연승 최강전에서 최규병(흑)과 김일환이 겨룬 실전 장면이다.

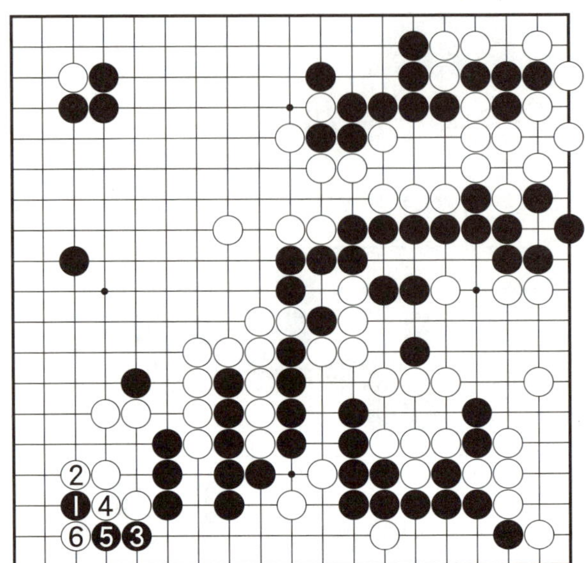

1도

1도 (백, 무기력)

당초 흑1의 침입에 백2로 물러서는 것은 기백 부족이다.

흑5까지 적잖은 실리의 손해를 보고 만다. 이래서는 앉아서 패배를 기다리는 것과 다름없다.

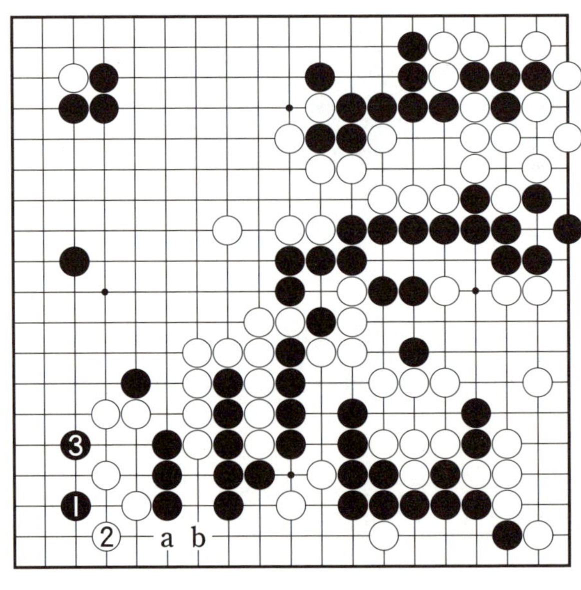

2도

2도 (늘어진 차단)

따라서 차단하는 것이 당연한데, 이때 백2의 마늘모는 늘어진 수법이다.

흑이 귀살이를 하고 난 다음 하변 흑진에 후속수단이 없지 않은가(백a에는 흑b로 막아 그만).

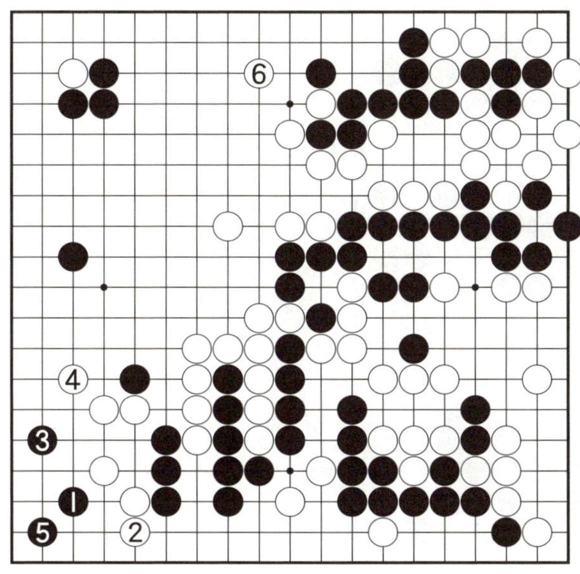

3도

3도 (흑, 불만)

따라서 백2는 '오직 이 한 수'라고 할 수 있다.

사실 이때 흑3, 5면 쉽고도 크게 살 수 있다. 그러나 선수가 백에게 돌아가 6을 허용한다면 부분적인 이득에도 불구하고 전체적으로는 도리어 흑의 불만이다.

흑도 좀 더 강렬한 대응이 필요한 것이다.

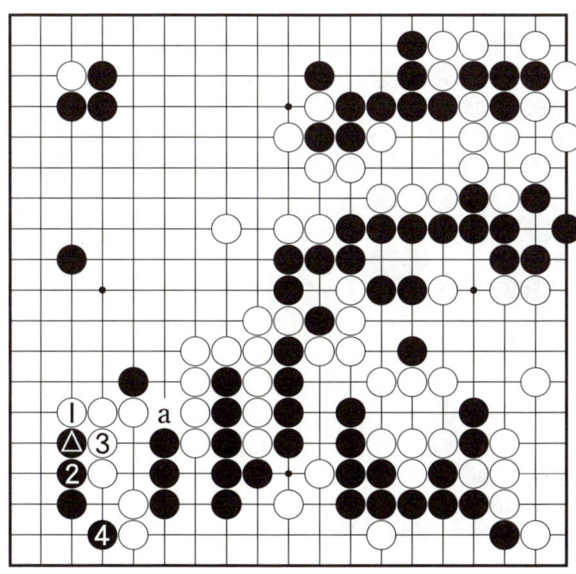

4도

4도 (흑, 대만족)

따라서 흑▲(장면도의 3)는 백에게 압박감을 주는 강렬한 수법이다. 그런데 이때 백1로 막는 것은 좋지 않다. 흑2가 선수여서 4까지 크게 살아버린다.

이렇게 되면 흑a가 강력하게 부각되며 백은 안위문제를 걱정해야 하는 처지로 전락한다. 흡사 '보따리'를 빼앗긴 꼴이라고 할까.

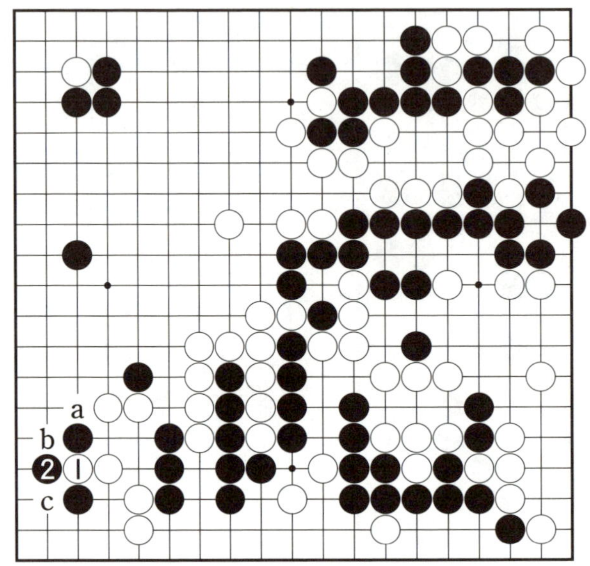

5도

5도 (선택의 기로)

일단 백1로 찌르는 것이 흑을 쉽게 살려주지 않는 긴요한 수순이다.

문제는 흑2 이후이다. a~c 가운데 백은 어떤 자세를 취해야 할까?

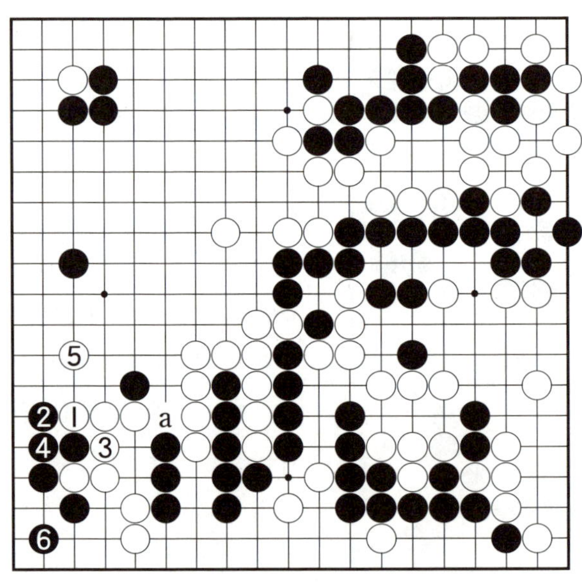

6도

6도 (백, 안이한 처리)

백1로 막는 것은 빗나간 수. 흑6까지 깨끗하게 살면 백은 별 대가 없이 안방만 빼앗긴 꼴 아닌가. 흑a의 뒷맛도 고약해 백이 단단히 당한 모습이다.

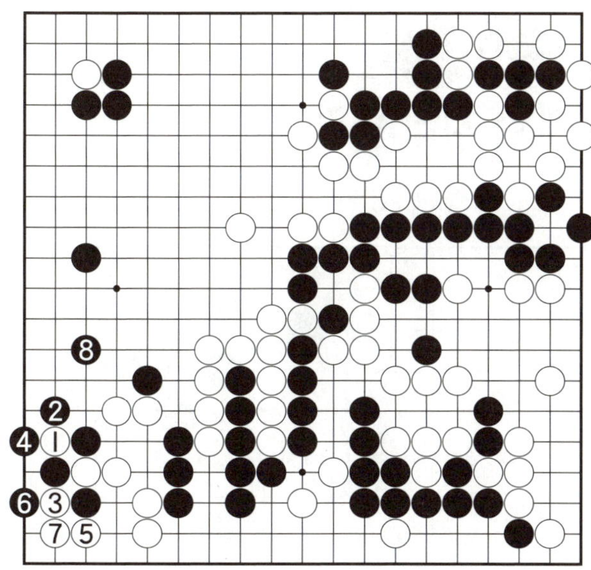

7도

7도 (백, 방향착오)

백1로 끊는 것은 방향착오. 흑8까지 실리를 벌며 좋은 자세로 연결해서는 흑의 대만족이다.

이제 백의 좌변 침투 여지도 사라진 셈 아닌가.

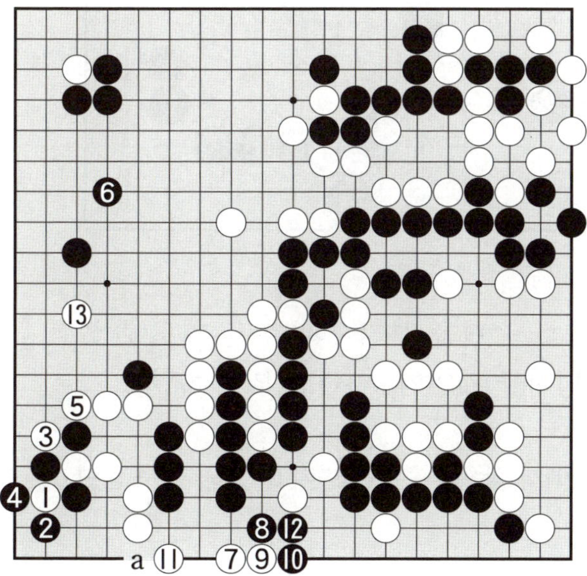

실전진행

실전진행 (올바른 방향)

'잡고 싶은 반대쪽을 끊어라'라는 기훈대로 백1로 끊는 것이 정답이다. 흑을 조그맣게 살려주는 대신 백은 13까지 좌변에 터를 잡아 충분하다.

백7~11의 선수 끝내기도 백의 자랑거리이다 (백a가 절대선수이므로 흑8로 물러서는 것은 정수).

넘겨줄 때와 차단할 때 (2)

● 흑 차례

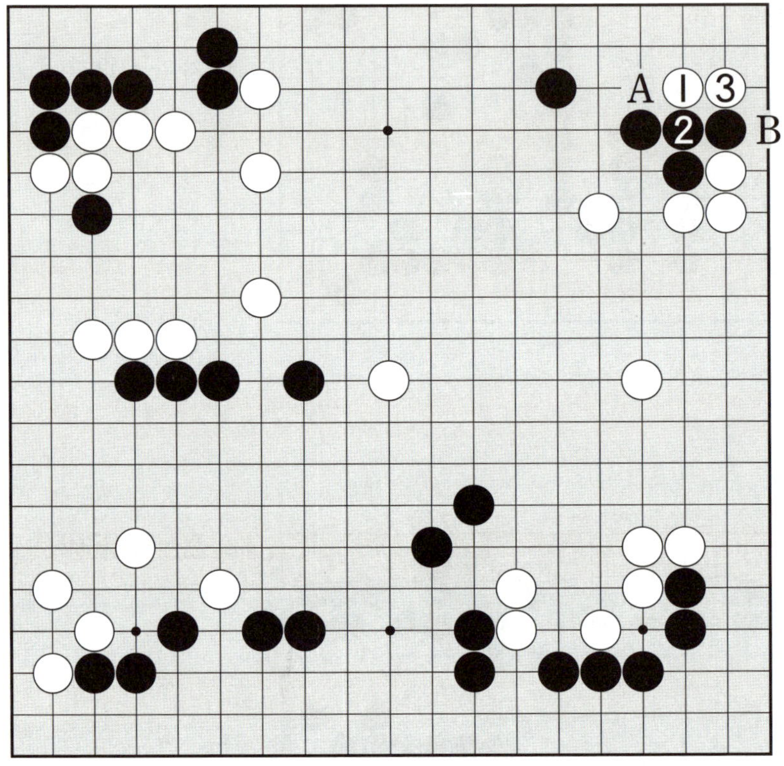

　　우상귀에 백1, 3으로 수단을 부려오자 흑은 기로에 섰다. 과연 A로 막아 넘겨줄 것인가, 아니면 B로 차단할 것인가?

　　6기 박카스배 결승3국에서 장수영(흑)과 조훈현이 벌인 실전 장면이다.

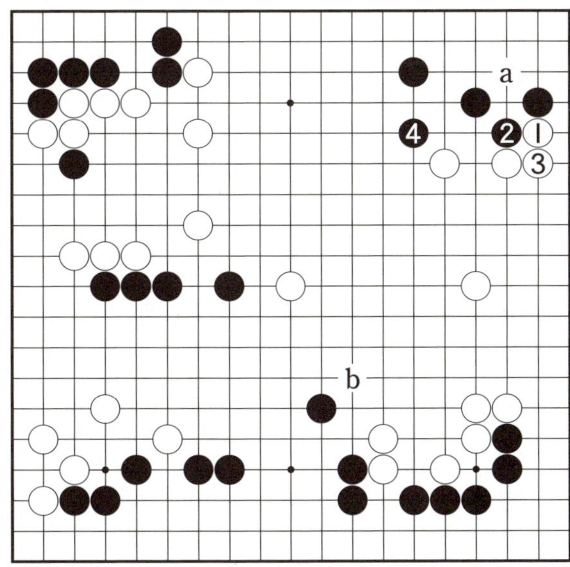

1도

1도 (보강 필요)

당초 백1, 3에는 흑4(또는 a) 정도로 지켜두는 것이 부분적인 정수이다. 다만 백에게 선수로 끝내기를 당한 꼴이어서 이렇게 고분고분 받는 것은 기세상 내키지 않는다.

그래서 실전에서는 손을 빼 흑b의 요소를 차지하고 본 것이다.

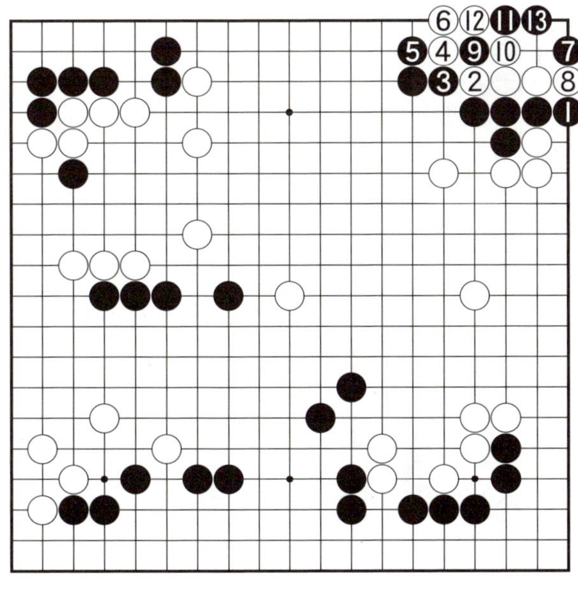

2도

2도 (백, 망함)

기분 같아서는 분연히 흑1로 차단하고 싶다.

만약 이때 백2, 4로 살려고 든다면 흑13까지 양자충으로 유도해 쉽게 백을 잡을 수 있다. 물론 이렇게 된다면 백이 망한 꼴이다. 그러나~

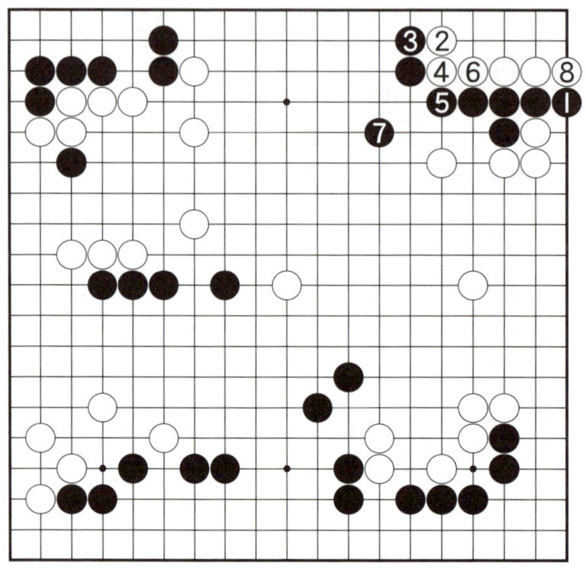

3도

3도 (무리한 차단)

흑1에는 백2의 날일자가 준비된 맥이다. 이제 흑은 백을 잡을 길이 없어 곤경에 처한다. 흑3으로 막는 것은 백4~8로 살기만 해도 흑의 손해이다.

우변 백진이 견고한 탓에 흑1로 애써 차단한 대가를 구하기 힘들어 이래서는 흑이 크게 당한 꼴이다. 게다가~

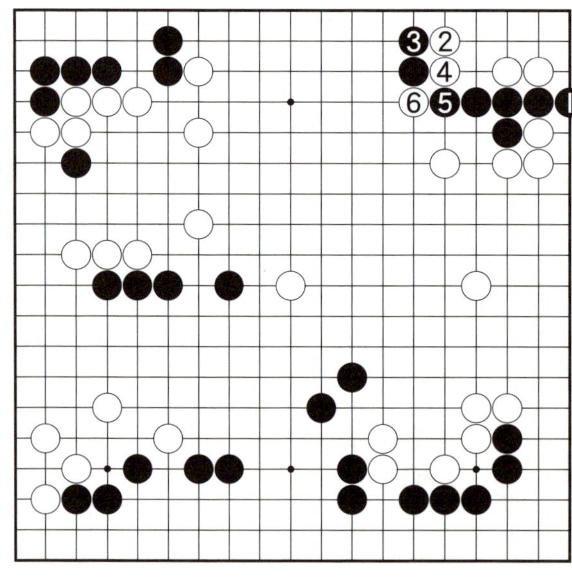

4도

4도 (백의 강타)

흑3 때 순순히 귀를 살지 않고 백4, 6으로 나와끊는 강타도 성립한다.

이제 귀의 백을 3수 이내로 줄이지 못한다면 양분된 흑이 무사하지 못할 것이다. 계속해서~

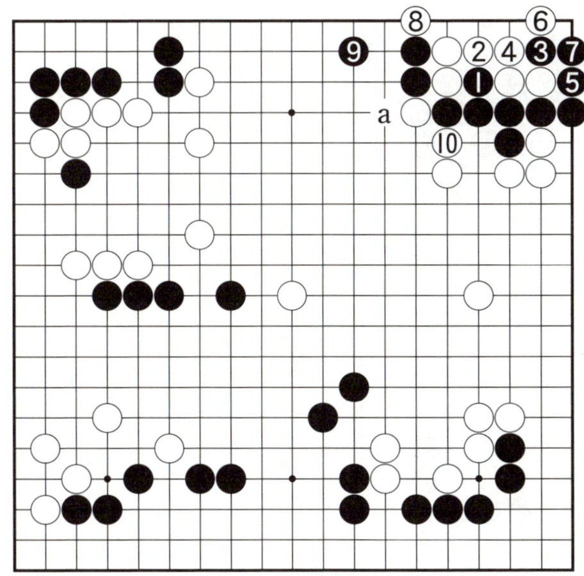

5도

5도 (흑, 파탄)

흑1, 3으로 수상전을 도모해 보아도 백8까지 도리어 흑이 잡혀버린다.

이밖에도 여러 가지 변화가 있으나 결론은 흑의 역부족! 변화 중 백a가 선수인 까닭에 흑이 안 되는 것이다.

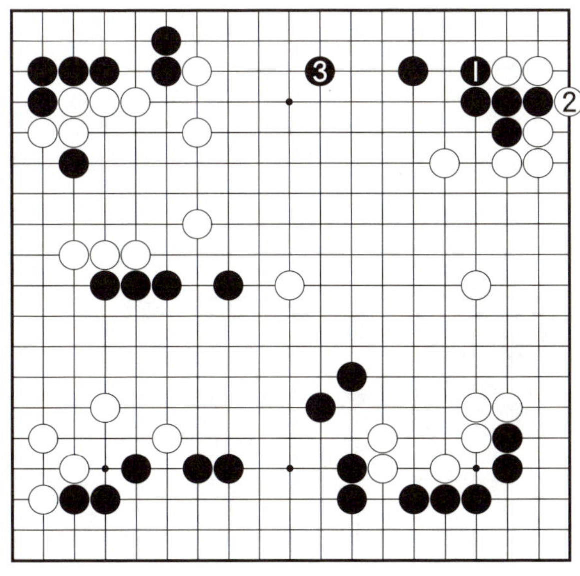

6도

6도 (☆ 양보가 최선)

이곳은 흑이 손을 뺀 자리인데다 주위 백세가 강한 곳이므로 흑도 약간의 출혈은 감수한다는 유연한 발상이 현명하다.

따라서 흑1로 물러서는 것이 최선. 백2로 넘겨주고 흑3으로 벌려 안전하게 처리하는 것이 무난한 처리법이다. 그런데~

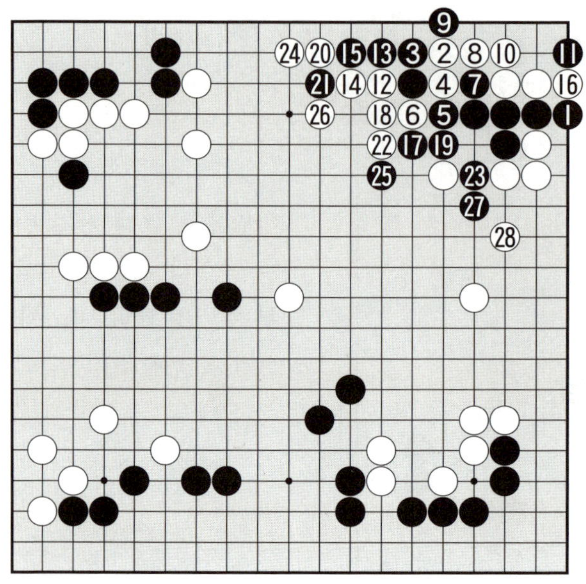

실전진행

실전진행 (흑, 파국)

실전에서는 흑1로 차단하다 백4, 6으로 끊겨 단명국이 되고 말았다. 흑7~11로 수상전을 시도했으나 흑의 착각이 분명하다.

백12 이하 교묘한 수순으로 우상 흑 대마가 전멸해서는 사실상 승부 끝이다. 반격을 도외시한 무리한 반발이 파국을 부르고만 것이다.

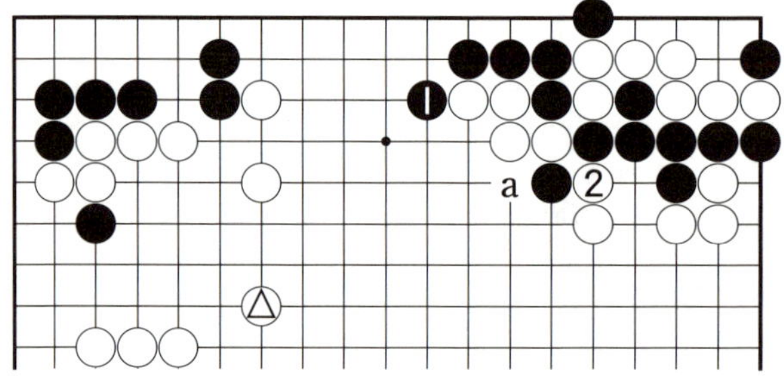

7도

7도 (흑, 피해 최소화)

백2에 흑3으로 막아도 백은 6까지 쉽게 산다.

그래도 이렇게 처리한 다음 a를 노리며 후일을 기약하는 것이 피해를 최소화하는 길이었다.

8도

8도 (흑의 불운)

실전진행의 19로 이 그림 흑1에 젖히는 것도 백2로 끊겨 그만이다.

백△ 때문에 a의 축이 안 되는 것이 흑의 불운이었다.

의표를 찌른 우형의 호착

○ 백 차례

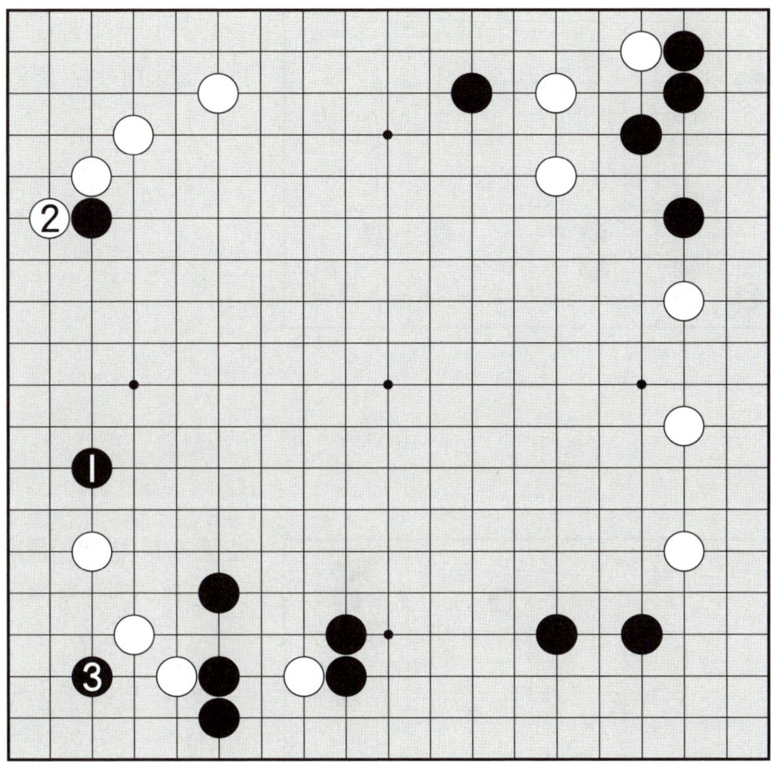

　　흑1의 다가섬에 백2는 기세의 한 수. 그런데 막상 흑3으로 침공해오자 백의 응수가 만만치 않아졌다. 흑1이 강력한 원군으로 버티고 있어 자칫 백 전체가 근거를 상실한 채 시달릴 상황이기 때문이다. 뭔가 백은 묘책이 없을까?

　　9회 후지쯔배 세계선수권 결승에서 이창호(흑)와 마샤오춘(馬曉春)이 벌인 실전 장면이다.

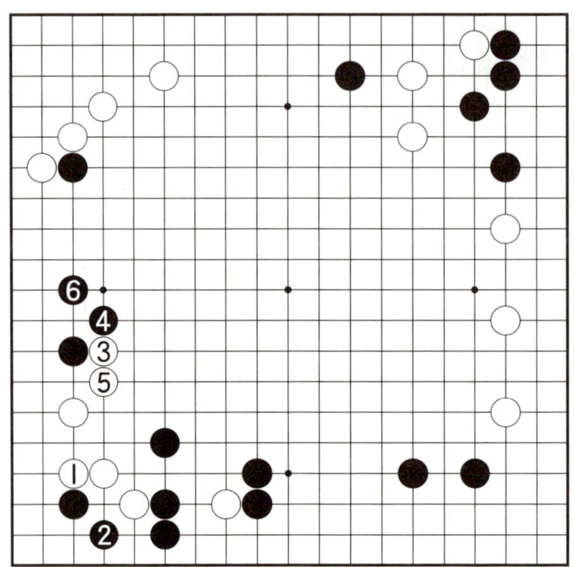

1도

1도 (백, 무책)

백1은 무책. 흑2로 넘고 나면 백만 졸지에 근거 없는 미생마가 돼버린다.

백3, 5로 이적수를 두어가며 공배탈출에 급급해서는 대세를 잃기 십상이다.

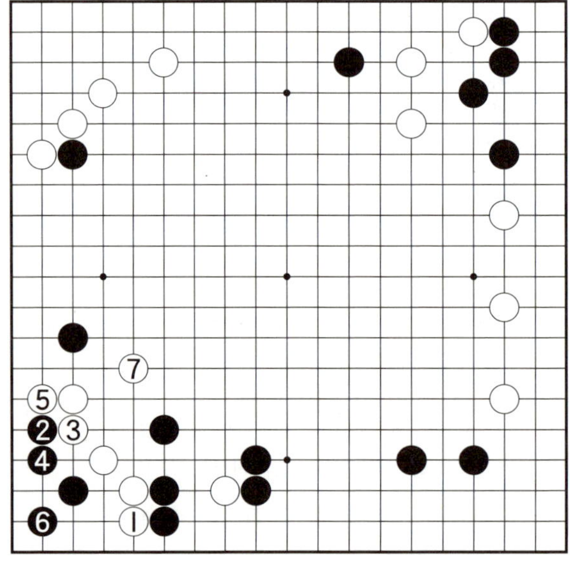

2도

2도 (흑, 별무신통)

그렇다면 백1로 차단하는 것은 어떨까?

만약 이때 흑2~6으로 도생에 급급한다면 백도 7로 진출해 별 걱정이 없다. 그러나~

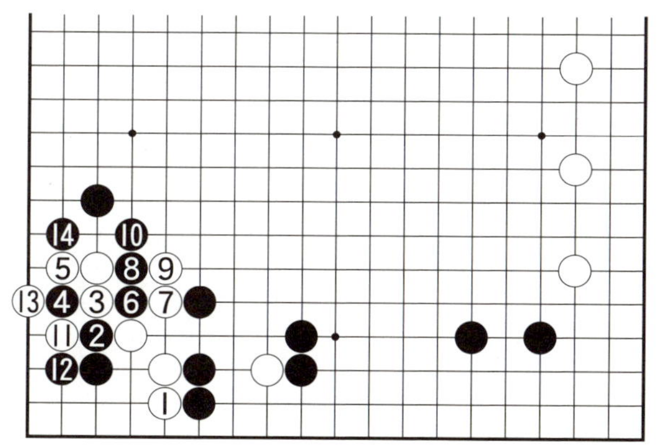

3도

3도 (백, 망함)

백1에는 흑2로 미는 것이 강수. 이어 백3에는 흑4, 6이 준비된 강타로 일거에 백이 곤경에 빠진다.

백7~13으로 한껏 버텨 보아도 흑14면 백은 파탄을 면치 못한다.

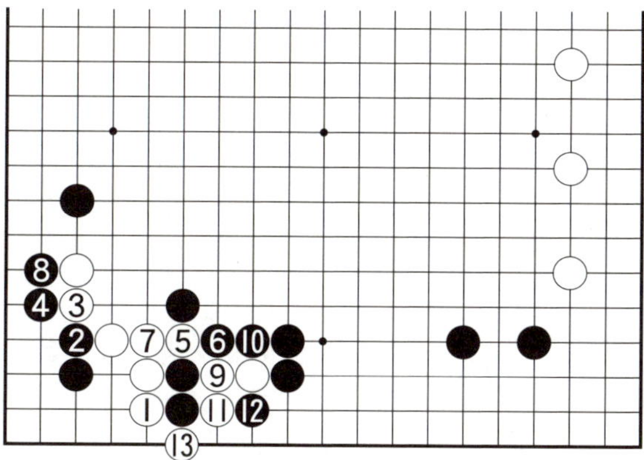

4도

4도 (흑, 대성공)

흑4 때 백5, 7이 그나마 수습책이지만, 흑8로 깨끗하게 넘은 데다 12까지 하변마저 싸 발라서는 흑의 대성공이다.

결국 백1은 무리라는 결론이다.

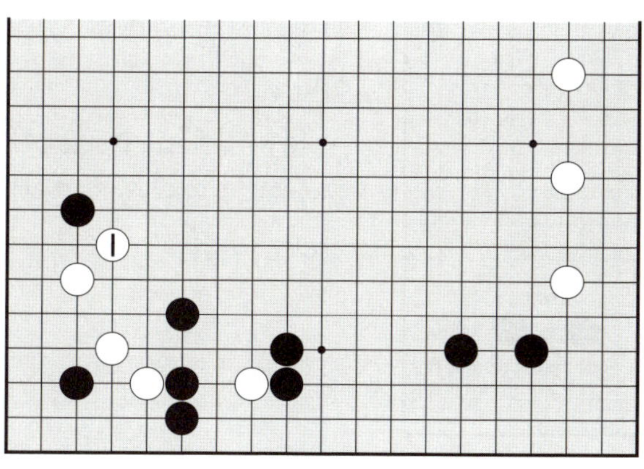

실전진행1

실전진행1 (뜻밖의 호착)

백1의 마늘모 행마가 뜻밖의 호착이다. 둔탁한 자세여서 대개 재미없는 속수로 지탄받을 수 있지만, 여기서는 유일한 타개책이 되는 것이다.

과연 어떤 후속수를 내다보고 있을까?

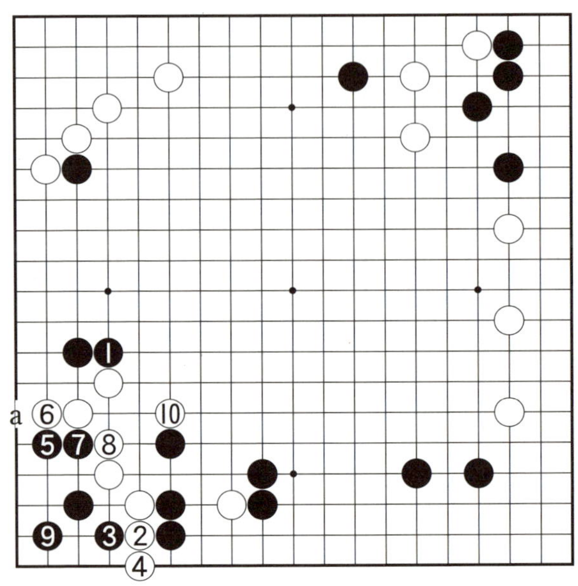

5도

5도 (흑, 곤란)

계속해서, 손 따라 흑1로 막는 것은 좋지 않다. 이제는 백2로 차단하는 수가 강력해진다. 흑9까지 귀살이로 살 수 있지만, 대신 백도 10으로 씩씩하게 진출할 수 있는 것이다.

백a가 선수인 탓에 좌변 흑이 박약한 모습이어서 이 그림은 흑이 곤란하다.

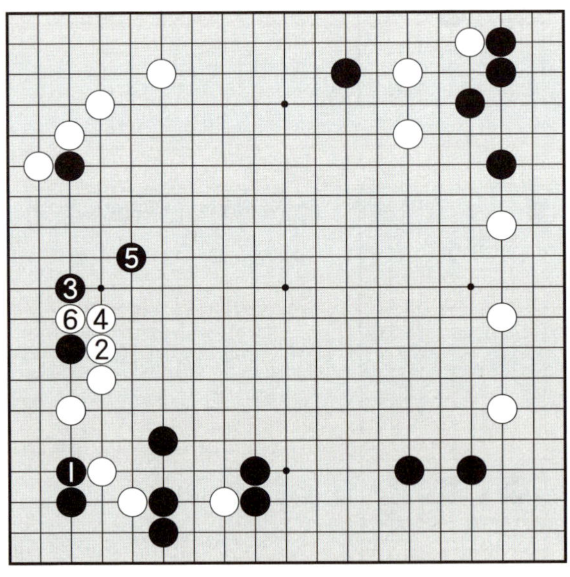

실전진행2

실전진행2 (백, 타개성공)

흑은 고심 끝에 일단 1로 좌하귀를 제압하고 보았지만, 백이 2, 4로 좌변을 선공해서는 활발한 모습이다.

속수 같은 묘수로 백이 공수의 주도권을 역전시켰다고 할까.

손오공의 빠른 발을 묶어라

● 흑 차례

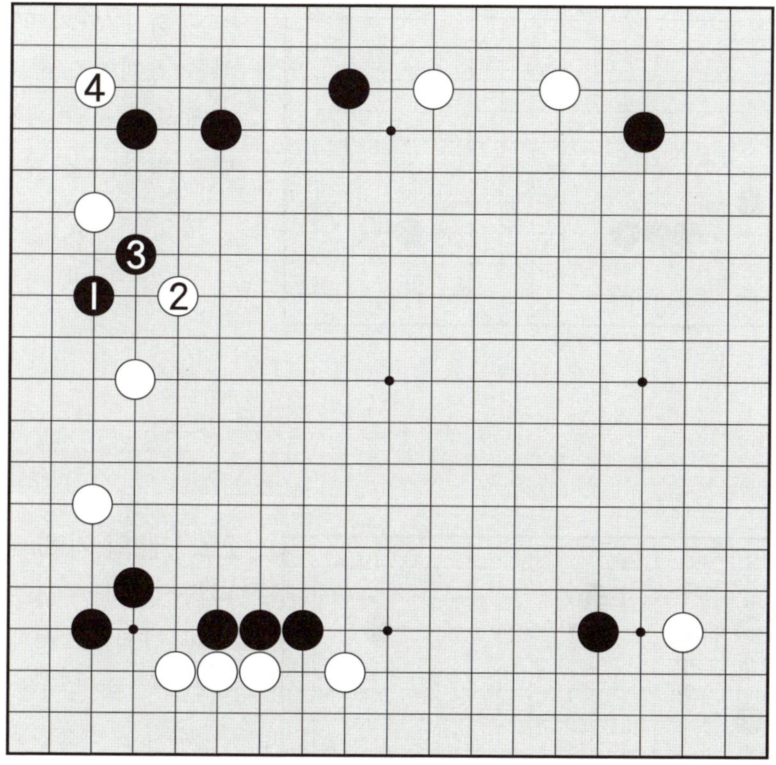

　흑1로 침공하자 백은 2로 씌운 다음 4로 파고드는 현란한 수법을 구사하고 있는 장면이다. 흑은 백의 교란전술에 제동을 걸고 주도권을 장악하는 흐름을 구하고 싶다.

　그러기 위해서 흑은 백4의 '손님'을 어떻게 응접하는 것이 좋을까?

　19기 기왕전 본선리그에서 조훈현(흑)과 서능욱이 벌인 실전 장면.

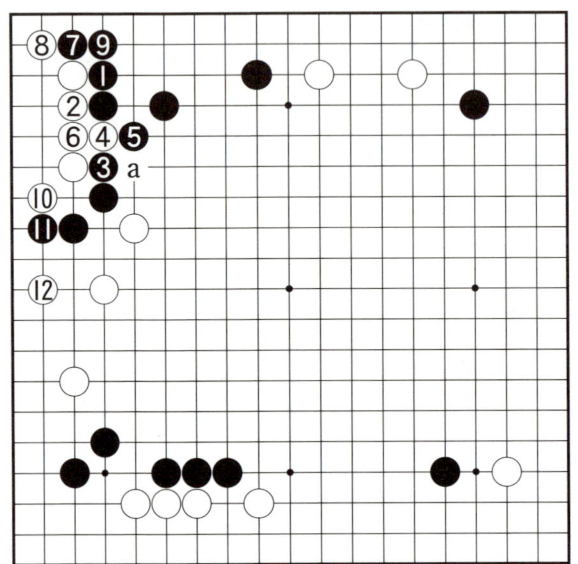

1도

흑1로 막는 것은 대완착. 백2로 넘어가며 크게 살아서는 흑이 실속 없는 모습이다.

이하 12까지 백은 상하를 효과적으로 수습해 우세하다. a의 흠집까지 남지 않았는가.

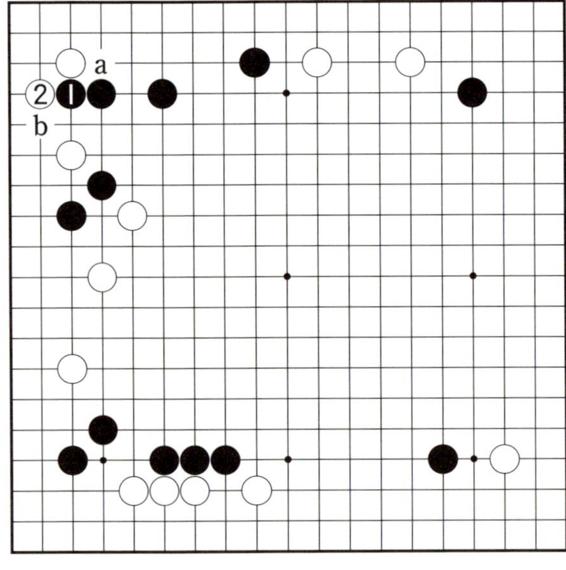

2도

2도 (제2의 기로)

따라서 일단 흑1로 막고 봐야 한다. 그런데 다음 순간 백2로 젖혀올 때 흑은 다시 고민스럽다.

a와 b 가운데 어디로 막아야 할까?

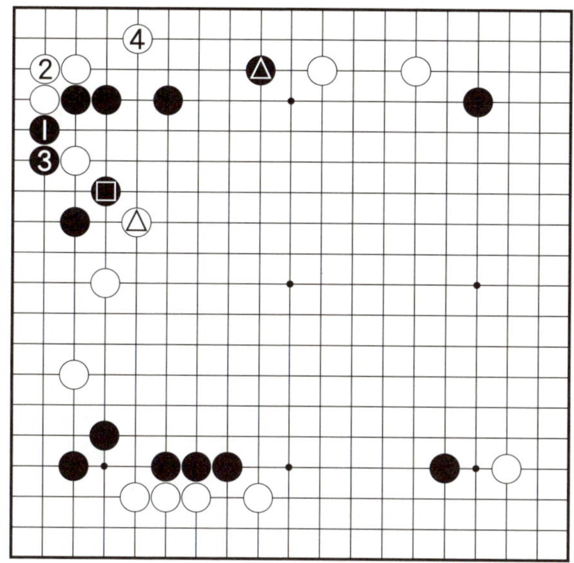

3도

3도 (흑, 방향착오)

흑1로 차단하는 것은 방향착오. 백4까지 귀를 빼앗긴 실리의 손실이 큰 데다 ▲가 어정쩡한 위치로 전락해 흑이 비능률적인 모습이다.

　백△와 흑■도 크게 활용된 꼴이어서 백의 만족이다.

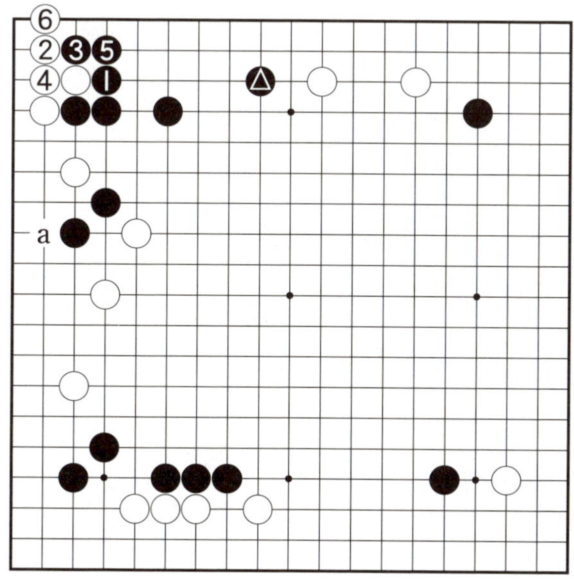

4도

4도 (☆ 현명한 처리)

따라서 흑1로 막는 것이 ▲의 가치를 살리는 올바른 방향감각이다. 비록 백을 연결시켜 주었으나, 흑도 두터움을 쌓은 데다 차후 여러 가지 활용수가 있어 불만이 없다.

　특히 흑a가 절대선수로 작용해 좌변 백이 그만큼 매우 허약해졌다는 데 주목한다.

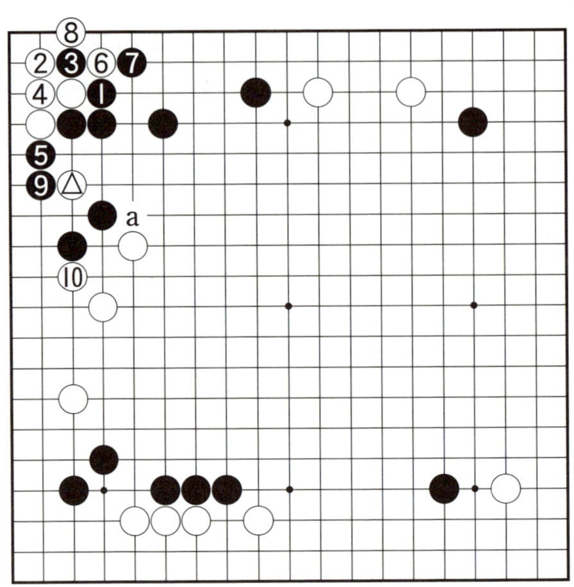

5도

5도 (잡고도 손해)

백4 때 흑5로 젖히면 백 △를 잡을 수는 있다. 그러나 백6, 8이 자체로 큰 수여서 별 이득이 없다. 게다가 천금 같은 선수가 백에게 넘어가 오히려 흑이 대세에 뒤진 모습이다 (백a도 선수).

이래서는 백△를 억지로 잡으려다 되레 백의 타개를 거들어준 결과이다.

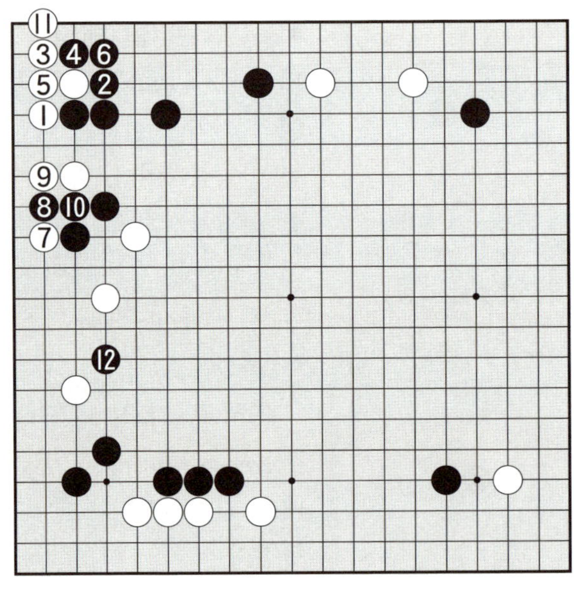

실전진행

실전진행 (흑, 대세제압)

흑6 때 백은 능률적인 처리에 골몰한 나머지 7, 9로 변화를 꾀했으나 흑10으로 두텁게 이어 백의 별 무신통이다.

결국 흑이 12로 선공해서는 대세를 제압한 결과라고 하겠다.

이처럼 상대의 교란작전에는 두터움으로 맞서는 것이 상책이다.

대세를 중시하는 간명한 처리

● 흑 차례

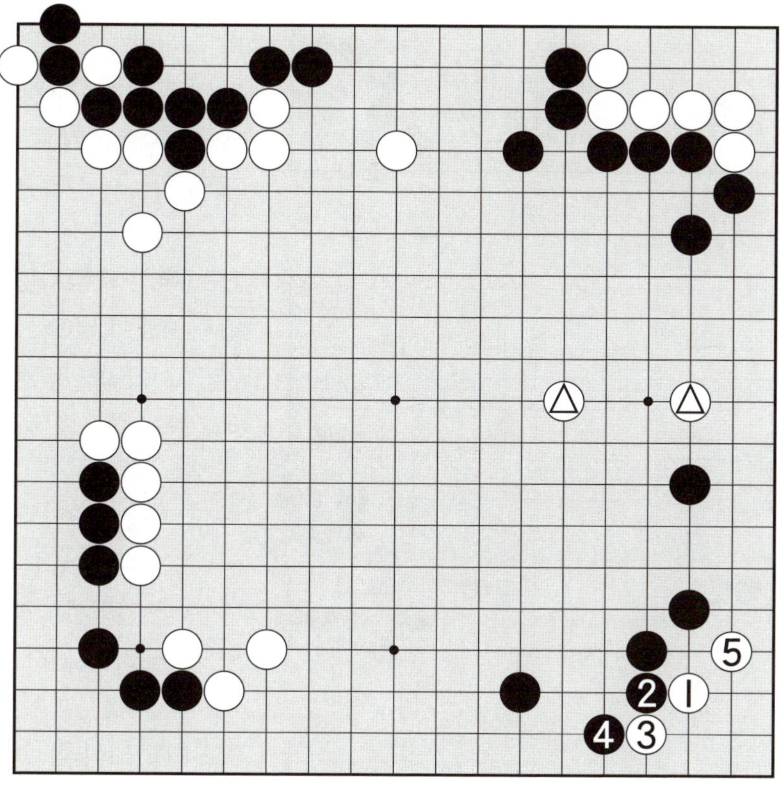

　　눈목자와 마늘모의 2중 굳힘에 두칸벌림까지 되어 있는 우하의 흑 모양에 백1로 뛰어든 장면이다. 사실 이 수는 귀에 뒷맛을 남겨 백△들의 타개에 도움을 주려는 응수타진의 의미가 짙다. 자, 흑은 어떻게 응수하는 것이 좋을까? 부분적 이해보다 전국을 보는 대세관이 중요한 장면이다.

　　22기 명인전 본선에서 이창호(흑)와 김수장이 벌인 실전 장면.

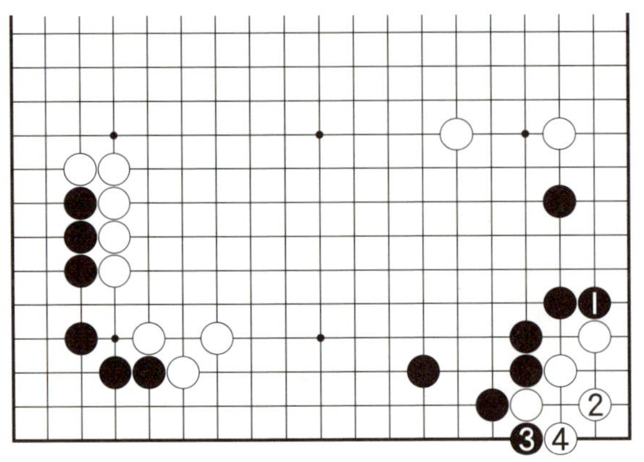

1도

1도 (꽃놀이패)

흑1로 막는 것은 최하책. 백2로 호구쳐 쉽게 수가 난다.

철통같았던 이곳에서 이토록 쉽사리 꽃놀이패가 난다면 얼마나 허망한가. 백은 패의 대가로 아무데 다 두 번 두어 필승지세!

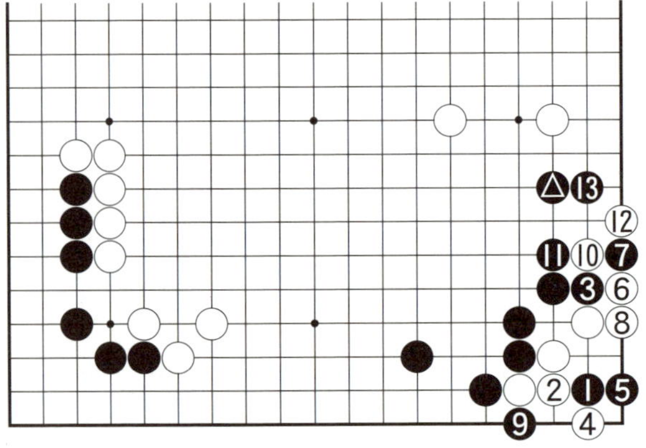

2도

2도 (흑의 희망사항)

일단 흑1이 급소이다. 만약 백2로 잇는다면 흑3으로 막아 백의 절명이다.

백4 이하 몸부림 쳐보아도 흑▲의 원군 때문에 살 수 없다. 그러나 뻔히 죽는 줄 알면서도 백이 이렇게 둘 리는 없다.

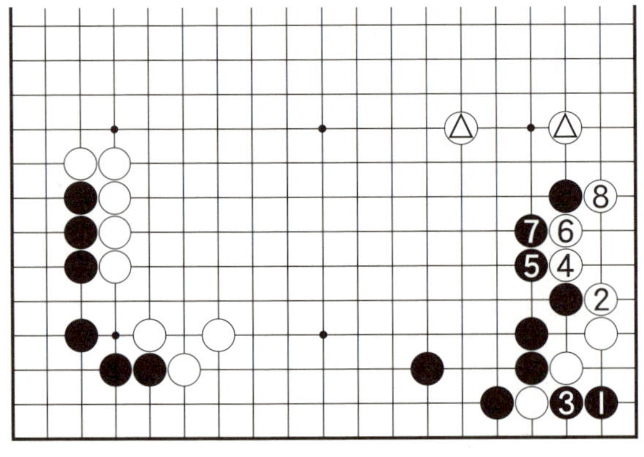

3도

3도 (백, 대성공)

따라서 흑1에는 백2로 나가는 것이 기세이다.

이때 흑3으로 끊어잡는다면 백4~8로 우변을 깨며 허약한 △도 안정시켜 백의 대성공이다.

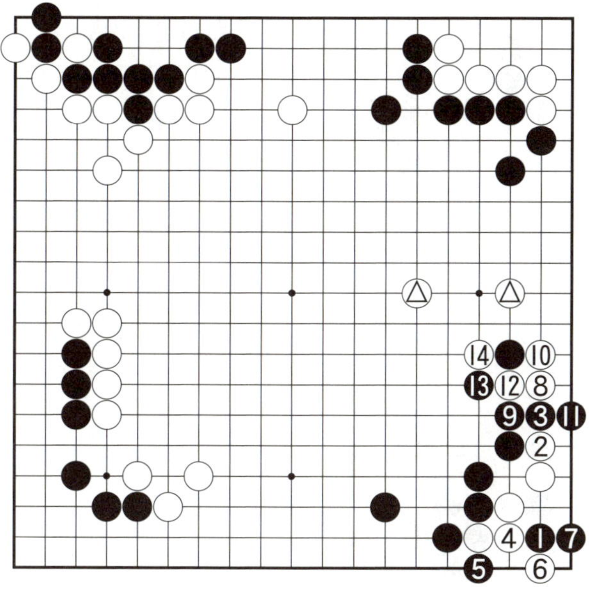

4도

4도 (흑, 잡고도 당하다)

그렇다고 흑3으로 막는 것은 뒷맛이 고약해 좋지 않다. 흑5, 7이면 귀는 잡을 수 있지만 백8, 10으로 이용당하는 것이 아프다. 결국 백은 귀의 뒷맛을 이용해 △들을 타개하는 데 성공한 셈이다.

바로 이것이 백의 시나리오였다.

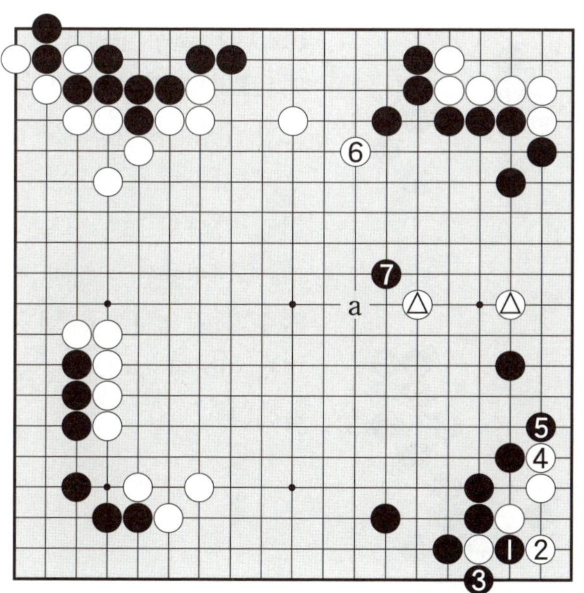

실전진행

실전진행 (대승적 처리)

흑1로 끊어잡는 것이 간명하고도 두텁다. 침입군은 살려주더라도 두터움을 유지해 백△들에 대한 공격력을 강화시키는 대승적인 선택이라 하겠다.

결국 백은 우하귀를 살리지 못한 채 6으로 전환했지만(백a가 정수), 흑7의 통렬한 일격으로 흑이 대세를 제압했다.

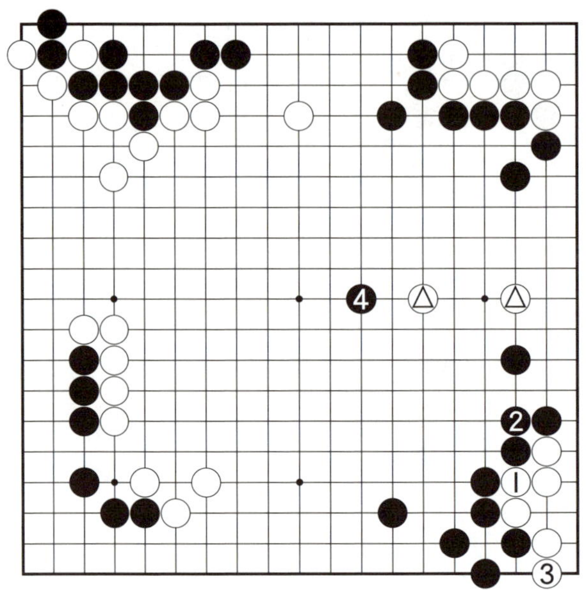

5도

5도 (백, 소탐대실)

백1, 3이면 귀를 살릴 수
는 있다. 그러나 외곽 철
벽을 배경삼아 흑4로 파
상공세를 펼치면 백△들
은 가히 풍전등화!

　부분적으로 성공하고
도 대세를 잃은 격이라고
할까.

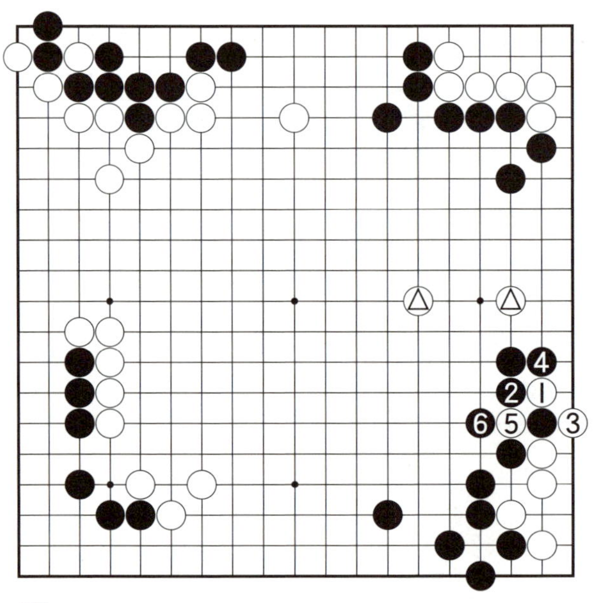

6도

6도 (백, 별무신통)

백1로 껴붙이는 수가 교
묘한 수법이지만, 흑2~6
으로 처리하면 백△들이
점점 약해져 별무신통이
다. 우하귀에는 어차피 가
일수가 필요하므로 백은
별로 얻어낼 것이 없는 모
습이다.

효과적인 외곽 봉쇄법

○ 백 차례

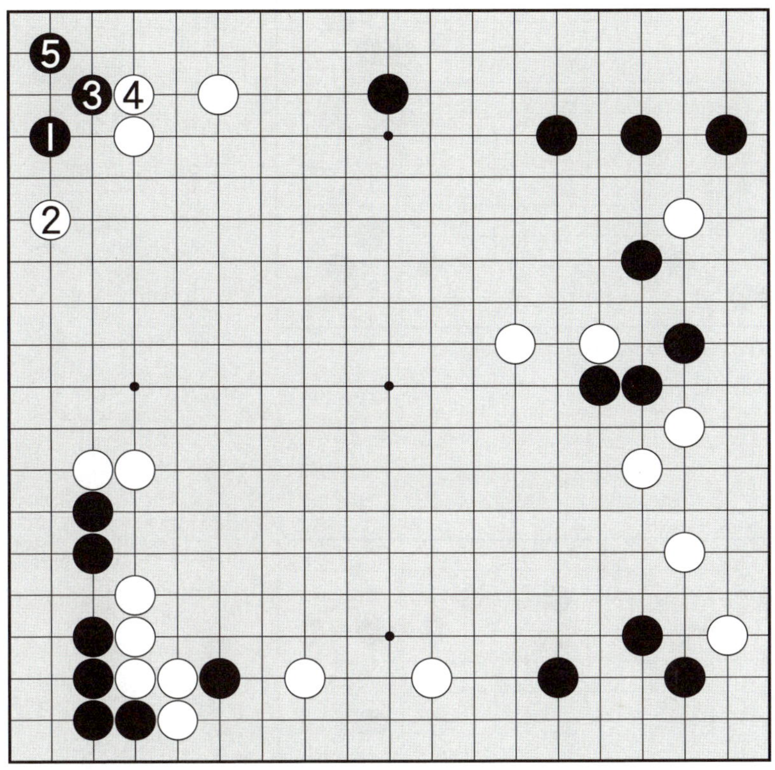

　흑1의 저공비행은 상용의 침투수법. 이때 백2가 흑의 근거를 위협하는 최강의 공격법이다.

　흑3, 5로 3三에 파고든 수 또한 최선의 대응인데, 이때 백은 어떻게 받는 것이 최선일까?

　34기 패왕전 도전기 최종국에서 신예기수의 도전자 이성재(흑)와 조훈현이 벌인 실전 장면이다.

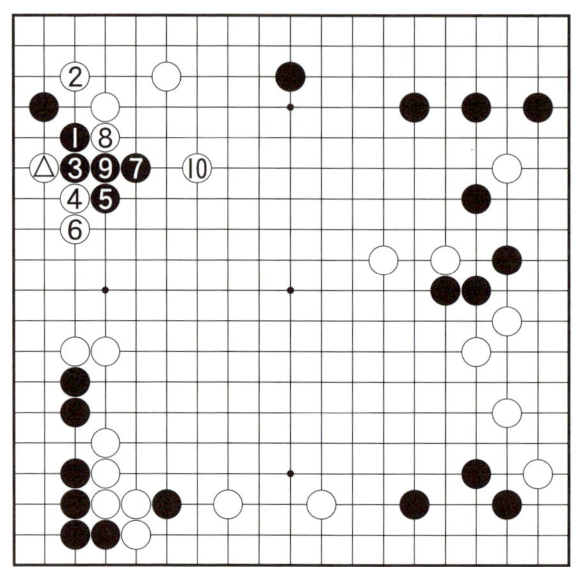

1도

1도 (백의 함정)

장면도의 3으로 이 그림 흑1로 나가는 것은 반사적인 속수이다. 백2를 당하면 흑이 곤경에 처한다. 이하 백10까지 흑이 수렁에 빠진 모습이다.

바로 이것이 백△의 함정이기도 하다.

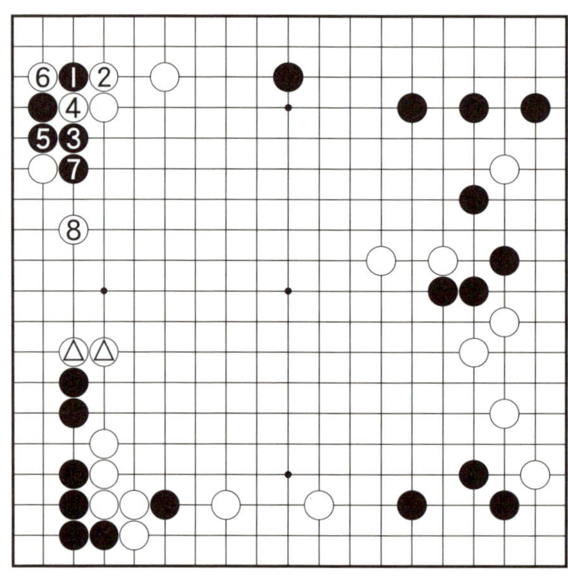

2도

2도 (역시 흑 고전)

따라서 흑1로 3三에 파고든 것은 정수이다. 그런데 백2 때 흑3으로 나가는 것은 백4, 6으로 근거와 실리를 빼앗겨 흑의 고전이다.

백△들이 강력히 대기하고 있어 흑이 피곤한 모습이다.

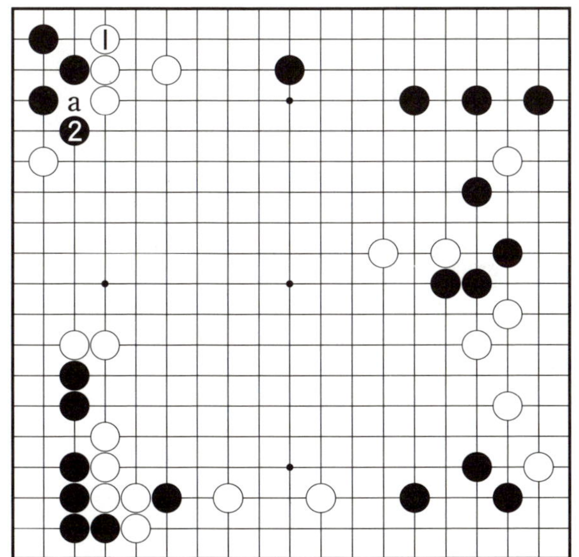

3도

3도 (백, 무리)

본론에 들어가서, 백1로 내려서는 것은 낙제점! 흑2로 빠져나가 백은 속수무책 신세가 된다.

　이제는 백a가 성립하지 않는다.

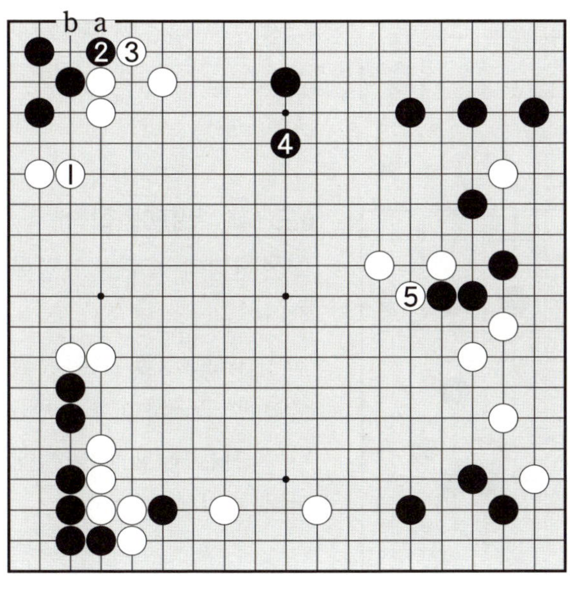

실전진행

실전진행 (효과적인 봉쇄)

백1의 쌍점이 정수. 귀살이를 강요하면서 외곽을 효과적으로 봉쇄하는 최선책이다.

　흑은 2로 임시조치한 뒤 4로 대세점을 차지해 팽팽한 국면이다.

　차후 백a에는 흑b의 패로 버틴다는 심산이다. 따라서 이 흑은 '절반의 삶' 이라고 할 수 있다.

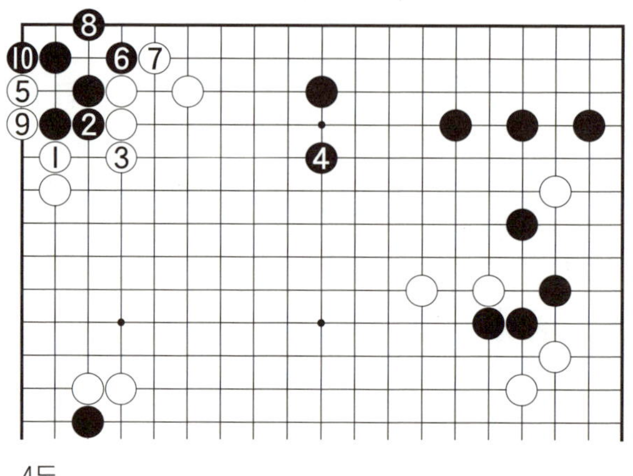

4도

4도 (흑, 완생)

백1로 치받는 것은 빗나간 수이다. 흑2, 백3의 교환에 의해 좌상귀 흑이 선수로 완생해 버린다.

　백5로 추궁해도 흑6~10이면 그만이다. 실전 같은 반생과 지금의 완생은 엄청난 차이 아닌가.

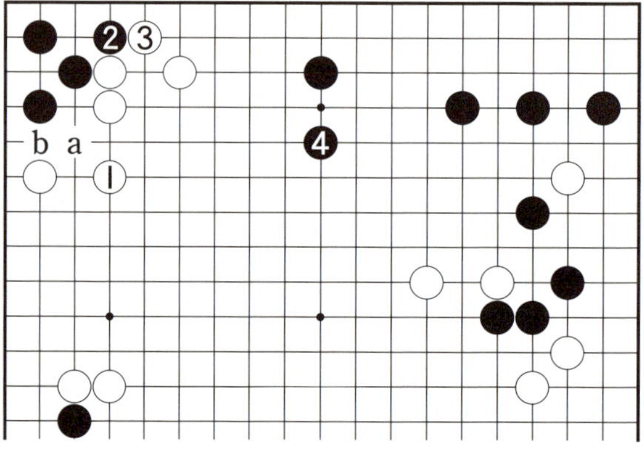

5도

5도 (허술한 한칸)

백1의 한칸 행마도 유력하지만 실전에 비해 허술한 약점이 있다.

　흑a 또는 b의 추궁수단이 있어 이 흑을 잡기에는 상당한 어려움이 따를 것이다.

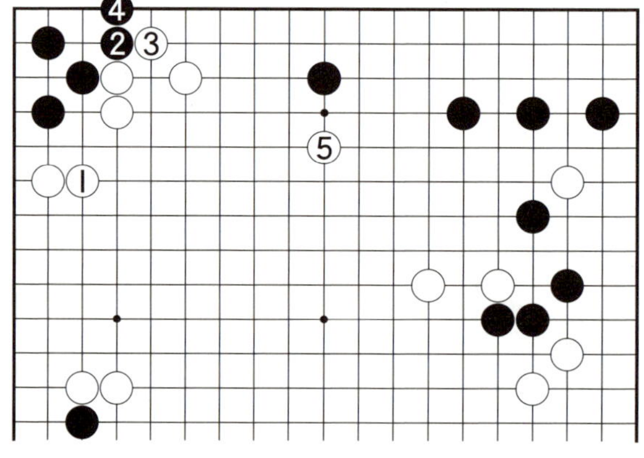

6도

6도 (흑, 부분에 집착)

실전진행의 흑4는 현명한 전환이다.

　이 수로 당장 흑4의 귀 살이에 급급하다가는 백5의 요처를 허용해 대세에 뒤지기 십상이다.

3장

프로의 화점전략 3탄

(3三 주변의 사활)

　3三 주변의 사활을 이해하지 않고 3三을 '졸업'하는 것은 불가능하다. 주위 배석에 따라 늘 예기치 못한 맥점과 묘수가 빈발하는 곳이 3三을 중심으로 한 귀이기 때문이다.

　이 장에서는 주로 중반과 종반 무렵에 발생하는 3三 주변의 사활문제를 프로의 실전 예를 통해 살펴보았다. 실전에 흔히 등장하는 형태들이므로 이번 기회에 제대로 익혀두면 가장 확실한 효과를 볼 것으로 확신한다.

자충을 추궁하는 감각의 맥점

● 흑 차례

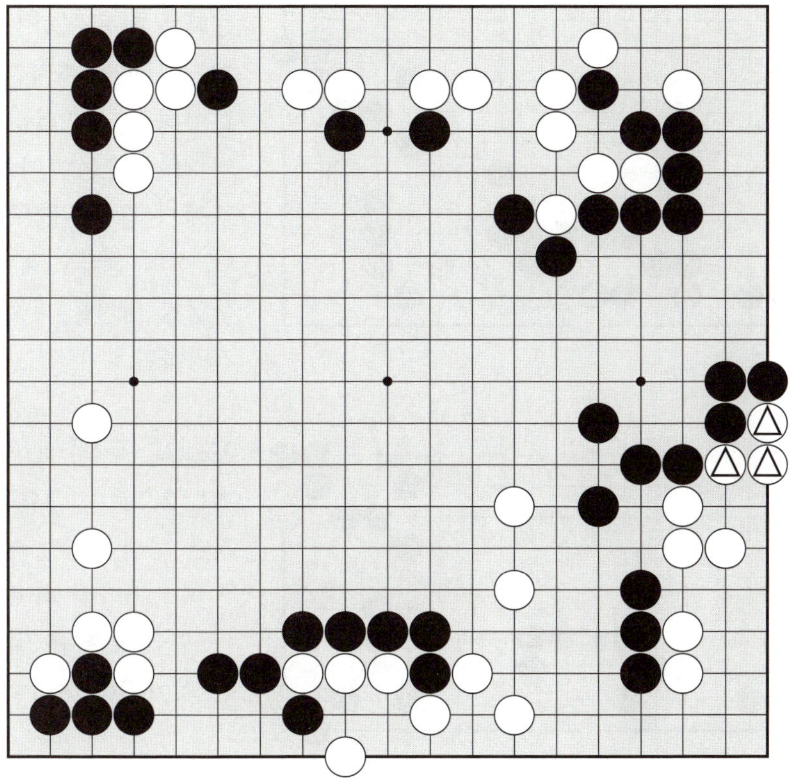

우하귀는 흑의 한칸협공에 백이 3三에 뛰어들어 이뤄진 형태이다. 일견 완벽해 보이는 이곳에 뜻밖에도 치명적인 수단이 숨어있다. 과연 흑은 어디서부터 손을 대는 것이 좋을까? 선수끝내기라고 해치운 백△가 자충수가 되고 있다는 사실에 착안하면 좋을 것이다.

기성전 도전1국에서 이창호(흑)와 조훈현이 벌인 실전 장면이다.

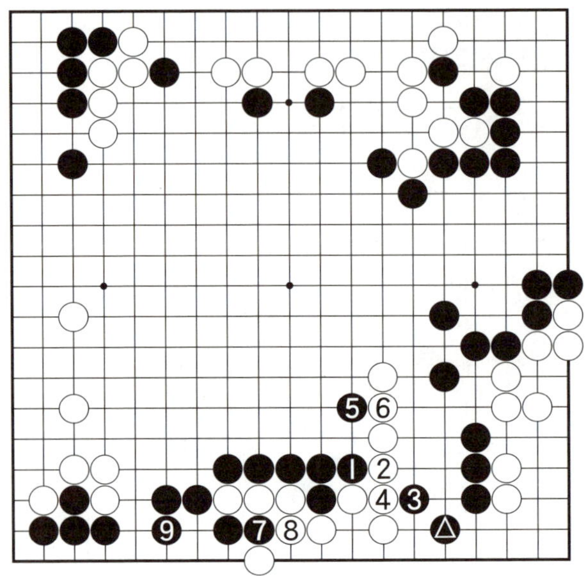

1도

1도 (흑의 노림수)

본론에 들어가기에 앞서 흑의 착안사항을 살펴본다. 하변 백에 대해 흑▲ 언저리가 거의 선수로 듣는다는 데 주목하자.

만약 손을 빼다가는 흑 1 이하로 잡으러가는 수가 있기 때문이다. 중앙 흑세가 강해 위험천만이며, 설령 산다고 하더라도 상당한 대가를 치를 것이 자명하다.

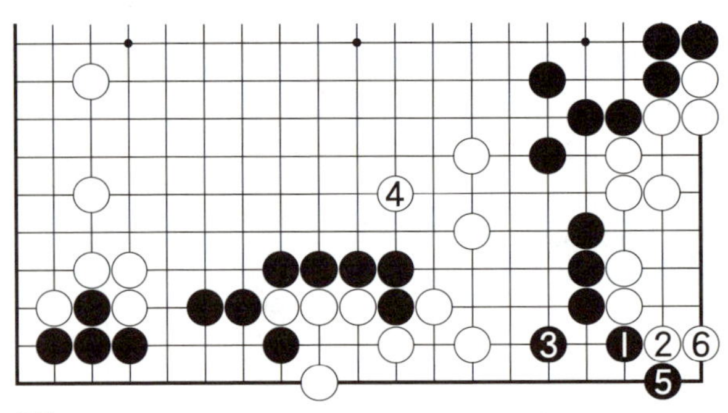

2도

2도 (흑, 무책)

흑1, 3으로 선수활용하는 것은 무책이다.

백은 6까지 좌우를 모두 수습해 흑은 별로 얻는 것이 없다.

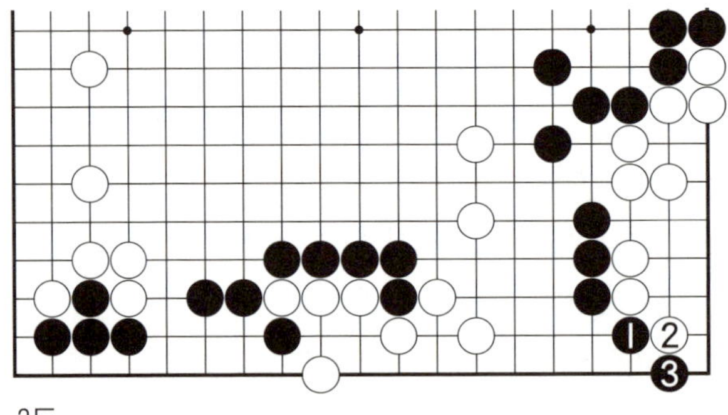

3도

3도 (상용의 이단젖힘)

흑1, 3으로 이단젖히는 것이 유력한 상용의 맥이다. 이때 백은 응수에 신중을 기해야 한다. 계속해서~

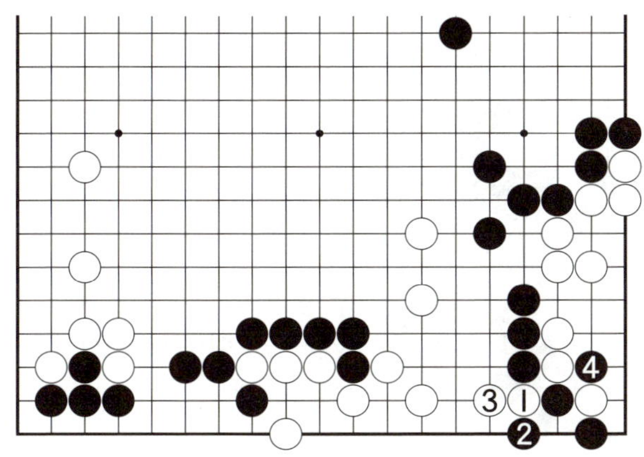

4도

4도 (백, 걸려들다)

덥석 백1로 끊다가는 걸려들기 십상이다. 흑2가 회심의 일착으로 패가 발생하는 것.

이어 백3에는 흑4로 우하귀 전체가 걸린 꽃놀이패가 나 백이 곤경에 빠진다. 그러나~

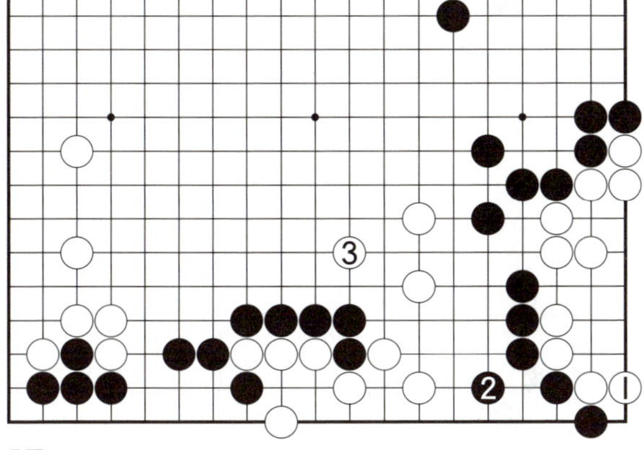

5도

5도 (흑, 별무신통)

백1로 물러서면 사실 흑의 강타는 별무신통이다. 흑2에는 백3으로 지켜 2도로 환원된다.

따라서 이단젖힘은 정답이 아니라는 결론이다.

6도 (☆ 형태의 급소)

흑1이 예리한 맥점 일격! 백△를 추궁하는 형태의 급소로 백을 궁지에 몰아넣는 첫 단추가 된다.

자, 백은 어떻게 받아야 하며, 흑은 어떤 후속 수단이 있을까?

6도

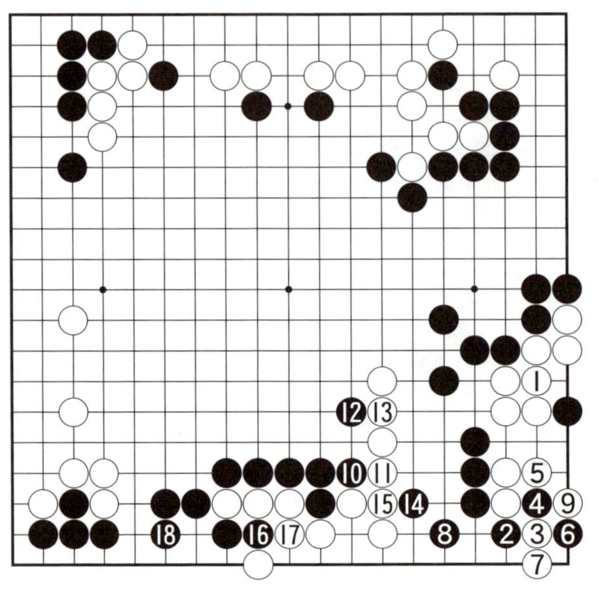

7도

7도 (회심의 묘 수순)

계속해서 백1에는 흑2∼
8이 준비된 묘 수순으로
백을 궁지에 몰아넣는다.

이때 백9로 우하 쪽의
불을 끈다면 흑10 이하로
하변 백 대마가 풍전등화
의 위기!

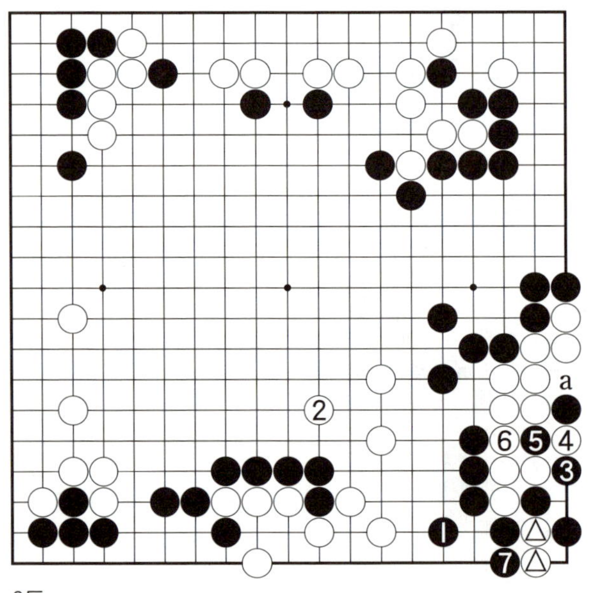

8도

8도 (혁혁한 성과)

그렇다고 흑1 때 백2로
지킨다면 흑3으로 큰 수
가 난다.

백4, 6의 묘수가 구명
줄이지만, 흑7로 백△들
을 잡는 정도로 흑은 혁혁
한 성과를 올린 셈이다(다
음 백은 a로 살아야 함).

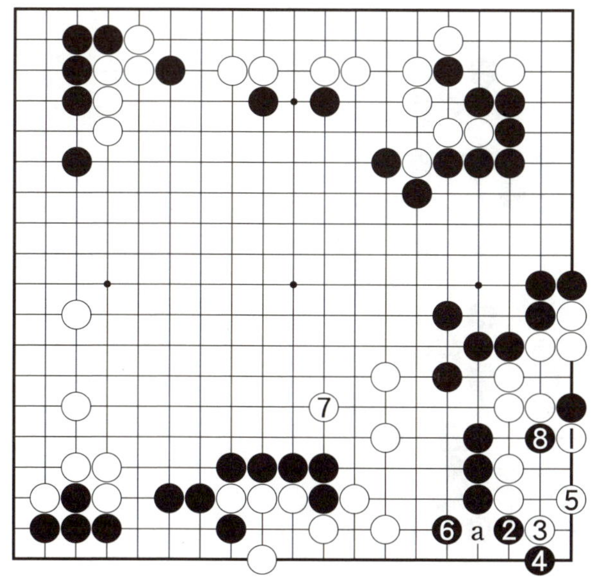

9도

9도 (준비된 수순)

백1로 젖혀 받는 것은 어떨까?

　이때는 흑2, 4가 좋은 수순. 백a의 패는 안 되므로 결국 5, 7로 물러설 수밖에 없는데, 이어 흑8이 준비된 묘수이다. 계속해서~

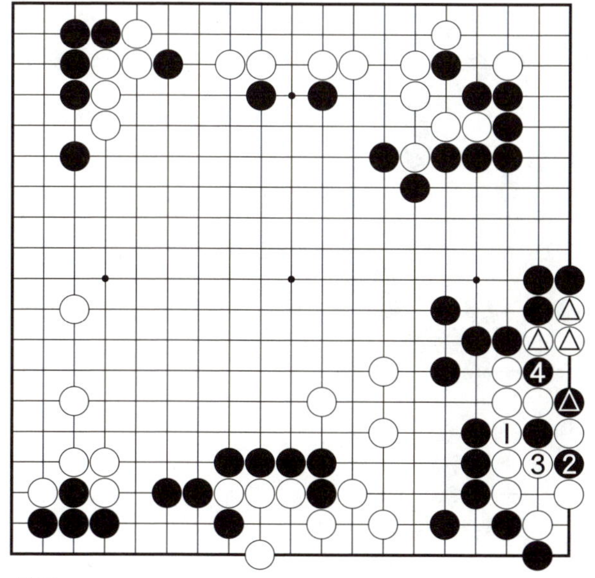

10도

10도 (역시 흑 성공)

백1, 3이면 대마의 삶에는 문제가 없으나, 대신 꼬리(백△)가 떨어지고 만다. 이래서는 물론 흑의 대성공.

　결국 흑●의 맥점에 의해 수가 나는 것은 피할 수 없으며, 그래서 흑의 필승지세라는 결론에 다다른다. 그런데~

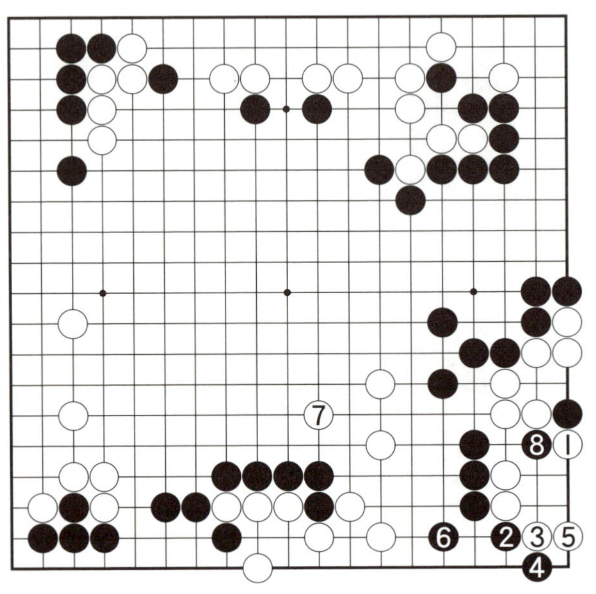

11도

11도 (백, 곤경)

참고로 흑4 때 무심히 백5로 늘어 받다가는 더욱 좋지 않다.

이제는 흑8 이후 10도와 같은 촉촉수마저 성립하지 않아 결국 백이 살기는 해도 후수가 된다.

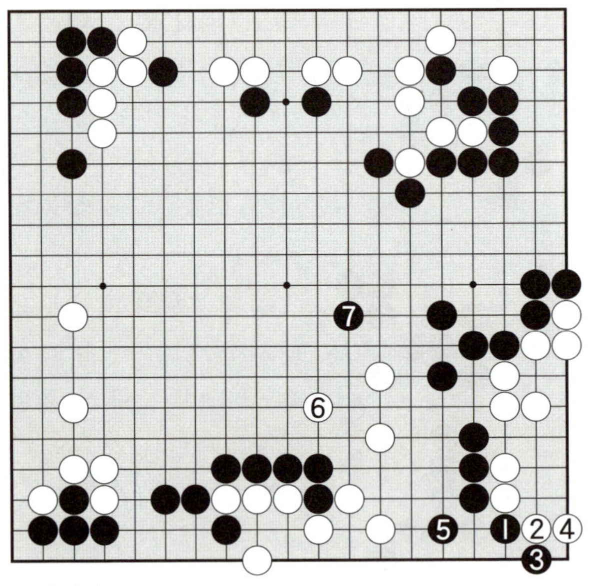

실전진행

실전진행 (맥점을 놓치다)

실전에서는 결정타를 놓치고 흑7까지 안이하게 처리하고 말았다.

결국 이것이 화근이 되어 흑이 역전패하는 결과를 초래했다.

공격의 급소가 된 3三침입

● 흑 차례

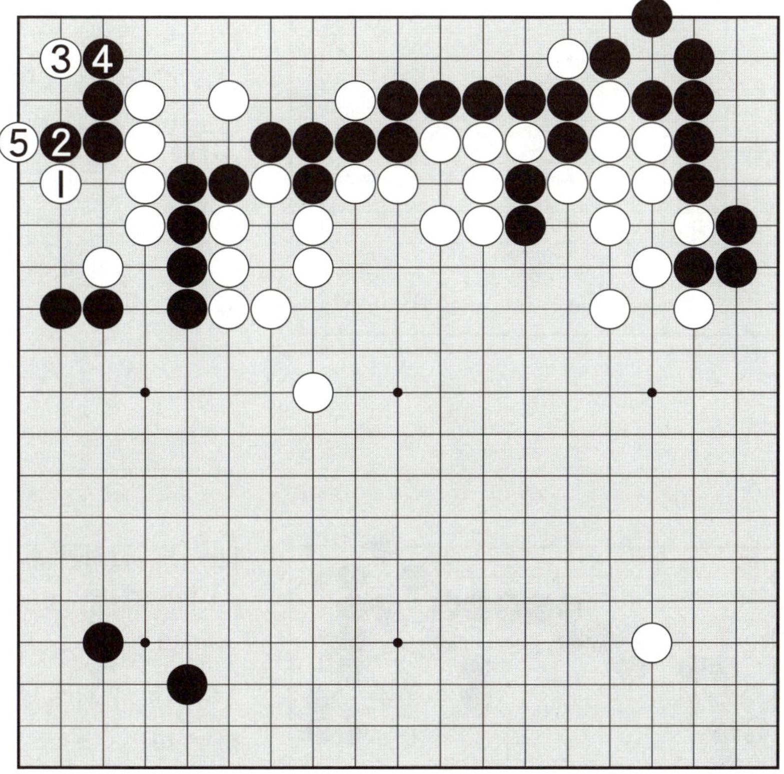

좌상귀 3三에 뛰어든 흑의 침입군을 백이 공략하고 있는 장면이다. 사실 이 흑을 무사히 살려준다면 백 전체가 위험하기 때문에 흑보다는 백이 더 절박한 상황이다.

백5 때가 고비. 여기서 백을 궁지에 몰아넣는 흑의 다음 한수는 어디일까?

18기 KBS바둑왕전에서 이상훈(흑)과 조훈현이 벌인 실전 장면.

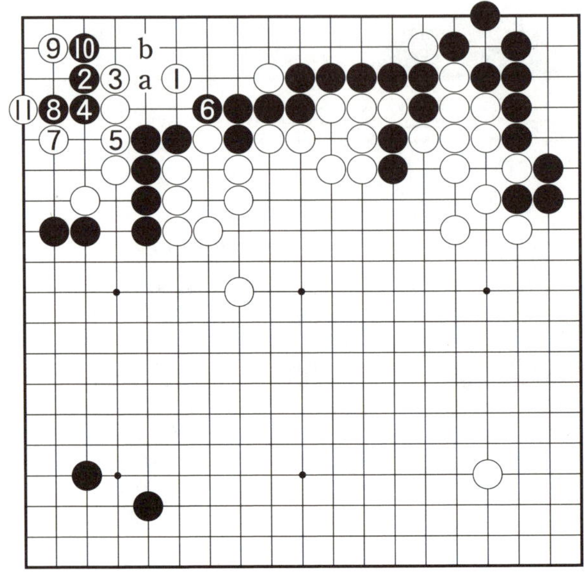

경과도

경과도 (문제의 수순)

장면도가 생기기까지의 실전수순이다.

　백1이 위기를 부른 과수이다(a나 b 정도가 정수). 흑2가 백 전체의 뿌리를 박탈하는 통렬한 일격이 되어 백이 일대위기를 맞고 말았다.

　백7～11이 궁여지책의 몸부림이지만 악전고투가 역력하다.

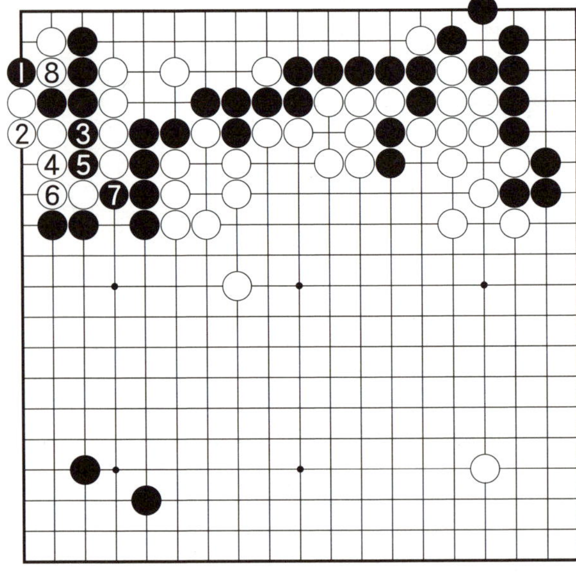

1도

1도 (흑, 걸려들다)

무심히 흑1로 젖혀 받는 것은 걸려드는 수이다. 백2로 가만히 이어 흑이 잡히고 만다. 흑3～7로 끊어 수상전을 시도해보아도 백8까지 흑이 1수 부족이다.

　결국 흑1이 자충수가 된 셈이다.

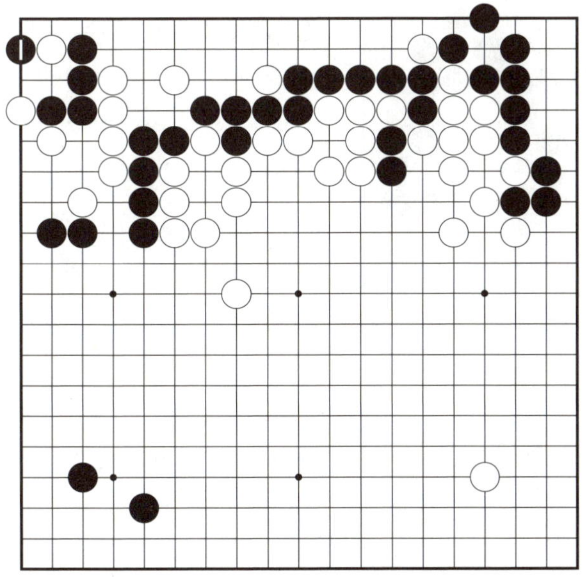

2도

2도 (☆ 사활의 급소)

'2·一에 급소 있다'는 격언대로 흑1로 껴붙이는 것이 절묘한 급소이다.

이제 이 수로 인해 흑이 그냥 잡히는 일은 없으며, 따라서 거꾸로 백이 궁지에 몰리게 되었다.

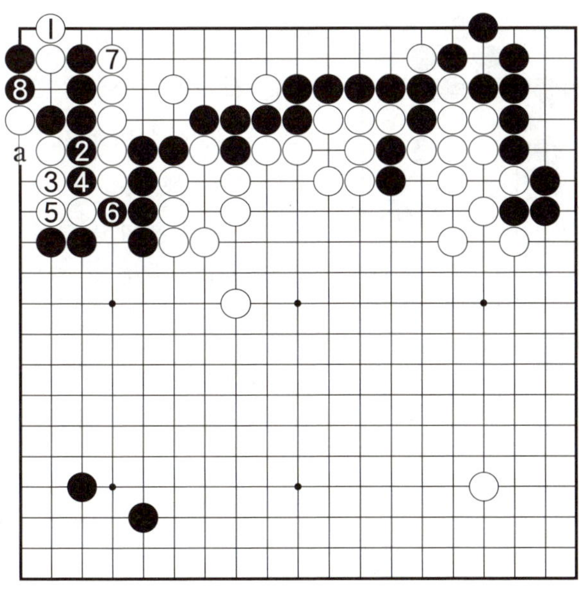

3도

3도 (백, 수부족)

계속해서 백1로 버티는 것은 무리이다.

흑2~6으로 절단해 백이 잡히고 만다. 백7에는 흑8로 몰아 그만. 백a로 이을 수 없지 않은가.

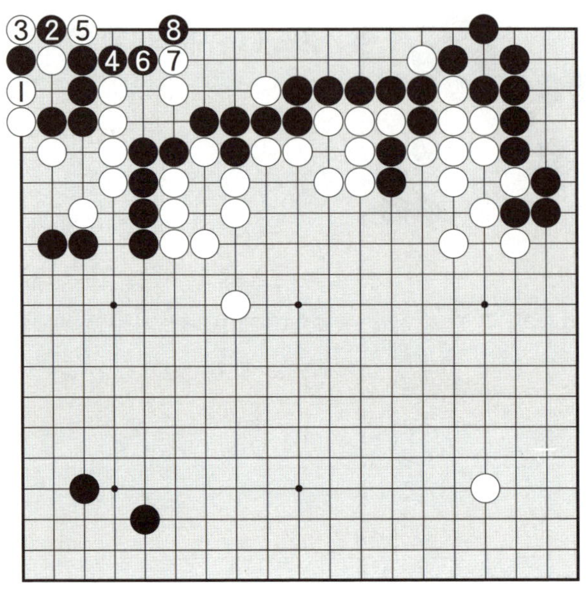

실전진행1

백은 1로 몰 수 밖에 없으며, 흑2로 버텨 패가 발생한 것은 필연의 결과이다. 다음 흑4~8로 살자는 수가 절호의 자체 팻감이어서 백이 괴로운 장면이다.

그런데, 실은 즉각 흑2로 패를 건 것이 KO펀치를 놓친 문제수였다.

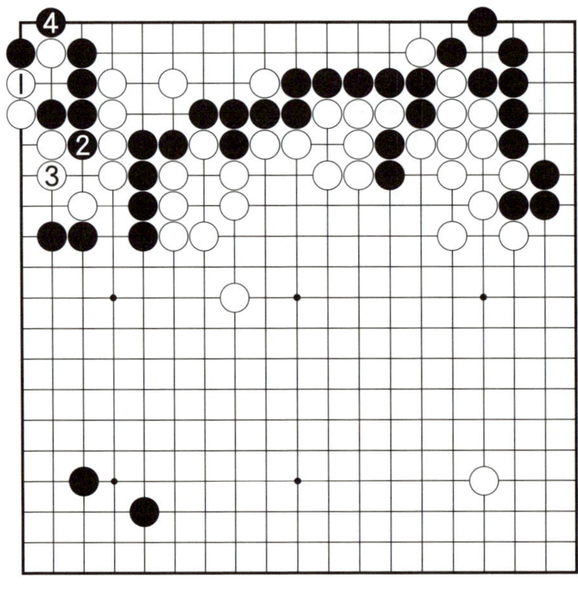

4도

4도 (필살의 수순)

패를 걸기에 앞서 흑2로 찔러두었다면 바둑이 여기서 끝날 뻔했다.

이후 실전처럼 흑이 살아가고 난 뒤 백이 좌변 쪽에 눈모양을 만들 여지가 없어지므로 백 대마가 꼼짝없이 절명해버리기 때문이다.

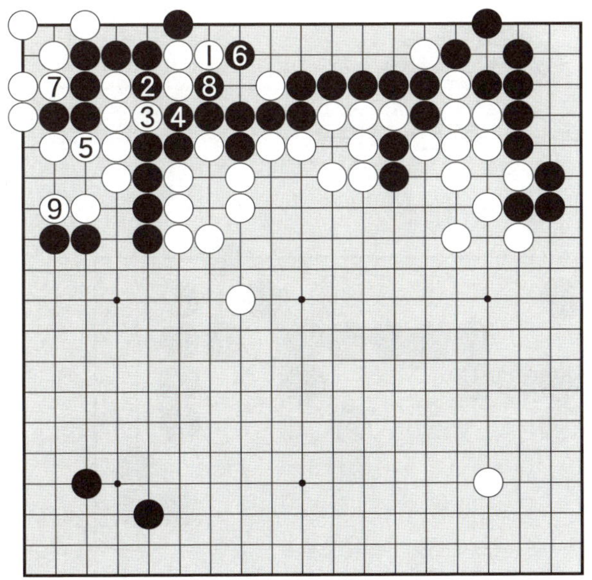

실전진행2

실전진행2 (흑, 미흡)

흑6, 8로 백 석점을 잡으며 살아가서는 흑의 우세가 분명하다.

그러나 그 사이 백도 5, 7을 선수한 뒤 9로 완생한 것이 천만다행이다. 불리하나마 후일을 기약할 수 있는 기회를 만든 것이다. 흑은 다시금 4도의 필살수순이 아쉬워지는 대목이다.

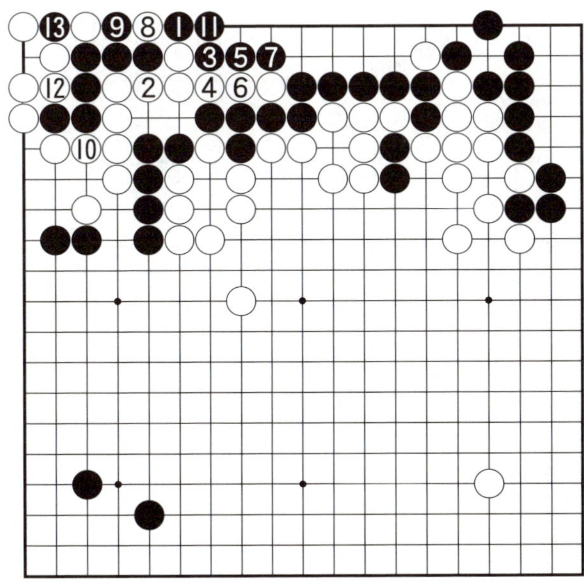

5도

5도 (백, 위험)

흑1의 젖힘에 백2로 잇는 것은 좋지 않다. 흑3~7로 연결해 백이 다시 위기를 맞는다.

백8의 먹여침이 급소이지만 이하 흑13까지 패(그것도 흑의 선패)가 나서는 백의 패국!

흑의 꽃놀이패인 데다 백은 팻감도 전혀 없어 손을 들어야 한다.

과욕이 낳은 비극

● 흑 차례

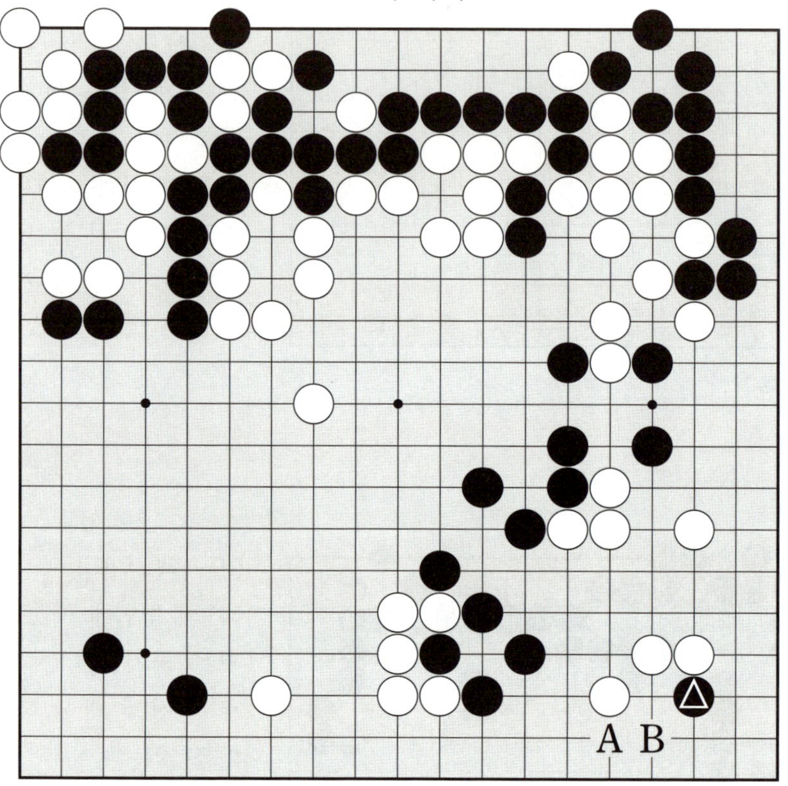

　　우하귀 3三에 던져진 흑△의 한점을 어떻게 처리하느냐
가 숙제로 제시된 장면이다.
　　흑은 A와 B 중 어떻게 움직여야 할까? 판 전체를 보는
대세관이 바탕이 되어야 한다.
　　[2형]의 실전에서 이어진 장면이다.

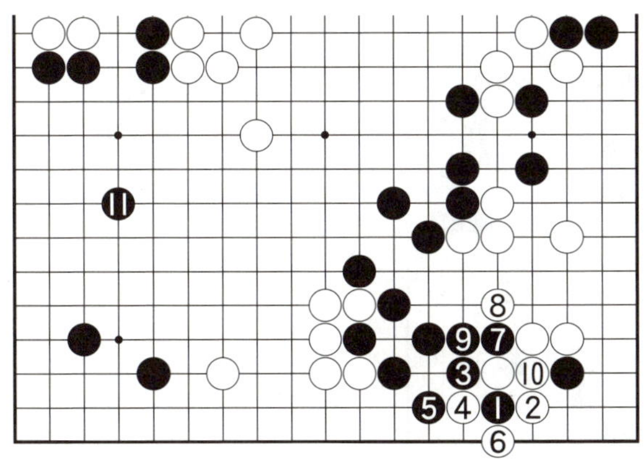

1도

1도 (☆ 적절한 활용)

정답부터 말해 흑1로 붙이
는 것이 대승적인 선택이
다. 백2에는 흑9까지 선수
활용하며 중앙 대마의 안
정을 확실히 한 뒤 11로 큰
곳에 선착해 흑이 여유 있
게 앞선 형세이다.

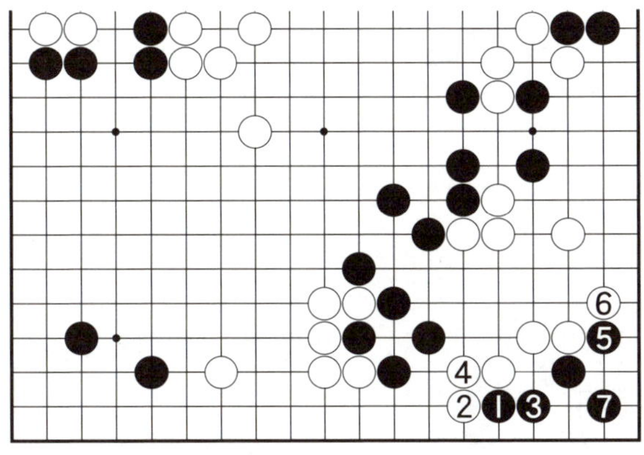

2도

2도 (크게 귀살이)

만약 백2로 받는다면 이하
흑7까지 우하귀를 크게 도
려내 역시 흑의 만족이다.

중앙 흑 대마가 허약해
졌지만, 이미 우하귀에서
횡재를 했으므로 충분히
감내해 낼 수 있다.

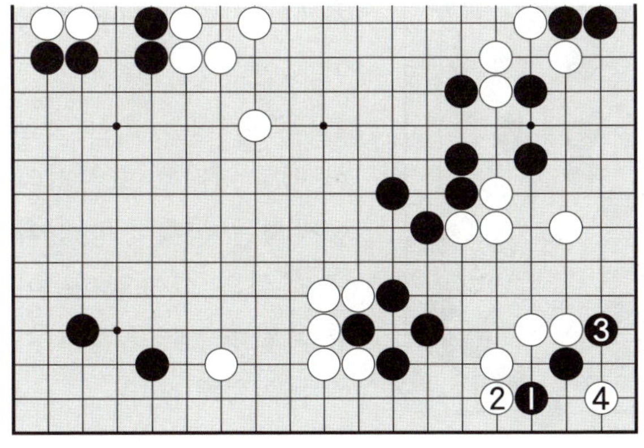

실전진행1

실전진행1 (과격한 준동)

실전에서는 흑1, 3으로 직
접 움직였는데 결과적으로
패국의 씨앗이 된 과욕이
었다.

바깥쪽에 악영향을 미
쳐 중앙 흑 대마가 위태로
워졌기 때문이다. 일단 백
4가 준엄한 추궁이다.

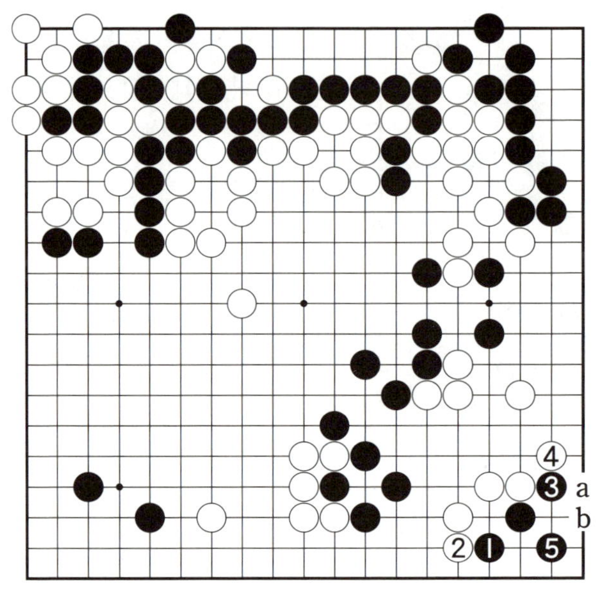

3도

3도 (흑의 희망사항)

흑3 때 백4로 받는 것은 무책. 흑5로 호구쳐 사단이 발생한다. 백a에는 흑 b로 패!

백 전체의 생사도 걸려 있으므로 이 패는 흑의 꽃놀이패나 다름없다.

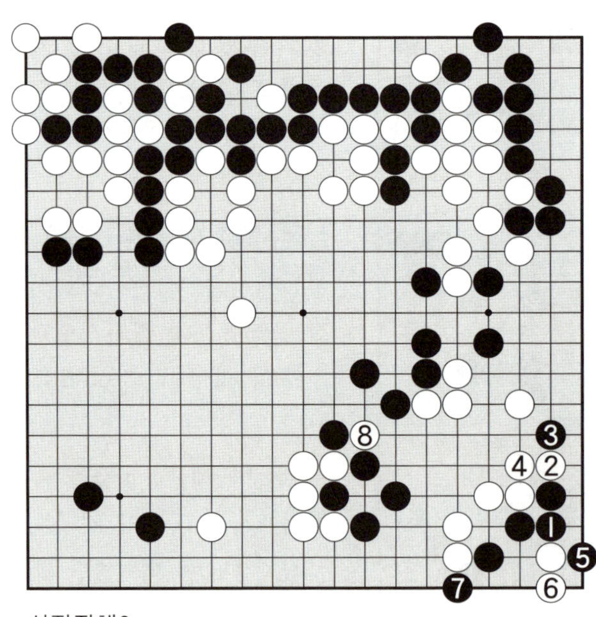

실전진행2 (회심의 비수)

실전의 계속. 흑1~백6은 기세이자 외길 코스이다. 사실 흑7이 있어 흑의 삶 자체는 그다지 어렵지 않아 보인다.

그러나 다음 순간 등장한 백8이 30초 초읽기의 숨막히는 상황에서 찾아낸 회심의 비수였다. 이 묘수 한방으로 흑은 사지에 빠져들게 된다.

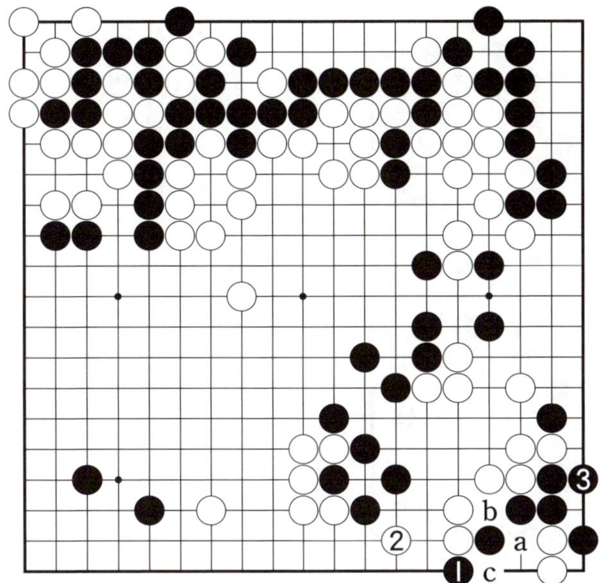

4도

4도 (백, 실패)

흑1에 손 따라 백2로 받는 것은 흑3으로 살아 백의 실패!

이후 중앙 흑에 치명타를 가할 후속수단이 막연해 우하귀를 내준 손해를 복구할 길이 없다.

이제는 우변 백 자체가 불안하기 때문에 백a, 흑b, 백c의 패를 노릴 여유도 없다.

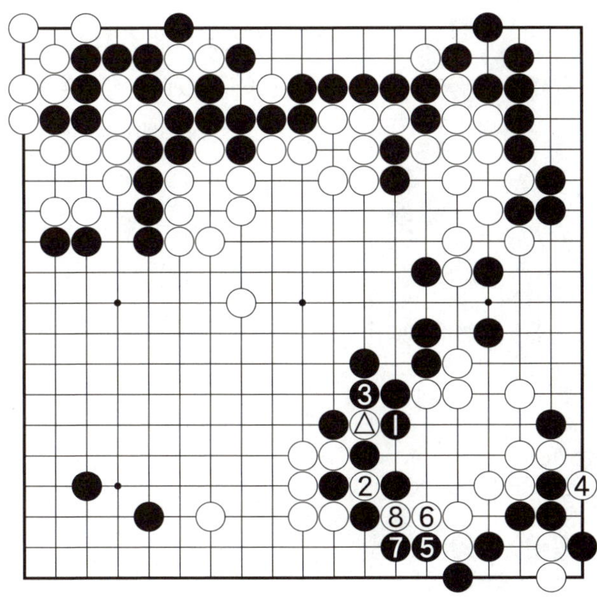

5도

5도 (흑, 사망)

백△의 절단에 흑은 1로 받기가 어렵다. 백2를 선수한 뒤 4로 파호하면 졸지에 흑의 사망! 흑5, 7의 연결고리가 어느새 끊어져 있지 않은가.

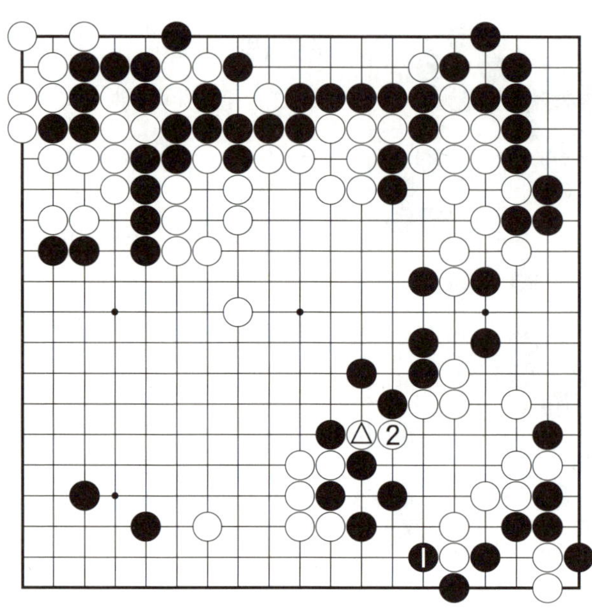

6도 (묘수인 이유)

그렇다고 흑1로 아래쪽을 돌보는 것은 백2로 중앙이 크게 들어가 역시 바둑 끝이다.

이것이 백△가 묘수인 이유이다.

6도

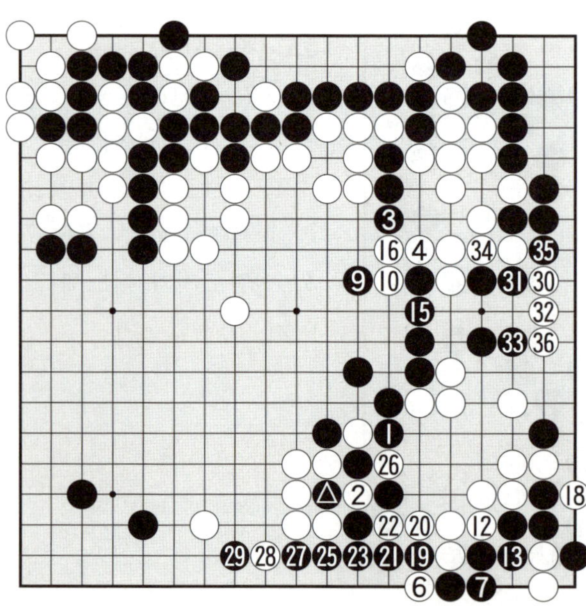

실전진행3

5 11 17…△ 8 14 24…2

실전진행3 (흑, 참패)

흑은 하릴없이 패싸움으로 맞섰으나, 백6 이하 귀를 잡으러가는 수순이 모조리 팻감으로 들어서는 흑이 절망적이다.

결국 천신만고 끝에 하변 흑 대마는 살았지만, 백36까지 중앙 흑 대마가 사경에 처해서는 흑의 참패! 흑은 유연한 필승코스(1도)가 두고두고 아쉬운 장면이다.

선치중 후행마의 표본

● 흑 차례

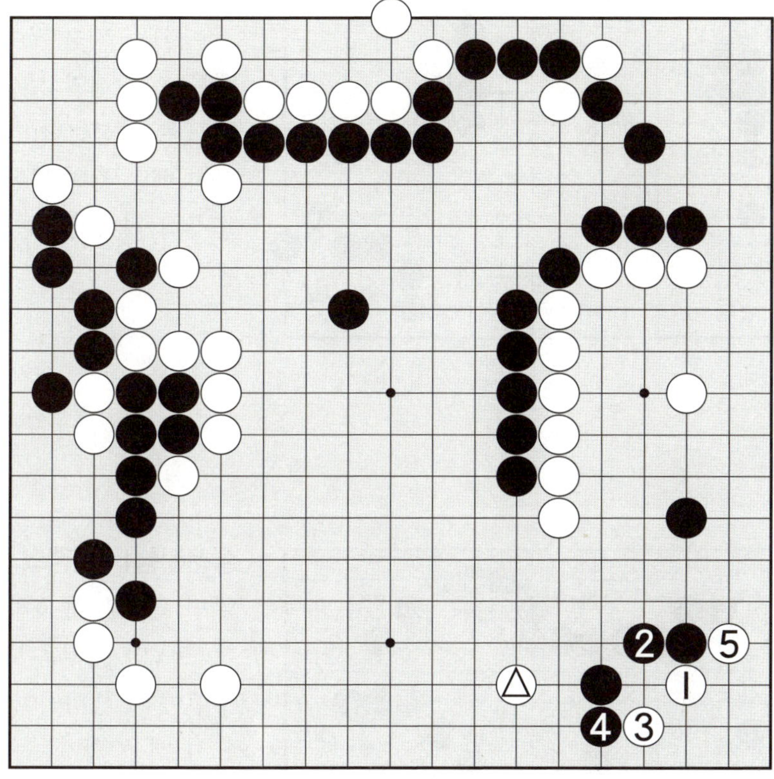

흑이 크게 우세한 가운데 백이 3三에 침투해 승부수를 걸어온 장면이다. 흑2에 백3, 5로 맞서자 우중앙 쪽의 막 강한 백세와 △의 원군 탓에 막상 만만치 않은 상황이다.

자, 흑은 어떻게 대응해야 할까? 급소를 찾는 감각과 아 울러 깊은 수읽기가 필요한 상황이다.

서봉수(흑)가 마샤오춘을 상대로 9연승의 신화를 완성한 5회 진로배 세계바둑 최강전의 최종국이다.

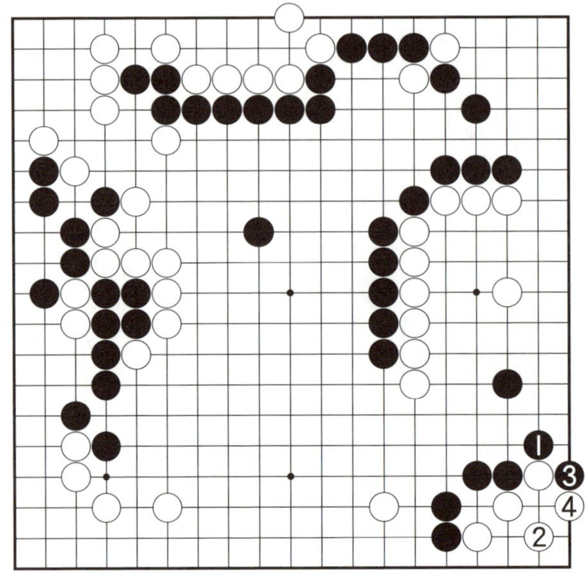

1도

1도 (흑, 위험천만)

손 따라 흑1로 받는 것은 무책. 백2로 호구쳐 쉽게 수가 난다. 흑3에는 물론 백4로 패.

이 패를 지는 날이면 바깥쪽 흑 전체가 사경에 처하므로 위험천만이다. 더욱이 백은 좌변 쪽에 팻감 공장이 기다리고 있지 않은가.

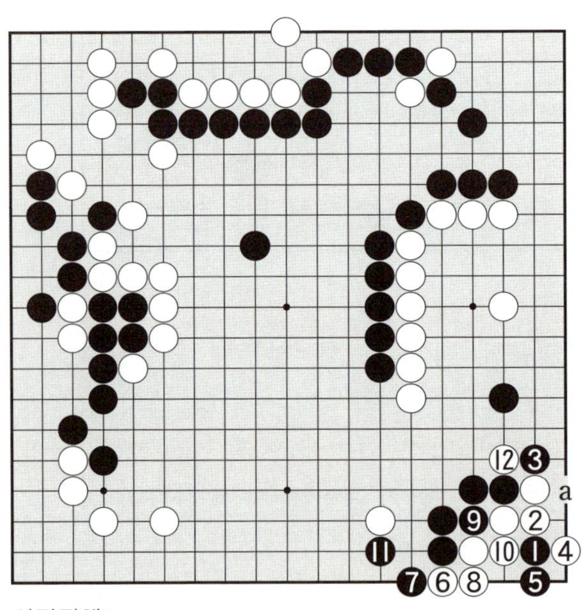

실전진행1

실전진행1 (치중의 맥)

일단 흑1로 치중하는 것이 그동안 익혀온 '선치중 후행마'의 행마법이다. 반드시 백을 잡자는 뜻보다는 백6, 8의 악수를 유도해 흑11까지 자연스레 형태를 정비하자는 수습의 뜻이 강하다.

그런데 이때 백이 a로 순순히 살지 않고 12로 강력히 도발해 국면이 절정에 이른다.

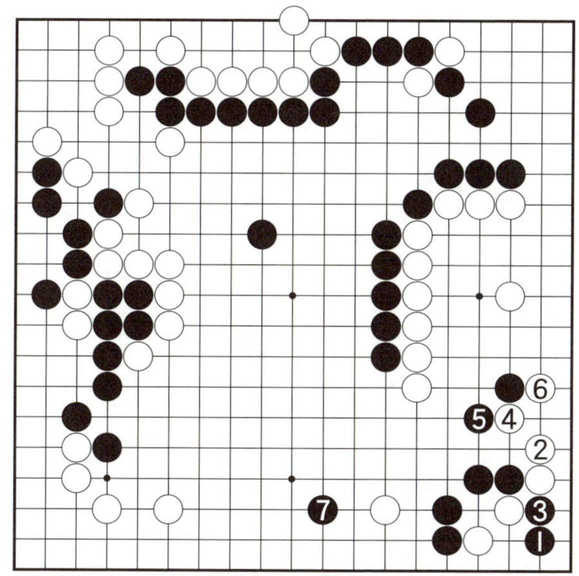

2도

2도 (흑, 만족)

흑1의 치중에 백2로 나가
는 것은 과욕이다. 흑은 3
으로 끊어잡는 것이 간명
하고도 좋은 처리법이다.
이하 6까지의 결과는 백
이 고작 후수 몇 집 끝내
기를 한 데 불과한 모습
이다.

흑7로 하변 쪽마저 선
착해서는 흑의 필승지세!

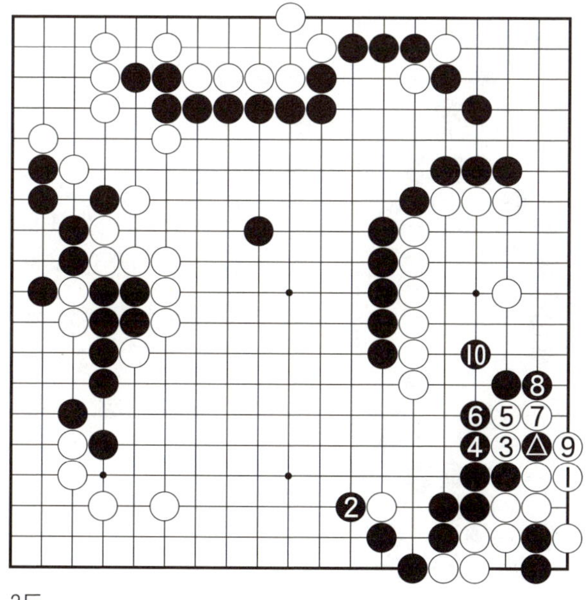

3도

3도 (백, 나약한 태도)

실전진행1의 12로 그냥
백1로 두 집을 내는 데 급
급하는 것은 나약한 태도
이다. 흑2를 허용하면 앉
아서 진다.

뒤늦게 백3으로 끊는
것은 사후약방문이다. 이
제는 흑△가 가치 없는 돌
이므로 4～10으로 버림
돌로 처리할 것이다.

이 결과는 우변 백이 허
약해져 도리어 백이 소탐
대실한 모습이다.

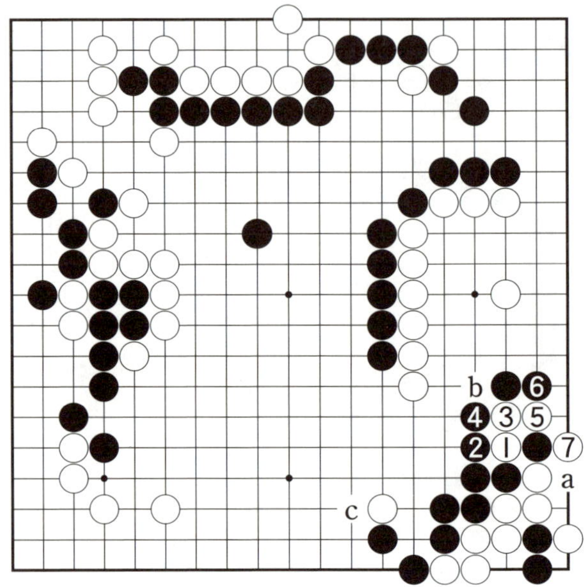

4도

4도 (흑, 위험)

따라서 백1은 당연한 승부수이자 적절한 타이밍이다. 이때에도 흑2, 4로 버린다면 이제는 백a를 생략한 채 크게 살아 1수 차이가 난다.

뿐더러 백b와 c가 맞보기가 되면서 흑 전체가 미생마로 전락해 불안한 모습이다.

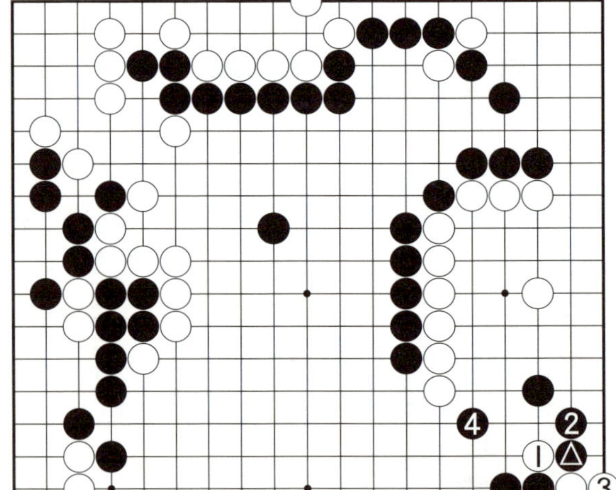

5도

5도 (백의 주문)

그렇다면 흑은 일단 요석 ▲를 살리고 보아야 하는데, 2로 느는 것은 다소 느슨한 느낌이다. 백이 우하귀 실리를 선수로 빼앗으며 추격의 발판을 마련한 셈이다.

사실 이 정도로 두어도 무난한 흑의 우세이지만, 서9단은 여기서 흑2로 늘지 않고 회심의 묘기를 연출해낸다.

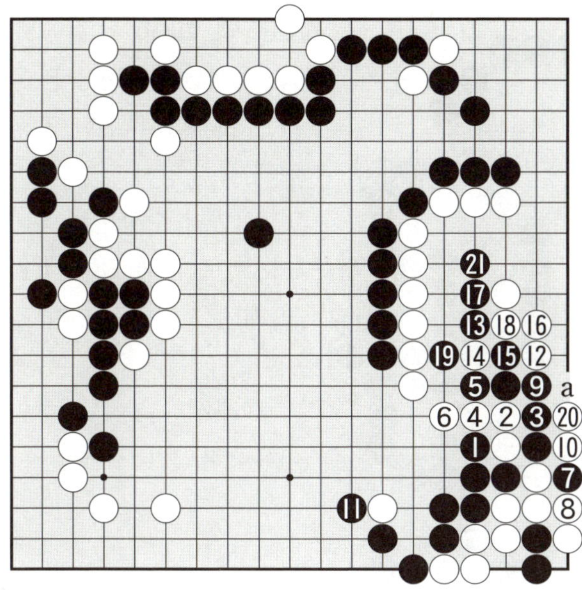

실전진행2

실전진행2 (강렬한 수법)

흑1~5로 몰아붙이는 것이 강렬한 수법이다. 다음 흑7로 잡으러 가자 백12로 수를 줄여 필연의 수상전이 되었다.

백20 때 a에 막지 않고 흑21로 나간 것이 묘수이자 승착이다. 마지막 초읽기의 긴박한 상황에서 이런 수를 한눈에 발견한 서9단의 뛰어난 승부감각과 수읽기가 가히 압권이다.

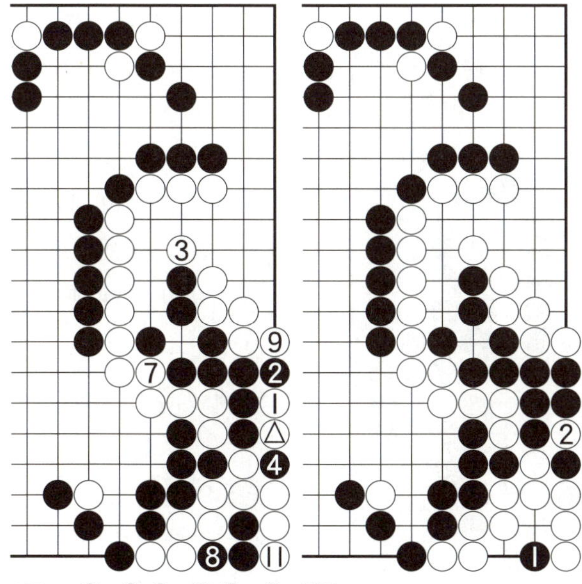

6도　⑤…△　❻…①　❿…❹　7도

6도 (백의 함정)

백1 때 덥석 흑2로 받다가는 흑의 파탄!

백5로 인해 백의 수수가 크게 늘어난다. 백11로 따낸 다음~

7도 (흑, 파탄)

흑1의 치중이 불가피할 때 백2로 따내면 도리어 흑이 1수 늦은 패이다.

이래서는 흑이 망한 셈이다.

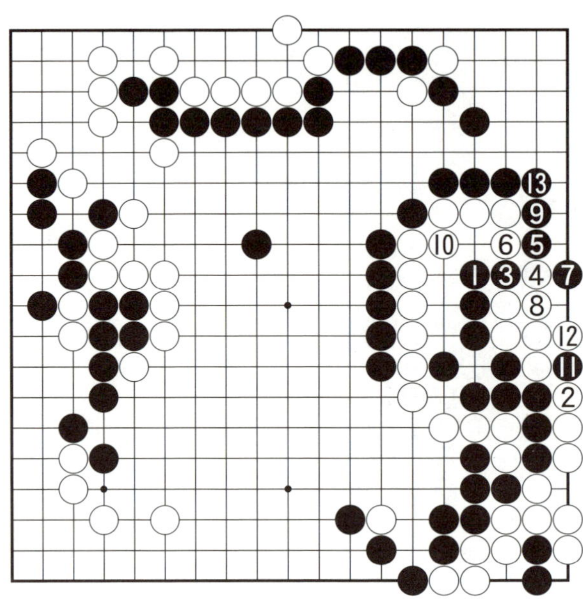

8도

8도 (백, 파탄)

흑1에 백2로 넘는 것은 무리. 흑3~9의 수단이 성립해 백이 망하고 만다. 이하 13까지 수상전은 흑이 1수 빠르다. 패도 나지 않고 백이 전멸하고 마는 것이다.

그래서 흑1이 묘수인 이유이다.

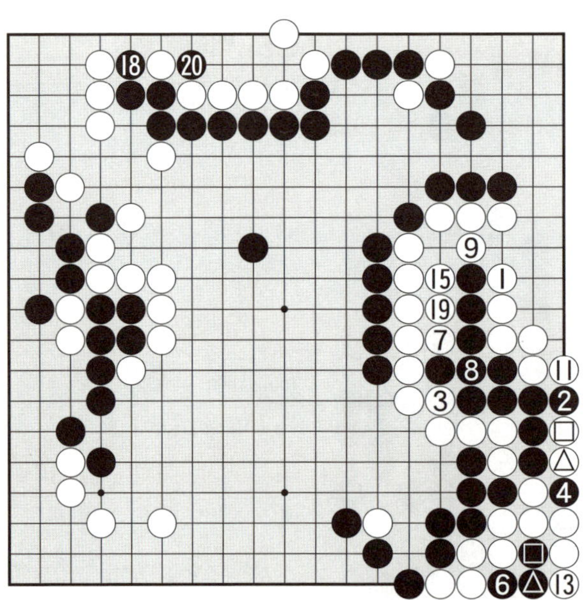

실전진행3   ⑤ ⑰…△ ❿…⬜ ⑫…④ ⑭…△ ⑯…⬛

실전진행3 (흑승 확립)

백1로 굴복시킨 다음 흑2로 막으니 2수 이상을 늘린 효과이다. 패의 대가로 흑18, 20을 연타해서는 흑승이 확립되었다.

백이 우변 일대의 흑돌을 모조리 따냈지만 이곳은 원래 백진이었으므로 그리 크지 않으며, 흑의 본체는 이미 하변 쪽에서 안정을 취하고 있어 이 결과는 도리어 백이 손해를 본 셈이다.

필살의 묘수 연타

● 흑 차례

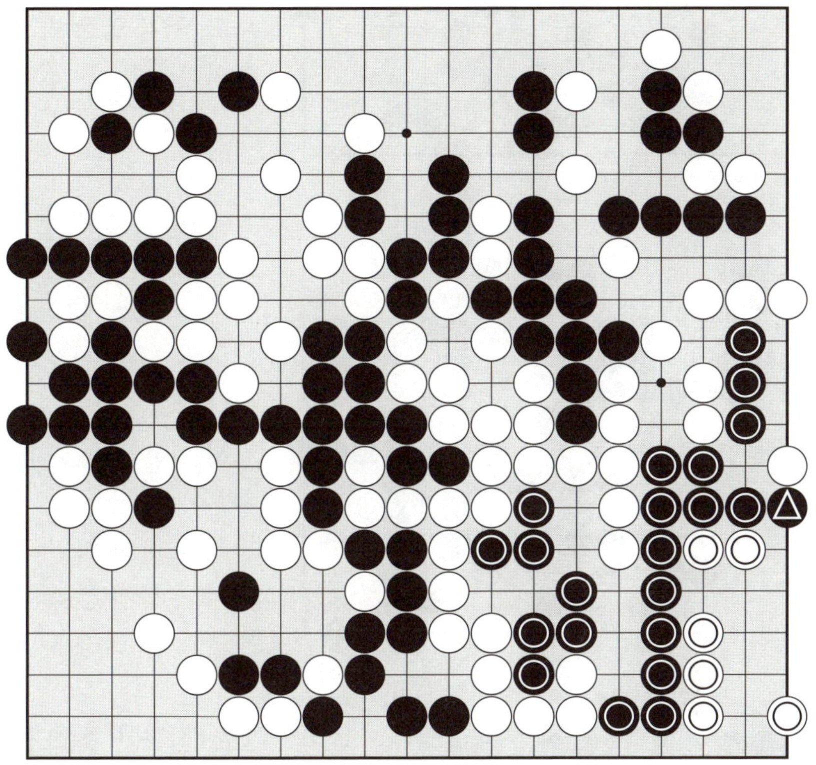

　　우중앙에 거대한 대마들이 얽혀 치열한 사투를 벌이고 있는 장면이다. 백을 잡으러갔던 흑 대마(◉)가 반격을 받아 미생인 상태이다. 우하귀 3三침입군(백◎)을 잡지 못한다면 흑이 도리어 잡히는 백척간두의 상황이다.

　　기사회생의 묘수를 찾아보자. 흑▲가 힌트이다.

4회 진로배에서 조훈현(흑)과 마샤오춘이 벌인 최종국이다.

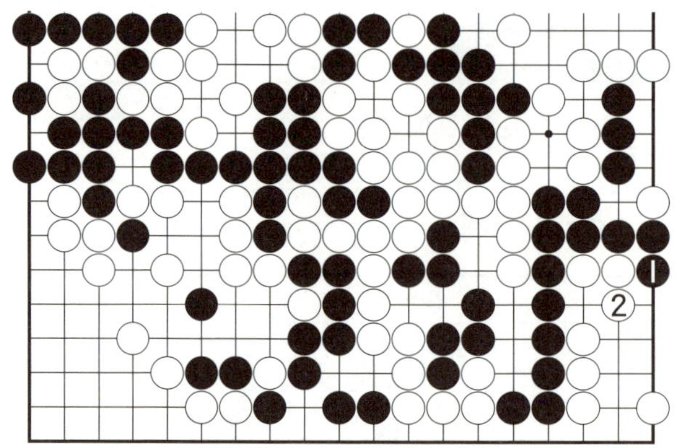

1도

1도 (흑, 실패)

흑1로 꼬부리는 것은 대책 없는 수이다. 그러면 백2로 깨끗하게 완생하고 만다. 이래서는 우중앙 흑 대마도 자동으로 죽으므로 흑의 참패!

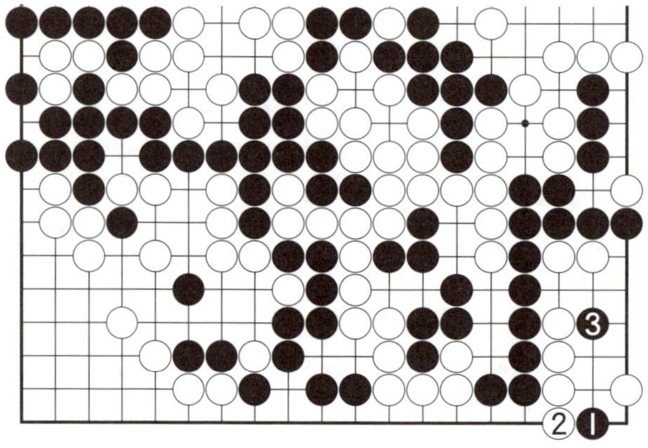

2도

2도 (☆ 필살의 연타)

흑1로 치중한 뒤 3으로 붙여가는 것이 필살의 맥점이다. 1부 5장의 사활문제에서 익힌 바 있는 바로 그 수순이다.

이로써 피비린내 나는 대마 수상전은 흑의 쾌승으로 막을 내리게 된다.

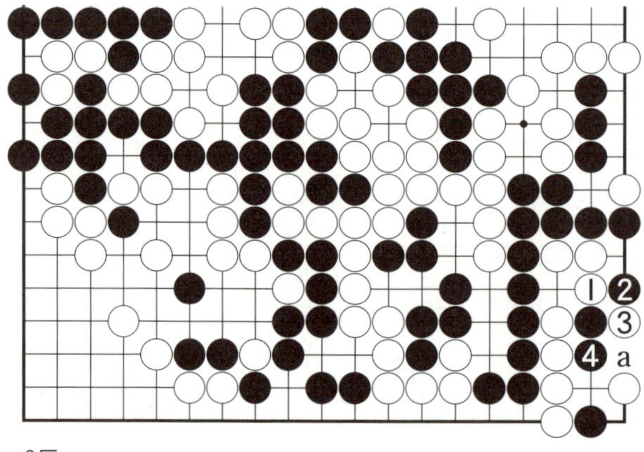

3도

3도 (정확한 후속타)

계속해서 백1에는 흑2로 젖히는 것이 맥이다.

이어 백3이 최강의 버팀이지만, 흑4가 준비된 마무리 펀치이다(흑a로 따내는 것은 백4의 촉촉수로 몰려 실패).

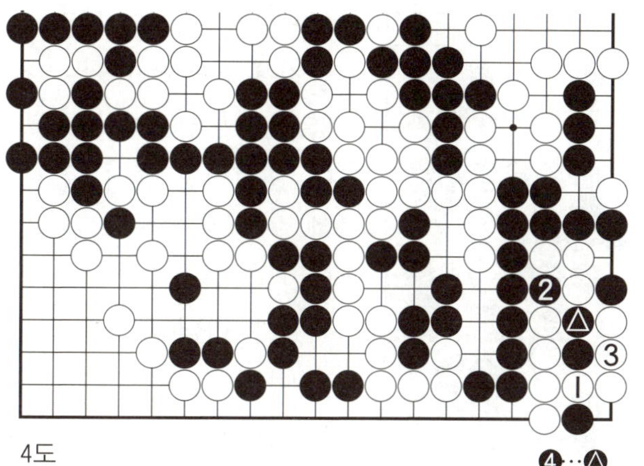

4도

4도 (저항도 무위)

다음 백1에는 흑2, 4로 먹여쳐 백은 두 눈을 낼 수 없다. 또한 백1로 2자리에 잇는 것도 흑1로 들어가 촉촉수 형태이다.

결국 백은 아무리 발버둥 쳐도 살 수 없다는 결론이다. 그런데~

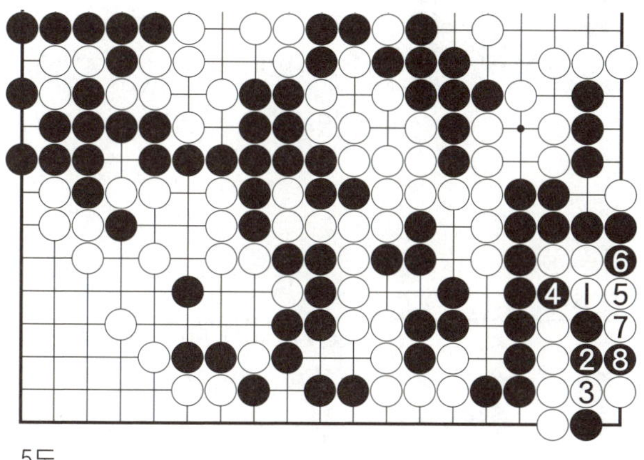

5도

5도 (흑, 수순착오)

흑은 주의해야 할 사항이 있다. 백1 때 흑2로 먼저 들어가는 것은 중대한 수순착오이다.

이제는 백5, 7의 기막힌 묘수가 성립하는 것이다. 흑8로 따낸 다음~

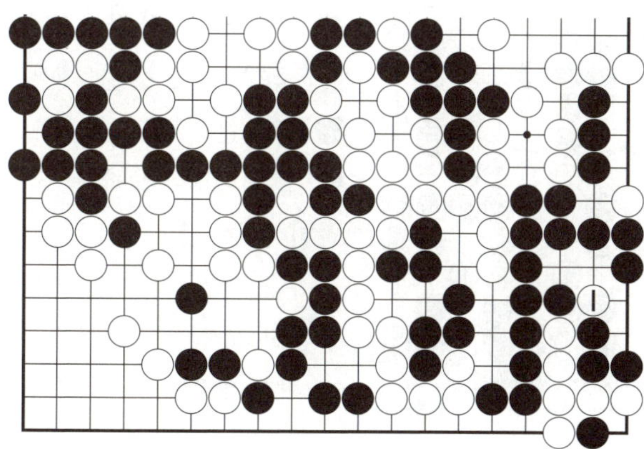

6도

6도 (후절수 등장)

백1로 되끊는 기기묘묘한 후절수가 성립하는 것이다. 결국 흑의 수순착오로 인해 백은 꼬리만 떼어준 채 몸통은 화려하게 부활할 수 있다. 그런데~

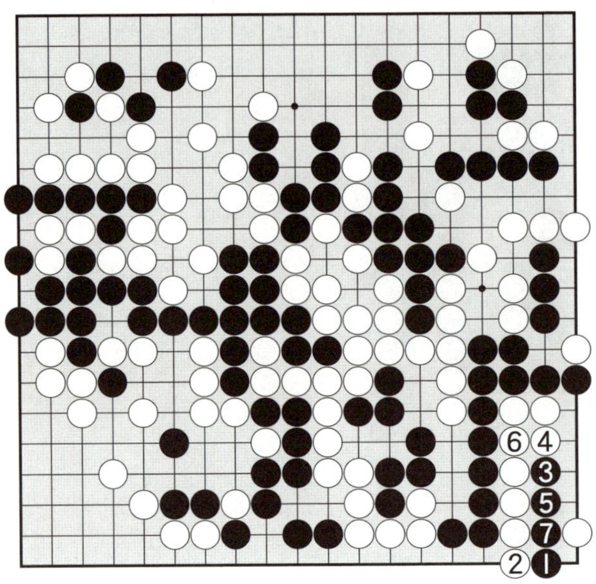

실전진행

실전에서는 흑5라는 '덜 컥수'가 등장했다. 거대한 대마 수상전 속에 1분에 한 수씩 두어야 하는 긴박한 상황이 낳은 해프닝이었다. 다행인 것은 그래도 바둑은 흑의 대승이라는 사실이다.

결국 백은 옥쇄를 선택해 흑7에 이르러 돌을 거두었다. 결국 흑의 실수는 '양념'이 되었다고 할까.

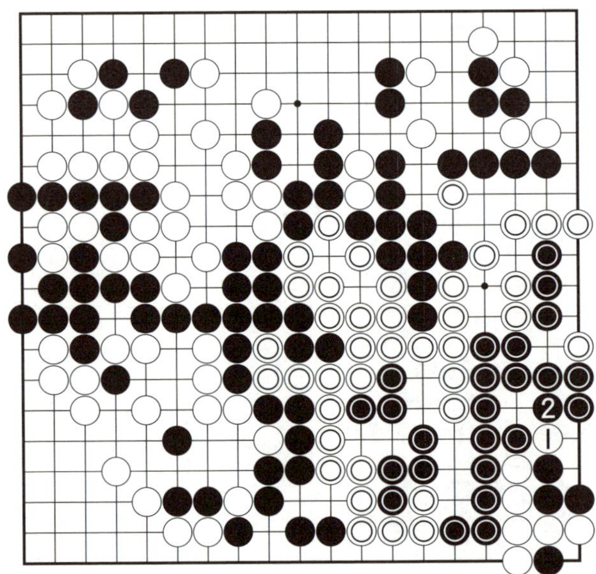

7도

7도 (대세와는 무관)

앞서 살펴본 5도~6도의 수순에 의해 백1의 후절수가 성립하므로 귀의 백은 물론 살아간다. 그런데, 흑2로 두 집을 내며 ●들이 살아버리는 것이다. 그렇다면 백◎들은 당연히 자동사!

부분적인 실수에도 불구하고 중앙 대마 사활과는 관계가 없었던 것이다.

속수 같은 필살의 급소

○ 백 차례

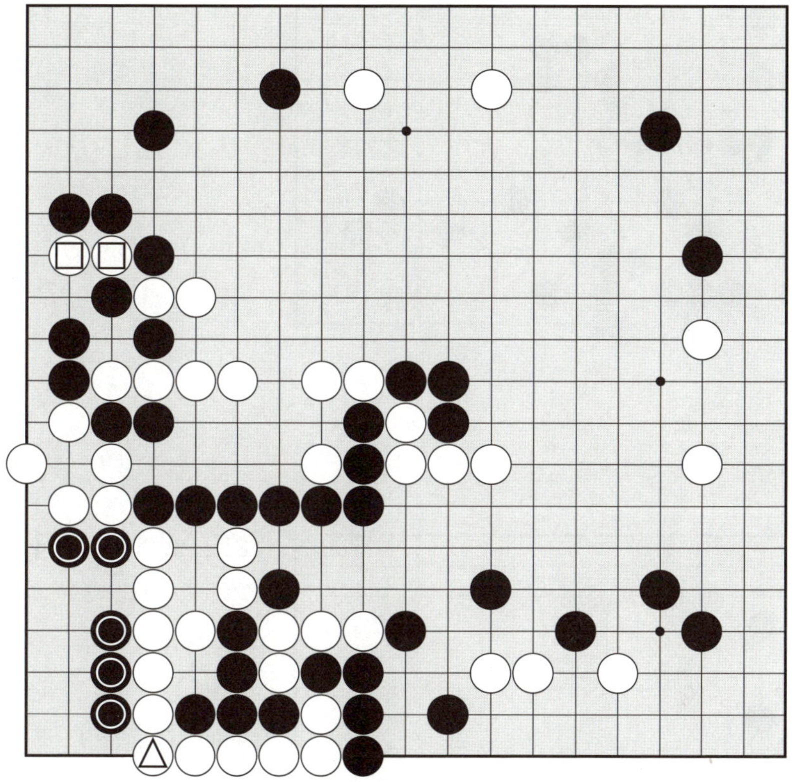

치열한 백병전 끝에 백이 일대위기에 봉착한 상태이다. 당초 3三에 침입했던 흑◉들을 잡지 못한다면 좌변 백이 전멸하므로 돌을 던져야 할 모습이다.

과연 필살의 수단은 무엇일까? 1선에 내려서 있는 백△가 결정적인 역할을 하는 것은 물론인데, 엉뚱하게도 백▢들의 포로도 구실을 하게 된다.

34기 왕위전 본선에서 이세돌(흑)과 조훈현이 벌인 실전 장면이다.

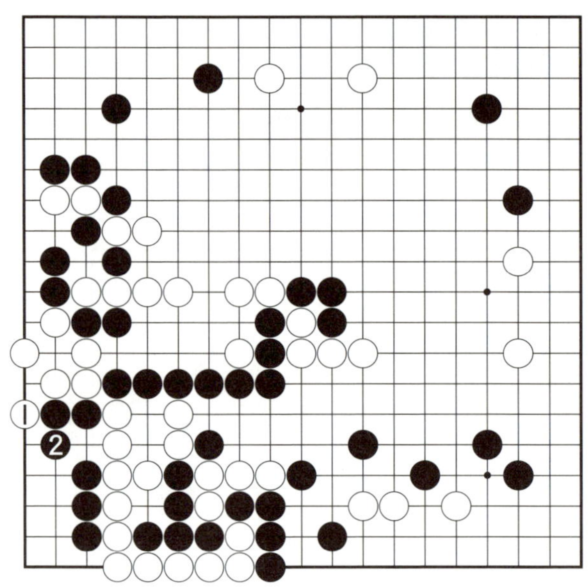

1도

1도 (백, 실패)

백1로 젖히는 것은 흑2로 받아 실패이다. 도리어 좌변 백이 위험하다.

　패가 되는 것이 고작인데, 그나마 흑의 선패라서 백의 역부족이 역력하다.

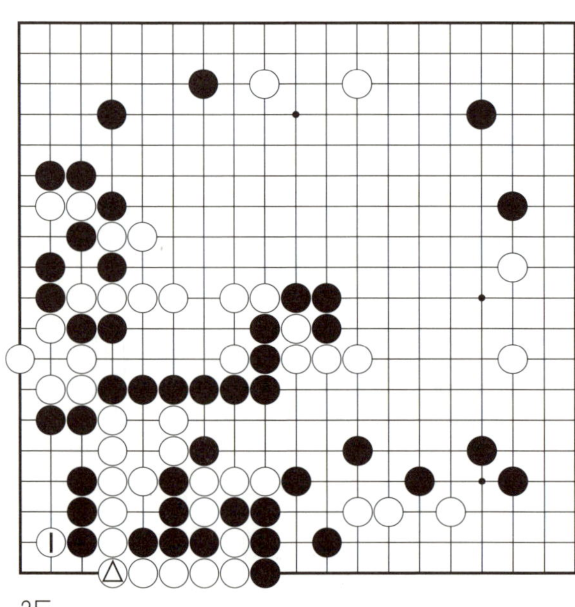

2도

2도 (☆ 의외의 급소)

백1로 껴붙이는 수가 뜻밖의 급소이다.

　보통 이런 수는 '하수의 껴붙임'이라 하여 속수로 꼽히는데, 여기서는 백 △의 원군을 십분 활용해 흑의 수를 최대한 줄이는 필살의 묘수가 되고 있다.

3도 (흑, 수부족)

계속해서 흑1로 차단하는 것은 백6까지 2수나 부족해 흑이 알기 쉽게 잡혀 버린다.

이렇게 되고 보니 흑1은 자충수 아닌가.

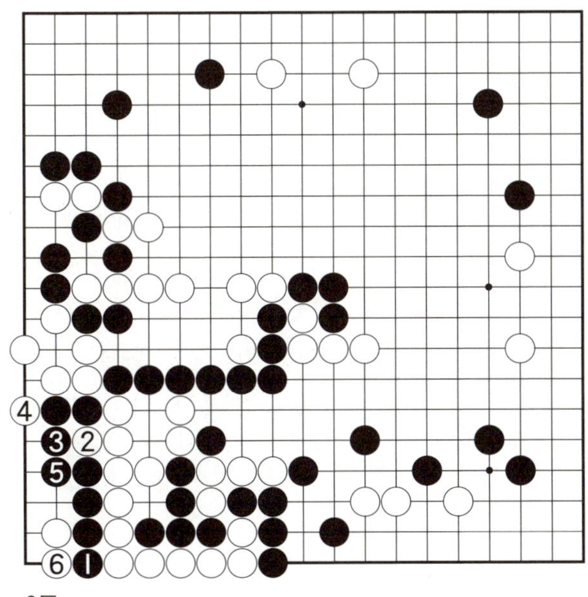

3도

4도 (역시 흑 참패)

그렇다고 흑1로 막는 것은 백2로 넘어 그만이다. 흑3으로 수상전을 시도해도 백6까지 흑이 먼저 잡힌다.

결국 어떻게 변화해도 흑은 죽음을 면할 길이 없다는 결론이다.

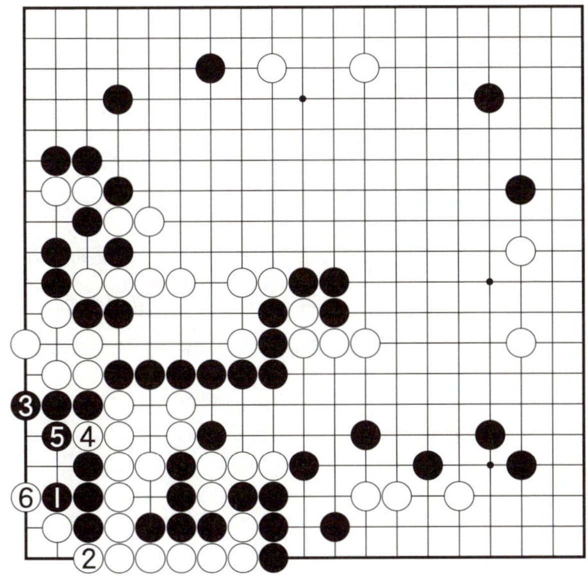

4도

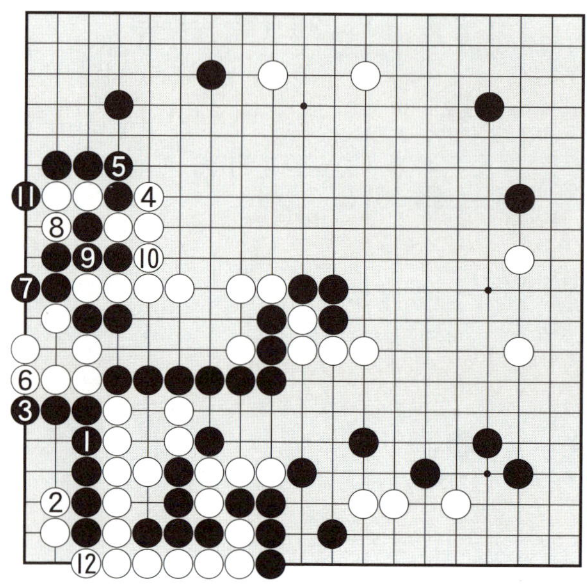

실전진행

실전진행 (백, 성공)

의외의 묘수를 당한 흑은 1, 3으로 최대한 버텼으나, 백2의 급소에 이어 8이 흑의 자충을 유도해 수를 늘리는 긴요한 수순이다. 결국 백12까지 1수 차이로 좌하 흑 대마를 깨끗하게 잡는 데 성공했다.

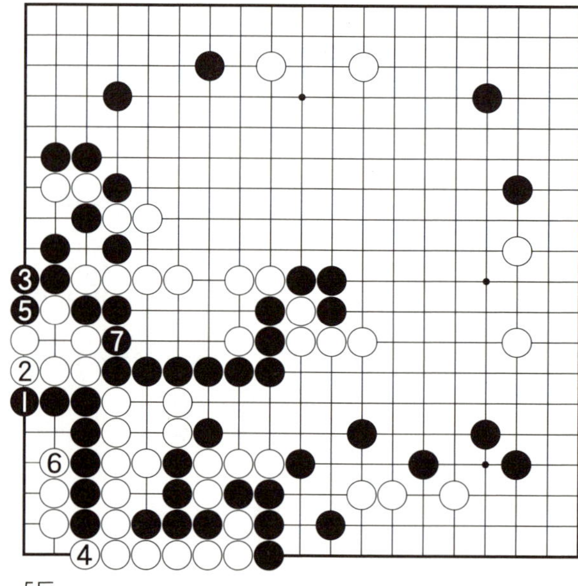

5도

5도 (백, 실패)

흑1 때 손 따라 백2, 4로 서두르는 것은 실패이다. 이제는 도리어 1수 부족으로 백이 잡혀버린다.

흑의 자충을 유도해 백의 수를 늘린 실전진행의 백8을 주목하자.

실수를 유도한 필살의 귀수

● 흑 차례

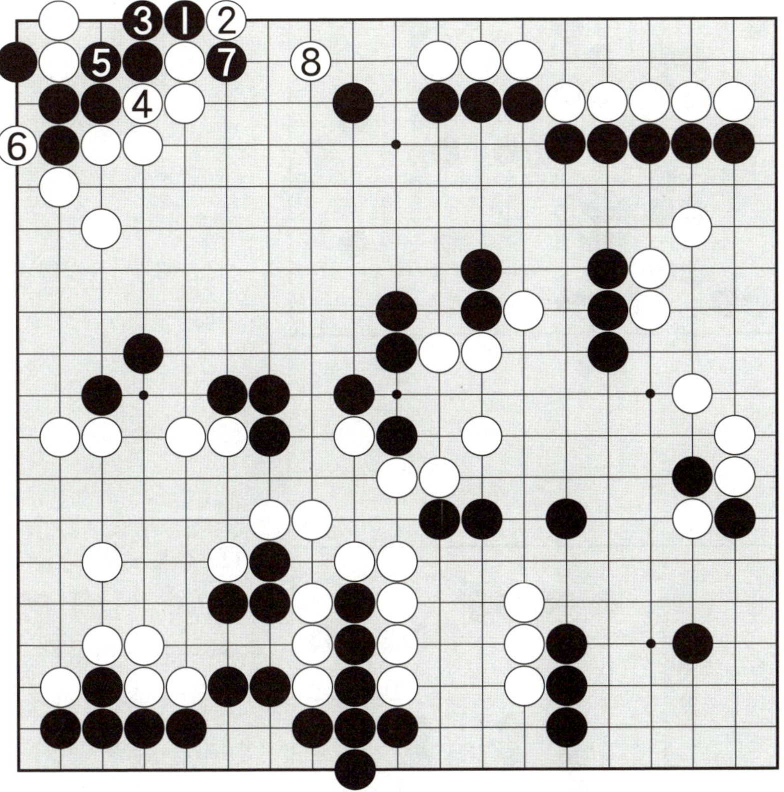

좌상귀 3三에 뛰어든 흑의 침입군을 섬멸하고자 백이 과감한 필살작전을 펼치고 있다. 흑1, 3에 백6으로 파호한 것은 기세. 문제는 흑7 때인데, 여기서 돌연 백8이라는 기상천외의 귀수(鬼手)가 떨어진다. 과연 이 수는 성립하는 것이며, 최선의 결과는 무엇일까?

34기 왕위전 본선에서 유창혁(흑)과 원성진이 벌인 실전 장면.

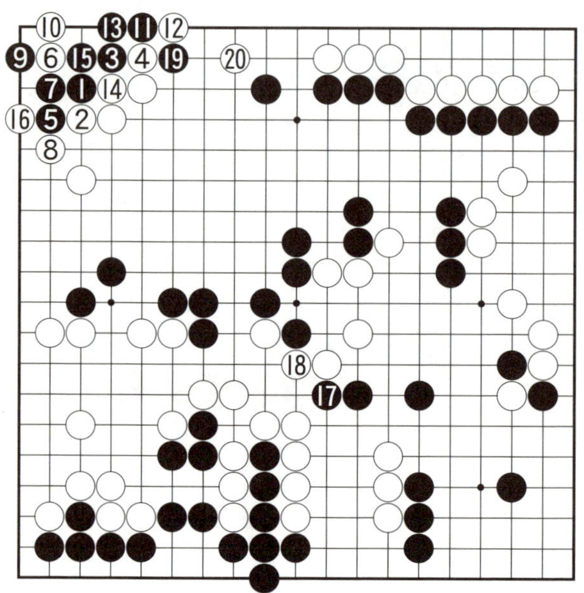

경과도

경과도 (귀살이 시도)

이해를 돕기 위해 문제의
장면이 이뤄지기까지의
경과수순을 소개한다.

흑1로 뛰어들어 응수
를 묻자 세 불리를 통감
한 백은 6, 16으로 최대
한 버티며 잡으러 왔다.

결국 흑19까지는 거의
필연의 수순인데, 이때 회
심의 백20이 작렬한 장면
이다.

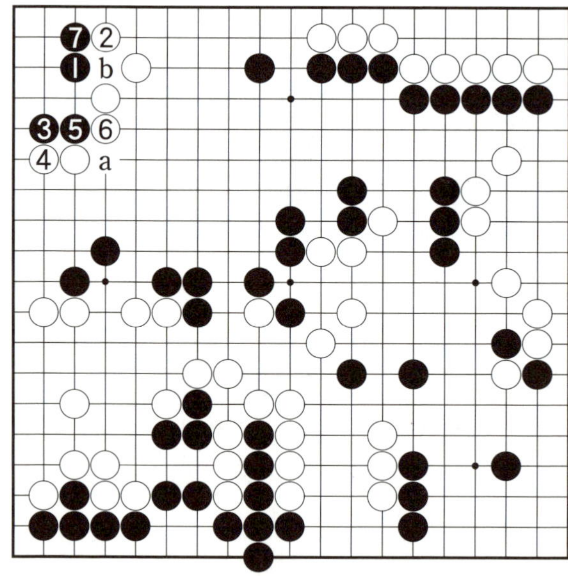

1도

1도 (백, 무리)

본론으로 들어가기에 앞
서 수순을 따라가 본다.

먼저 흑1의 3三침입에
백2로 받는 것은 방향착
오. 흑7까지 되고 나면 a,
b 등의 약점도 있어 잘 잡
히지 않는 모습이다.

이 흑이 살고 나면 외
곽의 백 전체가 미생마로
전락하므로 백의 패국!

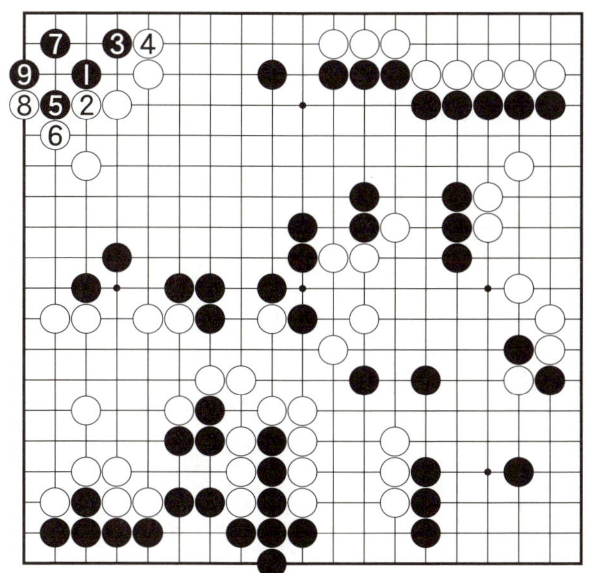

2도

2도 (꽃놀이패)

따라서 백2는 올바른 방향. 그런데 흑5로 젖혔을 때가 또한 중요하다.

덥석 백6으로 받는 것은 흑7로 틀을 잡아 백이 곤란하다(다음 백8에는 흑9로 흑의 꽃놀이패). 백이 이 패를 지는 날이면 '보따리'를 빼앗길 처지이므로 위험천만이다.

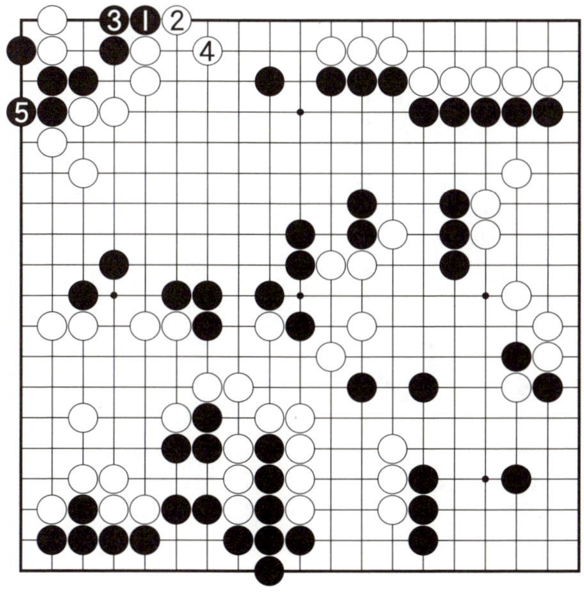

3도

3도 (백, 헛손질)

흑1, 3으로 젖혀이었을 때도 문제이다. 생각 없이 백4로 지키다간 흑5로 깨끗하게 산다.

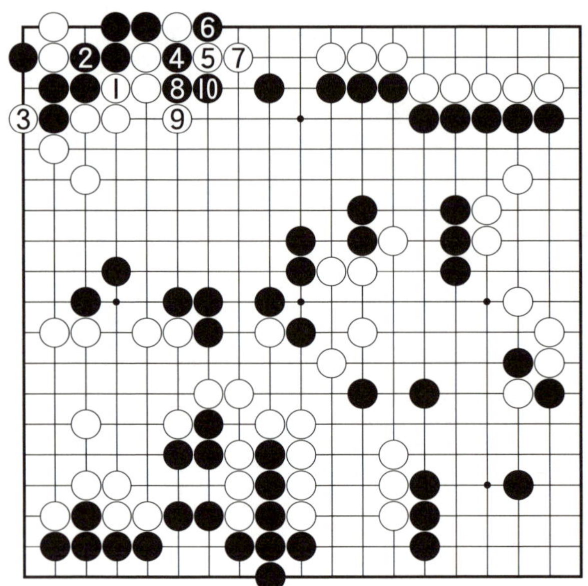

4도

4도 (봇물이 터지다)

따라서 백3까지는 거의 외길코스. 흑4로 끊었을 때가 최대 고비이다. 백5, 7로 봉쇄하려다가는 흑 10까지 터진 봇물을 막을 길이 없다. 이것이 귀수가 나오게 된 배경이다.

엄밀히 말해 그 수(장면도 백8)는 묘수라기보다는 궁여지책이었다. 그런데~

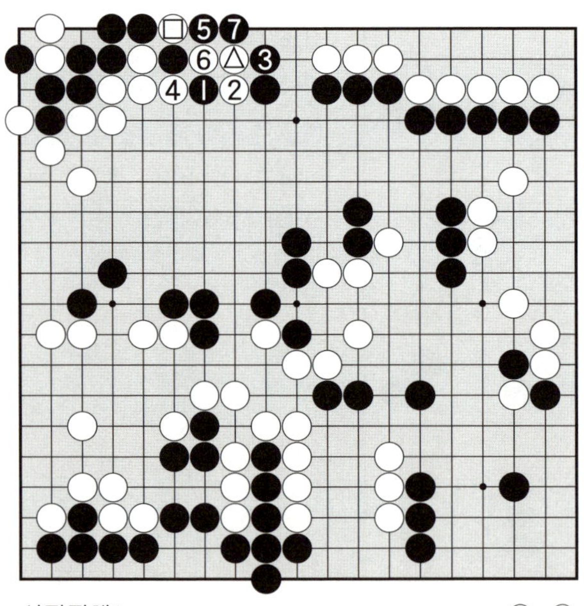

실전진행1   ⑧···□

실전진행1 (흑, 대착각)

기묘한 백△의 독수에 흔들렸음인지, 흑은 착각을 동반한 큰 실수를 범하고 말았다. 흑1이 그것.

이하 8까지 백의 선패가 돼서는 뭔가 백의 꼼수에 걸려든 느낌이 짙다.

그렇다면 흑의 최선은 과연 무엇이었을까?

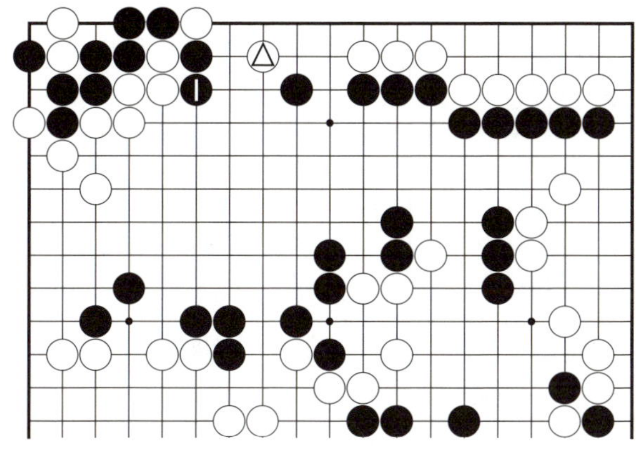

5도

5도 (☆ 흑의 최선)

흑1로 우직하게 올라서는 것이 최선이다.

그러면 이후 어떻게 변화해도 흑은 쉽게 완생할 수 있으며, 결국 백△는 실패한 함정수가 될 뻔했다.

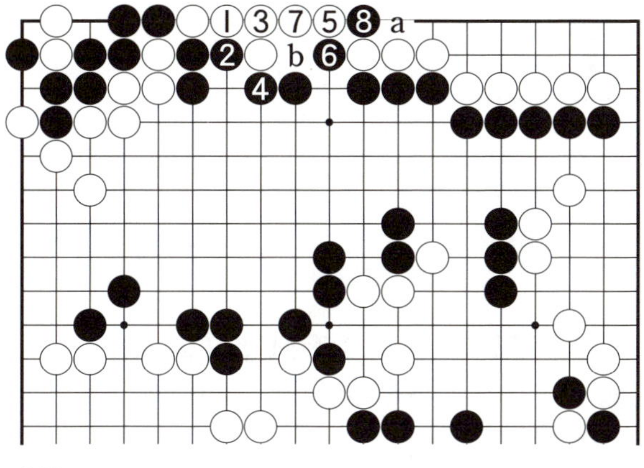

6도

6도 (백, 망함)

계속해서 백1로 나가는 것은 흑2로 몰아 그만이다. 백3, 5로 넘어갈 수 있을 것 같지만 흑6, 8이 있어 백이 안 된다.

다음 백a면 흑b로 촉촉수가 성립한다.

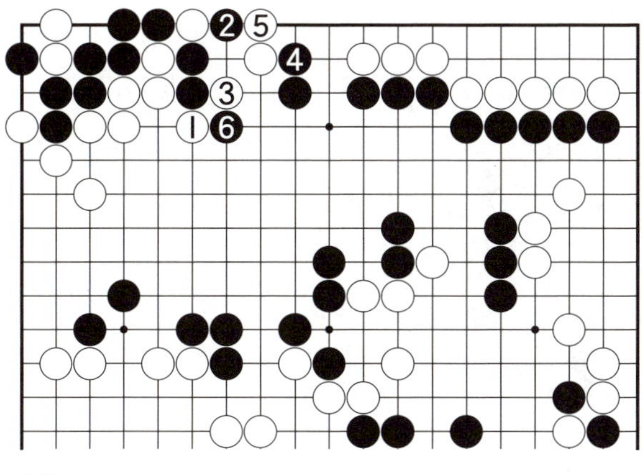

7도

7도 (역시 백 무리)

그렇다고 백1로 막는 것은 흑2로 따내 그만이다.

백3으로 막아 저항해 보아도 흑6으로 끊겨 백의 무리가 곧 밝혀진다. 계속해서~

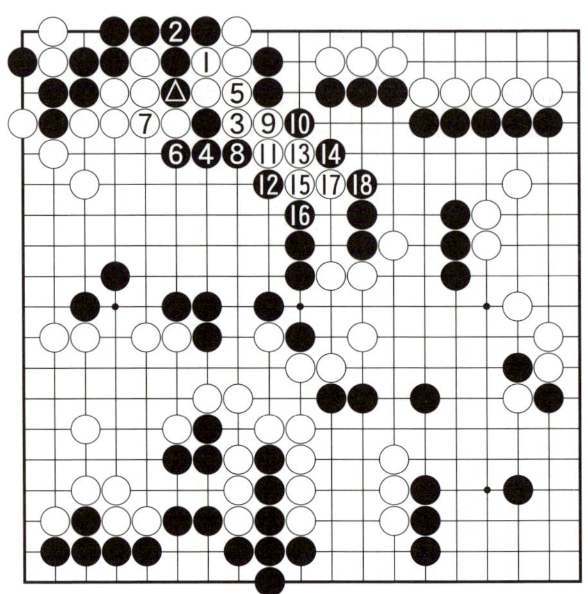

8도

8도 (백, 파멸)

백1~5가 최강의 버팀수이나 흑6의 선수를 바탕으로 10, 12의 강타가 성립한다. 이하 흑18까지 빈축에 걸려 백의 파국이다.

결국 흑▲였다면 흑은 도저히 잡히지 않는다는 결론이 된다.

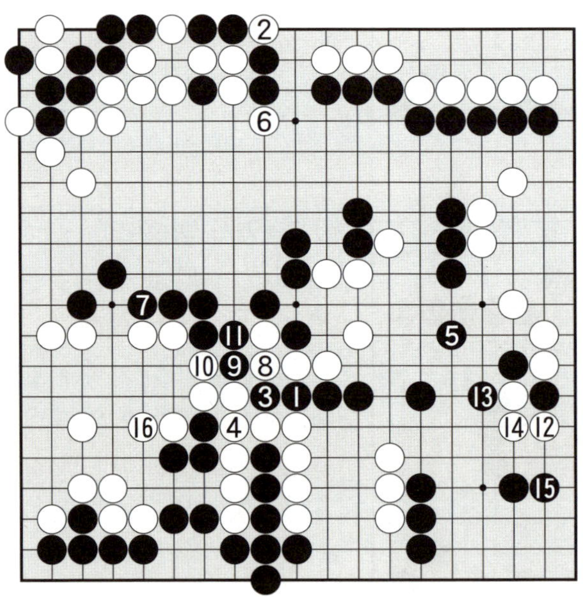

실전진행2

실전진행2 (흑, 파국)

정답을 놓치고 패가 나서는 흑의 실패이다. 패의 대가로 흑1, 3으로 중앙 일단을 끊어잡고 수지를 맞추려 했지만, 좌상귀를 최대한 키워 보태준 꼴이라 흑의 손해가 분명하다.

또한 설상가상 흑7의 실착 때문에 백12를 선수로 당해서는 백승이 결정되었다.

숨어있는 끝내기의 귀수

○ 백 차례

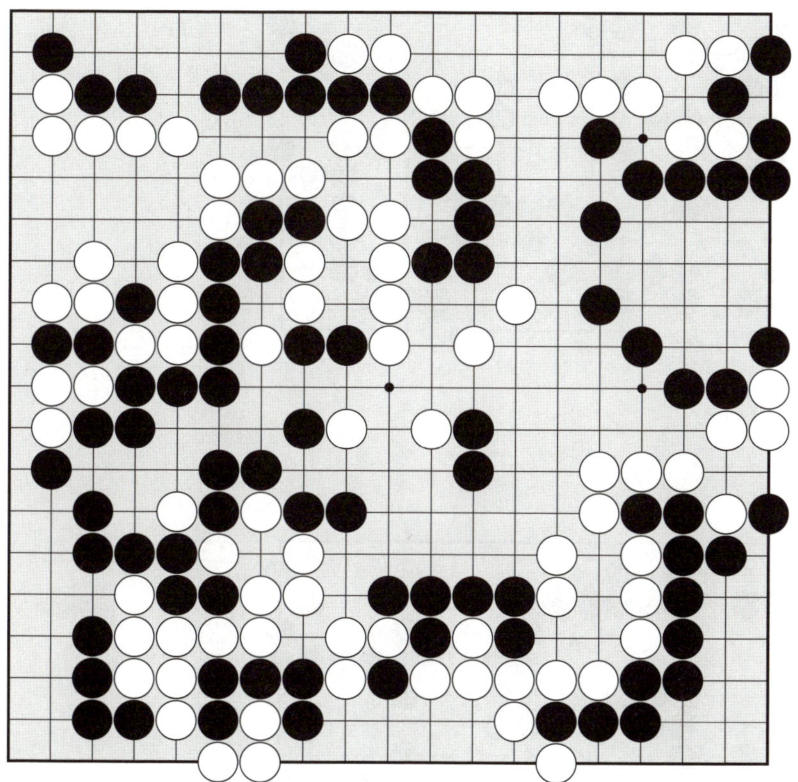

반상이 거의 정리되어가는 종반의 막바지이다. 미세한 가운데 백이 보류해두었던 좌상 쪽의 끝내기를 할 차례이다. 백의 필승을 다지는 최선의 끝내기 수단을 찾아보자.

좌상귀는 흑이 애초 3三에 침입해 이루어진 형태이므로 실전응용도가 높은 문제라고 할 수 있다.

17기 국기전 도전4국에서 김승준(흑)과 이창호가 벌인 실전 장면.

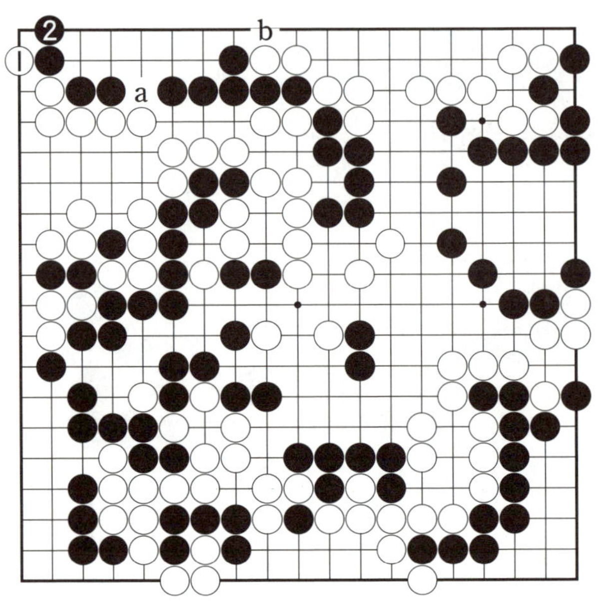

1도

1도 (백, 실패)

제일감은 당연히 백1의 젖힘이다. 아마도 열이면 아홉은 이렇게 처리하고 말 것이다.

그러나 이것은 경솔한 실착. 귀의 흑집이 8집(백a와 흑b가 각각 선수)으로 확정되어 극미한 형세가 된다.

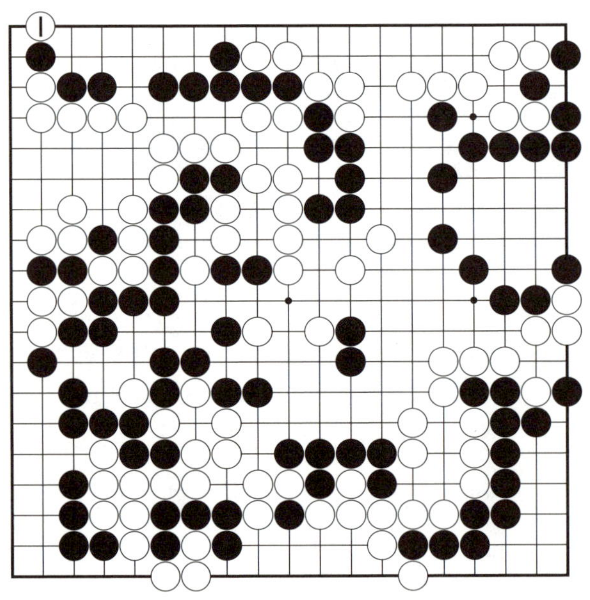

2도

2도 (☆ 멋진 묘수)

백1로 껴붙이는 것이 뜻밖의 묘수이다.

이로써 백은 미세한 승부를 필승의 바둑으로 이끌 수 있다. 계속해서~

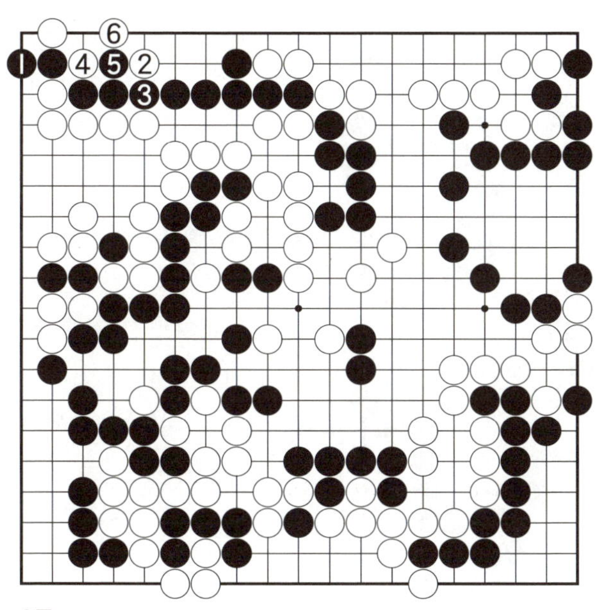

3도

3도 (꽃놀이패 발생)

흑1로 완강히 버티는 것은 무리이다. 백2, 4가 준비된 묘수로 졸지에 '대형 사고'가 난다.

흑5에는 백6으로 꽃놀이패. 물론 이래서는 승부 끝이다.

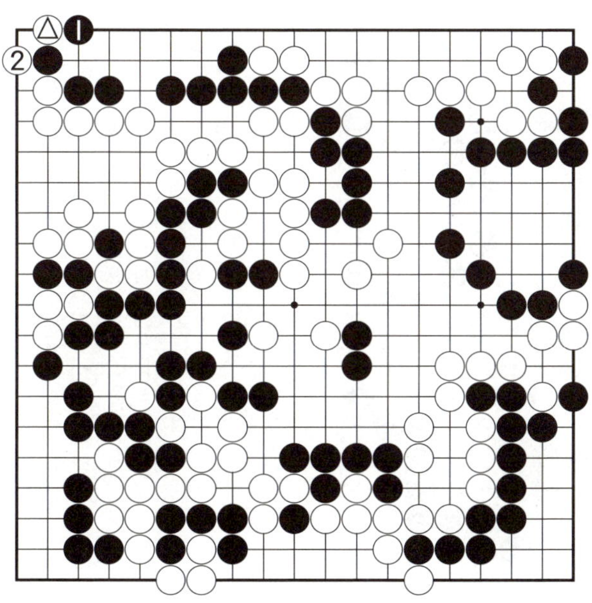

4도

4도 (흑, 더욱 곤란)

그렇다고 흑1로 받는 것은 백2로 더욱 쉽게 수가 난다.

결국 백△에 흑은 별다르게 저항하는 수단이 없다는 결론이다.

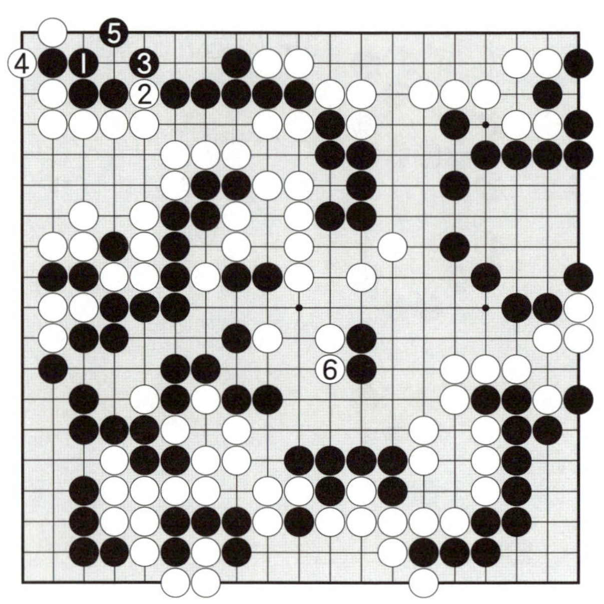

실전진행

실전진행 (선수 2집 이득)

결국 흑은 1로 물러설 수
밖에 없는데, 백4를 선수
로 해치우고 6의 요소로
향해 백승이 확정되었다.
흑5까지의 결과는 1도와
비교해 백의 2집 정도(정
확히는 1과 3/4집) 이득이
다. 미세한 바둑에서 선수
2집 이득이라면 승부를
가를 만한 대성과이다.

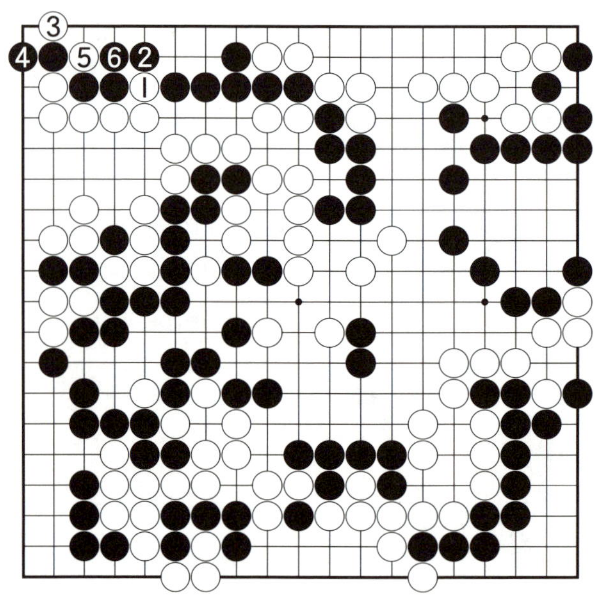

5도

5도 (수순착오)

그런데 백1로 먼저 찌른
뒤 3으로 뒤늦게 껴붙이
는 것은 치명적인 수순착
오이다. 이제는 흑6까지
아무것도 안 된다.

백1 같은 수는 언제든
지 절대선수가 되는 곳이
므로 뒷맛의 보존을 위해
아껴두는 것이 고수의 상
식이다.

안이한 타성이 낳은 참상

● 흑 차례

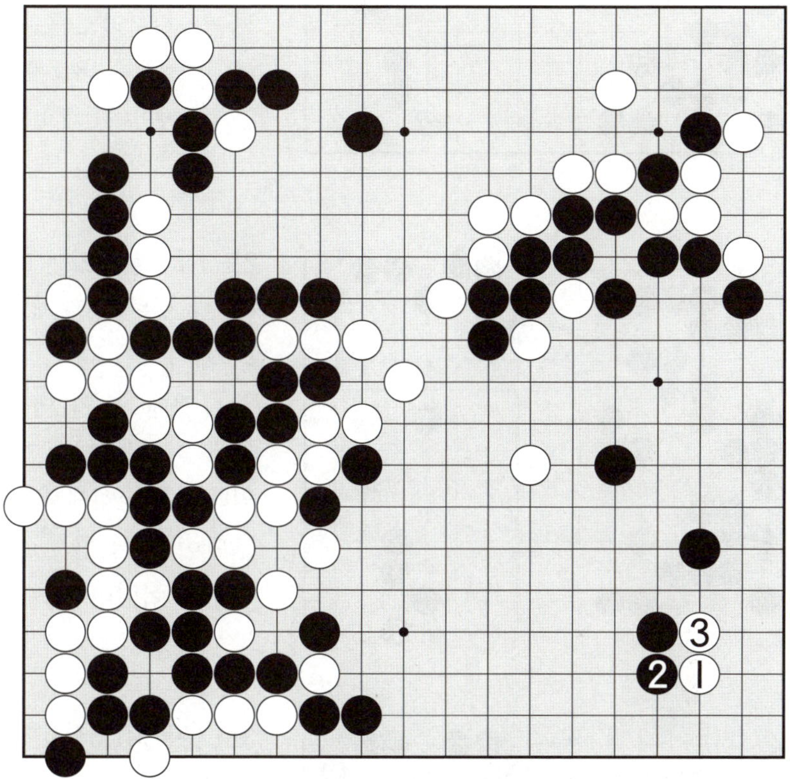

　　흑이 크게 우세한 가운데 백이 우하귀 3三에 침입해 승부수를 던진 장면이다. 그런데 흑2 때 무심코 응수한 백3이 안이한 타성이 낳은 실착이다. 여기서 흑은 승부를 끝장낼 절호의 찬스를 맞았다. 백의 실수는 무엇이며, 그런 경솔을 응징하는 필살의 수순은 무엇일까?

　　25기 국수전 본선에서 서봉수(흑)와 강훈이 벌인 실전 장면이다.

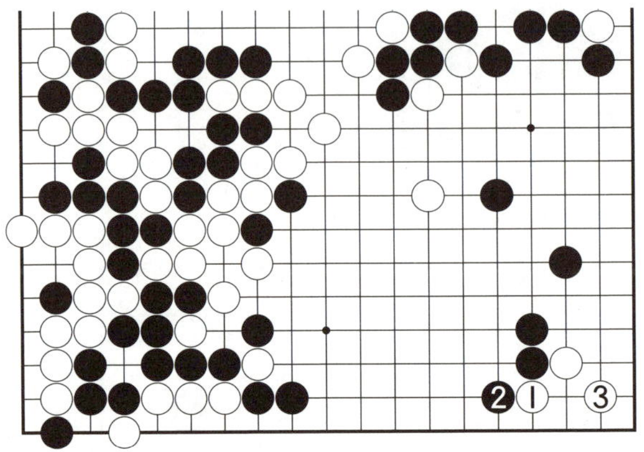

1도

1도 (백의 최선)

장면도의 3으로는 이 그림 백1, 3으로 틀을 잡는 것이 유일한 타개책이었다.

이랬으면 백이 그냥 잡히는 일은 없으므로 불리하나마 계가 바둑으로 이끌 수 있었다. 계속해서~

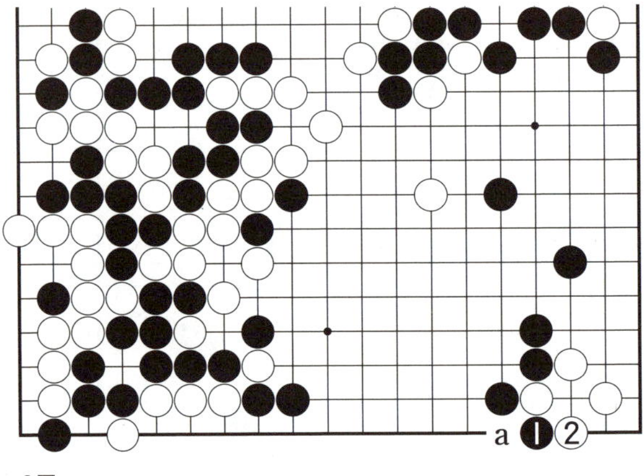

2도

2도 (흑, 부담되는 패)

흑1로 모는 것은 백2로 버텨 패이다.

그런데, 만약 백이 a로 패를 이기는 날이면 우하 일대가 초토화되므로 흑도 부담이 커서 함부로 패를 걸기가 어렵다.

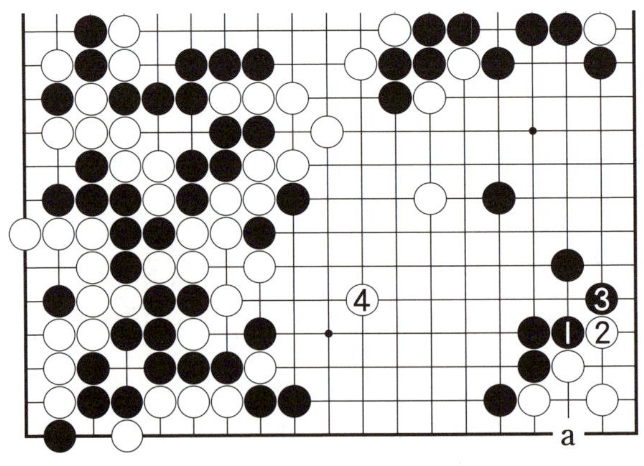

3도

3도 (귀살이 여지)

결국 흑은 1, 3으로 안전하게 처리하는 정도인데, 백은 귀살이 여지를 확보한 뒤 큰 곳으로 손을 돌려 추격의 발판을 마련할 수 있다.

만약 다른 큰 곳이 없다면 백a로 완생한다.

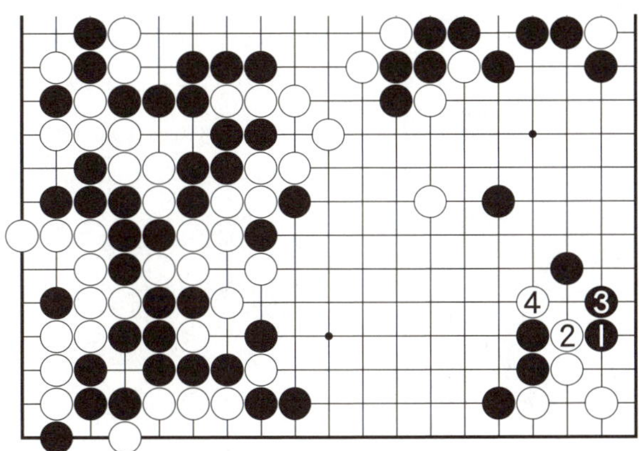

4도

4도 (흑, 대무리)

패를 피해 흑1, 3으로 잡으러가는 것은 욕심 사나운 무리수이다.

　백2, 4면 도저히 잡기 어려운 형태이다.

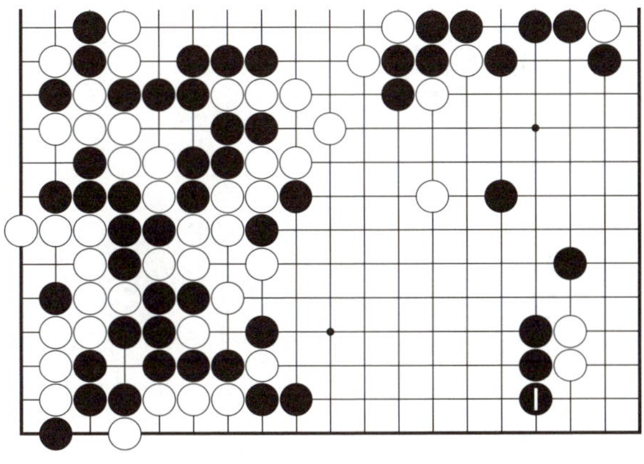

5도

5도 (☆ 결정타)

본론에 들어가서, 흑1로 내려서는 것이 필살의 결정타이다.

　이로써 백이 사는 수단은 신기루처럼 사라졌으며 승부도 끝난 셈이다.

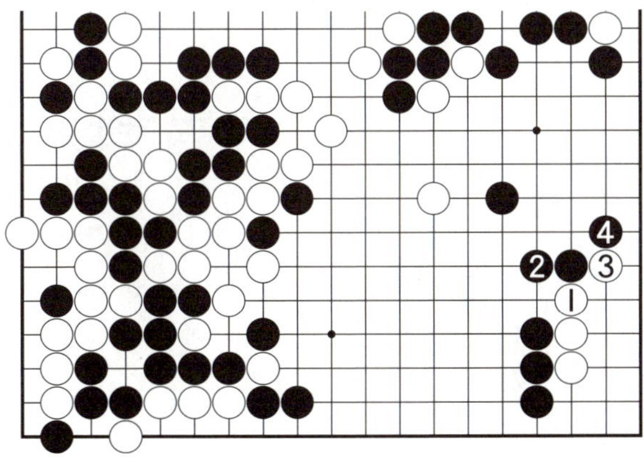

6도

6도 (백, 살기 어렵다)

계속해서 백1로 치받는다면 흑2로 늘어 받아 그만이다. 흑4까지 백이 살 수 없는 궁도이다.

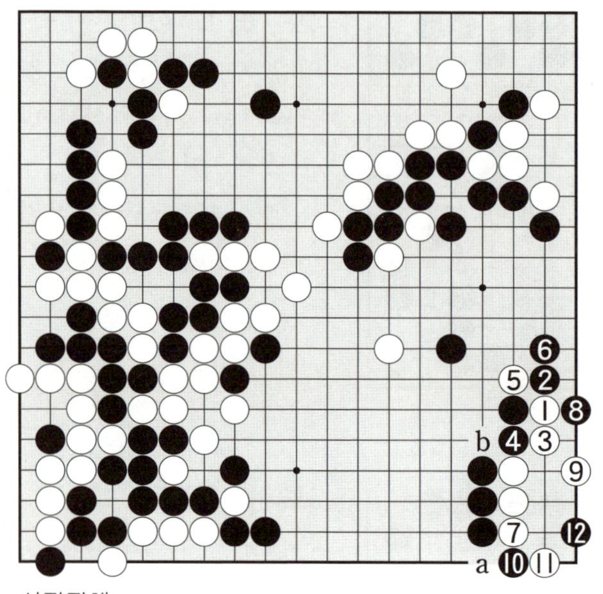

실전진행

실전진행 (정확한 마무리)

백1, 3이 끈끈한 버팀수이지만 흑4~12가 빈틈없는 필살의 수순이다.

　이후 백은 a로 따내고 b로 끊으며 악착같이 저항했으나, 흑의 철벽방어에 막혀 장렬하게 전사하고 말았다.

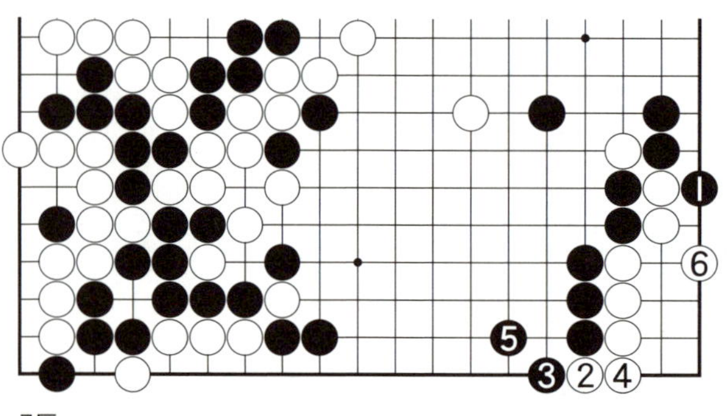

7도

7도 (흑, 걸려들다)

흑1 때 백2가 유력한 변화구. 이때 손 따라 흑3으로 받아준다면 백4의 선수를 바탕으로 백은 6까지 기사회생할 수 있다. 그러나~

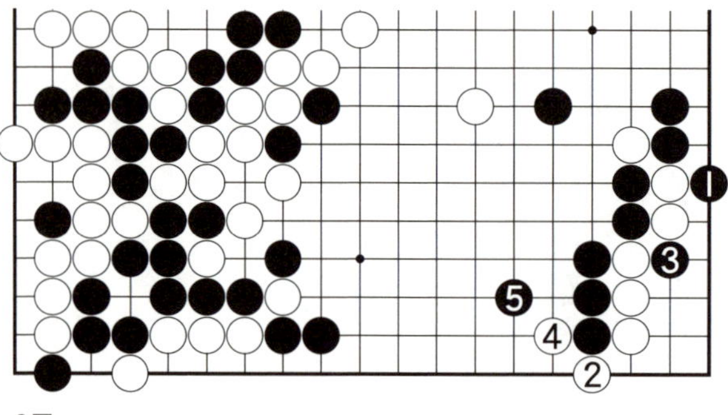

8도

8도 (변화구도 무위)

흑3으로 외면해 그만이다. 이어 백4에는 흑5.

　왼쪽에도 흑이 버티고 있어 아무리 나가보아도 눈을 만들 수는 없다.

4장

아마의 화점전략 클리닉

상수와 하수는 수읽기 능력 못지않게 돌의 능률과 대세관에서 보다 큰 차이를 드러낸다. 흔히 접바둑에서 상수의 3三침입에 서투르게 대응하다 골탕 먹고 열 받고 하는 것은 그만큼 돌의 능률과 대세관에서 뒤지기 때문이다.

이 장에서는 아마추어의 실전에서, 특히 하수의 입장에서 흔히 등장하는 3三처리의 미숙함을 주요 포인트 위주로 간략히 진단, 처방해 보았다. 대국자 중에는 여러분에게 낯익은 인기 명사들도 있다.

기착점을 살리는 수를 두라

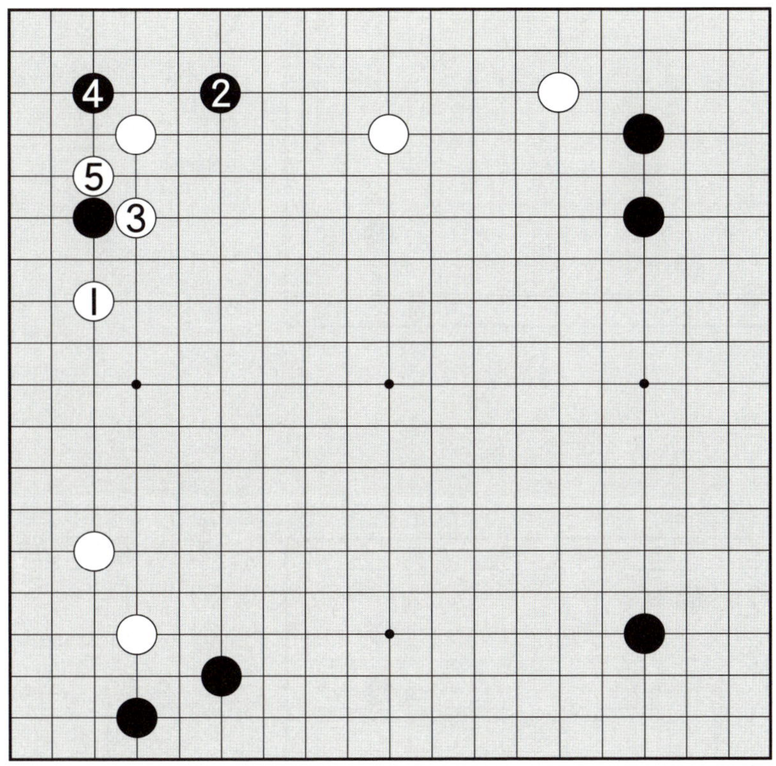

정석선택에 있어 주위 배석을 잘 고려하는 것이 가장 중요하다. 3급들이 벌인 실전의 초반에서 백1로 협공하자 흑2로 양걸침한 장면이다.

백3까지는 문제가 없었는데, 흑4의 3三침입에 당황했는지 백5로 받는 수가 크게 빗나간 헛손질이다. 일견 문제가 없어 보이는데, 백은 무엇을 잘못했다는 것일까?

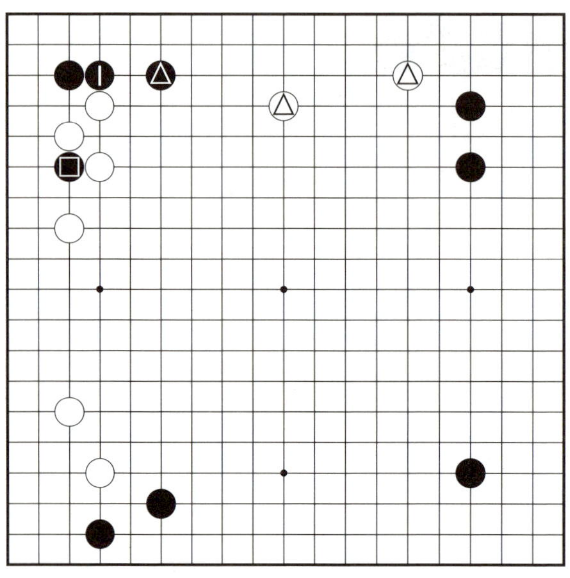

진단

진단 ☞ 백, 대실패

실전진행. 흑1로 넘어가고 보니 백의 잘못이 두드러지게 나타나고 있다.

흑▲가 머리를 내밀고 있는 탓에 상변 백 모양이 무너지면서 △들이 어정쩡한 위치로 전락하고 말았다.

게다가 흑■도 아직 완전히 제압된 모습이 아니어서 이 결과는 백의 대실패!

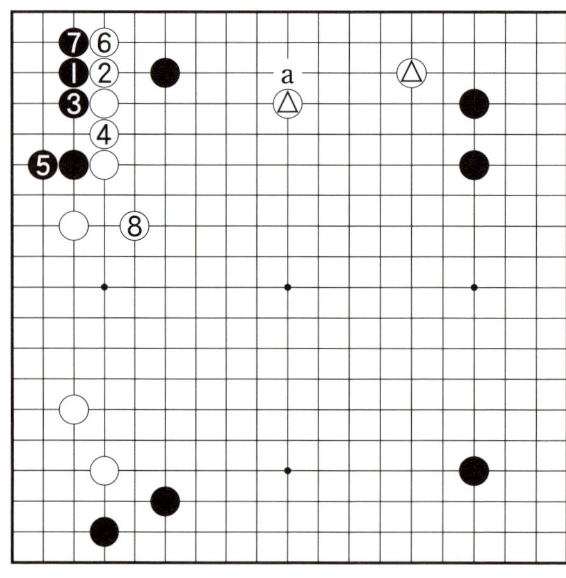

처방 ☞ 올바른 응수

지금 백의 본진은 상변이므로 흑1에는 백2로 막는 것이 올바른 응수이다. 백은 6을 선수한 뒤 8로 지켜 당당한 자세이다. 이제 백△들의 얼굴도 활짝 피어나고 있지 않은가.

만약 상변을 확실히 지키고 싶다면 백8로 a에 말뚝 치는 것도 일책이다.

낮은 포복을 억지로 틀어막지 마라

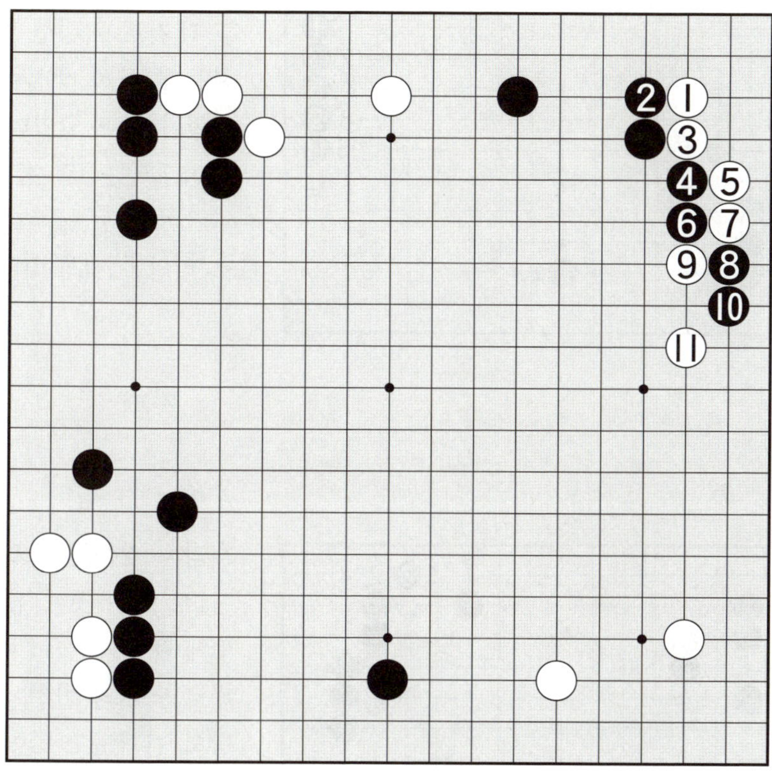

　　1급과 3급의 석점 접바둑에서 나타난 해프닝이다. 백1의 3三침입에 흑6까지는 나무랄 데 없는데, 흑8로 틀어막은 것이 우격다짐의 대악수! 백9로 끊기자 일거에 흑은 바둑을 망치고 말았다. 백11이 준비된 맥점.

　　여기서는 상대의 2선 포복을 억지로 틀어막다가 어떤 종말이 되는지, 그 극명한 비극의 실전 예를 살펴본다.

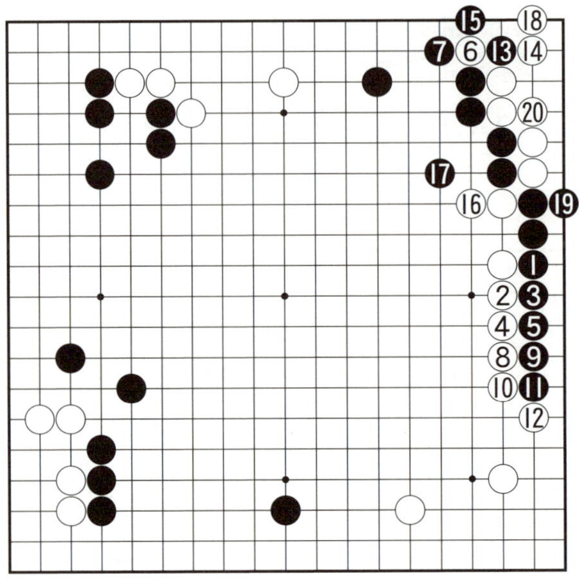

진단

진단 ☞ 흑, 망함

이제 우변 흑이 살기 위해서는 5번 이상의 2선 포복이 불가피하다. 결국 흑 19까지 살기는 했으나, 그 대가로 막강한 백세를 허용해 가히 생불여사의 전형이 되고 말았다.

이래서는 3점 접바둑의 위력이 모두 날아갈 정도로 비참한 결과이다.

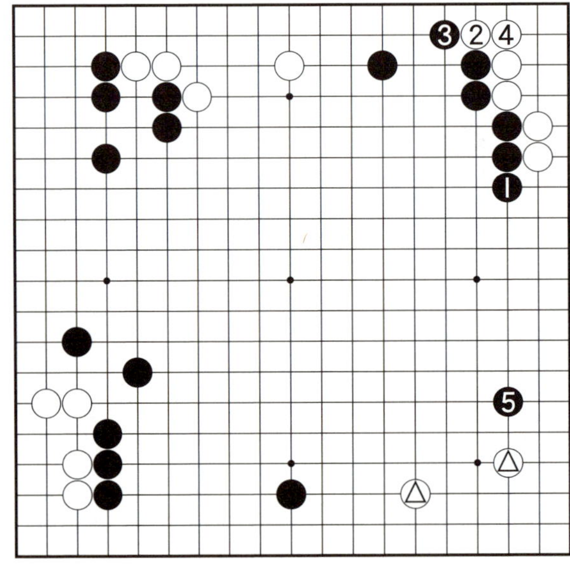

처방

처방 ☞ 2선은 막지 마라

흑1로 느는 것이 정수. 이렇게 두텁게 늘어두는 자체로 백△의 발전성을 상당히 견제하고 있어 전혀 불만이 없다. 백2, 4를 기다려 흑은 5로 벌려 충분한 모습이다.

상대가 패망선을 기겠다면 얼마든지 기라고 하는 유연한 태도가 상수로 가는 비결이다.

대세관 결핍증이 낳은 비극

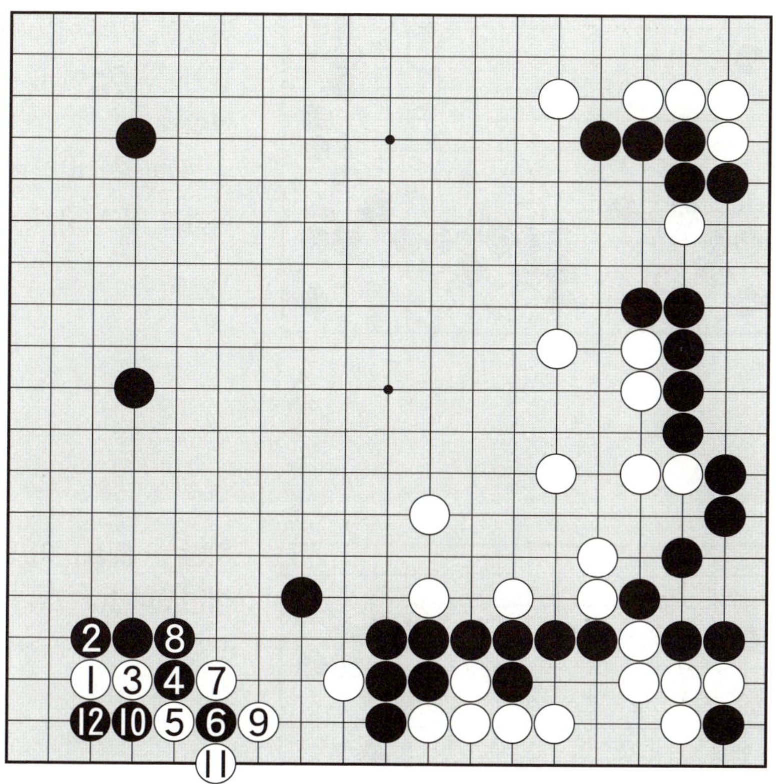

초반의 3三처리에 있어 가장 중요한 것은 판 전체를 살펴보는 대세관이다. 역시 3점 접바둑에서 나타난 장면.

백1의 3三침입에 흑2로 막아 4, 6으로 처리한 것이 멋진 감각이다. 그런데 백9 때 흑10, 12로 귀를 탐한 것이 '대세관 결핍증'의 발현이다. 흑의 소탐대실이 어떤 비극을 초래하는지 유심히 지켜보자.

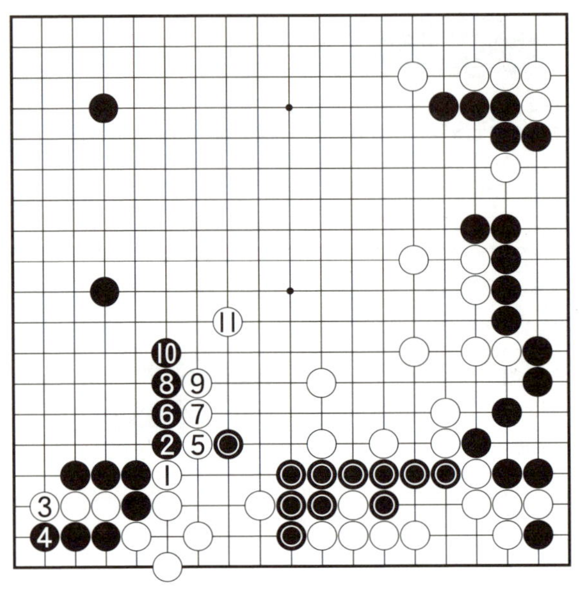

진단

진단 ☞ 소탐대실의 전형

백1로 밀어오자 돌연 흑은 응수가 궁해졌다. 흑2, 6으로 한껏 맞섰으나, 이하 백11까지 일사천리로 진행된 결과 어느새 흑⬤들이 속절없이 횡사하고 말았다.

가히 소탐대실의 표본이라고 할 만하다.

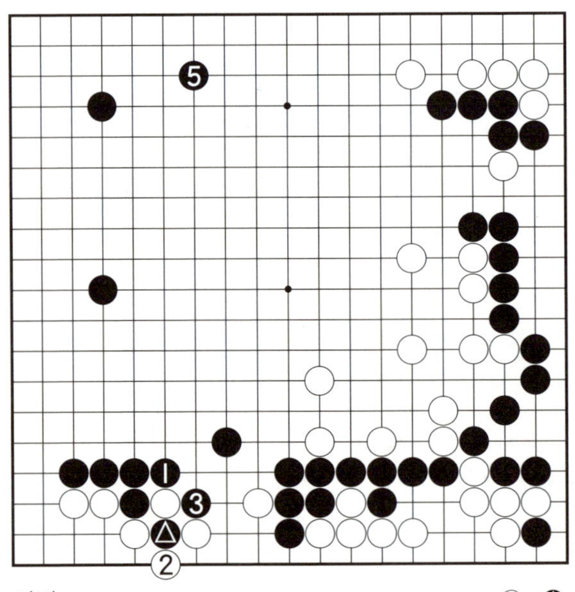

처방

④…▲

처방 ☞ 대세관이 중요

장면도의 10으로는 흑1로 모는 것이 대세관에 입각한 정수이다. 다음 흑3을 선수한 뒤 5의 요소에 선착하면 흑은 실리로도, 두터움으로도 단연 압도하는 형세가 되었을 것이다.

이처럼 부분적인 이해보다는 대세를 굽어보는 안목이 가장 중요하다.

자기 꾀에 스스로 넘어가다

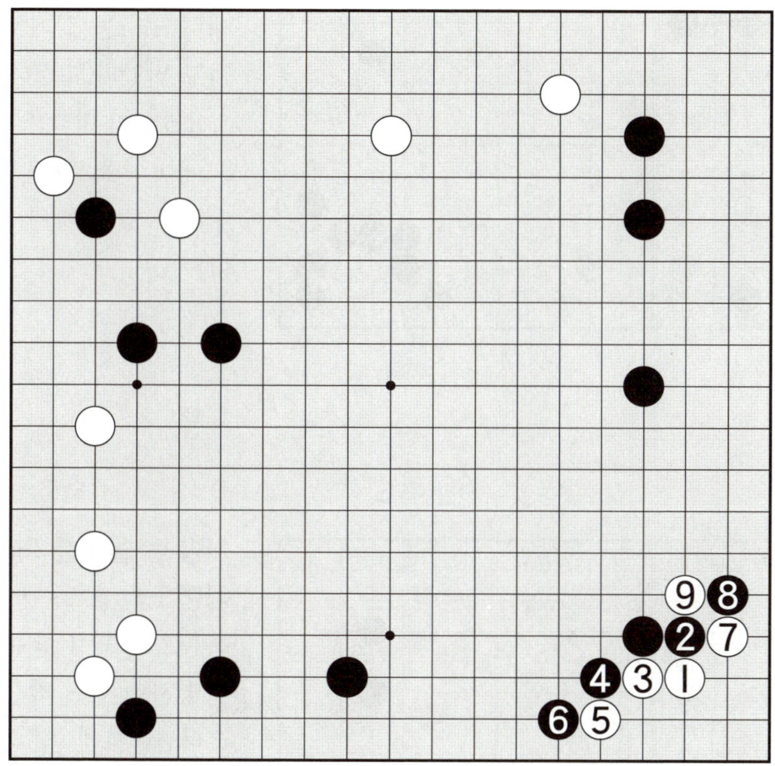

  상당한 실력의 아마고수들도 때론 지나친 잔기술을 부리다 자가당착의 결과를 초래할 때가 있다. 아마5단 들이 벌인 공식 시합의 한 장면이다. 백1의 침입에 흑2는 올바른 방향. 지금 흑이 중시할 곳은 우변이기 때문이다.

  그런데 흑4, 6이 지나친 '잔꾀'였다. 백9가 의표를 찌른 기습! 흑의 웅대한 포부는 일시에 허물어지고 만다.

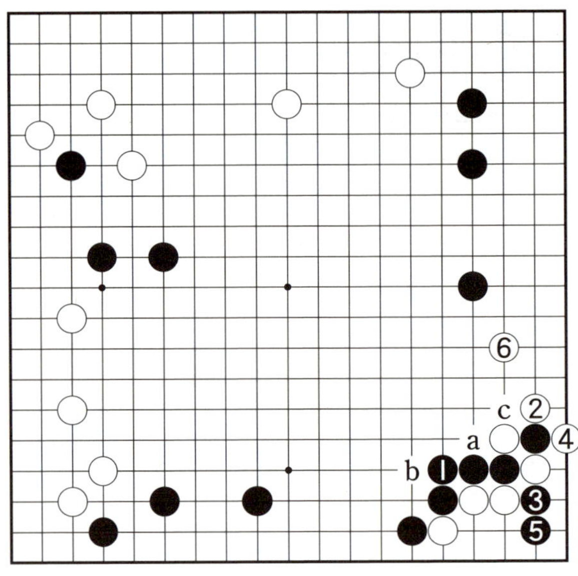

진단

진단 ☞ 본진 파괴

흑1이 어쩔 수 없을 때 백이 6까지 우변에 터를 잡고 안정해버리니 당초 흑이 꿈꾸던 우변 중심의 대세력 구도는 실패로 돌아가고 말았다(그렇다고 흑1로 a에 몰아 버티는 것은 백3, 흑b 다음 백c로 나가는 수가 성립해 흑의 무리이다).

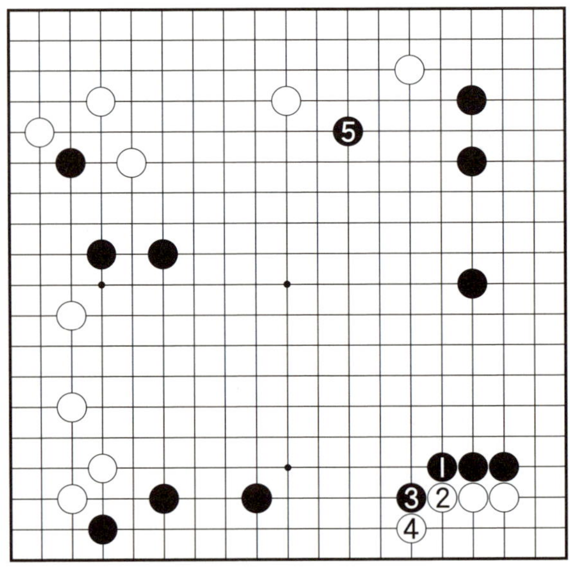

처방

처방 ☞ 올바른 처리

장면도의 4로는 이 그림 흑1로 가만히 뻗는 것이 간명하면서도 최선이다. 그러면 백4에 흑5의 대세점으로 손을 돌릴 수 있어 흑의 구도가 완성될 수 있었다.

이처럼 시급한 대세점이 있을 때는 변화의 여지를 줄이며 간명하게 처리하는 것이 상책이다.

방향이 틀리면 가죽만 남는다

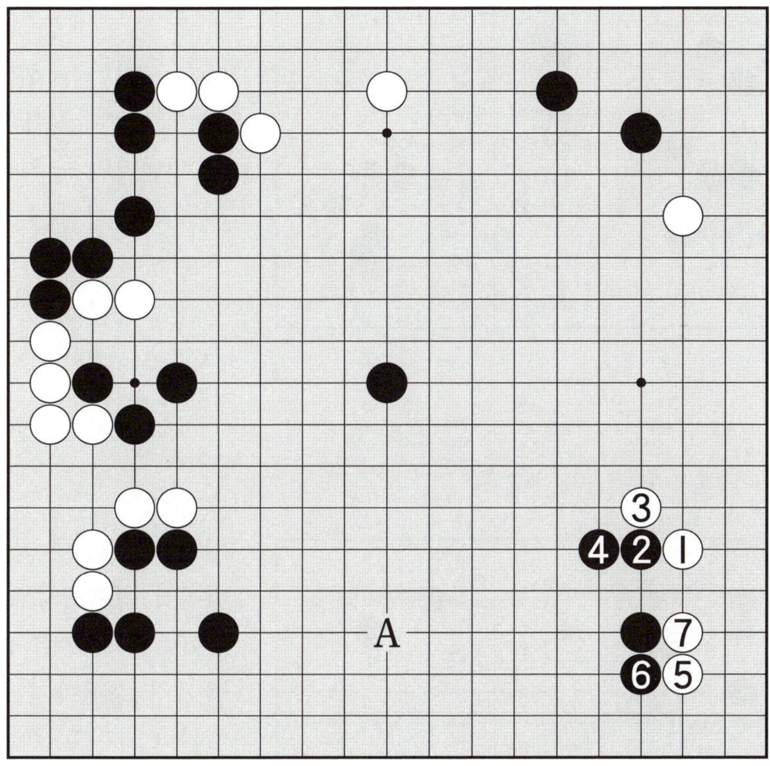

앞서 누누이 강조했거니와 3三처리의 첫 관건은 막는 방향이다. 이해찬 전 교육부장관이 서능욱(백)과 벌인 5점 접바둑에서 발췌한 장면이다. 흑2, 4에 백5로 곧장 파고든 것은 접바둑에서 흔히 쓰이는 비틀기 작전이다.

그런데 이때 흑6으로 막는 수가 일대 방향착오! 이 수는 하변 A 언저리에 흑돌이 있을 때 유효한 선택이다.

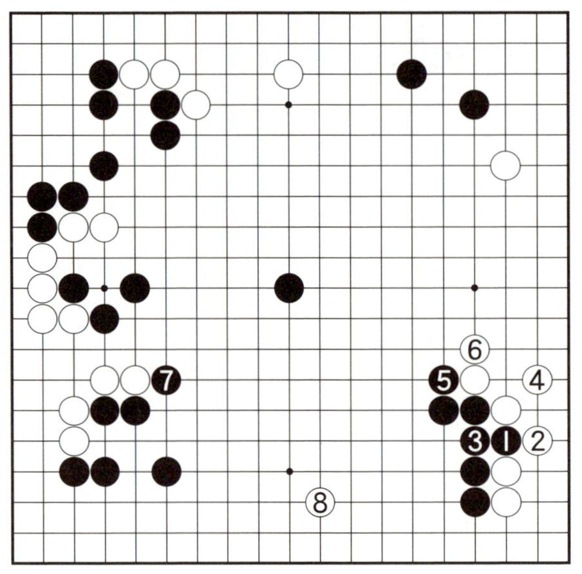

진단

진단 ☞ 흑, 헤픈 진행

흑1 이하 백6까지는 상식적 진행이지만, 백의 실리가 커 흑이 다소 헤픈 결과이다.

더 큰 문제는 하변 쪽이다. 백8의 절호점을 허용하고 나니 영락없이 흑은 껍데기만 남은 신세!

막대한 실리를 내준 대가로 쌓은 세력이 너무 억울한 모습이다.

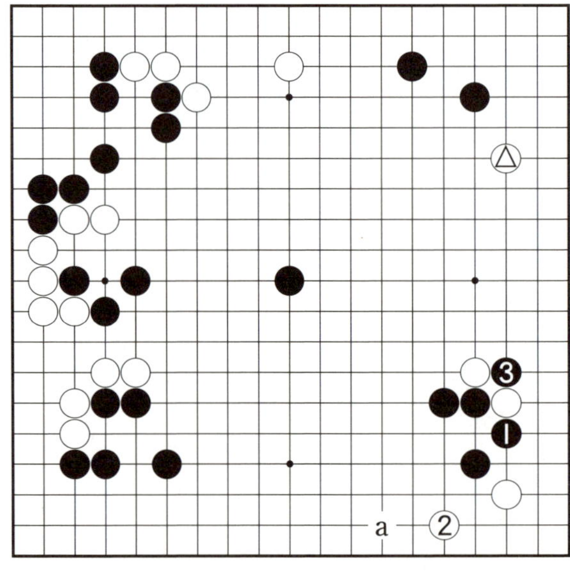

처방

처방 ☞ 올바른 방향감각

따라서 장면도의 6으로는 흑1로 응수하는 것이 최선이다. 흑3까지 두텁게 일단락 지은 뒤 백△에 대한 공격과 a의 압박을 맞보아 흑이 단연 우세한 국면이다.

하변의 배석관계에 따라 막는 방향이 달라진다는 것이 포인트이다.

아무리 말뚝을 박아도 사상누각의 예

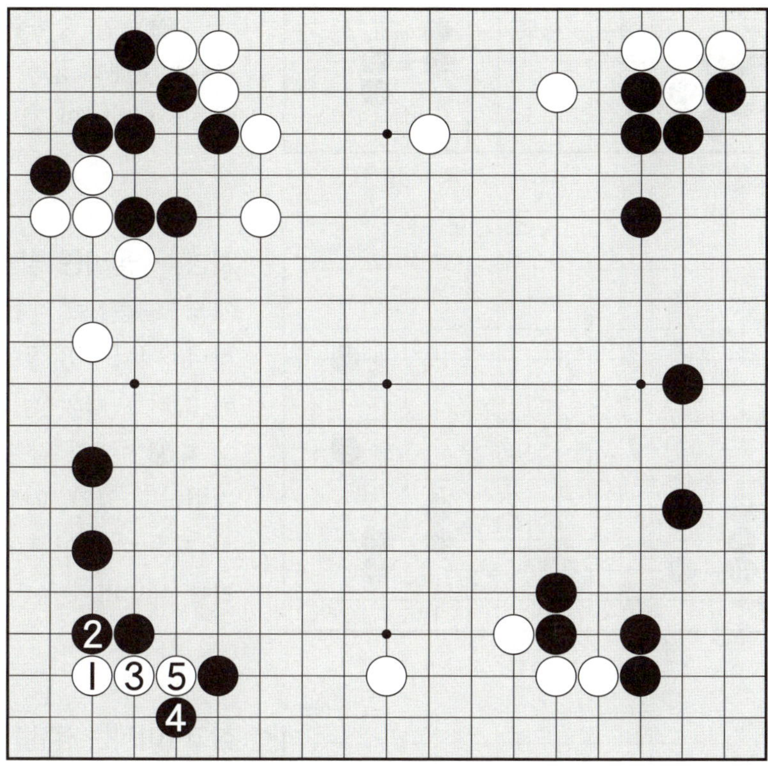

　아무리 말뚝을 박아도 상대의 침입에 잘못 대응한다면 사상누각에 불과하다.

　1급과 5급이 겨룬 4점 접바둑. 무려 4수나 투자된 곳에 백1로 파고들어 수를 내자고 한 장면이다.

　발끈한 흑은 마구 잡자고 대들었지만, 막상 백5까지 되고 보니 만만치 않아졌다. 흑의 잘못은 무엇이었을까?

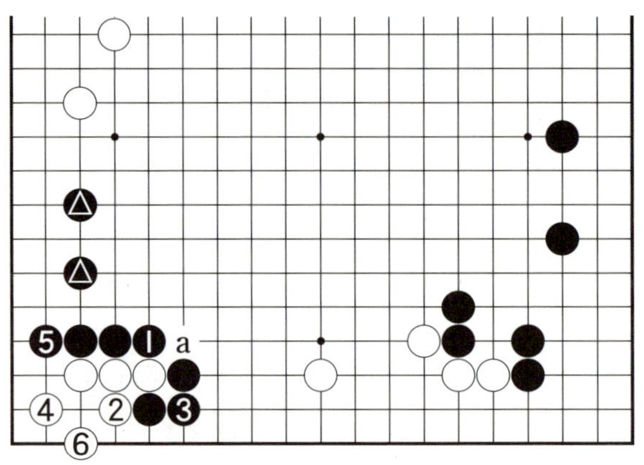

진단

진단 ☞ 흑, 망함

백4가 급소이며 6까지 눈 깜짝할 사이에 완생해 버리니 흑은 허탈지경에 빠지고 말았다.

흑▲들이 중복의 극치를 이룬 데다 a의 단점까지 남아 최악의 결과!

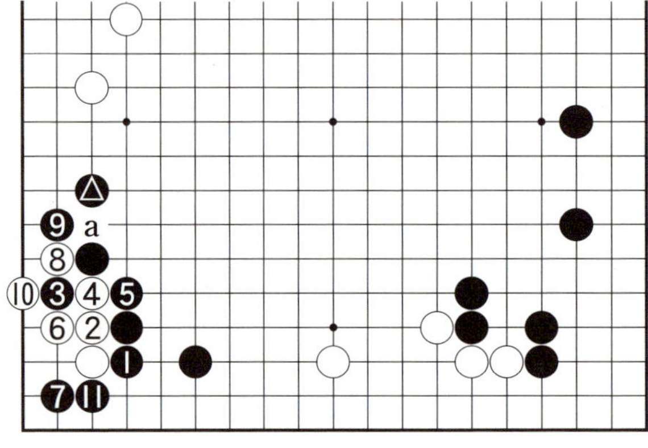

처방

처방 ☞ 올바른 방향

애당초 흑1로 막는 것이 맞다. 이어 흑3, 7이 준비된 강타로 백의 절명!

흑▲가 a의 약점을 잘 커버하고 있다. 자신이 강한 쪽으로 몰아붙이는 원리를 유념하자.

참고

참고 (이제는 불발)

실전은 거꾸로 막은 탓에 흑7이 통하지 않는다. 백10 다음 a와 b가 맞보기.

이처럼 주위 배석을 적절히 활용하는 것이 사활의 관건이다.

후하게 넘겨드립니다?

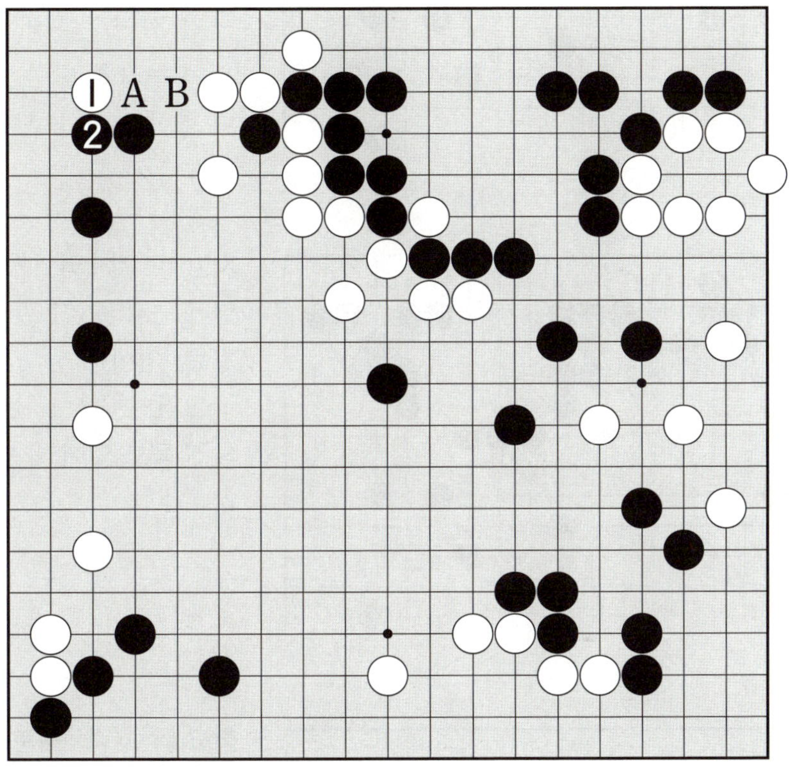

지나친 안전위주의 행마는 도리어 더 불안한 결과를 초
래하곤 한다. 프로와 아마가 벌인 5점 접바둑의 한 장면.
　백1의 침입에 흑2로 물러선 수가 맥 빠진 대완착이다.
넘겨줄 때 넘겨주더라도 일단 A로 막고 나서 생각할 일 아
닌가. 지금은 흑B가 거의 선수로 듣고 있기에 더더욱 그렇
다. 이렇게 쉽게만 두려는 태도로는 쉽게 지기 십상이다.

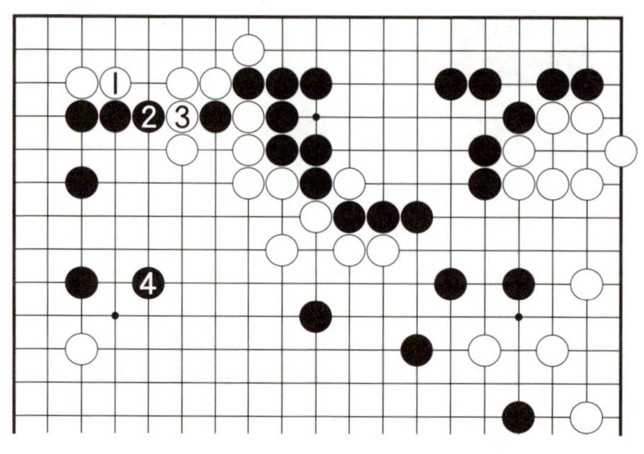

진단

진단 ☞ 안방을 내주다

백1로 깨끗하게 넘고 보니 오히려 좌변 흑진이 허술해져 4의 가일수가 불가피하다.

결국 선수와 안방실리를 송두리째 내준 결과이니 흑이 얼마나 손해인가.

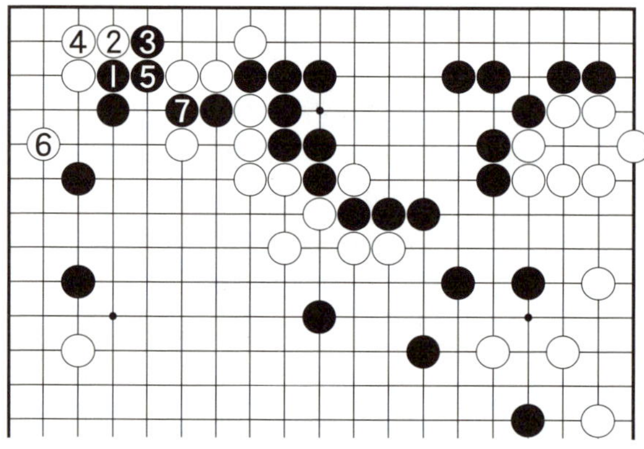

처방 ☞ 기세의 차단

일단 눈감고 흑1로 차단하고 볼 일이다.

그러면 흑7이라는 망외의 소득도 얻어낼 수 있지 않은가.

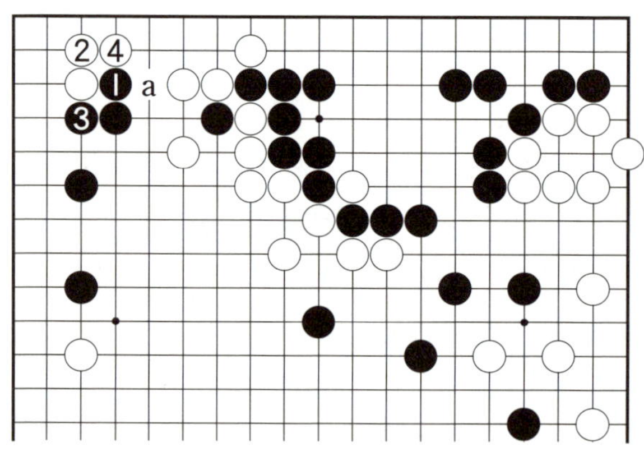

참고 (역시 흑 충분)

따라서 흑1에는 백2로 웅크리는 것이 정수이다. 이제는 흑3으로 넘겨주어도 된다.

이 형태 자체로 진단보다는 훨씬 이득인데다 차후 a의 수단까지 남아 흑이 충분한 결과이다.

줄 것은 주면서 주도권을 잡아라

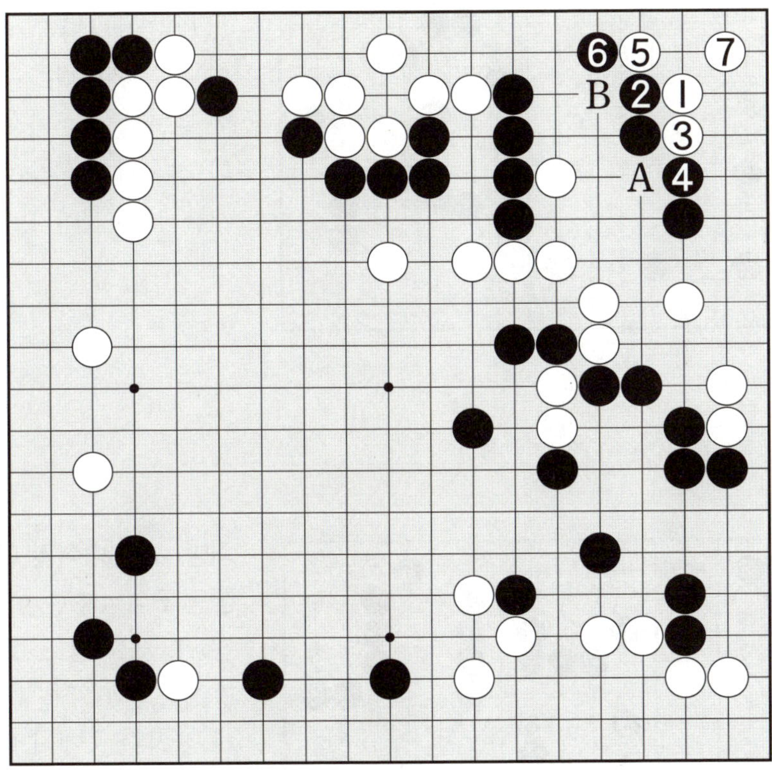

흔히 상대의 3三침입에 한 푼의 손해도 보지 않으려다 오히려 대세를 잃은 경우가 있다. 아마 최정상급이 벌인 아마10강전 결승의 한 장면. 백1의 3三침입에 흑2, 4로 맞선 것이 과민반응이다. 백7로 틀을 잡으니 A, B 등의 약점이 노출되면서 도리어 흑이 곤란해지고 말았다. 이제 백이 살아버리면 거꾸로 흑 전체가 위협받을 처지 아닌가.

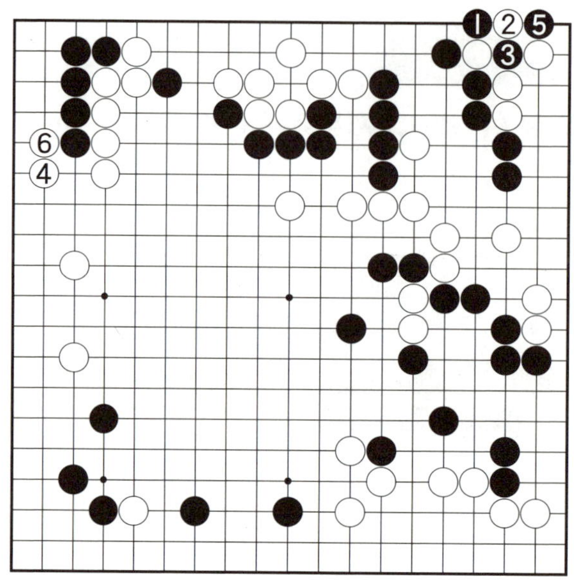

진단

진단 ☞ **좌상귀를 바치다**

따라서 흑1로 모는 것은 어쩔 수 없는데, 백2가 준비된 강수로 천지대패가 발생했다. 패의 대가로 백4, 6을 연타당해서는 흑의 큰 손해이다.

공연한 강수가 멀쩡하던 좌상귀를 헌상하는 참사를 부른 것이다.

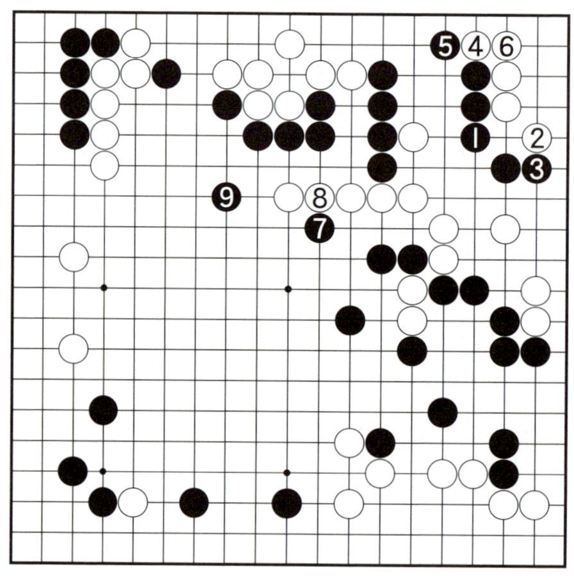

처방

처방 ☞ **대승적인 대응**

장면도의 4로는 이 그림 흑1로 늦춰 받는 것이 현명했다. 백6까지 귀를 크게 살려주는 것이 아프지만 대신 흑7, 9로 파상공세를 펼칠 수 있어 전국적으로 흑이 나쁘지 않다.

우중앙의 백 대마가 워낙 허약한 탓에 우상귀의 손해 정도는 충분히 복구할 수 있으리라.

손 따라 두면 크게 넘어간다

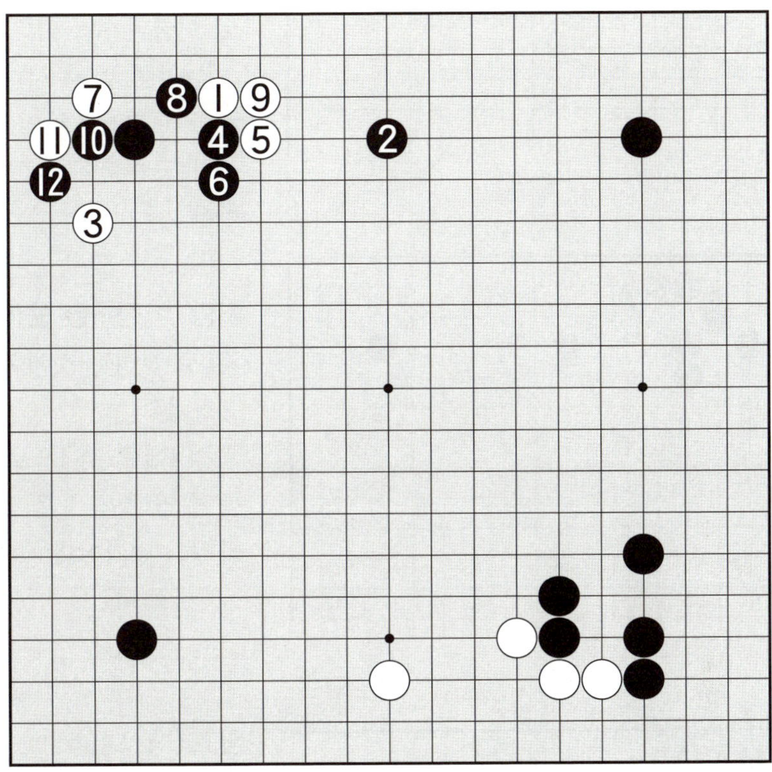

　　3三을 둘러싼 정석 중에는 유난히 속임수가 많다. 4점 접바둑의 초반 장면.

　　백1, 3의 양걸침에 이어 7로 뛰어든 것은 상용의 수법이다. 그런데 흑8 때 백9, 11로 변화한 것이 하수를 울리곤 하는 유력한 꼼수의 하나이다. 여기서 덥석 흑12로 받은 것이 바로 걸려드는 수이다.

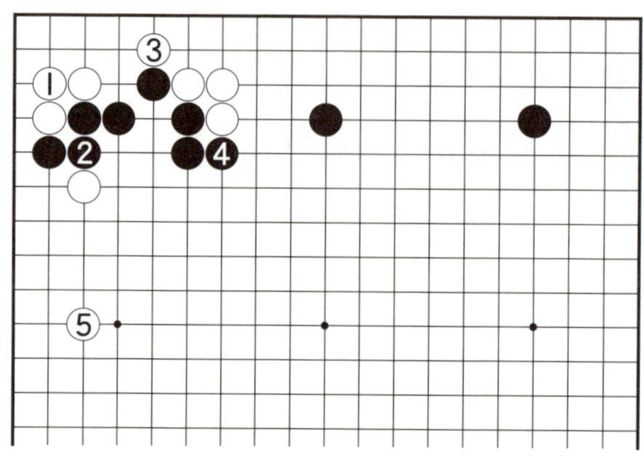

진단

진단 ☞ 흑, 큰 손해

실전진행. 백1로 잇는 것이 선수로 듣는 바람에 3으로 넘어가니 백은 짭짤한 실리를 차지하며 통으로 연결된 모습이다.

이것이 백의 시나리오. 게다가 흑4의 가일수까지 불가피해서는 흑이 단단히 당한 꼴이다.

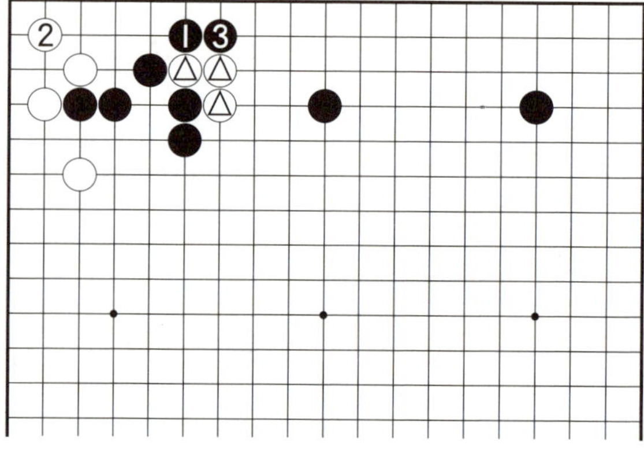

처방 ☞ 정확한 응징

흑1로 젖히는 것이 적절한 응징이다.

백2에는 흑3으로 백△를 제압해 꼼수를 멋지게 타파한 결과이다.

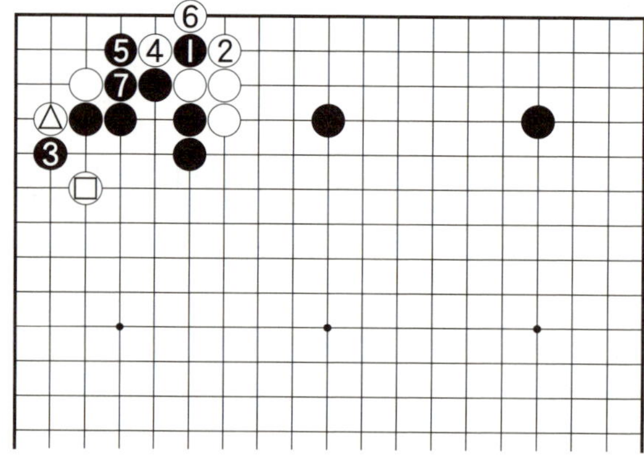

참고 (백, 대실패)

흑1 때 백2로 받는 것은 흑3으로 귀가 잡혀 어불성설이다.

이래서는 백△와 □ 모두 폐석이 되어 백이 망한 꼴이다.

'덩달이' 행마는 곤란!

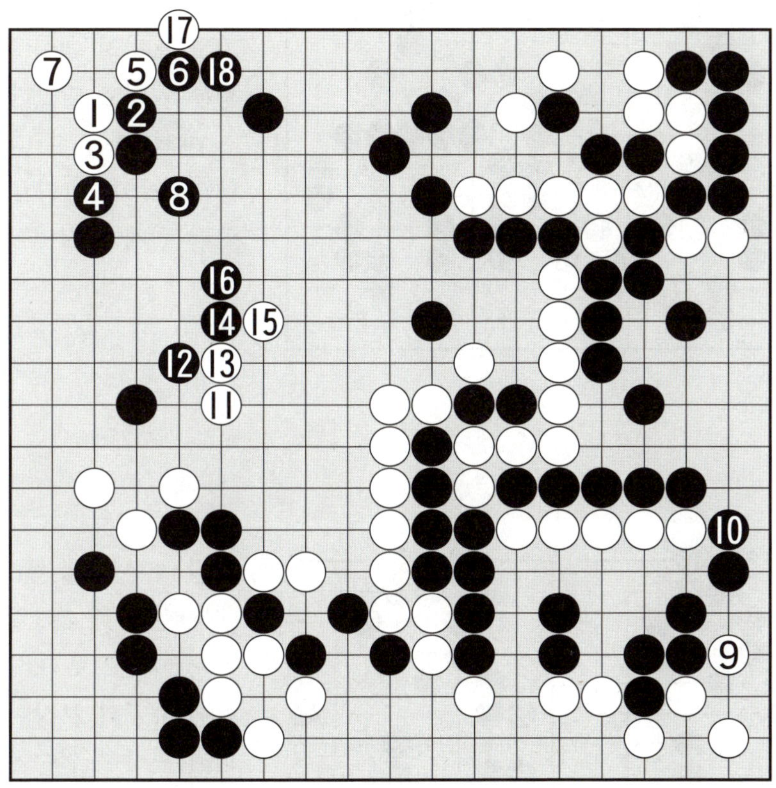

상대가 상수라고 겁먹어 무조건 물러서기만 해서는 이기기 힘들 것이다. 영화배우 안성기가 서능욱에게 8점으로 도전한 접바둑의 한 장면이다.

백1의 3三침입에 흑8까지 온순하게 처리한 것은 기력의 차이를 의식한 일리 있는 안전책이다. 그러나 백17에 흑18로 물러선 것은 지나친 몸조심!

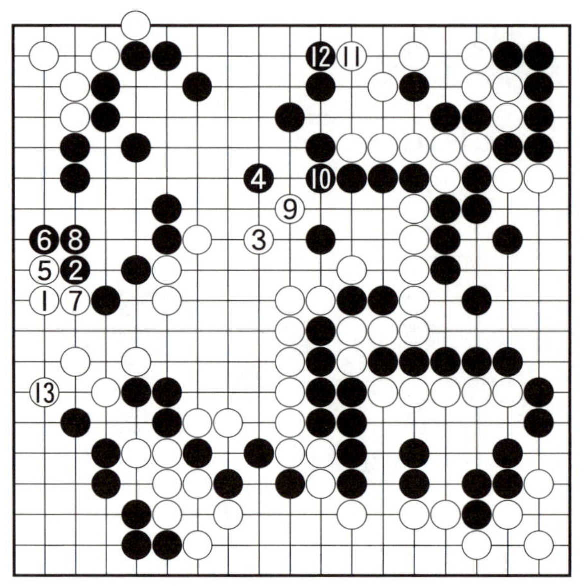

진단

진단 ☞ 손 따라 다니다

선수로 좌상귀를 완생시킨 백이 1~13으로 선수 끝내기를 해치우니 어느덧 흑의 필승지세는 사라지고 오히려 백이 유망한 형세가 되고 말았다.

대책 없이 손 따라 다닌 '덩달이' 행마로는 이처럼 쉽게 뒤집히기 마련이다.

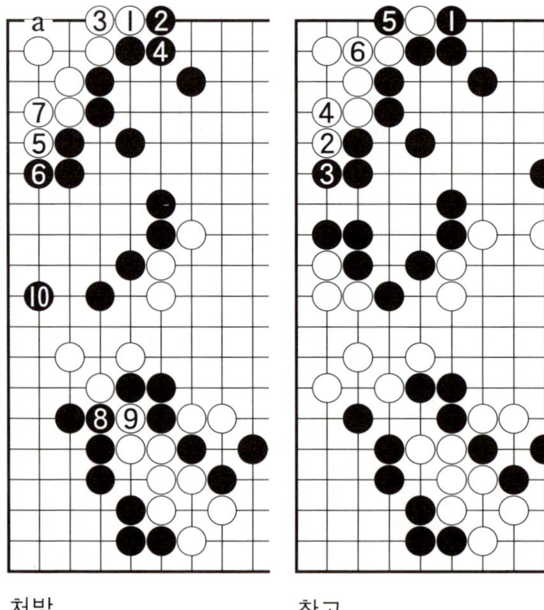

처방

참고

처방 ☞ 선수를 뽑다

백1에는 흑2, 4로 몰고 잇는 것이 중요했다. 그러면 백은 5, 7의 보강이 불가피해 귀중한 선수가 흑에게 돌아오지 않는가(손을 빼면 흑a로 백의 죽음).

참고 (사후약방문)

그런데, 이제는 흑1로 몰아보아도 백2, 4로 변신해 완생이다. 이처럼 한번 타이밍을 놓치면 결과는 판이하게 달라져버린다.

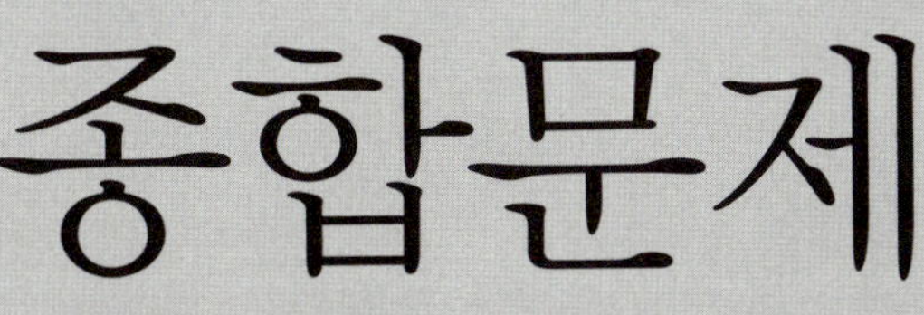

종합문제

(다음 한수 20제)

　이 장은 그동안 이 책의 1부(기본 이론편)와 2부(활용 실전편)를 통해 익힌 화점과 3三 주변의 행마법 노하우를 테스트하는 종합문제 성격의 코너이다.

　3三침입의 타이밍, 3三침입에 대한 처리법, 3三주변의 사활문제를 망라해 20문제로 간추려 보았다. 다양한 문제를 풀어가는 동안 재미와 더불어 기력향상에 시너지 효과가 나타나기를 기대한다.

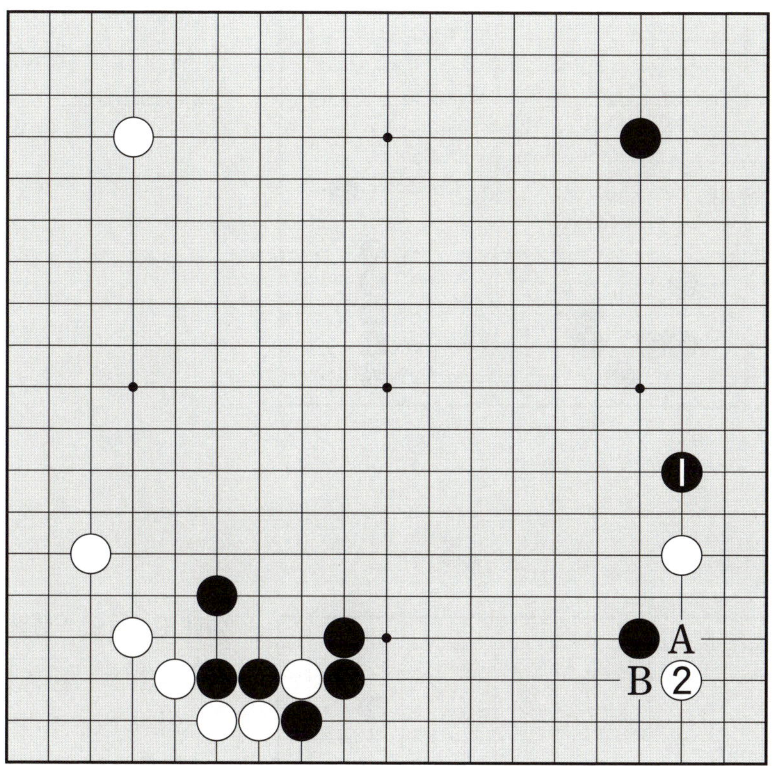문제 01

▨ 막는 방향이 생명이다 (1)

3三처리에 있어 가장 중요한 첫 단추는 막는 방향이다.

흑1의 협공에 백2로 3三에 파고든 장면이다. 자, 흑은 A와 B 가운데 어느 쪽으로 막는 것이 좋을까?

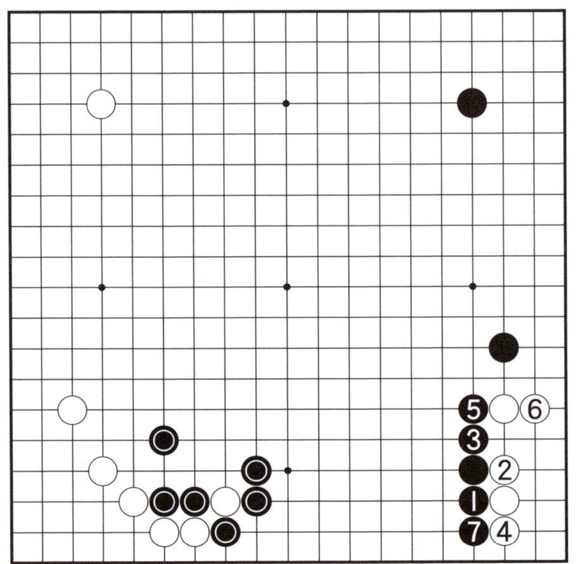

정해도

정해도 (기착점을 살려라)

흑●의 두터움을 살려 1로 막는 것이 당연하다.

　이하 흑은 7까지 하변에 입체적인 대모양을 구축할 수 있다.

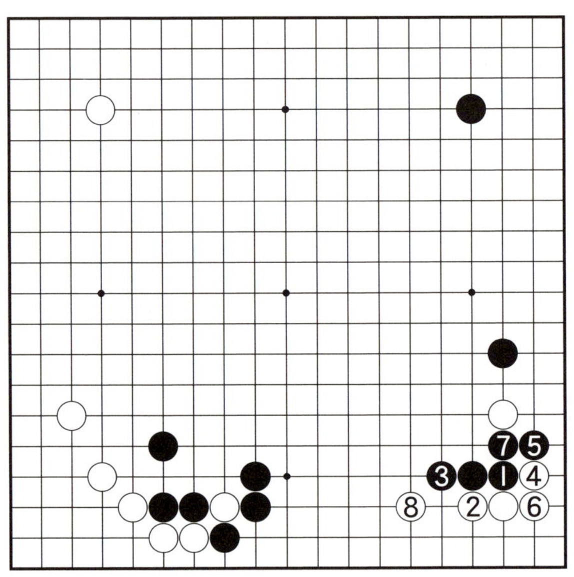

실패도

실패도 (돌의 역행)

흑1로 막는 것은 방향착오. 이하 8까지 부분적으로는 정석이지만, 백8의 머리 때문에 하변 흑의 두터움이 저절로 지워져서는 흑의 대실패이다.

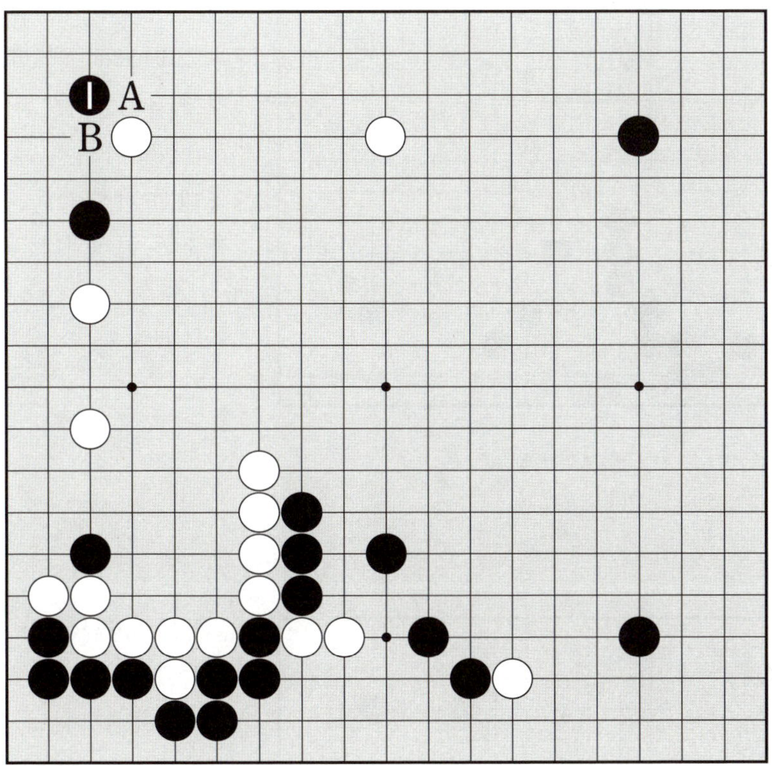

▨ 막는 방향이 생명이다 (2)

흑1로 3三에 뛰어든 장면이다.

자, 여기서 백은 A와 B 중 어디로 막는 것이 적절할까?

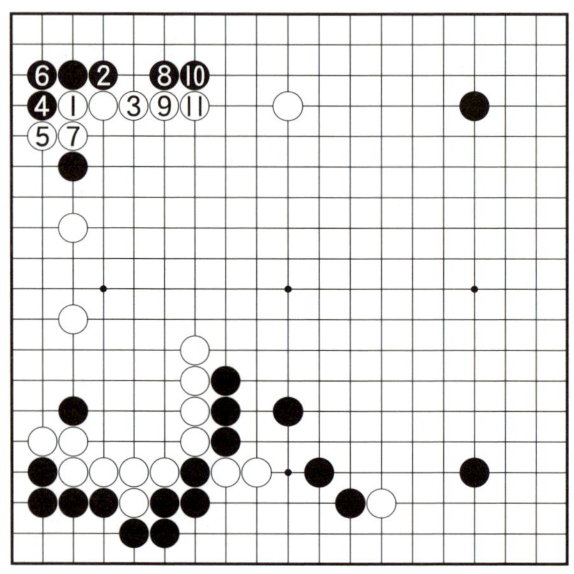

정해도

정해도 (좌변이 본진)

지금 백돌이 집중 투자되어 있는 지역은 단연 좌변이다.

그러므로 백1로 막는 것이 올바른 감각이다. 이하 백은 11까지 좌중앙에 웅대한 세력권을 형성해 충분한 형세이다.

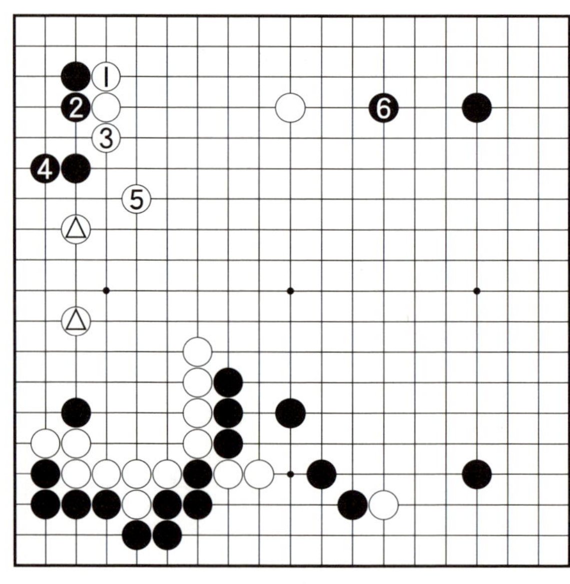

실패도

실패도 (방향착오)

백1로 막는 것은 방향착오. 이하 5까지의 결과를 볼 때 백△들이 어색한 위치로 전락해 돌의 능률이 떨어지는 모습이다.

게다가 상변 쪽은 아직 백이 대모양을 건설하기가 쉽지 않다.

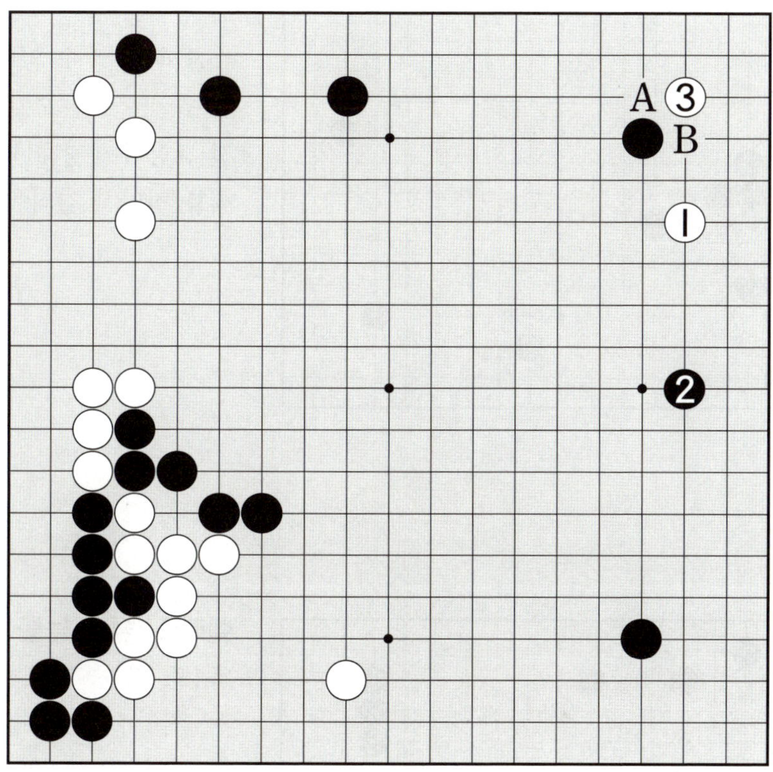

▨ 막는 방향이 생명이다 (3)

　백1의 걸침에 흑2로 완만하게 협공하자 백3으로 뛰어든 장면이다.

　자, 흑의 다음 한수가 대세를 장악하는 중요한 포인트가 될 상황이다. A, B 중 어디가 옳을까?

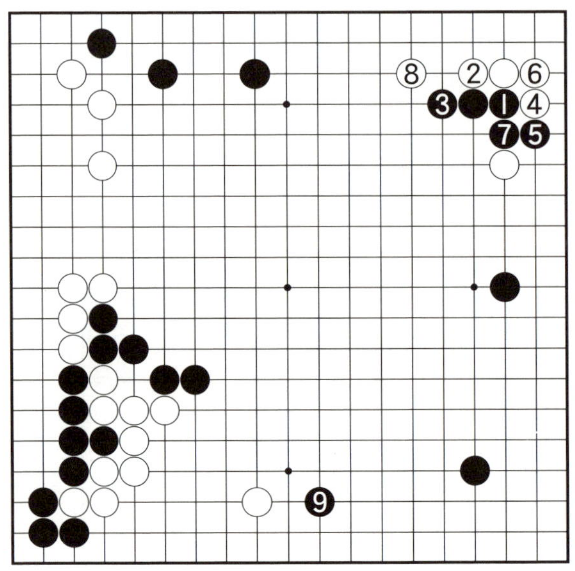

정해도

정해도 (흑, 대세장악)

흑1로 막는 것이 올바른 방향. 이하 8까지 처리한 뒤 선수를 뽑아 흑9의 요소를 점령할 수 있다.

우변~하변으로 펼쳐진 모양이 웅장해 흑이 대세를 장악한 결과이다.

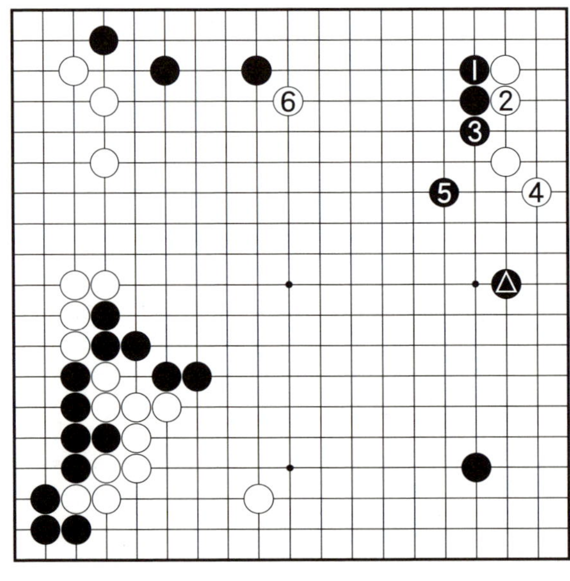

실패도

실패도 (돌의 능률 저하)

흑1로 막는 것은 이상감각. 흑5까지 후수를 잡아 대세에 뒤진다. 백6의 삭감이 제격이어서 상변을 키우기 어려울 뿐더러 흑△도 어정쩡한 위치로 전락해 흑은 상하에서 모두 실패한 모습이다.

문제 04

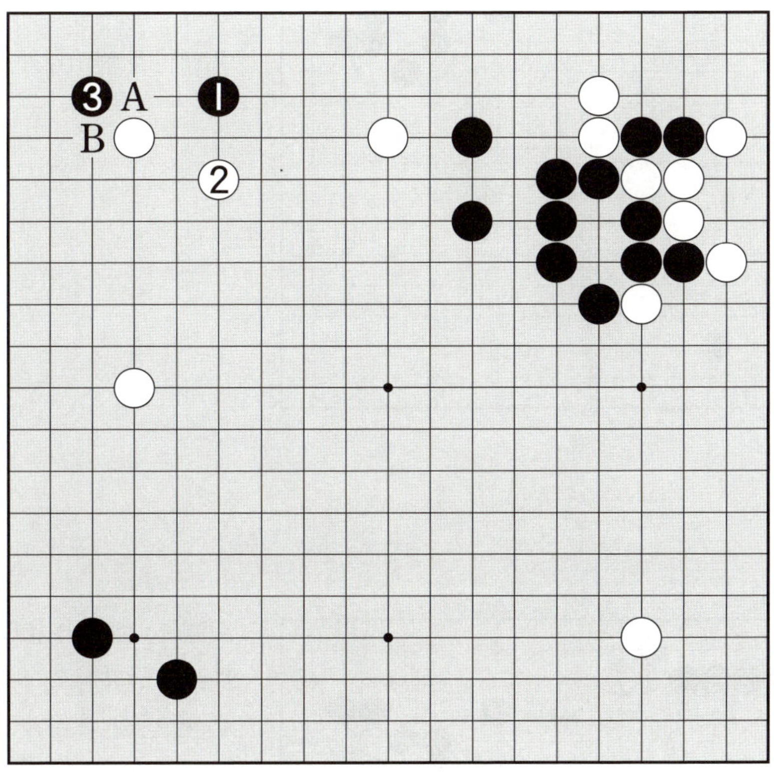

막는 방향이 생명이다 (4)

　흑1의 걸침에 백2로 씌우자 흑3으로 파고들었다.

　백이 대세를 리드하려면 A, B 중 어느 쪽으로 막는 것이 효과적일까?

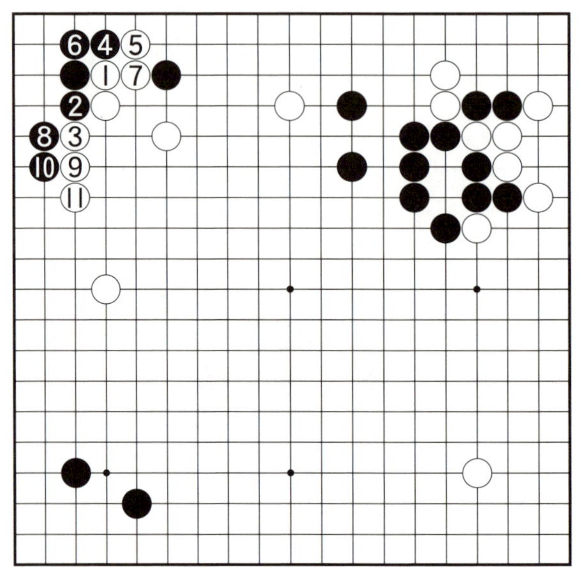

정해도

정해도 (올바른 방향)

백1로 막는 것이 적절하다. 이하 11까지 만족할 만한 두터움을 쌓아 백이 유망한 국면이다.

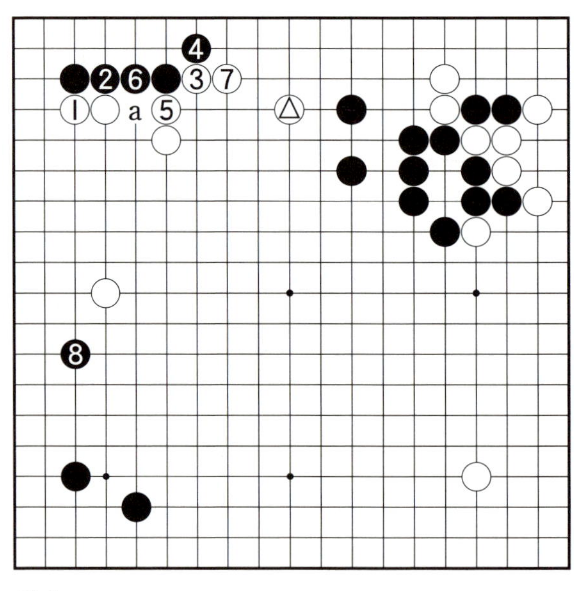

실패도

실패도 (실속이 없다)

백1은 방향착오. 백7까지를 상정할 때 흑의 실리가 착실한 반면, 백은 a의 약점도 남고 △도 군더더기가 되어 불만이 크다.

더구나 흑8을 절호의 요소로 만들어준 이적행위의 혐의마저 있다.

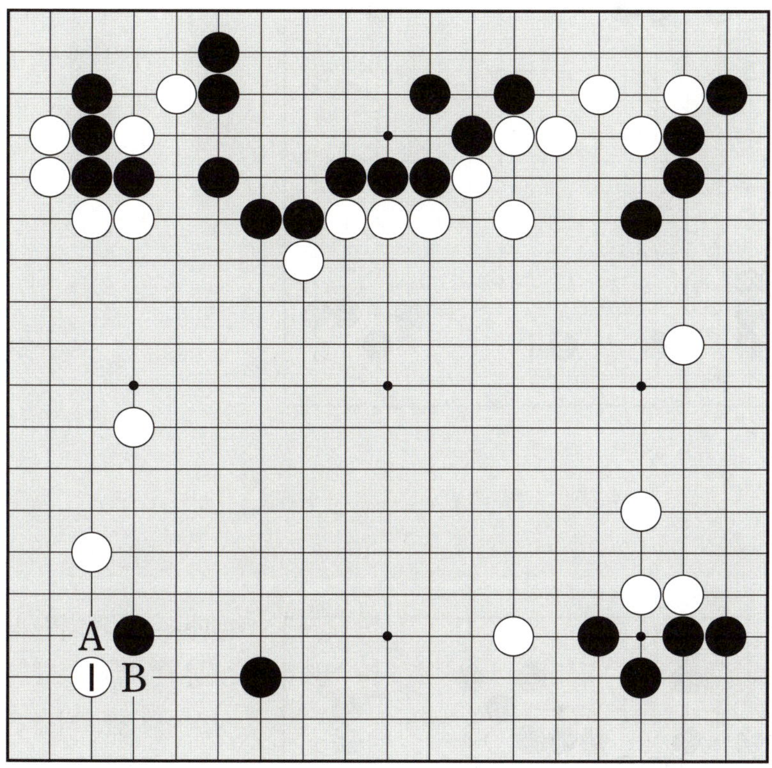

종합문제(다음 한수 20제)

▨ 넘겨줄까, 차단할까? (1)

좌변 백세를 등에 업은 채 백1로 뛰어든 장면이다.
흑은 A, B 중 어디로 응수하는 것이 좋을까?

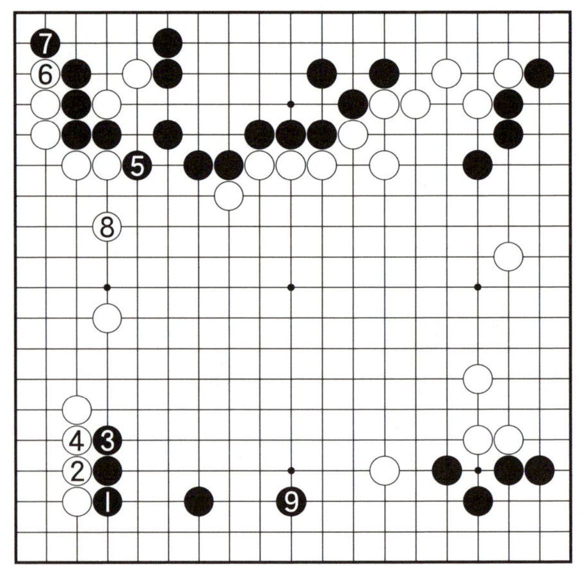

정해도

정해도 (유연한 대응)

지금은 좌변 백세가 강한 만큼 흑1로 받아 순순히 넘겨주는 것이 순리이다.

흑9까지 쌍방 유연한 흐름이다.

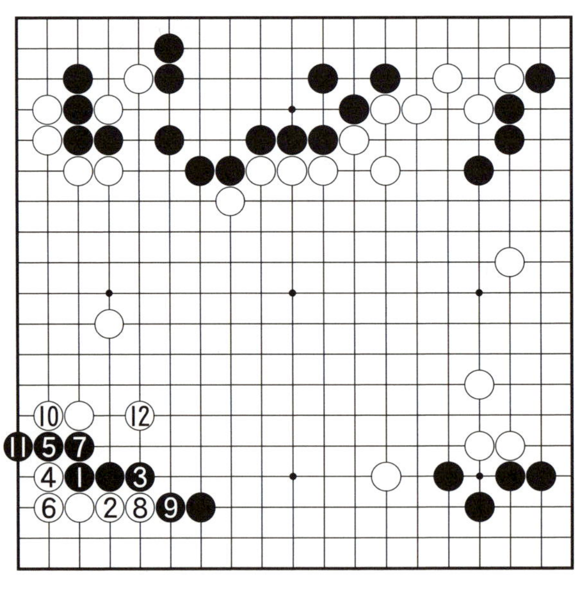

실패도

실패도 (껍데기만 남다)

보통은 흑1로 막는 것이 상식이지만, 지금은 주위 백이 강하므로 무리이다.

이하 12까지를 예상해 볼 때 백은 좌변과 좌하귀를 효과적으로 확보한 반면, 흑은 껍데기만 남은 채 자칫 곤마 신세가 될 우려가 높다.

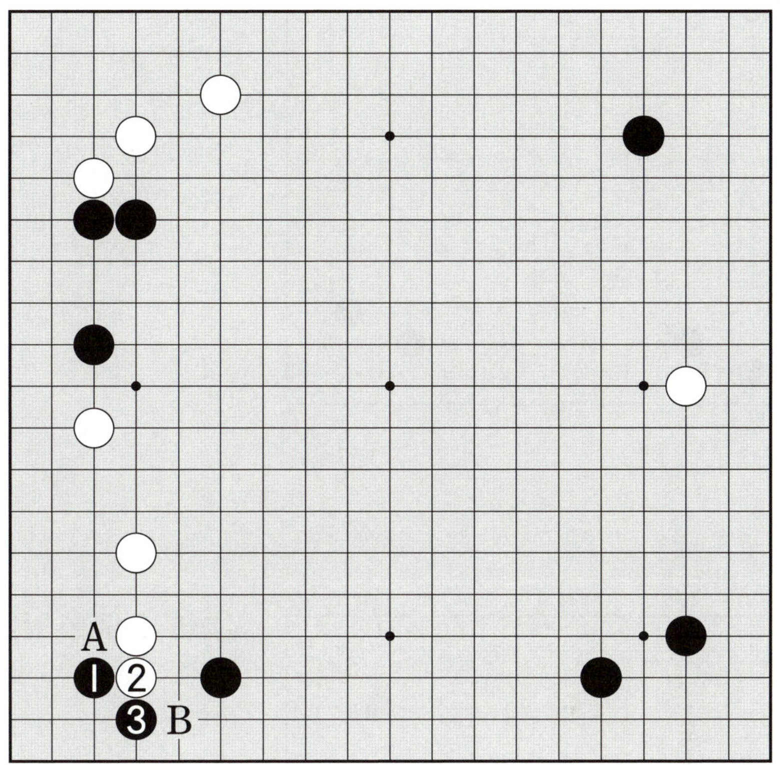

▨ 넘겨줄까, 차단할까? (2)

　돌이 몇 개 놓이지 않은 초반이지만, 흑1의 3三침입은 현재 가장 시급한 요소이다.

　자, 이제 백은 A로 막아 넘겨주는 것이 좋을까, 아니면 B로 차단하는 것이 나을까?

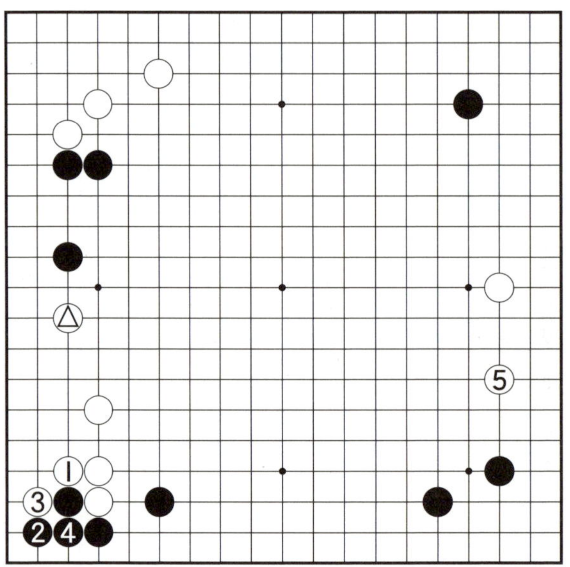

정해도

정해도 (유연한 처리)

백1로 막는 것이 무난한 정수이다.

백△의 가치를 살리며 선수로 좌하귀를 마무리 지은 뒤 백5의 요소에 선착해 유연하기 그지없는 흐름이다.

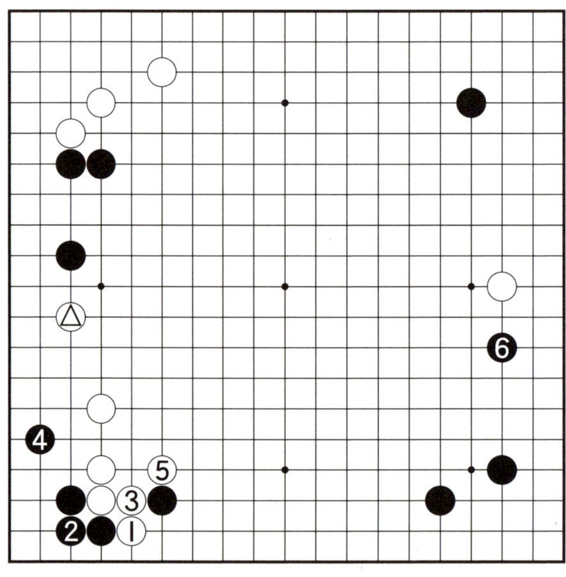

실패도

실패도 (과격한 발상)

백1로 차단하는 것은 과민반응이다. 흑4까지 크게 살아버리면 좌변 백진이 초토화되면서 백△가 가치 없는 돌로 전락하고 만다.

흑6의 절호점도 흑의 차지가 되어서는 백의 실패!

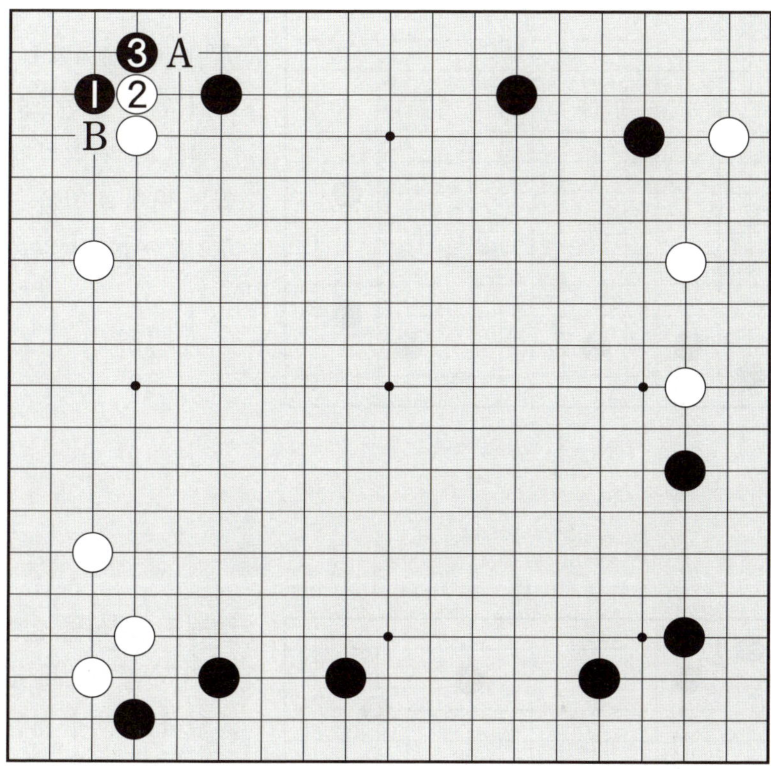

■ 넘겨줄까, 차단할까? (3)

이번에는 배경화면이 싹 바뀌었다.

자, 여기서는 A와 B 가운데 백이 어느 쪽으로 받는 것
이 최선일까?

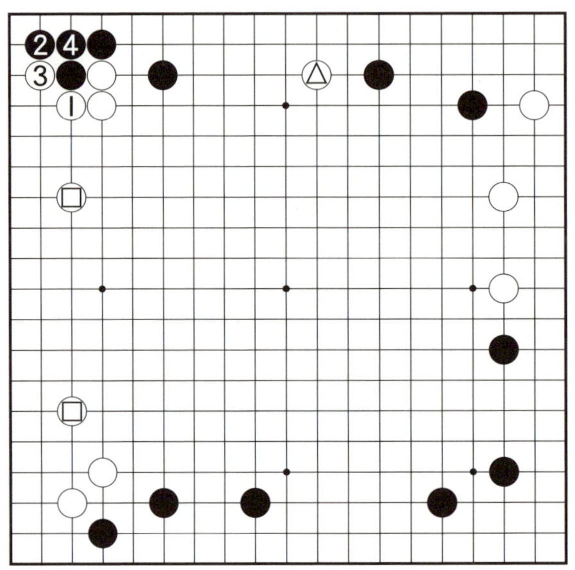

실패도

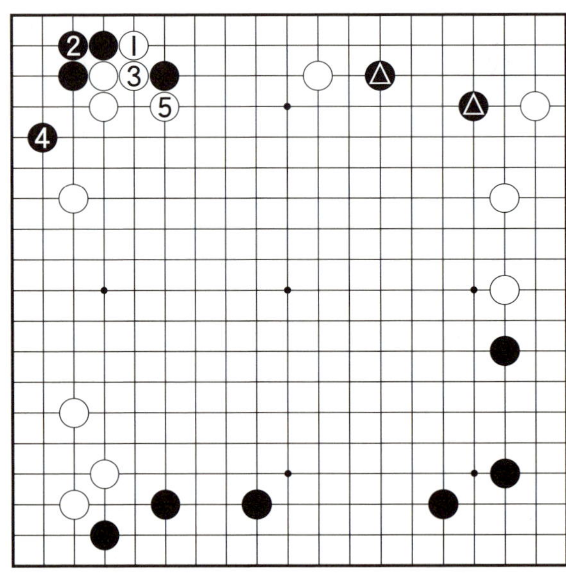

정해도

실패도 (전략이 나쁘다)

백1로 받는 것은 전략이 나쁘다. 흑2로 실리를 차지하며 넘어가버리면 백△만 졸지에 미아 신세가 되어 백이 불만스럽다.

백□들이 3선에 낮게 있는 탓에 좌변을 크게 키우기도 어렵지 않은가.

정해도 (배석을 살린다)

여기서는 백1로 강력히 차단하는 것이 최선이다.

백5까지 상변에 세력권을 형성하며 흑△들을 압박해 백도 충분한 자세라고 하겠다.

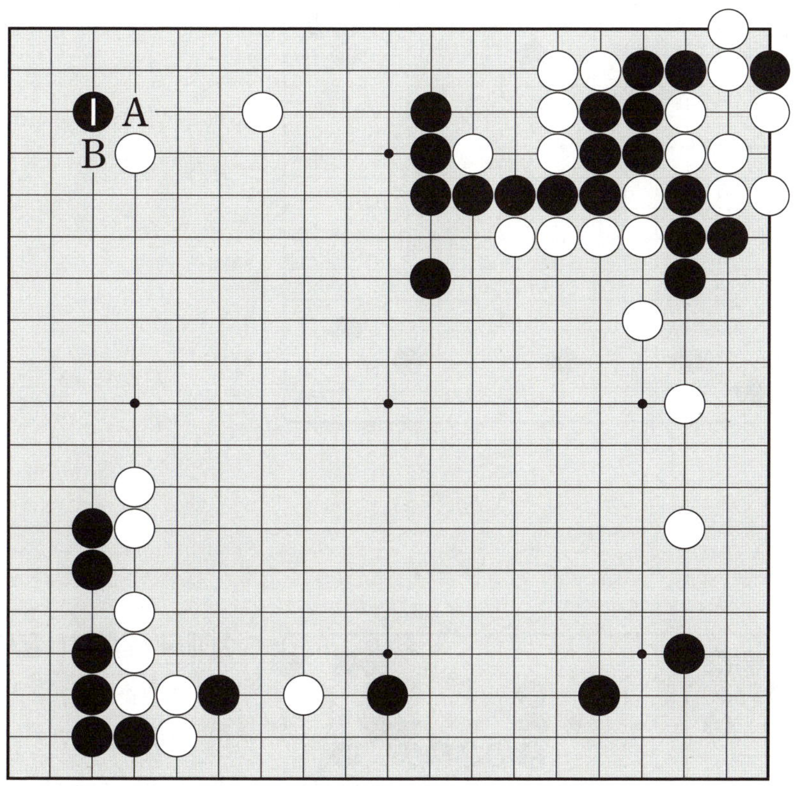

▨ 안정이 최우선이다

흑1로 뛰어든 장면이다. 백은 A와 B 가운데 어디로 응수하는 것이 좋을까?

상변 쪽에 형성된 흑의 두터움을 의식하며 처리해보자.

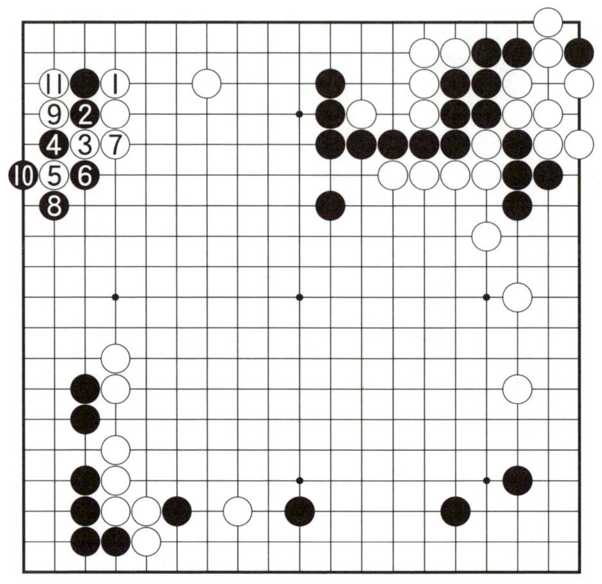

정해도

정해도 (안정+실리 확보)

백은 1로 막은 뒤 3 이하 11로 처리하는 것이 최선이다. 상변 흑세가 강하므로 이렇게 실리를 확보하면서 안정하는 것이 현명하다.

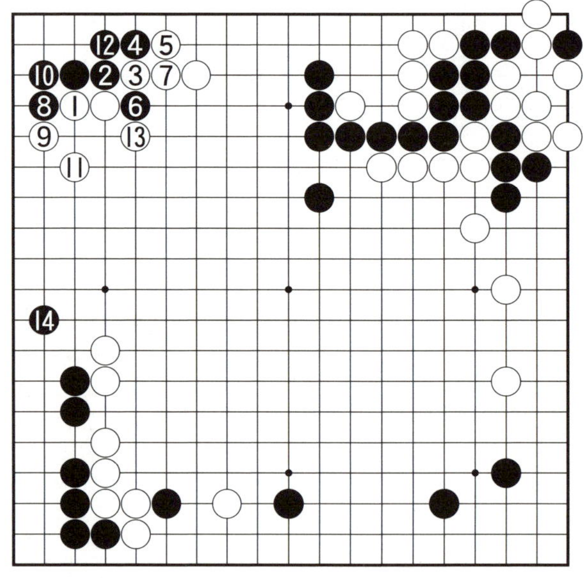

실패도

실패도 (껍데기 장사)

백1로 막는 것은 방향착오. 이하 흑12까지 선수로 귀살이한 뒤 14마저 차지하고 나면 백은 영락없이 껍데기만 남은 꼴 아닌가.

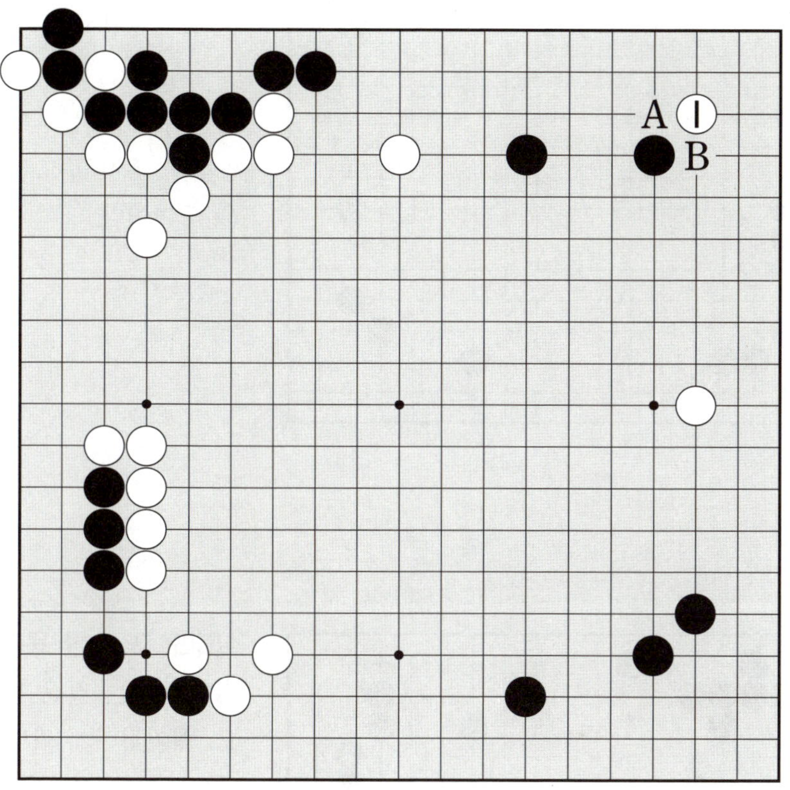

▨ 공격을 위한 방향감각

우상귀 흑진의 허를 노리며 백1로 뛰어든 장면이다.
올바른 흑의 응수는 A일까, 아니면 B일까?

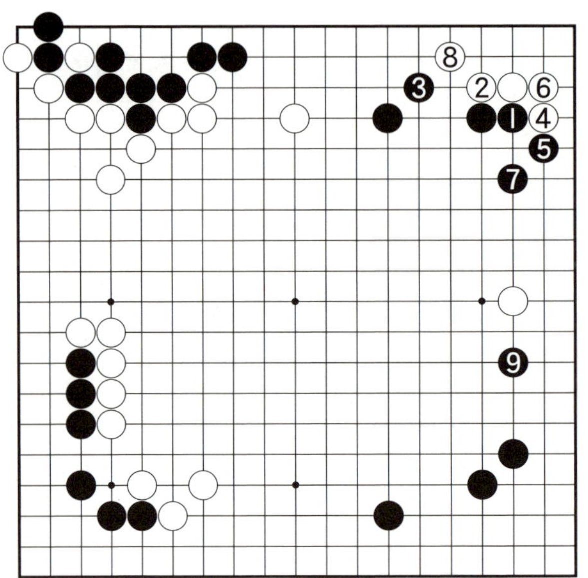

정해도

정해도 (두터움+공격)

우변 백 한점이 박약하므로 흑1쪽으로 막는 것이 올바른 착상이다.

흑7까지 두터운 벽을 쌓은 뒤 9로 실리를 벌며 공격해 흑이 주도권을 잡은 국면이다.

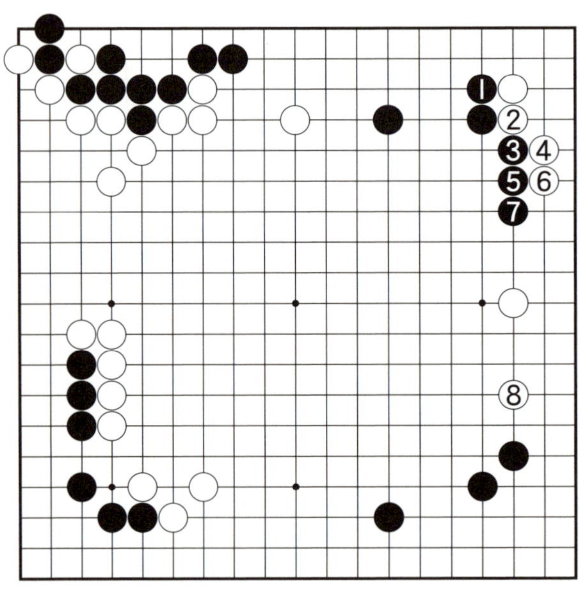

실패도

실패도 (느슨한 응수)

흑1로 막는 것은 방향착오. 백이 8까지 귀도 도려내고 우변도 안정시켜서는 꿩 먹고 알 먹은 모습이다.

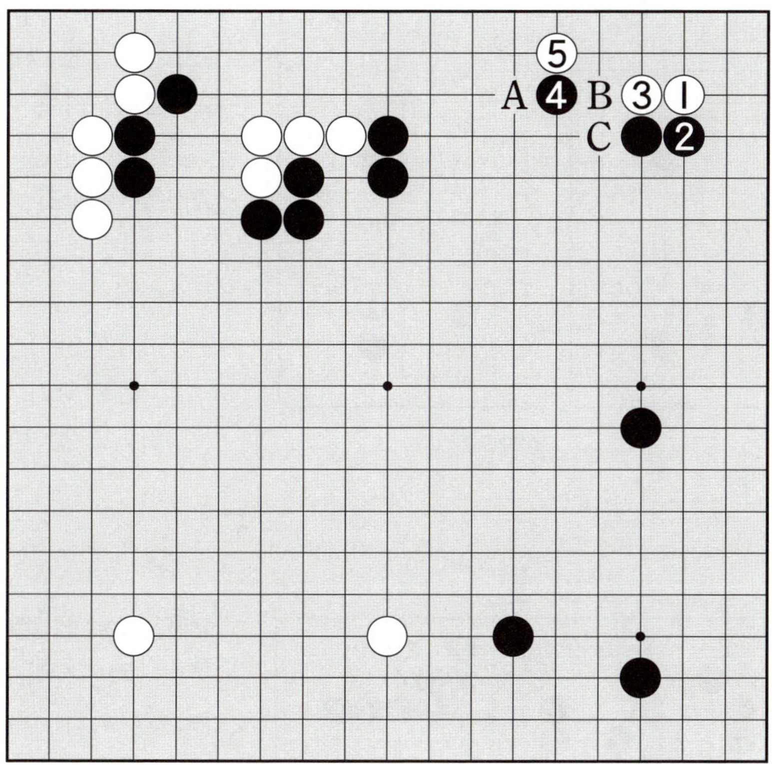

▨ 선수를 뽑는 임기응변 (1)

백1의 3三침입은 다소 시기상조인 느낌이다.

흑은 이곳을 효과적으로 처리해 단번에 우위에 설 찬스를 맞았다. A∼C 중 어떤 방법이 좋을까?

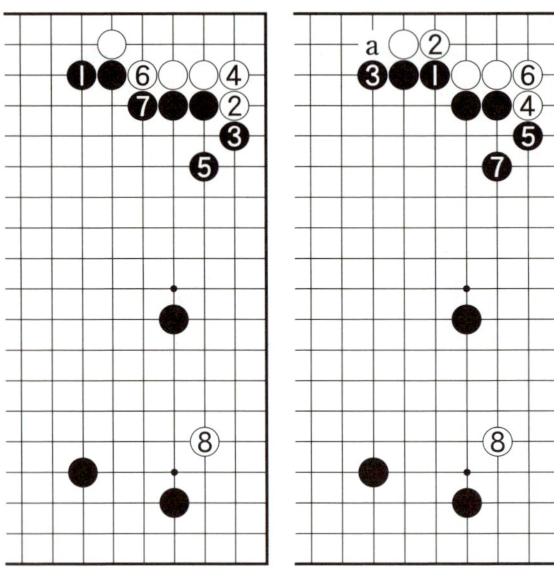

실패도1   실패도2

실패도1 (느슨한 수)

흑1로 느는 것은 느슨한 완착이다.

백이 선수로 우상귀를 처리하고 8로 달려가 발빠른 모습이다.

실패도2 (최악의 속수)

흑1로 치받는 것은 최악의 속수이다.

이하 7까지의 결과는 흑a가 별 영양가가 없어 앞 그림만도 못하다.

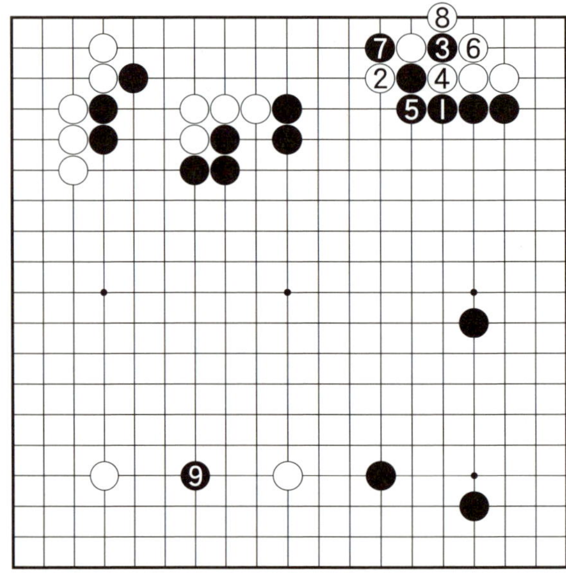

정해도

정해도 (선수를 뽑다)

흑1로 뻗는 것이 유력한 임기응변이다. 이어 백2에는 흑3으로 되젖히는 것이 좋은 맥으로 이하 흑은 8까지 처리한 뒤 귀중한 선수를 뽑을 수 있다.

흑9로 하변 쪽에 선착해서는 흑의 우세!

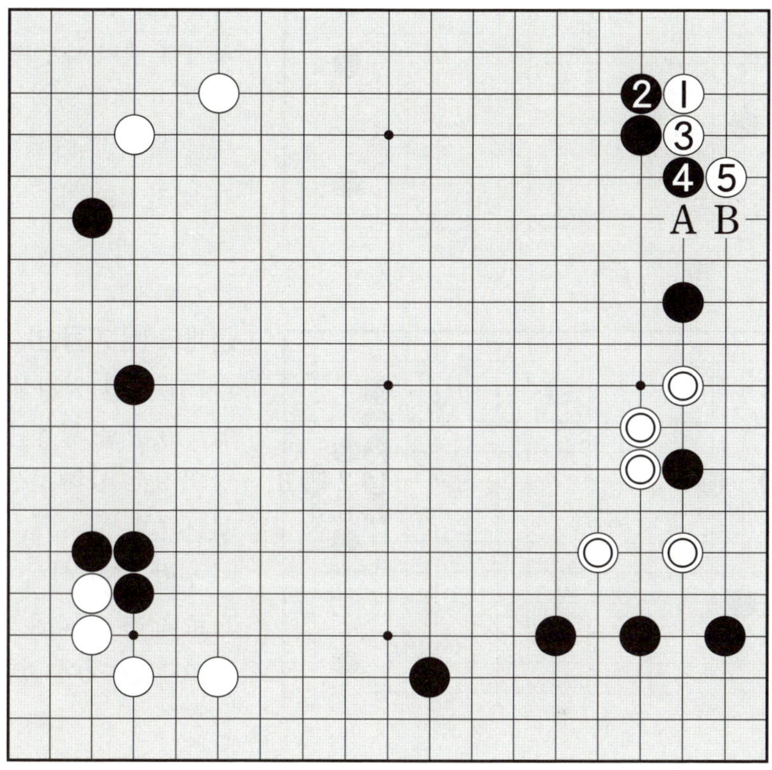

▨ 선수를 뽑는 임기응변 (2)

백1로 뛰어들자 흑2로 막아 백5까지 진행된 장면이다.

이때 흑은 A와 B 가운데 어떤 태도를 취해야 할까? 우변 백◎들의 포진이 힌트이다.

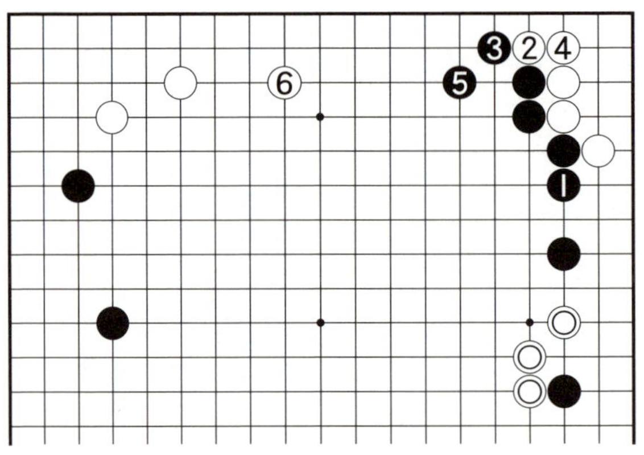

실패도

실패도 (흑, 책략 부족)

흑1로 느는 것은 책략 부족이다. 백4까지 선수로 귀살이한 뒤 6의 요소마저 차지해 백의 대만족이다.

우변 백(◎)이 견실하므로 흑의 두터움은 쓸모가 없지 않은가.

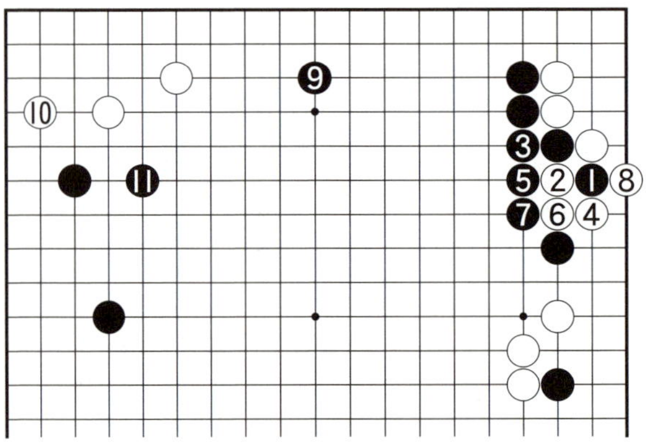

정해도

정해도 (임기응변)

흑1이 멋진 임기응변. 이어 흑5, 7로 활용한 뒤 대망의 9로 선착하는 것이 최선이다.

우변 백이 이미 견실하므로 실리 상 다소의 손해는 아까울 것이 없다.

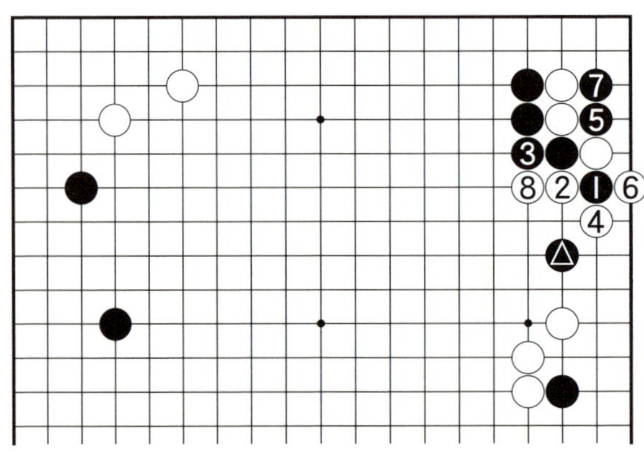

참고도

참고도 (흑, 소탐대실)

백4 때 흑5, 7로 귀를 탐하는 것은 오판!

백8까지 흑▲가 제압되며 우변이 커져 흑의 소탐대실이다. 이 그림을 생각했다면 틀린 것으로 채점해야 한다.

▦ 문제 12

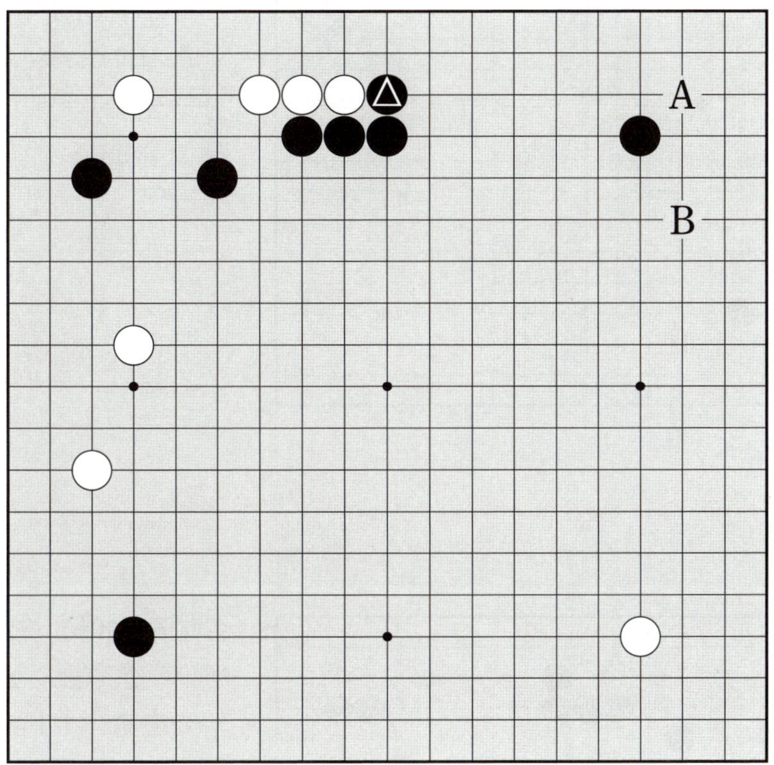

▨ 침투의 급소를 찾는 눈 (1)

흑▲로 막자 우상 흑진이 초점으로 떠올랐다.

여기서 흑진의 팽창을 막기 위한 백의 다음 한수는 A, B 중 어디가 좋을까?

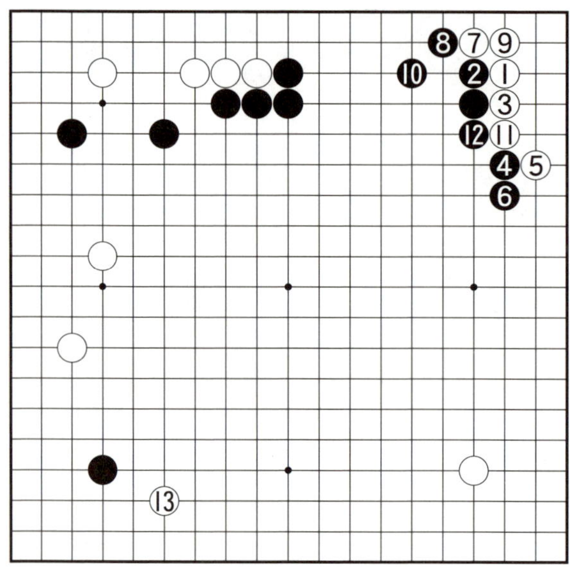

정해도

정해도 (적시의 침입)

백1로 3三에 뛰어드는 것이 적시타이다.

이하 백13까지 선수로 안방 실리를 빼앗으며 흑진을 중복시켜 백이 발 빠른 모습이다.

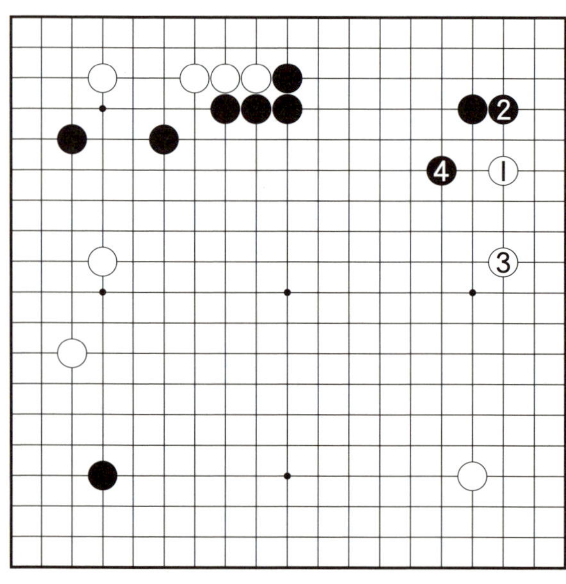

실패도

실패도 (늘어진 수법)

백1로 걸치는 것은 너무 느긋한 수법이다.

흑4까지 상대에게 이 상형을 허용해서는 백이 미흡한 결과이다.

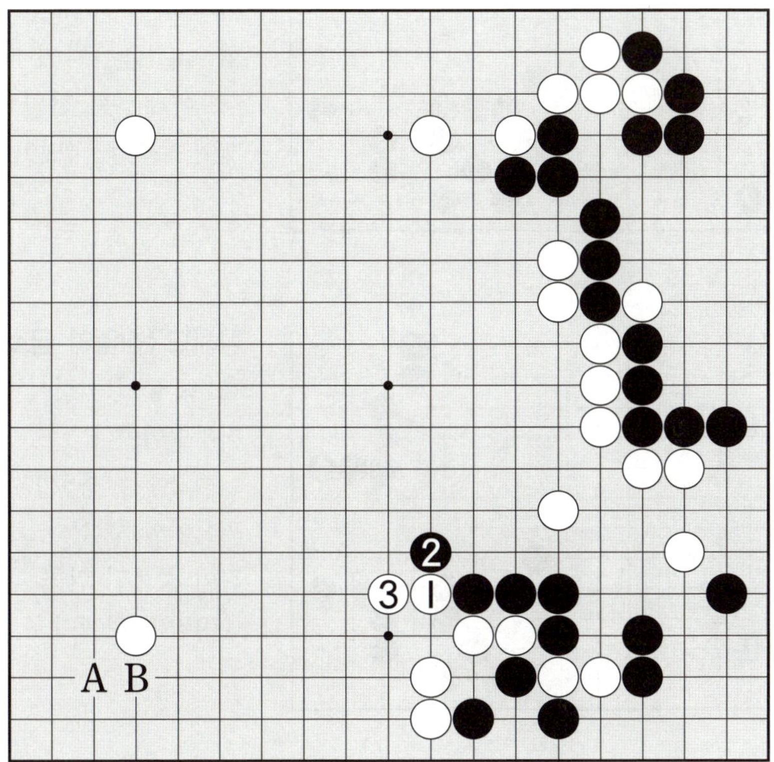

▨ 침투의 급소를 찾는 눈 (2)

　백1, 3으로 젖혀늘자 백 모양이 관심의 초점으로 떠오르고 있다.

　흑은 침입을 생각해야 할 시점이다. 침입의 급소는 A, B 중 과연 어디일까?

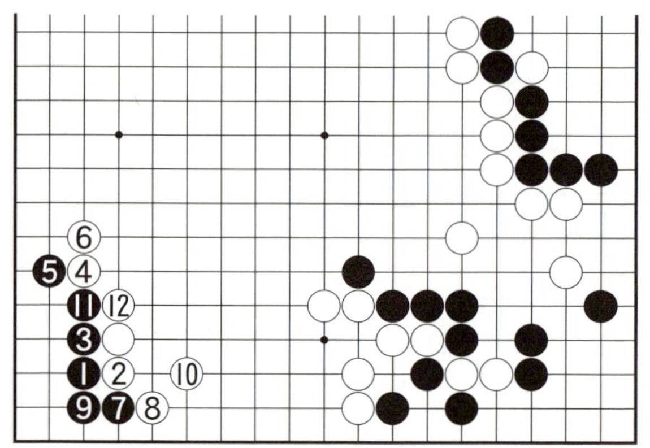

실패도

실패도 (이상적 백진)

흑1의 3三침입이 이 경우에는 부적절하다. 이하 10까지 하변 백 모양이 이상형으로 굳어지기 때문이다. 이래서는 전반적으로 백이 두터운 국면이다.

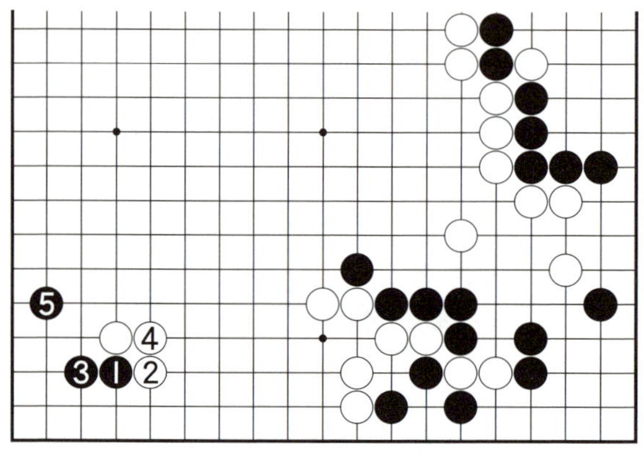

정해도 (침입의 급소)

흑1로 붙이는 것이 적절한 침투수법이다.

백2에는 흑5까지 크게 귀살이할 수 있다. 하변 백진이 중복된 만큼 흑의 성공이라고 하겠다.

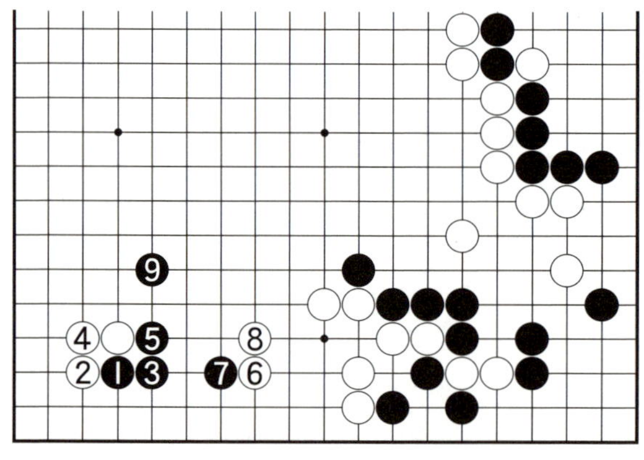

참고도 (하변을 깨다)

백2로 받는다면 흑3으로 늘어 하변을 깬다.

다소 공격을 받더라도 하변 백의 본진을 크게 깰 수 있으므로 흑은 불만이 없다.

▦ 문제 14

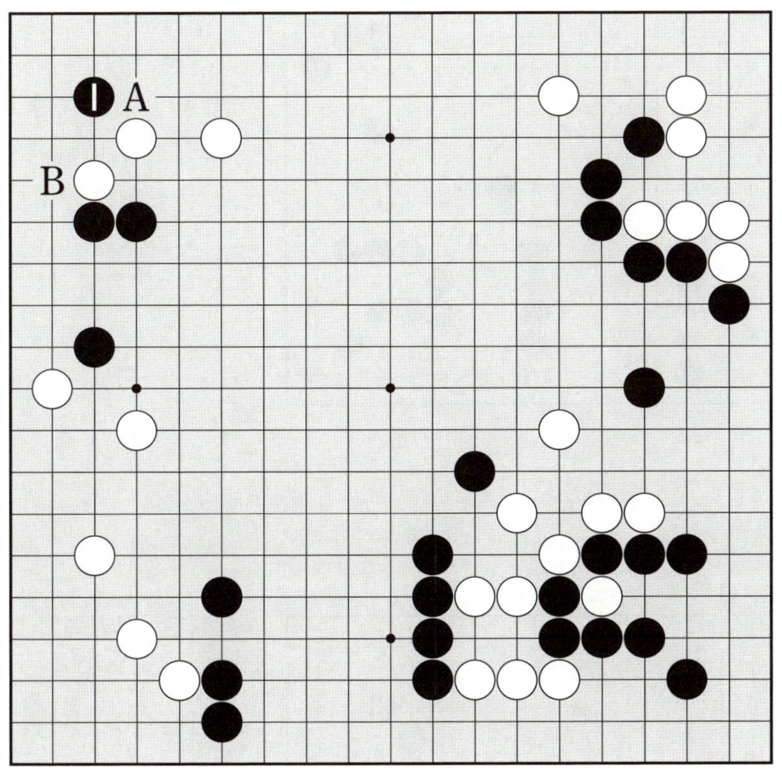

▨ 넘겨줄까, 차단할까? (4)

흑1로 뛰어든 장면이다.

백은 A와 B 가운데 어떤 태도를 취하는 것이 좋을까?

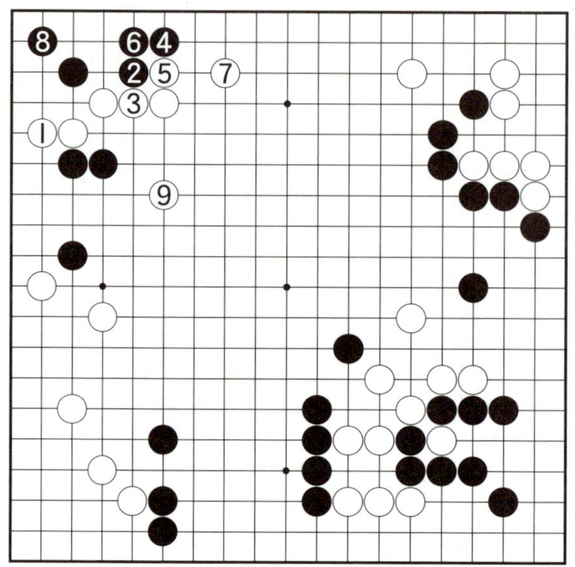

정해도

정해도 (강력한 차단)

좌변 흑이 미생인 만큼 백 1로 차단하는 것이 당연한 기세이다.

흑8까지 귀는 잃었지만, 백은 두터움을 쌓고 9로 공격에 나서면 실리상의 손실을 복구하고도 남을 것이다.

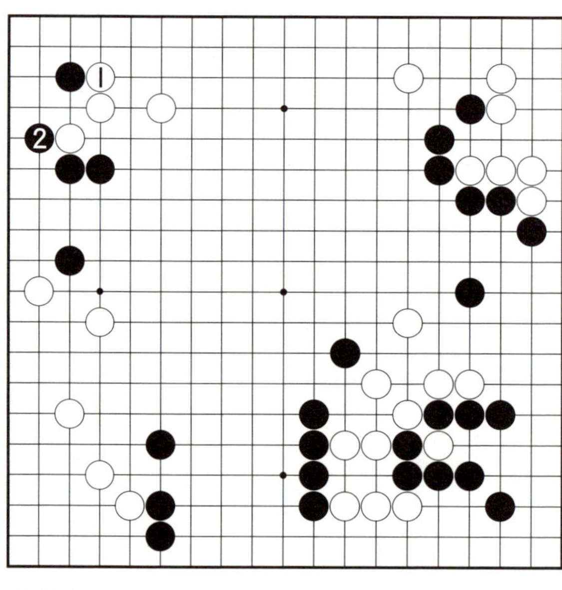

실패도

실패도 (무기력한 태도)

백1로 물러서는 것은 무기력한 태도이다.

흑2를 허용해 실리상의 손실은 물론이거니와 좌변 흑을 안정시켜준 죄가 너무 크다.

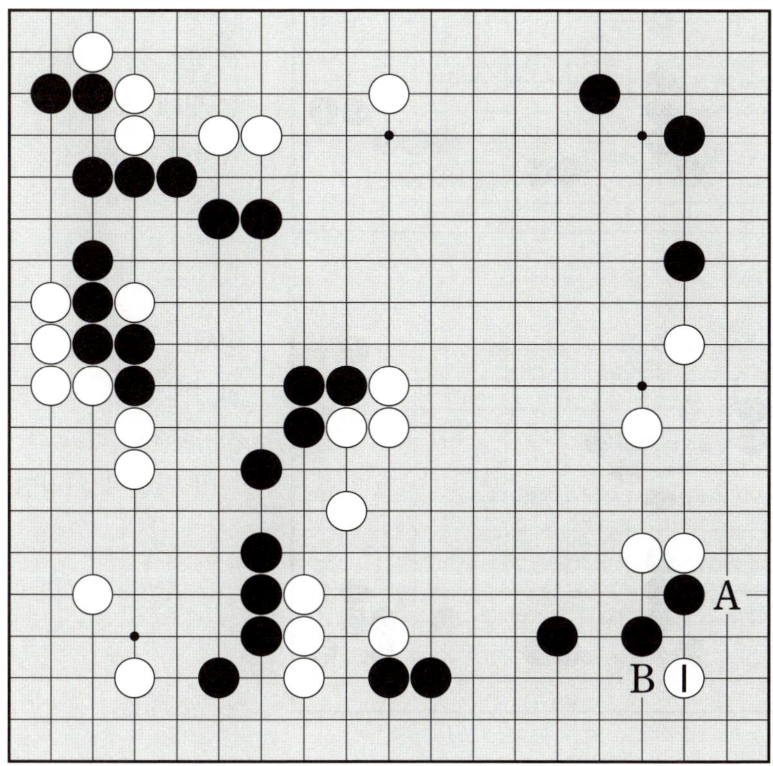

▨ 넘겨줄까, 차단할까? (5)

우하 흑진에 백1로 뛰어든 장면이다.

여기서는 흑이 A, B 가운데 어떻게 응수하는 것이 최선

일까?

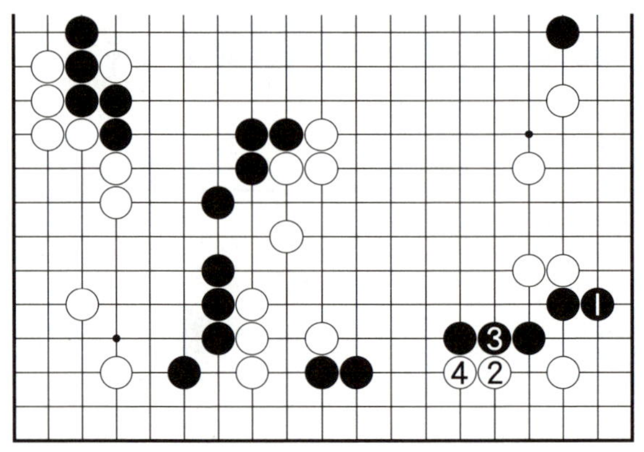

실패도

실패도 (무모한 차단)

흑1로 차단하는 것은 무모하다.

백4까지 흑진만 초토화될 뿐, 우변 백진이 단단한 탓에 대가를 구할 길이 막막하지 않은가.

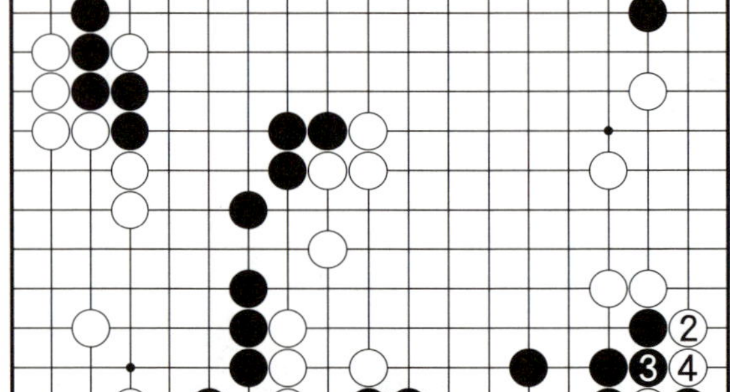

정해도

정해도 (참아야 할 때)

여기서는 흑1로 참고 5까지 피해를 최소화시키는 것이 최선의 처리법이다.

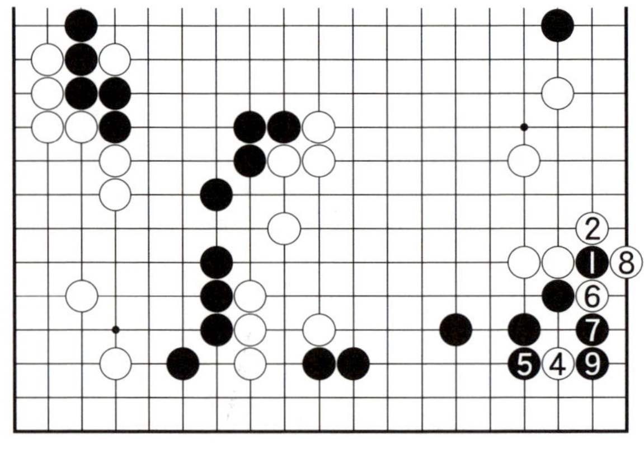

참고도

③‥손뺌

참고도 (긴요한 선수)

참고로 이런 형태에서는 미리 흑1, 백2를 교환시켜 두는 것이 백의 3三침입을 완화시키는 긴요한 활용이다. 이후 백4에는 흑9까지 귀를 지켜낼 수 있어 한 수 차이가 난다.

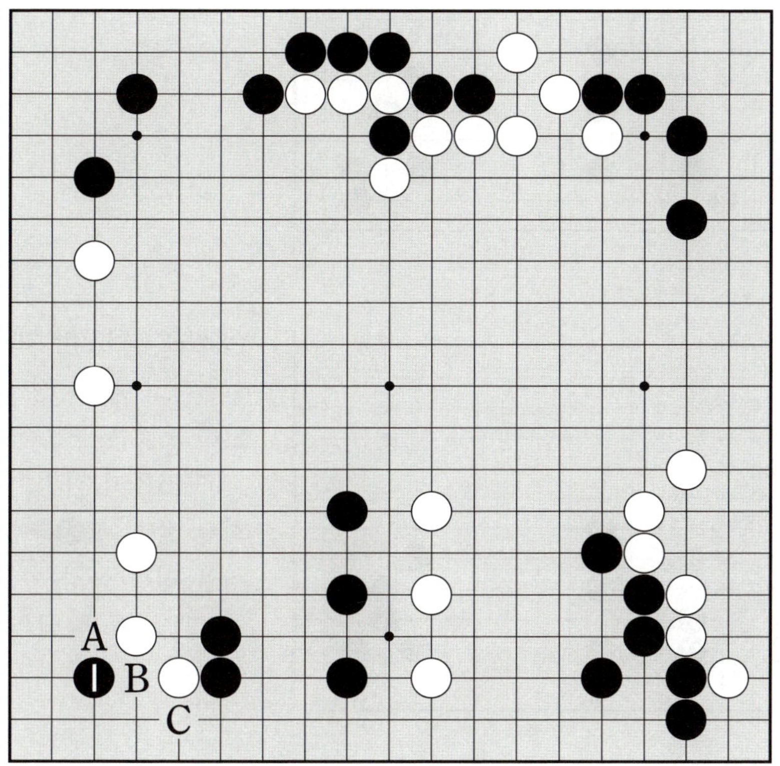

▨ **넘겨줄까, 차단할까? (6)**

흑1로 3三에 침입해온 장면이다.

주위 배석 상 백의 응수가 쉽지 않다. A～C 가운데 어떤 응수가 좋을까?

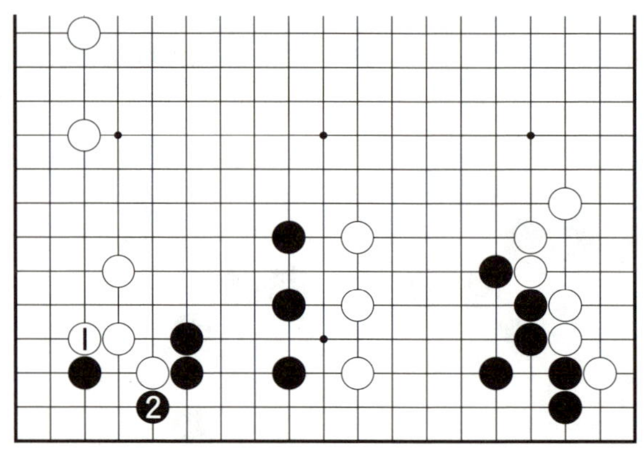

실패도1

실패도1 (나약한 응수)

백1로 물러서는 것은 나약한 태도이다.

흑2를 당해 앉아서 실리의 손해를 본 셈이다.

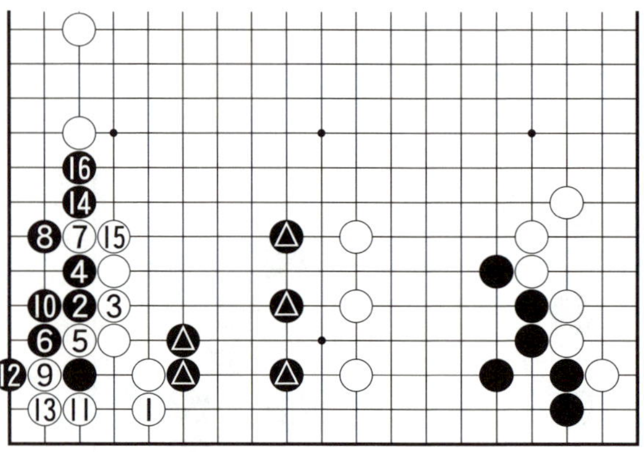

실패도2

실패도2 (무모한 차단)

그렇다고 백1로 강력히 차단하는 것은 무모하다.

흑16까지 좌변이 초토화된 반면, 흑▲들에 치명상을 입힐 공격수가 보이지 않다. 물론 백의 실패이다.

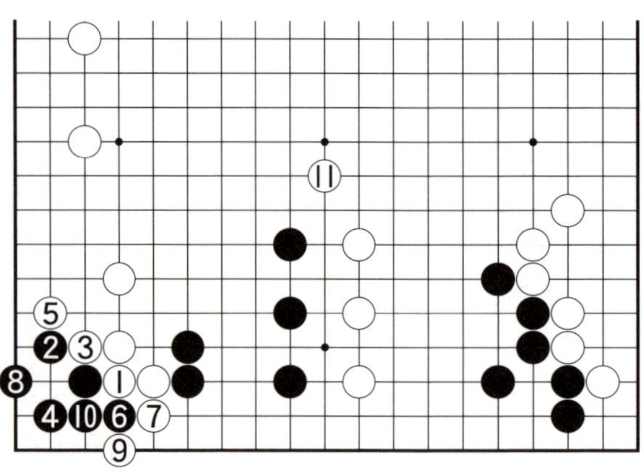

정해도

정해도 (중용의 응수)

이때는 백1의 빈삼각이 적절한 임기응변이다.

이하 백은 11까지 귀의 피해를 최소화하면서 공격도 노릴 수 있다.

▦ 문제 17

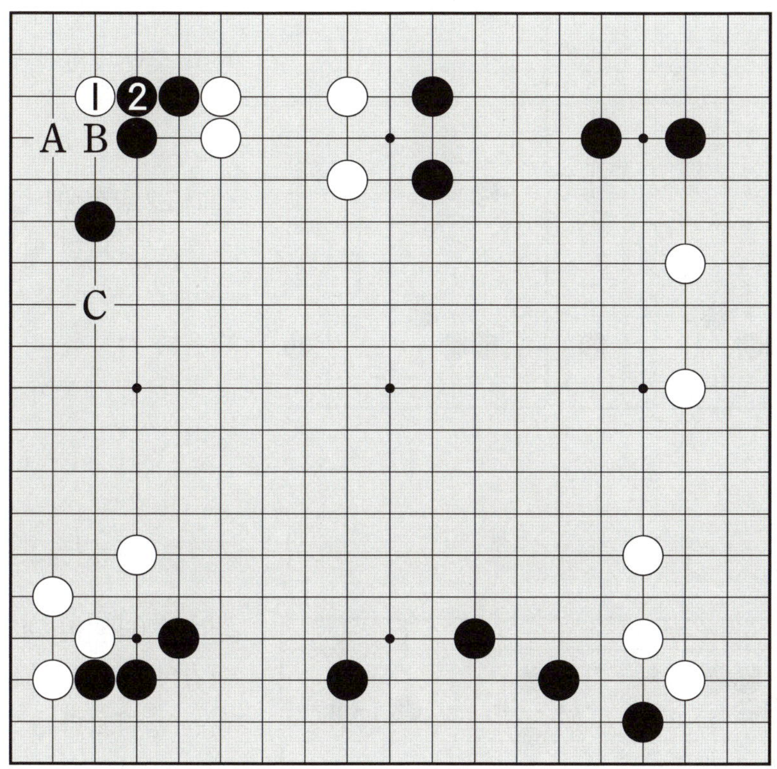

▨ 대세를 중시하는 처리

백1의 3三침입에 흑2로 받은 장면. 그러나 흑2는 다소 문제수이다.

흑의 실착을 추궁하려면 백은 어떻게 처리하는 것이 좋을까?

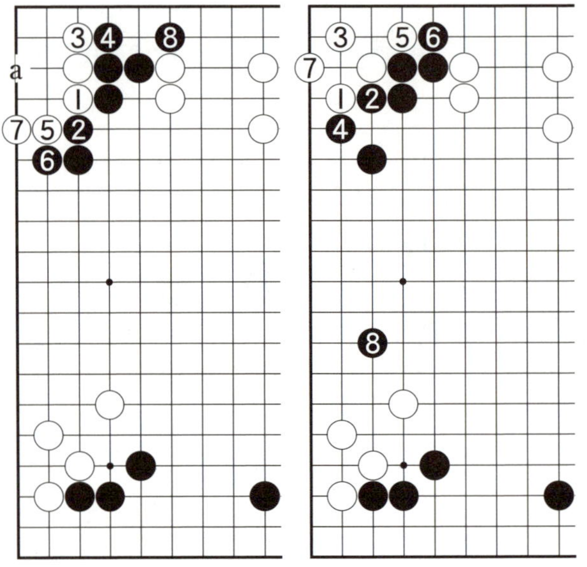

실패도1   실패도2

실패도1 (백, 최악)

백1은 속수. 이하 흑8을 허용해 상변 백이 약해질 뿐더러 흑a의 치중으로 패의 수단이 있어 귀도 완생이 아니다.

실패도2 (부분에 집착)

삶을 구하려면 백1이 정수이다. 그러나 흑에게 두터움과 선수를 허용해 8을 당하면 생불여사의 느낌이다.

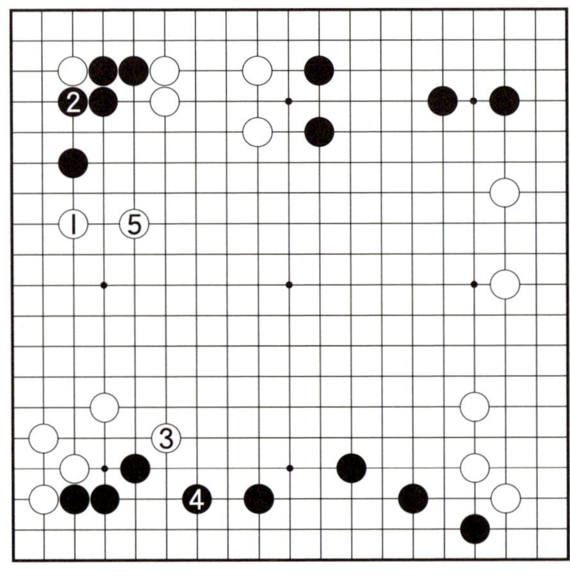

정해도

정해도 (대범한 태도)

여기서는 귀를 직접 살리려는 생각보다는 그것을 빌미로 이용하는 것이 더 좋다.

백1로 다가서는 것이 대범한 태도이다. 흑2를 강요한 뒤 백3, 5로 좌변을 키워 일거에 백이 활짝 핀 모습이다.

이처럼 대세를 먼저 생각하는 자세가 중요하다.

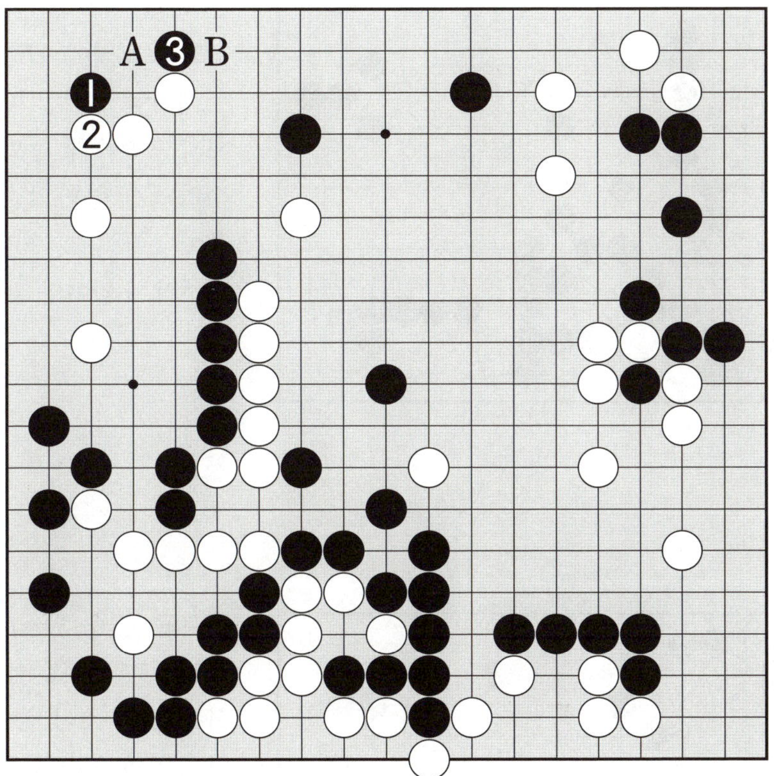

잡느냐, 살려주느냐?

　백이 상당히 앞선 국면에서 흑이 1, 3으로 승부수를 던져왔다.

　자, 백은 A와 B 중 어디로 받는 것이 우세를 확실히 굳히는 길일까?

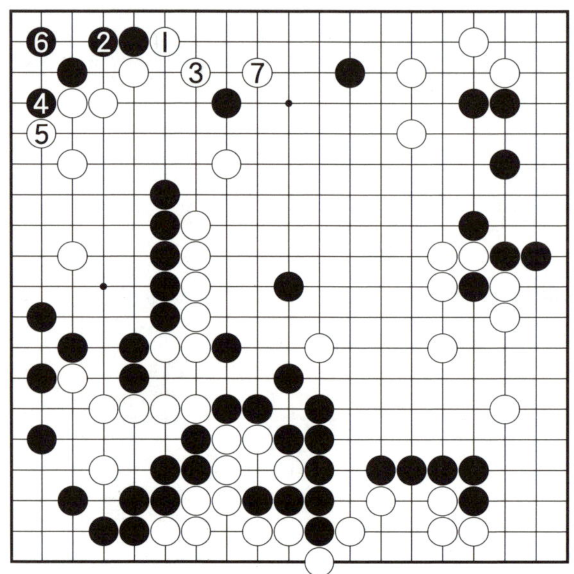

정해도

정해도 (두터운 처리)

백1로 밖에서 막는 것이 정답이다. 흑에게 귀를 내준 대신 백7까지 외곽을 강화하는 것이 현명하다.

이처럼 유리할 때는 상대의 승부수에 두텁게 응수하면서 변화의 여지를 줄여나가는 것이 필승의 마무리 수법이다.

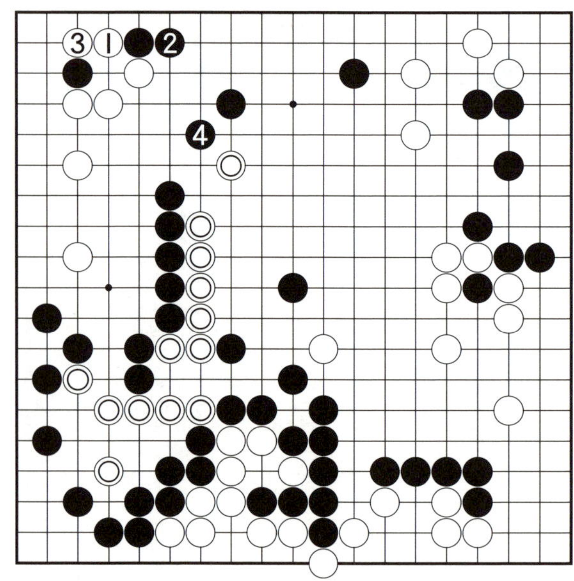

실패도

실패도 (변수 제공)

백1로 귀의 보존에 급급하는 것은 소아적 발상이다. 흑2의 선수 활용을 발판삼아 4로 공세를 펼치면 백◎들이 사정권에 들어 자칫 혼돈지경에 빠질 국면이다.

국부적 이해에 집착하다 대세를 잃는 격이라고 할까.

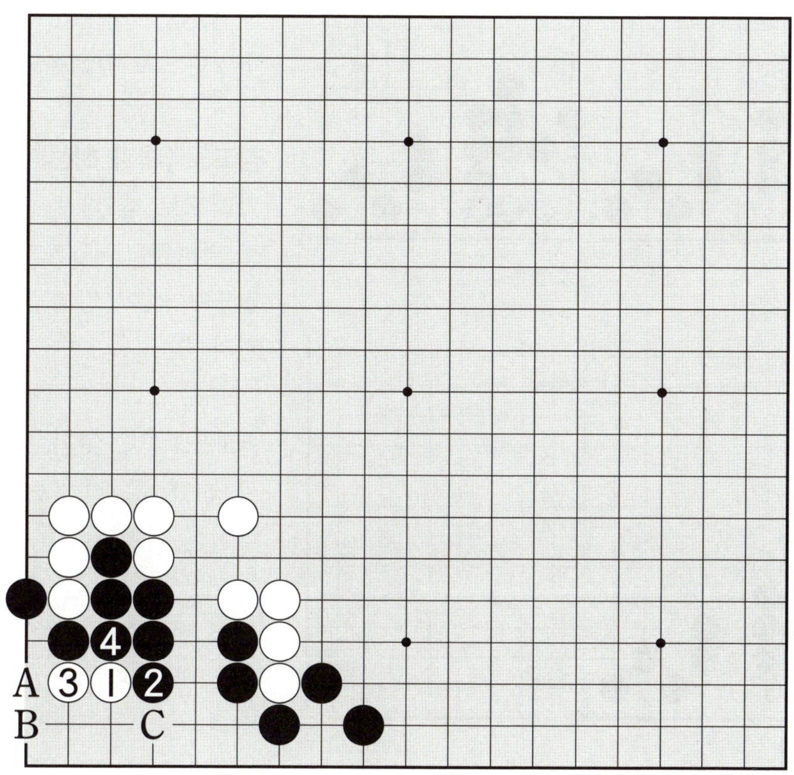

▨ 사활의 급소

　접바둑에서 나타날 만한 형태. 백1로 응수를 묻자 무심코 둔 흑2가 경솔한 실착이어서 수가 나기 일보직전이다. 백을 살리는 다음 수는 A~C 가운데 어디일까?

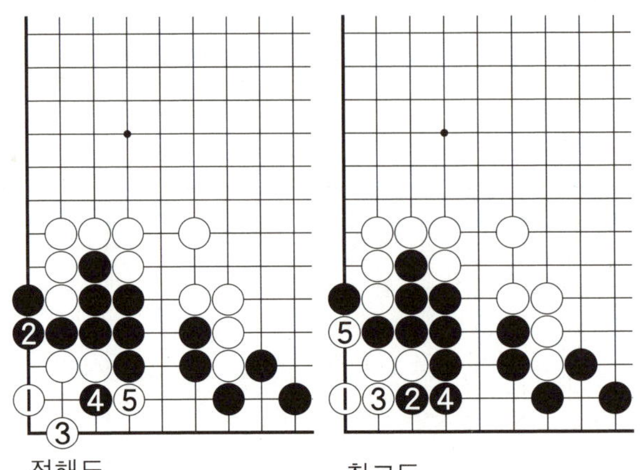

정해도 (2·一의 묘수)

백1이 정답. 2·一의 급소 자리이다.

흑2면 백3이 준비된 묘수 2탄으로 완생한다.

참고도 (패가 최선)

그러므로 백1에는 흑2, 4로 젖혀잇고 백5까지 패를 만드는 것이 쌍방 최선의 결과이다.

실패도1 (백, 젖힘은 실착)

그냥 백1로 젖히는 것은 무심한 실착이다.

흑2의 급소를 당해 간단히 잡힌다.

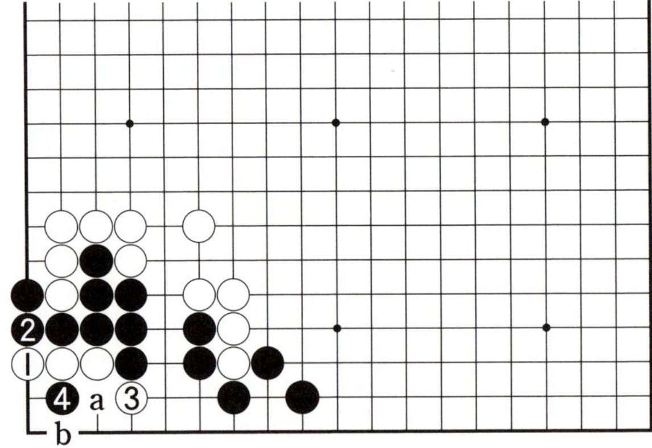

실패도2 (역시 죽음)

백1, 3으로 궁도를 최대한 넓혀보아도 흑4면 살 길이 없다. 다음 백a면 흑b가 긴요하다.

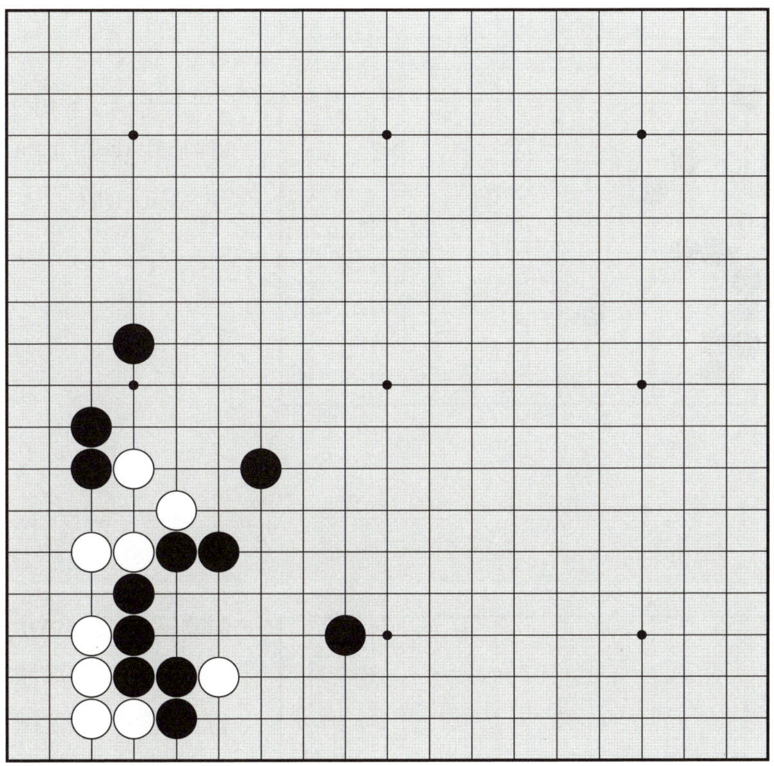

▨ 끝내기의 급소

　정확한 끝내기의 맥점을 묻는 문제. 이번에는 선택 보기가 없으니 잘 생각해야 한다.

　백을 최대한 괴롭혀 이득을 취하는 급소는 어디일까?

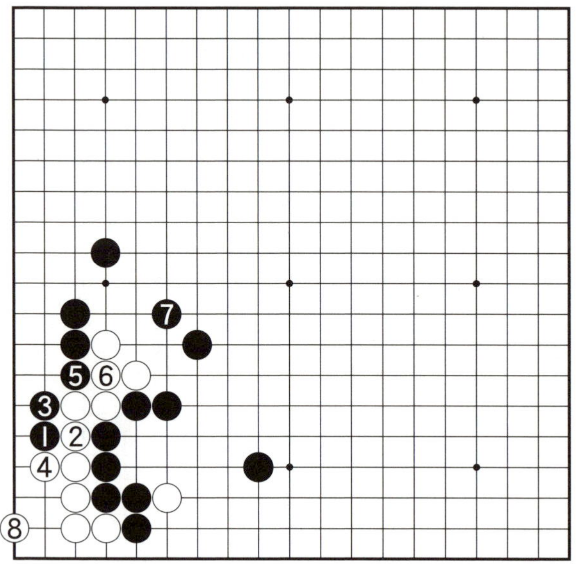

정해도

흑1의 치중이 통렬한 급소! 이하 흑7까지 선수로 봉쇄하며 막대한 이득을 취할 수 있다.

만약 흑7쪽이 막혀있다면 한 술 더 떠 백을 잡을 수도 있다.

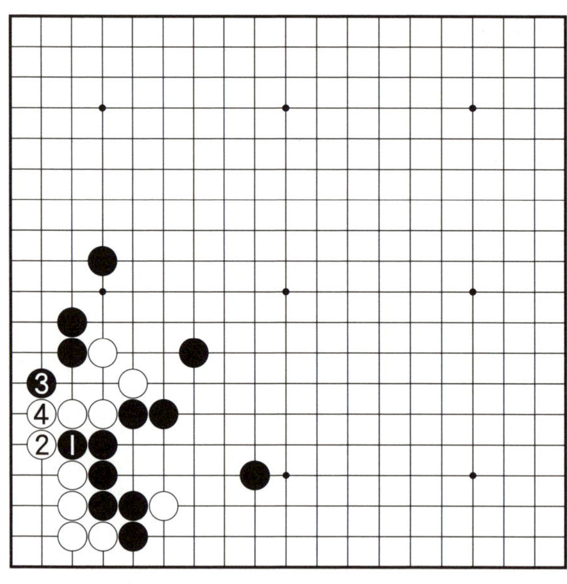

실패도

실패도 (보리선수)

흑1, 3으로 처리하는 것은 이른바 '보리선수'이다. 정해도와 비교해 얼마나 손해인지 쉽게 알 수 있다.

파워 실전 바둑

❼ 화점과 3三 마스터

2판 1쇄 | 2024년 2월 5일
감　　수 | 김희중 · 김수장
엮　　음 | 이 수 정
발 행 인 | 김 인 태
발 행 처 | 삼호미디어
등　　록 | 1993년 10월 12일 제21-494호
주　　소 | 서울특별시 서초구 강남대로 545-21 거림빌딩 4층
　　　　　 www.samhomedia.com
전　　화 | (02)544-9456
팩　　스 | (02)512-3593

ISBN 978-89-7849-702-2　14690
ISBN 978-89-7849-565-3　14690 (세트)